Journal of the Institute for Chinese Classics Studies
Nanjing University

古典文獻研究

第二十六輯　下

CSSCI來源集刊

程章燦 主編　　南京大學古典文獻研究所 主辦

國家"雙一流"建設學科"南京大學中國語言文學藝術"資助項目
江蘇省2011協同創新中心"中國文學與東亞文明"資助項目

鳳凰出版社

圖書在版編目（CIP）數據

古典文獻研究. 第二十六輯. 下 / 程章燦主編. -- 南京 : 鳳凰出版社, 2023.12
　ISBN 978-7-5506-4021-4

Ⅰ. ①古… Ⅱ. ①程… Ⅲ. ①古文獻學－中國－叢刊 Ⅳ. ①G256.1-55

中國國家版本館CIP數據核字（2023）第209077號

書　　　名	古典文獻研究（第二十六輯下）
主　　　編	程章燦
責 任 編 輯	許　勇
特 約 編 輯	姜　好
裝 幀 設 計	陳貴子
責 任 監 製	程明嬌
出 版 發 行	鳳凰出版社（原江蘇古籍出版社）
	發行部電話 025-83223462
出版社地址	江蘇省南京市中央路165號,郵編:210009
照　　　排	南京凱建文化發展有限公司
印　　　刷	江蘇鳳凰數碼印務有限公司
	江蘇省南京市棲霞區堯新大道399號,郵編:210038
開　　　本	787毫米×1092毫米　1/16
印　　　張	23.25
字　　　數	479千字
版　　　次	2023年12月第1版
印　　　次	2023年12月第1次印刷
標 準 書 號	ISBN 978-7-5506-4021-4
定　　　價	128.00圓

（本書凡印裝錯誤可向承印廠調換,電話:025-57718474）

主　　　編　程章燦

副 主 編　趙　益

編輯委員會　（按姓名音序排列）

　　　　　　曹　虹　陳尚君　陳正宏
　　　　　　程章燦　叢文俊　杜澤遜
　　　　　　郭英德　姜小青　劉玉才
　　　　　　劉躍進　武秀成　徐　俊
　　　　　　徐雁平　徐有富　張涌泉
　　　　　　趙　益　趙生群

執 行 編 輯　張宗友

目　次

書籍交流與政治:東亞書籍史研究方法再檢討之一
　………………………………………………… 張伯偉(1)

• 經學及經學文獻學研究 •
論呂祖謙《古易音訓》對《周易釋文》的改造 ………… 章莎菲(17)
朝鮮半島《孟子》學特色論析 ………………………… 趙永剛(36)
蔣汾功《孟子》學探微 ………………………………… 潘振方(51)

• 文學及文學文獻學研究 •
"古文不宜說理"論平議 ………………………………… 蔡德龍(62)
辭章綴采與史傳直書:論墓志文體的取徑變化 ……… 張萌萌(86)
《文選》三峰并峙的后妃哀誄文 ………………………… 朱曉海(98)
珍稀漢籍《須溪先生批點孟浩然集》東亞版本論考 … 張新雨(108)
林惟正《百家衣集》中的唐詩 ………………………… 徐寶余(125)
自家互文與他山之石:《汪文摘謬》探論 ……………… 孟羽中(147)
論賀貽孫《水田居文集》揭露的文化信息 …………… 陳志信(160)
潘鍾瑞《聽風聽水填詞圖》與晚清蘇州文士精神群像
　………………………………… 傅湘龍　王詩吟(181)
《清人詩集叙録》舉正 ………………………………… 陳鴻森(199)

• 目録學暨四庫學研究 •
二十世紀以來域外所藏中國文學古籍書目的編撰
　………………………………… 郝潤華　卜音安子(224)

《四庫全書》所收《山海經》底本考辨
　　——以文淵閣本、文津閣本、文瀾閣本、文溯閣本爲例
　　……………………………………………… 王米雪(241)
目録學與文獻文化史研究的典範之作：《探驪拾微：
　　古典目録學論集》評介 ……………………… 翟新明(254)

・文史新研・

《白虎通》元本價值述論
　　——兼談文本中層結構在校勘中的意義 ……… 石　珹(276)
"庫真"與"庫直"：一個中古時期外語音譯詞的考辨
　　…………………………………………………… 羅韞哲(288)
宋初禮制建設與士風轉向考論 ………………… 羅超華(299)
幽贊神明：洪武後期朱元璋搜訪"張三丰"新論 ……… 白艷波(310)
清初通州范國禄甲寅文字獄案考述 …………… 陳曉峰(324)
康熙己未詞科《璇璣玉衡賦》試題與清初天文曆算研究
　　主體的下移 ………………………………… 王秋萍(338)

・曹虹教授榮休紀念特稿・

學術自述 …………………………………………… 曹　虹(354)

書籍交流與政治：東亞書籍史研究方法再檢討之一

張伯偉

一　引言

　　本文題目中的"再檢討"，意味着對以往研究的某種反思，我先做一點簡短的回顧。對於東亞書籍交流的關注，可謂由來已久，具有學術意義的行爲，最早體現在目録學上，但該課題真正成爲學術研究的對象，是隨着百年前現代人文學在東亞的興起而出現的。現代人文學的基礎是史學，百年前流行的史學觀念是德國的以語文學（philology）爲底色的蘭克（Leopold von Ranke）史學，它改變了十八世紀對單純博學多聞的追求，"原創研究"成爲新時代的"學術意識形態"，因此特别重視新材料的挖掘，這成爲十九世紀中葉以下歐洲史學的基本觀念，蘭克也成爲近代"考證派"史學的典範，不僅在德國，而且在法國、英國以及後來在美國的歷史學家，"他們都把蘭克當作自己的導師，并且比别人更好地運用蘭克的方法"①。這給予二十世紀初中國留美、留德、留日的青年學子以決定性的影響。傅斯年 1928 年在《歷史語言研究所工作之旨趣》中説："西洋人作學問不是去讀書，是動手動脚到處尋找新材料，隨時擴大舊範圍，所以這學問才有四方的發展，向上的增高。"②陳寅恪在 1934 年寫的《王静安先生遺書序》中總結了王氏學術典範，其中之一就是"取異族之故書與吾國之舊籍互相補正"③，這"異族之故書"就包括但不限於東亞漢籍。陳寅恪在自己的研究工作中，也往往利用此類文獻（如日本佛教經論注疏所引中土已佚古書及恩田仲任《世説音釋》等）。胡適在 1938 年 9 月 2 日給傅斯年的信中，談到他

---

① 安托萬·基揚（Antoine Guilland）《近代德國及其歷史學家》（*Modern Germany and Her Historians*），黄艷紅譯，北京大學出版社，2010 年，第 70 頁。此書於 1899 年和 1915 年分别以法語和英語出版。
② 《傅斯年全集》第四册，臺北聯經出版事業公司，1980 年，第 258 頁。
③ 陳寅恪《金明館叢稿二編》，上海古籍出版社，1980 年，第 219 頁。

剛剛在瑞士蘇黎世(Zurich)舉辦的史學大會上宣讀的論文《近年來所發現有關中國歷史的新資料》("Recently Discovered Material for Chinese History"),其中就有"日本朝鮮所存中國史料"①。將目光轉移并擴大到周邊國家,尋找新的史料來源,就成爲一時的新風尚。2011 年出版的《青木正兒家藏中國近代名人尺牘》一書,收録了胡適、周作人、王古魯、趙景深、傅芸子等人的信件,包含了不少對日本所藏漢籍的詢問與求購的内容。這些都可以視爲東亞書籍交流研究的"前史",但真正的研究是從二十世紀八十年代發軔,并在本世紀初形成高潮的。所謂"高潮",意味着不僅提出了研究方向,規劃了基本的研究範圍,而且證實了其研究價值,更能在問題意識和理論方法上有所創新和開拓。

2005 年,我在探討清代詩話東傳的課題時,曾就書籍交流的研究方法和途徑作了十個方面的列舉。2007 年的春天,我也曾以此爲主題在"復旦文史講堂"作講座,被主持人戲稱爲"十全大補"②。2012 年,我寫《域外漢籍研究入門》,在"書籍交流"的部分,依然沿用了上述思路。從 2005 年到現在已有十八年,學術發展的緩慢和對學術進步的渴望迫使我們不能滿足於并因此停留在過去,尤其是觀念和方法,因此,今天我們要對既有的觀念和方法進行"再檢討"。但從某種意義上説,這番"再檢討"主要針對的是自身,也就是我私下裏常説的始終與自己保持"批判的距離",就像克萊夫・詹姆斯(Clive James)引用過的海因里希・曼(Heinrich Mann)説過的話:"創造力的一個秘密是毫不留情的自我批評。"③儘管在十多年來的一些個案研究中,我曾試圖從各方面拓展書籍交流研究的廣度和深度,但并没有從理論上加以提煉和闡述,希望本文能夠對此有所彌補。

二 以往研究方法之反思

十多年前我談書籍交流"研究法",列舉了十個方面的内容,即據書目以考、據史書以考、據日記以考、據文集以考、據詩話以考、據筆記以考、據序跋以考、據書信以考、據印章以考、據實物以考④。這只是列舉了十類可資採擷的相關文獻,若想再加增損,也完全可以,但從方法的層面考察,本質上只是一種——文獻學方法。東亞傳統學術中關於書籍交流的記敘,較爲典型的是朝鮮時代的著述,私家之作如韓致奫《海東繹史・藝文志》,官修之作則如歷經英祖、正祖并最終成書於李太王十年(1906)的《增補文獻備考・藝文考》。以後者爲例,第一類"歷代書籍",以下又分子目爲總論、購書賜書、獻書、進書中朝、

---

① 王汎森輯《史語所藏胡適與傅斯年來往函札(十七)》,《大陸雜志》第 93 卷,1996 年,第 3 期。
② 《着壁成繪:復旦文史講堂之二》,中華書局,2009 年,第 66 頁。
③ 克萊夫・詹姆斯《文化失憶:寫在時間的邊緣》(*Cultural Amnesia: Notes in the Margin of My Time*),丁駿等譯,北京日報出版社,2020 年,第 377 頁。
④ 《清代詩話東傳略論稿》,載《域外漢籍研究集刊》第二輯,中華書局,2006 年。

華史中記東事編目，堪稱具體而微的"中韓書籍交流簡史"①。上述十個方面的文獻類別，較之於朝鮮時代相關著作的分目當然有所增加和細化，但就方法層面而言，若權借一個日本學者慣用的表述，還是在文獻學思考的"延長綫"上。

　　文獻學是一門非常重要的基礎學科，在人文學研究中扮演着舉足輕重的角色。歐洲的"philology"一語翻譯成中文，可以是考據學、訓詁學、語文學；而在日本和韓國，則通常譯作"文獻學"，是一門以對文獻的搜集、考證、解釋爲主要目的，含括了考證學、書志學在内的古典學學問②。在百年前東亞現代學術的形成中，"philology"作爲從西方傳來的崇尚考據的實證主義的學問，搖身一變爲"科學方法"，與傳統的乾嘉考據學相結合，成爲學術界的新寵兒。先師程千帆指出："西洋學術輸入，新文化運動勃興……考據之學乃反得於所謂科學方法一名詞下，延續其生命。"③錢鍾書也在 1978 年指出："在解放前的中國，清代'樸學'的尚未削減的權威，配合了新從歐美進口的這種實證主義的聲勢，本地傳統和外來風氣一見如故，相得益彰。"④胡適在 1923 年北京大學《〈國學季刊〉發刊宣言》中總結從明末以來三百年的學術業績，無非是整理古書、發現古書、發現古物，其缺點就是"研究的範圍太狹窄了"，"太注重功力而忽略了理解"和"缺乏參考比較的材料"，所以提出了"三個方向"："第一，用歷史的眼光來擴大國學研究的範圍。第二，用系統的整理來部勒國學研究的資料。第三，用比較的研究來幫助國學的材料的整理與解釋。"⑤其基本內容還是文獻的開掘、分類、整理和解釋，也就是一個"philology"的工作。所以，百年以來的中國人文學者，對於文獻學的價值認同度最高，取得的成績也最爲突出。推廣到日本和韓國學術界，大概也有某種共性在，即多以文獻豐富見長⑥。二十世紀五十年代的中國，隨着毛澤東發起的"反對在古典文學領域毒害青年三十餘年的胡適派資產階級唯心論的鬥爭"⑦的展開，"考證派"學術被打得落花流水，一蹶不振。但到了九十年代初，用李澤厚的概括，"大陸學術時尚之一是思想家

---

① 《增補文獻備考・藝文考》題解，張伯偉《朝鮮時代書目叢刊》第陸册，中華書局，2004 年，第 2858 頁。
② 參見川瀬一馬《日本書志學用語辭典》，日本雄松堂，1982 年；諸洪圭《韓國書志學辭典》，韓國景仁文化社，1982 年。
③ 《論今日大學中文系教學之蔽》，《國文月刊》第 16 期，1942 年 10 月。此文收入張伯偉編《程千帆古詩講錄》"代序"，人民文學出版社，2020 年，第 1—5 頁。
④ 《古典文學研究在現代中國》，《錢鍾書集・人生邊上的邊上》，生活・讀書・新知三聯書店，2002 年，第 179 頁。
⑤ 收入劉東、文韜編《審問與明辨：晚清民國的"國學"論爭》，北京大學出版社，2012 年，第 381—396 頁。
⑥ 福井文雅曾提及法國學者對中日學者的批評："中國人和日本人雖然有文獻的知識，却不得處理、研究文獻的方法。在方法上，我們比日本人優越。"（《有關道教的諸問題》，《漢字文化圈的思想與宗教》，徐水生、張穀譯，武漢大學出版社，2010 年，第 267 頁）
⑦ 毛澤東《關於紅樓夢研究問題的信》，《毛澤東選集》第五卷，人民出版社，1977 年，第 134 頁。

淡出,學問家凸顯"①,考證派捲土重來,文獻學又隱然成爲衆人心目中的最高學術殿堂,至今風流未沫。

用文獻學的方法從事東亞書籍交流研究,是重要的和必要的。它涉及文獻的傳播軌迹,包括何時、何地、何人以及何種途徑;涉及文獻的擴散方式,包括賜贈、傳抄、翻刻、購買、收藏甚至禁遏,以及隨之而來的地下傳閱;涉及文獻的二次加工,包括選本、注釋、評點;涉及文獻的衍生産品,包括仿作、批判;等等。這些可以幫助我們瞭解很多現象和事實,而對現象和事實的廣泛瞭解,不僅可以滿足某種知識上的好奇,也是從事嚴肅學術研究的起點;不僅可以讓學者日漸博學多聞,也是采用綜合研究方法的必要前提。此前列舉的十類文獻,可以提示我們在研究東亞書籍交流的時候,如何"即類求書,因書究學"(藉用章學誠《校讎通義·互著》語),從而盡最大的可能獲取所需要的文獻。

比如,正倉院文書《天平二十年六月一日寫章疏目録》是日本現存最早的藏書記録,天平二十年爲唐天寶七載(748),其中著録了《帝德録》和《文軌》各一卷,前者亦見載於《文鏡秘府論》北卷,是唐代唯一流傳至今的駢文創作論。後者有可能是隋代杜正藏的《文章體式》。據《隋書·杜正藏傳》記載,杜氏"著《文章體式》,大爲後進所寶,時人號爲《文軌》。乃至海外高麗、百濟,亦共傳習,稱爲《杜家新書》"。這裏的《文章體式》《文軌》和《杜家新書》很可能是同書異名②。而現藏正倉院的《杜家立成雜書要略》,也很可能出自《杜家新書》。根據以上叙述,目録、史書和實物三者互相印證,可以確認這一事實。我們還可以進而推論,唐五代文壇上流行的詩格、文式、賦樞類的書,最早起源於隋。而這一類書籍的出現,一則與晉宋以來對詩文技巧法則的重視程度有關,另外也與科舉考試有關。據《文獻通考》載,杜正元、正藏、正倫三兄弟都以善作詩賦文章而舉秀才,"隋世天下舉秀才不十人,而正元一門三秀才"。杜正倫亦有《文筆要決》一卷,著録於《日本國見在書目録》,其中"句端"一篇,日本有保存至今的平安末期寫本,又見載於《文鏡秘府論》北卷。《新唐書·杜正倫傳》載同時人董思恭語云:"與杜公評文,今日覺吾文頓進。"目録、史書、詩話、實物等不同類别的文獻同樣可以互相印證,但以文獻學方法研究書籍交流,至此也就能事已畢。我們可以瞭解若干新鮮的史實,可以在資料上彌補本土傳世文獻之不足(杜氏兄弟的論文之著皆未見録於中國歷代公私書目,其書在中土亦未見流傳痕迹),至於這些史實藴含了什麽意義,其在日本的文學批評史上引起了什麽反應,人們如何閱讀、如何接受,以及藉助文獻的"環流"而新發現的這些論文資料,進一步評價杜氏兄弟在中國文學批評史上的貢獻,僅以文獻學爲方法,上述問題就無法進入研究者的視野。

再舉一例,1764年朝鮮通信使赴日,在兩國文人的筆談之際,奥田元繼問

---

① 香港《二十一世紀》1994年6月號(總第23期)"三邊互動"欄目。
② 《北史·杜正藏傳》云:"正藏爲文迅速,有如宿構……又爲《文軌》二十卷,論爲文體則,甚有條貫。後生寶而行之,多資以解褐,大行於世,謂之《杜家新書》云。"

南玉：“近世文儒多講《世説》者，故有《世説考》及《觿》等之書出，而非互無得失。貴邦亦有闡發此書者乎？”奧田講的“近世文儒”，專指日本江户時代中期以降，其提及的書名，就是桃井白鹿的《世説新語補考》和岡田白駒的《世説新語補觿》。《世説新語補》是王世貞删改彙合劉義慶《世説新語》及何良俊《語林》而成，傳入日本後，引起很大反響，注釋、輯佚、考訂、仿作不絶①。奧田曾從學於岡田白駒，對日本學者“闡發此書”之舉也頗爲自傲，故有此問。但南玉對本國相關狀况茫然無知，爲了在外交場合争得面子，遂以炎炎大言對之：“弊邦人士專攻經術，如此書多有舊説，不復喜鑿求，故無發注者。”②以文獻學方法考察，我們知道無論是《世説新語補》的傳入還是注釋的年代，朝鮮都遠遠早於日本。《世説新語補》刊於萬曆十三年(1585)，二十一年後，朱之蕃作爲正使赴朝鮮頒詔，朝鮮方面委任柳根爲遠接使，柳根又命許筠爲從事官，根據許筠當時的記録，三月二十八日朱之蕃贈送他書籍，其中就有《世説删補》③。而該書傳入日本則是在元禄二年(1685)前不久，比傳入朝鮮的時間晚大約八十年。許筠不僅獲得此書，而且還加以注釋，有《世説删補注解》，其書較岡田白駒《世説新語補觿》(1749)也早了約一百四十年。如果繼續用文獻學方法研究，我們還可以知道，李宜顯談起《世説新語補》傳入朝鮮之事，經過一百三十年，已不甚準確，但還依然有些印象。他説：“朱天使之蕃携來贈柳西坰(根)，遂爲我東詞人所欣睹焉。”④但許筠注釋此書之事，則不見提及。南玉又比李宜顯再晚五十多年，對此已全無所知，在外交場合白白丢失了一個可以滿足虚榮心的機會。但是從研究漢籍交流的角度來説，以上的考察可以讓我們獲得一些較爲正確的知識，掌握一些已被歷史塵埃掩埋的事實，却無法進一步理解這些知識和事實背後的意義。同樣一部《世説新語補》，其傳入朝鮮的時間及予以注解的行爲都遠遠早於日本，爲什麽日本人津津樂道，而朝鮮人却語焉不詳甚至懵然無知？爲什麽在日本能够形成“《世説》熱”，而其書在朝鮮的反應却相當冷清甚至受到排斥？造成兩者間差異的，是政治的、經濟的、文化的等多種因素的綜合作用，甚至是某些關鍵人物的命運决定了一書的浮沉。如果説，“書籍自有命運”(Habent Sua fata libelli)，這是西元二、三世紀之交一位拉丁詩人泰倫提雅努斯·馬烏(Terentianus Maurus)的話，那麽，它的命運并不能自我主宰，主宰其命運的也不是那隻經濟學上的“看不見的手”(藉用亞當·斯密的話"Invisible Hand")，簡單地説，“讀者所在的物質及文化環境是他們解讀文本的過濾器和控制器”⑤。我們需要的恰恰就是將研究目光投向其“過濾器和控制器”。

---

① 參見張伯偉《日本世説學文獻序録》，鳳凰出版社，2021年。
② 奧田元繼《兩好餘話》卷下，日本明和元年(1764)刊本，日本京都大學附屬圖書館藏。
③ 許筠《丙午紀行》，《惺所覆瓿稿》卷十八，《韓國文集叢刊》第74册，韓國景仁文化社，1991年，第291頁。
④ 李宜顯《陶峽叢説》，《陶穀集》卷二十八，《韓國文集叢刊》第181册，韓國景仁文化社，1997年，第448頁。
⑤ 詹姆斯·雷文(James Raven)《什麽是書籍史》(*What is the History of the Book?*)，孫微言譯，北京大學出版社，2022年，第14頁。

綜上所述，在書籍交流即便縮小到東亞範圍的課題上，我們雖然有必要重申，文獻學的方法是重要的和必要的，但更有必要提醒，文獻學的方法無法滿足求知的渴望和探索的心靈。我們需要尋找向上一路，運用更爲有效的方法，從而使書籍交流的研究向更爲深入、更爲寬廣也更爲有趣的領域進發。

三　書籍史視角的引入

這裏説的"書籍史"不是傳統的僅僅以物質的、技術的眼光考察書籍演變的歷史軌迹，這些在東亞已有不少成果，集中在對目録、版本、印刷歷史的追溯和描寫，其關注重心在文本的"物理表徵"（physical features），類似於十九世紀的英國學者把書籍當作物質文化來研究的作派。而"書籍史"則是以1958年法國史學家費夫賀（Lucien Febvre）和馬爾坦（Henri-Jean Martin）合著的《印刷書的誕生》（L'Apparition du livre）爲標志，他們與年鑒派學者的思路相當合拍，開啓了書籍的社會文化史研究。經過二十多年的發展，在二十世紀八十年代形成了一門豐富而又多産的新學科，用美國學者羅伯特·達恩頓（Robert Darnton）在1982年文章中的描述："書籍史是一門重要的新學科，是一種用社會史和文化史的方法研究人類如何溝通和交流的學問……人們的想法和觀念是怎樣通過印刷品得到傳播的，閱讀又是怎樣反過來影響人們的思想和行爲。"[①]雖然在達恩頓的時代，他已經認識到對這一門學問的研究"必須在範圍上跨國際，方法上跨學科"[②]，但直到那個時候，大量的研究課題仍然只是從民族國家的立場出發。而在2018年出版的英國學者詹姆斯·雷文著作的觀察中，"近年來，書籍史掀起了一波更側重於比較的浪潮……新的書籍史進行了全球比較，儘管其方法仍處在萌芽階段……全新的問題占據了書籍史的學術前沿，這些問題涉及跨越大洋和橫貫大陸的書籍生産、流通和閲讀，以及本土化的知識創造及其廣泛傳播"[③]。作者還預言："書籍歷史的明顯且源源不絶的動力在於打破民族國家的、帝國的或其他各種政治地理的界限。"[④]我想從以上引文中概括三點值得關注的看法：1. 挣脱民族國家的立場，進入跨國界的比較是書籍史研究的新浪潮；2. 從事這類研究的方法還處於萌芽階段；3. 跨國界的研究構成了源源不絶的動力之一，推動着書籍史的發展。這，或許可以代表歐美書籍史研究的最新動向。而周紹明（Joseph P. McDermott）與彼得·伯克（Peter Burke）合編的《東亞與歐洲的書籍世界，1450—1850》[⑤]，也可以堪當歐美學者關於書籍史跨國界研究的初步業績。

---

①　《書籍史話》（"What is the History of Books?"），收入《拉莫萊特之吻：有關文化史的思考》（Kiss of Lamourette: Reflections in Cultural History），蕭知緯譯，華東師範大學出版社，2011年，第85頁。
②　《拉莫萊特之吻：有關文化史的思考》，第112頁。
③　《什麽是書籍史》，第3—5頁。
④　《什麽是書籍史》，第2頁。
⑤　The Book Worlds of East Asia and Europe, 1450—1850, Edited by Joseph P. McDermott and Peter Burke, Hong Kong University Press, 2015.

東亞書籍交流的研究,從内容來看,與"跨國界"的書籍史研究非常合拍。就通常的書籍史研究而言,"跨學科"是其鮮明的特徵之一,歷史學家、文學家、社會學家、圖書學家等都是這個學術圈中的重要構成者。在既有的研究中,有人曾構擬了具有普遍性的研究模式,如達恩頓就建構了這樣一個循環:作者—出版商—印刷商—運輸商—書商—讀者。他强調:"圖書史(引者案:此處的'圖書史'之譯實即'書籍史',下同)的研究不僅要探討這個過程中的每一個環節,也要研究這整個過程,這個過程在不同時間地點的表現形式,以及它同周邊其他經濟、社會以及文化系統之間的關係。"①在這樣一個過程中,最終落實到讀者,而他認爲"閱讀是書籍傳播過程中最難研究的一個課題"②。爲此,他又提出了"五種研究方法",但實際上僅僅呈現了幾個不同的研究方向或課題,真正具有方法意義的只是第四條——"熟悉文學理論",尤其應以德國、法國和美國學者倡導的"讀者反應理論"爲核心。這意味着"在文學理論研究與圖書史研究之間建立互動的時機已經成熟"③。在達恩頓的認知中,西方人到十六世紀纔真正掌握了文字(姑且不論識字率問題),所以他的書籍史研究主要是在十七世紀以下的資本主義社會中,也因此,商業經濟占據了極高的研究比重,他列出的六項因素中有四項都是商人。這種看法依然被今天的研究者堅守不易,如詹姆斯·雷文指出:"任何時代、任何地方的書籍史研究都離不開對書籍生産經濟學的瞭解。"④但這樣的研究模式,"强調圖書貿易流動甚過書籍本身",同時也具有"明顯的歐洲中心論色彩"⑤,其缺陷與不足已經被有些學者認識到。但這樣的研究模式,却對東亞的書籍史研究產生了較大影響,從而不由自主地遮蔽了更爲重要的方面。

　　在以傳統中國爲核心的東亞世界,社會發展變遷的基本運作,不是經濟決定政治、文化和社會,而是王權支配經濟、文化和社會。馬克思、恩格斯就曾提出"政治經濟學"的概念。劉澤華指出:"中國傳統思想文化的主體是政治思想和政治文化,而其主旨是王權思想。思想文化的王權主義又根源於'王權支配社會'這一歷史事實。"⑥我認爲這是一個精闢的判斷,"王權支配社會"也就自然形成"政治支配經濟"。但以往的中國甚或東亞的書籍史研究,由於受到歐美書籍史理論和方法關注重心的指引或潛在規範,絶大部分研究者的目光都被商業"妖韶女"吸引⑦,而對於過濾和控制商業活動的政治因素,反倒是因爲

---

① 《書籍史話》,《拉莫萊特之吻:有關文化史的思考》,第88—89頁。
② 《拉莫萊特之吻:有關文化史的思考》,第98頁。
③ 《閱讀史初探》("First Steps Toward a History of Reading"),收入《拉莫萊特之吻:有關文化史的思考》,第146—160頁。
④ 《什麽是書籍史》,第5頁。
⑤ 戴聯斌《從書籍史到閱讀史:閱讀史研究理論與方法》,新星出版社,2017年,第54—55頁。
⑥ 劉澤華《中國的王權主義·自序》,天津人民出版社,2019年,第3頁。
⑦ 略舉其例,國外漢學家著作如周紹明(Joseph P. McDermott)《書籍的社會史:中華帝國晚期的書籍與士人文化》(*A Social History of the Chinese Book：Books and Literati Culture in Late Imperial China*),何朝暉譯,北京大學出版社,2009年;大木康《明末江南的出版文化》,周保雄譯,(接下頁)

"習見"而成了"不見"。所以我想强調指出，在東亞書籍史的研究中，商業因素的較高比重需要讓位於政治因素的考量，這應該成爲我們的基本認知①。而當書籍史研究由"跨學科"進而"跨國界"，在研究方法上就更没有現成的理論模式可循。因此，將書籍史的視角引入東亞書籍交流研究之後，緊接着的工作就必須是對方法的探索。由於在歐美的書籍史研究中，迄今爲止并没有統一的理論和方法，也就是説，既没有現成的理論模式可供套用，且以歐美的書籍傳播、接受的普遍現象爲基礎擬構的某些理論框架也無法覆蓋東亞，我們的工作重心就是針對與歐美書籍史擁有較大差異的因素——政治因素②，以及歐美書籍史研究中的薄弱環節——閱讀史，提出自己的觀察以及研究方法上的建議，藉此與西方書籍史研究的同行對話，也期待在書籍史"跨國界""跨學科"研究的新浪潮中，就理論和方法的探索作出東亞學者應有的貢獻。本文將集中討論第一個問題。

四 "政治過濾網"與書籍交流

政治因素對於書籍交流的影響，具有正面和負面的兩類。就以往的研究而言，注意力多在其中的正面因素却又往往忽略其中的政治性，如果更换一種眼光，就可以成爲另外一種叙事。比如《增補文獻備考·藝文考》，其第一類"歷代書籍"中的總論、購書賜書、獻書、進書中朝等條目，都是含有濃厚政治意味的書籍交流叙事。一個"賜"字，便活脱脱地畫出了中國皇帝居高臨下的賞賜嘴臉（就其遣辭的本意而言，却又是感恩戴德之情的表露）。無論是皇帝的主動"賜之"，還是應國王的"奏請"，無論是儒家經典、中國古史，還是佛、道二藏，這些"賜書"都反映了特定時代的國家意識形態，通過由上而下、由中心而邊緣的方式强行推擴，只是籠罩了一層封建時代的"温情脉

（接上頁）上海古籍出版社，2014 年；賈晉珠(Lucille Chia)《謀利而印：11 至 17 世紀福建建陽的商業出版者》(*Printing for Profit: The Commercial Publishers of Jianyang, Fujian* [11th—17th Centuries])，邱葵等譯，福建人民出版社，2019 年。中國學者著作如郭孟良《晚明商業出版》，中國書籍出版社，2011 年；張獻忠《從精英文化到大衆傳播——明代商業出版研究》，廣西師範大學出版社，2015 年；何朝暉《晚明士人與商業出版》，上海古籍出版社，2019 年。

① 陳登原在二十世紀三十年代初撰《古今典籍聚散考》（商務印書館，1936 年），其書共分四卷，即政治卷、兵燹卷、藏弆卷、人事卷，其中兩卷都與政治相關（戰争就是政治的升級），涉及商業者僅爲人事卷中的"書賈"一目。可見在較爲傳統的學者的傳統眼光中，政治因素的影響要遠遠大於、强於、高於商業因素，這是值得我們深長思之的。

② 在歐洲書籍的傳播歷史上，政治因素的干擾也是一項事實，但在商業出版發達，尤其在 1789 年的法國大革命之後，其影響的力度弱化了許多，這也是以往歐美書籍史研究者對政治因素較爲漠然的原因之一。但在全球化的"洪流"中也有反全球化"逆流"的涌動，不少地區也出現了書籍管制的"復活"，有的學者就開始注意這些問題，比如羅伯特·達恩頓與丹尼爾·羅什(Daniel Roche)合編的《印刷中的革命：1775—1800 年的法國出版業》(*Revolution in Print: The Press in France, 1775—1800*)（汪珍珠譯，上海教育出版社，2022 年）。達恩頓在該書"導論"中指出："這些問題的提出并不是出於對古文物研究的好奇或是對 1789 年精神的致敬，而是因爲文化和交流在 1989 年已然成爲重點關注的領域。"（第 2 頁）但總體而言，對政治因素在書籍史研究中的關注仍然是頗爲寂寥的。

脉的面紗"①。至於"賜"哪些書、"不許"哪些書,或彼時"不許",而此時"又賜",體現的也依然是"王權"的威嚴②。由"賜書"形成的等級觀念,再經朝鮮國王的"複製",遂向地方社會乃至個人家庭滲透。

在現存的朝鮮時代書目中,有一類被我界定爲"地方書目",其中包括各地鄉校、書院的藏書目録。鄉校屬於官學系統(包括太學、四部學堂、鄉校),書院屬私學。鄉校的書籍一律來自官方頒賜。《世宗實録》十七年乙卯(1435)十一月癸亥載:"傳旨各道監司:《性理大全》及《四書五經大全》……實理學之淵源,學者當先講究者也……欲印置於鄉校者。"③同書二十三年辛酉(1441)十月辛巳載:"印《直解小學》二百本,頒賜各官、鄉校及文臣。"④上述經學、理學著作皆來自中國,頒賜本是在朝鮮各道重新雕版印刷的,有的書則是對中國典籍的注釋講解。至於書院,自朝鮮明宗五年(1550)國王賜額"紹修書院"始,也有了頒賜書籍的先例,四年後,以鄭夢周生長之地創建書院,也就以此爲先例要求賜書。現存的《嶺南各邑校院書册録》中載玉山書院的藏書,首列自《禮記》三十卷到《御定朱書百選》三卷等十五種,都屬於"宣賜"本⑤。這是國家意識形態通過教育途徑向社會擴散的表現。

至於個人家藏書籍,較爲典型的例證是同春堂宋浚吉後裔所藏《家藏書籍簿》,其藏書據來源分作五類:内賜二十八種,家印二百三十七種,借來八種,不歸類二十種,書帖一百零八種⑥。内賜二十八種以儒家經典爲主,另有極少量的史書(如《通鑒》等)、文學(如《文選》《瀛奎律髓》)和醫學(《醫學正傳》)類書。無論是鄉校、書院抑或個人,獲得國王的"賜書"都是一種無上的殊榮,在所有的藏書中也占有最高地位,在不同書目中皆列於首位。在這些書目中,絶對看不到佛、道二教的踪影,也絶對看不到通俗小説的踪影,雖然這并不意味着儒生或士大夫絶對不讀小説。

由此可見,東亞的書籍交流,從國家、社會到個人,其最爲重要的部分(未必總是數量最多的部分),既不是出於個人的自然需求,也不是來自商業的自由貿易,而是由政治決定的。從中國皇帝與朝鮮國王的關係看,或者從朝鮮國王與其臣民的關係看,賜什麽書,買什麽書,讀什麽書,藏什麽書,往往透過"政治過濾網"的篩選。最高統治者的意志,經過層層"複製",最終抵達社會和家

---

① 馬克思、恩格斯《共産黨宣言》指出:"資産階級在它已經取得了統治的地方把一切封建的、宗法的和田園詩般的關係都破壞了……資産階級撕下了罩在家庭關係上的温情脉脉的面紗,把這種關係變成了純粹的金錢關係。"人民出版社,2017年,第30頁。
② 《增補文獻備考·藝文考》載,高麗朝宣宗十年(1093),"遣使如宋,請《太平御覽》,不許";肅宗六年(1101),"王嘏、吴延寵等朝宋還,帝賜《太平御覽》一千卷……此使之能也"。實際上,相距八年,一予一奪,皆是王權的體現。
③ 《朝鮮王朝實録》第3册,韓國國史編纂委員會1955年影印本,第657頁。
④ 《朝鮮王朝實録》第4册,第367頁。
⑤ 《朝鮮時代書目叢刊》第五册,第2290—2292頁。
⑥ 손계영(Son Ke-Young)《동춘당후손가가전「家藏書籍簿」의작성시기에대한고찰》(《對同春堂後裔家傳〈家藏書籍簿〉作成時期的考察》),載韓國《書志學研究》第38輯,2007年12月。

庭,而處於此社會中的個人以"被格式化"的思維習慣自覺地"過濾"和"控制"自身。當然,這只是就普遍化的一般情形而言,每個時代總有不那麼循規蹈矩的思想"出格"的人,并且由這種思想產生"奇言怪行"甚至"异端邪説"。

"賜書"是一種以上對下的行為,另一種行為是"徵書",即要求高麗、朝鮮方面"獻書"。《高麗史·宣宗世家》八年(1091)載,李資義從宋朝帶回哲宗皇帝之命,要求高麗獻書128種,"雖有卷第不足者,亦須傳寫附來"①。語氣是峻烈的,不容討價還價。《增補文獻備考》的編者懷疑此"是遠外傳聞懸度之事",也許不會有如此大規模的"徵書"②,但高麗獻書則是事實。《玉海》記載:"元祐七年五月十九日,秘省言高麗獻書多异本,館閣所無。"據《朱子語類》記尤延之(袤)語云:"《孟子》'仁也者人也'章下,高麗本云:'義也者,宜也;禮也者,履也;智也者,知也;信也者,實也。合而言之,道也。'"并首肯云:"此說近是。"③朱熹《孟子集注·盡心章句下》引用"外國本"云云,即尤氏所謂高麗本。而據李瀷(星湖)的説法,多出20字的《孟子》版本在十八世紀的朝鮮已不復可睹,"今不可得見,可勝嘆哉"④。然而朝鮮國王也同樣"複製"此類"徵書"之舉,對內命民間獻書,史籍不絶於書,對外則要求文化地位及國家實力稍遜者獻書,如世宗七年(1425)對琉球使者云:"予今付送中朝尋訪書目,歸報國王,所有書冊送之可也。以天下而失其本,況海外之國,未必有也。然幸有一二本,須宜送之。"⑤同時又"賜書"琉球使者,完全是以上臨下的姿態。而"須宜送之"云云,顯然模仿了宋哲宗"須傳寫附來"的語氣,只是稍作委婉而已。徵書、獻書,無非某種政治權力的體現。

以上是就政治影響的正面因素而言,所謂"正面",就是指對書籍交流起積極作用的因素,但負面因素的影響也極為重要,這突出表現為"禁書"。對於禁書的歷史學研究,無論中西,都有學者加以詳細探討⑥,但在書籍史的研究中,這項內容往往是缺席的⑦。1999年由卡洛萊兹(Nicholas J. Karolides)等人合著的《禁書》,將西方的禁書分為四類:性愛類、社會類、宗教類、政治類。嚴格地説,東亞的禁書主要是出於政治的原因和目的,宗教往往是政治化的,社會類(比如涉及民族、種族的措詞等)也只是在與政治相關時纔遭禁或被删被

---

① 《高麗史》卷十,西南師範大學出版社、人民出版社,2014年,第289頁。
② 關於朝鮮文獻中這一記載的研究,參見屈萬里《元祐六年宋朝向高麗訪求佚書問題》,載《東方雜志》復刊第8卷第8期,1975年。
③ 黎靖德編《朱子語類》卷一百三十三,中華書局,1986年,第3191頁。
④ 李瀷著,安鼎福編《星湖僿説類選》下輯卷六上"高麗古經"條,明文堂,1982年,第6頁。案:此書乃安鼎福編輯其師李瀷言論而成,《增補文獻備考·藝文考》逕作安鼎福語,誤。
⑤ 《國朝寶鑒》卷十二"世祖朝三",又《增補文獻備考·藝文考》亦有記載。
⑥ 參見陳正宏、談蓓芳《中國禁書簡史》,學林出版社,2004年。今田洋三《江户の禁書》,吉川弘文館,2007年。卡洛萊兹(Nicholas J. Karolides)、伯德(Margaret Bald)、索瓦(Dawn B. Sova)《禁書:100部曾被禁的世界經典作品》(100 Banned Books: Literature Suppressed on Political, Religious, Sexual and Social Grounds),吴庶任譯,臺中晨星出版有限公司,2002年。
⑦ 在我的閱讀範圍中,只有羅伯特·達恩頓和丹尼爾·羅什合編的《印刷中的革命》第一部分"革命前形勢"的三篇文章涉及了這一課題。

改。至於色情類的禁書,屬於古今中外的通例,往往流於官樣文章或口頭禁忌,在東亞書籍交流中,這類書甚至得以大行,至少没有受到太多限制。就以孫楷第的《中國通俗小説書目》《日本東京所見小説書目》《大連圖書館所見小説書目》爲例,後二者都是日本藏書,其中"烟粉類"甚多①。陳慶浩、王秋桂主編《思無邪匯寶》,收録艷情小説五十種,"大部分資料採自日本、俄羅斯、英國、法國、荷蘭、美國等諸國圖書館及私人藏書"②,其中又以日本占多數,這當然是有原因的③。至於朝鮮時代,雖然有對通俗小説的"禁令",却往往有禁不止或有令難行④。中國的情况大體相類,李夢生説:"在禁書中,有違礙語的禁得很嚴,今存世大多是孤本、殘本;其次是淫穢小説;最寬的是才子佳人小説,書坊幾乎没有遵守禁令。"⑤所謂"違礙語",大抵涉及政治。所以,就"禁書"而言,最大的禁忌是"時忌",也就是關乎當時的政治的。

　　中國傳統歷史上禁書的高峰是清代,尤其是事關明清易代的作者及作品。1790 年,朝鮮徐浩修以進賀兼謝恩副使身份入清,在熱河見到鐵保,而有這番詢問:"《牧齋集》方爲禁書,閣下何從得見?"鐵保答復道:"凡禁書之法,止公府所藏而已,天下私藏,安得盡去?"⑥禁書的目標是要限制乃至杜絶書籍的流通,但實際效果却往往激發了人們的好奇乃至獵奇,"禁書"反而成爲覓書、購書的首選,就如法國作家蒙田(Michel de Montaigne)説的:"不許我們做的事,也就是煽動我們欲望的事。"⑦入清以後,朝鮮使團在往返路途中,經常向當地人士覓購禁書,時見於記録。而更爲集中的展現,則是在北京琉璃廠書肆的活動,禁書特别引發了他們搜羅、購買的興趣和熱情。書籍管制、禁忌在某種程度上對這些書籍的擴散作用,證明了文化專制者的愚蠢和失敗。金錫胄於康熙二十一年(1682)赴京,其《買書》詩有"前代禁書仍十失"⑧之句,表達了對禁書苛虐之政的憤慨。李德懋於乾隆四十三年(1778)赴京,托琉璃廠五柳居陶生代購禁書,曾記録書狀官沈念祖的話:"左右嘗盛言顧亭林炎武之耿介,爲明末之第一人物。購其集於五柳居陶生,陶生以爲當今之禁書三百餘種,《亭林集》居其一。申申托其秘藏歸來,

---

①　參見《中國通俗小説書目(外二種)》,中華書局,2012 年。
②　陳慶浩《思無邪匯寶·總序》,臺灣大英百科股份有限公司,1995 年,第 12 頁。
③　原因雖有多種,但最主要的是江户時代的日本人提倡藉助通俗小説(含色情小説)學習漢語。雨森芳洲《橘窗茶話》卷上云:"我東人欲學唐話,除小説無下手處。"又評論精通"唐話"的岡島冠山説:"岡島援之只有《肉蒲團》一本,朝夕念誦,不頃刻歇。他一生唐話從一本《肉蒲團》中來。"雨森氏又自謂"所讀小説亦不下四五十部"(《芳洲文集》,日本關西大學東西學術研究所,1980 年,第 157—158 頁)。雖或有些誇張,但時人重視利用通俗小説學習漢語則是事實。
④　參見張伯偉《朝鮮書目與時代及地域之關係》,載《延邊大學學報》2004 年第 4 期;又《從朝鮮書目看漢籍交流》,載《書籍之路與文化交流》,上海辭書出版社,2009 年。
⑤　李夢生《中國禁毀小説百話·前言》,上海辭書出版社,2017 年,第 3 頁。
⑥　徐浩修《熱河紀游》卷二,林基中《燕行録全集》第 51 册,東國大學校出版社,2001 年,第 484 頁。
⑦　《蒙田隨筆全集》第二卷,馬振騁譯,上海書店出版社,2009 年,第 274 頁。
⑧　金錫胄《擣椒録》卷下,《燕行録全集》第 24 册,第 93 頁。

余於轎中盡讀之,果然明末遺民之第一流人也。"①李永得道光二年(1822)入京,其《燕行雜錄》載:"往文盛堂買書……所買書册多禁書。"②購書本屬商業行爲,但朝鮮燕行使者在北京熱衷購買禁書,却體現了政治因素向商業活動的滲透。僅以上述所舉三例來看,這種意識已經延續了一百四十年,實際則更長。清朝民間廣泛聞知的三百餘種禁書,在某種程度上已經成爲朝鮮人潛在的購書向導。

政治因素對圖書貿易的影響,同樣體現在中日書籍交流中。最典型的案例,當然就是有關江户時代的禁書與書籍檢查的制度。由於禁止的對象主要是基督教教義,而書籍的審查較之於一般商品更爲複雜,所以在長崎奉行屬下專設"書物改役"一職。最有代表性的研究,允屬日本思想史、基督教史學者伊東多三郎的《禁書の研究》(1936)和歷史學者大庭脩的《江户時代における唐船持渡書の研究》(1967)、《江户時代における中國文化受容の研究》(1984),後者譯爲中文時改題爲《江户時代中國典籍流播日本之研究》,堪稱名副其實。大庭脩在比較伊東氏與自己的研究時説:"他考察有哪些書被禁止輸入,而我却是調查有哪些書被允許入境。"③江户幕府頒布了很多禁書目録,如貞享二年(1685)的《國禁耶穌書》,京都書坊明和八年(1771)的《禁書目録》等。不僅列在目録中的禁書不能入境,其他與基督教主題無關的書,往往因爲其中含有西洋人的詩作或書信,也同樣遭禁,如《福建通志》《地緯》《帝京景物略》等。當然,幕府的政策時緊時鬆,并非一貫,但無論怎樣,中國輸入日本的書籍,都要經過政治、宗教過濾網的篩選,被認爲是"安全的",方可放行。在中日書籍交流的研究中,人們極爲重視的珍貴資料,無論如齎來書目、大意書、交易帳(書籍元帳、見帳、直組帳、落札帳)等第一手資料,還是如各類《舶載書目》《唐本目録》等第二手資料,其實都是在政教因素干涉下催生的副産品。它表明當時的書籍貿易并不是純粹的商業活動,而是經受了"政治審查"的干預、處分後的結果。如果忽略了這項重要的因素,就難以瞭解當時中日書籍交流的真相。面對如此普遍存在的歷史現象,我們可以從中獲得一個强烈的印象,那就是,與西方書籍史研究重視商業活動不同,東亞書籍史研究應該更重視政治因素的作用。政治就如同社會生命體中的主動脉,透過毛細血管網的作用,滲透到每一個細胞,任何領域、任何個人都注定無處可逃。

在日本,不止基督教書籍難以入境,《孟子》的命運也屬多舛,儘管它是儒家經典,平安時代的大學寮明經科甚至不以它爲教科書。《孟子》在日本"運交

---

① 李德懋《入燕記》卷下,《燕行録全集》第57册,第324頁。
② 舊題徐有素《燕行録》,《燕行録全集》第81册,第171頁。案:此書舊題有誤,其《燕行雜録》部分實出自李永得,參見張伯偉《名稱·文獻·方法——關於"燕行録"研究的若干問題》,載《南國學術》2015年第1期。
③ 大庭脩《江户時代中國典籍流播日本之研究》,戚印平、王勇、王寶平譯,杭州大學出版社,1998年,第53頁。

華盖",原因在於其書强調"易姓革命"的正當性,這與日本萬世一姓的天皇制度的"國體"不合,所以很受排斥。謝肇淛《五雜組》曾記載:"倭奴亦重儒書,信佛法,凡中國經書皆以重價購之,獨無《孟子》,云有携其書往者,舟輒覆溺。"①日本方面的記載中,如藤原貞幹《好古日録》、桂川中良《桂林漫録》、冢田虎《隨意録》等書都曾轉録上述記載。直到德川幕府勢力抬頭,與天皇分庭抗禮,《孟子》纔受到人們的重視,所以寬文年間(1661—1673)刊行的和刻本《五雜組》中,上文引録的一則就被删去。其後,隨着尊王(朝廷)賤霸(幕府)思想的逐步抬頭,像高松芳孫(貝陵)這樣的尊王派就對孟子惡語相加,所謂"軻也是仁義之賊,聖人之大罪人,君子之宜所誅討者"②。到明治維新時國學與漢學發生爭辯,大學不允許將《孟子》列入正科,同時還禁止人們私下閱讀③,這幾乎又像是回到了平安時代。當政治力量介入的時候,即便是儒家經典也難逃厄運。但比起朱元璋讀到《孟子》"君之視臣如草芥,則臣視君如寇讎"而大怒,幾乎動了殺心,最後罷其配享,并命人删改其書近百條之多④,日本君臣對《孟子》的態度就算得上溫和而節制了許多。

　　書籍史和歷史研究、文學研究的最大不同,是要以書籍和閱讀爲中心,將焦點凝聚在書籍自身和實際的閱讀活動。從這一點出發,我們還要注意政治因素對書籍的内容、署名、字體、裝幀、收藏等諸多方面的影響。

　　首先看内容。日本正德元年(1711),朝鮮通信使正副使趙泰億、任守幹與日本新井白石有一番筆談,經記録整理後成書。任守幹整理(署趙泰億名)者爲《江關筆談》,新井白石整理者爲《坐間筆語》(一題《朝鮮使燕樂筆語》),這是第一次由官方層面展開的兩國外交之間的"文戰"記録⑤。在《坐間筆語》中,新井氏口口聲聲自稱日本爲"天朝",這固然是一種自大的表現,但也還可以理解。至於其中記録朝鮮使臣語,以"皇京"稱日本京都,則絶對經過改换。按朝鮮人的習慣用法,僅以"皇京"稱明朝國都,以"燕京"稱清朝國都,而以"倭京"稱日本國都。至於《江關筆談》,朝鮮方面有任守幹《東槎日記》附録本,日本方面亦有刊本,兩者差異頗多。兹舉一例以比對之。《東槎日記》本載:

(新井)白石曰:"當今西方諸國,皆用大清冠服之制,貴邦獨有大明之舊儀者,何也?"平泉(趙泰億)曰:"天下皆左袵,而獨我國不改華制,清國以我爲禮義之邦,亦不敢加之以非禮。普天之下,我獨爲東周,貴邦亦有

---

① 謝肇淛《五雜組》卷四,上海書店出版社,2001年,第86頁。
② 《正學指南》卷二,關儀一郎編《日本儒林叢書》第十一卷,第46頁。案:原文爲日語。
③ 參見宇野精一《明治以後的儒教》,許正雄編譯《日本儒學史概論》,文津出版社,1993年,第115頁。
④ 參見吴晗《朱元璋傳》,北京聯合出版社,2020年,第119—120頁。
⑤ 參見張伯偉《"文和"與"文戰":東亞詩賦外交的兩種模式》,載《中華文史論叢》2022年第2期。

用華之意否？今看文教方興，深有望於一變之義也。"①

這裏的答話，顯然帶有朝鮮使臣的文化自傲，"一變之義"壓縮了孔子的話，所謂"齊一變，至於魯；魯一變，至於道"②，暗示日本需要向朝鮮學習。同樣是這個場景，日本刊本却是如下文字：

> 白石曰："當今大清易代改物，因其國俗，創制天下。如貴邦及琉球，亦既北面稱藩，而二國所以得免辮髮左衽者，大清果若周之以德而不以疆（彊）然否？抑二國有假靈我東方？亦未可知也。"③

這裏顯示的則是日本方面的文化自傲甚至自大。在新井白石的言說系統中，朝鮮能夠免於"辮髮左衽"，要麽是清朝的以德服人（這是一個虛設），要麽是受到日本精神的感發（"假靈我東方"）。《江關筆談》原本由朝鮮方面整理，日本刊本的署名也還是"通政大夫吏曹參議知制教趙泰億輯"，是以朝鮮本爲藍本的。兩者之間出現的差異，集中在對朝鮮的貶低和對自我的抬舉，顯然是日本方面出於"文化自大"的心理而實施的政治性修辭術或"易容術"，是體現其國家意識形態的僞詐之詞。這一書籍交流過程中從朝鮮本到和刻本的變化，絕非跨國傳抄、刊行過程中自然形成的訛脱衍倒，僅僅從文獻學角度校其異同，補其闕漏，而不進一步洞察其異文背後政治性的本國文化叙事，就只能得出一些浮表幼稚的結論。

至於在朝鮮和清朝之間，由於當時人的文集都以崇禎紀元後多少年繫年，在具體作品中也多有對清朝的醜化之詞，所以肅宗四年（1678）"清使侍衛噶等求觀東國文籍"，提供的文集作者都是生卒於明代的。咸豐九年（1859）吴稼軒與朝鮮使者金永爵筆談，金氏云："我國書籍未嘗不多，而無一携帶入京者，以於明季國初事多有忌諱故也。"④朝鮮人至嘉慶年間在著述中依然對清帝以"胡皇"稱之，就可以推想當時文字中有多少忌諱、違礙、不恭的用語。肅宗三十九年（1713），"因清帝求觀東國詩文，令大提學抄出前後東人詩文，删定印出"⑤。在這樣的書籍交流中，因爲出於時忌，所以要"删定印出"，更改其内容。

其次看署名。許筠在光海君十年（1618）以謀逆罪被誅殺，其名遂成忌諱，著述亦頗有散佚。約六十年後的金錫胄編《海東辭賦》，作者二十七人，辭賦五十八篇，其中有《思舊賦》《竹樓賦》《北歸賦》《東林城賦》《夢歸賦》五篇，署名"無名氏"。1991年韓國太學社影印此書，請東國大學校金起東教授撰寫解

---

① 任守幹《東槎日記》附《江關筆談》，復旦大學文史研究院編《朝鮮通信使文獻選編》第三册，復旦大學出版社，2015年，第200頁。
② 朱熹《論語集注·雍也》，《四書章句集注》，中華書局，1983年，第90頁。
③ 平安書肆群玉堂天明己酉（1789）刊本，日本京都大學附屬圖書館藏。
④ 董文涣《韓客詩存·韓客文存》，書目文獻出版社，1996年，第266頁。
⑤ 《增補文獻備考·藝文考》，《朝鮮時代書目叢刊》第陸册，第2902—2903頁。

題,也仍然説此五篇作品爲無名氏之作①,實則皆爲許筠作品。他由於"刑死"而蒙受"惡名",但其文才甚美②,若以人廢言,實在可惜,故金錫胄以"無名氏"署之。金氏此書編次以作者生年爲序(極個別者略有出入),"無名氏"編於象村(申欽)之後,申欽的生年爲朝鮮明宗二十一年(1566),而許筠爲宣宗二年(1569),顯然,金錫胄是知道這五篇賦的真正作者的,只是出於政治忌諱,遂改變了其書的署名方式。這一類書可存、名當廢或名當改的避忌,即便在二十一世紀的東亞,也還能夠看到其後遺症。

再看字體、裝幀。朝鮮顯宗九年(1668),"上以眼患,艱於看書,令玉堂寫進《四書》《五經》,大其字樣,以便覽閲"③。這種大字本當然是特殊的字體和裝幀,也是僅僅屬於國王一人擁有的"特權"。好讀書本身無可非議,但利用手中的政治權力以達到其目的,多少可以滿足帝王的虛榮心。如果觀察同一時代的清朝,開始於康熙年間刊刻書籍風行的"軟字"(即正楷書寫體),就與康熙、乾隆對於書法的趣味有關,這也是政治因素對於書籍刊刻字體影響之例④。

最後再來看藏書。朝鮮各地多有書院,每個書院都有享祀之主,故其藏書也富有特色。以《慶州府校院書册目録》爲例,其著録次序除儒家經典外,以被享祀者著作居首。如鶴崗書院祀李齊賢,故在《禮記》之後便繼之以其《益齋集》《櫟翁稗説》;東江書院祀孫仲暾,《周禮》後繼之以其《愚齋集》;仁山書院祀宋時烈,即以其《尤庵集》居首。然而到了朝鮮時代後期,黨爭頻生,書院風氣受到很大影響。仁祖二十二年(1644)林㙉上啓,指責衆多書院由"尊賢尚德之義轉成私黨"⑤。英祖時已呈現"黨議紛爭,多起於書院"⑥的狀況。書院的藏書和刻書也就染上黨爭色彩,屬於同一派别的個人文集的增多就是一個象徵⑦。此類書籍藏量的增多,也就象徵着某一黨派勢力的壯大以及聲音的宏亮,反之,則是勢力的萎縮和聲音的細弱。

以上描述東亞書籍史上的現象,多涉及書籍本身的内容、外觀和藏弆,雖未必都與書籍交流有關,但都反映了政治與書籍史的或輕或重、或遠或近的關係,體現了東亞書籍史的特徵。在研究漢籍交流的時候,超越了文獻學的方法,引入書籍史的視角,理應對政治因素的强大而又複雜的影響予以充分重視。如果把統治者,尤其是强勢的專制君王的思想比作一個社會的主動脉,那麽,透過由上而下、由近及遠的層層滲透,就如同毛細血管網,最終

---

① 《海東辭賦》卷首"解題",韓國太學社,1991年。
② 洪萬宗《小華詩評》卷下載:"朱太史之蕃(蕃)嘗稱:端甫(許筠字)雖在中朝,亦居八九人中。"趙鍾業編《韓國詩話叢編》第三册,韓國太學社,1996年,第525頁。
③ 《增補文獻備考·藝文考》,《朝鮮時代書目叢刊》第陸册,第2879頁。
④ 參見鄭幸《清代刻工與版刻字體》,中華書局,2022年,第263—267頁。
⑤ 《仁祖實録》卷四十五,《朝鮮王朝實録》第35册,第191頁。
⑥ 《英祖實録》卷一百二十七,《朝鮮王朝實録》第44册,第543頁。
⑦ 參見李春熙《朝鮮朝教育文庫的相關研究》第四章"書院疊設置弊端與後期之書院文庫",韓國景仁文化社,1989年,第34—48頁。

抵達個人①。在傳統社會中,"良民"對於政治的反應大多是順從的,但也有少數特出之士,以"弱者的武器"(weapons of the weak)作出謹慎的或激烈的反抗。如果他們的反抗體現了某種同理心,那麽,就會贏得越來越多的同情、理解、回應和支持,并最終使社會得到改善或導致革命。以書籍史的角度繼續深入研究,需要從流通領域進入書籍的閱讀,但這就應該另外寫一篇論文了②。

二〇二二年十一月十三日初稿
二〇二三年一月二十七日改定

附記:

　　本文曾於 2022 年 11 月 19 日在韓國高麗大學、中國南京大學、日本立命館大學聯合舉辦的"東亞漢籍交流國際學術會議專題演講會"上演講,兹以演講稿爲基礎,略加充實,提交《古典文獻研究》,以紀念南京大學古典文獻研究所曹虹教授榮休。

(作者單位:南京大學文學院)

---

① 王汎森在《權力的毛細管作用——清代文獻中"自我壓抑"的現象》一文中,對清代的政治壓力之下,在文化領域中,尤其是寫作、出版、藏書等方面無所不在的自我壓抑、自我删節的現象作了詳細分析,收入其《權力的毛細管作用:清代的思想、學術與心態》,北京大學出版社,2015 年,可參看。

② 關於這個問題,我將在下一篇文章《"雙重傳統"與書籍閱讀:東亞書籍史研究方法再檢討之二》中加以討論。

論吕祖謙《古易音訓》對《周易釋文》的改造

章莎菲

《古易音訓》一篇,是吕祖謙(1137—1181)編定《古周易》時的衍生之作。宋代曾掀起一股恢復"古《易》"的風潮,而吕祖謙正是其中的代表學者。他感慨"自康成、輔嗣合《彖》《象》《文言》於經,學者遂不見古本"[①],故在前輩晁説之(1059—1129)所編《古周易》的基礎上,進一步參考史傳記載,厘定《周易》經傳爲十二篇,并將分篇依據等記於《音訓》中[②]。據朱熹(1130—1200)所言,《音訓》并非吕氏親自撰定,乃由其門人王莘叟筆受,書甫畢而吕氏殁[③]。其後朱子將《古周易》并《音訓》付梓。按朱子之孫朱鑒(1190—1258)所作《易吕氏音訓跋》云:

> 先公著述經傳,悉加音訓,而於《易》獨否者,以有東萊先生此書也。鑒既刊《啓蒙》《本義》,念《音訓》不可闕,因取寶婺、臨漳、鄂渚本,親正訛誤六十餘字而并刊之。[④]

由此可知,在朱鑒校刻之前,《音訓》已有寶婺、臨漳、鄂渚三本[⑤],而朱鑒又取與《易學啓蒙》《周易本義》并刊;但元代董真卿作《周易經傳集程朱解附録纂

---

① 〔宋〕吕祖謙《書所定古周易十二篇後》,《東萊吕太史文集》卷七,《中華再造善本》影印中國國家圖書館(下文簡稱"國圖")藏宋嘉泰四年(1204)吕喬年刻元明遞修本,北京圖書館出版社,2005年。

② 宋人重編"古《易》"的基本思路是離析經傳,而各家具體的分篇方式及所定篇次、篇名則不盡相同。晁説之所編《古周易》作八篇:卦爻一,彖二,象三,文言四,繫辭五,説卦六,序卦七,雜卦八(晁説之《題古周易後》,《嵩山文集》卷一八,《四部叢刊續編》影印舊鈔本)。吕祖謙認爲晁書"刊補離合之際,覽者或以爲未安",故"謹因晁氏書,參考傳記,復定爲十二篇,篇目、卷帙一以古爲斷,其説具附於《音訓》"(《書所定古周易十二篇後》,《東萊吕太史文集》卷七)。

③ 〔宋〕朱熹《書臨漳所刊四經後·易》,《晦庵先生朱文公文集》卷八二,朱傑人、嚴佐之、劉永翔主編《朱子全書》第24册,上海古籍出版社、安徽教育出版社,2002年,第3889—3890頁。

④ 〔宋〕朱鑒《易吕氏音訓跋》,〔明〕程敏政編《新安文獻志》卷二三,明弘治十年(1497)刻本。

⑤ 關於此三本刊刻情況及其聯繫與區别,束景南先生《朱熹未作〈古易音訓〉考辨》一文有詳細論述(見氏著《朱熹佚文輯考》,江蘇古籍出版社,1991年,第641—644頁),但束文觀點尚有可議之處,詳拙文《吕祖謙〈古周易〉及〈音訓〉已佚刊本考》(《國學學刊》2023年第2期),兹不贅述。

注》(又名《周易會通》①)時乃云:

> 東萊吕氏《音訓》,朱子所深取……惜刊《本義》者不曾附入,遂使此書幾至无傳。(《周易會通·凡例》)

似乎董氏并未見到朱鑒合刊《啟蒙》《本義》《音訓》之本,且當其時,《音訓》已"幾至無傳",幸董氏"今得善本,悉附經文"(《周易會通·凡例》),是《會通》中散見《音訓》全文,其書得存②。

觀察《會通》保存的《音訓》條目可以發現③,《音訓》主要由三部分内容組成:一是吕氏關於重編"古《易》"的學説,二是《周易》經傳文字的相關音讀、義訓及异文,三是對晁説之《古周易》一書的部分引用。既題爲"音訓",顧名思義,可知第二部分(音、義、异文)内容在《音訓》中占比最大,而這些内容直接取材於《經典釋文·周易音義》(下文簡稱"《釋文》"④),故前人曾論斷《音訓》爲"并陸德明、晁景迂書足之者"⑤。雖然,《音訓》并非照録《釋文》,而是根據與《古周易》配套并行的需要,對《釋文》進行了一定改造,主要包括對《釋文》部分條目的删削、移動、省簡,對《釋文》標舉异文、注音的體例的改動,對《釋文》"省同語"的多樣化處理,等等。這些改造説明《音訓》并不是簡單的抄撮之作,其體例經過周密安排,其内容經過慎擇約取,足以反映吕祖謙部分《易》學取向與著作思想。然而,《音訓》的一些改造也改變了《釋文》原意,引發歧義與誤解,

---

① 董書《凡例》云:"是編雖以程、朱子二家全書爲主,然於理之所聚而不可遺,理之可行而無所礙者,歷代諸家之説,莫不究攬,故總名之曰'周易會通'。"(〔元〕董真卿《周易經傳集程朱解附録纂注》,《中華再造善本》影印國圖藏元刻本,北京圖書館出版社,2004年)故下文皆稱《周易會通》,或簡稱《會通》。

② 清人宋咸熙從《會通》中將《音訓》逐條輯出,"依吕氏篇第手自綴録,上、下經一卷,'十翼'一卷"(《刻吕氏古易音訓序》,《古易音訓》[宋咸熙重輯本],《續修四庫全書》第2册,上海古籍出版社,1995年,第31頁。按,此序當是臧庸代作,見《拜經堂文集》卷二)。又,元至正六年(1346)虞氏務本堂所刻《周易程朱傳義音訓》一書,經傳正文下亦散附《音訓》;與《會通》不同的是,《會通》正文下首列《音訓》,其後方是程子《易傳》、朱子《本義》(統名"集解")等,而《周易程朱傳義音訓》則是依程《傳》、朱《義》、吕《音訓》的順序排列。此外,朱彝尊曾得一部《本義》(十二卷本),"今睹此本,附東萊吕氏《音訓》,末有朱子《後序》,是爲完書"(〔清〕朱彝尊《書周易本義後》,《曝書亭集》卷四二,《四部叢刊》影印原刊本);此書後歸丁丙,丙云"惟此不著何人所刊與開雕年月,觀其不用《永樂大全》與成矩叔度次序,當出於元人之手"(〔清〕丁丙《善本書室藏書志》卷一,《續修四庫全書》第927册,第160頁),定其爲元刊本;莫友芝則謂此書"蓋氏末明初刻……其經、翼次第一依朱子,而以吕氏《古易音訓》雙行隨條散附經下。昔宋小茗咸熙從董氏《會通》中摘出《音訓》以行,此本所載尤完整,惜其未之見也"(〔清〕莫友芝《宋元舊本書經眼録》卷二,《續修四庫全書》第926册,第500頁)。按,此《本義》附刊《音訓》,疑出朱鑒合刊《啟蒙》《本義》《音訓》一系,俟考。

③ 下文凡引及《音訓》皆據《周易會通》,由於徵引繁多,概不出注。

④ 下文凡引及《經典釋文·周易音義》,皆僅稱"《釋文》";而論述《經典釋文》全書體例、引《經典釋文》中《周易音義》以外内容則使用全稱,如《經典釋文·序録》《經典釋文·春秋左氏音義》等。本文引用《經典釋文》皆據上海古籍出版社1985年影印原北京圖書館(今國圖)藏宋刻本(下文簡稱"宋本《釋文》"),由於徵引繁多,并不逐條標注卷次、頁碼;若有异文需辨證,則出注説明。

⑤ 〔明〕何孟春《易疑初筮序》,《湖廣圖經志書》卷一四,明嘉靖元年(1522)刻本。又,《刻吕氏古易音訓序》(臧庸代作)亦云:"吕氏本陸德明《釋文》、晁以道《古周易》著此編。"(《古易音訓》[宋咸熙重輯本],第31頁)

甚至造成新异文。有鑒於上述這些意義與問題，筆者認爲有必要對《音訓》改造《釋文》的具體情況展開詳細論述。

一 《音訓》不取的《釋文》條目及捨棄原因

《周易釋文》出文據王弼、韓康伯本（下文簡稱"王韓本"）①，且亦爲王、韓注作音②；吕氏《古周易》十二篇，雖經傳分篇、次第與王韓本不同，仍用王韓本經傳文字③，只無注文，故《釋文》中與王、韓注相關的音義、异文條目，《音訓》皆不取。但《釋文》關於經傳正文的音義條目，《音訓》也并非盡錄，如乾卦初九"潛龍勿用"④《釋文》云"潛，捷鹽反"，九三"无咎"《釋文》云"咎，其久反，《易》內同"，《彖》"雲行雨施"《釋文》云"雲行，如字"，《文言》"水流濕"《釋文》云"流濕，申入反"，"純粹精也"《釋文》云"粹，雖遂反"，"日可見之行也"《釋文》云"日可，人實反"，坤卦六四"括囊"《釋文》云"囊，乃剛反"，等等，這些條目都不見於《音訓》，很有可能是因爲在吕祖謙看來，上述條目所音者皆常用字，無須注音，因而不錄。實際上《釋文》爲常用字注音有其深意，通常是因爲這些字有兩種以上讀音，必須通過注音以别義，如上文提到的"咎"字，在古書中有"其久反"（音臼，義爲灾禍）和"古刀反"（音羔，用於人名"咎繇"）兩音，其義各別，用法不同，因此《釋文》爲其注音，并强調《易》內之"咎"皆音其久反；又如"行"字，《周易》中常見"户庚反""下孟反"二讀，故《釋文》爲"雲行"之"行"注音，言其"如字"讀（户庚反），作動詞用；又如"濕"字，當其與"溼"通用時音申入反，與"隰"通用時音習⑤，與"漯"通用時音他合反⑥，三音義別，故《釋文》音"水流濕"之"濕"爲申入反，是謂其義同"溼"。此外，有些很淺近的字，《釋文》亦爲其注音，"這是因爲要避免誤認爲字形近似的另一個字"⑦，如爲"日"注音是爲了將其與形近的"曰"字區分開來。不過，《釋文》注音體例的深意，大概并非《音訓》所關切者，所以《釋文》中一些爲常用字、淺近字注音的條目，《音訓》并未擷取。

---

① 《經典釋文·序錄》云："今以王爲主，其《繫辭》已下王不注，相承以韓康伯注續之，今亦用韓本。""出文"是指《經典釋文》摘取經典中的字詞、文句作爲標目的部分，與其下注音、釋義、備錄异文的小注部分相對。

② 《經典釋文·序錄》云："先儒舊音多不音注，然注既釋經，經由注顯，若讀注不曉，則經義難明。混而音之，尋討未易。今以墨書經本，朱字辯注，用相分別，使較然可求。"是《經典釋文》亦爲注文作音之由，惜今本已不見朱墨之别。

③ 吕氏認爲王弼本用鄭玄本文字，而鄭玄本出自西漢費直古文《易》，鄭、王只是分傳附經，破壞古文《易》經傳分離的文本形態，却未改易古文本文字，故編定《古周易》時仍沿用王弼本經傳正文（詳拙文《宋代"古〈易〉"的定義演變與發展階段問題》，《中國典籍與文化》2023 年第 2 期）。

④ 本文凡引用王弼本《周易》經、傳、注文皆據南宋淳熙撫州公使庫刊遞修本，以徵引繁多，下文不再出注。

⑤ 《左傳》哀公二十三年"戰于犁丘"注"犁丘，隰也"（[晋]杜預《春秋經傳集解》卷三〇，《中華再造善本》影印上海圖書館藏宋刻本，北京圖書館出版社，2004 年），《經典釋文·春秋左氏音義》出文作"濕也"，云："音習，本又作隰。"是濕、隰可通。

⑥ 《廣韵·入聲·二十七合》云："漯，水名，在平原。濕，上同。"音他合切。

⑦ 王力《〈經典釋文〉反切考》，《龍蟲并雕齋文集（三）》，《王力全集》第十九卷，中華書局，2015 年，第 853 頁。王文中即談到爲"日"注音的例子。

除了上述一些純粹的注音條目被《音訓》捨棄外,《釋文》中也有部分專言訓詁或音義兼備的條目爲《音訓》所不取,如乾卦九二"利見大人"《釋文》云"大人,王肅云'聖人在位之目'",九四"或躍在淵"《釋文》云"或躍,羊灼反,《廣雅》云'上也',上音時掌反",《象傳》"萬物資始乃統天"《釋文》云"資始,鄭云'資,取也'""乃統,鄭云'統,本也'",坤卦卦辭"君子有攸往"《釋文》云"有攸,音由,所也",等等。可以看出,這些條目所闡釋的字詞較爲簡單,幾乎没有歧義,《音訓》蓋以此而棄取這些條目。

爲配合吕氏《古周易》經傳分離的文本形態,《釋文》中一些涉及王韓本文本體例特徵的條目亦爲《音訓》所捨棄。試舉例説明。今王韓本坤卦用六《象》後接《文言》,有"《文言》曰"三字領起"坤至柔而動也"云云,《釋文》出文則作"坤至柔",云"本或有'《文言》曰'者",是陸德明所見王弼本有無"《文言》曰"三字者。按,無此三字者當是王弼本早期文本形態,以王弼本分傳附經①,將原本獨立成篇的《文言》拆分成兩部分,分附乾卦、坤卦《象傳》後;坤卦《文言》的內容是從原本完篇的《文言》中段起始截出的,因此很可能不帶任何篇題標記。坤卦無"《文言》曰"三字領起的文本形態殘留着分傳附經的動作痕迹,後人蓋爲求形式工整(與乾卦有"《文言》曰"三字領起對稱),及明確《象傳》與《文言》的界限,遂於坤卦《文言》前增補"《文言》曰"三字,故《釋文》云"本或有'《文言》曰'者"。自唐石經以下②,王弼本《周易》坤卦《文言》前皆有"《文言》曰"三字。吕氏《古周易》恢復古本《周易》篇第,乾、坤《文言》重新整合爲獨立的一篇,總題爲"文言傳第七"③,不復有"《文言》曰"之類的拆分標志,因此《釋文》談及坤卦"《文言》曰"三字有無的條目對於《古周易》來説已無意義,故《音訓》不必取録。

綜上所述,《音訓》不取的《釋文》條目主要是一些常用字、淺近字的注音與訓詁,以及不合於吕氏《古周易》文本形態的論及王韓本體例特徵的條目。前者的去取標準過於主觀,因此董真卿在將《音訓》逐條附入《周易會通》時也説《音訓》"間有未備",遂增補了他認爲應備而未備的音義條目,只是不與《音訓》

---

① 宋人考訂"古《易》",謂古本經傳分離,這已爲出土文獻中的《周易》和《易》傳類材料證實;又謂"古《易》"十二篇,也基本符合漢代立於學官的施、孟、梁丘三家《易》和漢石經《易》的文本形態;至於何人何時開始分傳附經、破壞古本十二篇形態,則衆説紛紜,莫衷一是,或言費直,或言鄭玄,或言王弼,或言三氏,或鄭、王二氏漸次爲之,根據筆者考證,鄭玄本《周易》應是經傳分離的十二篇形態(以上論述詳見拙文《出土文獻視閾下的宋代恢復"古〈易〉"運動的再探討》,《古籍整理研究學刊》2023年第1期)。但也無法確認分傳附經是王弼所爲,只是從王弼本的文本形態看來,王弼本已然經傳參雜,故此云"王弼本分傳附經"云云,不言"王弼分傳附經"。

② 本文所謂"自唐石經以下(諸本)",主要包括唐石經(臺灣"中央"圖書館漢學研究中心影照李石曾舊藏明拓本)、南宋所刊《周易注》四種(淳熙撫州公使庫刊遞修本、孝宗朝浙刊本、孝宗朝建陽坊刻本、建陽坊刻《纂圖互注周易》)及南宋初兩浙東路茶鹽司刻八行本《周易注疏》一種,以此六者時代較早,具有代表性,校勘價值較高。

③ 吕祖謙《古周易》原書已佚,其基本框架保留在《通志堂經解》收録的《古周易》一書中。此書作者或題吕祖謙,或題吴仁傑,皆非,詳拙文《宋代"古〈易〉"的定義演變與發展階段問題》(《中國典籍與文化》2023年第2期)中的相關考證。

相亂,而附於《會通》所録程子《易傳》之末①。

二 《音訓》對《釋文》條目的改造

《音訓》有選擇性地取用《釋文》條目,且對所取條目亦非逐字照録,而是在條目出文、音義内容、條目位置、"省同語"體例等諸方面都做了不少改造工作,以下分别論述。

(一)《音訓》對《釋文》出文的改造

1.《音訓》對《釋文》出文字數的改動及其與經注附《釋文》本的關係

《經典釋文》出文有其條例:

舊音皆録經文全句,徒煩翰墨。今則各標篇章於上,摘字爲音,慮有相亂,方復具録。(《經典釋文·序録·條例》)

是《經典釋文》較其之前的音注之書,出文已相對簡潔。今觀《周易釋文》,出文一字、二字、三字及以上不等,或全句抄録,各隨所需;爲一字注音而出文在二字以上者,主要是爲了提醒所注之字於文中所處的位置,以防被誤認爲是爲他處出現的此字注音。

宋代刊刻經書,有將《經典釋文》拆分、逐條附入經注之下的刻本,就《周易》而言,目前可見的有南宋孝宗朝建陽坊刻本《周易注》(下文簡稱"建本")及南宋建陽坊刻《纂圖互注周易》(下文簡稱"纂圖本")二種。由於分附《釋文》條目的過程中已經進行了確定位置的工作,大部分《釋文》條目都能準確地附於被注字所在文句之下,因此以二字以上的出文標示位置、防止相亂的做法就不再具有重要意義,故而如建本、纂圖本這些經注附《釋文》本的《釋文》條目的出文多數作一字。

《音訓》作爲吕氏《古周易》的衍生作品,是獨立成篇的;既如此,它在取用《釋文》條目時,似乎應當沿用《釋文》本來的出文面貌,以其與獨立成書的《釋文》都存在混淆被注字的隱患。但通觀《音訓》,出文字數大多爲一字,這不得不使人猜想,《音訓》引用的《釋文》條目會否來自類似建本、纂圖本這樣的經注附《釋文》本呢?試列表比對各本出文之異同。

表1 《音訓》與宋本《釋文》、建本、纂圖本所附《釋文》出文之比較(例)

宋本《釋文》	《音訓》	建本《釋文》	纂圖本《釋文》
元亨	亨	亨	亨
見龍	見	見龍	見

---

① 《周易會通·凡例》云:"今得善本(引者按:指《音訓》善本),悉附經文,間有未備者,仍存程《傳》之末。"今考《會通》,以坤卦爲例,程《傳》後附"括,古活反""聲,音餘,又音預""牝,於良反""暢,敇亮反""臧,作郎反""舍,音捨""輿,音餘"等數條音注,其内容皆取自《釋文》,做了適當删省,蓋皆董氏以《音訓》未備而補充者。

續表

宋本《釋文》	《音訓》	建本《釋文》	纂圖本《釋文》
利見	利見	利見	利見
夕惕	惕	惕	惕
若厲	厲	厲	厲
大人造	造	造	造
之長	元者善之長	長	長
之幹	幹	幹	幹
遯世	遯	遯	遯
无悶	悶	悶	悶
樂則	樂	樂	樂
確乎	確	確	確
可拔	拔	拔	拔
庸行	行	庸行	庸行
閑邪	邪	邪	邪
聖人作	作	作	聖人作
上治	治	治	上治
爲行	爲行	行	爲行
未見	見	見	未見
重剛	重	重	重剛
夫大人	夫	夫	夫大
其唯聖人乎	其唯聖人乎	聖人乎	其唯聖人乎
陰疑	疑	疑	疑
乘馬	乘馬	乘	乘
班如	班如	班	班
而不寧	而不寧	而	而不
衍在	衍	衍	衍在
有它	它	它	有它
匪人	匪	匪人	匪人

　　由表1可知，《音訓》的出文與建本、纂圖本并不完全相同，而建本與纂圖本的出文亦有差別。建本、纂圖本、《音訓》三者的《釋文》看不出有繼承關係，《音訓》也不大可能是從類似建本、纂圖本這樣的經注附《釋文》本中取用《釋文》條目的。

《音訓》將《釋文》大部分二字以上出文簡省爲一字,通常不會引起誤解,這多得益於《音訓》隨呂氏《古周易》離析經、傳(蓋分爲"經之音訓"與"傳之音訓"二卷①),且無爲注作音的條目,故總體上不易淆亂。如"亨"字在王弼本乾卦經、傳、注文中凡七見(卦辭"元亨利貞"、九五注"則大人之路亨也"、《文言》"亨者嘉之會也""故曰乾元亨利貞""乾元者始而亨者也"、《文言》注"而下曰乾元亨利貞""是故始而亨者必乾元也"),《釋文》出文"元亨",表示於"亨"首見處(卦辭"元亨利貞")摘字爲音;但在呂氏《古周易》中,"亨"於經文乾卦内僅一見,故《音訓》在上卷"經之音訓"乾卦下單言"亨"字所代表的實際位置含義與《釋文》稱"元亨"是相同的。而且《音訓》在省簡出文的同時,也會爲避免混淆而做一些適當的調整工作。如乾卦九二"見龍在田,利見大人",上"見"字音賢遍反,與"現"通用,下"見"字則如字讀,故《釋文》出文分別作"見龍"與"利見";建本、纂圖本雖然分附《釋文》,但"見龍""利見"二條仍總於一處(九二經注下),爲免相混,建本出文亦作"見龍""利見",纂圖本出文則上作"見"、下作"利見",皆有區分之意;《音訓》的做法與纂圖本相同,因此雖然省簡了"見龍"的"龍"字,也不會引起誤解。

　　不過,有些出文省簡後還是會產生歧義。如乾卦《文言》云"君子以成德爲行,日可見之行也。潛之爲言也,隱而未見,行而未成",上"見"字如字讀,下"見"字音賢遍反,《釋文》只爲下"見"字注音,出文"未見";纂圖本注意到二"見"字讀音不同而位置相近,故出文亦作"未見",不作省文;建本、《音訓》則逕省爲"見"字,其前後的條目亦無法幫助精準定位至"未見"②,故存在與"可見"相溷的可能。

　　《音訓》在改造《釋文》出文時經過斟酌考量,并非一味省簡。如乾卦《文言》"元者善之長也",由於下文有"體仁足以長人"一語,故宋本《釋文》出文作"之長",建本、纂圖本皆簡省爲"長"字,《音訓》則幾乎抄錄全句。《音訓》所以如此,是因爲其在此條目下不僅引用《釋文》對"長"的注音,還引用朱震關於《文言》作者的討論:

　　　　元者善之長,陸:"丁丈反。"漢上朱氏曰:"説者引穆姜誦隨繇之辭,疑非孔子之言。按,司馬遷謂'孔子晚喜《易》,序彖繫象,説卦文言',信斯言也。彖、象、卦、言,古有之矣,孔子序之、繫之、説之、文之而已。'文言'者,文其言也,猶'序彖''説卦'之類。穆姜之言曰'元,體之長也;亨,嘉之

――――――――――
　① 朱熹《書臨漳所刊四經後·易》云"《音訓》一篇"(《晦庵先生朱文公文集》卷八二,《朱子全書》第24册,第3889頁),《直齋書録解題》《宋史·藝文志》皆云"《音訓》二卷"([宋]陳振孫《直齋書録解題》卷一,武英殿聚珍版;[元]脱脱等《宋史》卷二〇二,中華書局,1985年,第5039頁);蓋總括言之爲一篇,實際乃依吕氏《古周易》經(上、下經)、傳("十翼")分離的文本形態分爲"經之音訓"與"傳之音訓"二卷,宋咸熙輯本即如此分卷。
　② 建本"見"字前的條目是"日,人實反","見"字後的條目是"辯,如字"(釋下文"君子學以聚之,問以辯之"之"辯");《音訓》删省"日"字條,故其"見"字前的條目是"爲行,陸:'下孟反,下同'","見"字後的條目是"辨,如字";二者前後條目所處文句間皆涵蓋"可見""未見"二處"見"字,故即使參照前後條目的位置,仍無法確定單言"見"字之所指。

會也；利，義之和也；貞，事之幹也。體仁足以長人，嘉德足以合禮，利物足以和義，貞固足以幹事'，以今考之，刪改者二，增益者六，則古有是言、孔子文之爲信然矣。"

按，《文言》"元者善之長也"至"貞固足以幹事"一段亦見於《左傳》襄公九年穆姜對隨卦卦辭（"隨，元亨利貞，无咎"）的闡釋，故或以《文言》非孔子所作；朱震結合《史記》謂孔子"序彖繫象，説卦文言"之語，認爲"文言"乃"文飾前人之言"意，而穆姜之辭即前人之言，孔子將其删改增益，是爲《文言》。《音訓》引用朱震之語，正是要討論"元者善之長也"一段的相關問題，不止是爲"長"注音；且穆姜之辭作"元，體之長也"，與《文言》間有异同，故《音訓》出文作全句更爲妥當，亦可資比勘。可見《音訓》在出文的設置上還是頗爲用心，是"有意改造"，不是"無意省簡"。

2.《音訓》爲《釋文》出文與宋時王韓本《周易》文字不全相符的矛盾所作的彌合工作

《釋文》出文基於陸德明所見王韓本，乃唐以前寫本，與宋代刻本必然存在一定數量的异文，這就導致《釋文》出文與宋時王韓本《周易》的文字無法完全相合。對於這種現象，經注附《釋文》本的常見做法是，改動《釋文》內容以合於經、傳、注正文的文字，但也有漏改、不改的情況；《音訓》則采用了一種彌合的辦法，使《釋文》出文的异文得以保留。

試舉例説明。按，乾卦《文言》"不成乎名"句，自唐石經以下皆作"不成乎名"，《釋文》出文則作"不成名"，云"一本作'不成乎名'"，可見唐前有作"不成名"之本，且更爲陸德明所認可，故將"不成名"作爲出文/標目。建本正文作"不成乎名"，遂改造其下所附《釋文》爲"不成乎名，一本作'不成名'"。纂圖本正文雖亦作"不成乎名"，但并未改動《釋文》。《音訓》不改《釋文》出文，還特意强調了唐前之本與"今本"（宋時吕祖謙所見之本）的差异，云"不成名，今本有'乎'字。陸氏曰'一本作"不成乎名"'"。

又，屯卦《象傳》"君子以經綸"，宋刻《周易注》及《周易注疏》皆作"經綸"①，《釋文》出文則作"經論"，云"本亦作綸"，是唐前有作"經論"之本，且很有可能是王弼本本來用字。建本、纂圖本正文作"經綸"，建本未隨正文改動所附《釋文》出文，仍作"經論"；纂圖本則改出文爲"綸"，以合於其正文，然未改《釋文》小注文字，仍作"本亦作綸"，是前後齟齬，改動失當。《音訓》乃云"論，今本作綸。陸氏曰'……本亦作綸'"，在保留《釋文》呈現的唐前之本的文字面貌的同時，也説明了"今本"的异文，處理得甚爲巧妙。

(二)《音訓》對《釋文》音義內容的改造

除了改造《釋文》出文，《音訓》在取用《釋文》條目時，也對《釋文》小注中相關的音義內容進行了改造。這種改造多數是删省文字，但是有選擇性的删省，

---

① 唐石經明拓本"經綸"處殘，未知用何字。"宋刻《周易注》及《周易注疏》"具體所指見前文"自唐石經以下"注。

足以反映《音訓》的旨趣。

通過表 2 舉例,可以更清楚地了解《音訓》所做的刪定工作:

表 2 《音訓》與《釋文》部分條目內容對照表①

序號	被注字所在文句	《釋文》	《音訓》
1	乾卦名	乾,竭然反,依字作乾下乙,乾從旦、放②,放音偃。《說卦》云:"乾,健也。"此八純卦,象天。	乾,竭然反。
2	乾九三"夕惕若厲"	夕惕,他歷反,怵惕也。鄭玄云:"懼也。"《廣雅》同。	惕,它歷反。
3	乾九三"夕惕若厲"	若厲,力世反,危也。	厲,力世反。
4	乾九三"无咎"	无,音無,《易》内皆作此字。《說文》云:"奇字無也。通於元者③,虛無道也。王述說:天屈西北爲无。"	无,《易》内皆作此字。
5	乾《彖》	彖,吐亂反,斷也。斷音都亂反。	彖,吐亂反,斷也。
6	乾《彖》"大人造也"	大人造,鄭徂早反,爲也。王肅七到反,就也,至也。劉歆父子作聚。	造,鄭徂早反,爲也。王肅七到反,就也。劉歆父子作聚。
7	坤卦名	坤,本又作巛,巛,今字也,同,困魂反。《說卦》云:"順也。"八純卦,象地。	坤,本又作巛,巛,今字也,同,困魂反。
8	坤卦辭"利牝馬之貞"	利牝,頻忍反。徐邈扶忍反,又扶死反。	牝,頻忍反。
9	屯卦名	屯,張倫反,難也,盈也。坎宫二世卦。	屯,張倫反。坎宫二世卦。
10	屯六二"乘馬班如"	乘馬,繩證反,四馬曰乘,下及注并同。鄭云:"馬牝牡曰乘。"《子夏傳》音繩。	乘馬,繩證反,四馬曰乘,下同。《子夏傳》音繩。

---

① 《音訓》在引用《釋文》時,若僅有注音的內容,《音訓》則作"出文某,陸'音某/反切'"的格式;若除了注音外,還有訓詁、異文的內容,則作"出文某,陸氏曰云云"的格式。表 2 主要是爲了對比《音訓》和《釋文》在具體條目中音義內容的多寡,以說明《音訓》對《釋文》音義內容的去取情況,故凡"陸""陸氏曰"這些格式類的文字皆省去,僅保留《音訓》出文與注釋的內容,特此說明。

② 宋本《釋文》"乾"誤"乾",依盧文弨校刻抱經堂本《經典釋文·周易音義》(下文簡稱"抱經堂本")訂正。盧文弨《經典釋文考證·周易音義考證》(清乾隆中常州龍城書院刻本,下文簡稱"《釋文考證》")云:"'作乾下乙'舊本作'乾下乙',又'乾從旦放'作'乾從旦放',皆訛,今從錢本正。案《說文》乾从乙、乾聲,乾从旦、放聲,放讀若偃,後人音古案切。"

③ 宋本《釋文》"元"誤"无",依抱經堂本訂正。《釋文考證》云:"元即乾元、坤元,自無而之有者也。元字左戾上徹爲无,故言'通於元'。若无'通於无',則不辭矣。今從雅雨堂盧本正。"按,宋本《說文解字》作"元"(〔漢〕許慎《說文解字》卷一二下,《四部叢刊》影印日本静嘉堂藏宋刊本)。

續表

序號	被注字所在文句	《釋文》	《音訓》
11	屯六二"乘馬班如"	班如,如字,《子夏傳》云:"相牽不進兒。"鄭本作般。	班如,如字。鄭本作般。
12	屯六三"往吝"	往吝,力刃反,又力慎反。馬云①:"恨也。"	吝,力刃反,又力慎反。
13	需《象》"雲上於天"	雲上,時掌反。干寶云:"升也。"	上,時掌反。
14	需上六"有不速之客三人來"	不速,如字。馬云:"召也。"《釋詁》云:"疾也。"《釋言》云:"徵也,召也。"	不速,如字。馬云:"召也。"《釋言》云:"徵也,召也。"
15	師卦名	師,《彖》云:"衆也。"馬云:"二千五百人爲師。"坎宮歸魂卦。	師,馬云:"二千五百人爲師。"坎宮歸魂卦。
16	比卦名	比,毗志反,卦内并同。《彖》云:"輔也。"《序卦》云:"比,比也。"《子夏傳》云:"地得水而柔,水得地而流,故曰比。"徐又甫履反。坤宮歸魂卦。	比,毗志反,卦内并同。《子夏傳》云:"地得水而柔,水得地而流,故曰比。"坤宮歸魂卦。

由表2列舉的部分條目對比,大致可以看出《音訓》對《釋文》内容的一些去取標準:

a. 删省《釋文》中有關字形説解的内容,如例1關於"乾""軋"二字的字形分析、偏旁"𠂎"的音讀,例4引用《説文》對"无"字性質(古文奇字)及字形的説解("通於元者""天屈西北")。蓋《音訓》以音讀、義訓爲主,字形則非其關注對象。

b. 《音訓》雖以音、訓爲主,但相較之下似乎更重視音讀,因此删省了《釋文》中一些義訓的内容。這些義訓有出自"十翼"者(見例1、7、15、16),《音訓》或爲避免重複而删之(以吕氏所編《古周易》涵蓋經、傳全文);有出自各家《易》注者(見例2、10、11、12、13),有出自《爾雅》《廣雅》等小學書者(見例2、14),《音訓》删省這部分内容,有時反映了其對不同《易》説的是非態度,如例10保留了"四馬曰乘"的訓詁,而删省了鄭玄"馬牝牡曰乘"的説法,例14保留了"速,召也,徵也"的解釋,而删省了《釋詁》"速,疾也"的訓詁,可能是因爲吕氏并不認可二例中鄭注、《釋詁》的意見。還有一些訓詁,大概是由於常見,亦爲《音訓》所删省(如例2"惕"訓"怵惕""懼",例3"厲"訓"危",例13"上"訓"升")。至於訓釋中義近、義同而複重的部分,《音訓》亦有意删去,如例6《釋文》云"(造,)就也,至也",就、至義同,《音訓》遂删去"至也"。

c. 《音訓》雖然重視音讀,但不太注重保留各種反切,如例8"牝"字《釋文》記載了"頻忍反""扶忍反""扶死反"三個反切,保留了兩種音讀(頻忍、扶忍二

---

① 宋本《釋文》"云"誤"去",據建本、纂圖本《釋文》及抱經堂本訂正。

切音同,與扶死一切不同),《音訓》乃刪省扶忍、扶死二切,只留下常用音切"頻忍反"①。上文已經談到,《音訓》對於《釋文》中一些常用字、淺近字的注音條目是不取的,但若一個條目中既有此類注音,又有其他内容,《音訓》便可能保留此條目,而刪省其中注音的内容,如例 4 中《音訓》刪去了《釋文》對"旡"字的注音"音無"②。

通過觀察《音訓》對《釋文》内容的刪省可以發現,《音訓》雖然主要取材於《釋文》,但與《釋文》的旨趣并不相同。《釋文》對"音堪互用,義可并行,或字有多音,衆家別讀"者的態度是"苟有所取,靡不畢書",縱是"出於淺近"的音讀,亦加采擇,"示傳聞見";"若兩本俱用,二理兼通",則并出之,"以明同異","復有他經別本,詞反義乖",亦存其辭,"示博异聞耳"(以上引文見《經典釋文·序錄·條例》)。《音訓》則追求簡潔、精煉、明確,且稍有正音、正義的傾向,對於不太認可的音切和訓解則不取,雖然也保留了《釋文》記載的一些異音、異文、異訓,但對它們的總體態度只是"可備一説"。這恐怕與吕祖謙的"古《易》"觀脱不開干係,因爲在吕氏看來,王弼本的文字屬於古文經一系,是不太需要再通過將漢魏各家《易》的佚文、佚訓搜集殆盡并進行詳細考訂、辨證來上求古文的——這和晁説之的"古《易》"觀很不相同③。因此,《音訓》在刪定《釋文》條目後,有時還會引用晁説之關於各家異文的補充及意見,主要目的在於徑引成説以備參考,吕氏本身則未對音義、異文等進行更多考證。

(三)《音訓》對《釋文》條目位置的移易

《經典釋文》標舉條目有一個"首見"原則,即選取所要注音、釋義的字詞在經典中一定範圍内(比如一篇内或一卷内;就《周易》而言,有時還有一卦内這種範疇)首次出現時的文句作爲出注的條目,具體的標目(出文)字數可長可短,要之,能體現該字詞所處文句位置即可。

《音訓》同樣遵循"首見"原則。但由於《音訓》與吕氏《古周易》配套,《釋文》與王韓本《周易》配套,吕書與王韓本在經傳分篇、次第上存在根本性差異,因而《音訓》在引用《釋文》時不得不移動某些條目的位置,使其合於吕氏《古周易》中的"首見"。

試舉例明之。按,《釋文》云:"相應,應對之應。《易》内不出者并同。"此條是爲乾卦《文言》"同聲相應"之"應"所出,以音"應對之應"的"應"在王韓注本《周易》中首見於《文言》"同聲相應"句。但吕氏《古周易》經傳各篇的次第是:上經、下經、《彖上傳第一》、《彖下傳第二》、《象上傳第三》、《象下傳第四》、《繫

---

① 《經典釋文·序錄·條例》提到采撫、排比音切的原則:"若典籍常用,會理合時,便即遵承,標之於首。"故知首見者爲典籍常用音。

② 上文已提到,《釋文》爲淺近字注音是爲了避免其與字形相近的字淆亂,此處爲"旡"注音一方面是爲了避免其與"旡"(音既)字的混淆,另一方面是爲了强調"旡"即"無",但在王弼本中歷來寫作"无",似乎别有深意。

③ 關於晁説之、吕祖謙"古《易》"觀的詳細論述可參看拙文《宋代"古〈易〉"的定義演變與發展階段問題》(《中國典籍與文化》2023 年第 2 期)。

辭上傳第五》、《繫辭下傳第六》、《文言傳第七》、《説卦傳第八》、《序卦傳第九》、《雜卦傳第十》①。《文言》列在《繫辭》之後，"應"的首見便不在《文言》了。因此《音訓》將"應"的這一條目移動到卷下"傳之音訓"的《彖上傳》部分，相當於爲坤《彖》"安貞之吉，應地无疆"的"應"字作音（出文亦改作"應"單字），以"應地无疆"爲此"應"字於《古周易》中首見之文句，而《文言傳》部分則不復有"相應，應對之應"的注音條目。

又，蒙卦《釋文》云："獨遠，于萬反，下文同。"此條是爲蒙卦六四王弼注"獨遠於陽"的"遠"字作音。"遠"字在王弼本《周易》蒙卦内凡三見，依次是九二注"則遠近咸至"、六四注"獨遠於陽"、六四《象》"獨遠實也"，九二注"遠近"之"遠"如字讀，《釋文》不音，而音"于萬反"之"遠"首見於六四注，次見於六四《象》，故《釋文》於六四注處出文，而謂"下文同"。吕氏《古周易》無王注，《音訓》必然要改造"獨遠"條目，故移此條於卷下"傳之音訓"的《象上傳》部分中相當於蒙卦六四《象》的位置（出文亦省簡爲"遠"），并刪省"下文同"三字。

由此可知，爲了與吕氏《古周易》配套，同時遵循"首見"原則，《音訓》必須對《釋文》中的不少條目進行位置移動，這些移位工作往往還伴隨着對條目出文及注釋內容的改造，需要瞻前顧後、細心量度。

（四）《音訓》對《釋文》"省同語"體例的改造

"下同""下……（皆/并）同""……皆/并同"等，是《經典釋文》用以省并音、義相同的條目的一類體例用語，姑名之曰"省同語"。在《周易釋文》六十四卦部分的音義中，言"下同"的範圍多是一卦内。王弼本分傳（《彖》《象》《文言》）附經，故一卦之内（除乾卦外），先書卦形、卦名、卦辭，次以《彖》《大象》，繼書爻辭，每爻爻辭下附當爻《小象》，坤卦用六《象》後還接書《文言》；乾卦則先總書卦形、卦名、卦辭、爻辭，而後次以《彖》《象》《文言》。吕氏《古周易》則經、傳分離，《彖》《象》《文言》各自爲篇（十二篇次第見上文）。原服務於王弼本（含注）框架的《釋文》省同語并不貼合《古周易》的文本形態，但《音訓》仍需藉助省同語體例以精煉音義條目，故無法直接刪去《釋文》原有的全部省同語，而只能對其進行改造，以適應《古周易》的需要。具體的改造方式以下分類闡述。

1. 刪省"注同""注皆同"類省同語

由於吕氏《古周易》不附王弼注，因此《釋文》省同語中凡涉及注者，《音訓》皆需對其作出改動。若《釋文》省同語原止云"注同"或"注皆同"，《音訓》便可將其直接刪省。如坤卦六三《象》"'或從王事'，知光大也"，《釋文》云"知光，音智，注同"，"注同"指王注"知慮光大"之"知"亦音智；屯《象》"天造草昧"，《釋文》云"天造，徂早反，注同"，"注同"指王注"天地造始之時也""造物之始""處造始之時"三處"造"字皆音徂早反；小畜《象》"施未行也"，《釋文》云"施未，始豉反，注皆同"，"注皆同"指《彖》注"施豈得行""即施之未行也"及《象》注"未能行其施者"三處"施"字皆同音始豉反；履《彖》"説而應乎乾"，《釋文》云"説而，

---

① 《古周易》，《通志堂經解》本，葉39a—42a。

音悦,注及後同","注及後同"指《彖》注"以其說而應乎乾也""不以說行夫佞邪,而以說應乎乾"及上九注"居極應說"之"說"并音悦①:上述諸例《釋文》的"注同""注皆同""注及後同"都被《音訓》直接删去。

2. 改"下及注(并)同"爲"下同"

《釋文》凡云"下及注(并)同"者,"下"專指下文的正文部分,不賅注文,故別云"及注"。若"下"與首見者同屬一卦經文或一篇傳文,則《音訓》只需删省"及注"二字或"及注并"三字,而保留"下同",其所指稱的下文正文位置含義不變。如屯卦六二"乘馬班如",《釋文》云"乘馬,繩證反,四馬曰乘,下及注并同","下及注并同"指六二爻辭之下文六四、上六爻辭"乘馬班如"(正文)及六二注文"故曰'乘馬班如'也"三處"乘"字音義并與六二爻辭之"乘"同。由於《音訓》不必音注,而六四、上六爻辭與六二爻辭同在屯卦經文內,屬於六二之"下",故《音訓》删省"及注并"三字(即省去爲六二注作音的部分),徑作"下同"可也。

3. 改"下及注同""注、下同"等爲"某篇《易》傳同"

上文談到的是當"下及注同"的"下"與出文同屬一卦經文或一篇傳文時《音訓》對"下及注同"一類省同語的改造方式,接下來再談談當"下及注同"的"下"與出文分屬經、傳或傳的不同篇目時《音訓》的處理方式。

按,蒙卦六三"勿用取女",《釋文》云:"用取,七住反。本又作娶。下及注同。"此"下及注同"指六三爻辭之下文六三《小象》"'勿用取女',行不順也"(正文)及六三王注"故'勿用取女'"之"取"同音七住反。《音訓》不必音注,當首先删省"及注"二字;然六三爻辭與六三《小象》在呂氏《古周易》中分別隸屬上經之蒙卦和《象上傳》之蒙卦,不再同處一處,《音訓》遂不得徑云"下同",故改云"《象》同"。

又如屯卦六三"君子幾不如舍",《釋文》云:"舍,式夜反,止也,注、下同。徐音捨。"此"注、下同"指六三王注"故不如舍"及下文六三《小象》"君子舍之"(正文)之"舍"同音式夜反,訓爲"止"。呂氏《古周易》無注,屯卦六三爻辭與《小象》分屬上經之屯卦和《象上傳》之屯卦,故《音訓》删改原省同語"注、下同"爲"《象》同"。

再看屯《彖》"剛柔始交而難生",《釋文》云:"而難,乃旦反。卦內除六二注'難可',餘并同。"按,王弼本屯卦之內"難"字凡十四見,除六二注"涉遠而行,難可以進"外,餘十三個"難"字皆音乃旦反;此十三字一見於《象》,一見於六二《象》"六二之難",餘并見於注。《音訓》不必音注,故需音"乃旦反"者凡《彖》、六二《象》兩處"難"字,而呂氏《古周易》中《彖》《象》各自獨立成篇,故《音訓》於《彖上傳》屯卦"難"首見處作音,并改《釋文》原省同語("卦內除六二注'難可',

---

① "注同""注皆同""注及後同"三種表述的含義大概是有區別的:"注同"僅指當句注,而"注皆同""注及後同"則涉及當句注以外的注文,如"施未"條既涉及《彖》注(當句注),又涉及《象》注(下文別句注),故云"注皆同","說而"條既涉及《彖》注(當句注),又涉及上九注(下文別句注),故云"注及後同"。

餘并同")作"六二《象》同"。

由此可知,當"下及注同""注、下同"這類省同語中的"下"與出文在吕氏《古周易》中分屬不同篇第時,《音訓》會在删省涉注部分的基礎上,再將"下同"改爲具體指稱某篇《易》傳的"某同"。

4. 增補《釋文》缺漏的省同語

除對《釋文》原有的省同語進行删改外,《音訓》還會增補一些《釋文》缺失的省同語。如蒙卦卦辭"初筮告,再三瀆,瀆則不告",《釋文》云:"告,古毒反,示也,語也。""再三,息暫反,又如字。"按,王弼本蒙卦"告"字還見於卦辭注"故初筮則告"、《象》"'初筮告',以剛中也。'再三瀆,瀆則不告',瀆蒙也"、《象》注"讀者不求所告""何由得初筮之告乎"五處,"三"字還見於卦辭注"再三則瀆"及《象》"'再三瀆,瀆則不告',瀆蒙也"二處,《釋文》原當於初爲"告""三"作音時提示"注及下同",今不見省同語,蓋偶疏也。《音訓》發現了《釋文》的這一疏漏,故於"古毒反,示也,語也""息暫反,又如字"下分别補充"《象》同"二字。

又如需卦卦辭"有孚",《釋文》云:"有孚,徐音敷,信也。又作専。"按,需《象》複引"有孚",《釋文》原當於初爲卦辭"孚"作音時提示"下同",或偶有遺漏,《音訓》乃補充云"《象》同"。可見《音訓》對省同語體例十分重視,不僅改造《釋文》原有的省同語以與《古周易》的文本形態相契合,還進行了一定的查缺補漏工作。

5. 改造"省同語"過程中的失誤

"省同語"的内容在《釋文》中占比不小,而由於王韓注本《周易》與吕氏《古周易》的分篇、篇次截然不同,《音訓》需改造的"省同語"絶不在少數,并且還得根據不同的文本情况作出各自相應的處理,實在不是一項容易的工作。因此在改造過程中,即使再細心周全,也難免發生一些失誤。試舉例説明:

a. 遺漏省同語。王弼本師卦六五"長子帥師",《釋文》云:"長子,丁丈反,注及下同。""注及下同"指六五王注"故長子帥師可也"及下文六五《象》"'長子帥師',以中行也"之"長"同音丁丈反。依《音訓》改造之例,此處本應改"注及下同"爲"《象》同",而今不見,蓋偶有疏失。又,小畜卦卦名《釋文》云:"小畜,本又作蓄,同,敕六反,積也,聚也。卦内皆同。"按,王弼本小畜卦内"畜"字凡二十三見,見於正文者四(卦名、《彖》"小畜,柔得位而上下應之,曰小畜"、《象》"風行天上,小畜"),餘并見於王注。依《音訓》改造之例,本應改《釋文》"卦内皆同"作"《彖》《象》同",而今不見,亦其疏漏。

b. 改造不完備。如王弼本乾卦九二"見龍在田",《釋文》云:"見龍,賢遍反,示也。注及下'見龍'皆同。"所謂"注及下'見龍'"者,指九二王注"故曰'見龍'"、下文《象傳》"'見龍在田',德施普也"、《文言》"九二曰'見龍在田'""《易》曰'見龍在田'""'見龍在田',時舍也""'見龍在田',天下文明""《易》曰'見龍在田'",凡七處"見龍","見"皆音賢遍反,訓爲"示也"。《音訓》改"注及下'見龍'皆同"爲"《象》同",只考慮到了《象傳》的"見龍",而忽略了《文言》中尚有五處"見龍"之辭。

c. 改造省同語後又重出注音條目，前後矛盾。上文所舉《音訓》將屯《彖》"剛柔始交而難生"《釋文》中的省同語"卦內除六二注'難可'，餘并同"改造爲"六二《象》同"的例子，既於《象上傳》屯卦內注音而云"六二《象》同"，是已省同，後文《象上傳》屯卦中不應再出"難"字條目。今檢《象上傳》屯卦內，乃有"難，陸'乃旦反'"一條，是爲重出。蓋因《彖》《象》各自爲篇，同一卦的《彖》《象》不相附近，故於改造中易顧此失彼。

三 《音訓》改造《釋文》引發的文本與闡釋問題

《音訓》改造《釋文》，主要是爲了使相關的音義條目能與呂氏《古周易》的文本形態相契合，且作爲注音、訓詁之書，以簡潔、精煉的面貌與《古周易》配套并行，其本意顯然不是更改《釋文》原意以從己說。但由於改造的工作涉及大量文本的刪改、移易，又受限於改造者本人對《釋文》內容、體例等的熟悉與理解程度，因而免不了會發生一些扭曲《釋文》本意、引起歧解、產生新異文的意外。

（一）誤解《釋文》原意引發的誤改及新異文的產生

《釋文》記錄各本異文，存在一種"承上省略"的默認規則；若對這一規則不夠熟悉，則易誤解《釋文》之意。

例如，屯卦六二"匪寇婚媾"，《釋文》云："媾，古后反。馬云：'重婚。'本作冓，鄭云：'猶會。'本或作構者，非。"《釋文》出文作"媾"，說明王弼本作"媾"字；音注"古后反"下不云馬融本作何字，而逕引馬融訓詁，是承上省略，故知馬融本亦作"媾"，訓爲"重婚"；下云"本作冓"，其下逕引鄭玄訓詁，亦是承上省略，故知鄭玄本作"冓"，訓爲"會"；下云"本或作構者，非"，是又有作"構"字之本，而陸德明以其非是；簡言之，馬融、王弼本作"媾"，鄭玄本作"冓"，或本作"構"。今觀《音訓》此條作"媾，陸氏曰'古后反。馬本作冓'"，顯然誤解《釋文》之意，大概是將"馬云'重婚'"與"本作冓"二句連讀，故誤以爲"馬本作冓"。《音訓》由於誤讀而對《釋文》該條目做了錯誤的改造，導致出現"馬本作冓"的新異文。

（二）對《釋文》條目的錯誤移動導致新異文的產生

上文提到，《釋文》遵循"首見"原則，若某個需要注音的字詞"首見"於注文，而後見於正文，《釋文》會摘取注文的文句、字詞作爲標目（出文），而於其下注音；《音訓》不必音注，故往往會將上述此類條目移至正文下，并對內容加以改造，使之有如本爲正文作音者。然而，《釋文》有些條目本專屬於注文，不能因爲正文中也有相同字詞而隨意移動、改造原條目。

蒙卦上九曰"利禦寇"，上九王注云："爲之扞禦，則物咸附之。"《釋文》云："禦，魚呂反。本又作衛。"正文、注文皆有"禦"字，《釋文》爲何字注音呢？按，《釋文》"禦"條上有"爲之，于僞反，又如字""扞，胡旦反"兩條音注，根據排列次序可知，《釋文》"禦，魚呂反"條是爲王注"爲之扞禦"的"禦"字所出，并不是爲上九爻辭"利禦寇"的"禦"字作注。因此，"本又作衛"是指陸德明所見某個王弼本其上九注作"爲之扞衛",而非該本上九爻辭作"利衛寇"。吕氏《古周易》無注,《音訓》本應捨棄此條目,但反而將其移動至《上經》蒙卦内相當於爲上九爻辭出注的位置,便使人誤以爲上九爻辭的"禦"字有"本又作衛"的異文。

(三) 改動《釋文》的體例術語以致産生歧義

《釋文》的一些體例術語,不能輕易改動,否則極易産生歧義,帶來新的文本問題。

1. 改"本或作"爲"又作"導致抹殺异文

坤卦《文言》"臣弑其君",《釋文》云"臣弑,式志反。本或作殺,音同。下同",《音訓》改造爲"弑,陸氏曰'又作殺,同式志反'"。將"本或作殺"改爲"又作殺"是不妥的,因爲《經典釋文》的"本或作"與"又作"所指不同,黄侃先生曾總結其規律云:

> 凡云"一本作""亦作""本又作""本或作""本或有"的,都是陸德明親眼看到了有這種本子;凡是説"字亦作""字又作""字或作""又作"的,都是原無此本,只是陸氏根據自己的理解、印象説的。①

簡言之,《經典釋文》標舉异文,有"本"字與無"本"字所指涉的情況通常是有區别的:明言"本"字,是親見其本;單言"又作",往往是表達某字又可作某(二字可能是假借關係②,可能是异體關係③),未必實據某本。《音訓》似乎不太重視《釋文》標舉异文的體例,將"本或作殺"(確有作"殺"字之本)簡省爲"又作殺"(言弑、殺可同義换讀),實際上改變了《釋文》的原意,無形中抹殺了或本作"殺"這個异文。

2. 改"音某"爲"讀爲某"引發的訓詁偏差

泰卦初九"拔茅茹,以其彙,征吉",《釋文》云:"茹,汝據反,牽引也。鄒湛同。王肅音如。"《音訓》删省"鄒湛同"三字,"王肅音如"作"王肅讀爲如"。按,

---

① 轉引自黄焯《關於〈經典釋文〉》,收入陸宗達主編《訓詁研究》,北京師範大學出版社,1981年,第221頁。不過,單言"亦作"是否能歸入親見其本的行列還有待商榷。

② 如大有卦九四《象》曰"明辯晢也",《釋文》云:"晢,章舌反。王廙作晰,同音。徐、李之世反。又作哲字(引者按:宋本《釋文》哲誤晢[以'又作某字'必不與出文同字,故知其誤],據建本、纂圖本、抱經堂本改;又,《音訓》亦作哲)。鄭本作遰,云:'讀如"明星晢晢"。'陸本作逝。虞作折。"由《釋文》可知,晢、晰、遰、逝、折諸字均有明確的傳本歸屬,唯哲字無。陸德明所以云"又作哲字",蓋以哲、晢音近可通,他書有互作者,如《春秋穀梁傳》桓公十四年范甯注引《五行傳》曰"是謂不哲"([晋]范甯集解,[唐]楊士勛疏《春秋穀梁注疏》卷四,《中華再造善本》影印國圖藏宋刻元修本,北京圖書館出版社,2003年),《經典釋文·春秋穀梁音義》云"不哲,陟列反。一本作晢,之列反",此明言"一本作",是哲、晢確有通用例,陸德明蓋以此而於《周易釋文》云"晢,又作哲字",雖各本《周易》未見用哲字者,然可推之,故云"又作"。又如《周易略例》"故處璇璣以觀大運",《釋文》云:"璇,悉全反,又作旋。"按,璇、旋通用,漢永康元年《濟陰太守孟郁脩堯廟碑》云"據旋機之政",洪适云"此碑假借字,如旋機爲璇機"([宋]洪适《隸釋》卷一,《四部叢刊》影印明萬曆刊本)。因此,《釋文》謂"璇,又作旋",更側重於表達璇、旋二字可通用,未必是親見某個《略例》的寫本作旋。

③ 如遯卦卦名《釋文》云:"遯,徒巽反。字又作遂,又作遁,同,隱退也。"按,遁是遯的異體字,故《釋文》云"又作遁",未必陸氏所見各本中確有作"遁"字者;此"又作遁"也可能是承上"字又作遂"而省略"字"字。

《經典釋文》中的"音某",大多數是注音,也有"用注音方式表示异文或誤字"之例①,還有用注音方式表示"讀破"(訓詁學術語,指"用本字來改讀古書中的假借字,又稱'破字''易字'"②,也稱"破讀")者③。《音訓》改"王肅音如"爲"王肅讀爲如",顯然是認爲《釋文》此處的注音別有"讀破"的意味,故徑改云。但王肅果真讀"茹"爲"如"嗎?

首先,無法排除"音如"只是注音的可能。《經典釋文·序錄·條例》云:

> 今之所撰,微加斟酌,若典籍常用,會理合時,便即遵承,標之於首。其音堪互用,義可并行,或字有多音,衆家別讀,苟有所取,靡不畢書。各題氏姓,以相甄識。

由此可見,以"汝據反"音"茹"是"典籍常用"者,故"標之於首";而"音如"可能本出王肅《周易注》,是用直音法注音者,既與"汝據反"异音,以"音堪互用""字有多音",故留之以備一説。如此則王肅亦當釋"茹"爲"牽引也",只是注音與常見的"汝據反"不同,故《釋文》僅云"王肅音如",而無別訓。按《玉篇·艸部》云:"茹,而預、而與、而諸三切。柔也。貪也。菜茹也。度也。飯牛也。又相牽引皃,《易》曰:拔茅連茹。"④"而預切"即"汝據反","而諸切"即"音如";《玉篇》并未説明三音與衆義是否存在嚴格的對應關係。《廣韵·上平聲·九魚》云:"茹(引者按:音如),恣也。相牽引皃也,《易》曰'拔茅連茹'。"《上聲·八語》云:"茹(引者按:音汝),乾菜也。臭也。貪也。雜糅也。"《去聲·九御》云:"茹(引者按:音人恕切),飯牛。又菜茹也。"⑤《廣韵》對"茹"的各個音、義進行了匹配,將"相牽引皃"一義繋於"如"音下,有學者認爲這正是吸收了《釋文》"茹,王肅音如"一音的結果⑥。

"王肅音如"若非單純的音注,則可理解爲用注音方式表示"讀破",至於究竟讀爲何字,前人的看法并不統一。《音訓》認爲王肅讀"茹"爲"如",既無依

---

① 此用黄焯先生説,黄氏云:"例如《禮記·檀弓上》有'公叔木',《釋文》:'木音式樹反,又音朱。徐之樹反。'這是表示公叔木就是《春秋·定公十四年》的公叔戍,也就是《世本》上的公叔朱。鄭玄注:'木當爲朱。《春秋》作戍。'這是陸氏以'音'字包含了漢人傳注中術語'當爲'的功能。……總計《釋文》中這種有不同讀音但不標出异文或誤字的情況約有一百來處。這是翻閲《釋文》時應該知道的條例。"(《關於〈經典釋文〉》,《訓詁研究》第一輯,第223頁)
② 許嘉璐主編,謝紀鋒等撰《傳統語言學辭典》,河北教育出版社,2009年,第64頁。
③ 如泰卦《象》曰"以左右民",《釋文》云:"以左,音佐……右民,音佑……左、右,助也。"按,佐、佑是左、右表示"助"義的後起本字,《釋文》云"音佐""音佑"即是用注音法破讀左爲佐、右爲佑。又如復卦初九"无祇悔",《釋文》云:"無祇,音支,辭也。馬同,音之是反。"按,馬融之時,未有反切之法,故"音之是反"者必非馬氏原文,當是陸德明根據馬融的訓解所作之音,而"音之是反""音支"實際上是破"祇"(从示)爲"祇"(从衣),《廣韵·上平聲·五支》云"祇,適也"(周祖謨《廣韵校本》卷一,中華書局,2011年,第42頁),語助之辭,故《釋文》云"辭也"。
④ 〔南朝梁〕顧野王撰,〔唐〕孫強增字,〔宋〕陳彭年等重修《大廣益會玉篇》卷一三,日本宫内廳書陵部藏宋刻本。
⑤ 《廣韵校本》卷一,第73、259、365頁。
⑥ 熊桂芬《從〈切韵〉到〈廣韵〉》第三章"增音"第三節"增加又音",商務印書館,2015年,第459頁。

據,而"拔茅如"亦難解釋①。朱駿聲讀"茹"爲"挐",云:

> (茹,叚借)又爲挐,《易》泰"拔茅茹"注:"相牽引之皃也。"②

按,《説文·手部》有"拏""挐"二字,"拏"下云"牽引也","挐"下云"持也"③,段玉裁已指出"拏""挐"二篆形體互訛,"挐"在古書中多用於"煩挐""紛挐",或訓爲"亂",皆與牽引義近,故釋爲"牽引也"者當是"挐",如聲,"拏"則訓"持也",女加切,"即今所用攫拏字"④。朱駿聲亦同此説⑤。按,《漢書·嚴安傳》云"禍挐而不解",顔師古注曰:"挐,相連引也。"⑥《廣韻·上平聲·九魚》云:"挐,牽引。"⑦可證"挐"有牽引義。《春秋公羊傳》僖公元年經云"獲莒挐"⑧,《經典釋文·春秋公羊音義》:"莒挐……一本作茹。"是挐、茹有通用之例。又《集韻·平聲一·九魚》"如"(人余切)字頭下收挐、茹二字,是挐、茹皆有"如"音,且"茹"下曰"艸根相牽引皃"⑨。

黄以周也認爲"王肅音如"是具有"讀破"含義的,不過他的破字意見與朱駿聲不同:

> 泰"拔茅茹",舊讀汝據反,《釋文》云"王肅音如",是讀爲"茹藘"之"茹"。茹,一名茅蒐,其草蔓生,故曰"以其彙",足備一解。⑩

按,《爾雅·釋草》云:"茹藘,茅蒐。"郭璞注:"今之蒨也,可以染絳。"⑪《經典釋文·爾雅音義》曰:"茹,音如。字亦作藘。"故黄氏以王肅讀"茹"爲"茹藘"。不過,"茹藘"是叠韻連綿詞,只有一個語素,單言"茹"并不能表示"茹藘";且將"拔茅茹"解釋爲拔茅草與茹藘,也并無實質的依據,更像是增字爲訓。因此,黄氏對王肅破字的解讀不太可靠。

綜上所述,"王肅音如"很有可能只是記録異音,王肅亦訓"茹"爲牽引、"相牽引皃";即使是破讀,也是讀"茹"爲"挐",訓爲牽引。《音訓》改"王肅音如"爲"王肅讀爲如",實際上改變了《釋文》的原意,亦未作出正確的釋讀,反而增加了歧解。

---

① 强爲之,則或當屬下句,讀作"拔茅,如以其彙,征吉",訓爲"若"。如此甚牽强,故云難解。
②⑤ 〔清〕朱駿聲《説文通訓定聲》豫部第九,《續修四庫全書》第220册,第514頁。
③ 〔漢〕許慎《説文解字》卷一二上,影印清同治十二年(1873)陳昌治刻本,中華書局,1963年,第252、257頁。
④ 〔清〕段玉裁《説文解字注》十二篇上,影印經韻樓刻本,上海古籍出版社,1981年,第598頁。
⑥ 〔漢〕班固撰,〔唐〕顔師古集注《漢書》卷六四下,中華書局,1962年,第2813頁。
⑦ 《廣韻校本》卷一,第74頁。
⑧ 〔漢〕何休《春秋公羊經傳解詁》卷五,《中華再造善本》影印國圖藏宋淳熙撫州公使庫刻紹熙四年(1193)重修本,北京圖書館出版社,2003年。
⑨ 〔宋〕丁度等撰《集韻》卷一,《中華再造善本》影印國圖藏宋刻本。
⑩ 〔清〕黄以周《讀王肅易注》,《群經説》卷一,《續修四庫全書》第178册,第593頁。
⑪ 〔晉〕郭璞注《爾雅》卷下,《中華再造善本》影印國圖藏宋刻本,北京圖書館出版社,2002年。

四　結語

　　《古易音訓》一篇,歷來多被視作抄撮《周易釋文》及晁説之《古周易》而成的簡易之作,并無太大價值。然詳考篇中文字,并經與《釋文》逐條比勘,可知吕祖謙在《音訓》内容的選擇、體例的安排及結構的完善上都下了不少功夫。《音訓》雖主要取材於《釋文》,但對《釋文》條目進行了很多改造。《釋文》對待异文、异音、异訓的態度是"苟有所取,靡不畢書",以存衆家之本,示博聞見;《音訓》則不取《釋文》中部分爲常見字、淺近字注音、釋義的條目,即對於取用的條目,亦或多或少地對其音義内容進行删省,力求簡潔、精當,略有正音、正義的傾向,蓋爲示訓。同時,爲與吕氏所編定的《古周易》(經、傳分立,上、下經與"十翼"凡十二篇)配套并行,《音訓》不得不對原服務於王韓注本《周易》(分傳附經)框架的《釋文》條目進行位置上的移易和體例上的改動,尤其是在"省同語"方面。由於王韓本《周易》與吕氏《古周易》在文本結構上有着根本性的區别,故《音訓》爲合於《古周易》的文本形態所做的改造工作不可謂不繁難,而《音訓》在絶大多數情况下都處理得精細、巧妙、妥當,可知《音訓》是一部用心之作,朱子於《易》獨無音訓者,"以有東萊先生此書也"(朱鑒《易吕氏音訓跋》)。不過,《音訓》對《釋文》的改造還是帶來一些文本和闡釋方面的問題,如因爲誤省原文、誤移位置而産生新异文、改變《釋文》原意而引發歧解等,在評價和利用《音訓》時應予留心。

(作者單位:中國人民大學國學院)

朝鮮半島《孟子》學特色論析

趙永剛

一 引言

《孟子》是中華原典之一,地位由子入經,在東亞漢文化圈[①]内影響深遠,在朝鮮半島亦作爲經典而廣受尊崇,研習有常。朝鮮時代的經筵日講,《孟子》就是主講的重要内容,君臣之間,經常以《孟子》爲中心展開討論。如世宗十六年(1434)七月初八日:

> 御經筵,講《名臣言行録》,至温公論孟子,曰:"蓋温公粹美,孟子岩岩,氣類不合,故温公不推尊孟子焉。"經筵官鄭昌孫啓曰:"温公欲去《孟子》書於《四書》中矣。"[②]

朝鮮半島的儒者對於《孟子》更是極爲重視,熟讀《孟子》數百遍乃至數千遍的記載甚多。宋時烈《語録》曰:"余讀《孟子》千遍,而初二數篇一生所誦者也,不知其幾千遍也。"[③]張福樞《祖考覺軒府君家傳》記述其祖父張儔讀《孟子》之事曰:"少時讀《孟子》數千遍,涉獵許多書,發而爲詩文,沛然有氣力。"[④]

朝鮮半島《孟子》學研究論著層見叠出,據《韓國經學資料集成》所載,現存《孟子》學論著百餘種,其中不乏學術質量優異者。《孟子》東傳以後,海東儒者既藉鑒中國《孟子》學研究的闡釋方法與學術成果,又結合本土的政治文化與

---

① 張伯偉《中國古代文學研究的理論和方法問題》指出:"'漢文化圈'可以有不同的表達,比如'東亞世界''東亞文明''漢字文化圈'等等,作爲該文化圈的基本載體就是漢字。以漢字爲基礎,從漢代開始逐步形成的漢文化圈,直到十九世紀中葉,積累了大量的漢籍文獻,表現出大致相似的精神内核,也從根柢上形成了持久的聚合力。"張伯偉《東亞漢文學研究的方法與實踐》,中華書局,2017年,第57頁。
② 《李朝實録·世宗大王實録》卷六十五,日本學習院東洋文化研究所,1953年。
③ 〔韓〕宋時烈《宋子大全》卷十六,保景文化社,1985年,第354頁。
④ 〔韓〕張福樞《四未軒集》卷十一,韓國民族文化推進會編《韓國文集叢刊》第316册,景仁文化社,1990年,第536頁。

學術思潮,形成了獨具特色的《孟子》學闡釋史。以朝鮮半島《孟子》學作爲异域之眼,可以更清晰地呈現出中、朝《孟子》學同源異流的學術關係,也更能够全面地展現東亞《孟子》學發展史的多維樣態。

二 諺解體例與《孟子》文本轉換

《孟子》傳入朝鮮半島以後,面臨的首要任務就是文本轉換,畢竟普通讀者中精通漢語者還是少數。文本轉換的方式有兩種,即口訣與釋義,這是海東儒者基於《孟子》傳播推廣所採用的特殊著述形式,也是中國《孟子》學論著所没有的著述形式。如朴世采《隨筆録》曰:"我國經書口訣、釋義,中朝所未有,始發於薛聰,成於鄭圃隱、權陽村。"①

口訣是朝鮮半島學者閱讀漢文典籍的一種特殊方式,即在漢文旁邊添加"吐"來閱讀漢籍,所謂"吐"類似於漢語中的句讀。朝鮮時代學者李圭景對此有詳細闡釋:

> 經書句節曰句讀,中國則無方言,而尋常言語,已具文字,故於句節處,點句讀讀之,故無如我東之原文外句讀作方言以讀之,曰懸讀也,俗稱懸吐,無此懸讀,則文義難解,故更名曰口訣。新羅弘儒侯薛聰,以方言解九經,教授後學,東儒之最醇,無出其右,故麗朝從祀文廟。其方言解經者必爲口訣而無傳焉。今只有吏讀,即簿牒句節處以方言懸讀,衍成文字,便於吏隸之告官。其所謂解九經者,恐如是也。弘儒之世,即唐時也,其解經必取唐朝流來之句讀,經義亦不失。中原先賢之相傳授,而竟無所遺傳,則吾儒之不幸也。我世祖三年戊寅,上患東方學者語音不正,句讀不明,雖有權近、鄭夢周口訣,訛謬尚多,遂命鄭麟趾、申叔舟、丘從直、金禮蒙、崔恒、徐居正等,分授《五經》《四書》,考古證今,定口訣以進,此今之經書句讀懸口訣。②

據此可知,朝鮮半島之經學口訣始於薛聰,經過權近、鄭夢周等學者之努力而更趨完善,朝鮮世祖朝又命鄭麟趾等重定經書口訣。

釋義是諺解的一種成熟類型。朝鮮時代稱漢語爲華語,稱朝鮮語爲諺語,所以諺解就是指用朝鮮文解釋或者翻譯漢文典籍。現存最重要的《孟子》諺解著作是李珥《孟子諺解》,該書是用諺文全文翻譯《孟子》。釋義則不同,釋義不是全文翻譯,也不是逐字逐句的注釋,而是作者在認爲有疑難之處用諺文加以辨析。《韓國經學資料集成》收録了兩本《孟子釋義》,作者分别是李滉與李珥。林熒澤評價李滉《孟子釋義》曰:

> 《孟子釋義》是《四書釋義》的一部分,一六〇九年(宣祖四十一年)陶山書院刊行。内容是摘出《孟子》本文有疑問和難於理解的字、詞、命題,

---

① 〔韓〕朴世采《南溪先生朴文純公文正集》卷五十四,《韓國文集叢刊》第140册,第109頁。
② 〔韓〕李圭景《五洲衍文長箋散稿》卷三十四,《韓國文集叢刊》第302册,第253頁。

部分采用中文解说,部分采用諺解解说,或中文、諺解并用,視情況附加分析、解釋,確保經典解讀的正確。若有錯誤需要糾正,則先列以往的諺解本,再提出該替换的諺解本,其中他所提出的句讀法與官本大部分一致。或許與編纂官本《四書諺解》時采用很多退溪的見解有關,此書爲韓國經傳學術史上十分寶貴的資料。①

朝鮮時代學者對李珥《孟子釋義》評價很高,如朴世采《跋栗谷四書諺解》曰:

> 右栗谷先生《四書諺解》幾卷,今已校正繕寫,庶冀與先生續、外、別諸集并行于世焉。始余讀《牛溪續集》,見所謂栗谷《孟子音解》極是超邁之說,而不甚加省。一日,偶因具上舍時經得聞先生所爲《四書諺解》二册藏在連山沙溪先生家,乃亟以書轉借而讀之,盡是出於先生手定,而與印行本不同者也。遂即先懇數三同志,詳加校讎,而親自審定,以成今本,要之無甚乖舛者。蓋我國經書口訣,固是中朝之所無,而苟欲爲此者,亦當各從其本文句讀,詳證而一定之,方是合義矣。今則不然,往往於一句之間,分作數訣,殆與諺書音釋無别,而分離局促,類不可讀。愚嘗病之,未有以改正者。乃我先生所爲則其與印行本不同處,大概多在於是。其他意義,舉皆明白簡約,出人意表,誠所謂經學之指南也。②

漢字在古代朝鮮半島的地位非常尊貴,諺文的地位則較低。正如張伯偉教授《東亞文人筆談研究的回顧與展望》所言:"漢文在當時是一種高貴的、正統的、文雅的身份象徵,而諺文則不免是粗鄙的、鄉野的、女性的象徵。當時的朝鮮知識人,很多是拒絕學習諺文或者假托不懂諺文的。"③職是之故,諺解本的《孟子》與釋義本的《孟子》,其學術地位遠遠不能與漢文《孟子》學著作相比。朝鮮時代儒者在撰寫《孟子》學著作時,大多數都選擇用漢字寫作,收録在《韓國經學資料集成》中的《孟子》學著作共計百餘種,釋義本只有李滉、李珥所著二種。但是諺解本與釋義本對於朝鮮半島一般知識分子與普通民衆而言,更容易閱讀接受,對於《孟子》在朝鮮半島的傳播,起到了重要的普及與推動作用。

三 朱子學的强勢籠罩與理學解《孟》的獨尊地位

海東儒者對於朱子學的尊崇,幾乎覆蓋了整個朝鮮時代。1290年,安珦跟隨忠烈王世子忠宣王將朱子著作抄録帶回高麗以後,朱子學就在朝鮮半島生根發芽,并迅速傳播開來,開花結果,出現了很多理學名家,如鄭道傳、趙光

---

① 《孟子釋義》題解,《孟子卷》第1册,張立文、王國軒總編纂《國際儒藏·韓國編四書部》,華夏出版社、中國人民大學出版社,2010年,第3頁。
② 〔韓〕朴世采《南溪先生朴文純公文正集》卷六十九,《韓國文集叢刊》第140册,第397—398頁。
③ 張伯偉《東亞漢文學研究的方法與實踐》,第294頁。

祖、徐敬德、李滉、李珥、宋時烈等。陳來甚至認爲明代中期以後，朱子學的中心已經轉移到朝鮮半島①。宋時烈就是狂熱的朱子學者，對朱熹言論有一種近乎盲目的崇拜，甚至認爲朱熹的言行是絕對真理，可以超越時空的阻隔，對當時朝鮮王朝而言依然是思想之圭臬，《宋子大全》中此類言論所在多有，如：

> 宋子曰："言言皆是者，朱子也；事事皆當者，朱子也。自孔子以後，博約兩至，巧力俱到，未有若朱子之全且盡者也。"②

> 上曰："朱子之言，果可一一行之乎？"對曰："古聖之言，或以時勢異宜而有不能行者。至於朱子，則時勢甚近。且其所遭之時，與今日正相似，故臣以爲其言一一可行也。"③

海東儒者不僅是對於朱熹極爲尊崇，對於程朱理學亦是如此，直到十九世紀，崔象龍還因學術觀點不同於程子，深感惶恐不安。《孟子·梁惠王上》"寡人之於國"章曰：

> 不違農時，穀不可勝食也；數罟不入洿池，魚鼈不可勝食也；斧斤以時入山林，材木不可勝用也。穀與魚鼈不可勝食，材木不可勝用，是使民養生喪死無憾也。養生喪死無憾，王道之始也。五畝之宅，樹之以桑，五十者可以衣帛矣；雞豚狗彘之畜，無失其時，七十者可以食肉矣；百畝之田，勿奪其時，數口之家可以無飢矣；謹庠序之教，申之以孝悌之養，頒白者不負戴於道路矣。七十者衣帛食肉，黎民不飢不寒，然而不王者，未之有也。④

這是孟子王道政治理想的基本藍圖，既然説到"王天下"，就必然涉及對於當時名存實亡的周政權的態度問題，孟子尊周與否，是《孟子》學史上爭論不休的命題。程子的觀點是：

> 孔子之時，周室雖微，天下猶知尊周之爲義，故《春秋》以尊周爲本。至孟子時，七國爭雄，天下不復知有周，而生民之塗炭已極。當是時，諸侯能行王道，則可以王矣。此孟子所以勸齊、梁之君也。蓋王者，天下之義主也。聖賢亦何心哉？視天命之改與未改耳。⑤

程子認爲政權并非固定於周朝，戰國紛爭，群雄并起，周王朝已經是風雨飄搖，政權開始轉移，天命已改，能行王道、得民心的仁義之主，就是天命所歸、政權所在。程子的這個觀點在君主專制的傳統社會，是非常敏感的話題，以至於引

---

① 陳來曰："16世紀朝鮮朝朱子學的興起和發達，一方面表明了朝鮮性理學的完全成熟，另一方面也表明了朱子學的重心已經移到韓國而獲得了新的發展、新的生命，也成爲此後在東亞進一步擴大準備了基礎和條件。"陳來《近世東亞儒學研究》，北京大學出版社，2018年，第3頁。
② 〔韓〕宋時烈《宋子大全》卷三十六，《韓國文集叢刊》第320册，第25頁。
③ 〔韓〕宋時烈《宋子大全拾遺》卷七，《韓國文集叢刊》第116册，第143頁。
④ 〔宋〕朱熹《孟子集注》卷一，《四書章句集注》，中華書局，2012年，第203—204頁。
⑤ 〔宋〕朱熹《孟子集注》卷一，《四書章句集注》，第205頁。

起了崔象龍弟子的疑問：

> 問：程子（章下注）以孟子勸王道於齊、梁，以爲無尊周之義。愚恐孟子之言王道於齊、梁者，只明行王政則可王耳。使孟子無尊周之心，則沈同之問①，豈以不告天子，私與其國爲非乎？且五霸五禁，許其"無專殺大夫、無有封而不告"。而以今諸侯之犯此爲罪，則尊周之義自在其中。程子之訓，恐是泛説時然。②

崔象龍答曰：

> 程子之言恐是泛論其理，謂當時時勢如此耳③。若孟子有爲於世，則其尊周必矣，故愚見已與左右同爲著一説以明。然惟見異於程子之言，却甚惶恐。

孟子是否尊周，或者如程子所言，孟子已有政權轉移之理論，這都是可以商榷的學術問題，後世學者也可以對此繼續探討。但是在獨尊程朱理學的朝鮮時代，崔象龍學術觀點與程子不同，內心不禁萌生出惶恐之念，足見程朱理學的強大學術籠罩力。

整個朝鮮時代的儒者對於《孟子》的闡釋幾乎都不能脱離朱熹《孟子集注》，任何對朱熹觀點的質疑商榷都可能會被冠以離經叛道的罪名。朴世堂因著有《孟子思辨録》，對朱熹觀點有所匡正，就被宋時烈門人打擊迫害，詆毁爲名教罪人。肅宗下令革除朴世堂官爵，并將其所著《孟子思辨録》等著作全部焚毁，禁止流傳。《肅宗實録》云：

> 上判曰："今觀朴世堂所撰《四書注説》，其凌蔑朱子，背道害理，固非一二，而至於《中庸》，其所以變易章句，恣意詆毁者，有不忍正視，而末乃曰：'出於不得已，非樂爲言之。'無倫至此，而更無餘地也。……繼往開來之功，孰有大於朱子？而世堂何敢侮聖，若是其無忌憚耶？……朴世堂爲先削奪官爵，門外黜送，仍令儒臣逐段辨破後，碑文、册子，一時投火。"④

肅宗二十九年（1703），朴世堂被革職流放，八月二十一日，含恨死於貶謫之地。這其中固然有黨爭的現實政治因素，但根本原因還是朴世堂對朱熹學術思想的懷疑，給政敵以可乘之機。

---

① "沈同之問"出自《孟子·公孫丑下》："沈同以其私問曰：'燕可伐與？'孟子曰：'可。子噲不得與人燕，子之不得受燕於子噲。有仕於此，而子悦之，不告於王而私與之吾子之禄爵；夫士也，亦無王命而私受之於子，則可乎？何以異於是？'齊人伐燕。或問曰：'勸齊伐燕，有諸？'曰：'未也。沈同問"燕可伐與？"吾應之曰"可"，彼然而伐之也。彼如曰："孰可以伐之？"則將應之曰："爲天吏，則可以伐之。"今有殺人者，或問之曰："人可殺與？"則將應之曰："可。"彼如曰："孰可以殺之？"則將應之曰："爲士師則可以殺之。"今以燕伐燕，何爲勸之哉？'"朱熹《孟子集注》卷四，《四書章句集注》，第248頁。
② 〔韓〕崔象龍《孟子辨疑》，《孟子卷》第3册，第690頁。
③ 按："程子之言恐是泛論其理，謂當時時勢如此耳"，《國際儒藏》句讀爲"程子之言恐是泛論，其理謂當時時勢如此耳"，有誤，故作如上調整。
④ 《李朝實録·肅宗大王實録》卷三十八。

朝鮮時代陽明學已傳入，本土也興起了實學思潮，在這兩種學術思潮的影響下，亦有相關《孟子》學研究論著問世，如鄭齊斗《孟子説》、丁若鏞《孟子要義》等，但這些著作尚不足以撼動朱熹《孟子》學的權威學術地位。

四　實學思潮與《孟子》學的經世傾向

朝鮮半島《孟子》學闡釋史受實學思潮的影響很深，朴世堂《孟子思辨録》、李瀷《孟子疾書》、洪大容《孟子問疑》、丁若鏞《孟子要義》等，都是以實學思想闡釋《孟子》的代表性論著。

明清易代之際，士大夫對於明朝滅亡有切膚之痛，開始反思性理學尤其是陽明學的弊端，認爲性理之學空談心性，迂腐空疏，經世致用的價值甚微。實學思潮在此背景下應運而生，代表學者是顔元、李塨。此派學術特點，梁啓超《清代學術概論》歸納之曰：

> （顔）元不獨不認宋學爲學，并不認漢學爲學，明矣。元之意，蓋謂學問決不能向書本上或講堂上求之，惟當於社會日常行事中求之。……質而言之，爲做事故求學問，做事即是學問，舍做事外別無學問，此元之根本主義。以實學代虚學，以動學代静學，以活學代死學，與最近教育新思潮最相合。①

清代中期，乾嘉漢學興起之後，考據學成爲當時的主要學術風潮，實學思潮罕有傳承，逐漸衰歇下來。與中國不同，實學思潮在朝鮮半島却持續了三個多世紀，涌現出一大批實學思想家，影響深遠②。朝鮮半島實學思潮的興起既有現實政治的刺激，也有性理學内部的修正。現實政治的刺激是壬辰倭亂（1592—1593）與丙子胡亂（1636—1637），倭寇與清軍的兩次入侵，幾乎導致朝鮮王朝滅亡，隨之而來的民生凋敝、經濟衰退、黨争加劇等現實政治困境，迫使學者反思官方正統性理學的弊端，重新開掘儒家思想中經世致用精神，以實學代替虚學，以期解決朝鮮王朝瀕於滅亡的危局。

仁祖三年（1625），早期實學思潮的代表學者李晬光在《條陳懋實劄子》中就極力向仁祖進言，提倡實學：

> 殿下之志非不切矣，而施措之間，有未盡實。率職奉公諸臣之誠非不勤矣，而奉行之際，多不著實。以致績用無成，治效蔑著，國事日以委靡，朝綱日以紊亂，是則無他，皆坐不實之病也。夫天下之事務至廣，而所以操之者誠也，誠即實也。若不務實，而徒欲以文具勤成治功，則萬段事爲，

---

① 梁啓超《清代學術概論》，中華書局，2016年，第33—34頁。
② 正如李甦平所言：“明清之際的實學思潮似曇花一現，即興即滅，時間很短，社會影響力亦不大。而韓國實學則不同，在韓國儒學史上，自16世紀末葉至19世紀中葉是實學思潮産生、發展、成熟的時期。這就是説，朝鮮朝五百年的發展史中有三百年時間是韓國實學的發展期。在韓國儒學史上，實學被稱爲是‘性理學（儒學）劃時代的轉换’，是一種‘改新的儒學’。”李甦平《韓國儒學史》，人民出版社，2009年，第19頁。

悉歸虛套。譬猶畫餅充腸，契舟覓劍，畢竟無可摸捉處矣。誠願殿下繼自今，盡誠於上，責實於下，以實心而行實政，以實功而致實效。使念念皆實，事事皆實，則以之爲政而政無不舉，以之爲治而治無不成。①

程朱性理之學被列爲官學正統思想以後，日久弊生，空疏繁瑣的玄談論爭於世道人心鮮有助益，學術討論又闌入政治利益糾葛，學術之爭慢慢演變成黨同伐异的黨派之爭，加劇了政治腐敗。如丁若鏞《五學論一》所言：

> 然古之爲學者，知性之本乎天，知理之出乎天，知人倫之爲達道，以孝弟忠信爲事天之本，以禮樂刑政爲治人之具，以誠意正心爲天人之樞紐，其名曰仁，其所以行之曰恕，其所以施之曰敬，其所以自秉曰中和之庸，如斯而已，無多言也。雖多言，是重言復言，無异言也。今之爲性理之學者，曰理，曰氣，曰性，曰情，曰體，曰用，曰本然氣質，理發氣發，已發未發，單指兼指，理同氣异，氣同理异，心善無惡，心善有惡，三幹五椏，千條萬葉，毫分縷析，交嗔互嚷，冥心默研，盛氣赤頸。自以爲極天下之高妙，而東振西觸，捉尾脱頭，門立一幟，家築一壘，畢世而不能決其訟，傳世而不能解其怨。入者主之，出者奴之，同者戴之，殊者伐之。竊自以爲所據者極正，豈不疏哉？②

針對性理學的這些弊端，實學家主張回歸到《四書》《五經》原始儒家真精神。與宋明理學家强調内聖之學迥然不同，實學家更爲强調外王的實踐之學，相對於正德，更加重視利用、厚生，舉凡理學家忽視的田賦、水利、刑名、醫藥乃至於西方傳教士帶來的科學技術，實學家均有吸納，并加以發揚。關於實學思潮的特點，葛榮晋有比較凝練準確的歸納，即實事求是的務實精神、興利除弊的改革精神、近代指向的啓蒙意識、放眼世界的開放意識③。

《孟子》所言義利之辨、王霸之辨、井田制度、賦稅制度等都是實學家深感興趣的話題，實學家的《孟子》闡釋也明顯反映出與理學家不同的學術風貌。

以《孟子·梁惠王上》"王何必曰利"章爲例。下文以表格形式將朝鮮半島實學家與朱熹對本章的不同闡釋呈現如下，以期反映實學家闡釋《孟子》的經世特色。

朝鮮半島實學家與朱熹對"何必曰利"章的不同闡釋

作　者	書　名	學術觀點
朱　熹	《孟子集注》	此章言仁義根於人心之固有，天理之公也。利心生於物我之相形，人欲之私也。循天理，則不求利而自無不利；殉人欲，則求利未得而害已隨之。所謂毫厘之差，千里之繆。此《孟子》之書所以造端托始之深意，學者所宜精察而明辨也。④

---

① 〔韓〕李睟光《芝峰集》卷二十二，《韓國文集叢刊》第 66 册，第 215 頁。
② 〔韓〕丁若鏞《與猶堂全書》第一集第十一卷，《韓國文集叢刊》第 281 册，第 241 頁。
③ 葛榮晋主編《韓國實學思想史》，首都師範大學出版社，2002 年，第 23 頁。
④ 〔宋〕朱熹《孟子集注》卷一，《四書章句集注》，第 202 頁。

續表

作者	書名	學術觀點
朴世堂	《孟子思辨録》	注:"利心生於物我之相形。"恐未安。夫利者,便益之謂也,自求便益即害於物而不暇恤也,非特物我相形而後利心乃生也。①
李瀷	《孟子疾書》	今曰"何必曰利?亦有仁義而已"者,亦"夫子罕言"之意也。如將截然斷絶,則當云"不可曰利,只有仁義而已"可矣。今乃不曰"不可"而曰"何必",不曰"只有"而曰"亦有",其旨可見。如烏喙,食則必殺人,謂"不可食"則可,謂之"何必食",可乎?又如天,至大之物,論至大而謂之"只有天"則可,謂之"亦有天",可乎?②

　　這一章是儒學史上"義利之辨"的重要章節,以朱熹爲代表的理學家一般都是談利色變,主張道德原則(義)高於利益原則(利),道德原則指導利益原則,在特殊情況下,道德原則甚至可以取代利益原則。如李縡(1680—1746)在經筵日講上講授此章,作爲君主的英祖其實與梁惠王有相似的富國强兵之現實政治訴求,希望在合理範圍内,講求現實政治利益,但李縡固守理學傳統,大談義利之辨、天理人欲之别。李縡《孟子講説》記載其君臣對話曰:

　　問:利有好底,有不好底,如《易》所謂利,皆是好底利也。然則梁王之問利也,孟子何以知其意之必在乎不好底利,而直對説仁義以拒之耶?

　　曰:戰國之世,王道不明,而人心陷溺,惟知利之爲利,而不知仁義之有利。則當是時也,知行仁義未嘗不利之道者,獨孟子而已。如梁惠王者,詎能識此道理耶?推此可知其所問者,必是富强之利也。且以"利吾國"之説見之,則分明是利己之利也。其於《易》所謂義和之利、程子所謂利物之利,其公私較然判矣。

　　問:"何必"云者,是深絶之之辭也。以孟子對齊王好貨好色之手段,於此何獨不因其言而善導之耶?

　　曰:此是儒者本來白直手段。而至於貨色之對,因其明處而善誘之,即"納約自牖"之義,非可以一概論也。且貨色之中有天理,有人欲,猶可審擇而取捨;至於惠王所問利字,則全是人欲之利,固宜一切痛斥,豈如貨色之問而巽辭以答乎?③

　　實學家雖然不否認道德原則的重要性,但是又不迷信此論,也不空談道德原則,而是在尊重道德原則的情況下,爭取更多合理的現實利益。朴世堂反對朱熹將"利"解釋爲人欲之私,而是把"利"解釋爲便益,以中性意義的解釋消解了朱熹對利的貶義闡釋。李瀷則從文法角度闡釋"何必曰利"不同於"不可曰利",試圖證明孟子并非絶然反對利益,而是主張合理的利益追求。可見,朴世堂、李瀷都反對朱熹對利的極端貶斥態度,努力把利解釋爲中性意,承認利的

---

① 〔韓〕朴世堂《孟子思辨録》,《孟子卷》第1册,第534頁。
② 〔韓〕李瀷《孟子疾書》,《孟子卷》第2册,第167頁。
③ 〔韓〕李縡《孟子講説》,《孟子卷》第2册,第94頁。

合理性,既是對傳統義利之辨的理論拓展,也反映出實學家重視現實利益的思想傾向。

五　陽明學與乾嘉漢學影響下的《孟子》學

陽明學具體傳入朝鮮半島的時間有多種觀點,綜合這些觀點,可以大致確定其傳入時間上限不早於中宗十六年(1521)①,下限不晚於明宗二十二年(1567)②。陽明學傳入之後,引起了朝鮮王朝的極大震動,海東儒者圍繞陽明學展開了諸多討論。

《宣祖大王實録》宣祖六年(1573)正月十七日:

> 賀登極使朴淳啓曰:"浙江巡撫謝廷傑請以原任尚書王守仁配享文廟,大概以爲尊德性、道問學,非兩事也。德性不可以徒尊,必道問學以後始有實,不然則禪矣;問學不可以徒道,必尊德性而後始有主本,不然則功利矣。守仁師陸九淵,而今觀九淵之論,未嘗不及於讀書;朱某之教門人,未嘗不以身心爲務:則彼分朱、陸而二之者,非知二子之學者也。"奉聖旨,禮部看議了來説。③

本年萬曆皇帝登基,朝鮮使臣朴淳啓出使燕京朝賀,歸國之後,向宣祖匯報出使見聞,包括萬曆皇帝的年歲資質、太監馮保專權等事。學術方面,浙江巡撫上疏奏請王陽明配享文廟,這件事引起了朴淳啓乃至宣祖的重視,因爲這預示着陽明學逐漸獲得明朝官學認可,也意味着朱熹學術地位受到威脅,這對於獨尊朱子學的朝鮮君臣來説,是一個重要的學術問題,因此宣祖鄭重命令禮部議論上奏。

《宣祖大王實録》宣祖六年(1573)三月十七日:

> 左相等更秩進言,語及王守仁自聖無忌、訛毁朱子,中國好經者,從而和之。陳建著《學蔀通辨》,此實關异端之正論,宜令校書館開板,又於湖、嶺亦然。上曰:"王守仁亦有才氣,建功業。"臣希春進曰:"王守仁資性狠戾,强愎不遜,謂五常有亦可,無亦可,剷而去之亦可。又稱秦始皇焚書,以爲合於禁册述之意。又毁朱子著書,立言曰慘於洪水猛獸之灾。其爲邪説甚矣。"上曰:"謂之邪,無乃過乎?"對曰:"守仁當初厭事物之干心,而爲乖僻之論。然言之不正至於此,與王安石雖非貪邪,而引用凶邪,排

---

① 琴章泰曰:"王陽明的學説很快地被介紹到朝鮮,其代表作《傳習録》在他 47 歲(1518)時首次刊行,三年後(中宗十六年,1521)朴祥(號訥齋,1472—1528)閱讀了《傳習録》,并撰寫了一篇《辨王陽明傳習録》,批判陽明學與禪學相似。"[韓]琴章泰著,韓梅譯《韓國儒學思想史》,中國社會科學出版社,2011 年,第 161 頁。

② 金吉洛曰:"根據李滉(1501—1570,號退溪)的《退溪》集卷 41《傳習録論辯》(1566)、柳成龍(1542—1607,號西厓)的《西厓集》卷 15《知行合一》《王陽明以良知爲學》,以及記録於《李朝實録》宣祖朝二十年(1594 年)的有關陽明學説的文獻等,可判斷陽明學的傳入時期爲明宗末宣祖朝初,即 1567年前後。"[韓]金吉洛著,李紅軍譯《韓國象山學與陽明學》,社會科學文獻出版社,2016 年,第 29 頁。

③ 《李朝實録·宣祖大王實録》卷七。

擯忠直,而卒爲亂政小人何异?"①

經筵講官與禮部官員尊朱斥王的立場非常堅定,爲了排斥陽明學,不惜歪曲陽明本意,捏造一些聳人聽聞的言論,强加在王陽明身上,以達到斥陽明學爲異端邪説的目的,即使宣祖有意爲陽明學開脱,甚至客觀地評價王陽明的事功貢獻,尊朱官員也始終不肯作出讓步,陽明學在朝鮮半島始終未能獲得官方認可。

宣祖二十七年(1594)七月十七日,李瑶向宣祖推薦陽明學説:

> 瑶曰:"雖中朝人,若有心學,則願見而不得。王守仁之書,亦嘗喜見矣。"上曰:"所見必高矣。守仁,何如人耶?"瑶曰:"其言云:'晦庵之心,與某同,而格物之説,與程子有異。'"上曰:"陽明之説是乎?"瑶曰:"臣嘗見陽明及象山書,臣之心以爲好矣。"上賜瑶內饌。②

李瑶推薦陽明學説之事,以及宣祖對陽明學説表現出的興趣,很快就引發了尊朱官員的强烈反對,宣祖二十七年(1594)七月二十二日:

> 弘文館應教柳拱辰、副修撰鄭曄上札曰:"第聞瑶之所論,盛稱王守仁之學,以亂聖聽,臣等不勝驚怪之至。守仁之學,合仙、佛而爲一,以假吾儒之名,而其心强狠,自用其説,張皇震耀。至曰:'不思善、不思惡時,認本來面目。'至曰:'神住、氣住、情住,而仙家所謂長生久視之術,亦在其中。'至曰:'吾儒亦有神仙之道,顔子三十二而卒,至今未亡。'其怪誕悖理之説,無所不至,而其法以讀書窮理爲大禁,注其心於不可知之地,以僥倖一朝恍然獨悟爲得,而譏斥程、朱先知後行之説。至於變改經訓,以文邪見,其亂人民、害道術之罪甚矣。故武宗追削其官,榜示其偽,其慮深矣。彼瑶一狂惑喪心人耳,固不足與較,而臣等之所甚惑者,以殿下博大之學,高明之見,嚴辨之,痛絶之,無使偽亂真、邪害正可也,而反與之詢問其見,酬答其言,有若瑶之言爲可者,然此雖出於虛己聽言之盛心,而臣等恐斯言一播,士向靡定,其流之禍,有不可言者也。……伏願殿下嚴守正道,益勉聖學,不以誕説異術亂其思,求其至正之道,則聖學大明,邪説自消。答曰:"省札,學術之高如此,良用嘉焉。如予者,未易窺也。聞人之所論,如越人聽齊語,何敢知之? 然當留意。"③

宣祖雖然有意左袒李瑶,對陽明學説也不忍深斥,但是也無力扭轉尊朱斥王的學術潮流。當時朝鮮半島的學術領袖李滉撰寫了《傳習録論辯》,開啓了對陽明學批判的先聲;排斥陽明學的風潮,至柳成龍《知行合一》《王陽明以良知爲學》而達到高峰,朝野學壇幾乎都視陽明學爲異端。

朱子學是官學正統,有政治的强勢保護,朝鮮時代的陽明學家無法與朱子

---

① 《李朝實録·宣祖大王實録》卷七。
②③ 《李朝實録·宣祖大王實録》卷五十三。

學分庭抗禮,爲了給陽明學爭取學術生存空間,他們一般都采取"陽朱陰王"的策略,即表面上是擁護朱子學,其實暗地裏傳播陽明學,甚至站在朱子學的立場上,批判陽明學,但是這種批判是建立在大量徵引陽明學文獻的基礎上,以達到藉助朱子學的幌子,傳播陽明學的目的①。

在朝鮮半島,從陽明學角度闡釋《孟子》只有鄭齊斗等少數學者,儘管有一些學術創見,但是没有形成大的學術潮流,也没有撼動朱子學獨尊的既有學術格局。朝鮮半島儒者長期浸潤在朱子學的思想氛圍之中,對於陽明學有很强的抵觸情緒,以朱子學的眼光來審視陽明學,方枘圓鑿,很難達成思想上的同情理解,加之徵引陽明論著時斷章取義,對陽明學之誤解與苛責時常見之。如《孟子·盡心上》曰:

> 孟子曰:"人之所不學而能者,其良能也;所不慮而知者,其良知也。孩提之童,無不知愛其親者;及其長也,無不知敬其兄也。親親,仁也;敬長,義也。無他,達之天下也。"②

金龜柱《孟子札録》曰:

> 按:"良者,本然之善也。"既曰"本然之善",則凡天下所能、所知底道理,雖因"學、慮"而得者,皆莫非本然之善,非本然之外别討個"能、知"得來者也。然則孟子此説,特拈出其本然之直遂而不犯人爲者一二以言之,以見性善之固有耳,非謂不"學、慮"而"能、知"者,獨爲本然,而"學、慮"而"能、知"者,則皆在於本然之外也。蓋以本然之體言之,天下之事固無不可能、不可知者,而但爲氣拘欲蔽,遂失其本然之體,則其於天下之事多有不能、不知者矣。然本然之體得之於天,故當人倫切近處自然呈露,初不待"學、慮"而後"能、知"也。觀於童幼之愛親、敬兄,可以見此個"能、知"是固有底物事耳。學者苟能識此而致其力學、積慮之功,以變其氣欲之拘蔽,則本然之體復全於我,而天下之事真無不可"能、知"者矣。此實孟子言外之意也。此義若不善看,則將坐恃其本然之"能、知",而廢學棄慮,謂之無用,是乃釋氏之道而非孟子之道也。後來王陽明所説良知、良能,蓋近於此矣。③

金龜柱認爲王陽明"良知"學説發端於孟子,也是人所共知的事實。但是片面地認爲王陽明"良知"學説只是强調良知本體,而忽視後天學慮等修身工夫,則是非常嚴重的誤解。王陽明强調"良知"無疑是重視本體,而强調"致良知"就是重視後天的修養工夫。王陽明自治治人的事功實踐,以及剿匪平叛的蓋世

---

① 金吉洛《韓國象山學與陽明學》曰:"儘管對陽明學進行殘酷鎮壓,但仍有一些學者將生死置之度外公開主張陽明學,不過大部分陽明者在嚴酷的環境下爲了陽明學的落地生根,采取了表面上標榜朱子學而思想上推崇陽明學的'陽朱陰王'的方式,或者采取了折中朱子學與陽明學的方式,這是韓國陽明學的特性。"〔韓〕金吉洛著,李紅軍譯《韓國象山學與陽明學》,第29頁。
② 〔宋〕朱熹《孟子集注》卷十三,《四書章句集注》,第360頁。
③ 〔韓〕金龜柱《孟子札録》,《孟子卷》第2册,第779頁。

功勛,都足以顯示王陽明後天修養的勤勉篤實。正如唐文治所言:

> 然其(王陽明)自治也,有以明心而見性;其治人也,足以覺世而牖民;而其喚醒迷繆之人心,則尤爲切摯。①

再如《孟子·告子上》曰:

> 公都子:"告子曰:'性無善無不善也。'或曰:'性可以爲善,可以爲不善;是故文武興,則民好善,幽厲興,則民好暴。'或曰:'有性善,有性不善;是故以堯爲君而有象,以瞽瞍爲父而有舜;以紂爲兄之子且以爲君,而有微子啓、王子比干。'"②

本章公都子向孟子轉述了三種人性觀念,第一種,"性無善無不善",認爲人性無所謂善惡,對於人性的界定是中性的;第二種,"性可以爲善,可以爲不善",認爲人性是一種傾向性,隨着外在環境的改變而改變;第三種,"有性善,有性不善",這是一種固化的人性觀念,把人性善惡推諉到天命禀賦之上,認爲有些人禀賦善性,不會因環境而變惡;有些人則禀賦惡性,不會因環境而變善。這三種人性觀念都是孟子所反對的,正如牟宗三所言:

> 此三説皆"生之謂性"原則下之説。……故由"生之謂性"一原則下所了解之性決不能建立起道德原則,亦決不能確立人之道德性以於價值上有别於犬牛。故生之謂性之"生"字定是實指個體存在時所本具的種種自然之資説。故由"性者生也"來了解性便有此種種説。而此種種説皆非道德意義的定善之性。故知孟子定説性善決不與"性者生也"爲同一層次。若真想了解人之價值上异於犬牛,而不只是事實上類不同之异,則決不能由"性者生也"來説性。③

申教善《讀孟庭訓》對此三種人性觀,也有優劣比較之論:

> 問:彼三説皆不知性之本善一也,而其中亦有優劣之可論歟?
> 翁曰:三説之非,詳辯於《傳習録》,而汪份曰:"嗚呼!公都子所引之三説,獨'無善無不善'之説最爲無狀。孟子既已辭而闢之矣,乃陽明拾其餘唾,而極力闡明之,不謂之异學,吾不信也。"此説良是。然彼三説俱於性未透徹則均矣,其優劣何足論哉?④

申教善徵引清代學者汪份《注訂孟子大全》的觀點,認爲王陽明"無善無惡心之體"來源於告子"性無善無不善",實則不然。王陽明此論首見於《傳習録》:

> 無善無惡是心之體,有善有惡是意之動,知善知惡的是良知,爲善去

---

① 唐文治著,徐炜君整理《孟子大義》,上海人民出版社,2018年,第463頁。
② 〔宋〕朱熹《孟子集注》卷十一,《四書章句集注》,第334頁。
③ 牟宗三《圓善論》,《牟宗三先生全集》第22册,聯經出版事業股份有限公司,2003年,第20頁。
④ 〔韓〕申教善《讀孟庭訓》,《孟子卷》第4册,第122頁。

惡是格物。只依我這話頭隨人指點,自沒病痛,此原是徹上徹下功夫。①

"無善無惡是心之體"等四句被後世稱之爲"陽明四句教",這四句中最難理解的也是"無善無惡是心之體"這一句,難點就在於王陽明此處所言之善惡不是道德意義上的善惡,不是人性的善惡問題,而是指心體的無滯無執,對此陳來有透徹的分析②。故此王陽明所言"無善無惡是心之體"討論的是心體問題,與告子"性無善無惡"所討論的人性問題,完全是風馬牛不相及的兩個理論問題,汪份與申教善將兩者混同,并批評王陽明之學說爲异端之學,顯然是對王陽明的誤解。

當然,王陽明學術見解也并非盡善盡美,朝鮮半島學者對王陽明的批評,有時也能切中要害。如《孟子·盡心上》:

> 孟子曰:"盡其心者,知其性也。知其性,則知天矣。存其心,養其性,所以事天也。殀壽不貳,修身以俟之,所以立命也。"③

王陽明《傳習録》釋曰:

> "盡心知性知天"是"生知安行"事,"存心養性事天"是"學知利行"事,"殀壽不貳,修身以俟"是"困知勉行"事。④

王陽明把本章與《中庸》進行類比,《中庸》曰:"或生而知之,或學而知之,或困而知之,及其知之一也;或安而行之,或利而行之,或勉强而行之,及其成功一也。"⑤這種類比闡釋,與其說是闡釋《孟子》學說,不如說是王陽明藉助《孟子》《中庸》論述其知行合一的理論,與《孟子》《中庸》本意還是有很大的差异,故此引起後世學者的批評。朝鮮時代朱子學家柳長源曰:

> 《傳習録》謂"殀壽不貳,修身以俟",是困知勉行事太差,此地位豈困知勉行者可及?《易傳》"樂天知命故不憂"即"殀壽不貳,修身以俟"也,可謂困知勉行乎?陽明說道理多不顧前後,此處可見。⑥

儘管柳長源只批評了王陽明三種觀點中的最後一種,但也能通過論述其不合理性類推前兩者的錯誤。孟子認爲不管短命還是長壽,都不能改變其操守,通

---

① 〔明〕王陽明撰,鄧艾民注《傳習録注疏》,上海古籍出版社,2012年,第258頁。
② 陳來《宋明理學》:"'無善無惡心之體'所討論的問題與倫理學的善惡無關,根本上是强調心作爲情緒——心理的感受主體具有無滯性、無執着性。照他的說法,這種性質正如虛空一樣,各種星辰風雷在太虛運動出没,一過即化,决不會成爲滯泥在太虛之中的障礙,因爲太虛本然之體是對任何事物無滯無執的。人心本體即本然狀態也具有純粹的無滯性,與太虛一樣,喜怒哀樂往來出没人心,但心之本體無喜無怒無滯無執,因此人心雖生七情,却應使之一過而化,不使任何一種留滯心中。這個無滯無執著的心體就叫做無善無惡心之體。"陳來《宋明理學》,華東師範大學出版社,2004年,第216頁。
③ 〔宋〕朱熹《孟子集注》卷十三,《四書章句集注》,第356頁。
④ 〔明〕王陽明撰,鄧艾民注《傳習録注疏》,第13頁。
⑤ 〔宋〕朱熹《中庸章句》,《四書章句集注》,第29頁。
⑥ 〔韓〕柳長源《孟子纂注增補》,《孟子卷》第2册,第612頁。

過不斷修身來等待天命,這纔是立命的正確做法。柳長源援引《易傳》"樂天知命故不憂"佐證孟子觀點,其思想的契合度,遠比王陽明所言《中庸》"困知勉行"更爲貼切。

當代學者牟宗三亦發現王陽明的類比不妥,牟宗三認爲孟子所言修身工夫是所有主體都應持守的普遍性原則,與先天禀賦(根器)無關,不管是生知、安知還是困知,都應該持守孟子所言的道德實踐原則[①]。王陽明則是把此普遍性原則混同爲特殊性原則,以至於誤解了孟子本義。柳長源雖不及牟宗三的批評透闢明晰,但是也意識到王陽明之錯誤。

乾嘉漢學對於朝鮮半島儒者的影響力亦遠不逮朱熹理學,以《四庫全書總目》爲例,該書對理學著作多有譏刺,而海東儒者在爲皇室藏書樓奎章閣編定的書目——《奎章閣總目》中依然奉理學爲正宗,而對於四庫館臣的揚漢抑宋的學術觀點有較多駁斥,如奎章閣學士所撰《四庫全書簡明目錄》解題曰:

> 其持擇予奪之意,則有大不可曉者。蓋以考古家爲漢學,講學家爲宋學,而評騭之際,右漢左宋。於濂洛諸賢則陽尊陰抑,屢示不滿;於朱門諸子以下,則昌言攻之,不遺餘力;而畔經橫議、猖狂無忌如毛奇齡之甚者,則稱其博辨淹通,嘉其根據分明,片言隻字唯恐蒐采之不盡。[②]

與奎章閣學士驚嘆四庫館臣對書籍的予奪是"大不可曉"類似,柳得恭對於乾嘉漢學的興起,也發出"良可嘆也"之慨。純祖元年(1801),燕行使柳得恭托請紀曉嵐購買朱子著作,殊不知當時清朝學術風氣轉變,北京書肆竟然沒有此類書籍發售,紀曉嵐只能再請人往江南購買。然而學風丕變,朱子學在當時已是明日黃花,江南書肆也未能購得,柳得恭只能抱憾束歸:

> 此行爲購朱子書,書肆中既未見善本,紀公曾求諸江南云,而亦無所得。紀公所云邇來風氣趨《爾雅》《說文》一派者,似指時流,而其實漢學、宋學、考古家、講學家等標目,未必非自曉嵐倡之也,見《簡明書目》論斷可知也。多見南方諸子,所究心者六書,所尊慕者鄭康成,相譽必曰通儒、曰通人,程朱之書不講,似已久矣。中國學術之如此,良可嘆也![③]

清代學者《爾雅》《說文》研究著作充溢書肆,乾嘉漢學蔚然興起之後,朝鮮半島

---

① 牟宗三曰:"陽明良知教雖不違此義,然其視盡心知性知天爲生而知之,存心養性事天爲學而知之,立命爲困而知之,此種比配全無意義,此亦賢者一時糊塗也(不知何故有此扭曲想法)。其次再看'存心養性事天'一聯。盡心知性知天是積極的工夫,存心養性事天是消極的工夫,都是實踐的事,而且每一個人都當如此實踐,聖人亦須如此,此是原則性的話。這尚說不到根器的問題,故不能以生知學知來比配。盡心知性知天與'堯舜性之也'非一義,存心養性事天與'湯武反之也'非一義。下聯'立命'更是一普遍原則,更不能以困知來比配。"牟宗三《圓善論》,《牟宗三先生全集》第 22 册,第 133 頁。

② 〔韓〕徐浩修編《奎章總目》,張伯偉《朝鮮時代書目叢刊》第 1 册,中華書局,2004 年,第 170—171 頁。

③ 〔韓〕柳得恭《燕臺再游錄》,《燕行錄全集》第 60 册,韓國東國大學校出版部,2001 年,第 265—266 頁。

儒者的購書願望依然是朱子著作，足見東國對朱子學宗奉精神之大且久，也足見乾嘉漢學未能動搖朱子學在東國的權威地位。

朝鮮半島《孟子》學著作也曾對清初考據成果有所吸收，如顧炎武《日知錄》、毛奇齡《四書釋地》等著作也曾見之於海東儒者的《孟子》學論著之中，崔象龍《孟子辨疑》、申教善《讀孟庭訓》對上述著作皆有徵引，但是比較奇怪的是，焦循《孟子正義》這樣一部乾嘉漢學權威著作，并沒有出現在朝鮮時代書目著錄中，也沒有學者徵引到該書，足見在朱子學籠罩的朝鮮時代，焦循《孟子正義》等漢學著作被吸納的機會并不多。

六　結語

《孟子》東傳朝鮮半島以後，海東儒者通過諺解方式實現了文本轉換，有助於《孟子》在一般知識人之間流通，開拓了《孟子》傳播邊界。朝鮮時代處於程朱理學尤其是朱子學的強勢籠罩之下，以理學思想解讀《孟子》長期處於獨尊地位。理學日久弊生，實學應運而起，實學雖然不能與理學分庭抗禮，但是也傳承有序，綿歷數百年之久。朝鮮半島以實學思想解讀《孟子》的學術論著頗多，呈現出明顯的經世傾向。陽明學被海東理學家以异端之學排斥之，儘管有江華陽明學派援引此學進入《孟子》研究領域，但整體影響不可與理學解《孟》之盛況同日而語。至於乾嘉漢學，對於朝鮮半島學術影響更爲微弱，即使是被清代考據學家奉爲典範的焦循《孟子正義》也很難引起海東儒者的重視。

（作者單位：貴州大學文學院）

蔣汾功《孟子》學探微

潘振方

蔣汾功是清代常州地方以"文章之學"[①]研治《孟子》的重要學者。有清一代《孟子》學發展頗爲興盛,《孟子》學著述總數在一千五百種左右[②],多數著作偏重義理、考據。然而亦有學者從《孟子》辭章入手,以評點方法閲讀《孟子》,蔣汾功便是其中代表。蔣氏《孟子》學著作僅以抄本流存[③],其《讀孟居文集》收録多篇序跋、書後以及其他討論《孟子》文法、義理的文章。藉由蔣氏文章和著作,可還原蔣汾功從《孟子》辭章入手研治《孟子》的整體過程。

一 "再選擇"的《孟子》學

蔣汾功(1672—?),字東委,陽湖人,康熙五十年(1711)舉人,雍正元年(1723)恩科進士,終官松江府教授,"課士有法,多所成就"[④]。蔣氏通經術、工古文辭,學者宗之,尊稱"濟航先生"[⑤],以"讀孟居"名其居所,有《讀孟居文集》六卷存世。

蔣氏爲常州名門望族,亦是科舉世家。蔣汾功與從兄弟蔣鴻翮、蔣驥等五人被譽爲"里中五蔣"[⑥],皆自少攻習舉業,又從楊懷遠[⑦]研習四書義理。蔣汾

---

* 本文係江蘇高校哲學社會科學研究一般項目"明清《孟子》文章學與古文演進"(2023SJYB1898)階段性成果。

① 程頤將學問之道分三途:"一曰文章之學,二曰訓詁之學,三曰儒者之學。"(吕祖謙著,嚴佐之、劉永翔點校《近思録》卷二,浙江古籍出版社,2017年,第23頁)

② 李暢然《清代〈孟子〉學史大綱》,北京大學出版社,2011年,第107頁。

③ 蔣汾功著有《孟子説文》《孟子繹文》《孟子講義》和《孟子雜著》等四種,其抄本今藏於北京大學圖書館。特别感謝北京大學中文系博士生劉貝嘉、高樹偉代爲查閲。

④ 張惟驤編纂,蔣維喬增補,朱雋點校《清代毗陵名人小傳稿》卷三,鳳凰出版社,2017年,第35頁。

⑤ 〔清〕盧文弨《湖廣道監察御史蔣公墓表》,《抱經堂文集》卷三十二,中華書局,1990年,第424頁。

⑥ 《(光緒)武進陽湖志》卷二十三:"〔蔣驥〕與兄文元、芳洲、鵬翮、汾功俱擅文譽,邑人爲之語曰:'里中五蔣,後來居上。'"其中蔣芳洲,康熙五十四年(1715)進士,官至禮部員外郎;蔣文元,康熙六十年進士,授淮安府教授;蔣敦淳,雍正二年(1724)舉人,選授雲南峨山知縣。

⑦ 楊懷遠,字文來,宜興人,諸生,著有《四書明辨録》《古今祭禮》《諸儒源流考》《宜興鄉評備考》等書,《(乾隆)江南通志》卷一百六十三有小傳。

功後又以課館爲業,淮安鹽商程氏兄弟創曲江文會,曾延請蔣汾功講課①。從其制舉業的經歷來看,蔣汾功應自幼熟讀、熟知四書。

　　蔣汾功《孟子》學是一種"再選擇"的結果,其在《答李別駕書》中云:"年二十餘,習《詩》《書》《論語》《孟子》及他古書,時有所窺,輒欲注記一二而彷徨未果。既又以力不能兼,遂幷心《孟子》之學,往復日久,又仿蘇氏讀書例,列爲數編。"②又在《與宋太守書》中云:"某少好古文之學,初泛濫於百氏,年二十餘讀《孟子》,稍窺其門户,後亦時有論著。"③這種"再選擇"有個人興趣的原因,亦有家學淵源的影響。其叔父蔣金式④以才學見知於戴名世,困頓科場,以里居教館爲業。蔣金式在教書之時評點各類典籍,啓迪蔣氏諸生。秦靖然爲蔣金式之子蔣鴻翩《唐人五言排律詩論》作序時云:"憶歲癸酉,余侍弱六夫子讀書太山庵,始與蔣氏群從昆季游……吾夫子善著書,《周易》《毛詩》外,不下十餘種,而諸君又皆能世其家學,東委之《孟子》、盤龍之《陶詩》、涑滕(蔣驥)之《楚騷》,其所發明,類越古今,人所未逮。"⑤蔣汾功亦云:"前此歲庚午叔父弱六翁評於京師寓齋……其明年遂設帳於錫山秦氏,群從昆弟偕往受業焉。"⑥故蔣汾功以評點之法研治《孟子》,從中得"古文之法",又能啓其經學之門。

　　蔣汾功治《孟子》得"古文之法",其從外孫洪亮吉在《外家紀聞》中云:"從外祖東委先生汾功……生平得文法於《孟子》,故於《孟子》一書論著尤詳。"⑦蔣氏與莊氏有累世姻親,蔣汾功娶莊維嵩次女爲妻⑧。莊維嵩長子莊令興任康熙五十三年(1714)浙江鄉試副主考時曾延蔣汾功入闈閲卷⑨。莊存與之父莊柱任温州知府時,亦請蔣汾功在温州官署中設館,莊存與和莊培因皆親炙於蔣氏。莊存與云:"雖獲聞古文之法於師,而瞻望弗及。"⑩除莊存與、莊培因兄弟,同邑董連存、毛今等皆受教於蔣氏。董連存"長游同邑蔣濟航先生門,先生故以古文名於世者也,君盡得其學"⑪。毛今"見蔣先生,學爲韓歐陽氏之文"⑫。毛今又囑托趙懷玉,云:"始吾雖涉其藩中,歲得蔣先生指授,乃益進。

---

① 程晉芳《晚甘先生傳》云:"有園在淮之珠湖,爲前明張氏曲江樓故址,構而新之,名曰'柳衣'。延致江浙者儒方文輈、蔣東委、徐笠山、王雲衢、甲皆、箬林及淮之周白民、邱庸謹、劉萬資兄弟相與晨夕淬厲,文讌爲一時之盛。"(程晉芳著,魏世民校點《勉行堂詩文集》,黃山書社,2012年,第803頁)
② 〔清〕蔣汾功《讀孟居文集》卷二,《清代詩文集彙編》第230册,上海古籍出版社,2009年,第490頁。
③ 《讀孟居文集》卷二,第486頁。
④ 蔣金式,字玉度,號弱六,康熙二十三年(1684)舉人,授内閣中書,官懷寧教諭。工詩古文辭,著有《抚米山房詩集》《陸宏中草堂詩集》《翠縷居説騷》《批杜詩輯注》等。
⑤ 〔清〕蔣鴻翩《唐人五言排律詩論》卷首,南京圖書館藏寒三草堂刻本。
⑥ 《讀孟居文集》卷六,第582頁。
⑦ 〔清〕洪亮吉撰,葉舟點校《外家紀聞》,鳳凰出版社,2015年,第98—99頁。
⑧ 徐雁平《清代文學世家姻親譜系》,鳳凰出版社,2010年,第49—54頁。
⑨ 〔清〕湯健業撰,葉舟點校《毗陵見聞録》卷三,鳳凰出版社,2015年,第26頁。
⑩ 《讀孟居文集》卷首,第472頁。
⑪ 〔清〕錢維喬著,杜玄圖、馬振君點校《錢維喬集》,崇文書局,2018年,第373頁。
⑫ 〔清〕趙懷玉《毛先生墓表》,《亦有生齋文集》卷十六,《清代詩文集彙編》第419册,第729頁。

异日繼斯傳者,將以屬子。"①故趙懷玉在《孟鄰堂文鈔序》中云:"吾郡之以古文名者,自唐襄文後如邵子湘、董文友諸君繼起不乏,而近時耳熟而心儀,尤在農先先生與蔣東委先生兩家之作。"②由此來看,蔣汾功是清前期常州公認的古文大家,是常州清代文學創作傳承譜系中承上起下的重要一環,毗陵七子到後世陽湖文派無不受其影響③。

蔣汾功又與江蘇籍經學家楊椿、秦蕙田、顧棟高等多有往來。蔣氏與楊椿(1676—1753)④交往最深,兩人同學於蔣金式,常以文章相討論⑤。楊椿的"孟鄰堂"與蔣汾功的"讀孟居"互爲桴鼓。蔣汾功曾爲秦蕙田《五禮通考》作序稱:"予與秦氏世好。"⑥顧棟高亦云:"海内留心經學,余相識不過數人,桐城方望溪、武進楊農先、蔣東委、長洲楊文叔,暨先生俱老死盡矣。今僅存者惟□□□符倉與元和惠定宇。"⑦蔣汾功《春秋大事表序》云:"聊以平日所講習於《孟子》者,指次《春秋》義例,或庶幾乎管窺之一得。"⑧楊椿精史學,秦蕙田通禮學,顧棟高治《春秋》,蔣汾功則研治《孟子》,可謂互相補益。

二 由辭章而及義理、考證

蔣汾功是雍正元年恩科進士,與天津人王又樸爲同榜進士。據現有文獻來看,兩人未有交往記錄,却"不約而同"地以評點形式治《孟子》。王又樸在《讀孟題辭》中云:"余自少時讀《孟子》,即喜其文跌宕雄奇,結構精嚴。"⑨蔣汾功在《書孟子文後》亦云:"少長是書,知愛其文詞之工。"⑩王又樸的《孟子讀法》成書於乾隆十五年(1750),具體成書過程不甚明悉。相比之下,蔣汾功則在各種序跋、書後等文章中記錄自己《孟子》學著作的成書過程。

蔣氏《孟子説文》的創作時間最早。蔣汾功云:"是編於康熙壬申冬即屬草。"⑪而序和書後均作於康熙丙子年,即此書始於康熙三十一年(1692),成於康熙三十五年(1696),故蔣氏感慨:"統計前後,爲書《説文》最先亦最久,每自

---

① 《讀孟居文集》卷首,第473頁。
② 《亦有生齋文集》卷三,第533頁。
③ 葉舟《清代常州城市與文化:江南地方文獻的發掘及其再闡釋》,復旦大學2007年博士學位論文,第281頁。
④ 楊椿,字農先,常州武進人,康熙五十七年(1718)進士,授庶起士、翰林院檢討。雍正初年,監修國史,授侍讀學士、日講起居注官。著有《孟鄰堂文鈔》十六卷。
⑤ 兩人交往經歷可見蔣汾功《送楊農先南歸序》(《讀孟居文集》卷二,第497頁)和楊椿《與蔣東委書》(《孟鄰堂文鈔》卷十三)兩文。
⑥ 〔清〕秦蕙田《五禮通考》卷首,清光緒六年江蘇書局本。
⑦ 〔清〕陳祖範《經咫》卷首,清《廣雅書局叢書》本。
⑧ 〔清〕顧棟高輯,吳樹平、李解民點校《春秋大事表》,中華書局,1993年,第5頁。
⑨ 〔清〕王又樸《孟子讀法》卷首,《孟子文獻集成》第132册,山東人民出版社,2020年,第981頁。
⑩ 《讀孟居文集》卷六,第580頁。
⑪ 《讀孟居文集》卷六,第582頁。

喟多閑費歲月也。"①蔣氏意在《孟子》文章，其云："汾功自少時知好其文，間以所聞於師友者類而長之，往復有年，於隱顯、奇正、開合、布置之法若微有窺焉。"②蔣氏所謂"師友"除叔父蔣金式，亦學習前輩學者魏禧③，魏禧曾在康熙初年游寓常州，與惲日初等古文家交往密切④，而蔣金式是惲日初的弟子。由此來看，魏禧的《孟子》評點亦是蔣汾功《孟子》評點的淵源之一。而《孟子說文》的評點形式大體模仿《蘇批孟子》，以朱、綠二色圈點標記，其中點號用朱筆、圈號或用朱筆、或朱綠相間；其評語吸收"蘇批"及前人評點，又多有自己的見解，如在"齊桓晉文"章末蔣氏評云："蘇評'再繳前語生下'，指'可得聞與'一問，中間隔'今''古'二句，乃在所略。"⑤

　　蔣氏後撰《孟子繹文》，自序云："始余作《孟子評》，貪多務得，長者或數十紙，短亦不下十數行，既恐太多則讀者思緒不貫，而古人神氣反爲所掩，特簡而存之。"⑥可見《繹文》是對《說文》提煉處理，更有條理明晰。

　　在《說文》《繹文》後，蔣氏又撰《孟子講義》，其自序："蓋嘗過不自量，率其管窺，訓釋一二，日既久，漸以成書，非敢望言之，或幾於道要，皆出於心。"⑦《孟子講義》始於康熙四十七年(1708)，成書於康熙五十九年(1720)，其書偏於義理，統分八十四章，各章附楊懷遠《四書明辨錄》。但蔣氏一直苦於"講義漫漶"，不斷修訂此書，直至乾隆四年(1739)還"大加芟薙，且再四審定"⑧。蔣氏的友人張江、周翼皇和其子蔣和行以及外甥黃簡均曾提出修改意見。周翼皇指責《四書明辨錄》"多與朱子爲難"，蔣氏"躊躇於《明辨》之去留"，最終認爲《明辨錄》"言皆有據，雖有异同，似無傷也"⑨。

　　蔣氏又涉獵考證之學，作《孟子雜著》，云："又二年授業溫州署中，作考證。"⑩《孟子雜著》始於雍正五年(1727)，成書雍正十三年(1735)，蔣氏頗爲自矜，認爲"折衷舊說，益以新知，精粗纖巨，旁見側出，皆於是乎在"⑪。

　　蔣汾功還有數種有關《孟子》單章的著作。蔣氏受魏禧影響，頗爲重視"保民"章，稱"余既篤好是書，而於此章尤甚"。此書於康熙四十九年(1710)成書，康熙五十一年(1712)"復取舊稿披閱"。蔣氏其他著作"尚未就緒"，門人"有請

---

① 《讀孟居文集》卷六，第583頁。
② 《讀孟居文集》卷二，第498頁。
③ 蔣汾功在《記四編後》中云："前此歲庚午叔父弱六翁評於京師寓齋，辛未冬携歸，檢魏氏集中所評'保民'章，閱之而無言。請問之，曰：'什止得二三耳，汝曹他日當自見之。昔歲所評亦具大略而已，汝曹他日可自爲之。'"(《讀孟居文集》卷六，第582頁)
④ 魏禧與常州古文的關係參見楊旭輝《苦憶毗陵秋雨夜，竹樓燈火對論文——魏禧與清初常州古文家的理論交流及其影響考論》(《贛南師範學院學報》2015年第4期)一文。
⑤ 〔清〕蔣汾功《孟子說文》，清雍正抄本。
⑥ 《讀孟居文集》卷二，第499頁。
⑦ 《讀孟居文集》卷二，第500頁。
⑧⑨ 《讀孟居文集》卷六，第583頁。
⑩ 《讀孟居文集》卷六，第584頁。
⑪ 《讀孟居文集》卷二，第501頁。

卒業者",蔣氏"姑録此示之","論注'保民'章及他説之互相發明者,裒而次之"①。此書雖臨時而成,但用意頗深,《書保民章後》云:"學者由吾言以推所未盡,由一章以推之全書,且由《孟子》以及六經、百氏,則是書其不爲筌蹄矣乎。"②"保民"章是《孟子》四大篇章之一,尤能體現《孟子》特色,故蔣氏以此章單篇獨行,意欲彰顯自己的《孟子》學。此外,謝濟世曾求蔣氏著作,蔣氏"以全書頗難郵寄,取'保民'章、'富歲'及下章、'東山'章,章各具四編"③。然這幾種單章著作似未留存於世。

蔣汾功《孟子》學著作的序跋和書後等文章均收入《讀孟居文集》中,可大體還原出蔣氏研治《孟子》的整個過程。蔣氏《孟子》四編成書的時間順序暗示其《孟子》學獨特之處,即由辭章而及義理、考證。在學問三途中,蔣汾功將"文章之學"置於首位,研讀《孟子》文章以治《孟子》是其入門之法,亦是自得之處。

三 《孟子》可學之"階梯"

莊存與在《讀孟居文集序》中云:"反覆讀《孟子》諸作,開示學者有階可升。"④蔣汾功《孟子》學"階梯"是由辭章而及義理、考證之路徑。具體又分爲内外兩途:内追《孟子》之性情,外摹《孟子》之文法。

蔣汾功不滿自宋以來的"文道分途"現象:作爲詞章綴學的古文家,其弊在"務飾詞求悦於人"從而失去文章的"實質"⑤;作爲"以道鳴"的理學家,其弊在"略於文辭",徒有其意却不能依靠文章流傳後世。彌合"文"與"道"矛盾之法在於尋找合適的取法對象。蔣氏在《孟子説文序》中比較"六經"與"百家之説":作爲"文之宗"的六經,雖"詞約旨淵"却因"體制不類"少有學者"涉藩";"博且麗"的百家之説,雖"爲世誦法"却多"悖於聖人"故"流弊不可掩"。蔣氏指出周文雅而繁靡、秦文雄却剽悍,皆非古文寫作理想取法對象,文與道統一、學與文結合的典範即是《孟子》:

> 立乎道與文之至,而參乎周與秦之中,上衍六經之傳,而下抉百家之奧,千百世後,由其學而學焉不敝者,惟孟氏之文乎!⑥

孟子是儒家之道的"至"者,《孟子》之文亦是"文之至"者。《孟子》文章既有周文的儒雅,又有秦文的雄壯;《孟子》上承六經"詞約旨淵"的傳統,同時又兼具

---

① 《讀孟居文集》卷二,第 502 頁。
② 《讀孟居文集》卷六,第 582 頁。
③ 《讀孟居文集》卷六,第 584 頁。
④ 《讀孟居文集》卷首,第 472 頁。
⑤ 蔣汾功自詡"少好古文之學"(《與宋太守書》,《讀孟居文集》卷一,第 486 頁),又對當時流行的古文多有微詞,《答李別駕書》云:"僕未弱冠時頗志古人之學,見近世所爲古文詞,多貪常嗜瑣,不可人意,鋭然欲追古人而與爲徒,既又念人情薄今愛古,使吾文得如退之、永叔,人亦且惟韓、歐是誦矣。况材力視古人無能爲役,誰復誦而傳焉者。夫學古人而有牛後之羞,毋寧因古人而爲驥尾之附也。"(《讀孟居文集》卷一,第 490 頁)
⑥ 《讀孟居文集》卷二,第 498 頁。

百家之文的"博且麗",故蔣氏認爲《孟子》之文是後世學者與文人"學焉不敝"的取法對象。

聖人之道高遠閎深,難以理解。蔣汾功又從《孟子》諸多概念中拈出"性情",認爲"夫聖人之道所以悦於人心而不去者,惟其性情之存也"①。在孟子的思想體系中,性即是情,性是内在的本體,情是外在的表露。孟子在幾次精彩的辯論中都能及時捕捉到對手情感的變化。因此,從性情入手是孟子的辯論技巧,同時孟子個人的性情也流露於辭章之中。後世讀者閲讀《孟子》文章了解孟子的"性情",進而親近聖人之道,故蔣氏云"有孟子而聖人之道益親也"②。《孟子》文章中有孟子"性情"存在,讀者能"親狎","親狎"的方式即從《孟子》辭章中"優游往復"并能自得其味。

蔣金式在評點杜詩時特别注重"性情"③,蔣汾功可能受其影響。然蔣氏對於"性情"概念并未作過多闡釋,更强調通過文章追摹孟子的"性情":

> 竊以後人所不及古人者,乃在性情,而氣象次之,音味、節族又次之,體格爲後。噫!體格可言也,音味、節族難言矣,又况求之於性情、氣象間乎?④

此段議論是蔣氏文論的核心。蔣氏將後世文章不如古人的因素依重要性分爲三級:性情、氣象;音味、節族;體格。蔣氏三級分類與姚鼐的"神、理、氣、味、格、律、聲、色"有异曲同工之處。性情、氣象、音味、節族是難言的"文之精",體格是可言的"文之粗"。《孟子》文章的體格容易被學習模仿;《孟子》文章的音味、節族可以從體格中各種文法中推求;模仿其體格,熟悉其音味、節族,"善學者"能由《孟子》文章求得孟子的性情與氣象。因此,蔣汾功格外重視《孟子》文章,以明《孟子》學"有階可升"。

蔣汾功在《孟子説文》《孟子繹文》等著作中揭示《孟子》文法之外,亦以單篇文章系統地總結《孟子》文法,即《與友人論孟子文書》一文。據蔣氏自記,此文作於康熙四十年(1701),《孟子説文》於五年前成書,蔣氏以此文回應友人的質詢。友人關於《孟子》的問題有二:一是《孟子》文辭,二是爲文之法。前一問題是指作爲儒家經典的《孟子》文章的價值,後一問題則指《孟子》文法之於古文的意義。

蔣氏先以"語音爲喻",指出每個人的聲音各有不同,但人在睡夢中亦能辨識熟悉親友的聲音,其原因在於"習之愈久則知之愈深,接之愈親則辨之愈微"⑤,而《孟子》相較於其他經典優勢在於"習"。蔣氏又重申"道"與"文"的關係,《孟子》的道與文是統一的,孟子精微的道通過精美的文來傳達,故研習《孟子》文章亦是彰顯《孟子》之道的正當途徑。

---

①② 《讀孟居文集》卷二,第500頁。
③ 楊旭輝《蔣金式"少陵號知心"詩學研究之考察》,《中華文史論叢》2019年第4期,第393頁。
④ 《讀孟居文集》卷六,第580頁。
⑤ 《讀孟居文集》卷一,第478頁。

其後,蔣汾功又詳細論述《孟子》文章的"爲文之法"。蔣氏認爲大車或巨船之所以能夠運行自如,在於"操之有具",《孟子》能夠縱橫自如,在於文章有文法。蔣汾功將各類文法與《孟子》文章一一對應:

《與友人論孟子文書》文法一覽表

文法名稱	文法内容	《孟子》文章對應處
開闔之法	乘風闔户者,其去闌也遠,則其闔也疾,而固欲翕乃張也。	言"功不至百姓",忽言"有復於王";言"以一服八",忽言"鄒與楚戰"。
蓄勢養局之法	自上趨下者必少憩,自下趨上者必少退,積重不反之勢也。	言闢地撫夷、治天下,"獨可耕且爲"至於"心獨無所同"。
順逆之法	風與水拂而文生,兩剛播戛而聲振,物相逆而變不窮也。	問"所以合於王",反詰其"何以不王";欲探"所以求大欲",反詰其"快於心"。
對偶之法	物生有兩比則不孤,故文以偶而多姿也。	如"百鈞""一羽"與"挾山""超海","緣木求魚"與"鄒與楚戰","鼓樂"與"田獵","好勇"與"文武","好貨"與"好色","人心"與"山木","寸木岑樓"與"鈎金輿羽"等。
進一步法	若夫意所不及而逾其望。	"賢者而後樂此""殆有甚焉""民尤以爲小"。
激法	待其憤而徐伸其説。	"以齊王猶反手""封之也或曰放焉"。
映襯法	事以相形益見。	管仲、子路孰賢和文王今時之難易;陳相倍師和孔子門人;"不召師"與"繆公亟見於子思"。
推論法	知其一説,而舉似者可知,異者亦可推。	有同類相推,如言守身事親,而獨舉曾子之事親;有異類相推,如禹、稷、顔回同道,而獨言禹、稷。
引導法	迎之以其所喜,而授之以所忌。	如宣王疑王之難,極言如折枝之易;疑桓文之易,極言如戰楚之難。
鋪陳法	言之不足而長言之。	"離婁"章中"比物連類"、"舜往於田"章中"反覆游衍"。

以上是蔣氏在《與友人論孟子文書》中對《孟子》文法的總結,其又云:"若其纖微委折,則餘已見之《繹文》中矣,匯而觀之,可盡得也。"① 由此可見,蔣汾功《孟子》學是以文法爲中心,故趙懷玉云:"蔣氏雖治《孟子》,但取其法度周密。"②

蔣汾功認爲《孟子》有"法"與"美"的雙重典範意義。先秦諸子文章的長處在於"好奇""體疏",弊端在於學術上"不醇"、法度上"不密",《孟子》却能兼其所長而無其弊,能够"醇而不肆,密而不疏"。後世文章可分爲兩宗:以賈誼、晁錯、蘇氏父子爲代表的"英挺"之文,其缺點在於"燥";以董仲舒、劉向、歐陽修、

---

① 《讀孟居文集》卷一,第479頁。
② 《亦有生齋文集》卷三,第553頁。

曾鞏爲代表的"淵懿"之文,其缺點在於"緩"。兩派文章都源於《孟子》,故《孟子》之文兼有"英挺""淵懿"的風格。

基於以上的分析,蔣汾功認爲"古文之法至《孟子》而開,古文之美至《孟子》而備"①。因此,蔣氏通過研治《孟子》,學習《孟子》的文法,模仿《孟子》的文風,故其古文創作能夠"居高臨下"。

四 以文章寫《孟子》

在具體創作中,蔣汾功善學《孟子》的多變文法,戴名世評其文云:"體峻潔而意閑遠,段落筆法俱極參差變化,古文能事盡此矣。"②其《竹硯記》蔣氏在議論後忽發感嘆:"常嘆李將軍剄身絶域,何如居前先死單于。嗟乎! 推先生之意,宰天下有如此竹矣。"③"李將軍一嘆"猶如神來之筆,忽然插入文中,將整篇文章的氣力、神韻拔高一層。因此,評點此文的友人皆認爲此法精妙,如徐廷槐云:"李將軍一嘆,此曲江廖柴舟所謂閃筆,爲行文最得意處。唐宋八家惟昌黎、老蘇、半山有之,餘人無有也。"④蔣氏此法源自《孟子》,黃允中云:"此法《孟子》最多,熟讀深思,自有悟入處。"⑤

蔣汾功又善用比喻之法。《與友人論孟子文書》開篇以聲音爲喻,末尾論氣之真僞,又以拔山之夫喑啞與孺子大呼作喻。張江將譬喻之法直指爲"孟氏家法",云:"中後發揮處比喻多方,語約而意盡,即孟氏家法也。"⑥蔣汾功學習《孟子》,採用的喻體多源自生活中平常的事物,却從中引申出別樣意味,使文章意蕴豐富多彩,方苞評云:"其模範在八家,而引喻發奇多取諸周秦間諸子,一種誇猶自得之致,尤不可及。"⑦趙懷玉亦云:"故引論設義,波瀾叠生,一如人人意中之所欲盡,而不知超心煉冶,蓄之深而成之,如是其難也。"⑧

由於善用比喻,蔣汾功的文章在某種程度上有接近《孟子》的可能。徐廷槐評《文航簡鈔序》云:"老蘇評《孟子》'矢人'章云:'活潑變幻,不可端倪,若游龍,若閃電。'文境仿佛似之。"⑨"矢人"章全文僅一百七十一字,能"活潑變幻,不可端倪"的原因在於孟子善用喻言,言矢人、函人、弓人、射者皆層層作喻,王源評"矢人"章云:"正言有盡,喻言無窮,故善爲喻者,必善爲文,善爲文者必善爲喻也。……此章不過數行文字,而喻言大半,且重複者三,故奇姿橫溢,雲斷峰連,不可以格律。"⑩陳儀評此章云:"此章或正寫,或借喻,或正喻夾寫,矢字、函字、弓字、射字,隨手轉來,有意無意,離奇夭矯,莫可捉摸,解此何須更讀

---

① ⑥ 《讀孟居文集》卷一,第 480 頁。
② 《讀孟居文集》卷首評語,第 477 頁。
③ 《讀孟居文集》卷四,第 532 頁。
④ ⑤ 《讀孟居文集》卷四,第 533 頁。
⑦ 《讀孟居文集》卷首,第 477 頁。
⑧ 《讀孟居文集》卷首,第 473 頁。
⑨ 〔讀孟居文集》卷三,第 515 頁。
⑩ 〔清〕王源《文章練要孟子評》,《孟子文獻集成》第 120 册,山東人民出版社,2020 年,第 919 頁。

《南華》。"①而蔣文從"光焰萬丈之文"入手，又以"螢火之光"作喻，正文與喻言交錯成文，故張江評曰："文每正喻夾寫，又即正即喻，即喻即正，揉作一團，熔成一□，□之但見縱橫閃忽，而條理秩如，一綫清芬。"②張氏的評語與王源、陳儀等人評論《孟子》如出一轍，能見蔣汾功對《孟子》的學習。

蔣汾功學習《孟子》并非僅停留在體格，而是追摹孟子的性情、氣象，以"文"述"道"。蔣汾功視爲文章爲大業，稱"所生所寄托惟文章"③，爲文絶少浮華之辭，多論實事。《上鄭學使書》爲科舉選材而發，《救荒投當事書》爲救荒而發，都是蔣汾功長篇論事之文的典範。前者周徐彩評曰："筆墨揮灑中又極矜貴，馴妥處彌見雄剛。體大思精，無美不備。"④後者徐廷槐評云："論事之文痛快易、醇厚難，此文不立科段，滔滔説去，可謂鴻文。"⑤矜貴雄剛和痛快易醇，也是前人評價《孟子》文章風格時常用之語。

《送陳秋田任長寧序》一文更有代表性。陳秋田，即武進陳聶恒，爲一時名士，轉任長寧時諸多名人均有詩文相贈。荔浦、長寧兩地皆是"下邑"，他人的詩文或描繪長寧惡劣的環境，或感嘆陳聶恒懷才不遇，但蔣文却從知縣的職責談起，文章開首便云："邑令之於民，親矣。今人稱其令必曰'父母'，而自守以上率以'祖'稱。"⑥蔣氏發揮孟子之義，認爲邑令"宜日夜拊循，時其凍飢，而汲汲然同其憂樂也"⑦。然在現實生活中，地方官爲政一方，行政治民却與孟子思想背道而馳。得官必先問地方歲入，對百姓疾痛無動於衷，橫征暴斂肆無忌憚。此種行爲由來已久，已成難化之習俗，甚至被世人視爲常態。因此，蔣氏表彰陳聶恒在荔浦任上"一意撫綏，羨餘無所問"，是爲民父母的真正典範。文末，蔣氏向"客"詢問長寧歲入等情況，在"客"的反問之下，纔恍然大悟，"惡習俗移人有不自知語言之出者"⑧。《送陳秋田任長寧序》雖爲贈序之文，却"以唐宋之體勢藏周秦之丘壑"⑨，其內容皆是蔣氏"熱心苦口之言"，悲天憫人之情流溢於詞表。此文前半部分論述爲民父母之意警辟深切，實從《孟子》中流出，故張江評曰："本《孟子》以得其聲情，參三傳以博其旨趣。篇首從父母意發慨，直與《孟子》'庖有肥肉''莫不善於貢'一段相爲表裏，此可謂'抉經之心'。"⑩"抉經"乃發掘經典之意，以古文發掘聖人經典之大義是歷代古文家的動力，也是傳統責任，蔣氏此文即是典範之作。

不僅如此，蔣汾功還以文章形式闡釋《孟子》，作《讀孟子》兩篇，上篇論孟子性善之説，下篇論孟子仁義之説，皆就孟子思想一端而發。"性善論"是孟子最有爭議的話題之一。孟子道"性善"，天下"爲不善者如彼其衆也"如何解釋？蔣汾功并未直接回答，而又提另一個孟子與現實矛盾的言論"以仁得天下論"。

---

① 〔清〕周人麒《孟子讀法附記》卷三，《孟子文獻集成》第140册，第46頁。
② 《讀孟居文集》卷三，第515頁。
③ 《讀孟居文集》卷一，第481頁。
④ 《讀孟居文集》卷一，第483頁。
⑤ 《讀孟居文集》卷一，第485頁。
⑥⑦⑧⑨⑩ 《讀孟居文集》卷一，第496頁。

孟子曰："三代之得天下也以仁。"又曰："不仁未有得天下。"然自戰國以後,諸如秦、隋等"不仁者"亦能統一天下。面對這兩個問題,蔣氏又舉前人的兩種解釋:一、孟子的"性善"和"以仁得天下"是世之常態,"不善"和"不仁而得天下"是世之變態。二、人性本善是指天下之人都有"爲善"的能力,得天下者必能長久,秦、隋短祚,并非真正得天下。蔣氏認爲此兩説"皆當矣",然"猶未盡",故提出己見:"今夫君子之立言也,恒存乎不得已,蓋嘗因其自然者而順導之,亦慮其將然者而逆防之。"①在蔣氏看來,孟子有關性善和以仁得天下的言論皆是"不得已"之言。换言之,無論是"順導",還是"逆防",都是孟子辯論術的具體運用,無關於事實本身。因此蔣氏云:"孟子明知夫世多自暴自棄之人,而終不肯謂'性有不善';明見夫招八州朝同列者赫赫在目前,而終不肯謂'不仁有得天下',皆裁成輔相之盛,心不得已而托諸空言者也。"②蔣氏的結論不是從《孟子》義理推衍出來,而是從《孟子》文章出發,是分析文法的產物。這是蔣汾功《孟子》學有别於其他《孟子》義理、考證之處。

《讀孟子》下篇則專論孟子"仁義論"。蔣氏開門見山提出觀點:"楊墨者,仁義之似;秦人則與仁義爲仇者也,故《孟子》之書,顯攻者楊墨,陰斥者暴秦。"③孟子辟楊墨,斥之爲异端,乃人所共知之事,蔣氏却指出孟子攻擊楊墨只是表面現象,其真正的目標是攻擊暴秦。蔣氏又論"孝弟之義"與"富强之謀"的區别,孝弟之義能使人心氣和樂,富强之謀只會導致戰争。蔣氏又云"以學術殺人無形而有待,以兵戈殺人不待頃而決矣",故對於現實生活而言,楊墨之術會"不攻而自退",攘斥暴秦纔是真正的當務之急。蔣汾功此番解讀不同於朱熹的解釋,甚至與孟子的原意也似有所抵牾。《讀孟子》體現出蔣汾功作爲古文家的"通變",即不糾結於迂腐呆板的義理,注重從實用層面重新闡揚孟子之道。

蔣汾功從辭章研治《孟子》,最終將《孟子》的文章與思想内化到自己的文章之中。對於蔣氏而言,《孟子》既是古文的遠祖,亦是儒家之道的載體。普通讀書人從《孟子》文章中學習撰寫古文的秘訣,掌握古文寫作的技巧,便可以用成熟、優美的文章闡釋自己對於《孟子》乃至於儒家道德哲學的理解,故研治《孟子》辭章是對傳統《孟子》義理、考據的一種合理且有效的補充。

結　語

"義理、考據、辭章"爲中國傳統治學的基本方法,互相交織,共爲一體。焦循長於考據,亦能發揮《孟子》"性善"之理;朱熹以義理著稱,却常感嘆《孟子》有"作文之法";蔣汾功的《孟子》學從辭章而及義理、考據,將三者融爲一體,最終以文章的形式闡釋《孟子》。

理學家與漢學家在推崇義理、考據之時常常會"無意中"輕視《孟子》的"文

---

① ② 《讀孟居文集》卷四,第 538 頁。
③ 《讀孟居文集》卷四,第 539 頁。

章之學",因此蔣汾功的《孟子》學在清代諸多《孟子》義理、考據著作中相對"黯然無光"。然蔣氏《孟子》學有其獨特價值。在蔣氏家族治學傳統和前輩學者的評點實踐的共同影響下,蔣汾功"再選擇"《孟子》作爲自己的終生事業,以評點等方法閱讀《孟子》,提煉義法,研治義理。由辭章而及義理、考據的方法,可能是衆多普通讀書人研讀《孟子》等經典的更爲常用路徑。因此,梳理蔣汾功《孟子》學亦有助於我們了解《孟子》學在義理、考據之外的另一面貌。

(作者單位:淮陰師範學院文學院)

"古文不宜説理"論平議

蔡德龍

作爲與"道"高度關聯的中國傳統文學樣式，古文是否宜於説理，本不足以成爲問題。文以明道、文以載道之説已先天預設了古文文體的説理功能與義務。然在古文批評與古文理論史上，不斷有文道分離的主張。晚清文壇改革者與領導者曾國藩，以其對古文歷史與現實文弊的深度考察，結合自身創作甘苦，正式提出"古文不宜説理"之論。此説是對傳統文道關係論的超越，包含着對古文體制與義理關係的透徹思考，影響到古文叙事、議論二者關係的升降，更爲五四前後新文學家所利用，成爲後來推翻古文的"自畫供招"。其理論背景、内涵及實際影響，均值得探討。

一 "古文不宜説理"論的提出

（一）問題的提出

咸豐八年（1858），曾國藩在與劉蓉書信中，提出道與文不得不分離、道學與古文之學需各自獨立的問題：

> 大著游記二首，以義理言則多精當，以文字言終少强勁之氣。自孔孟以後，惟濂溪《通書》、橫渠《正蒙》，道與文可謂兼至交盡。其次如昌黎《原道》、子固《學記》、朱子《大學序》，寥寥數篇而已。此外則道與文竟不能不離而爲二。鄙意欲發明義理，則當法《經説》《理窟》及各語録、札記（如《讀書録》《居業録》《困知記》《思辨録》之屬）；欲學爲文，則當掃蕩一副舊習，赤地新立，將前此家當，蕩然若喪其所有，乃始别有一番文境。望溪所以不得入古人之閫奥者，正爲兩下兼顧，以致無可怡悦，輒妄施批點，極知無當高深之萬一。然各有本師，未敢自誣其家法以從人也。①

曾國藩謂歷來文道兼至之人極爲少見，發明義理與操觚爲文是兩回事，欲以古

---

① 〔清〕曾國藩《致劉蓉（咸豐八年正月初三）》，《曾國藩全集》第22册，岳麓書社，2011年，第587頁。

文闡說心性之學者,難以成功。

　　文道一體,是宋以來理學家、古文家的常見觀點:"故道與文,非二物也。"①"道勝"被認爲是"文至"的根本原因,元吳師道云:"使其心果有得於道,所發必出於正,則不待求工於言語文字之間。"②所謂道爲體、文爲用,二者的關係是"由體達用,沛然有餘"③。道與文是體與用、微與顯的關係。後世強調文道合一,已含有文與道本爲二事的意思在内。羅倫說:"道成而文自顯者,文與道爲一也;因文而窺乎道者,道與文爲二也。"④反觀曾國藩的說法,無疑是對傳統觀點的反駁。

　　次年,曾國藩在與吳敏樹的書信中,將此說明確爲"古文不宜說理":

　　　　中如《書西銘講義後》,鄙見約略相同。然此等處頗難於著文,雖以退之著論,日光玉潔,後賢猶不免有微辭。故僕嘗稱古文之道,無施不可,但不宜說理耳。⑤

此論發自咸豐九年(1859),這與他十幾年前的觀點判然有别。道光二十一年(1841),曾國藩在日記中恭敬地記録其理學老師唐鑒的言論云:"文章之學,非精於義理者不能至。"⑥道光二十三年(1843),他還堅持文道一體之說:"道猶人心所載之理也,文字猶人身之血氣也。血氣誠不可以名理矣,然捨血氣則性理亦胡以附麗乎?"⑦認同文以載道,堅信文道不可分離,認爲"烏有知道而不明文者乎"⑧? 同年,在與諸弟的家書中,曾國藩強調"義理之學最大","詞章之學,亦所以發揮義理者也"⑨。這種文道觀念,在十餘年後的咸豐八年、九年有了變化,一變爲"道與文竟不能不離爲二",再變爲"古文不宜說理"。

　　此後曾國藩觀點未再改變,如同治九年(1870):

　　　　自周公而下,惟孔孟道與文俱至,吾輩欲法孔孟,固將取其道與文而并學之。其或體道而文不昌,或能文而道不凝,則各視乎性之所近。苟秉質誠不足與言文則已,閣下既自度可躋古人,又何爲捨此而他求哉? 若謂專務道德,文將不期而自工,斯或上哲有,然恐亦未必果爲篤論也。⑩

同治九年,他雖然承認文道關係的複雜性:"國藩竊維道與文之輕重,紛紛無有

---

　　① 〔宋〕陳淳《答徐懋功書二》,《全宋文》第295册,上海辭書出版社、安徽教育出版社,2006年,第131頁。
　　② 〔元〕吳師道《答謝君植書》,《全元文》第34册,江蘇古籍出版社,1999年,第22頁。
　　③ 〔明〕羅欽順《月湖文集序》,《整庵先生存稿》卷九,明嘉靖刻本,第11a頁。
　　④ 〔明〕羅倫《一峰文集》卷三《南豐文集序》,文淵閣《四庫全書》本。
　　⑤ 〔清〕曾國藩《復吳敏樹(咸豐九年十二月初二)》,《曾國藩全集》第23册,第331頁。
　　⑥ 〔清〕曾國藩《曾國藩日記》"道光二十一年七月十四日",《曾國藩全集》第16册,第92頁。
　　⑦ 〔清〕曾國藩《致劉蓉(道光二十三年)》,《曾國藩全集》第22册,第8—9頁。
　　⑧ 〔清〕曾國藩《致劉蓉(道光二十三年)》,《曾國藩全集》第22册,第7頁。
　　⑨ 〔清〕曾國藩《致澄弟温弟沅弟季弟(道光二十三年正月十七日)》,《曾國藩全集》第20册,第49頁。
　　⑩ 〔清〕曾國藩《復劉蓉(同治九年正月末)》,《曾國藩全集》第31册,第133—134頁。

定説久矣。"①但他自己的觀點已經非常明確,即反對前人的道勝文至、"不期而自工"的論調,強調道與文各爲專門之學,學者應根據各自秉性,"各視乎性之所近"而進行專門研究。

"道與文竟不能不離爲二"與"古文不宜説理"二説之間尚有細微差别,前者是以決絶的姿態分離文道關係,而後者則以謹慎的口吻意圖在文道之間保持一定張力。相比於前者而言,"古文不宜説理"論更爲深刻。"道"原爲各家核心主旨之共名,本不爲儒家所專用。在儒者的視角看來,儒家之外的學説自然是異端、外道。韓愈開始將"道"據爲儒家專有,稱儒家之"道"是"天下之公言",建構"道統",主張"文以貫道";後因理學影響日益深廣,"道"逐漸爲儒家專用,理就是道。方苞欲合文統、道統爲一體,遭到曾國藩諷刺,其實姚鼐已有文道分離的觀點:

> 如伯申之小學實可貴,其餘藝或是弩末,亦可勿論矣。李安溪雖未是真道學,而所論義理自可取,而侈言文章乃殊可笑。戴東原言考證豈不佳? 而欲言義理,以奪洛、閩之席,可謂愚妄不自量之甚矣。②

理學家言文章、考據家言義理都被姚鼐視爲"愚妄不自量"的行爲,這已含有文章纔是古文家當行本色的意思。

曾國藩之説影響很大,曾門後學對其理解也有不同。吴汝綸看重其説文道分離的一面,其云:"通白與執事皆講宋儒之學……但必欲以義理之説施之文章,則其事至難。不善爲之,但墮理障。程朱之文尚不能盡饜衆心,況餘人乎? 方侍郎學行程朱,文章韓歐,此兩事也,欲并入文章之一途,志雖高而力不易赴。此不佞所親聞之達人者,今以貢之左右,俾定爲文之歸趣,冀不入歧途也。"③吴氏已將古文説理稱爲"歧途"。但到了曾門再傳弟子那裏,對此説的態度便有變化。馬其昶便喜作説理文字,遭到其師吴汝綸的批評:"文章不宜談理,此前哲微言,執事最不信此語,究其談理之作,實亦不能工也。"④高步瀛等人則認爲曾説隱含着"古文莫難於議論(説理)"的微旨。曾國藩所言是指狹義的理學之理,新文化運動前後,"理"由理學被擴展爲一般的道理,古文被認爲不適合闡發各種道理,曾國藩言論被視爲是古文家的"自畫供招,表明這種古文是最没用價值的文章了"⑤。現代學者普遍將"古文不宜説理"論視作進步之説,認爲曾國藩反對用腐朽的道學語累及古文⑥。今以實按之,"古文不宜説理"論包孕豐富,實難以簡單的對或錯來評價。

---

① 〔清〕曾國藩《復劉蓉(同治九年正月末)》,《曾國藩全集》第31册,第133頁。
② 〔清〕姚鼐撰,盧坡點校《惜抱軒尺牘》卷六《與陳碩士》安徽大學出版社,2014年,第104頁。
③ 〔清〕吴汝綸《答姚叔節(十二月五日)》,徐壽凱、施培毅校點《吴汝綸尺牘》,黄山書社,1990年,第94—95頁。
④ 〔清〕吴汝綸《答馬通白》,《吴汝綸尺牘》,第170—171頁。
⑤ 錢玄同《嘗試集序》,《錢玄同文集》第一卷,中國人民大學出版社,1999年,第90頁。
⑥ 參見郭紹虞《中國文學批評史》(百花文藝出版社,1999年,第536頁)、黄霖《近代文學批評史》(上海古籍出版社,1993年,第201頁)相關論述。

(二)"不宜説理"與"不能説理"

"古文不宜説理"不等於"古文不能説理"。若不局限於理學,從"理"的廣義含義出發,則説理之文本就是傳統古文中的一大類。傳統的文體二分法,分文章爲説理文(議論)與叙事文兩種,後加上抒情擴展爲三分法。如姚永樸《文學研究法》:"大抵集中,如論辯、序跋、詔令、奏議、書説、贈序、箴銘,皆毗於説理者;詞賦、詩歌、哀祭,則毗於述情者;傳狀、碑志、典志、叙記、雜記、贊頌,皆毗於叙事者。"①高步瀛《文章源流》:"文章之類別,可括爲三:一説理,二叙事,三言情。"②這些文體分類法中,説理文皆是重要一類。

即便將"理"限定爲狹義的"理學"之"理",古文也未必不能闡説。理學奠基者程頤,年輕時游太學,便以一篇《顔子所好何學論》受到賞識,此文是以論體論理學。曾國藩編纂的《經史百家雜鈔》以姚鼐《古文辭類纂》爲基礎,分文體爲十一類,第一類論著類,皆爲説理之文。《經史百家雜鈔》之《序例》云:"經如《洪範》《大學》《中庸》《樂記》《孟子》皆是;諸子曰篇、曰訓、曰覽,古文家曰論、曰辨、曰議、曰説、曰解、曰原皆是。"③明確將説理議論的論、辨、議、説、解、原諸體視爲古文。《經史百家雜鈔》論著類録文以先秦諸子和唐宋説理單篇爲主,諸子中《孟子》《莊子》《荀子》選文最多,唐宋文章則以韓愈、柳宗元、歐陽修、蘇洵、蘇軾爲主。值得注意的是,論著類選周敦頤《通書》及張載《西銘》《東銘》,張載入選兩篇,已經與柳宗元、歐陽修選文數量相等。曾國藩本人也有成功的説理之文,後人便認爲"公所爲送劉芧雲、郭筠仙諸文,及《國朝學案小識書後》《孫芝房芻論》諸篇,其於説理固未嘗不精也"④。

在作於同治十年五月的名文《湖南文徵序》中⑤,曾國藩同樣將説理視爲文章重要内容:"人心各具自然之文,約有二端:曰理,曰情。二者人人之所固有。就吾所知之理而筆諸書,而傳諸世,稱吾愛惡悲愉之情而綴辭以達之,若剖肺肝而陳諸簡策,使吾繾綣之懷旳然呈露,斯皆自然之文。"人心皆有理有情,能夠將其恰當地書寫出來,就是"自然之文",可見説"理"本是文章的重要内容。他將自東漢至隋唐的駢體,視爲偏於"情"的"習於情韵者類也",將唐宋以降文章視爲偏於"理"的"闡明性道"之作,并指出"義理之文"是近代文章主體:"自元、明至聖朝康、雍之間,風會略同,非是不足與於斯文之末。此皆習於義理者類也。"此類"義理之文"的特點是"淡遠簡樸"。由於是給湖南地方總集作序,他自然地將"情"的源頭追溯至屈原,"理"的源頭追溯至周敦頤:"周子復生於斯,作《太極圖説》、《通書》,爲後世言義理者所祖。"

無論是曾氏自編總集《經史百家雜鈔》,還是他人所編《湖南文徵》,抑或是曾氏本人的古文作品皆有研討理學的成功之作,可見古文并非"不能"説理。

---

① 姚永樸撰,許結講評《文學研究法》卷一,鳳凰出版社,2009年,第27頁。
② 高步瀛《文章源流》,余祖坤編《歷代文話續編》下册,鳳凰出版社,2013年,第1280頁。
③ 〔清〕曾國藩編,孫雍長標點《經史百家雜鈔·序例》,岳麓書社,1987年,第1頁。
④ 李肖聃《星廬筆記》,喻岳衡校點《李肖聃集》,岳麓書社,2008年,第547頁。
⑤ 〔清〕曾國藩《湖南文徵序》,《曾國藩全集》第14册,第218頁。

曾國藩謂其"不宜",主要還是考慮到佳作少這一客觀原因。曾國藩自己雖有不少說理之作,如僅道光十四年,曾國藩朝考策文就有《順性命之理論》《召愧》《原才》《君子慎獨論》等說理之文,但就優秀說理文的數量而言,在曾國藩文集中確屬微乎其微。其日記云:"申刻下筆作文,至二更三點畢,潦草成篇,全無精采。余近日作文,患在心血日虧,思不能入,較之甲辰年所作《五箴》、戊申年所作《送劉蓉雲序》,乃遠不逮。此十餘年中真虛度哉!"①曾國藩此處提及的兩文,正是其得意的說理之文。他遺憾不能再寫出《送劉蓉雲序》這樣的說理佳作,顯然只是感慨古文難於說理,而非古文不能說理之意。他在《湖南文徵序》中稱:"兹編所錄,精於理者蓋十之六,善言情者約十之四。"表彰湖南文人精於說理,但從《湖南文徵》選文實際來看,成功之作主要是大量的叙事文,說理文比率并不高,"精於理者蓋十之六"的評價有鄉曲私言的嫌疑。從古文影響力來看,說理古文成功者少、影響力小,無疑是事實。以說理文總集爲例,自宋代出現《文章正宗》,說理類總集開始陸續問世,《四庫全書總目》說:"至宋真德秀《文章正宗》,始別出談理一派,而總集遂判兩途。"②但此類總集長久受人冷落,《四庫全書總目》之《古文雅正》評語云:"至真德秀《文章正宗》、金履祥《濂洛風雅》,其持論一準於理,而藏弆之家,但充插架。固無人起而攻之,亦無人嗜而習之。"③以姚椿《國朝文錄》爲例,此書是姚鼐《古文辭類纂》之後桐城派又一重要選本,以"明道"與"紀事"爲甄錄標準,選錄有大量"明道"即說理之文,但此類"明道"文章并不受讀者重視。李慈銘稱其"心性蕪言,俗體釀辭,漫無義法"④,譚獻謂其"蔀於理障"⑤,反倒是"紀事"之文選錄的以吳鋌《因時論》《前因時論》等三十七篇爲代表的經世文章,因是時代新風的體現而影響較大。

　　宋以後,古文與道關聯,"文以理爲主"成爲流行理念。不過理學家多不能文,文統、道統分別。雖有人嘗試發掘理學家之古文成就,但不免顯得生硬。明代關學家張舜典刻有《濂洛文抄》《明道先生集抄》,關學家馮從吾雖認爲此舉有助於"理學、文章庶幾可合而爲一"⑥,但也承認:"信理學者或天資、筆力不能爲文章,而能文章者,或恃才傲世不肯信理學,此理學、文章所以分而爲二也。"⑦承認作文章需要天資、筆力,理學、文章各有專攻,這是明代較典型的文道分離之說。清初的錢陸燦認爲即便是韓愈的論道之文仍是流於文人之作,并無深刻義理。他建議索性文道分離,主張"古文不必論道":"夫文使有識者厭文字之爲空言而追咎於韓、歐也,則不如就文論文而已,故曰論文則文不必

---

① 〔清〕曾國藩《曾國藩日記》"咸豐九年九月十二",《曾國藩全集》第 16 册,第 469 頁。
② 〔清〕永瑢等《四庫全書總目》卷一八六,中華書局,1965 年,第 1685 頁。
③ 〔清〕永瑢等《四庫全書總目》卷一九〇,第 1732 頁。
④ 〔清〕李慈銘撰,由雲龍輯《越縵堂讀書記》中册,中華書局,2006 年,第 613 頁。
⑤ 〔清〕譚獻《復堂日記》卷六《甲申》,范旭侖、牟曉朋整理《譚獻日記》,中華書局,2013 年,第 120 頁。
⑥ 〔明〕馮從吾《濂洛文抄序》,《馮少墟集》卷一三,明天啓元年(1621)刻本,第 2a 頁。
⑦ 〔明〕馮從吾《濂洛文抄序》,《馮少墟集》卷一三,第 1a 頁。

兼論道也。"①這是清代典型的文道分離的主張。

曾國藩"古文不宜説理"論既是對傳統文道合一論的反駁,也不等同於錢陸燦等人的文道徹底分離的主張。他自己的創作及總集編纂實踐均證明其對説理古文非常重視。上引他在同治九年(1870)與劉蓉書信中,強調"吾輩欲法孔孟,固將取其道與文而并學之",表明作爲理學名臣的曾、劉之輩,不可能在文中放棄對道的追求。從體制而言,説理本是古文重要文體功能,從其自身而言,曾國藩又極重説理古文。其謂古文"不宜"説理,是據自己多年創作實踐的甘苦而得來,也是有鑒於古文説理多失敗之作的文壇教訓。那麽,古文説理的困境何在?"古文不宜説理"的内涵有哪些?對此,可從"理"與"文"兩個角度切入思考。

二 古文説理的現實困境

(一) 八股文與説理古文之腐

八股文與古文雖有文體、格調之别,但古文不宜説理的現實與八股文興盛有重要關係,即所謂"自宋人語録作,明清八比文興,而説理之文俗"②。科舉時文本爲闡道而設,文章與理學的統一自然是其文體的先天追求,然而"科考的結果,却是令文與道日漸分離"③,時文成爲純粹的干禄工具,并不能承擔闡道、説理的任務。曾國藩説:"今世之士,自束髮受書,即以干禄爲鵠,惴惴焉恐不媚悦於主司。"④即便是儒學中最爲基礎的《論》《孟》之書,也不免淪爲八股時藝的題庫。晚清陳澧曾以《論語》爲例來説明時人對經書的功利性閲讀取向:"今人誰不讀?讀者誰不熟?非讀聖賢書,讀試場題目。"⑤劉蓉也以《孟子》的閲讀爲例予以説明:

> 制科取士,久矣。自天子而下,公卿大夫以迄士、庶民,莫不嘗讀孟子之書。童而習之,没則已焉,不可謂非篤矣。然讀其書而實能窺其道者,或鮮聞焉。蓋陽爲奉之,而實不過假此爲富貴利達之具。故誦讀雖勤,心得或鮮。凡經皆然,不獨孟子之文爾也。夫聖賢之書,衣被後人,自修身齊家以至治國平天下之道,莫不畢具,而又當世公卿大夫之流所自出。而讀其書者顧不深求其旨,徒以供口耳之資、顯貴之具,一旦膺社稷蒼生之重,何以爲治?殊非國家所以設科取士之至意也。⑥

以《論語》《孟子》爲代表的儒家經典淪爲大多數讀書人的"富貴利達之

---

① 〔清〕錢陸燦《調運齋集》卷一《答許青嶼侍御書》,《四庫未收書輯刊》第7輯第23册,北京出版社,2000年,第713頁。按:錢陸燦論文道關係的文字,承北京師範大學張德建教授惠示,謹致謝忱!
② 孫學灝《文章二論》卷上,《歷代文話續編》下册,第842頁。
③ 龔鵬程《中國文學史》,東方出版社,2015年,下册,第210頁。
④ 〔清〕曾國藩《田昆圃先生六十壽序》,《曾國藩全集》第14册,第253頁。
⑤ 〔清〕陳澧《讀書八首》之四,汪兆鏞輯《陳東塾先生遺詩》,收入桑兵主編《清代稿鈔本》三編第108册,廣東人民出版社,2013年,第137頁。
⑥ 〔清〕劉蓉《孟子文選序》,楊堅校點《劉蓉集》下《文集》卷二,岳麓書社,2008年,第23頁。

具",讀其書却罕能窺其道。士人用心於八股題目、技巧的揣摩,而人生精力有限,"聰明才力可用不過二三十年,顧此失彼"①,清人龔易圖反省自己人生説:"少時習科舉文字之學,不知天地間何者爲道。"②説出了士子耽於舉業而無暇體認道的現實。八股文又有代聖賢立言的體制要求,處處摹仿聖人口吻,優孟衣冠,不能對義理有自己的見解;讀書人耗費心血於八股文,也使其無心力於其他學問的專研。對於文章而言,"有物之言,必其物備於言之先"③,"凡齊治均平之理,禮樂兵農之法,務求了然於中,然後見之文字"④。清代士子普遍將青春耗費於舉業,對天道義理、經世實學的思考很少,心中無"物",自然文中也無"物"。

八股文的流行,從義理思想上看,耗費士子光陰,禁錮讀書人頭腦;從文章看,以時文爲古文的風氣,也影響了古文品質。劉大櫆《時文論》説,時文須"己之精神與聖賢精神相湊合",即代聖賢立言,而古文則須"自己精神勝",即要有自己的見解⑤。然而對受八股浸潤的士人來説,想在古文中有自己的體貼,談何容易! 能實現古文中"自己精神勝"的很少,大多數古文如同八股文一樣,還是對陳腐義理的書寫。

清人朱克敬説:"八比盛行,道歸一孔,千篇萬卷,人人相同,而説理之文又廢矣。"⑥説理乃至整體傳統古文文體的命運都受到八股文的牽連與捆綁,清末"彼時科舉甫罷,餘燼未息,新學士疾科舉文字之腐敗,遂并國文痛詆之"⑦。古文與八股所説之理同爲天理,所載之道同爲儒道。陳獨秀認爲,"文以載道"之"道"被古文家限定在儒道範圍之内,則"其流弊去八股家之所謂代聖賢立言也不遠矣"⑧。"自昌黎以迄曾國藩所謂載道之文,不過抄襲孔、孟以來極膚淺極空泛之門面語而已。余嘗謂唐、宋八家文之所謂'文以載道',直與八股家之所謂'代聖賢立言',同一鼻孔出氣。……所謂桐城派者,八家與八股之混合體也。"⑨他出於政治立場,將唐宋以來古文家一筆抹殺,未免過激,但對唐宋八家爲代表的古文家闡揚義理之作,前人確實多不認可,往往認爲八家於義理也并無所得。方孝孺説:"退之之文,言聖人之道者,捨《原道》無稱焉。"⑩吴汝綸《與姚仲實》説:"退之自言執聖之權,其言道止《原性》《原道》等一二篇而已。歐陽辨《易》論《詩》諸篇,不爲絶盛之作,其他可知。至於常理凡語,涉筆即至

---

① 〔清〕郝懿行《德輿子叙》,見凌堃《德輿子》卷首,清道光刻本,第1b頁。
② 〔清〕龔易圖《谷盈子》自叙,清光緒五年(1879)刻本,第1a頁。
③ 〔清〕包世臣《藝舟雙楫·論文》卷三《雩都宋月臺維駒古文鈔序》,王水照編《歷代文話》第6册,復旦大學出版社,2007年,第5273頁。
④ 〔清〕李紱《秋山論文》,《歷代文話》第4册,第3999頁。
⑤ 〔清〕劉大櫆《劉海峰稿》卷首《時文論》,清光緒元年(1875)刻本。
⑥ 〔清〕朱克敬撰,楊堅點校《瞑庵雜識》卷二,岳麓書社,1983年,第33頁。
⑦ 劉景向《國文經》自序,河南汝陽道教育會,1919年,第1頁。
⑧ 陳獨秀《答曾毅》,《新青年》第3卷第2號,1918年。
⑨ 陳獨秀《文學革命論》,《新青年》第2卷第6號,1917年。
⑩ 〔明〕方孝孺著,徐光大點校《方孝孺集》卷一一《答王秀才書》,浙江古籍出版社,2013年,第411頁。

者,用功深則不距自遠,無足議也。"①即便古文家自鳴得意的義理,在理學家看來也是"甚可笑"。蘇轍《待月軒記》主體部分是廬山隱者言性命之理,除去數句叙事之外,全文基本皆在説理。朱熹謂蘇轍文字"煞有害處",即在於其義理不純:"子由晚年作《待月軒記》,想他大段自説見得道理高,而今看得甚可笑!如説軒是人身,月是人性,則是先生下一個人身,却外面尋個性來合凑著,成甚義理!"②清人張謙宜也認爲八家不"知道":"八家之於經,只是摹仿字句,用文作料,就中道理都未細心研究。"③他認爲八家於經之義理未通,未必符合事實,只是出於理學老儒的身份,看不上八家的義理。後人欣賞的八家古文,往往也不是其説理之作,以歐陽修爲例:"歐公亦多譚理之文,學識不逮韓公,冲澹之極,流爲庸疏,不如其酬答諸文,美麗可誦也。"④

　　義理以自得爲貴,南宋湖湘學派創始人胡宏説:"理趣須是自通貫,隨人言語是不可也。"⑤古文家既於義理少有心得創見,那麼説理古文不過是展示陳腐義理而已。清初魏禧曾説:"文章不朽,全在道理上説得正、見得大,方是世間不可少之文。"⑥道理正、大是好文章的關鍵,在指出向上一路的同時,他也指出説理文常見的弊病是"古聖賢通同好語掇拾敷衍,令人一見生厭,惟恐不完"。文章説理,喜歡堆砌陳詞濫調,這在八股時文中達到極致。文人學文多從時文入手,即便是古文名家有時也被認爲其時文超越古文,曾國藩評價歸有光時文説:"其渾灝流轉之氣,乃更勝於古文也。"⑦文人寫作古文,難免受時文思維影響:"文人因科名之故,以盛年無限之精力,沉酣於八股中。即宦成名立,始鋭意爲古文,捃拾古人講學言道之餘沉。"⑧"道、咸之間,士大夫猶知好名,有科目者耻不能古文,往往用八比法,雜案牘詞語爲之。"⑨這種風氣在清代特別風行,包世臣《與楊季子論文書》説:"門面言道之語,滌除未盡,以致近世治古文者,一若非言道則無以自尊其文。"⑩到處充斥的理學門面語敗壞了説理之文的口碑,楊彝珍《國朝古文正的》選文時"凡談性理、言考據、近公牘者則置之,以涉三者文即不能入古也"⑪。"不能入古"即近於"時"。錢基博編寫

---

① 〔清〕吴汝綸《與姚仲實》,《吴汝綸尺牘》,第 34—35 頁。
② 〔宋〕黎靖德編,王星賢點校《朱子語類》卷一三〇,中華書局,1986 年,第 3118 頁。
③ 〔清〕張謙宜《絸齋論文》,《歷代文話》第 4 册,第 3929 頁。
④ 〔清〕馬絅章《效學樓述文》,《歷代文話續編》下册,第 1867 頁。
⑤ 〔宋〕胡宏《五峰集》卷二《與彪德美》,王立新點校《胡宏著作兩種》,岳麓書社,2008 年,第 129 頁。
⑥ 〔清〕魏禧《魏叔子日録》卷一《裹言》,胡守仁等校點《魏叔子文集》,中華書局,2003 年,第 1099 頁。
⑦ 〔清〕曾國藩《曾國藩日記》"同治十年五月十一",《曾國藩全集》第 19 册,第 440 頁。
⑧ 林紓《春覺齋論文》,人民文學出版社,1959 年,第 104 頁。
⑨ 〔清〕朱克敬《瞑庵二識》卷一,第 84 頁。
⑩ 〔清〕包世臣《藝舟雙輯·論文》卷一《與楊季子論文書》,第 5202 頁。
⑪ 〔清〕李元度《天岳山館文鈔》卷二七《國朝古文正的序》,《清代詩文集彙編》第 683 册,第 420 頁。

文章選本時,也是"文字有腐頭巾氣者不取"①。袁枚《與程蕺園書》分析古文之弊時,則將"南宋之理學""前明之時文""本朝之考據"視爲三大因素②。賀濤曾對其子賀葆真説:"説理文,泛語則近於時文。"③八股時文影響古文,導致古文説理陳腐,故姚永樸評價"古文不宜説理"論云:"曾氏此論,得無慮陳義之入於腐、措辭之流於俗耶?"④

"文章之道,在乎積理而煉識"⑤,"積理"對於古文家而言,工夫在文外。如何在古文中闡發自得而非陳腐的義理,是古文家與批評家極爲關心的,梅曾亮認爲韓愈"陳言務去"之説,非獨謂"詞之不可襲也",亦有"理"不可襲之義⑥。陳腐説理之文流行,以至於章學誠《原道》一出,"同人素愛章氏文者,皆不滿意,謂蹈宋人語録習氣,不免陳腐取憎!"對此,章廷楓指出,《原道》所言之理,"從未經人道過,豈得謂陳腐耶?諸君當日詆爲陳腐,恐是題目讀得太熟,未嘗詳察其文字耳"⑦。林紓《春覺齋論文》説:"文字之謹嚴,不能僞託理學門面,便稱好文字。"文中之理,須有自己之"理解","理解何出?即出詩書、仁義及世途之閱歷"⑧。詩書、仁義、閱歷,這三者來自朱熹的説法。朱熹提出格物的"用力之方",即格物對象有四種,"或考之事爲之著,或察之念慮之微,或求之文字之中,或索之講論之際"⑨,即做事、内省、閱讀、講學四種。方東樹認爲,破除陳理需要"格物""躬行":"非深思格物,體道躬行,不能陳理。若徒向他人藉口,縱説得端的,亦只剿説常談。"⑩在理學上有創見,在説理古文中纔能有心得,這實際上是對文與道合一的要求,實踐難度頗大。即便是理學中興名臣曾國藩,其人在理學上也并無太多發明,正如錢穆所説:"故論曾氏學問上的成就,到底只在文學一途多些。論義理,則僅較唐鏡海諸人差強。"⑪

若不拘泥於"理學"之"理",則古文中"理"的推陳出新更具有了孕育新思想、新觀念的可能,"古人文章皆有意見,不如後人專事蹈襲模仿"⑫。明代唐順之認爲,雖然從儒家視角看來,先秦諸子"爲術也駁",但諸子"皆有一段千古

---

① 錢基博《國文教授私議》,《教育雜志》第 6 卷第 4 期,1914 年。
② 〔清〕袁枚《小倉山房續文集》卷三〇《與程蕺園書》,王英志編纂校訂《袁枚全集新編》第 7 册,浙江古籍出版社,2015 年,第 593 頁。
③ 〔清〕賀葆真著,徐雁平整理《賀葆真日記》"光緒二十二年八月十八(9 月 24 日)",鳳凰出版社,2014 年,第 31 頁。
④ 姚永樸《文學研究法》卷一,第 22 頁。
⑤ 〔清〕劉蓉《與曾伯涵、郭伯琛書》,《劉蓉集》下《文集》卷三,第 57 頁。
⑥ 〔清〕梅曾亮《答朱丹木書》,彭國忠、胡曉明校點《柏梘山房詩文集》,上海古籍出版社,第 38 頁。
⑦ 章學誠著,葉瑛校注《文史通義》卷二附録《原道下》,中華書局,1985 年,第 140—141 頁。
⑧ 林紓《春覺齋論文》,第 73 頁。
⑨ 〔宋〕朱熹《大學或問》,黄珅校點《四書或問》,上海教育出版社、安徽教育出版社,2001 年,第 23 頁。
⑩ 〔清〕方東樹撰,汪紹楹點校《昭昧詹言》卷一,人民文學出版社,1961 年,第 8 頁。
⑪ 錢穆《近百年來諸儒論讀書》,收入《學籥》,《錢賓四先生全集》第 24 册,聯經出版事業公司,1998 年,第 107 頁。
⑫ 〔明〕何良俊《四友齋叢説》卷二三,中華書局,1959 年,第 204 頁。

不可磨滅之見",各有新見;而"唐宋而下,文人莫不語性命,談治道,滿紙炫然",唐宋以降文章雖高談性命,却無非是剿説陳詞而已①,自然不如有"千古不可磨滅之見"的諸子文章。梅曾亮提出:"其爲運會所移、人事所推,演而變异日新者,不可窮極也。"②注意時代之新理,爲桐城派原有的僵化的説理帶來了生機,這與曾國藩《歐陽生文集序》中説的"文章與世變相因"亦相契合。

(二) 性理與事理

理學是性命之學,所重者在"性理"或曰"天理"。天理呈現於萬事,是爲事理;萬事之理雖繁,却實是一理。如此,則理可分兩類——性理(形而上之理)與事理(形而下之理):"古文不宜説理"之論,根據曾國藩的上下文語境來看,指的是古文不宜説性理,至於事理,則未有這種限制。理不能脱離現象世界而存在,現象世界的事事物物,皆有其理。而這萬物之理皆源於天理,理本一源,二者是"理一"與"分殊"的關係。避免義理陳腐,想有自己的體貼,便需要做格物的工夫。"只見得一事一理,不知只是一理"③,理學家認爲天理是難以直接把握的,需要通過格物來獲得具體事物之理,在一事一物上領會天理,最終豁然貫通而致知天理。在明人羅欽順看來,宋代濂洛關閩"諸君子之於道也,極無聲無臭之妙而不離乎日用之常"④。從具體中體悟一般、從現象中領悟本體是理學工夫之正途;而后世理學家往往空言天理,只"清談"而不格物,理學家又被稱爲"講學家",可見"講學"多於"格物"。對此,朱熹早就強調:

> 聖人未嘗言理一,多只言分殊……不知萬殊各有一理,而徒言理一,不知理一在何處。聖人千言萬語教人,學者終身從事,只是理會這個。要得事事物物、頭頭件件,各知其所當然,而得其所當然,只此便是理一矣。⑤

朱子在此主張抓住具體事物的"所當然"之理,事事物物能"得其所當然",便可把握"理一"了。"所當然"與"所以然"相對而言,"所以然"是事物必然如此的根據,是理之所在;"所當然"是根據事物原理而產生的具體現象,二者對比,"所以然"是終極天理,"所當然"是天理在具體事物上的落實。比如仁是"所以然",見稚子落井而施手相救則是"所當然"。恒論"所以然",却在稚子落井時未能"所當然"地施救,則"所以然"仍屬空言,故朱子強調儒者工夫應落實於具體事物之理的把握。自然,古文也以説"所當然"之理而非"所以然"之理爲宜。

曾國藩對即物窮理之説深信不疑:"欲完吾性分之一源,則當明凡物萬殊之等;欲悉萬殊之等,則莫若即物而窮理。即物窮理云者,古昔賢聖共由之軌,

---

① 〔明〕唐順之《荆川先生文集》卷七《答茅鹿門知縣二》,馬美信、黃毅點校《唐順之集》上,浙江古籍出版社,2014年,第295頁。
② 〔清〕梅曾亮《答朱丹木書》,第38頁。
③ 〔宋〕黎靖德《朱子語類》卷二七,第2册,第673頁。
④ 〔明〕羅欽順《月湖文集序》,《整庵先生存稿》卷九,明嘉靖刻本,第11b頁。
⑤ 〔宋〕黎靖德《朱子語類》卷二七,第677—678頁。

非朱子一家之創解也。"①他將漢學推崇的"實事求是"的治學精神解釋爲理學的"即物窮理":"夫所謂事者,非物乎?是者,非理乎?實事求是,非即朱子所稱即物窮理者乎?"②作爲形而上之性理,適用於語録,却不適宜於古文。語録爲宋代以來師友間講學文字,其對理的論説清晰明朗,但并無文學性可言。清人蔣湘南説:

> 夫文以載道,而道不可見,於日用飲食見之,就人情物理之變幻處閲歷揣摩,而准之以聖經之權衡,自不爲迂腐無用之言。今三家文誤以理學家語録中之言爲道,於人情物理無一可推得去,是所談者乃高頭講章中之道也,其所謂道者非也。③

他認爲桐城三祖以語録語説理,自難免"迂腐無用之言",解決的途徑是"於日用飲食"見道,有了人情、物理(事理),則理與情皆具,作品的文學性自然增強。如何載道、如何言理,劉元培總結其師蔣湘南的觀點爲:"自來古文家孰不言載道?而先生之所謂道,乃以人情、時事與天地消息參驗而出之,非理學家空談性命之道也。"④通過對具體人情、事理的參悟來説理而非空談性命,這是古文的"即物窮理"。張星鑒也明確反對空談性理的説理方式:"文以載道,此言極是。夫道非空談性命、侈口程朱之謂也。"⑤林世榕《課士論文》主張:"性命精微,不爲虛渺之説。"⑥包世臣認爲,唐代以來的"古文之學",喜好"言道",但其對"道"的言説,主要是通過"離事與禮"的"虛言道"的方式,"尋常小文,強推大義"。所謂"虛言道",指的就是脱離對具體事理的論説而直接闡發天理,淪爲語録之體。包世臣以《孟子》爲例,開出古文説理的正途。他認爲《孟子》義理精深,而其文本身無非"不緩民事"而已,出於事,而本於禮,并不對儒學概念作過多議論,即所謂"虛言道"⑦。宋代以來講學風氣濃厚,士人往往大談性理却昧於事理。清代風氣一變,清初思想家王夫之提出無器則無道、捨事無以見理。唐君毅先生指出:"清代思想史所重之理乃事理。一切論歷史事件之理,及如何成就辦理個人之事及社會人群之事之理,皆可稱爲事理。"⑧"中國由明末至清之思想家,最能瞭解事理之所以爲事理者,莫如王船山。"⑨曾國藩十分推崇王夫之思想,曾與其弟曾國荃重刻《船山遺書》。曾氏戎馬半生,建湘軍、辦洋務,尤其是晚年喜讀《五禮通考》,深研禮制,特別重視事理之把握。在他看來,理學家多離事言道,即便朱子亦然。他在和幕僚趙烈文私下談話時,便

---

① ② 〔清〕曾國藩《書〈學案小識〉後》,《曾國藩全集》第14册,第229頁。
③ 〔清〕蔣湘南《游藝録》卷下《論近人古文》,清光緒十四年(1888)刻本。
④ 〔清〕劉元培《七經樓文鈔序》,〔清〕蔣湘南《七經樓文鈔》,清同治九年(1870)刻本。
⑤ 〔清〕張星鑒《仰蕭樓文話》下篇,王水照、侯體健《稀見清人文話二十種》,復旦大學出版社,2021年,第1113頁。
⑥ 〔清〕林世榕《課士論文》,《稀見清人文話二十種》,第474頁。
⑦ 〔清〕包世臣《藝舟雙輯·論文》卷一《與楊季子論文書》,第5202頁。
⑧ 唐君毅《中國哲學原論·導論篇》,九州出版社,2021年,第45頁。
⑨ 唐君毅《中國哲學原論·導論篇》,第49頁。

認爲"朱子大儒,然未必能做事"①。曾國藩重視事理,就是具體事物之實理,而非空談的虛理。梁啓超輯録《曾文正公嘉言鈔》便多有輯録自曾國藩古文的言論,如選録的《送郭筠仙南歸序》開篇就是事理:"凡物之驟爲之而追成焉者,其器小也;物之一覽而易盡者,其中無有也。"據《曾文正公嘉言鈔·鈔例》,此書言戰事者十之一二,"即非軍人,亦當涵咏其理而善推之於用"②,此外還有許多"關於觀人、用人之諸條"和關於學術及文藝諸條,均爲對事理的論説。

除曾國藩外,以王夫之爲精神導師的湖湘士人都以切於事理爲人生追求,劉蓉批評不通事變的腐儒説:

> 竊讀來教,謂古來談理學者,每遇事變之來,反多拘而鮮通,以爲窮理而不徵諸事者之過。反復斯語,竊不謂然。夫天下無理外之事,斯無事外之理。善窮理者,未有不徵諸事者也。善言天者,必有徵於人。善言古者,必有驗於今。言理而不徵諸事,則所謂理者特佛氏之妄談耳。論事而不根諸理,則所謂事者亦管商之雜術也。其於事、理之正,蓋兩失之,無足取者。若夫摭拾群言、高談名理,是則老生之陋習,言理而實未嘗窮理,拘而鮮通,固其宜也,亦何足爲理學者病哉?③

程頤很早就批評過談佛者不問世事:"今之學禪者,平居高談性命之際,至於世事,往往直有都不曉者,此只是實無所得也。"④劉蓉指出,理學是實理,區別於佛教的虛理,窮理必徵諸事。"摭拾群言,高談名理"即是缺乏自得之義理的表現,"無理外之事,斯無事外之理"則是主張據事而論理。此處劉蓉還特別批評"論事而不根諸理",認爲這樣會流爲"管商之雜術",這正是朱子所批評的"只見得一事一理,不知只是一理"。清人由重性理轉向事理,但往往停留於事,反而不顧"窮理"的初衷。"一方由於彼等皆不如船山之復能深研性理,以義斷史事之是非。不以義斷是非而論事理,罕不流於只重順逆成敗之功利之論,亦罕不流於爲考證而考證者。人必須由知性理以達天理,乃能知統攝宇宙人生之大理。忽性理而重事理者,恒因見事與事之相互之獨立性,乃歸於重分理,而忽總持性條貫性之大理。此即清儒諸家學術之弊所由生。"⑤以曾國藩、劉蓉爲代表的湖湘理學家,固然強調對事理的追求,但不忘由事窮理,終究還是有理學家的底色在,與只重"管商之雜術"者不同。

如劉蓉所言,"善窮理者,未有不征諸事者",那麼古文説理,也應以説事理

---

① 〔清〕趙烈文著,廖承良整理《能静居日記》"同治六年五月初四",岳麓書社,2013年,第2册,第1047頁。
② 梁啓超《曾文正公嘉言鈔·鈔例》,商務印書館,1925年,第2頁。
③ 〔清〕劉蓉《復彭竹溪書》,《劉蓉集》下《文集》卷三,第58頁。
④ 《河南程氏遺書》卷一八,《伊川先生語四》,王孝魚點校《二程集》,中華書局,1981年,第196頁。
⑤ 唐君毅《中國哲學原論·導論篇》,第51—52頁。

爲主,通過事理見諸天理。所謂"理從物上見,道從器上見"①。吕留良説:"只是人情事理透明爛熟,下筆作文自然曲盡。世間讀書人自謂能識道理,及至一事至前,不覺首尾衡决,手足無措,是讀書時於處事接物不去體驗,書自書,人自人,不相關涉。作文亦只依樣葫蘆而已,究竟含糊鶻突,無益也。"②李光地認爲古文要先學論體,鍛煉作者分析事理的能力:"作古文要曲折,學古文須先學作論。蓋判斷事理,如審官司,必四面八方都折倒他,方可定案。如此則周周折折,都要想到,有一處不到,便成罅漏。久之,不知不覺,意思層叠,不求深厚,自然深厚。今做古文者,多從傳志學起,却不是。"③古文需要即物以明理,劉大櫆有更具體的説明:"理不可以直指也,故即物以明理;情不可以顯出也,故即事以寓情。即物以明理,《莊子》之文也;即事以寓情,《史記》之文也。"④即物以明理正是以器顯道、以事理通性理之義。直接討論理氣心性的文章,難免淪爲語録之體。清代董兆熊編《南宋文録録》,雖然宣稱以理衡文,主録"研精性理,推闡六經以立人道之極者"⑤,實際選録的還是討論具體事物的文章爲多,專門探討理學的并不多見。傳世的説理古文名篇,往往是闡發具體事理(物理)之作。如周敦頤《愛蓮説》,以蓮花的品性表現個人的道德胸襟;歸有光《陶庵記》以自己書屋命名爲契機,表彰陶淵明安天樂命之修養;楊萬里《玉立齋記》借竹的性狀來談君子德性,被認爲是"道學文無腐氣"⑥。這些均是以事理説天理的典型。曾國藩在創作上也努力踐行此理,如《求闕齋記》是爲書齋所作記體文,名爲"記",實則以"論"爲"記",記自己在官運亨通、父母俱存、兄弟無故之時,於《易經》悟得陽消陰長、一損一益之理,刻意"求闕",不求完滿之理。《養晦堂記》是劉蓉爲書齋所作記文,論述與一時的功名富貴相比,"晦"之意義尤大。二文與《玉立齋記》《陶庵記》相似,都是記體説理,所説均是具體事理,以古文言事理而通天理。

三 桐城古文不宜説理

曾國藩認爲古文不宜説理,明顯與先秦諸子、魏晋六朝文章、佛經以説理著稱不符。章太炎指出,"古文不宜説理"之論,實緣於偏愛唐宋古文的桐城派取徑之狹:"上之周秦諸子,下之魏晋六朝,捨此文體不用,而求析理之精、論事之辨,固已難矣。"⑦馬一浮説:"古文何嘗不能説理?惟韓愈以降所謂'八家',

---

① 〔清〕刁包《潛室札記》卷下,《叢書集成初編》,商務印書館,1936年,第660册,第55頁。
② 〔清〕吕留良撰,俞國林點校《吕晚村先生論文彙鈔》,《吕留良文集》之《補遺》卷六,中華書局,2021年,第577頁。
③ 〔清〕李光地撰,李玉昆點校《榕村語録》卷二九,商務印書館,2019年,第525頁。
④ 〔清〕劉大櫆《論文偶記》,人民文學出版社,1959年,第12頁。
⑤ 〔清〕董兆熊編《南宋文録録》序,清光緒十七年(1891)蘇州書局刻本,第2a頁。
⑥ 〔清〕朱瀚《韓柳歐蘇諸大家文發明》卷七,《稀見清人文話二十種》,第327頁。
⑦ 章太炎著,傅傑校訂《國學講演録·文學略説》,華東師範大學出版社,1995年,第240頁。

均短於此事,彼始無理可説耳!"①由於佛儒異教,桐城派自然不會向佛經學習説理,先秦諸子往往也被其視爲"异端",六朝文章則不被桐城古文家視爲正統。故而"古文不宜説理"之論,嚴格來説,應是"桐城古文不宜説理"。若無此疆域的自我封閉,則"古文不宜説理"之論自然不會成立。章太炎推崇魏晉文章,認爲彼時"性與天道,布在文章"②,是説理文的鼎盛期。劉師培也在講學中多次褒獎魏晉説理文章,如稱嵇康集中,"以論爲最多,亦以論爲最勝,誠屬前無古人、後無來者"③,評南朝王巾的《頭陀寺碑文》:"此篇行文雋妙,説理明晰,叙事細密,句句妥適。"④章太炎、劉師培皆將"古文"概念的外延擴大、内涵縮小;而一旦門户之見被突破,説理古文的典範也就有了更多選擇可能。既有以先秦諸子爲法,又有以六朝論體爲法,甚至還有以佛經、西洋邏輯學爲法者。如孫寶瑄認爲"説理取明白透達,推内典"⑤,其以佛經爲説理文典範;晚近西方哲學、邏輯學的引進,則爲取法西學開闢了途徑,劉師培稱:"邇者哲學昌明,思想解放,倘能紹嵇生之絶緒,開説理之新塗,實文士之勝業也。"⑥錢基博稱章士釗:"達於西洋之邏輯,抒以中國之古文。"⑦

與後來廣取諸家以擴充説理門徑不同,曾國藩提出"古文不宜説理"之論,説明其對桐城文學觀念本位的堅守。從"理"的角度而言,因爲性理之學難有新見,陳言易腐,性理不宜直接論述而應即物窮理;從"文"的視角來説,曾國藩有古文説理會破壞桐城古文文學性的考慮。論者曰:"文章家著論,名曰義法兼重,而實則法度視義理爲急。"⑧桐城派講義法,但在"義"上難以出新,其精力實際還是放在"法"上。桐城古文極爲講究"法",具體來説,説理的内容在文氣與文風兩個方面皆會有損桐城古文之法。

(一) 好言義理與文氣不暢

桐城古文以雅潔著稱,篇幅普遍較短,篇幅短則説理難以透徹;若要説理透徹便需要反復論證,繁複的内容會破壞桐城古文的簡潔。"夫析言破理,非甚詳密,不足以陷堅。故幅不長,則理不明。古之巨儒,著論立説,累數卷不能休。非好辯也,不容已也。"⑨唐宋以降,古文單篇流行,篇幅較先秦説理專著已不能相比。一方面,説理空間的縮小,使得直接説理難以透徹。另一方面,

---

① 王培德等記録《馬一浮先生語録類編》,馬鏡泉等校點《馬一浮集》第 3 册,浙江古籍出版社、浙江教育出版社,1996 年,第 1044 頁。
② 章太炎《國故論衡・論式》,陳平原編校《中國現代學術經典(章太炎卷)》,河北教育出版社,1996 年,第 77 頁。
③ 劉師培説,羅常培筆受《漢魏六朝專家文研究》,萬仕國輯校《劉申叔遺書補遺》之《附録》,廣陵書社,2008 年,第 1520 頁。
④ 劉師培説,羅常培筆受《文心雕龍誄碑篇口義》,《劉申叔遺書補遺》之《附録》,第 1579 頁。
⑤ 〔清〕孫寶瑄撰,中華書局編輯部編,童楊校訂《孫寶瑄日記》"光緒二十七年(1901)正月初二",中華書局,2015 年,第 326 頁。
⑥ 劉師培説,羅常培筆受《漢魏六朝專家文研究》,第 1520 頁。
⑦ 錢基博《現代中國文學史》,上海古籍出版社,2011 年,第 309 頁。
⑧ 張須編纂《師範國文述教》,商務印書館,1927 年,第 35 頁。
⑨ 張須編纂《師範國文述教》,第 35 頁。

説理需要講邏輯、重論證,也會破壞文章的搖曳之姿。桐城派視起承轉合爲拿手好戲,潘祖蔭云:"昔嘗得見阮文達與先文恭論文書,其言亦以桐城派忽起一波、忽作一折,有類時文家。"①説理會打破古文的曲折變化。潘力山《論新舊》云:"因爲古文要做出些抑揚頓挫來,篇法、句法、字法,大概都有規矩的,説得理來,規矩就要破壞,抑揚頓挫的樣子,就會顯不出來了,所以只好割愛,把那有礙於文勢的道理,削減一些,或變更一些,來將就文勢。文勢倒好,他爲什麽做這一篇文章的意思,却就抛在九霄雲外去了。"②雖然潘氏站在新文學家的立場大喊"舊文學重外表,新文學重内容"③,但他指出古文説理影響文勢,實爲確論。

潘氏指出説理影響古文文勢,尚可更進一層,説得更直接一些,便是説理有礙古文文氣的舒展。對於古文而言,"氣不能舉其體,則謂之不成文"④。曾國藩批評劉蓉的説理文章云:"大著游記二首,以義理言則多精當,以文字言終少強勁之氣。"將"義理"與"強勁之氣"相對,是義理有礙文氣的直接證據。他在同治五年又有明確説明:"南宋以後文人好言義理者,氣皆不盛。大抵凡事皆宜以氣爲主,氣能挾理以行,而後雖言理而不厭,否則氣既衰苶,説理雖精,未有不可厭者。"⑤與傳統的有理(道)自然有文的觀點不同,曾國藩反將"好言義理"歸結爲導致古文氣弱的原因。

理與氣的關係,宋以後主要有兩種:一種是受理學思想影響,認爲文以理爲主,理決定氣,氣決定辭,"道明則氣昌,氣昌則辭達"⑥。另一種則淡化理對氣與文的決定作用,直接討論文氣⑦。桐城派雖然號稱文道并重,但在文氣問題上,繼承的實爲後一傳統,更具藝術古文的氣質。曾國藩説:"古文須有漢賦氣,此意惟姬傳先生知之,而力未逮耳。"⑧指出姚鼐欲以漢賦提升古文文氣的用心。劉大櫆對文氣問題論述更細緻,對曾國藩的影響也更直接,曾國藩説:

> 爾問文中雄奇之道。雄奇以行氣爲上,造句次之,選字又次之。然未有字不古雅而句能古雅,句不古雅而氣能古雅者;亦未有字不雄奇而句能雄奇,句不雄奇而氣能雄奇者。是文章之雄奇,其精處在行氣,其粗處全在造句選字也。余好古人雄奇之文,以昌黎爲第一,揚子雲次之。二公之行氣,本之天授。至於人事之精能,昌黎則造句之工夫居多,子雲則選字之工夫居多。⑨

---

① 〔清〕潘祖蔭《跋仰蕭樓文話》,清咸豐十一年(1861)本。
② 潘力山《論新舊》,原載《新青年》第七卷第一號,1919年12月1日,收入張寶明主編《〈新青年〉百年典藏》之《政治文化卷》,河南文藝出版社,2019年,第186頁。
③ 潘力山《論新舊》,第185頁。
④ 〔清〕曾國藩《筆記二十七則》,《曾國藩全集》第14册,第425頁。
⑤ 〔清〕曾國藩《曾國藩日記》"同治五年十月十四日",《曾國藩全集》第18册,第336頁。
⑥ 〔明〕方孝孺《與舒君書》,《方孝孺集》卷一一,第435頁。
⑦ 參見王運熙《中國古代文論中的文氣説》,《中國古代文論管窺》,齊魯書社,1987年,第33—43頁。
⑧ 〔清〕王定安編《求闕齋弟子記》卷二二,清光緒二年(1876)刻本,第4a頁。
⑨ 〔清〕曾國藩《諭紀澤(咸豐十一年正月初四)》,《曾國藩全集》第20册,第564頁。

文氣的獲得不在於道德修養的高低,氣非"養"而得,不是理所決定的,完全是文章之能事。此段議論,將文氣的實現途徑落實在選字、造句的基礎技法層面,是對劉大櫆觀念的繼承。劉大櫆《論文偶記》提出"至專以理爲主,則未盡其妙",明確反對宋以來的"文以理爲主":"神氣者,文之最精處也;音節者,文之稍粗處也;字句者,文之最粗處也。然余謂論文而至於字句,則文之能事盡矣。蓋音節者,神氣之迹也;字句者,音節之矩也。神氣不可見,於音節見之;音節無可准,以字句准之。"①這段論述正是上引曾國藩言論的源頭。"神氣"雖是文章的最高追求,但需要落在實處,即從字句、音節入手,纔可實現神完氣足——這是對文章學價值予以了充分的肯定。在劉大櫆眼中,"義理、書卷、經濟者,匠人之材料也"②,理成爲行文材料而非是文章是否成功、文氣是否充沛的決定因素,這種淡化文中理之地位的觀點對曾國藩影響是較大的。姚鼐提出義理、考證、詞章之說,其義理實際也就是劉大櫆提及的"匠人之材料"。曾國藩認爲"韓文實從揚、馬得來,而參以孔、孟之義理,所以雄視千古"③,認爲韓文的成功是以漢賦之氣行儒家義理,完全將氣與理打爲兩橛,理徹底失去對文的主導地位,淪爲劉大櫆所說的"匠人之材料"。

　　文章若能很好地處理理氣關係,則被曾國藩視爲成功之作。他對說性理的文章賞識的不多,而北宋張載的文章是其所愛賞。除《正蒙》中的《西銘》《東銘》外,曾國藩亦愛其《經學理窟》,原因即在於作爲說理文章却有"文氣":"頃奉賜書,不特識解度越吾輩,即文氣之深厚,亦似夫張子厚之《理窟》,張太岳之《書牘》。"④對於說事理的文章,同樣以文氣來權衡,他推許賈誼《治安策》爲千古奏議之絶唱,即在於其文"氣勢最盛、事理最顯"⑤,是奏議之中理、氣結合最佳者,理的闡發不妨礙氣的流動。曾國藩於唐宋八家中非常推崇王安石,即在於其文有理有氣,義理不妨礙文氣。梁啓超曾分析説:

> 曾文正謂:"學荆公文,當學其倔強之氣。"此最能知公文者也。公論事說理之文,其刻入峭厲似韓非子;其強聒肫摯似墨子。就此點論之,雖韓、歐不如也。⑥

　　曾國藩在自己的創作中,也常因氣不足而懊惱,如:"作《官紳祠記》約四百字,午刻畢。叙次甚亂,文氣散漫,竟不成文,愧惡之至。"⑦而他説理成功的古文,也正是氣勢充沛之作。《送劉君椒雲南歸序》是曾氏受到較多贊譽的說理文章,此文以贈序說理,認爲天之生人,耳、目、口、鼻、心知等官各得其所,做到

---

① 〔清〕劉大櫆《論文偶記》,第6頁。
② 〔清〕劉大櫆《論文偶記》,第3頁。
③ 〔清〕曾國藩《曾國藩日記》"咸豐二年正月十六",《曾國藩全集》第16册,第278頁。
④ 〔清〕曾國藩《復歐陽兆熊二月(咸豐三年)》,《曾國藩全集》第22册,第129頁。
⑤ 〔清〕曾國藩編《鳴原堂論文》,《曾國藩全集》第14册,第512頁。
⑥ 梁啓超《王荆公》第二十一章,湯志鈞、湯仁澤編《梁啓超全集》第六集,中國人民大學出版社,2018年,第476頁。
⑦ 〔清〕曾國藩《曾國藩日記》"同治八年五月二十三日",《曾國藩全集》第19册,第187頁。

諸官"不軌不耳,不度不目","推而極於天下之大",纔可天下大治。此文的特色在於長短句交錯,一氣呵成,氣勢充沛,以氣運理、理氣相得。宋文蔚《文法津梁》從句式多變的角度分析此文文氣的特點云:"此篇中間短句多用研煉之筆,長句多以疏宕之氣行之。而於數短句之後,必承以長句,或束上,或起下,使文氣聚而不散,文筆凝而不滯。"①指出了此文利用多變的句式來凝聚文氣以說理的特色。

(二) 平實之理發爲虛靈之文

"古文不宜説理"之論還涉及説理與古文文體風貌的關係問題。正面説理,往往會導致古文過於板正嚴肅,缺乏靈動之氣,没有"理趣"。對這一問題的討論,可以通過與詩歌説理的比較來展開。唐宋詩、文分途之後,在詩中説理往往爭議很大,嚴羽説:"詩有别材,非關書也;詩有别趣,非關理也。"②所言最爲極端。劉克莊認爲"尚理致"的宋詩不過是"經義策論之有韵者爾,非詩也"③。李夢陽説:"詩何嘗無理,若專作理語,何不作文而詩爲耶?"④説理似乎成了古文專屬的文體功能,與詩歌絕緣。清人對詩歌是否適宜説理進行了更細緻深入的分析,沈德潛説:"詩不能離理,然貴有理趣,不貴下理語。"⑤潘德輿《養一齋詩話》:"理語不必入詩中,詩境不可出理外。"⑥詩歌由之前被認爲"非關理也",到被視爲"貴有理趣,不貴理語",無疑是更爲深刻的認識:是否以理語直接説理被視爲文與詩的重要區别。

對直下理語之弊,清人葉燮的認識較爲深刻,他指出"理者,一定之衡,則能實而不能虛,爲執而爲不化,非板則腐"⑦。理是實理,作品中直接説理,易腐易板。"腐"指的是説理内容,"板"則涉及文體風貌。以唐詩爲代表的中國古典詩學"妙在含蓄無垠、思致微渺"⑧,説理有礙詩歌含蓄之致,顯然更不適宜;同時,葉燮對"理"的分類又有發展,他分"理"爲"可言可執"之理與"名言所絕之理"即"不可言之理"⑨。前者是通過具體概念的辨析、邏輯思辨等方式展開闡説的"理",直接"下理語"。根據劉克莊、李夢陽等人的說法,這正是適宜於"文"的功能;後者則拒絕以邏輯、論證等方式説理,這種文中之理示讀者以"默會想象之表"⑩,靠聯想實現"幽渺以爲理"⑪,葉燮認爲這是適宜詩歌的説理方式,可以有效避免詩歌陷入板正説理的境地。"理趣"與"板正"相對,實現

---

① 宋文蔚編《評注文法津梁》下册,商務印書館,1921年,第67頁。
② 〔宋〕嚴羽《滄浪詩話·詩辨》,郭紹虞《滄浪詩話校釋》,人民文學出版社,1983年,第26頁。
③ 〔宋〕劉克莊《竹溪詩序》,《全宋文》第329册,第92頁。
④ 〔明〕李夢陽《缶音序》,《李夢陽集校箋》卷五二,郝潤華校箋,中華書局,2020年,第1694—1695頁。
⑤ 〔清〕沈德潛《清詩别裁集·凡例》,中華書局香港分局,1977年,第3頁。
⑥ 〔清〕潘德輿《養一齋詩話》卷一,郭紹虞編選,富壽蓀校點《清詩話續編》,上海古籍出版社,1983年,第2007頁。
⑦⑧⑨ 〔清〕葉燮撰,霍松林校注《原詩·内篇下》,人民文學出版社,1979年,第30頁。
⑩ 〔清〕葉燮《原詩·内篇下》,第31頁。
⑪ 〔清〕葉燮《原詩·内篇下》,第32頁。

"理趣"、避免"板正"的途徑就是"幽渺以爲理"的虛寫方式。

　　由於《原詩》旨在論詩,故於古文説理的問題没有多言。曾國藩所做的工作,是將直下理語的行文方式從古文中也剥離出來。詩歌中直下理語被認爲會導致理趣的缺乏、風格的板正;而對古文來説,可以直下理語,這意味着古文文風板正、缺乏理趣是可以接受的。曾國藩説古文不宜説理,指的是不宜説"可言可執"之理,不宜直下理語,不宜直接討論天理。他反對以古文説理,是反對以古文直接分析理學範疇概念,反對淪爲語録體的説理方式,避免文章板正之風。

　　至於何種説理文風是適宜古文的,詩歌"幽渺以爲理"的方式是否適宜古文,曾國藩并没有明言。對此,可以曾國藩推崇備至的張載《西銘》爲例來討論。此文被曾國藩多次提及,曾氏視其爲説理成功的古文典範。張載《西銘》説"民胞物與"之理,實則與程顥《識仁篇》精神一致。《識仁篇》闡發"仁者以天地萬物爲一體""仁者渾然與物同體"之理,故程顥説:"《訂頑》(《西銘》)意思,乃備言此體。"①二文主旨雖同,寫法却有别。《識仁篇》原是程顥所述、弟子吕大臨所記的一則語録,後獨立成篇,成爲程顥理學思想的代表性文章。對"仁"、"仁"的特點、實現"仁"的途徑均進行了直接的論述,邏輯性、思辨性强。對於《識仁篇》闡説的一體之仁的道理,張載《西銘》則以想像的宗法共同體來予以描繪:"乾稱父,坤稱母;予兹藐焉,乃混然中處……大君者,吾父母宗子;其大臣,宗子之家相也……凡天下疲癃殘疾、惸獨鰥寡,皆吾兄弟之顛連而無告者也。"②以父母兄弟之關係形象化論述仁之理。《識仁篇》固然是理學名篇,在文學史上却無影響;而《西銘》則成爲曾國藩等大爲推崇的説理成功之古文,文道兼備。其關鍵在於二者寫法、文風的差异,《識仁篇》直下理語,《西銘》"幽渺以爲理",二者形成了板正與虚靈的風貌差异。正如馮友蘭所説:"(《識仁篇》)這種精神境界正是張載的《西銘》(《訂頑》)中所説的那種境界,不過張載是用形象思維的語言説出來,而程顥則是用理論思維的語言説出來。"③所謂"形象思維的語言"即比興之謂,這是詩區别於文的重要創作手法。易而言之,脱離了邏輯推理、正面思辨的《西銘》,使用形象化的想像、虚構,以此來説理,是以詩爲文。這種寫法不是説教式的説理,成功地避免了板正風貌,給讀者以更多的聯想,生發更多的可能。劉師培説:"説理之文,最忌板滯而不雋妙。"解決板滯的途徑可以通過比喻,"説理之文,須善用比喻",用比喻則"既可使文章有波瀾,又可助説理明晰。若無比喻,則枯燥寡味矣"④,達到摇曳跌宕的雋妙效果。

------

　　① 《河南程氏遺書》卷二上,《二程集》,第 16—17 頁。
　　② 按,《西銘》即張載《正蒙·乾稱篇》部分内容,又稱《訂頑》,見章錫琛點校《張載集》,中華書局,1978 年,第 62 頁。
　　③ 馮友蘭《中國哲學史新編》下卷,人民出版社,2007 年,第 107 頁。
　　④ 劉師培遺説,羅常培筆受《文心雕龍誄碑篇口義》,萬仕國輯校《劉申叔遺書補遺》之《附録》,廣陵書社,2008 年,第 1579 頁。

清代"詩文一律"觀念流行①,曾國藩推崇《西銘》,自然有以詩爲文、提高散文文學性的意圖。《西銘》篇末還舉大禹、穎考叔、舜、申生、伯奇之孝爲例,來解釋"仁"之理,在説理中增强了抒情色彩,同樣是以詩爲文的表現。這種源於詩歌的虚靈之筆、幽渺之境,被曾國藩視作説理古文應當效擬的文體風貌。這種説理風貌雖不能對理學問題展開直接的論證,却具有無限生發的可能,在説理時自有其優勢。即便是在不能文的程頤的語録文字之中,這種以詩爲文的境界也時或有之。如程頤以"冲寞無朕,萬象森然已具"②來形容理氣關係,喻指冲寞澹静之中而諸事之理已備。清人茅星來注云:"言冲漠至静之中,萌兆尚未發動,而萬事萬物之理,已森然具備於吾性之中。"③程頤以"冲寞無朕"形容萬物尚未萌動的狀態,以"萬象森然"形容萬物已生的五彩繽紛之姿,闡發天理的本自具足之性。道理本是嚴肅枯燥的,而他的形容性語言却包孕豐富、含蓄有味,極富文學意味,熊十力曾以此爲例總結古文説理的特點云:

　　　　凡理論的文字,以語體文爲最適宜,條理詳明,委曲盡致,辭暢達而無所隱,義精確而無所淆,此語體文所擅長也。但有時須雜用文言文,談理至幽玄之境,凌虚着筆,妙達神理,則或賴文言以濟白話之窮。如程子《語録》中所謂"冲寞無朕,萬象森然",以整練之辭,善敷玄旨,含蓄無盡。④

　　由於時代變遷,熊氏堅信語體文(現代白話文)在説理上具有條理明晰、語意暢達準確等特點,但他也特别指出文言文説理,有白話文不具備的優勢,即在於"談理至幽玄之境,凌虚着筆,妙達神理",這也正是"幽渺以爲理"的詩歌説理的方式。

　　説理之文,從文風來説,平實者多,虚靈者少,二者本無優劣之分。不過文章説理本易枯燥,平實説理,於理而言,更易透徹明白;於桐城古文而言,無疑會降低作品的文學性,導致理趣的喪失,如姚鼐《述庵文鈔序》所説:"世有言義理之過者,其辭蕪雜俚近,如語録而不文。"⑤從早期説理文章來看,多是充滿理趣的虚靈之文。王葆心以《易》爲説理之祖、《莊子》爲説理之宗⑥,《易》《莊》皆是靈動而奇幻的説理文章。即便是相對平實的《孟子》,其説理也非一派板正面孔。鄧繹説:"如孟子其言皆成文章,猶有以趣勝者,况先漢之通儒也哉。趣勝則韵勝,韵勝則風勝……後儒之爲文章,理勝則趣減……久且化爲語録講章。"⑦虚靈説理,相比平實説理,會增加文章靈動、趣味性,避免文章淪爲語録、八股。晚清桐城派賀濤在教子時也強調這種觀念:"説理學泛語,則近於時

---

① 參見潘務正《桐城派"詩文一理"論》,《文藝理論研究》2021年第5期。
② 〔宋〕朱熹、吕祖謙纂,張京華輯校《近思録輯釋》卷一引,岳麓書社,2010年,第85頁。
③ 〔宋〕朱熹、吕祖謙纂,張京華輯校《近思録輯釋》卷一引,第86頁。
④ 熊十力《十力語要》,上海書店出版社,2007年,第171頁。
⑤ 〔清〕姚鼐《述庵文鈔序》,劉季高校注《惜抱軒詩文集》,上海古籍出版社,1992年,第61頁。
⑥ 〔清〕王葆心《古文辭通義》卷一三,《歷代文話》第8册,第7734頁。
⑦ 〔清〕鄧繹《藻川堂譚藝·三代篇》,《歷代文話》第7册,第6202頁。

文,若太質白,則類乎語録,故人皆不輕爲。"①故而兩相比較,論者往往更重虚靈説理。唐彪説:"凡説理之文,未有不平實者,惟昌黎能以至平實之理,發爲至虚靈之文。其平實之理,如布帛菽粟,愚智同需。其虚靈之文如海市蜃樓,千形萬態,不可摹擬。"②唐文治以爲"先儒説理之文多平淡",故《國文大義》特録"韓文公《送王塤序》以見例"③。曾國藩説:"議論之文,醇正者難工,偏駁者易好,猶作書者之以欹斜取勢、側筆生姿也。《孟子》不可及已,《荀子》理雖醇正而文筆已挾戰國辯士之風。最宜學者,莫善於《莊子》暨蘇老泉二家,不可不窺其涂轍以騁其氣勢而壯其筆力。"④他以書法爲喻,指出斜勢産生動感,打破静態。自稱:"弟夙昔好揚雄、韓愈瑰瑋奇崛之文,而近時所作率傷平直,不稱鄙意。"⑤他在閲讀《莊子》時,也是"擇其有恢詭之趣者"⑥讀之。

天理本晦澀難明,吕留良認爲説理文章若能做到説得明暢便已難能可貴,但他也認爲在説理明晰的基礎上,若能文風靈動而超越則更屬錦上添花:"説理的確難矣!的確而出之超越、灑脱、流動則更難,到此方是自得。"⑦當然,虚靈説理并非一定就是佳作。曾國藩同時代的湯鵬撰有《浮邱子》,其書説理便多誇誕之辭,文字晦澀。虚靈説理,也有以之掩飾空虚的可能。蘇軾曾指出:"好爲艱深之詞,以文淺易之説,若正言之,則人人知之矣。"⑧對於所説之理,作者自己尚未完全洞悉,或所論之理并無新見,則不無蘇軾所説以艱深文淺易的可能了。

四　議論、叙事文體地位的升降

關於曾國藩"古文不宜説理"論的意義,前人主要從其剥離文與道、解放古文文體的角度言説。據此而言,曾國藩是對桐城派重藝術傳統的繼承,如劉大櫆將義理、書卷、經濟比喻爲"匠人之材料",尚需運斤成風之大匠,即有待於精通文法之文人,"行文自另是一事"⑨。方東樹説:"如荀子義理本領豈不足,而文乃不如李斯,故知詩文雖貴本領義理,而其工妙,又別有能事在。"⑩也强調"文法高妙,別有能事"⑪。曾國藩同樣是推重文章學獨立價值,看重行文之能事。單從此來看,"古文不宜説理"論確是對桐城派理論的繼承。

---

① 〔清〕賀葆真《賀葆真日記》之《日記七》"光緒二十二年八月十八",第31頁。
② 〔清〕唐彪《讀書作文譜》卷一〇,清嘉慶十九年(1814)本。
③ 唐文治《國文大義》九《論文之色》,王桐蓀、胡邦彦、馮俊森等選注《唐文治文選》,上海交通大學出版社,2004年,第206頁。
④ 〔清〕王定安編《求闕齋弟子記》卷二一,清光緒二年(1876)刻本,第17a頁。
⑤ 〔清〕曾國藩《復吴嘉賓(咸豐九年十二月初九)》,《曾國藩全集》第23册,第342頁。
⑥ 〔清〕曾國藩《曾國藩日記》"同治四年七月初五",《曾國藩全集》第18册,第196頁。
⑦ 〔清〕吕留良《吕晚村先生論文彙鈔》,第605頁。
⑧ 〔宋〕蘇軾《答謝民師推官書》,孔凡禮點校《蘇軾文集》卷四九,中華書局,1986年,第1418頁。
⑨ 〔清〕劉大櫆《論文偶記》,第3頁。
⑩ 〔清〕方東樹撰,汪紹楹點校《昭昧詹言》卷一,人民文學出版社,1961年,第10頁。
⑪ 〔清〕方東樹《昭昧詹言》卷一,第24頁。

不過，曾國藩另有桐城改造者的身份。他固然重視文法，但他終究還是個理學家。曾國藩年輕時於理學用力甚勤，中年時興趣廣泛，對小學、辭章乃至天文、小說無書不讀。晚年的曾國藩精力老衰，常常反思人生，重新拾起對理學的興趣。同治八年以後，他閱讀過《朱子學案》《性理精義》《近思錄》《四書説約》《朱子文集》《擊壤集》《白沙集》《人極衍義》，又新購《朱子百選》《宋元學案》等書。據日記，他在去世前一周，還在閱讀《宋元學案》《程子全書》《理學宗傳》等理學書籍。晚年他常與兒子探討《西銘》《孟子》等書，理學成爲他的人生哲學。因此，曾國藩固然重視文章學之價值，但對於沉迷於文章技法而無義理之作并不認可。他評韓愈《新修滕王閣記》云："反復以不得至彼爲恨。此等蹊徑自公辟之，亦無害。後人踵之以千萬，乃遂可厭矣。故知造意之無關義理者，皆不足陳也。"①此文側面着筆，反復寫因各種機緣巧合而多次錯失游覽滕王閣的遺憾，在記體文中，寫法雖可謂獨闢蹊徑，但讓人讀後没有什麽收穫，純粹以技法相炫，流爲以文爲戲。

據此而言，"古文不宜説理"論固然在客觀上有解放文體的意義，但就曾國藩的主觀意圖而言，"古文不宜説理"論的主要意義在於它是對桐城派重叙事之法的反動。唐宋古文運動以來，古文家分文體爲二大類，即"叙事"與"議論"。清初著名古文家邵長蘅説："文體有二，曰叙事，曰議論，是謂定體。"②叙事出於史，議論出於子。清代是叙事文的天下，清人普遍認爲叙事文源於史，議論文源於子，史的地位高於子，叙事的地位自然高於議論（説理）。清末尚秉和説："古文以紀録爲上，而論説次之。"③由地位之高，推導出難度之大，明清論者往往强調叙事難於議論④，如李紱説："文章惟叙事最難，非具史法者不能窮其奥窔。"⑤此説影響及於日本文壇，如明治文壇名家川田剛云："作文之難不在議論而在叙事。"⑥

叙事難於議論，這種在清代有廣泛影響的觀點是叙事學本位的體現。對於叙事、議論二體的難易之别，明清以來的論者雖多謂叙事難於議論，但往往不言明原因。清初范恒泰同樣認爲"文章之道，議論易，叙事難"，但他陳述了自己的理由："議論之文多應酬，不工尚無關係。""若上爲朝廷作史裁，下爲名山藏著述。記事纂言，叙事尤要。"⑦認爲叙事文字關係歷史記録，需要精通史法。吴敏樹《史記別鈔序》："文之難爲者，莫過序事。人知其難矣，抑思其所以難乎？治絲麻爲布帛，經緯條理具焉，服其成者，必知其功。繪畫者摹故事，事

---

① 〔清〕曾國藩《讀書録》，《曾國藩全集》第 15 册，第 319 頁。
② 〔清〕邵長蘅《與魏叔子論文書》，陳良運主編《中國歷代文章學論著選》，百花洲文藝出版社，2003 年，第 957 頁。
③ 〔清〕尚秉和《古文講授談·序言》，清宣統二年（1910）鉛印本。
④ 參見何詩海《明清時期詩文難易之辨》，《文學遺産》2017 年第 3 期。
⑤ 〔清〕李紱《秋山論文》，《歷代文話》第 4 册，第 4004 頁。
⑥ 大槻磐溪《椿原書院記》後附："甕江曰：作文之難，不在議論而在叙事。"大槻磐溪《愛古堂漫稿》，明治七年（1874）版，第 25b 頁。
⑦ 〔清〕范泰恒《燕川集》卷十四《古文凡例》，清嘉慶十四年（1809）刻本。

頗巨者,人物以百數,工專其妙,在於措設布置,極竭以心思,非獨一人一騎神狀而已,爲文亦然。"①認爲叙事之難,難在其法。顧雲《盋山談藝録》謂:"文雖百變,亦曰序曰議而已。大都從子入者,長於議;從史入者,長於序。而序爲尤難。議主乎識,苟讀書明義理,人人可爲,序非老於文事者莫辦。一人一事,惟妙惟肖,又動合文章體制,率爾操觚能乎? 此傳志之文難於論説,而世率弗知。"②顧雲也認爲叙事文難在法度,"非老於文事者莫辦";他又輕視議論,認爲"苟讀書明義理,人人可爲",實際是對文中之理的輕視。由於八股文説理導致説理文章的衰微,議論説理文體地位下降,即便古文説理,往往也被人卑視,民國郭象升説:"亦有卑視此體,不肯刊入集中者。"③

　　清人普遍重視古文之法、輕視文章説理。説理文章雖多,但多流於以門面語説理,古文格調不高。在此背景下,曾國藩提出"古文不宜説理"論,并非是"古文不能説理"之意,曾氏再傳弟子高步瀛便提醒説:"學者當心知其意,若誤認爲古文非説理之物,則與文以明道之説,自爲矛盾。且五經諸子,説理精深,寧得謂非古文邪?"④"古文不宜説理"論包含有説理古文難爲的意思在内,實際是在提高説理文的門檻,打破了叙事難於議論的普遍認識。其實在清以前已有相似論調,宋代强調"文以理爲主"的吴泳説:"古今文人學士見諸紀載者不知其幾,而文公獨取古靈先生《天台孔子廟記》、曾南豐宜黄及筠州二《學記》,蓋華藻之辨易工,而義理之文難好也。"⑤明代方孝孺説:"道不易明也,文至者道未必至也,此文之所以爲難也。"⑥曾國藩之論是對前人"義理之文難好"説的發掘與復興。此後林紓同樣認爲曾説是在凸顯古文説理之難,而非古文不能説理:"平心而論,古文無不由道理而出……先輩深洞文中甘苦,知以文明道,大非易事。"⑦高步瀛認識到"曾文正嘗言古文不宜於説理,本爲吴南屏而發,而亦自道其作文甘苦",在曾説基礎上,高步瀛進一步明確提出:"説理之作,在文中爲最難。"⑧叙事與議論的關係至此也就由"叙事難於議論"説獨大轉爲"議論難於叙事"説的崛起,叙事與議論(説理)的地位有了明顯的升降變化。姚永樸《文學研究法》云:"紀事之文尚易,而議論轉難,蓋議論必發古人所未得,又其説非關係乎宇宙,能自成一家言,不爲工也,以才筆自雄,徒辭費耳。"⑨民國學者張震南也認爲叙事易學不難,難在議論説理,"記事能力,猶可於範文中求其策進。若夫意思貧乏,有非範文所能奏其全功者"⑩,這與清人

---

①　〔清〕吴敏樹《柈湖文録》卷三《史記别鈔序》,張在興校點《吴敏樹集》,岳麓書社,2012年,第311頁。
②　〔清〕顧雲《盋山談藝録》,《歷代文話》第6册,第5861頁。
③　郭象升《五朝古文類案叙例》,《歷代文話續編》下册,第1906頁。
④⑧　高步瀛《文章源流》,《歷代文話續編》下册,第1280頁。
⑤　〔宋〕吴泳《答唐伯玉書(三)》,《全宋文》第361册,第281頁。
⑥　〔明〕方孝孺《張彦輝文集序》,《方孝孺集》卷一二,第463頁。
⑦　林紓《春覺齋論文》,第107頁。
⑨　姚永樸《文學研究法》卷四,第206頁。
⑩　張須編纂《師範國文述教》,第34頁。

的叙事文難爲之説已大相徑庭。民國學者郭象升説:"古文者,古之立言者也。"①將文中説理重新賦予正面價值。凡此,皆是在曾國藩"古文不宜説理"之論的基礎上,賡續古文"立言"的傳統,自然也提升了説理古文的文體品格。

結　語

"古文不宜説理"之論,對於剥離文、道二者關係確實有一定影響,但將義理與文字分開來看,在儒學内部早有傳統,并非曾國藩的孤明先發。朱子在面對弟子"老蘇文議論不正當"的評價時就曾説過:"議論雖不是,然文字亦自明白洞達。"②曾國藩之論也是在其理學家底色基礎上,對慎作説理古文的一種强調。任何文章皆會有其"道",根據朱熹的説法,"文之所述有邪有正,有是有非,是亦皆有道焉"③,即文章皆是作者觀念的表現,所有文章皆有"道",但"道"有是有非。清人儲大文説:"天下有離道而可以爲文者乎? 無之。"④因此,曾國藩也不可能提倡無"道"之文,完全分離文、道關係。作爲理學名臣,他自然期望古文所言之道皆爲正道、天理,他所謂的"古文不宜説理"實質是在强調古文難於説理,文人應慎作而非不作。古文説理之難,從"理"的角度而言,一方面,受八股時文影響,文人將儒家經典當成時藝題目來讀。經典雖熟,却於義理并無自得之見,所作説理古文多是陳腐門面之語。另一方面,"理"分"所以然"之性理與"所當然"之事理,理學家以即物明理之格物工夫爲正途,古文家也應於人倫日用之理中以明性理,這對只會以理學語録之語充門面的文人來説并非易事。從"文"的角度而言,"古文不宜説理",實則是"桐城古文不宜説理"。章太炎曾一針見血地指出:"非古文之法獨短於説理,乃唐宋八家下逮歸、方之作,獨短於説理耳。"⑤一方面,以上接八家自居的桐城古文講求文氣與波瀾意度,而説理有礙古文文氣的舒展,説理與文氣的關係難以處理,故曾國藩極爲推崇理、氣皆佳的文章。另一方面,平實説理,會導致古文板正面孔,使得文章缺少靈氣與理趣,故曾國藩以宣揚《西銘》等文的方式來提倡藉助詩歌虚靈之筆説理,反對直下理語,通過以詩爲文來提高説理古文的文學意味。清代古文辭禁之説流行,曾國藩"古文不宜説理"之論實質是反對古文中"腐""板"之作,也可以視爲一種古文辭禁。

綜合言之,在古文中正面説理,即直接闡發性理,既會流爲"以時文爲古文"的文體降格,導致義理陳腐,也有違由"分殊"以達"理一"的理學工夫路徑;既有礙古文文氣的舒展,還易於使古文文風板正僵硬,缺乏理趣。也就是説,曾國藩"古文不宜説理"之論,是就古文難於説理的感慨之言,是對文家不應輕易説理的告誡。"古文不宜説理"之論會自然推導出"古文莫難於説理(議論)"

---

① 郭象升《五朝古文類案叙例》,《歷代文話叙編》下册,第1992頁。
② 《朱子語類》卷一三〇,第3117頁。
③ 〔宋〕朱熹《與汪尚書》,郭齊、尹波點校《朱熹集》,四川教育出版社,1996年,第1286頁。
④ 〔清〕儲大文《存研樓文集》卷一六《雜文·尚簡》,清乾隆九年(1744)刻本。
⑤ 章太炎《國學講演録·文學略説》,第240頁。

的結論,這對清代流行的"叙事難於議論"之説是一種反動。

曾國藩此論的意義,可從兩方面來看。其一,從其與桐城派的關係來説,此論體現了曾國藩身兼桐城派堅守者與改革者於一身的複雜性。他重文章學之獨立價值,認可文學之能事,不以魏晋論體文爲説理古文等是對桐城本位的堅守;而他在以桐城派爲代表的清人普遍重叙事、輕説理的背景下,提高説理(議論)古文的文體品格與地位,下啓後來者恢復古文"立言"的傳統,則又是其改造桐城的重要體現。

其二,從其對傳統文道關係的處理來看,此論是一種超越式的總結與發展。文、道(理)關係是古文之學中的核心論題之一。傳統的文道關係論或是主張二者"合",或是主張"分",以"合"爲主流。主張"合"者,往往以"道勝文至"説取消"文"的獨立性,説理古文成爲喪失文學性的生硬之作;主張"分"者,解綁"文"與"道"的關係,其代價是放棄了"古文運動"以來形成的"古文"概念的最基本特質,這樣的"古文"是否還是"古文"已成爲問題。作爲理學名臣與古文名家,曾國藩反對空疏無義理之作,他通過處理文氣與理的關係、虚靈説理、寫事理以達性理等主張,在説理的同時努力提高古文之文學性。有着豐富内藴的"古文不宜説理"論試圖在文、道的"合"與"分"之間保持這樣一種張力:相比單純的"道勝文至"之"合",其論爲"文"的落實提供了許多具體路徑,增強了古文的藝術性;相比於單純的"分",則又維護了古文之爲古文的先天文體特質。即是説,其論是一種超越傳統文、道"合"與"分"二元對立關係的更爲圓融的文學觀念。

(作者單位:安徽師範大學文學院)

辭章綴采與史傳直書：論墓志文體的取徑變化

張萌萌

　　墓志，又稱墓志銘，是一種用於志墓的文體，多由記述生平的志文與頌贊德行的銘文組成①。南北朝時期，墓志文體因禁碑令的頒布而迅速成熟，表現爲辭藻艷發、聲韵朗暢的駢體韵文。然而歷來論及該體，多云此期墓志"詞皆駢偶，不爲典要"②，贊揚韓愈革新文體，認爲"古今作者，惟昌黎最高"③，甚至還出現了"志如史傳，銘如史贊"④的評判標準，文章體式不僅由駢入散，更漸以史傳爲矩矱。追究不同歷史時期的墓志文體典範，檢視文體取徑變化的背景及成因，既能增進對墓志原初形態的理解、廓清部分針對散體墓志的誤解，又可藉之把握典範生成背後的文化傳統與價值取向，探究影響文體面貌的複雜因素。

一　縟采紀德，源出於碑：金石之體本以形容爲主

　　墓志文體起源較早，秦漢以前即有標明墓主身份的志墓器物，但名稱正式出現、文制相對固定，則是在南北朝時期⑤。漢代於地面立碑稱頌墓主功德，"魏武帝以天下雕弊，下令不得厚葬，又禁立碑"，晉武帝亦認爲石獸碑表"興長虛僞，傷財害人"，下令禁斷⑥。親友的緬懷仍需寄託，墓碑便縮小形制，轉入地下。此時墓志的名稱雖未固定，但體制業已形成，除了限於墓室空間狹小，文辭相較墓碑節略，二者幾乎無甚區别⑦。南朝的持續禁碑使墓志應用進一

---

① 褚斌傑《中國古代文體概論》，北京大學出版社，1990年，第432頁。
② 永瑢等《四庫全書總目》卷一九六《墓銘舉例》提要，中華書局，1965年，第1792頁上。
③ 吴訥著，于北山校點《文章辨體序説》，人民文學出版社，1962年，第53頁。
④ 章學誠《墓銘辨例》，倉修良編注《文史通義新編新注》外篇一，商務印書館，2017年，第490頁。
⑤ 參趙超《古代墓志通論》，紫禁城出版社，2003年，第32—52頁；程章燦《墓志文體起源新論》，《學術研究》2005年第6期，第136—140頁。
⑥ 沈約《宋書》卷一五，中華書局，1974年，第407頁。
⑦ 趙超《古代墓志通論》，第49—51頁。

步普及,"王公以下,咸共遵用"①,甚至本可立碑或已作哀策者,也常常兼有墓志,是士族不可或缺的葬儀文本。北朝雖不禁碑,但伴隨南北文化交流,墓志亦漸受重視。正始三年(506)《寇臻墓志》還稱"其公之所德,建功立事,皆備碑頌別傳,非略志盡也",倚重碑頌別傳來導揚功業;武定八年(550)《穆子巖墓志》却更看重墓志的載録恒久,"斧柯潛壞,桑田屢改,松柏爲薪,碑表非固,敬刊幽石,永置窮泉"②,其必要性已隱隱凌駕於碑表之上。

墓志在魏晉南北朝出現并迅速發展,當世文論尚不及注目,然因其源出墓碑,文章創作亦取法碑文,故時人論碑之語頗能反映當時的墓志特色。陸機《文賦》曾云:"碑披文以相質。"劉勰《文心雕龍·誄碑》則曰:"夫屬碑之體,資乎史才。其序則傳,其文則銘,標序盛德,必見清風之華;昭紀鴻懿,必見峻偉之烈","其叙事也該而要,其綴采也雅而澤"③。既要有"傳"的叙事功能,又需像"銘"一樣錘煉文辭。"文""質"兼備是南北朝碑文墓志的創作要義,但觀《文選》墓志一體僅取任昉《劉先生夫人墓志》的銘文部分;劉勰《文心雕龍》未將誄碑歸入史傳、論説等"無韵之筆"的行列,反將其與詩賦、頌贊等"有韵之文"同道;當日衆多"資乎史才"的墓志序,實爲通篇用韵的駢儷之作……顯然,"文"之"綴采"屬性更受六朝人重視。

時人所重却爲後人非議。章學誠即云:"六朝駢麗,爲人志銘,鋪排郡望,藻飾官階,殆於以人爲賦,更無質實之意。"④即便大手筆如庾信,也難逃錢鍾書"情文無自""自相蹈襲"的批評,錢更稱"宋以後科舉應酬文字所謂'活套',固六朝及初唐碑志通患"⑤。韓愈墓志備受贊揚,許多時候正是以六朝墓志之"鋪排""蹈襲"爲暗中參照,宋人樓昉即云:"退之所作墓志最多,篇篇各有體制,未嘗相襲。"⑥然而,作爲一種應用文體,南北朝墓志對"藻飾"與"活套"的普遍應用,首先適應於當時的禮儀要求,并爲時代風氣、文學好尚所形塑,不宜純以後世觀念衡量。要理解駢體墓志形態的成因,先需對其創作特點進行分疏。

"依年爲序"是駢體墓志最典型的文章結構。劉師培云:"六朝人常恐事實挂漏,凡可叙入者纖細不遺……凡遷一官,作一事,在宋,在齊,以及死後,各作一段。"⑦試以《崔芬墓志》片段爲例:

> 弱冠辟郡功曹,成人召州主簿。除開府行參軍,總大行臺郎中,禀命天子,參事莫府,握蘭禮闥,黼藻軍國。類子猷之高爽,匹仲文之匪懈。武定五年,徵本州别駕,弼諧萬里,歲聿三齡,百城緝熙,六條弗紊。八年,復

---

① 蕭子顯《南齊書》卷一〇,中華書局,1972年,第158頁。
② 趙超《漢魏南北朝墓志彙編》,天津古籍出版社,1992年,第49、382頁。
③ 劉勰著,范文瀾注《文心雕龍注》卷三,人民文學出版社,1958年,第214頁。
④ 章學誠《墓銘辨例》,倉修良《文史通義新編新注》外篇一,第489頁。
⑤ 錢鍾書《管錐編》,生活·讀書·新知三聯書店,2008年,第四册,第2375頁。
⑥ 樓昉《崇古文訣評文》,王水照編《歷代文話》,復旦大學出版社,2007年,第一册,第471頁。
⑦ 劉師培《〈文心雕龍〉講録二種》,《中國中古文學史講義》,鳳凰出版社,2011年,第245頁。

徵南討大行臺都軍長史,運籌方寸,騫旗萬里,恩沾汝墳,威震建業,公之策也。①

"弱冠""成人"實指墓主年齡,"武定五年""八年"明確紀年,"歲聿三齡"標注任職時間,該片段精確展示了墓主仕宦經歷中的重要節點,唯恐功勳有所遺漏。這一結構在南北朝墓誌中廣泛應用,孫德謙就說:"六朝人作墓碑,歷述其人生平,由少至老,從生及卒,無不依年鋪叙,雖文體仿自中郎,要可作年譜觀。"②

"依年爲序"的結構之下,六朝墓誌采取"逐節敷寫"之法填充内容,即用散行單句點出官職遷轉,複筆偶句渲染任上功績,令文章結構顯豁,内容井然。如《元顼墓誌》先以散筆提點:"又更封東海郡王,轉中書監本將軍,復侍中尚書左僕射。昔張華振聲於京洛,王導羽儀於楊都,山濤以清猷而後結,周顗以素德而來踐,及至光朝燭野,比此爲輕。"又如《元仙墓誌》先用駢語類比鋪叙:"雖世承皇孫之貴,家積千金之富;瘦駬支步,不願如龍之飾;涷練爲袍,無羨若月之華。故宗黨服下遠大,鄉里欽其素風。太和中起家爲散騎。又博園始開,龍樓初辟,君以孝敬光於閨門,忠清著於朝野,擢爲太子舍人。"歷數官職并繫數語贊美的寫作程式,如今看來未免平鋪直叙,不分輕重,缺乏文學感。但回到六朝語境,如此"平鋪直叙"或許并非作者筆力低下的粗暴堆砌,而是創作中的有意爲之。

南北朝墓誌中,常見"可得而略焉"這樣一種微妙且充滿趣味的表述。如南朝徐勉《永陽敬太妃墓誌銘》稱:"(琅琊王氏)自秦漢逮於晋宋,世載光華,羽儀相屬。既以□於前志,故可得而略焉。"③沈約《齊故安陸昭王碑文》云:"若夫彈冠出仕之日,登庸涖事之年,軍麾命服之序,監督方部之數,斯固國史之所詳,今可得略也。"④相較具體鋪叙,"可得而略"當然是有意凝練,但既言"可略",本可略去不寫,爲何多書一筆?以"國史所詳""史牒備載"概述墓主門第功業,實際缺乏針對性,爲何不直接鋪陳說明?孫德謙將此視爲南北朝墓誌的重要特色:"明知其可略,而又不能不略及之者,此其所以爲文也。"⑤孫氏所謂"可略,而又不能不略及之",點出墓誌行文的節制驕矜之氣,略及而收旁參之效,爲讀者提供一種"冰山一角式"的豐沛想像。時人使用此種表達,看重的乃是"國史所詳"背後暗示着的煊赫地位和貴族氣氛,而此種氣韵的塑造,纔是南北朝墓誌中尤其值得注意的"其所以爲文"的特點所在。

無論"依年爲序"的結構、"逐節敷寫"的展開,還是"可得而略"的文字處理,南北朝墓誌都顯示出對情辭氣氛的孜孜以求,而這,正是其與後世散體墓誌的最大不同。劉師培合觀碑文與墓誌,屢用"形容"一詞,如:"蔡伯喈之碑銘無不化實爲空,運實於空,實叙處亦以形容詞出","本以'擬其形容,象其物宜'

---

① 羅新、葉煒《新出魏晋南北朝墓誌疏證》,中華書局,2016年,第 157 頁。
② 孫德謙《六朝麗指》,《歷代文話》第九册,第 8468 頁。
③ 趙超《漢魏南北朝墓誌彙編》,第 290—291、133—134、29 頁。
④ 沈約著,陳慶元校箋《沈約集校箋》卷七,浙江古籍出版社,1995年,第 216 頁。
⑤ 孫德謙《六朝麗指》,《歷代文話》第九册,第 8469 頁。

爲尚,而不重寫實","所叙生平,以形容爲主,不宜據事直書"①。用"形容"概述駢體墓志文體特色,可謂別具隻眼。《詩大序》論六義,曰"頌者,美盛德之形容",《文心雕龍》論頌體,稱其"敷寫似賦"、長於鋪衍,許文雨《文論講疏》更將碑文上溯《詩》頌,認爲"劉勰既以誄碑列於有韵之文,并述碑文之爲體……是説也,殆以碑文原於《詩》之頌乎?"②南北朝墓志的銘文似頌自不待言,志文重視情辭氣氛的"形容"之法,亦與駢體華辭特性至爲相合。

  駢體墓志不重寫實而以形容爲主,首先由其應用範圍與創作目的決定。從應用範圍看,無論志主還是撰人,參與者多爲南北朝社會最上層人物,彼時流行的語辭華麗、聲韵朗暢的貴族文學趣味影響着文章面目。從創作目的看,所謂"素族無碑策,故以紀德"③,鋪陳家世官職、描摹姿容禀賦、氤氲德行氣韵的文章格套,較之散體能更好地渲染墓主德行。而在某種程度上,這些内容既是對墓主高華門第的確認,又是勾連地下士族社會譜系的憑證,穩定的程式在建構認同的過程中就顯得尤爲重要。其次,人物審美好尚也影響了墓主形象的塑造。六朝人物品藻特重神形,以氣韵爲上。無論是"朗朗如日月之入懷""巍峨若玉山之將崩"一類的譬喻,還是"清""肅""自然"之類的品藻詞彙,都重在神韵傳達,而非細節刻畫。南北朝墓志無疑延續了此種審美感受,層層鋪排的典故反複褒美墓主的德行功業,令"偶意共逸韵俱發",爲讀者帶來有關人物風韵的直觀感受。再次,南北朝時期戰亂頻仍,政治環境嚴酷,駢體叙事雖有不足,但較之散句,常能在歷史與現實中尋找縫隙,有助表達幽微難言的歷史真實與感情。庾信《周大將軍懷德公吳明徹墓志銘》作於北周,歷史細節無法直述便徵之以典,"毛修之埋於塞表,流落不存;陸平原敗於河橋,死生慚恨"④,用劉宋毛修之死於北魏之事,類比吳明徹亡於北周,以陸機河橋被殺之典,喻指吳明徹雖"氣疾增暴"而亡,根本仍因兵敗而死。典故不僅令文章具有今古合流之委曲頓挫,更保存了珍貴的歷史細節。最後,文體的成熟離不開文學發展的客觀現實,對文體的評判亦不能脱離文學發展實際。曹道衡先生曾舉庾信《宇文憲神道碑》爲例,認爲用"赤鳥夾日,黄熊入寢,實沈無祀,桑林不祭"四個典故來寫宇文憲得不治之症而死頗爲冗餘,只消在"薨"字前加"以疾"二字就足夠説明問題⑤。但另一方面,四個典故的敷衍恰恰説明,在時人眼中,碑志之形容更重於事實。六朝文史分途,四部界限趨嚴,文學創作以情辭爲先。《文選》三十八類文體,惟有碑文、墓志、行狀是今人眼中的叙事文體,而三體皆以駢儷行文;《文心雕龍》立"史傳"討論叙事文體,然内容混雜譜、簿、録等應用文體。可以説,叙事在六朝文章觀念的主流之外,南北朝墓志雖具叙事

---

  ① 劉師培《中國中古文學史講義》,第 174、188—189、240 頁。
  ② 詹鍈《文心雕龍義證》卷三,上海古籍出版社,1989 年,第 453 頁。
  ③ 蕭子顯《南齊書》卷一〇,第 158 頁。此處"素族"并非指庶民寒人,而是"與宗室相對而言""凡非帝室而清流者,皆可曰素族"。參周一良《魏晉南北朝史論集》,北京大學出版社,2010 年,第 82 頁。
  ④ 庾信撰,倪璠注,許逸民校點《庾子山集注》卷一五,中華書局,1980 年,第 978 頁。
  ⑤ 曹道衡《關於魏晉南北朝的駢文和散文》,《文學評論》1980 年第 7 期,第 265 頁。

之效,其根本取向却是以繁文縟采渲染墓主高貴德行。

二　韓文與史傳:散體墓志的兩種創作取徑

六朝駢儷風行,難免令人感到駢體墓志的興盛全賴獨特的時代風氣,其後伴隨古文運動興起,韓愈用擅長敘事狀物的散行之筆寫作墓志,也就順理成章實現了文體革新、典範轉移。然而,倘若僅用"韓愈以散易駢"來概括墓志的文體變遷,實際上會遮蔽許多問題。墓志文體在中唐的革新究竟在何處? 唐宋以後,墓志創作是否始終以韓愈爲典範? 當我們習慣性地沉浸於古文運動的敘述模式時,是否有可能誇大并簡化了韓愈在墓志文體變遷中的作用?

首先需要明確的是,墓志由駢入散并非韓愈創獲,而是該體在官方、民間長期發展的結果,根本原因在於文體應用範圍的擴大。散體墓志在唐代影響有限,駢體仍舊占據壓倒性優勢。以《文苑英華》爲例,墓志數目選録較多的作者分别是權德輿(31)、穆員(23)、庾信(19)、梁肅(19)、張説(19)等人,文多偶儷,韓愈僅有2篇入選。可見時至宋初,駢體依舊是官方視野中的墓志主流。同時,散體墓志在韓愈前已得到相當發展。不少文人重視用散體表達墓主個性,初唐陳子昂《我府君有周居士文林郎陳公墓志銘》就大篇幅記録其父對聖人不出的感慨,藉語言刻畫墓主的識見風操;部分唐代民間墓志,也通過生動的細節來描繪墓主形象,如顯慶年間張士階爲其女所作墓志:"時年始三歲,予嘗從公宴罷,被□而歸,則惛惛無覺知,婉侍坐於側,終夕不寐。"①細緻入微而文筆摇蕩。散體墓志的發展與唐代墓志應用範圍的擴大息息相關。唐制五品以上立碑,七品以上立碣,墓志"貴賤通爲"②,數量甚夥。駢體墓志雖因結構的程式化與典故的慣用性而便於模仿,但一則庶民或下層士人始終同貴族存在審美隔膜,駕馭該體存在難度,一則家族世系的缺乏、個人經歷的貧瘠也令普通人難以支撑駢體墓志的寫作格套,墓志行文最終無可避免地趨向簡化、雷同③,無法滿足百姓紀德寄哀之要求。在此情形下,貼近口語與生活的散句逐漸進入墓志,即使在駢體作品中,也愈發多見日常對話和生活細節。

然而,語體由駢至散的轉化很難被視爲文體的完全革新,因爲通觀唐代散體墓志,多數文章沿襲駢體墓志"以形容爲主"的營構思路,寫作程式亦步亦趨。無論是"可得而略"的家世套語,銘詞"必道及封樹"的描寫慣例,還是"依年爲序""逐節敷寫"的創作格套,它們仍被廣泛施用於此期的散體墓志中。就此來看,韓愈墓志之高標特出,除他繼承前人散體墓志成就,於細節描寫、議論風氣、抒情模式等方面多有融匯,更在於他打破駢體影響下的行文程式,將史

---

① 周紹良主編、趙超副主編《唐代墓志彙編》,上海古籍出版社,1992年,第278頁。
② 封演撰,趙貞信校注《封氏聞見記校注》卷六,中華書局,2005年,第57頁。
③ 典型如唐代宫人墓志,格式文辭大同小异,甚至僅有姓名、品階、卒葬時地幾處不同。參程章燦《"填寫"出來的人生:由〈亡宫墓志〉談唐代宫女的命運》,《中國典籍與文化》1996年第1期,第87—90頁。

傳寫法引入墓志創作，"變《左》《史》之格調，而陰用其義法"①，重鑄文體筋骨，塑造了墓志"隱與史傳相爲出入"②的全新面貌。具體而言，韓愈一面取其"義"，藉史家寫實精神革除六朝誇飾虛文；一方面取其"法"，利用史傳文章技巧，增强文體敘事張力。

南北朝墓志稱美弗惡而日漸追求藻縟，"莫不窮天地之大德，盡生民之能事，爲君共堯舜連衡，爲臣與伊皋等迹"③。韓愈則發揚不虚美隱惡的史家精神，多能做到文直事核，更勇於臧否人物，拓展了文體境界。《襄陽盧丞墓志銘》應盧行簡之邀爲其父母所作，不寫墓主事迹而贊賞行簡的爲子之心，儲欣評云："不稱所銘者之可銘，特表求銘者之真能子，可銘而遂以銘，良史氏不虚美如此。故有不言者，言則必信。"④墓主有所過失，韓愈亦不諱言，爲侄孫女婿所作《故太學博士李君墓志銘》，寫其吞服秘藥，以爲世誡。"實錄"背後，體現着韓愈渴望藉文垂教的隱微心曲。《故幽州節度判官贈給事中清河張君墓志銘》銘詞雖寫張君，但"句句罵世人之偷生""真有關世教之作"⑤；爲好友衛中行之兄長作墓志，僅記其采藥煮黄金，曾國藩云："若中行存世俗之見，只肯稱美而不稱惡，公或俯從之，而夾敘其善事一二，則文不能如此之奇警矣。自歐、王已不能行此直道於人，後世更無論已。"⑥

史家精神以外，韓愈同樣着意吸取史傳筆法，力求文體新變。一者，文章結構突破序列世系、歷官、卒葬、妻子之程式，學史傳敘事制局之法。《唐故江西觀察使韋公墓志銘》體近列傳，"每錄一事，必有小收束，學《史記》也"⑦；《唐故河南令張君墓志銘》學衛霍諸傳傳神之法，"以'方質有氣'籠張生平"，"而其後千端萬緒，俱不出數字中"⑧。一者，具體敘事刻畫，更學史傳傳神。《中大夫陝府左司馬李公墓志銘》寫同一事件中不同人物的不同反應，學"《左傳》細碎處往往兩事相對，於通篇杼柚外，隨處置機牙，使章法相接"⑨；《試大理評事王君墓志銘》"刻畫瑣細處，使人神采踴躍，全是太史公筆法"⑩。墓志不再"以鋪陳始終爲能"，其文法"胥準於太史公書"，追求生動簡潔、"循一端而論全體"⑪。

韓愈一改駢體墓志的趣味與旨歸，爲後世提供了迥異於前的新典範。錢

---

① 方苞《古文約選序例》，《方望溪全集》集外文卷四，中國書店，1991年，第304頁。
② 章學誠《與朱少白書》，《文史通義新編新注》外篇三，第787頁。
③ 楊衒之撰，周祖謨校釋《洛陽伽藍記校釋》卷二，中華書局，2010年，第66頁。
④ 儲欣《唐宋十大家全集録·韓昌黎集》卷五，轉引自高海夫主編《唐宋八大家文鈔校注集評》，三秦出版社，1998年，第824頁。
⑤ 林雲銘著，胡佳點校《韓文起》卷一〇，華東師範大學出版社，2015年，第435頁。
⑥ 李瀚章編撰，李鴻章校勘《曾文正公全集》第12册，中國書店，2011年，第362頁。
⑦ 林紓《韓柳文研究法》，商務印書館，1933年，第40頁。
⑧ 儲欣《唐宋十大家全集録·韓昌黎集》卷六，《唐宋八大家文鈔校注集評》，第828頁。
⑨ 韓愈著，馬其昶校注，馬茂元整理《韓昌黎文集校注》第七卷，上海古籍出版社，2014年，第607頁。
⑩ 張伯行《唐宋八大家文鈔》卷三，上海古籍出版社，2019年，第82頁。
⑪ 汪家禧《金石例補後序》，《金石全例（外一種）》上册，北京圖書館出版社，2008年，第583頁。

穆曾敏銳指出：墓志"勒之金石，體尚謹嚴，文須韵藻，并不與其他散文同其淵源，亦復與史傳性質有别。而韓公爲之，乃刻意以散文法融鑄入金石文而獨創一體。其骨格則是龍門之史筆，其翰藻則是茂陵之辭賦"①。韓愈之所以能將龍門史筆融入茂陵辭賦，固因他天才特出，更與中唐局勢動蕩，四部界限漸寬，士人有意挖掘經史之中的思想資源，藉文章重建國家權威和思想秩序②密切相關。而唐宋古文運動興起，"明道"成爲"爲文"的題中之義，韓愈墓志"陰用史傳義法"的創作特色爲後學反複揭櫫，并在歐陽修、王安石等文章大家手中得到深化。

值得注意的是，伴隨對韓愈學習史傳的強調，逐漸有士人將墓志一體納入史傳統緒，文章取徑不再單純學韓，而是出現"以史傳爲矩矱"的傾向，并在明代至清前期成爲流行觀念。一方面，人們對文體功能的認識有所變化，辭藻華麗、重視形容的紀德文章易被視爲無意義的應酬之體，墓志需有史家臧否之能、警勸之道。曾鞏論墓志曾云："夫銘志之著於世，義近於史……其辭之作，所以使死者無有所憾，生者得致其嚴，而善人喜於見傳則勇於自立，惡人無有所紀則以愧而懼……警勸之道，非近乎史，其將安近？"③優秀的墓志作品不僅是文體創作的樣本，更漸有"編類國朝名臣行狀墓志""以自警戒"者，亦有書院先生"教諸生於功課餘暇，以片紙書古人懿行或詩文銘贊之有補於人者，粘置壁間，俾往來誦之"④，成爲士人修養德行的教材。正鑒於此，韓愈收受潤筆在後世頗得"諛墓"之譏，顧炎武即謂劉禹錫《祭韓吏部文》論韓志"一字之價，輦金如山"爲"發露真贓者矣"⑤。

另一方面，不少評點度越韓愈而徑直取法史傳，以《史》《漢》爲標準衡量唐宋墓志創作。元人王惲《玉堂嘉話》即載："鹿庵先生曰：'《前漢》列傳，多少好樣度，於後插一銘詞，篇篇是個碑表墓志，作者觀此足矣，不必他求也。'"⑥在此情境下，韓愈甚至因學史遷不力而遭受批駁。如茅坤主張韓愈碑志創作不及歐陽修，因其多奇崛險譎，"於太史遷之旨，或屬一間，以其盛氣搖抉，幅尺峻而韵折少也"，不得《史記》叙事法，而"歐陽公碑志之文，可謂獨得史遷之髓"⑦。艾南英認爲："昌黎碑志，非不子長也，而史遷之蹊徑皮肉，尚未渾然。"⑧當然，爲韓愈辯護者代有其人，但其言論也多在史傳標準的籠罩之下。

---

① 錢穆《雜論唐代古文運動》，《中國學術思想史論叢》（四），生活·讀書·新知三聯書店，2019年，第49頁。
② 參葛兆光《七世紀至十九世紀中國的知識、思想與信仰》，復旦大學出版社，2000年，第197—229頁。
③ 曾鞏《寄歐陽舍人書》，《曾鞏集》卷第一六，中華書局，1984年，第253頁。
④ 王應麟《困學紀聞》卷一五，上海古籍出版社，2015年，第449頁。
⑤ 顧炎武著，黃汝成集釋，欒保群、吕宗力校點《日知錄集釋》卷十九，上海古籍出版社，2006年，第1109頁。
⑥ 王士禎《池北偶談》卷一三，中華書局，1982年，第302頁。
⑦ 《韓文公文鈔引》《八大家文鈔論例》，茅坤編《唐宋八大家文鈔》第一册，黃山書社，2010年，第4、1頁。
⑧ 艾南英《與沈昆銅書》，《天傭子集》卷三，《四庫禁毁書叢刊補編》七十二，北京出版社，2005年，第230頁下。

如王世貞不滿茅坤"左昌黎",以爲"昌黎於碑志極有力,是兼東西京而時出之"①。方苞云:"退之、永叔、介甫,俱以志銘擅長","但序事之文,義法備於《左》《史》","學者果能探《左》《史》之精蘊,則於三家志銘,無事規模,而自與之幷矣"②。方東樹亦稱:"墓志即史家紀傳,宜實徵事迹,如太史公諸列傳,各肖其人,描寫盡致,自成千古,故韓、歐、王三家志文皆學史遷法。"③源出碑體、麗辭雅韵以紀德的墓志,在經歷了韓愈史筆翰藻的鍛造之後,又出現了取法史傳的創作風尚,流風所及,即便推尊韓愈者,仍不免在史傳之叙事文統緒中討論問題。

三 選擇"典範"④:文體推尊背後的觀念介入

檢視墓志由駢至散的發展歷程,之所以會出現"綴采紀德""形容爲主",或"以散文法融鑄入金石文",或"義法備於《左》《史》"等不同文章取徑,不僅與古文運動興起後重視文章載道、史傳及叙事文在明清地位崛起⑤等文學風氣轉變密切相關,墓志文體蓋棺定論、裨補史籍的特殊功用,也令其最易受到作者言説立場與價值取向的影響。典範推尊背後普遍存在着複雜的歷史場景,文章取徑之不同往往是刻意"選擇"的結果。如有清一代,無論學宗漢宋,還是文主駢散,凡談墓志者仍多言學韓。然乾嘉考據大興,古文、宋學統治漸衰,文人學士的學術立場較前代更爲複雜,樸學方法是否改變人們的文體認知,全新學術背景下如何定位墓志這一關涉文史的特殊文體,贊許韓愈是因其得墓志之體還是學史傳最力? 推究士人對墓志文體的不同取徑,可以幫助我們管窺彼時經史之學、金石之學與文章之學的複雜互動,觀察其對文體面貌塑造的重要影響。

考據方法在乾嘉時期實乃學術共識,金石之學亦大爲興盛,在"辨章學術、考鏡源流"的方法指導下,長久遭受忽視貶損的駢體墓志重新獲得關注,被確認爲墓志的原初形態、文體發展的重要環節,墓志屬於辭章而非史傳的文體統緒得到申説。如李富孫認爲,唐宋名家墓志"譬諸黄河之水,已過積石龍門,但見其流之飢輪奔注,而未知昆侖以上之原之所在也。然則欲溯墓銘之原者,必於東漢之世"⑥。吴鎬主張兼采蔡邕、庾信、韓愈三家爲正宗,"不得因駢散歧

---

① 王世貞《書歸熙甫文集後》,《讀書後》卷四,《景印文淵閣四庫全書》第1285册,第56頁上。
② 方苞《古文約選序例》,《方望溪全集》集外文卷四,第304頁。
③ 方東樹《朝議大夫貴州大定府知府姚君墓志銘》,《考盤集文録》卷一〇,《清代詩文集彙編》五〇七,上海古籍出版社,2010年,第296頁上。
④ 托馬斯·庫恩曾討論範式的意義,指出典範之所以重要,不僅因其提供了科學研究的公認模型,更規範了特定的方法思路,確認了研究的共同價值與理論概念。以此觀照文學研究,具有典範性質的文本不僅提供了創作樣本,更凝聚了將其視爲典範之人的認知傳統和價值取向,有助於理解不同學術共同體內部存在的觀念差異(參〔美〕托馬斯·庫恩《科學革命的結構》,金吾倫、胡新和譯,北京大學出版社,2012年,第21—31頁)。
⑤ 有關明清叙事文的興起,參何詩海《"文章莫難於叙事"説及其文章學意義》,《文學遺産》2018年第1期,第106—118頁。
⑥ 李富孫《漢魏六朝墓銘纂例》卷首,《金石全例(外一種)》中册,第316頁。

途而有所偏廢"①。章學誠更明確指出：墓誌"不可與史傳例也。銘金勒石，古人多用韵言，取便誦識，義亦近於咏嘆，本辭章之流也。韓、柳、歐陽惡其蕪穢，而以史傳叙事之法志於前，簡括其辭以爲韵語綴於後，本屬變體……近人多師法之，隱然同傳記文矣。至於本體實自辭章，不容混也"。強調墓誌本屬辭章，韓愈引入史法，實爲變體。然而，章學誠考究文辭，乃出於"事必藉文而傳""良史莫不工文"的史家視角，他以徵事得實、可裨史事爲墓誌評價標準，故雖承認駢體爲墓誌正體、韓愈"變而得善"②，却"終不可與語史家之精微也"③，視墓誌乃"史部傳記支流"④。

雖有史學家與金石學家指出駢體爲墓誌正體，但學術立場決定了他們難以視之爲文學創作的典範。清代文壇旋蕩"六朝風"，駢文派推尊駢體墓誌、用其擴展駢文園地來同古文家爭文統似乎順理成章。然而實際上，絶大多數駢文家甚少談論或創作該體。一者，駢文尚典故而與考據先天相關，清代治駢文者多深究經史，追求"風骨高嚴，文質相附"⑤的駢散相濟之文，文章取向與六朝異軌。如汪中主張經史一體、四部同源，其墓誌"上規《史》《漢》""下逮韓、柳"，自陳"史官删取其文，居然佳傳，此某撰述之苦心"⑥；孫星衍《續古文苑》兼收唐宋古文，墓誌一體録駢文之餘，亦刊散體作品；李兆洛《駢體文鈔》更是立志打通駢散，將墓誌與行狀收作一類。一者，駢文家中雖有阮元、凌廷堪這樣固守六朝文學觀念、力圖與經史之文保持距離的，他們却承襲"傳志記事皆史派也"⑦的流行觀點，欣賞墓誌"可以觀一代之制度焉，可以補六經之訓故焉，可以辨諸史之信疑焉，可以知小學之遷流"⑧的文獻價值，將其逐出文章之列。概而言之，清代駢文家暢言六朝文，看重的是駢文在高壓政治環境中便於借典立意、指事類情的特點⑨，他們多認爲墓誌創作須有"足稱、足述之德與事"，無足稱述"在所宜戒"，凡可稱述，便應"質而言之"，而駢體長於形容、拙於叙事，不合墓誌之體⑩，觀點仍近於據事直書、垂爲世教的史家情調。

尚漢學與尊駢文的學術群體在範圍上有所重合，他們亦多將墓誌納入史傳統緒。而作爲漢宋、駢散之争的另一面，桐城古文家姚鼐追溯墓誌源流、推尊韓愈墓誌，顯示出對文辭的高度重視。首先，姚鼐將墓誌歸入重視藻采的韵文統緒，以《詩經》爲源頭，以紀德爲功用。《古文辭類纂》中碑志與傳狀兩分，言"碑志類者，其體本於《詩》，歌頌功德，其用施於金石"，"傳狀類者，雖原於史

---

① 吴鎬《漢魏六朝唐代志墓金石例》，中華書局，1985年，第45頁。
② 章學誠《文史通義新編新注》，第490、266、787頁。
③ 章學誠《丙辰札記》，《章氏遺書》第27册，文物出版社，1982年，第37頁。
④ 章學誠《〈永清縣志·文徵〉序例》，《文史通義新編新注》外篇五，第990頁。
⑤ 李兆洛《養一齋文集》卷八《答湯子屋》，《清代詩文集彙編》四九三，第126頁下。
⑥ 汪喜孫《容甫先生年譜》，《北京圖書館藏珍本年譜叢刊》第111册，第66、74頁。
⑦ 阮元《書梁昭明太子文選序後》，《揅經室集》，中華書局，1993年，第609頁。
⑧ 凌廷堪《答牛次原孝廉書》，《凌廷堪全集》第三册，黄山書社，2009年，第187頁。
⑨ 參楊旭輝《清代駢文史》，人民出版社，2013年，第8頁。
⑩ 焦循《里堂家訓》，陳居淵主編《雕菰樓史學五種》，鳳凰出版社，2014年，第1308—1309頁。

氏而義不同"。其次，强調墓志文體獨立，乃"金石之文"，不以學史傳者爲工。他批評"茅順甫譏韓文公碑序异史遷"非爲知言，認爲"金石之文，自與史家异體"，"豈必以效司馬氏爲工"①。再次，明清時期，大量史傳文涌入選集，唐順之《文編》、徐乾學《古文淵鑒》、曾國藩《經史百家雜鈔》等都打破四部界限，姚鼐固守《文選》傳統，選文不録史傳，尤可見其將文章區别於經史的用心。

　　姚鼐身爲當世古文大家，不僅從理論上再三申説墓志迥异史傳的辭章屬性，具體篇目分析也有意將韓愈墓志納入漢魏六朝的金石傳統。如論《清河郡公房公墓碣銘》，認爲"依次序述，是東漢以來刻石文體，但出韓公手，自然簡古清峻，其筆力不可强幾也"②。姚鼐對墓志傳統的發掘，固然以金石之學的發展爲基礎，更與當時的文壇環境密不可分。乾嘉學者多講義理、考據、辭章，然惠、戴之後，"天下視文士漸輕. 文士與經儒始交惡"③，戴震直言："古今學問之途，其大致有三：或事於理義，或事於制數，或事於文章。事於文章者，等而末者也。"④姚鼐倡言三者兼濟，實際更推重辭章地位，認爲"言義理之過者，其辭蕪雜俚近，如語録而不文；爲考證之過者，至繁碎繳繞，而語不可了當"，惟有"能以辭文之"，才是"天下之善"⑤。當此之際，姚鼐將墓志源頭上溯《詩經》而非史傳，大力標舉古文辭的混成意趣⑥，姚門四傑之首、嘉道年間古文領袖梅曾亮言稱"單行與排偶一也"，并有駢體墓志創作步趨六朝意趣⑦，這些行爲不僅是古文家對駢體技法的着意學習，更隱含着駢散交融以昌明文辭的良苦用心。可資參照的是，以文士自詡而不滿"奉其所謂漢學者以詣讓程、朱""挾其所謂漢碑者以抵牾韓、歐"的王芑孫，推尊韓愈碑志到了無以復加的程度，甚至認爲"韓以前非無作者，凡其可法，韓歐則既取而法之矣；其不可法，韓歐亦既削而去之矣"⑧。

　　一般印象中，清代墓志概言學史傳與韓歐，更兼桐城派曾構建一條由《左》《史》而至八家，由八家而至歸、方的古文傳承譜系，似乎學韓就等於學史傳，習焉不察，罕見對其二者异流有所發覆。然細加分析，韓文與史傳實各有擁躉，以何者爲典範的背後是文學觀念與史學傳統、考據背景的複雜交織。不過，無論學史還是學韓，墓志創作始終籠罩在古代文學的"致用"傳統中，而當新文化對舊傳統產生大衝擊，文學不再以載道垂教爲目的，墓志文體也就具備了挣脱致用傳統、取徑綴采辭章的可能。

　　身陷近代趨新守舊之争，劉師培論墓志，不僅以駢體爲正體，更以其爲正

---

① 姚鼐《古文辭類纂》序目，中國書店，1986年，第14、15頁。
② 姚鼐《古文辭類纂》卷四一，第782頁。
③ 章太炎《訄書》重訂本，《章太炎全集》(三)，上海人民出版社，2014年，第156頁。
④ 戴震《與方希原書》，《戴震全書(修訂本)》第六册，黄山書社，2010年，第373頁。
⑤ 姚鼐著，劉季高標校《惜抱軒詩文集》，上海古籍出版社，1992年，第61、121頁。
⑥ 參曹虹《异轍合軌：清人賦予"古文辭"概念的混成意趣》，《文學遺産》2015年第4期，第121—128頁。
⑦ 梅曾亮著，彭國忠、胡曉明校點《柏梘山房詩文集》，上海古籍出版社，2005年，第110、401頁。
⑧ 王芑孫《碑版文廣例》卷一《緒論》《自叙》，《金石全例(外一種)》下册，第34、6頁。

宗,既從文體源流上肯定駢體,更在文體規範方面推尊駢體。劉師培追究墓志的韵文統緒,指出"志銘、誄辭之作,皆起於三代之前,而皆爲有韵之文"①;以"傳實碑虚"概括碑志與史傳的創作差異,碑志應"以形容爲主",需有勁氣、警策、辭采,史傳則當"工於摹寫神情""以善傳神者爲生"②;他還注意以準確的概念區别文體,通觀《中國中古文學史講義》《漢魏六朝專家文研究》等著作,或云"碑志",或云"傳狀""傳記",而不言"傳志",意在表明墓志與傳狀歧路。總體看來,劉師培考究墓志的韵文統緒、區别其與史傳差異,似仍沿姚鼐進路,但他選取的文體典範却明顯以六朝駢體爲尊。一方面,這固然深受個人文章趣味影響,是對阮元"文言説"的重要修正與推進;另一方面,其視野與方法也多受現代科學的影響,與前人有所不同③。惟當新學以摧枯拉朽之勢大量涌入,具有支配力的舊傳統難以爲繼,劉師培纔能置身桐城大本營而發"駢文之一體,實爲文類之正宗"④的議論,而這也再次印證了知識資源與思想取向對文體典範選擇的深刻影響。

四 結語

通觀墓志文體的發展歷程,以縟采紀德的駢儷辭章和徵實垂教的史家傳記爲兩端,文章取徑實際存在複雜變化。墓志源出碑體,在南北朝時期是藉麗辭藻采來渲染墓主德行的駢體文,行文依年爲序、逐節敷寫,其對情辭氣氛的強烈追求,源於彼時獨特的貴族文學趣味、人物審美好尚、複雜政治環境和文體紀德要求。雖然伴隨應用範圍擴展,該體在唐代逐漸由駢入散,但寫作格套仍舊沿襲駢體,直到韓愈融匯史傳義法,鑄龍門骨格於金石之體,令文體面貌實現革新。在後世學韓者的反覆強調下,墓志的綴采屬性漸受忽視,以史傳爲矩矱一度成爲文章新體例。乾嘉考據興起,賅博宏通的史學家、金石學家乃至駢文家,雖能指出墓志以駢體爲正體,却大多基於學術立場主張創作取法史傳;身處漢宋之争另一面的古文家,則在推尊韓文的同時反覆申説墓志的辭章特性與韵文統緒,透露出交融駢散以昌明文辭的良苦用心。舊學新知碰撞之際,劉師培不僅以駢體爲墓志正體,更以之爲典範,實現了傳統文體資源於現代語境的再闡釋,展示了知識資源與思想取向對文體取徑的介入。

文體的形態并非一成不變,其發展過程往往存在他體滲透,甚至不乏以變體爲正體的情況。需要強調的是,墓志文體内部的典範變化并不意味着對他體優長的徹底摒棄,駢體墓志固然以綴采誇飾爲特色,但其依年爲序的寫作結構源自記人徵實的文體先天要求,并爲後世以史爲法預留了空間;墓志規仿史傳亦不等於删削藻彩,僅以臧否警勸爲旨歸。文體取徑的變化過程同時也是

---

① 劉師培《論文雜記》,《中國中古文學史》附録,商務印書館,2010年,第171頁。
② 劉師培《中國中古文學史講義》,第151、240—241、168—169頁。
③ 有關劉師培碑志觀念的變化,參吳海《劉師培的碑傳觀與揚州學派》,《南京大學學報》2018年第2期,第133—135頁。
④ 劉師培《中國中古文學史講義》,第218頁。

不同文學地層彼此接觸、融匯的過程,考索墓志形態的層累變化,嘗試梳理其"文體系譜",不僅能幫助我們明晰該體的原初形態與發展歷程,廓清學韓愈與學史傳的旨趣差異,亦可説明文體面貌始終處於複雜的動態變化中,文化觀念與知識統緒對文體典範選擇存在深刻影響。某種程度上,墓志文體的取徑變化可被視作觀察文學史、學術史流變的絶佳參照。

(作者單位:南京大學文學院)

《文選》三峰並峙的后妃哀誄文

朱曉海

前　言

《漢書》卷五《景帝紀·中二年（前148）》："春二月，令：諸侯王薨、列侯初封及之國，大鴻臚奏諡、誄策。"①《集解》引應劭曰："其薨，奏其行迹，賜與諡及哀策誄文【之】②也。"此所以《太平御覽》卷五九六《文部十二·誄》自注引如淳曰："三公薨，以策書誄其行。"③則哀策文與誄名異實同。後世蓋因哀策文僅施於地位尊崇者，而誄則無此階層限制，故分爲二。無怪乎同卷所引摯虞《文章流別傳論》會説："今所哀策者，古誄之義。"④

《文選》收録了三篇后妃哀誄文。按照撰寫時序，乃顔延之的《宋文皇帝元皇后（袁氏齊嬀）哀策文》、謝莊的《宋孝武宣貴妃（殷氏）誄》、謝朓的《齊敬皇后（劉氏惠端）哀策文》⑤。

洵如李善所言：編撰《文選》的主要目的在讓"後進英髦咸資準的"⑥，然"準的"的設定決不能僅固單一，必須考慮到作者身份，作品現世的場合，被描述的人、事、物如何，閲讀對象如何，寫作目的的差異。這三篇正好是絶佳例證。

---

① 王先謙《漢書補注》，藝文印書館，1977年，第81頁。若將"誄策"斷句爲"誄、策"，則忽略了這乃承接"奏諡"而言。換言之，此處的"策"與"列侯初封及之國"時的册（策）命無關，而是與"薨"相關的。
② 杜佑《通典》卷二六《職官八·諸卿中·鴻臚卿》自注，中華書局，1996年，第724頁。點校者據傳世本《漢書集解》及明抄、刻本，將原本所引應劭曰云云其中的"之"改爲"文"，乃因不明文體流變、文義，反而以訛爲正，故愈校愈錯。
③ 李昉等《太平御覽》，臺灣"商務印書館"，1997年，第2814頁。
④ 《太平御覽》卷五九六《文部十二·哀策》所引，第2817頁。
⑤ 分見李善注《文選》卷五八《哀下》，藝文印書館，1998年，第812—814頁；卷五七《誄下》，第808—810頁；卷五八《哀下》，第814—816頁。節省篇幅計，以下引文凡出自此三篇者，概不標頁碼，唯引文末綴以作者名爲之區别。
⑥ 李善《上〈文選注〉表》，《文選》，第2頁。

首先，袁齊嬀乃宜都王劉義隆元配王妃，待義隆以小宗入嗣大統，即日後的劉宋文帝，袁氏自然進封爲皇后，卒於"元嘉十七年(440)七月二十六日"，換言之，她作爲正式的皇后達十七年之久。劉惠端雖然是日後蕭齊明帝蕭鸞的元配，但當時蕭鸞僅是西昌縣侯，她自然也止於縣侯夫人，而她卒於齊武帝永明七年(489)，直到丈夫蕭鸞篡位之後，纔被追贈爲皇后①，以致劉氏雖有皇后之名，却未嘗一日有皇后之實。換言之，袁、劉二氏雖然均先配偶而亡，但死時彼此配偶的身份迥别。殷淑儀縱使因極得宋孝武帝寵愛，"大明六年(462)夏四月壬子"卒後，孝武帝爲她特别新置"班亞皇后"的貴妃這一名位，追贈之，但說到底，"班亞皇后"②畢究非皇后，按古代禮制，仍然是妾，非妻。三者的身份、背景截然不同，却又是自古以來皇帝後宫頂端女性履歷的典型，是以單從這方面講，《文選》撰者就必須針對它分别挑出範文。

其次，正因上述三位的身份、背景不同，顔延之等代筆人的措辭也隨之而異。袁皇后是在"皇帝親臨"，"旋詔左言光敷聖善"，用的是皇帝的立場。表面上看，殷貴妃亦與之同，然參閱史料：

> 母殷淑儀，寵傾後宫，子鸞愛冠諸子。③

身爲生者的皇帝與逝者的關係極親密。若顔氏之作可謂"禮也"，謝莊之作則不僅是情、禮兼具，且情更居主要地位，否則孝武帝怎麽會仿效漢武帝寫《擬李夫人賦》？但既身爲皇帝，若因寵愛而溺於情，"痛愛不已"④，是悖乎人君形象的，所以這篇哀策文得以第三者的立場撰寫。劉皇后之所以會有哀策文，乃因爲此時齊明帝駕崩，原先葬於"江乘縣張山"⑤的劉氏必須遷祔興安陵⑥，以符合傳統帝、后同葬的規矩，所以用的是"哀子嗣皇帝"的聲口。因此，雖然同是皇帝的聲口，配偶與母子間的叙哀豈會一致？對待名分上的妻子與實質上的專寵又豈能采取一樣的寫法？然而另一方面，據《宋書》卷五二《王誕傳》：

> 誕少有才藻，晉孝武帝崩，從叔尚書令珣爲哀策文，久而未就，謂誕曰："猶少序節物一句。"因出本示誕。誕攬筆便益之，接其"秋冬代變"⑦後云："霜繁廣除，風回高殿。"

由此可推知，這類哀誄文又有大致的格式，則如何在慣例中别開生面，乃文士顯示其才能之所。

---

① 蕭子顯《南齊書》卷二〇《皇后列傳·明敬劉皇后傳》，藝文印書館，1977年，第193頁。
② 沈約《宋書》卷八〇《孝武十四王列傳·始平孝敬王子鸞傳》，藝文印書館，1977年，第993頁。
③④ 《宋書》卷八〇《孝武十四王列傳·始平孝敬王子鸞傳》，第993頁。
⑤ 蓋因音近，"江"誤爲"相"。《景印宋本五臣集注文選》，臺灣"中央"圖書館，1981年，第15b葉。
⑥ 《南齊書》卷三〇《皇后列傳·明敬劉皇后傳》，第193頁。
⑦ 歐陽詢《藝文類聚》卷一三《帝王部三·晉孝武帝》所録無此句，蓋類書節引所致(文光出版社，1977年，第255頁)。

一

下面先從文本具體指出三篇内容的相同處——

哀、誄文原本都以無韻的序與有韻的主體構成，但這三篇都依新變，除了必要的人物、事由交代，序一律也押韻。如：

  親臨祖饋，躬瞻宵載。飾遺儀於組旒，淪祖音乎珩珮。悲黼筵之移御，痛翬褕之重晦。（延之。劉宋之部入聲）

  律谷罷煖，龍鄉輟曉。照車去魏，聯城辭趙。（莊。劉宋宵部上聲）

  翠帟舒皋，玄堂啓扉。俎徹三獻，筵卷六衣。（朓。齊梁微部平聲）

三篇序文撰寫哀誄文的目的一致，正文末也再次表示：

  累德述懷……來芳可述。（延之）

  敢撰德於旂旒，庶圖芳於鍾萬……德有遠兮聲無窮。（莊）

  光敷聖善……托彤管於遺咏。（朓）

既然如此，就替哀誄文定了調：止於褒美，與事實無關。

傳統認爲婦人以德爲尚，而婦德的培育有賴自幼的家教，所以三篇都會落墨於這點。如：

  率禮蹈和，稱詩納順。爰自待年，金聲鳳振……進思才淑，傍綜圖史。（延之）

  處麗絺綌，出戀蘋蘩。脩詩貢道，稱圖照言。（莊）

  光華沼沚，榮曜中谷。敬始紘綖，教先種稑……顧史弘式，陳詩展義。（朓）

百善孝爲先。爲人婦者尤其以侍奉婆母爲重，所以這三篇都不忘提到這點。如：

  欽若皇姑，允迪前徽。（延之）

  敬勤顯陽，肅恭崇憲。（莊）

  思媚諸姑，貽我嬪則。（朓）

由於述及婦德，必然會連帶寫到她們的影響，以及作爲賢内助的功能。如：

  俾我王風，始基嬪德……方江泳漢，載謡南國……發音在咏，動容成紀……坤則順成，星軒潤飾。（延之）

  化自公宫，遠被南國。軒曜懷光，素舒佇德。（朓）

其中值得注意的是：顔氏將上面的引文分在袁氏身爲宜都王妃與皇后的兩階段，所以下面論及坤道時，以“成”許之；以象徵女主之“軒”轅星爲喻時，直接以光耀外現而不耀眼，表現得温“潤”。謝朓不論以“軒”轅星“光”或與日相配的月之“德”來比配劉氏的懿行時，都謹慎地用“懷”“佇”，因爲如前文所言，她生前并未成爲皇后,皇后之名乃蕭鸞奪得帝位後追尊的。至於殷貴妃,因爲不是皇后,按照古代父(乾)、母(坤)的二分論式,不能以表示"母儀天下"的這類詞句稱贊她,只能一方面強調她的學養及表現:

  綢繆史館,容與經闈。陳《風》緝藻,臨《象》分微。游藝殫數,撫律窮幾。

另一方面從她爲人母的成就這點着墨:

  翼訓姒幄,贊軌堯門……皇胤璿式,帝女金相。聯跗齊穎,接萼均芳。以蕃以牧,燭代輝梁。(莊)

既然已經論及同中之异,下面就指出三篇作品叙死者之异處——既是哀誄文,當然首先要將因對方逝世而悲傷這情緒點明:

  飾遺儀於組旒,淪徂音乎珩珮。悲黼筵之移御,痛翬褕之重晦。(延之)

  痛祓殿之既閴,悼泉途之已宫。巡步檐而臨蕙路,集重陽而望椒風。(莊)

  懷厓衛而延首,想鷖輅而撫心。痛椒塗之先廓,哀長信之莫臨。(朓)

配合上文所述三人生平,即可看出其間之差异。袁氏因爲是皇后,所以可用皇后的服飾"翬褕"來代指。劉氏以侯夫人的身份卒,既未居住過后妃的宫殿,更未享受奉養太后的居所,因此"哀""痛"的是對方"先廓""莫臨"。殷氏爲皇帝寵愛,所以落墨於皇帝對其原先住處的留戀。

出身乃必須交代的内容:

  倫昭儷昇,有物有憑。圓精初爍,方祇始凝。昭哉世族,祥發慶膺。祕儀景胄,圖光玉繩。昌暉在陰,柔明將進。(延之)

由於袁氏是正式爲皇后的,基於"夫、妻胖合也"①,所謂"倫""儷",所以毫不遲疑地以"圓"天、"方"地喻擬文帝與她。但天尊地卑、男爲女所天乃傳統鐵則,是以若以北斗爲皇帝在天的表象,袁氏不宜以斗魁四星中的任一顆星比配,顏氏乃選擇斗魁最後的天權與斗杓最上面的玉衡組成的"玉繩"②,表現二人既爲連體,又分上下。又因爲劉義隆是十八歲時③纔因宫廷政變,以小宗入承大統的,所以在形容袁氏大貴之預表時,又用"在陰""將進"來説明她日後的"輝""明"。顏氏措辭的謹嚴於焉可見。叙述劉氏背景時,則花大筆墨:

---

① 賈公彥《儀禮注疏》卷三〇《喪服·齊衰》,藝文印書館,1977年,第356頁。賈《疏》:"半合爲一體也"。孔穎達《禮記注疏》卷六一《昏義》:"合卺而酳",孔《疏》:"以一瓠分爲兩瓢,謂之卺。婿之與婦各執一片以酳",即以此爲象徵(藝文印書館,1977年,第1000頁)。

② 張衡《西京賦》:"正睹瑶光與玉繩。"善《注》所引《春秋·元命苞》,《文選》卷二《賦甲·京都上》,第41頁。

③ 《宋書》卷五《文帝紀》,第46頁:"晋安帝義熙三年(407)生於京口。"至元嘉元年(424),適爲十八載。

  帝唐遠胄,御龍遙緒。在秦作劉,在漢開楚。肇惟淑聖,克柔克令。清漢表靈,曾沙膺慶。(朓)

無論如何分別品目,彭城劉氏也至多是次等士族,所以不得不大加誇飾。衡以蕭齊開國者乃行伍出身,而且甚晚纔發迹,舊家華族就算願意與有軍事實力者聯姻,也還輪不到蕭鸞的父親、蕭道成的弟弟蕭道生。相較之下,陳郡袁氏乃第一高門,政壇、社會、士林盡知,所以單以一句"昭哉世族"就够了。汝南殷氏確實是望族,但并非同姓殷者都清貴,甚至出自汝南殷氏的"衰宗"①多的是,以至乾脆不提殷貴妃的出身,只説她是下凡的女仙:

  玄丘烟熅,瑶臺降芬。高唐渫雨,巫山鬱雲。誕發蘭儀,光啓玉度。(莊)

若非劉宋孝武帝專寵,將殷氏比擬爲高唐神女,還真有些褻瀆,也無怪乎下一聯專論其姿色:"望月方娥,瞻星比婺。"而這是其他兩篇皇后的哀策文決不提及的,因爲中宫非以色事君。

  袁氏身爲正式皇后、統帥六宫十七年,因此可恭維她:

  孝達寧親,敬行宗祀……壸政穆宣,房樂韶理……德之所屆,惟深必測。下節震騰,上清朓側。(延之)

劉氏終身止於侯夫人,所以僅能説在蕭鸞還龍潛於邸時的貢獻:

  先德韜光,君道方被。于佐求賢,在謁無詖……十亂斯俟。(朓)

代筆人至多藉由東昏侯其父皇的遺憾,認爲對方乃一賢后:

  帝遷明命……乾景外臨,陰儀内缺……璋瓚奚獻?褘褕罔設。(朓)

若夫殷氏,則只能説"展如之華,寔邦之媛",故能令孝武帝"躊躇冬愛,怊悵秋暉"。

  袁氏過世後即下葬,所以僅須要叙及儀制:

  八神警引,五輅遷迹……南背國門,北首山園。僕人按節,服馬顧轅。(延之)

殷氏亦然,只是爲了表現孝武帝的不捨,將送殯的路綫娓娓道來:

  階撤兩奠,庭引雙輴……崇徽章而出寰甸,照殊策而去城闉……經建春而右轉,循閶闔而徑渡……涉姑繇而環迴,望樂池而顧慕。(莊)

劉氏因爲是遷葬,必然會對移靈的路綫與方式略有涉及:

  望承明而不入兮,度清洛而南遊。繼池綍於通軌兮,接龍帷於造舟。

---

  ① 盧弼《三國志集解》卷四一《張裔傳》,藝文印書館,1972年,第856頁;楊勇《世説新語校箋(修訂本)》中卷《夙慧》第4條,正文書局有限公司,2000年,第536頁。

更重要的是要表明因先皇始終念舊,與劉氏伉儷情深,所謂"空悲故劍",而有遺命:

> 貽厥遠圖,末命是獎:懷豐、沛之綢繆兮,背神京之弘敞。陋蒼梧之不從兮,邆鮒隅以同壤。(朓)

這部分是其他兩篇不需交代,也就不煩見諸文字。

既是哀誄文,自然須要流露一些悲情。文學寫作往往將主觀的情投射到客觀的景上,再藉由這類的景來營造氛圍。袁氏是"七月二十八日"逝世、"九月二十七日"出殯,正值秋季,本可以悲秋的傳統大加渲染,但實際上則僅叙述事實:

> 戒涼在綜,杪秋即夕。霜夜流唱,曉月升魄。(延之)

這是相當高明的手法,愈是如此矜持、壓抑,隱形筆墨中的寂冷淒愴反而愈發濃烈。由於孝武帝對殷貴妃情感濃厚,作爲代筆人當然要善體上意,以文字表露内心的悲慟,是故以景傳情的文字雖然也是事實,但篇幅相當多:

> 靈衣虛襲,組帳空烟。巾見餘軸,匣有遺弦……移氣朔兮變羅紈,白露凝兮歲將闌。庭樹驚兮中帷響,金釭曖兮玉座寒……旌委鬱於飛飛,龍逶遲於步步。鏘楚挽於槐風,喝邊簫於松霧。(莊)

謝朓則采取直接移情的筆法:

> 迴塘寂其已暮兮,東川澹而不流。(朓)

上文既説移靈要經過水路,以致須"造舟"爲梁,則所經過或未經過的"塘""川"都不可能波漪不興、悄然無聲,所以這一聯當如吕延濟所言:"言景物,助其哀也。"①

喪禮不可缺的一環當然是親屬悲傷、懷念的表露:

> 嗷嗷儲嗣,哀哀列辟。灑零玉墀,雨泗丹掖。撫存悼亡,感今懷昔。(延之)

> 純孝辨其俱毀,共氣摧其同樂。仰昊天之莫報,怨凱風之徒攀……喪過乎哀,棘實滅性……維慕維愛,曰子曰身。慟皇情於容物,崩列辟於上旻。(莊)

據舊史,"撫存"一聯乃文帝所加②,可是由於上文的主語乃"儲嗣""列辟",按照漢語語法,"撫""悼""感""懷"的主語既蒙上文而省,也應該是"儲嗣""列辟",這就將今上的懷念韜藏起來,維繫住天子臨事淵嘿的威儀。謝莊既知孝武帝與殷貴妃間的感情非比尋常,所以直書不諱:"維愛""曰身,慟皇情於容

---

① 《景印宋本五臣集注文選》,第17a葉。
② 《宋書》卷四一《后妃列傳·文帝袁皇后傳》,第627頁。

物",否則,怎麽能算盡到代筆人表達托付者"腹中之所欲言"①的職責? 齊敬皇后這篇哀策文不同於另兩篇,生者與死者非配偶,乃母子關係。代筆人叙悲時,着重表現孺慕之思:

> 閔予不祐,慈訓早違。方年冲藐,懷袖靡依……慕方纏於賜衣兮,哀日隆於撫鏡,思寒泉之罔極。(朓)

論到入地宫,袁后的哀策文很簡略,只説:

> 滅彩清都,夷體壽原。(顔)

雖然皇帝哀策文叙及入地宫時,偶爾也會説:

> 大隧既通,漫漫長夜,窈窈玄宫,有晦無明。②

但絶大多數都不會將帝陵形容得幽闇陰森。既然帝、后同穴,爲了免得還活着的皇帝嫌晦氣,好似間接表示朕將來也將淪入黑暗虛無,乾脆從略。按禮制,殷貴妃雖極可能也葬於皇家墓葬區,但乃别立一墓,因此可以放開手來描繪:

> 晨輴解鳳,曉蓋俄金。山庭寢日,隧路抽陰。重扃閟兮燈已黯,中泉寂兮此夜深。銷神躬於壤末;散靈魄於天溽。(莊)

劉后的狀況不同,"九月朔日","至尊親奉奠某皇帝",因此纔將原本葬於江乘縣張山的劉后靈柩移出,使其母"終配祀而表命",這就令嗣皇帝"身隔兩赴,時無二展",只能"使兼太尉某設祖於行宫"及一路護送。換言之,東昏侯根本不在現場,等待劉后靈柩於卜算出的時辰内抵達興安陵,所以序文纔會説"哀子嗣皇帝""延首"。抵達後,帝、后靈柩一起入地宫,那已是後事,所以全然没有提到入地宫前後的情況。

二

三篇内容的异同已詳,下面就可論及行文句式。"四言正體"③,顔延之通篇正文用四言,以符合典雅莊重的要求。謝莊除了上揭"純孝"四句、"慟皇情於容物"以下十二句,以及"銷神躬于壤末"一聯用六言,更於"移氣朔兮變羅紈"以下四句與正文末尾"響乘氣兮蘭馭風"一聯采騷體式的七言,將它們分别間置於正文各處。謝朓則於正文後約三分之一處,寫"懷豐、沛之綢繆兮",開始全用騷體七言,直至終了,較諸謝、莊,整齊得多。

通篇或部分章節以騷體式的句型寫必須押韻的賦,再正常不過。受到駢文發展的影響,開始改以四言、六言句式寫賦,也是大勢所趨。在這樣的脉絡下,試觀謝惠連《雪賦》:

---

① 王先謙《後漢書集解》卷八〇下《文苑列傳·禰衡傳》,藝文印書館,1972年,第946頁。
② 曹丕《爲武帝策文》,《藝文類聚》卷一三《帝王部三·魏武帝》,第242頁。
③ 范文瀾《文心雕龍注》卷二《明詩》,臺灣開明書店,1974年,第2b頁。

> 歲將暮,時既昏。寒風積,愁雲繁……置旨酒,命賓友。召鄒生,延枚叟……玄律窮,嚴氣升。焦溪涸,湯谷凝。火井滅,溫泉冰……

鮑照《蕪城賦》:

> 佟秦法,佚周令。劃崇墉,刳濬洫……

謝莊《月賦》:

> 清蘭路,肅桂苑……歠晨懽,樂宵宴。收妙舞,弛清縣。去燭房,即月殿。芳酒登,鳴琴薦……

立刻顯示這種三言句乃"厭黷"四、六"舊式"①而刻意變化句型的現象,那麽,在這三篇賦末出現的:

> 歌曰:"攜佳人兮披重幄,援綺衾兮坐芳縟。燎薰鑪兮炳明燭,酌桂酒兮揚清曲。"
>
> 歌曰:"曲既揚兮酒既陳,朱顏酡兮思自親……"
>
> 歌曰:"邊風急兮城上寒,井徑滅兮丘隴殘。千齡兮萬代,共盡兮何言。"
>
> 歌曰:"美人邁兮音塵闕,隔千里兮共明月。臨風嘆兮將焉歇,川路長兮不可越。"
>
> 歌曰:"月既没兮露欲晞,歲方晏兮無與歸……"②

就不能視爲單純的仿古現象,而是劉宋時期風行以舊爲新的表現。

這股新變的風尚不僅表現於賦中,也浸入到哀策文裏。從見存完整或節錄的哀策文看來,正文或通篇是四言,如張華《(西晉)武帝哀策文》、郭璞《(東晉)元皇帝哀策文》③;若有六言的,也多止於篇末,如王珣《(東晉)孝武帝哀策文》:

> 龍輿肅以引邁,前驢紛以抗旐。城闕儼以整列,馳道亘以通脩……訴穹蒼以叫踊,洞五内其若抽。儻性命之可贖,甘人百於山丘。

然結尾時仍回到四言:

> 茫茫大運,靡始不終。哲王遺世,貴在道融。昭哉我皇,萬代流風。良史式述,德音永隆。④

又如沈約《齊明帝哀策文》:

---

① 《文心雕龍注》卷六《定勢》,第 24b 頁。
② 以上引文分見《文選》卷一一《賦己·游覽》,第 170—172 頁;卷一三《賦庚·物色》,第 198—202 頁。
③ 出處分見《藝文類聚》卷一三《帝王部三·晉武帝》,第 247 頁;卷一三《帝王部三·晉元帝》,第 248—249 頁。
④ 《藝文類聚》卷一三《帝王部三·晉孝武帝》,第 255 頁。

> 背朱闕以南轉,乘翠龍而東度。經原野之荒凉,屬西成之云暮。伐金鼓以清道,揚悲笳而啓路。極厚地而不追,終蒼天而永慕。

收束全篇時,仍以四言:

> 蒼梧晦遠,存徽不泯。紀事寂寞,龜書可循。哲王違世,克播遺塵。猗歟萬古,暉光日新。①

以離《文選》編撰時代最近,且與蕭統關係最密切的張纘《丁貴嬪哀策文》亦然:

> 啓丹旗之星斾,振容車之蕭裳。擬靈金而鬱楚,泛凄管而凝傷。遺備物乎筦寢,掩重闈于室皇。椒風暖兮猶昔,蘭殿幽而不陽。嗚呼哀哉!側聞高義,彤管有懌。道變虞風,功參唐迹。婉如之人,休光赤舄。施諸天地,而無朝夕。嗚呼哀哉!②

從謝莊日後撰寫的《孝武帝哀策文》:

> 出國門,分天地,向幽途,异身世。龍旐鬱而青槐遠,驚葭亂而白楊翳。觀初霜之變條,聽秋風之下蔕。橋山緼雲,穀林虧日。輦道結寒,松庭盡密。芝蓋迫軨,上驪眷彎。萬宇肅其北轍,靈阿閴其深隘。南維有時傾,離光不常鏡。騰英聲與茂實,方流華於舞咏。③

將引文中第三聯的兩個"而"换成"兮",則這段就成了四、六文中夾雜三、五、騷體七言的模樣,堪爲上文所説劉宋哀策文新變的佐證。蕭統於"哀策"這子目下收文兩篇,顔延之那篇代表傳統的範文,謝朓那篇代表新變的範文,誠可謂照顧周全。"誄"亦然,且不説曹植給賓友的《王仲宣誄》;潘岳給姻親長輩、晚輩的《楊荆州誄》《楊仲武誄》;給入仕的知交《夏侯常侍誄》;給冤死獄中的賢能軍官《馬汧督誄》,正文全爲四言句;顔延之入《選》的兩篇誄文:給退耕的知交《陶徵士誄》、給於戰場忠烈殉職的《陽給事誄》,尤爲傳統誄文以四言爲宗之明證。蕭統却於"誄"這文類末收録代替皇帝褒揚、眷念愛姬的《宣貴妃誄》,這固然是爲"後進英髦"考慮到不同的對象身份等狀況,下筆時該如何拿捏分寸,單從行文句式而言,同樣可以看到蕭統新、舊兼納。

最後須嘗試解釋一個疑問:以見存的哀策文而言,泰半是皇帝哀策文,而蕭統爲何選録的是皇后哀策文?最簡單的解釋莫過於那些皇帝哀策文寫得都不入他的法眼。雖然皇帝哀策文屬於"大手筆",往往都由文壇宗匠擔綱,然而一流作家照樣會有平凡之作。就像老字號可以保證出品不失應有的起碼水準,却未必個個都是精品。這種解釋并非不可能,但恐怕蕭統另有顧忌。老嫗皆知:皇帝素來是被恭維爲聖壽無疆的。雖然事實上,皇帝自己都心知不然,否則,何必纔即位,就開始修建陵寢?但公然將某皇帝哀策文選入,面對性格

---

① 《藝文類聚》卷一四《帝王部四·齊明帝》,第262頁。
② 姚思廉《梁書》卷七《后妃列傳·高祖丁貴嬪傳》,藝文印書館,1972年,第81頁。
③ 《藝文類聚》卷一三《帝王部三·宋孝武帝》,第259頁。

猜忌的蕭梁武帝,極可能會招致對方懷疑:身爲"監、撫","實副皇帝"①的太子是否等不及了,巴不得他早些龍馭賓天,所以纔選某篇或某些皇帝哀策文,以便讓"後進英髦"屆時可"資準的"? 縱使蕭衍不這般猜忌,今人不當或忘:《文選》是由皇家出面編撰的,先天就站在皇家的立場,所以"賦"這大的範疇由"京都"始;"筆"這大的範疇由"詔"始。既然如此,自然就要維繫今上始終乃萬歲的形象,而不會犯大不敬之忌。

結　論

見存最早的哀誄文正文部分就已經是韵文了。如《列女傳》卷二《賢明傳·柳下惠妻·誄》:

> 夫子之不伐兮,夫子之不竭兮,夫子之信誠,而與人無害兮。屈柔從俗,不強察兮。蒙恥救民,德彌大兮。雖遇三黜,終不蔽兮,愷悌君子,永能厲兮。嗟乎惜哉,乃下世兮,庶幾遐年,今遂逝兮。(西漢祭部韵)

《古文苑》卷二十"誄"揚雄《元后誄》:

> 實生高陽,純德虞帝,孝聞四方,登陟帝位,禪受伊唐。爰初胙土,陳田至王,營相厥宇,度河濟旁(西漢陽部平聲韵)……德被海表,彌流魂精。去此昭昭,就彼冥冥。忽兮不見,超兮西征。既作下宫,不復故庭。(西漢耕部平聲韵)

《文心雕龍》卷九《總術》:

> 今之常言,有文有筆,以爲無韵者筆也,有韵者文也。

前賢曾據"今之常言"與下文顔延之對經、傳當歸屬於文或筆,認爲這種文、筆劃分的標準起於東晉中、末葉之交,并指出:文、筆的劃分標準日後尚有變化②。"册"乃原本的象形寫法,"策"乃後起的形聲字,"策"即"册"③。任免三公、諸侯王,均用册,哀策不過是"册"用於死亡一事者。漢制度曰:

> 帝之下書有四:一曰策書,二曰制書,三曰詔書,四曰戒敕。④

《文選》既將"册"歸於筆類,次於"詔"之後,足見《文選》不以有韵與否爲劃分文、筆的尺度。凡公文應用性的文類均歸屬"筆"。

(作者單位:新竹"清華大學"中國文學系所)

---

① 以上引文分見蕭統《〈文選〉序》,《文選》,第1頁;劉孝綽《〈昭明太子集〉序》,俞紹初《昭明太子集校注》附錄一,中州古籍出版社,2001年,第244頁。
② 逯欽立《説文筆》,《漢魏六朝文學論集》第三編,陝西人民出版社,1984年,第339、353—368頁。
③ 二字通假例證詳參高亨、董治安《古字通假會典》,《支部第十二·册字聲系》,齊魯書社,1997年,第473頁。
④ 《太平御覽》卷五九三《文部九·詔》所引,第2799頁。

珍稀漢籍《須溪先生批點孟浩然集》東亞版本論考[*]

張新雨

一 引言

盛唐詩人孟浩然(689—740)的詩集最早編成於唐代,現存一部宋刻本及諸多明清刻本[①]。《須溪先生批點孟浩然集》三卷是劉辰翁(1232—1297,字會孟,號須溪)於宋元之際對孟浩然詩集的評點本,也是現存最早的孟浩然詩集評點本[②]。是書元刻本今已不存,但可通過明代的翻刻本及以元刻本參校的諸明刻本中留下的相關信息窺見其面貌。《須溪先生批點孟浩然集》將孟浩然詩按題材分類,存世諸本多分爲十類,故十類本一直被認作是書之原始面貌。直至楊守敬在《日本訪書志》卷十四中著録一個分爲七類的版本,即日本元禄三年(1690)刻本《孟浩然詩集》三卷,并提出元禄本據以翻刻的版本即爲《須溪先生批點孟浩然集》的最早版本[③],七類本這纔走進中國學者的視野。這是楊

---

[*] 本文曾提交給2021年11月南京大學文學院舉辦的"東亞漢籍的寫本世界:中國古代典籍日本古寫本研究"學術工作坊,并收入會議論文集。論文完稿後,於2022年讀到이유리(Lee Eury)《조선본『須溪先生批點孟浩然集』의 17세기 일본 수용》(《민족문학사연구》2021年第77卷),該文也討論了《須溪先生批點孟浩然集》在東亞的流傳,本文與該文的論述多有不同,讀者可以參看。

[①] 關於孟浩然集的版本,萬曼《唐集叙録》已有所梳理和評述,其對楊守敬《日本訪書志》著録的和刻本亦有介紹,但由於未見到今仍存世的宋刻本,故未提及(見萬曼《唐集叙録·孟襄陽集》,中華書局,1980年,第75—78頁)。後徐鵬《孟浩然集校注》([唐]孟浩然著,徐鵬校注《孟浩然集校注》,人民文學出版社,2014年)、佟培基《孟浩然詩集箋注》([唐]孟浩然著,佟培基箋注《孟浩然詩集箋注》,上海古籍出版社,2013年)等皆對宋刻本有所關注并利用。更爲詳細的研究還可看王輝斌《孟浩然研究》,甘肅人民出版社,2021年,第101—112頁;楊東莉《孟浩然在宋元時期的接受》,華東師範大學碩士學位論文,2010年。

[②] 關於《須溪先生批點孟浩然集》的研究散見於對孟浩然集版本的相關研究中,如上述論著皆有提及,但未作專門研究。趙愛榮、焦印亭《劉辰翁評點孟浩然詩著作叙録》(《現代語文》[文學研究]2011年第5期)梳理羅列了《須溪先生批點孟浩然集》及其相關文獻,但較爲簡略,亦未提及楊守敬著録之和刻本,目前學術界亦鮮有關注到朝鮮本和江户寫本者。

[③] 參見楊守敬《日本訪書志》卷十四,賈貴榮輯《日本藏漢籍善本書志書目集成》第10册,北京圖書館出版社,2003年,第189—193頁。

氏的重要發現,也使和刻本廣爲中國學者所知。但實際上,在元禄本的背後,還有與《須溪先生批點孟浩然集》最早版本聯繫更爲密切的朝鮮刻本,而朝鮮刻本却鮮有人問津。本文擬對朝鮮刻本《須溪先生批點孟浩然集》及由之生發的多種版本進行研究,并在前人研究的基礎上進一步還原孟浩然詩集在東亞三國的流傳。

二 《須溪先生批點孟浩然集》的東亞版本世界

元刻本《須溪先生批點孟浩然集》雖在歷代書目中的著録不多,但實際上却多爲明人所收藏和利用。高儒《百川書志》卷十四著録《孟浩然詩》三卷,云:"襄陽人,或曰:孟浩字浩然。須溪劉辰翁批點詩二百二十三首。"①此處記載較爲簡略,"二百二十三首"這一數目亦不同於可知的諸多版本,似有訛誤。顧道洪在其萬曆四年(1576)輯録并刊刻的藻翰齋本《孟浩然詩集》三卷《凡例》中云:

> 余家藏《孟浩然詩集》凡三種,一宋刻本;一元刻本,即劉須溪批點者;一國朝吴下刻本,即高岑王孟等十二家者。……一元本劉須溪批點者,卷數與宋本相同,編次互有同异,類分標目凡十條。游覽詩五十七首,贈答詩四十三(原作"二",據顧道洪原本改)首,旅行詩三十首,送別詩四十首,宴樂詩十六首,懷思詩十五首,田園詩十九首,美人詩七首,時節拾遺各三首,共二百三十三首,多於宋本二十三首。卷末須溪別有詩評二條,今并入外編詩話類。②

從顧道洪的記載可知劉辰翁批點本是一個分類本,共分十類,標出類目,收詩二百三十三首。但通過顧道洪在集中的校注(標注某詩元本有無),可知其所藏元刻本實際收詩當爲二百三十四首。後毛晋汲古閣刻《五唐人集》中有《孟襄陽集》三卷,毛晋作於卷末的題識云:

> 余藏襄陽詩甚多,可據者凡三種:……一元刻劉須溪評者,亦三卷,類分游覽、贈答、旅行、送別、宴樂、懷思、田園、美人、時節、拾遺凡十條,共計二百三十三首。③

從卷帙特點來看,顧道洪和毛晋收藏的應爲同一種版本,毛晋藏本收詩數量實與顧本同。後世所見的《須溪先生批點孟浩然集》也基本屬於十類本系統。明正德時期開始,人們編選唐人別集多用分體的方法,即按照詩歌體裁來編排。故《須溪先生批點孟浩然集》多被改編爲分體本,因而原本的分類本日漸稀見。

除元刻本外,明代亦曾刊刻過《須溪先生批點孟浩然集》的單行本。繆荃孫《藝風藏書記》著録《須溪先生批點孟浩然集》三卷,云:"明活字本。有正德

---

① 〔明〕高儒《百川書志》卷十四,上海古籍出版社,2005 年,第 203 頁。
② 〔唐〕孟浩然著,佟培基箋注《孟浩然詩集箋注》附録,第 560—561 頁。
③ 〔唐〕孟浩然《孟襄陽集》,明汲古閣刻《五唐人詩集》本,葉二十四上。

元年(1506)黎堯卿跋。"①傅增湘在《藏園群書經眼錄》中補充繆氏所藏這一版本的信息,云:"明活字印本,九行十九字。分游覽、贈答、旅行、送別、宴樂、懷思、田園、美人、時節十類。"②通過傅增湘的進一步披露,可知明活字本當是翻刻自元刻本。這個版本較爲稀見,今僅上海圖書館藏有一部。此外,明嘉靖十九年(1540)朱警亦以元刻本爲底本翻刻《孟浩然集》三卷,收入《唐百家詩》中③。毛晉汲古閣刻《五唐人集》本《孟襄陽集》三卷雖以宋刻本爲底本,但采用元刻十類本的編排方式,同屬分類本範疇。

上述常見的《須溪先生批點孟浩然集》皆爲十類本,而楊守敬在《日本訪書志》中著錄的日本元禄三年北村可昌(?—1718)刻《孟浩然詩集》三卷則是一個七類本:

> 書分上、中、下三卷,凡游覽五十七首,贈答三十一首,旅行三十首,送別四十首,宴樂十七首,懷思十五首,田園十九首,其二百九首。首題"孟浩然詩集卷上",次行題"須溪先生批閱",三行題"吉安元鼎校正"當是日本人,中縫題"襄陽集"。④

此本分類及收詩數量皆少於明人所見諸元刻本,楊守敬將之與其時可見的《唐百家詩》本比對,認爲"美人""時節""拾遺"幾類應爲後人所妄加,因而斷定和刻本所反映的即爲宋本的面貌。實際上,劉辰翁爲宋末元初人,劉辰翁之子劉將孫(1257—?)有《刻長吉詩序》云:"先君子須溪先生於評諸家詩,最先長吉。蓋乙亥辟地山中,無以紓思寄懷,始有意留眼目,開後來。"⑤由是可知劉辰翁於乙亥年(宋德祐元年[1275])纔開始評點李賀詩,故其評點活動應多在南宋滅亡後,因此劉辰翁評點的孟浩然詩集顯非宋本而應爲元本。和刻本在關西大學内藤文庫、宫城縣圖書館、山口大學圖書館等處有藏,東京大學總合圖書館藏有寫本一部,影印本收入長澤規矩也編《和刻本漢詩集成》第一輯(汲古書院1975年版)。

和刻本的底本爲何本,楊守敬并未作出説明。通過對日本所藏漢籍進行調查,筆者發現日本還藏有多部七類本《須溪先生批點孟浩然集》,這些版本揭開了和刻本《須溪先生批點孟浩然集》的底本之謎,使得《須溪先生批點孟浩然集》七類本系統的源流愈發明晰。

---

① 繆荃孫撰,黄明、楊同甫標點《藝風藏書記》卷六,上海古籍出版社,2019年,第131頁。
② 按:傅增湘可能漏記"拾遺"一類。傅增湘《藏園群書經眼錄》卷十二,中華書局,2009年,第842頁。
③ 《唐百家詩》本與顧道洪、毛晉所著錄的版本信息有些許出入,《唐百家詩》本所標類目爲:游覽、覽望、贈答、旅行、送別、宴樂、懷思、田園、美人、時節、拾遺,共十一類,顯爲將游覽類析爲游覽、覽望二類。且其所收詩數目實際爲二百三十四首,與顧、毛所藏元刻本的實際收詩數量相同。今顧、毛所藏元刻本已不可見,但其與《唐百家詩》本的底本應有相同的源頭。
④ 楊守敬《日本訪書志》卷十四,賈貴榮輯《日本藏漢籍善本書志書目集成》第10册,第189頁。
⑤ 〔元〕劉將孫著,李鳴、沈静校點《劉將孫集》卷九,吉林文史出版社,2009年,第86頁。

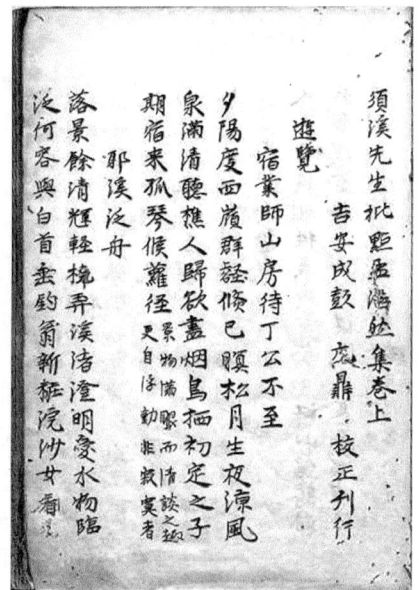

圖一　日本國立公文書館內閣文庫藏江户寫本《須溪先生批點孟浩然集》

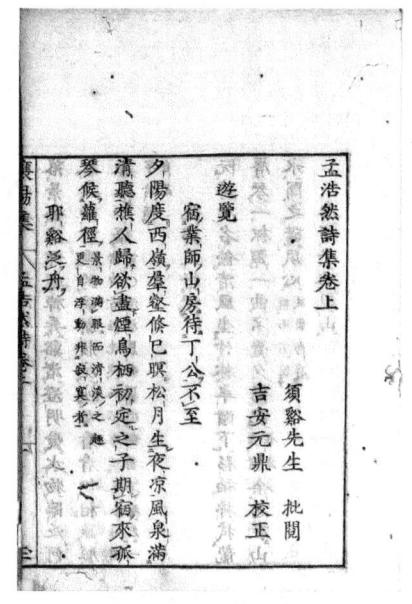

圖二　慶應義塾大學圖書館藏和刻本《孟浩然詩集》

（一）"大學頭"林氏與江户寫本《須溪先生批點孟浩然集》

日本現存寫本《須溪先生批點孟浩然集》兩部，分別藏於國立公文書館內閣文庫（下簡稱"內閣文庫"）和尊經閣文庫（尊經閣文庫藏本筆者未寓目，但應與內閣文庫藏本相近）。內閣文庫藏本爲江户時代寫本，該寫本每半葉十行，行十六字，雙行小字夾注，無界。書名頁署"孟浩然詩集"，卷首有王士源序，末有朝鮮正統二十七年（1445）申子橋（1413—1484）跋。每卷卷首題"須溪先生批點孟浩然集卷幾"，次行題"吉安成彭　元鼎　校正刊行"。首葉有"林氏藏書""江雲渭樹"等鈐印，末葉有"昌平坂學問所"墨印。內閣文庫所藏《林家書目》亦著錄此書[①]，可見此書曾爲江户儒學世家林氏藏書，且爲其始祖林羅山（1583—1657）之舊藏。林氏爲江户幕府的儒學世家，林羅山深得德川家康之信任，其子林鵝峰亦爲著名儒學家。元祿四年（1691）林鵝峰之子林鳳岡被任命爲大學頭，此職後由林家世襲，故稱"大學頭家"。林氏父子漢文學素養甚高，藏書亦極爲豐富，尤以漢籍爲多。林羅山藏書中有頗多唐人文集寫本，除此《須溪先生批點孟浩然集》寫本外，還有《昌黎先生集音釋》、《唐李長吉歌詩》（此亦爲劉辰翁評點本）、《樊川文集》、《李元賓文集》等唐集寫本。林羅山四子林讀耕齋亦喜收藏、抄寫唐集。林鵝峰《感懷記事》其四云：

> 彦復（林讀耕齋）好唐詩，如《萬首唐絶》《全唐詩話》《唐詩記事》《唐詩品彙》《唐詩正聲》《唐詩解》《唐詩選》《唐詩類苑》等，所藏若干。至若一人

---

① 〔日〕高山節也編《國立公文書館內閣文庫『林家書目』漢籍對照表并書志》，二松學舍大學日本漢文教育研究推進室，2012年，第97頁。

各集,則李、杜、韓、柳、白氏集世上所流布也,初盛唐十二家集及張曲江、韋蘇州、陸宣公、元稹、孟郊、杜牧等集求之。又得《百家唐詩》,且寫崔顥、盧綸、李元賓、李翱、李紳、李賀、盧仝、許渾、溫庭筠、李商隱、韓偓集及《唐六家集》等……①

同篇其八又云:"彥復往年聞洛友藏《王右丞集》,使人寫之。其後得《初盛唐十二家集》,其中有《王維集》,而復求顧可久注本……"②由此可見,林氏家族素有抄寫中國文集的傳統,故此《須溪先生批點孟浩然集》應是林羅山命寫手所抄。

(二) 江户寫本揭開《須溪先生批點孟浩然集》版本之謎

江户寫本《須溪先生批點孟浩然集》透露出的首要信息即卷末所附申子橋跋語。據考,申子橋乃朝鮮初期時人,申子橋跋文的存在使版本研究的視野突破日本而延伸至東亞,將寫本的底本指向朝鮮本。據筆者調查,日本藏有兩部《須溪先生批點孟浩然集》的朝鮮刻本,分別藏於日本國立國會圖書館和宮城縣圖書館伊達文庫。國會本有殘缺,王士源序缺葉,且無申子橋跋語。加之和刻本亦無申子橋跋語,這可能是導致楊守敬未注意到朝鮮本存在之原因。

韓國學者全寅初《韓國所藏中國漢籍總目》著錄兩種朝鮮刻本《須溪先生批點孟浩然集》③,分別爲:

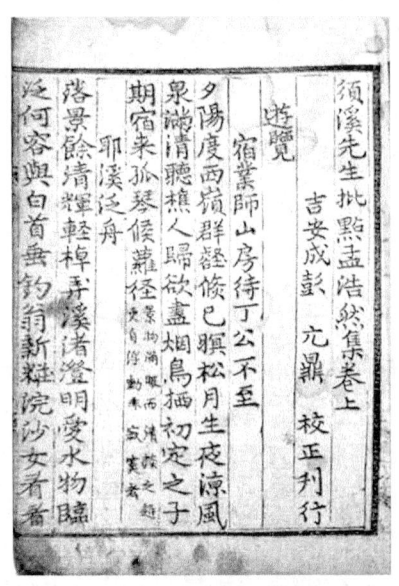 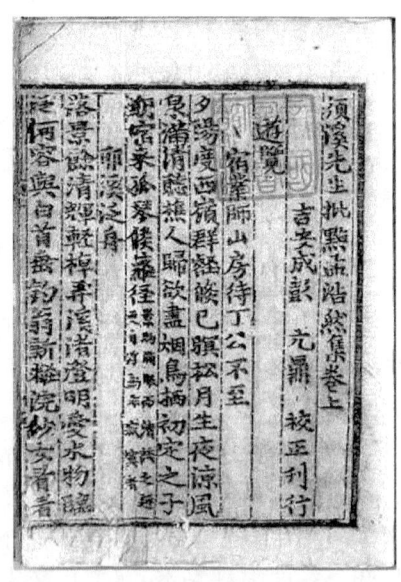

圖三　啓明大學圖書館藏木版本　　圖四　日本國立國會圖書館藏木版本

---

① 〔日〕林春勝《鵞峰先生林學士全集》卷七十六,王焱編《日本漢文學百家集》第49册,北京燕山出版社,2019年,第86—87頁。
② 〔日〕林春勝《鵞峰先生林學士全集》卷七十六,王焱編《日本漢文學百家集》第49册,第93頁。
③ 〔韓〕全寅初主編《韓國所藏中國漢籍總目》第5册,學古房,2005年,第458頁。

1. 木版本。朝鮮正統二十七年南原都護府刊本，每半葉十行，行十六字，雙行小字夾注，四周雙邊，上下内向黑魚尾，上下大黑口。書名頁署"浩然詩集單"，卷首有宣陵王士源序，卷末有申子橋跋，後有"南原府刊"（啓明大學圖書館藏本題"南原都護府刊"）、"都色前户長梁□"、"罔超 學丕"、"僧信淡 坦□"、"刻手朴敏和"、"監考 前司正金□□"，又"觀察使通政大夫兼監倉安集轉輸勸農管學士提調刑獄□□公事韓 碩""都事承議郎趙 元福""寧府使奉正大夫柳 漢生"（從左向右排列）等字樣，是爲參與此書寫刻出版之人名單。此本啓明大學圖書館、延世大學圖書館、忠南大學圖書館有藏，筆者所見本爲忠南大學圖書館藏本之複印本。

2. 甲辰字本。刊刻年代不詳，每半葉十二行，行十九字，四周雙邊，上下黑魚尾，上下黑口，延世大學圖書館有藏。甲辰字於朝鮮成宗十五年（1484，甲辰年）八月開始鑄造，次年十二月畢鑄大字。《朝鮮王朝實録》記載云："己酉，傳于承政院曰：'今以甲辰字，將印唐書。然先可印《王荆公集》。'"① 可知1485年甲辰字始用於印製中國典籍，而木版本刊印時間早於甲辰字本，後者當是在木版本的基礎上改編而成。

除此之外，哈佛燕京圖書館還藏有一部朝鮮時代的寫本，是書扉頁題"萬曆乙酉（1585）冬令玉堂寫手李精書"。"玉堂"即朝鮮王朝的弘文館，成立於1463年，是朝鮮王朝的行政機關與研究機關，負責書庫與圖書管理。通過對比版式和内容，知此寫本乃由弘文館的寫手抄自木版本，但删去了申子橋跋。日本國立國會圖書館所藏朝鮮刻本與此寫本情況類似，乃以木版本爲底本而删去申子橋跋，應是木版本的後出版本。現日本國内所藏木版本無申子橋跋，但通過卷次編排和内容可知江户寫本當是抄自有申子橋跋的木版本，可見朝鮮木版本的原版亦曾流入日本。元禄本亦應是翻刻自朝鮮的木版本，而非中國的元刻本。

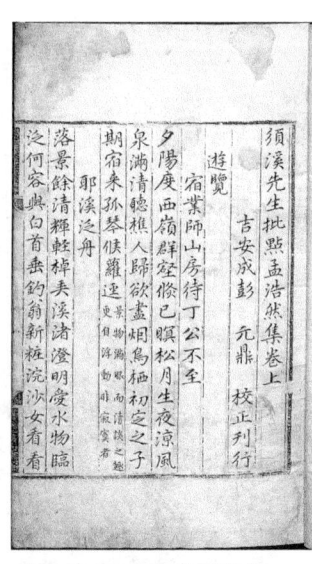

图五　哈佛燕京圖書館藏朝鮮寫本

由於七類本《須溪先生批點孟浩然集》不見於歷代書目等文獻記載，故人們常以十類本爲是書的原始版本，而朝鮮本的出現却能够證實七類本纔是《須溪先生批點孟浩然集》最早的版本形態，其中的關鍵信息便在於首葉次行所題"吉安成彭元鼎校正刊行"數字。由於和刻本將之簡省爲"吉安元鼎校正"，楊守敬誤以爲校正者是一位叫作"吉安元鼎"的日本人，朝鮮刻本則提供了更爲充分的釋讀空間。經筆者研考，是書真正的校正者乃彭元鼎（生卒年

---

① 〔韓〕韓國國史委員會編《朝鮮王朝實録》卷一百七十四"成宗十六年"，首爾大學奎章閣藏本，葉三十四下。

不詳),亦活躍於宋元之際,與劉辰翁之子劉將孫有交游。彭元鼎的事迹見於劉將孫所作《送彭元鼎采詩序》中:"安成彭元鼎,以明經世美,清才能詩,持此道行江湖,刻本成帙。"①由此可知,"吉安成"應是彭元鼎之籍貫。又檢劉將孫之文集,"安成之俊士""安成戴石玉""安成王學顔""古安成郡""古安成中路"等表述多見於集中,則"吉安成"應是指吉州安成郡,"安成"爲"安福"之古稱②,故彭元鼎是爲吉州安福縣人。宋末元初時屬籍貫多用"安成"這一古稱,如王惲《送曠秀才奎東還廬陵序》云"奎家世吉州安成人"③,李祁《送歐陽學録之吉安序》云"安成爲吉(安)屬邑"④,此類之例不勝枚舉。安成與劉辰翁、劉將孫所在的廬陵皆屬吉州,地理位置較爲接近,而元代又盛行采詩活動⑤,劉氏父子亦多嘉許采詩之士⑥,則彭元鼎與劉氏結識成爲可能。彭元鼎校正并刊行的這部《須溪先生批點孟浩然集》很可能是得自劉將孫的劉氏家傳的版本,即便不是家傳本,彭元鼎能够獲取的劉辰翁評孟浩然集也應是較早的、接近原貌的版本。如今,七類本《須溪先生批點孟浩然集》的元刻本已經亡佚,以元刻本爲底本進行翻刻的朝鮮刻本是爲現存最接近劉辰翁評孟浩然集原貌的版本,其價值不可忽視。

三 《須溪先生批點孟浩然集》的成書與流傳

孟浩然生前并未手自編定文集,其弟孟洗然及唐人王士源皆曾編録孟浩然之詩。《新唐書·藝文志》著録《孟浩然詩集》三卷,其注云:"弟洗然。宜城王士源所次,皆三卷也。士源別爲七類。"⑦可見孟浩然詩集最早有兩種版本,且皆爲三卷。王士源《孟浩然詩集序》云:"今集其詩二百一十八首,別爲士(當爲"七"之訛)類,分上、中、下卷。"⑧由此可知王士源本收詩二百一十八首,但

---

① 〔元〕劉將孫著,李鳴、沈静校點《劉將孫集》卷九,第89頁。
② 《大明一統志》卷五十六載:安福縣,在府城西一百二十里。本漢安平、安成二縣地,安平屬豫章郡,安成屬長沙國。東漢改安平曰平都,屬廬陵郡。吴置安成郡,治平都。晋改安成爲安復縣。隋廢安成郡,并安復入平都,復改爲安成縣,屬吉州,開皇中又改曰安復。唐初改爲安福縣,置潁州,尋廢,以縣屬吉州。宋因之,元陞爲安福州。參見〔明〕李賢等撰,方志遠等點校《大明一統志》卷五十六,巴蜀書社,2018年,第2403頁。
③ 〔元〕王惲著,楊亮、鍾彦飛點校《王惲全集彙校》卷二十三,中華書局,2013年,第1122頁。
④ 〔元〕李祁著,王毅點校《雲陽集》卷三,岳麓書社,2009年,第87頁。
⑤ 關於元代采詩活動的研究,可看史洪權《論元代采詩的新變》,《中山大學學報》(社會科學版)2017年第5期;黄二寧《元代采詩活動綜論》,《晋陽學刊》2017年第1期;杜春雷《山川風土有佳音:論元代的采詩者與采詩活動》,《湖北民族學院學報》(哲學社會科學版)2013年第4期。
⑥ 劉辰翁有《贈采詩序》云:"安成故楚,乃有兩生彭丙翁、胡復初者,起而收拾之,自喻采詩,將四方岩穴,無不有其迹焉,甚盛心也,浩然質之予以行。"(見〔宋〕劉辰翁著,段大林校點《劉辰翁集》卷六,江西人民出版社,1987年,第185頁)可見劉辰翁曾與安成采詩之人交游。劉將孫有《送彭元鼎采詩序》《送臨川二艾采詩序》等,其《彭丙公詩序》云:"丙公初以采詩見於先君子,一見喜其質可深造,縣是傾囷倒廩以付之。"(見〔元〕劉將孫著,李鳴、沈静校點《劉將孫集》卷十一,第99頁)可資印證。
⑦ 〔宋〕歐陽修、〔宋〕宋祁撰《新唐書》卷六十,中華書局,1975年,第1609頁。孟洗然本僅見於《新唐書》著録,歷代書目及其他文獻均無記載。
⑧ 〔唐〕孟浩然著,佟培基箋注《孟浩然詩集箋注》附録,第558頁。

其如何分類不得而知。天寶九載(750),韋縚又對王士源本重新繕寫,增加條目。王士源本在宋代已被刊刻,晁公武《郡齋讀書志》卷十七著録《孟浩然詩》一卷,云:"所著詩二百一十首,宜城處士王士源序次爲三卷,今并爲一。又有天寶中韋縚序。"①晁公武所見版本收詩數量异於王士源本,可能是後人改編所致。陳振孫《直齋書録解題》卷十九亦云:"《孟襄陽集》三卷,唐進士孟浩然撰。宜城王士源序之。凡二百十八首,分爲七類,太長卿韋縚爲之重序。"②陳振孫著録的版本與王士源本更爲接近。宋刻本大多已亡佚,僅存一部宋蜀刻本《孟浩然詩集》,今藏中國國家圖書館。該本保存了王士源和韋縚之序,收詩二百一十五首,除去誤收的王迥《白雲先生迥歌曰》、張子容《送孟六歸襄陽二首》、王維《憶孟六》計四首,實際收孟浩然詩二百一十一首。上述材料説明宋代至少産生過三種王士源本的刻本③,劉辰翁評點孟浩然集亦以王士源本爲底本。

劉辰翁文集中并未提及孟浩然集的評點和刊刻情况,與之相關的最早資料出現在《須溪先生校本韋蘇州集》書末劉辰翁跋語及牌記中。《須溪先生校本韋蘇州集》前有劉辰翁自序,云:"丁亥正月,爲康紹宗刻此書,復書其後。"④可確知劉評本韋應物集刊刻於元世祖至元二十四年(1287)。書末劉辰翁跋云:

> 韋應物居官自愧閔閔,有恤人之心。其詩如深山采藥,飲泉坐石,日晏忘歸。孟浩然如訪梅問柳,偏入幽寺,二人趣意相似,然入處不同。韋詩潤者如石,孟詩如雪,雖淡無采色,不免有輕盈之意。德祐初初秋看二集并記。須溪。

德祐初劉辰翁已着手評點韋應物和孟浩然之集,并將孟浩然與韋應物并舉。在劉辰翁跋後,刻工刻"孟浩然詩陸續刊行"八字,與跋語呼應,預告劉辰翁評點本孟浩然集即將問世。由此可以推測,劉辰翁在生前便曾計劃於《須溪先生校本韋蘇州集》後刊行其評點的孟浩然集。但刻工所説的這一孟浩然集并未見刻本流傳,亦不見文獻記載,故不知其是否行世⑤。

---

① 〔宋〕晁公武撰,孫猛校證《郡齋讀書志校證》卷十七,上海古籍出版社,2011年(2020年重印),第847頁。
② 〔宋〕陳振孫撰,徐小蠻、顧美華點校《直齋書録解題》卷十九,上海古籍出版社,2015年(2019年重印),第558頁。
③ 關於宋蜀刻本《孟浩然詩集》,傳統觀點一般爲其屬王士源本系統。王輝斌在其著作《孟浩然研究》中探討孟浩然詩集的版本源流(參見王輝斌《孟浩然研究》,第101—112頁),提出宋蜀刻本乃是孟洗然編次的版本。後臺灣學者吕正惠以《孟浩然詩集的版本問題》(《閩江學刊》2011年第5期)一文對王輝斌的觀點提出辯駁。王輝斌又於《再論孟浩然詩集的版本問題——對吕正惠教授非議的簡略回應》(《吉林師範大學學報》〔人文社會科學版〕2015年第2期。後收入王輝斌《孟浩然新論》,武漢大學出版社,2017年,第299—309頁)一文中堅持自己的觀點。關於這一問題,另可參看王永波《宋蜀刻本〈孟浩然詩集〉考述》,《江西師範大學學報》(哲學社會科學版)2015年第2期。
④ 〔唐〕韋應物撰,〔宋〕劉辰翁評點《須溪先生校本韋蘇州集》,《中華再造善本·金元編》據楊氏楓江書屋藏元刻本影印本,北京圖書館出版社,2006年。下引皆出於此。
⑤ 周興陸《〈世説新語〉劉辰翁評點考辨》一文提出"劉辰翁評點《孟浩然詩集》的刊刻一定是在此後不久,都是劉辰翁生前刊刻的評點書,無容置疑"。見周興陸《詩歌評點與理論研究》,鳳凰出版社,2011年,第270頁。

劉辰翁評點諸家詩在當時頗受歡迎,劉將孫記述其父評點李賀詩集之流行云:"自是傳本四出,近年乃無不知讀長吉詩,效昌谷體。"①劉辰翁的評點本幾乎掀起了一場閱讀李賀的熱潮。但隨之而來的便是"輾轉訛脱"的問題,於是劉將孫又記云:"劍江王庭光篤好雅尚,取善本校而刻之,寄聲廬陵,俾識其端。抑所不可聞者,莫能載也,何以爲是編言哉?"②幸賴王庭光校正并刊刻了一部善本,劉辰翁評點本李賀詩集縂不致訛誤泛濫。通過朝鮮刻本可知,與劉將孫有過交往的彭元鼎曾校正并刊行《須溪先生批點孟浩然集》。劉將孫《送彭元鼎采詩序》云:"昔吾先君子須溪先生,每哀江南百年文獻之零落,欲以詩存其爲人。"③可見彭元鼎向劉將孫求序時劉辰翁已過世,故彭氏校正的版本應當刻於劉辰翁死後。彭元鼎刻本的來源已不可考,但其可能與王庭光刻李賀詩集的背景與動機相似,足以代表《須溪先生批點孟浩然集》流傳早期的面貌。在元代時,已經有人對《須溪先生批點孟浩然集》進行輯佚增補重刻,收詩數量增至二百三十餘首,并在原本七類的基礎上增加"美人""時節""拾遺"三類而爲十類。或許由於十類本更顯完備因而更受時人青睞,故而得以流傳下去,原本的七類本反而從此湮没無聞。

從各種書目的著録中可知,《須溪先生批點孟浩然集》在明代依舊流行。但除上文所述明活字本和朱警的翻刻本外,分類本在明代鮮見刊刻,取而代之的則是各種分體本且加入明人之評點。如凌濛初朱墨套印《盛唐四名家集》本《孟浩然詩集》二卷及明代的《孟襄陽集》二卷,均按詩體編排,前者將劉辰翁評本與李夢陽評本合并,後者則將劉辰翁評本與袁宏道評本合并。除此之外,明人在刊刻孟浩然集時亦多參校《須溪先生批點孟浩然集》。

《須溪先生批點孟浩然集》何時從中國傳入朝鮮半島殆不可考,現韓國藏有木版本和甲辰字本。木版本末附朝鮮申子橋正統二十七年之跋,可知《須溪先生批點孟浩然集》可能在明代早期就已傳入朝鮮。申子橋跋云:

> 歲在癸亥(1443),僕遭父艱,守廬於南原村。越明年甲子,適趙君元福佐幕湖南貳公。宣化之餘,卷不釋手。一日出家藏所珍孟浩然集若干篇,讀之令人襟度灑然。其辭華而不浮,質而不俚,皆自性理中出,誠爲詩賦之宗匠否?第患學者寶帙未易得,告于監司韓相國碩,出筆與墨,囑于府使柳候漢生,爰使子橋以書字本,仍欲俾余叙跋卷端以記本末。余一介書生也,且當衰經之中,挂名其間,心實未安。然三候之欲裨文風、賁飾鴻休之意至矣盡矣,敢以爲辭?是用强顔執筆而不避也。正統乙丑夏四月初吉高陽後裔申子橋敬跋。

此跋交代了木版本《須溪先生批點孟浩然集》的刊刻過程。申子橋,字惠翁,祖籍高靈(今韓國高靈郡),朝鮮王朝政治家申叔舟之從兄,文宗即位之年(1450)式年試丙科第二名,曾任司諫院司諫、成均館司成、咸陽守等職,與徐居正等人

---

① ② 〔元〕劉將孫著,李鳴、沈静校點《劉將孫集》卷九,第86頁。
③ 〔元〕劉將孫著,李鳴、沈静校點《劉將孫集》卷九,第89頁。

有交游。1443年,申子橋回到南原(今韓國南原市)爲父親守喪。1444年,申子橋見到趙元福所藏《須溪先生批點孟浩然集》并告於時任監司(負責地方書籍刊印工作)的韓磌,韓磌因此命申子橋翻刻此集并撰寫跋文記錄編纂始末。木版本《須溪先生批點孟浩然集》的刊刻於是年開始,次年完成。申子橋評孟浩然詩"皆自性理中出",稱孟浩然爲"詩賦之宗匠",對其十分推重,顯然受到朱子學影響。南原屬朝鮮八道之一的全羅道,全羅道造紙業和刻書業均較爲發達①。李圭景《八路利病辨證説》云:"其(全羅道)所業不過織屨抄紙,以南原、羅州、淳昌、同福、順天、雲峰、茂長等紙,爲國中上品。"②可見全羅道造紙水平居全國上等,這勢必推動其刻書業的興盛。李承召《典校署板堂記》記載朝廷對地方下達的一次刻書任務,云:

  我世宗朝,大明文皇帝欽賜新撰《四書五經大全》及《性理大全》等書,上思欲廣惠今世與後來,乃命全羅、慶尚兩道,鑱諸梓,輸于本館。③

據《朝鮮王朝實録》載,自世宗元年(1419)明朝賜書至世宗十年(1428)《性理大全》刻成,全羅道一直在參與國家重要典籍的刊印事務④。《記》還記載南原君梁誠之等人上書提議廣印書籍之事。梁誠之爲南原人,其所撰《書籍十事》等對朝鮮的書籍保存與出版具有重要意義⑤。由此可見,南原刻書具備充足的物質條件和社會風氣。《須溪先生批點孟浩然集》的刊刻是出於地方官員宣揚教化、福澤百姓的意圖,因此是由南原都護府刊行的地方刻本。同時,此書版本的珍稀及如申子橋所指出的理學意藴均符合朝鮮官方的書籍評價標準,因此其付梓與流行皆屬應有之義。此後,朝鮮王朝以甲辰字刊刻中國典籍,《須溪先生批點孟浩然集》則在木版本的基礎上翻刻爲活字本。但木版本并未就此湮滅,從兩個版本收藏的數量及木版本爲底本的朝鮮寫本來看,木版本反而更爲流行,并直接推動《須溪先生批點孟浩然集》成爲朝鮮半島最常見的孟浩然詩集版本。

  1592年,"壬辰倭亂"爆發,日本從朝鮮掠奪大量書籍,朝鮮刻本《須溪先生批點孟浩然集》可能就於此時流入日本。江户時代就已出現以木版本爲底本的寫本,并爲林羅山所收藏。江户中期禪僧、漢詩人萬庵原資《讀孟浩然詩》詩云:

  吾愛襄陽子,篇咏如蕭瑟。豈無鴻華章,匠心迥獨立。高興澹夷間,麗才亦婉密。可憐王中允,寓直論膠漆。片言觸靮䩞,孤影旋蓬蓽。圭組幸無縻,心迹倍幽逸。真宰工賦授,清聲永盈溢。季世操觚客,徒憂遭遇

---

① 文燦《朝鮮時代册版目録研究——以〈考事撮要·八道程途〉所載中國册版中心》(南京大學碩士學位論文,2012年)對朝鮮時代地方的書籍印刷有所介紹,可參看。
② 〔朝〕李圭景《五洲衍文長箋散稿》卷四十,東國文化社,1959年,下册,第255頁。
③ 〔朝〕李承召《三灘集》卷十,《韓國文集叢刊》第11册,民族文化推進會,1996年,第472頁。
④ 〔韓〕韓國國史委員會編《朝鮮王朝實録》,首爾大學奎章閣藏本。
⑤ 〔朝〕梁誠之《訥齋集》卷三,《韓國文集叢刊》第9册,第326—328頁。

失。職競羅文場,百年無遺帙。喟然鹿門山,千秋何律律。①

萬庵原資對孟浩然的詩歌及人品均給予較高評價,其所讀孟浩然詩是何版本亦可作一番考證。與萬庵原資交好的服部南郭作《江陵集序》云:

> 則漢魏六朝及唐風之盛,下至其季之萎,宋元之益枯,與明人旋復振起,商榷千古,紛乎不易論哉。乃師之淵博,既已莫不精覈矣,莫不自擬以試矣。②

可見萬庵原資喜擬效漢魏六朝、唐、明之詩,《江陵詩集》確收錄頗多擬作。其中,擬孟浩然之詩共五首,萬庵原資自注所擬孟詩詩題分別爲:(1)《明禪師西山蘭若》、(2)《登驛樓亭懷漢川諸友》、(3)《登蘭山寄張丘》、(4)《陪柏臺友訪聰上人》、(5)《送辛大》。筆者將此五首詩題與孟浩然集諸版本比對,發現除(1)與朝鮮刻本有些許差異外(朝鮮刻本作《明禪師蘭若》),其餘均同於朝鮮刻本而异於宋蜀刻本等其他諸版本。尤其(3)更是僅見於朝鮮刻本,而同屬於朝鮮刻本系統的和刻本却作《登蘭山寄張五》,江户寫本原同於朝鮮刻本,但後被塗改爲《登蘭山寄張立》。據此可以推測,萬庵原資有可能閱讀過朝鮮刻本《須溪先生批點孟浩然集》,這亦可作爲朝鮮刻本在日本流傳與被閱讀的佐證。元禄三年,京都玉樹堂唐本屋吉左衛門北村可昌又以朝鮮木版本爲底本加以翻刻,是爲和刻本。《孟浩然詩集》前有北村可昌序,云:

> 間得《襄陽集》三卷,不問字畫善否,篇什多寡,遽命剞劂氏以刻諸板。其所訛缺者,姑仍舊本,以俟智者校焉。"③

北村可昌,字伊平,通稱伊兵衛,號篤所,近江人,江户中期儒者,拜古義學派創始人伊藤仁齋爲師。北村在序中對孟浩然詩給了了較高評價:"其混淪之音,神來之調,非雕鏤斧鑿摹擬捧心比。"④他認爲孟浩然詩不事雕琢,皆自胸臆中出。其《古學先生詩集序》曾評伊藤仁齋之詩云:"故其詩亦古。雖不屑屑于文詞聲律之間,出於性情,不須割强,自醖藉典則,時有造詣,不詩之古者乎?"⑤其對孟浩然詩和伊藤仁齋詩的評價如出一轍。北村還曾刊刻過《四書緒言》《新鍥李卓吾先生增補批點皇明正續合并通紀統宗》等書,集部則僅《孟浩然詩集》一部,可見其認爲孟浩然詩與古義學派的詩學主張是相符的。北村翻刻朝鮮本力求反映原貌,同時又對全書加以批點、和訓,意欲普及此書。由於朝鮮刻本比較難見,而和刻本則相對容易獲取,故目前國内對《須溪先生批點孟浩然集》的瞭解停留在和刻本上,和刻本之底本朝鮮刻本則鮮爲人知。

---

① 〔日〕萬庵原資《江陵詩集》卷一,王焱編《日本漢文學百家集》第118册,第55—56頁。
② 〔日〕服部南郭《南郭先生文集三編》卷五,王焱編《日本漢文學百家集》第138册,第212頁。
③ 〔日〕長澤規矩也編《和刻本漢詩集成》第一輯,汲古書院,1975年,第160頁。
④ 〔日〕長澤規矩也編《和刻本漢詩集成》第一輯,第159頁。
⑤ 〔日〕北村可昌《古學先生詩集序》,載〔日〕伊藤仁齋《古學先生詩集》,王焱編《日本漢文學百家集》第82册,第6頁。

四　七類本《須溪先生批點孟浩然集》的文本及價值

《須溪先生批點孟浩然集》七類本的元刻本已經亡佚，惟朝鮮刻本、朝鮮寫本、和刻本及江户寫本存其原貌。朝鮮木版本和甲辰字本在版式方面區別較大，甲辰字本删去申子橋跋，文本方面則比較一致。江户寫本基本按照木版本的版式抄寫，然其抄寫時有較多訛誤，且還有大量參校他本而直接在原文上修改的痕迹，一定程度上破壞了底本的原貌。同時，寫本中還有一些朱筆或墨筆的小字批注，可見這部寫本的抄寫、校正可能并非出於一手。批注多爲校語，如《發漢浦潭》題下有注"'發'字上別本有'早'字"，是爲校正詩題；《宴張明府宅》"醉來方欲臥，不覺曉鷄鳴"句下有注"七八句別本作'厭厭不覺醉，歸路曉霞生'"，是爲校正詩句。由是知寫本當用"別本"校正過，這一"別本"很可能與顧道洪在藻翰齋本《孟浩然詩集》凡例中提到的"國朝吴下刻本"，即明代吴下書商所編《唐十二家詩》中所收《孟浩然集》有關。惜其原本似已佚，但明代張遜業、許自昌、楊一統、鄭能等人均曾重刻是書①。日本内閣文庫便藏有明萬曆十二年（1584）楊一統編《唐十二家詩》本《孟浩然集》、明萬曆三十一年（1603）許自昌編《前唐十二家詩》本《孟浩然集》等重刻本，寫本《須溪先生批點孟浩然集》可能就是據此校正。由於存有申子橋跋的木版本在日本較爲罕見，故這部寫本的價值很值得重視，其塗改的痕迹也反映了其在日本被閱讀的情况。而且這部以朝鮮刻本《須溪先生批點孟浩然集》爲底本，由日人抄寫，并校以中國其他孟浩然集版本的寫本，凝結了中國、日本、朝鮮三國的文本，成爲東亞書籍交流的一個生動案例。

同樣以朝鮮木版本爲底本的和刻本在版式、書名、卷端題字上皆有所調整，其訛誤亦較朝鮮刻本爲多。如《同薛八往符公蘭若》"小溪劣容舟"句，"劣"和刻本誤作"努"；《梅道士水亭》詩評"事料不凡，得語故异"，"料"和刻本誤作"聊"。和刻本亦有幾處訂正了朝鮮刻本之誤。如《入峽寄弟》"泪沾明月峽"句，"峽"朝鮮刻本誤作"陕"；《送蘇六從軍》"旌旆邊庭去"句，"邊"朝鮮刻本誤作"過"。綜合來看，就文本準確度而言，以朝鮮刻本品質爲最佳。然在文化價值上，寫本則凝聚了更多的歷史文化信息，或恐爲朝鮮刻本所不及，和刻本更是弗如遠甚。

《須溪先生批點孟浩然集》在元代曾被增廣至十類，顧道洪和毛晉所刊孟浩然詩集利用元刻十類本進行校勘，顧道洪更是將劉辰翁評語全録，將朝鮮刻本與顧、毛刻本對讀，可以窺見十類本與七類本之區別。首先，七類本收詩二百零九首，十類本收詩二百三十四首，後者較前者"贈答"類多十二首，新增"美人"類七首、"時節"類三首、"拾遺"類三首，計二十五首。其次，十類本的劉辰翁評語較七類本爲多，有以下幾類情况：

---

① 吕正惠《孟浩然詩集的版本問題》一文對《唐十二家詩》本《孟浩然集》有較爲詳細的考察，并提出《唐十二家詩》本可能源出孟洗然本，較具啓發意義，可參看。

類　別		舉　例
二本共有之詩	十類本有詩評或句注，七類本無	1.《題終南翠微寺空上人房》詩評"不必刻深，懷抱如洗"。 2.《龍沙作寄劉大》詩評"自要寫得似，不似即與別人何异"。
	七類本有句注，十類本無	1.《登蘭山寄張丘》"時見歸故人，平沙渡嶺歌"句注"其俚至此"。（此類僅一例）
僅十類本有之詩		1.《美人分香》"髻鬟垂欲解，眉黛拂能輕"句注"解字妙，輕者不暇更濃"，詩評"必欲其脂粉亦不過如此，故是可觀"。 2.《晚春卧病寄張八》詩評"其語甚痛，其意甚淺"。

十類本所收劉辰翁評語基本囊括七類本所收，由此可見元人在對劉辰翁評點孟浩然詩輯佚的過程中較爲重視搜求和保存劉辰翁評語。最後，十類本訂正了七類本的一些訛誤，如《陪柏台友訪聰上人》詩評"繩床眠虎本無此理，苦語欲真"，七類本脱"虎"字；《宿建德江》詩評"好未足之句，此下亦難得好語"，"未"七類本誤作"來"。但二本之間也有一些值得推敲的異文，如《秦中寄遠上人》"黃金燃桂盡，壯志逐年衰"句有句注"孟浩然詩非不經思，只是吐出"，"孟"十類本作"吾評"；《宴包賀二宅》"五日休沐歸，相携竹林下"句有句注"實書便好"，"書"十類本作"事"。綜合以上幾個方面，十類本在七類本的基礎上有所補正，但仍應審慎對待二本的差異，不應抹殺七類本的價值。

　　對比朝鮮刻本與現存宋蜀刻本《孟浩然詩集》，首先是收詩數量的差異。宋蜀刻本收詩二百一十一首，朝鮮刻本收詩二百零九首，數量雖相近，然宋蜀刻本獨有之詩爲二十六首，朝鮮刻本獨有之詩爲二十四首。若以十類本對比，則宋蜀刻本獨有之詩爲九首，十類本獨有之詩爲三十二首。如此明顯的數量差異表示朝鮮刻本和宋蜀刻本的底本應不是同一版本。其次，朝鮮刻本的詩題往往較爲簡省。如《冬至後過吴張二子檀溪別業》朝鮮刻本作《過吴張二子檀溪別業》；《疾愈過龍泉精舍呈易業二公》朝鮮刻本作《過龍泉精舍》；《和盧明府送鄭十三還京兼寄之什》朝鮮刻本作《和盧明府》。朝鮮刻本簡省詩題中的時間、地點、人物、事件等要素，有時會削減詩歌傳遞的信息量，這暗示彭元鼎校正本的底本可能是一個手抄本，故詩題抄寫從簡，亦可能劉辰翁在評點時即對孟浩然詩的詩題有删減，如其評《王荆文公詩》便删去近一半的李壁注[①]。但朝鮮刻本的部分詩題亦優於宋蜀刻本。如《同薛八往符公蘭若》宋蜀刻本作《雲門蘭若與友人同游》，朝鮮刻本提供的信息更爲具體；《陪前人泊松滋》宋蜀刻本作《陪張丞相登當陽城樓》，此詩一二句云"放溜下松滋，登舟問楫師"，朝鮮刻本詩題更爲貼合；《和張明府登鹿門山》宋蜀刻本作《和張明府登六門作》，

---

① 劉將孫爲劉辰翁評點本李壁注王荆文公詩作序云："先君子須溪先生，於詩喜荆公，嘗點評李注本，删其繁，以付門生兒子。"見〔宋〕王安石著，〔宋〕李壁箋注，高克勤點校《王荆文公詩箋注》序，上海古籍出版社，2010年。

"六門"疑爲"鹿門"之訛。最後,宋蜀刻本和朝鮮刻本之間存在大量异文。或一句中有數字相异,如《題鹿門山》"沙禽近方識,浦水遠莫辨"句,"方"宋蜀刻本作"初","水遠"宋蜀刻本作"樹遥";《陪張丞相祭紫蓋山經玉泉寺》"人隨逝波没,山逐覆舟傾"句,宋蜀刻本作"人隨游水殁,止欲覆船傾"。或詩句次序、内容、多寡不同,如《尋香山湛上人》"谷口聞鐘聲,林端識香氣"在朝鮮刻本爲五、六句,宋蜀刻本則置於末二句之前;《還山貽湛法師》"喜得林下契,共推席上珍。念爾泛苦海,方便是迷津"句,宋蜀刻本作"道以微法妙,結爲清净因";《漢中漾舟》"輕舟恣往來,探玩無厭足""良會難再逢,日入須秉燭"句,宋蜀刻本缺。綜合來看,朝鮮刻本《須溪先生批點孟浩然集》和宋蜀刻本《孟浩然詩集》底本不同,同爲現存較早的孟浩然詩集,二者各有短長,可以相互補充,發揮校勘價值,在孟浩然研究中應被充分利用。然現今的孟浩然集點校本如徐鵬《孟浩然集校注》、佟培基《孟浩然詩集箋注》等均已利用到宋蜀刻本,但尚未見利用朝鮮刻本進行校勘者。同時,如顧道洪輯本是最早的保留須溪評點的彙校本,《唐十二家詩》本是收孟浩然詩較爲全面的版本等,都是可資利用的材料。

《須溪先生批點孟浩然集》亦推動了孟浩然詩在朝鮮半島的流行。高麗文人李穡(1328—1396,字穎叔,號牧隱)在《及庵詩集序》中云:

> 如陶淵明,孟浩然輩,代豈乏人哉?然編集罕傳,可惜也。今陶、孟二集僅存若干篇,令人有不滿之嘆,然因是以知其人於千載之下,不使老杜專美天壤間,是則編集之傳,其功可小哉?①

李穡乃高麗王朝末期著名性理學家,其父李穀曾在元朝任職,故穡"以朝官子,補國子監生員。在學三年,得受中國淵源之學,切磨涵漬,益大以進,尤邃於性理之書"②。李穡在元朝接受理學教育,歸國後以理學"訓進後學",故其門人云:"東方性理之學,繇是乃明。"③由是可見其對中國文化的熟稔和對本國文化的影響。李穡將孟浩然與陶淵明、杜甫等人并舉,在推重孟浩然的同時強調編集的重要性,這勢必對孟浩然集在朝鮮半島的流行有促進作用。李穡所見孟浩然集是否與《須溪先生批點孟浩然集》有關已不得而知,但他對劉辰翁評點較爲熟悉,其《偶題二首》(其一)云:"正好全篇玩,誠難逐句尋。須溪評點處,果得古人心。"④可見李穡對劉辰翁評點諸家詩持稱許態度,因此他有可能接觸過元刻本《須溪先生批點孟浩然集》。朝鮮時代文人對劉辰翁的詩歌評點也有較高評價。朝鮮初期著名文學評論家兼詩人徐居正在《初見〈瀛奎律髓〉,名集之意頗艱險,讀所集之詩,與〈唐詩鼓吹〉〈三體詩〉不同。其評論批點,不

---

① 〔高麗〕李穡《牧隱稿·文稿》卷九,《韓國文集叢刊》第 5 册,第 68 頁。
② 〔朝〕權近《朝鮮牧隱先生李文靖公行狀》,載〔高麗〕李穡《牧隱稿》,民族文化推進會,1996 年,第 506 頁。
③ 〔朝〕李詹《牧隱先生文集序》,載〔高麗〕李穡《牧隱稿》,第 501 頁。
④ 〔高麗〕李穡《牧隱稿·詩稿》卷七,民族文化推進會,1996 年,第 46 頁。

及須溪遠矣。嘗看圓珠處,有苔色照人衣者,有雨裏得窗光者,極口稱譽,是不知何等語耶。仍吟數絶云》詩中寫道:"須溪老手古無多,評點張皇幾大家。千古何人續遺響,紛紛諸子奈渠何。"①其認爲劉辰翁的評論批點水平遠高於方回,甚至前無古人,後無來者。又《用三翁字韵,録奉洪兼司成》云:"老物何曾具眼者,評點曾學劉辰翁。"②此亦是對劉辰翁評點的肯定,徐居正的推崇無疑進一步擴大了劉辰翁評點在朝鮮半島的影響。李夏坤《次士復贈别韵寄示》云:"詩道從君細討論,嚴劉繩尺幸猶存。評來萬古誰能絶,話出深心不肯吞。"并注云:"近代評詩之善者,莫過嚴羽卿、劉辰翁。"③此將嚴羽與劉辰翁并舉,認爲二者評詩可視爲詩歌之繩尺,評價不可謂不高。由此可見,劉辰翁的詩歌評點活動在朝鮮半島曾産生過較爲深遠的影響,正因如此,一股刊印劉辰翁評點或校正本詩文集的熱潮也在朝鮮半島興起。除《須溪先生批點孟浩然集》外,朝鮮時代還曾刊刻過《須溪先生評點簡齋詩集》《須溪先生批點杜工部排律》《須溪先生批點杜工部七言律詩》《須溪先生批點杜工部五言律詩》《須溪先生校本韋蘇州集》《須溪校本陶淵明詩集》以及收録劉辰翁批注評點的《世説新語》《世説新語補》等書籍④。這些與劉辰翁相關的書籍在後世廣爲流傳,如李仁榮的私家書目《清芬室書目》便著録了《須溪校本陶淵明詩集》《須溪先生校本韋蘇州集》《須溪先生評點簡齋詩集》等書⑤。朝鮮文人亦通過這些書籍對劉辰翁的評點活動有更進一步的認識,試舉兩例:

  右《靖節先生詩集》,康州須溪本,不但文集之不具,而其所載且有闕失,是豈陶氏之全書耶?(朴祥《靖節陶徵士詩集跋》)⑥

  韋應物有《贈楊開府》詩……劉須溪批此詩以爲世言蘇州所至掃地,焚香而坐,不應爲人老少頓异,此寓言,非自謂也。……須溪評詩,極有意致,但時有穿鑿謬解處,讀者不可不知。(張維《谿谷先生漫筆》卷一"詩之

---

① 〔朝〕徐居正《四佳集》卷五十二,《韓國文集叢刊》第11册,第127頁。
② 〔朝〕徐居正《四佳集》卷二十,《韓國文集叢刊》第10册,第439頁。
③ 〔朝〕李夏坤《頭陀草》册二,《韓國文集叢刊》第191册,第219頁。
④ 參見〔韓〕全寅初主編《韓國所藏中國漢籍總目》第5册,第456—461頁;〔韓〕全寅初主編《韓國所藏中國漢籍總目》第4册,第781—783頁。韓國學者張仁鎮曾對朝鮮時代出版的十種劉辰翁評點本做過統計與評述,他指出1445年出版的《須溪先生批點孟浩然集》是這一系列評點本中的第一部,但他并未對此書做詳細研究,其將此書校正刊行者誤解讀爲"成彭(字元鼎)",後人多襲其誤。他還指出這些書籍大多刊刻於朝鮮初期。此文提供的諸多信息對於研究劉辰翁評點本在朝鮮時代的刊刻情况較有裨益。參見〔韓〕장인진《원나라劉辰翁 評點本의조선전기출판현상》,《한국학논집》2019年第77卷。文燦《朝鮮時代册版目録研究——以〈考事撮要・八道程途〉所載中國册版爲中心》(南京大學碩士學位論文,2012年)亦對《考事撮要・八道程途》中著録的幾部劉辰翁評點本有所介紹,可參看。關於朝鮮本《須溪校本陶淵明詩集》,參見卞東波《日韓所刊珍本〈陶淵明集〉叢考》,《銅仁學院學報》2017年第1期。關於朝鮮本《須溪先生評點簡齋詩集》,參見卞東波、陳越《東亞漢籍視域下的宋詩宋注——朝鮮〈須溪先生評點簡齋詩集〉考論》,《江西師範大學學報》(哲學社會科學版)2020年第3期。
⑤ 〔朝〕李仁榮《清芬室書目》,張伯偉編《朝鮮時代書目叢刊》第8册,中華書局,2004年。
⑥ 〔朝〕朴祥《訥齋集・續集》卷四,《韓國文集叢刊》第19册,第71頁。

真情實境"條)①

前例比較陶淵明集的須溪本和其他版本的優劣,後例則對劉辰翁評詩有更客觀的評價。可見,一系列劉辰翁評點本在朝鮮半島的刊刻使之成爲容易獲取的資源,并在一定程度上鞏固了劉辰翁評點的影響。也正是這一系列文本的共同作用,使繞《須溪先生批點孟浩然集》在朝鮮半島備受青睞并保存至今。

《須溪先生批點孟浩然集》元刻本傳入朝鮮半島後,首先在地方刊行,主事者亦非文宗大儒,但很快又被以朝廷新鑄字重印,并成爲朝鮮半島較爲流行的孟浩然集。隨着孟浩然集本土刻本的出現,孟浩然在朝鮮半島的影響亦逐漸增大。朝鮮文人不僅喜次孟浩然之韵,還常在詩中提及孟浩然,使其幾乎成爲漢詩創作的典故。此外,還有創作孟浩然畫像、刊刻孟浩然詩集者,"孟浩然騎驢""孟浩然歸隱"等形象亦深入人心。後朝鮮刻本《須溪先生批點孟浩然集》又傳到日本,并在日本催生了寫本及和刻本。既而和刻本又傳到中國,形成了《須溪先生批點孟浩然集》在東亞三國之間的漢籍環流,也使得孟浩然詩集成書與流傳的過程逐漸明晰。朝鮮刻本《須溪先生批點孟浩然集》及其相關版本不但具有校勘與輯佚價值,其構成漢籍流衍過程中極爲關鍵的一條綫索,亦蘊含着丰富的文學與文化意義。

五　結語

劉辰翁《須溪先生批點孟浩然集》是現存最早的孟浩然詩集評點本,其成書於宋元之際,將孟浩然詩別爲七類,在元代已經付梓,又在元代經增補而爲十類。後十類本在國内較爲流行,七類本則流入域外,在國内銷聲匿迹。元刻七類本東傳至朝鮮,朝鮮先後用木板和活字刊印,亦有朝鮮寫本。朝鮮刻本又傳入日本,產生了江户寫本與和刻本。朝鮮刻本、朝鮮寫本、江户寫本、和刻本皆流傳至今,幸賴這些版本,我們對《須溪先生批點孟浩然集》的早期面貌及其刊刻與流傳的始末有了進一步的認識。隨着《須溪先生批點孟浩然集》在東亞三國之間的漢籍環流被揭示,因局限於國内文獻而產生的誤解逐漸被打破,這一個案所蘊含的學術價值與方法論意義也可以推廣到其他的中國古代文集的研究中,筆者將繼續從事此方面的探索。

---

① 〔朝〕張維《谿谷集·谿谷先生漫筆》卷一,《韓國文集叢刊》第 92 册,第 588—589 頁。

附：

	現存七類本《須溪先生批點孟浩然集》的版本和收藏機關	
	版本	所藏地
韓國	木版本(1445)	啓明大學圖書館、延世大學圖書館、忠南大學圖書館(國立中央圖書館有忠南大學藏本影印本)
	甲辰字本(刊刻年代不詳)	延世大學圖書館
日本	木版本	國立國會圖書館
	甲辰字本	宮城縣圖書館伊達文庫
	江户寫本(抄自木版本)	内閣文庫、尊經閣文庫
	和刻本(1690,翻刻自木版本)	關西大學内藤文庫、宮城縣圖書館、山口大學圖書館
美國	朝鮮寫本(1585,抄自木版本)	哈佛燕京圖書館

《須溪先生批點孟浩然集》版本系統

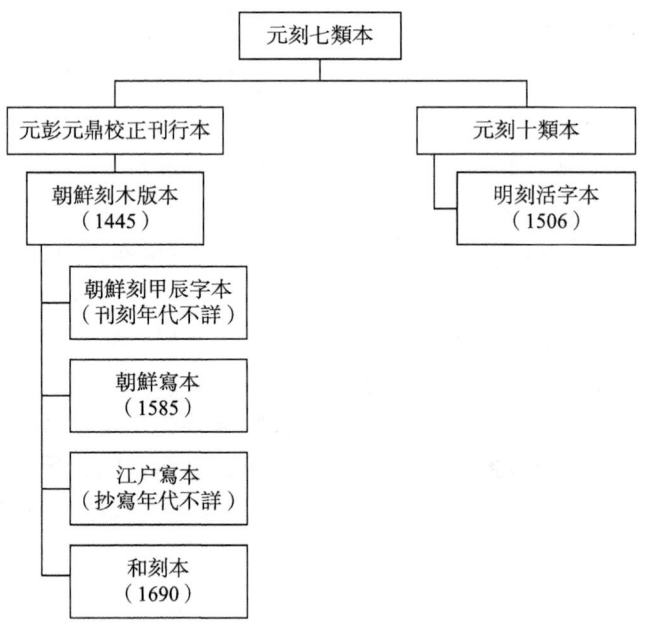

（作者單位：南京大學文學院）

林惟正《百家衣集》中的唐詩*

徐寶余

一　緒論

林惟正(1153—1196?)《百家衣集》是一部高麗時期的集句詩集。一般認爲，集句詩雖非始於王安石，但王安石的集句創作對後世的影響巨大。林惟正的《百家衣集》無疑也是在王安石的影響下而進行的創作①。尤其值得注意的是，他是以集句的形式進行詩歌寫作，既與王安石等宋人的游戲之作不同，也與一般的詩歌創作不同，他的創作是介於集句與自創之間的一種形式。通過他的詩歌，我們可以約略知道他的這種創作方式貫穿在他的整個詩歌創作歷程，也就是説，這不是他興致所來、偶爾爲之的一種行爲，而就是他的創作的基本形態。所以，他存留下的都是集句詩，除此之外，别無他作。在今天所見到的比較完整的版本中②，共有 3 卷、290 首詩。而這些還僅僅是他的集句詩的一部分。如果跋文的記録没有錯誤的話③，他所創作的詩歌要達到 1450 首左右，並且全都是集句詩，這在中外的集句史上，可謂是獨一無二的。

他的集句詩全部來自於六朝、唐宋詩人④，並且以唐宋詩人爲主，所以通

---

* 本文係國家社會科學基金重大項目"東亞唐詩學文獻整理與研究"(18ZDA248)階段性成果。

① 至少從序跋文中可以看出這一點，如趙文拔的序云："《百家衣》者，大原王舒王始唱之。"(《東文選》卷八十四，朝鮮徐居正等編，奎章閣本)南秀文的跋有"昔王荆公過東坡"云云(《百家衣集》，誠庵古書博物館藏本，《書志學報》第 13 號影印，韓國書志學會，1994 年 9 月)，而且在其他韓人的集句創作中，也每引王安石爲例。

② 據許興植《高麗的東亞細亞詩文學：百家衣集》一書(民族社，2009 年)，《百家衣集》主要有三種版本：南權熙本、誠庵古書博物館所藏本和延世大學所藏本。他所見到的還有幾本副本，如韓國國立中央圖書館藏本、東國大學慶州分校所藏本、成均館大學尊經閣所藏本等。然而最爲完整的當屬誠庵古書博物館本。

③ 據趙文拔的序，林惟正的集句詩"十失八九"，若以十失其八來計算，則其數量保守估計在 1450 首左右。

④ 崔致遠、朴仁範等人雖是新羅時人，然而也是入唐之士，《全唐詩》等詩歌輯録也都是將之算入唐詩的範疇。

過對這本書的整理,我們可以輯録出唐宋詩人作品及其存佚情況。目前學界已有一些學者對之加以了整理和輯佚的工作,韓國如許興植《高麗的東亞細來詩文學:百家衣集》、中國如金程宇《論林惟正〈百家衣集〉的文獻價值》[①]便是這方面的翹楚之作。但是,因爲種種原因,許、金兩位先生的輯録存在着諸多的問題。如因爲版本問題,在文字字形的識別上便出現了大量的錯誤,從而導致作者身份認定上出了不少問題;因爲對唐宋作家不太熟悉,而導致作家漏收重收、作品歸屬錯誤的問題。而且在許氏著作中,也没有對《百家衣集》所録詩句進行時代上的歸類,所以對《百家集衣》在多大程度上集録了唐詩,也没有做出具體的歸類和統計。筆者在對域外唐詩學進行搜集時,發現了這一問題還比較嚴重,所以特別對之加以重新董理。

二 《百家衣集》中所存唐人佚詩

《百家衣集》中共録有唐人 146 位,詩句 763 句(其中 8 句用了兩次,1 句用了三次),其中有佚句的詩人共 75 位,佚句共 246 句(不計重句)。詳情如下:

李義府(義府)1 句:

野艇縈風雲。(卷一《奉和李學士知深題洪川資福寺二首》其二)按:原作義府,唐代有李義府、張義府,據另句"月色夏猶冷"(卷一《奉和李學士知深題洪川資福寺二首》其一),可知乃爲李義府。

張説 1 句:

相年吟不足。(卷一《閔承制宅筵中贈妓》)

王維 1 句:

雨霽烟痕斷。(卷一《湍江即事》)

王昌齡 1 句:

明月清風供賦咏。(卷二《和静邊鎮客舍留題四首》其三、《江天晚望》)

李白 2 句:

青雲入夢頻。(卷一《春日即事》)

不飲杯中物。(卷一《題文州客舍》)

韋應物 2 句:

始摘猶酸尚未黄。(卷三《謝人惠青橘》)

月來有影風來動。(卷三《庭竹》)

杜甫 15 句:

杖節行千里。(卷一《和嘉平縣客舍留題》)

明月隱高樹。(卷一《春望》《訪禮安江彌陁寺》)

天净白雲遠。(卷一《題城北文殊寺獨齋》)

---

① 此文原刊於《韓國文化》第 9 號(2007 年 8 月),後收録於其所著《稀見唐宋文獻叢考》(中華書局,2009 年)。

乾坤萬里外。(同上)
開窗風細細。(卷一《復次耀德鎮修制房分道時留題二首》其二)
可以慰吾心。(卷一《題東林寺》)
何妨更苦吟。(卷一《和牛頭山文殊寺留題》)
秀木起寒烟。(卷一《題白學士東江別墅》)
林黑鳥應栖。(卷一《題錦城東亭子》)
縣古槐根出。(卷一《和連谷縣客舍留題二首》)
城對寒雲當滿山。(卷二《赴任耀德次觸事有感八首》其一)
我最剛腸渾似鐵。(卷二《和文州客舍恩門韓相國詩》)
毀橋幽磴走鳴泉。(卷二《和龍泉驛吳使臣世文韵》)
天涯倪視遠江奔。(卷二《和張學士題王輪寺清凉洞民心源房洞靈齋》)
讀盡千回意自生。(卷三《觀經》)

錢起 8 句：
峰巒勝畫屏。(卷一《東溟即事》)
紅蓮社主碧雲師。(卷二《題皆骨山長淵寺》)
春水旋游鸂鶒勢。(卷二《和元興鎮客舍金都統留題》)
三月將闌四月崔。(卷二《三月下旬郊亭賞春》)
曉來爲報樓西月。(卷二《和藍山驛樓留題》)
月明更欲看花飲。(卷二《赴任耀德次觸事有感八首》其八、《東文選》卷十三)
松上窠成鶴抱胎。(卷二《和李分營春城即事二首》其一)
幾人疑是畫屏風。(卷三《和咸同年净因寺感懷六首》其三)

皇甫冉 1 句(按：原誤作皇甫苒)：
烟光迹尚存。(卷一《金蘭懷古》)

嚴維 2 句：
雪鬢霜髭老使臣。(卷二《和平康縣客舍留題》)
磨礱畫出天工手。(卷三《石》)

戎昱 1 句：
金樽有酒須沉醉。(卷三《與諸同年飲中有作二首》其二)

竇鞏 1 句(按：原誤作竇群)：
好去長江千萬里。(卷三《魚》)

司空曙 1 句：
青叢花謝蝶還稀。(卷三《赴任耀德次觸事有感八首》其三、《東文選》卷十三)

于鵠 2 句：
風景獨桃源。(卷一《遠眺》)
禄薄未充甘旨養。(卷三《上恩門知奏事十一首》其四)

楊巨源 1 句：
銀漢灑宸章。(卷一《宮中四景·冬》)

韓愈 3 句:
展轉在空床。(卷一《暮春夜直都省》)
彷徨不忍去。(卷一《題龍津鎮臨海山樓》)
故國家山在何許。(卷二《赴任耀德次觸事有感八首》其三、《東文選》卷十三)

劉禹錫 5 句:
烟光隔釣岸。(卷一《題龍津鎮臨海山樓》)
室小心猶壯。(卷一《蝸舍偶題》)
吟多興不窮。(卷一《和王城江客船吳使臣世文留題》)
遠雁有餘聲。(卷一《仲秋夜直將作監偶題壁上》)
莫言野外無供給。(卷三《村》作禹錫)按:此句又見於卷二《重九日游江上寺》,題作禹偶。

張籍 1 句:
冷涵千里月。(卷一《和許同年游北山寺所作》)

白居易 48 句:
南風草樹香。(卷一《宮中四景·夏》)
月色冷如霜。(卷一《暮春夜直都省》)
灼灼花鋪錦。(卷一《和長湍縣客舍留題》)
此意與誰話。(卷一《耀德城重九日寄尹侍郎》)
壺中藏日月。(卷一《和彭學士祖逖題静邊鎮清遠閣二首》其一)按:此句又見於卷一《奉和李學士知深題洪川資福寺二首》其二,題作曼卿。
登臨病眼開。(卷一《和鐵州客舍留題》)
極目望天末。(卷一《和興義驛留題》)
門前碧水橫。(卷一《和長楊縣客留題》)
地僻居人少。(卷一《和雲林鎮客舍留題二首》其一)
亂山呈遠翠。(卷一《和王城江客船吳使臣世文留題》)
暮雲藏洞白。(卷一《和積城縣客舍留題》)
荒階蟋蟀鳴。(同上)
可愧昔人游。(卷一《和許同年游北山寺所作》)
攀蘿上蕭寺。(卷一《和牛頭山文殊寺留題》)
稽首普門主。(卷一《和康先生日用福靈寺觀音贊詩》)
我何以供養。(同上)
東西湖杳杳。(卷一《和諸元帥和州北樓留題》)
唯有月日知。(卷一《和連谷縣客舍留題二首》其一)
天低接海隅。(卷一《和李郎中海門秋興》)
風恬水似鋪。(同上)
紅蓼花邊白鷺閑。(卷二《奉和春州客舍東樓按部諸公詩韵》)
百年身事到心頭。(卷二《和藍山驛樓留題》、《東文選》卷十三)按:《東文選》"身事"作"心事"。
　　去年爲客到今年。(卷二《和耀德鎮住華亭諸都統留題二首》其一)
　　濯纓何以向蒼浪。(卷二《和洞仙驛碧波亭板上詩》)
　　無窮好景無緣住。(同上)
　　別酒休辭更滿觴。(同上)
　　此情不語何人識。(卷二《赴任耀德次觸事有感八首》其六、《東文選》卷十三)
　　唯有春風秋月知。(同上)
　　夜深徙倚欄干望。(卷二《甘露寺江樓即事》)
　　青菰叶上涼風起。(卷二《和耀德分道李英梓秋日有感》)
　　霜早蒼蒼蟲唧唧。(同上)
　　明月有期依舊圓。(卷二《中秋宿清凉寺》)
　　溪邊石蘚濕芒鞋。(卷二《游山寺》)
　　心生瀟灑爭無塵。(卷二《和李分營春城即事二首》其二)
　　笑折花枝作酒籌。(卷二《城樓感興》其二、《東文選》卷十八)
　　尋思不敢多惆悵。(卷三《叙情》其二)
　　若言不是桃花洞。(卷三《溪》)
　　相國東畔竹千竿。(卷三《咏獨樂園中竹五首[園在李平章公昇家]》其二)
　　況是平生骨肉親。(卷三《上恩門知奏事十一首》其二)
　　終許閑人折一枝。(同上,其五)
　　莫向稻粱多宿處。(卷三《咏雁》)
　　暖日林園物色新。(卷三《春雨後有作三首》其二)
　　猶是人間好時節。(同上)按:同句又見於卷二《和李分營春城即事二首》其一,題作永叔。
　　月明金地桂花香。(卷三《東林寺上房醉後戲題》、《東文選》卷二十)
　　陶然自得天真樂。(卷三《閑》)
　　金剛般若波羅蜜。(卷三《觀經》)
　　幾人游賞我心同。(卷三《和咸同年净因寺感懷六首》其一)
　　永日登臨吾未厭。(卷三《和咸同年净因寺感懷六首》其二)
李德裕 1 句：
　　薄汗染紅妝。(卷一《宮中四景·夏》、《東文選》卷九)
李紳 1 句：
　　且爲詩人更小留。(卷二《和藍山驛樓留題》、《東文選》卷十三)
施肩吾 5 句：
　　叶碎柳條空。(卷一《途中秋興》)
　　隔軒松籟寒逾咽。(卷二《和長州客舍王相國度留題》、《東文選》卷十三)
　　古檜有風來北檻。(卷二《和文州客舍恩門韓相國詩》)
　　此心應已格皇乾。(卷二《和龍泉驛吳使臣世文韻》)

红粉幸逢安石妓。(卷二《和豫州客舍留题》)
姚合 1 句：
客行無定處。(卷一《和歧城縣客舍留題》)
崔涯 2 句：
舍南舍北千重柳。(卷二《和靜邊鎮客舍留題四首》其三)
厭馳北路長爲客。(卷二《和吳先生世文平州路有作》)
顧非熊 1 句：
無人知此興。(卷一《和連谷縣客舍留題二首》其一)
張祐(張祐)2 句：
況復邊城樂事稀。(卷二《赴任耀德次觸事有感八首》其四、《東文選》卷十三)按:《東文選》題作張祐。
使君莫惜通宵醉。(卷二《耀德鎮筵中贈崔分營孝思》)
杜牧 3 句：
零落山烟山雨中。(卷三《竹》、《東文選》卷二十)
醉臥石樓雲滿床。(卷一《東林寺上房醉後戲題》、《東文選》卷二十)
繞軒終日足清風。(卷三《和咸同年净因寺感懷六首》其四)按:同句又見於卷二《宿耀德鎮觀音寺》,題作舜欽。
李商隱 2 句：
仍有酒臺泥。(卷一《題元興鎮滌暑亭》)
雨餘庭草自青深。(卷二《和文州客舍恩門韓相國詩》)
薛逢 1 句：
味含仙露入心凉。(卷三《謝人惠青橘》)
趙嘏 1 句：
幾縱高歌留野客。(卷二《題吉先生郊居》)
薛能 3 句：
獨立悄無足。(卷一《題耀德鎮福寨村壁》)
自笑塵勞有羈靮。(卷二《和安邊客舍恩門轉相剛留題》)
方將是事爲閑事。(卷二《暮春游江亭二首》其二)
韓宗(一作韓琮)1 句：
月炤離亭人去後。(卷二《赴任耀德次觸事有感八首》其二、《東文選》卷十三)
賈島(僧無本)5 句：
何處添佳景。(卷一《宫中四景·夏》、《東文選》卷九;卷一《題龍津鎮臨海山樓》)
相對自遲廻。(卷一《和彭學士祖遜題靜邊鎮清遠閣二首》其一)
明月照紅樹。(卷一《題臨津縣客舍》)
無因一問興亡事。(卷一《和錦城法輪寺八咏三感》其一)
三月更當三十日。(卷三《三月晦日聞鶯有感》、《東文選》卷二十)

温庭筠（误作廷筠）3 句：
故鄉餘萬里。（卷一《耀德城重九日寄尹侍郎》）
楚鄉千里遠。（卷一《題錦城東亭子》）
日落畫橋西。（同上）
高駢 1 句：
逡巡好上高樓望。（卷二《和長平鎮客舍樓崔相國留題》）
周繇 1 句：
殘陽隴上笳。（卷一《復次耀德鎮修制房分道時留題二首》其二）
曹唐 1 句：
樹影悠悠花悄悄。（卷二《題海門禪院》、《東文選》卷十三）
來鵬 1 句：
唯恐賓朋興盡歸。（卷三《小徑》）
羅鄴 3 句：
醉倚杯盤忘客路。（卷二《暮春游江亭二首》其一）
白髮無情已滿頭。（卷二《城樓感興》、《東文選》卷十八）
怒濤鳴作古今雷。（卷三《溪》）
胡曾 1 句：
重崗復嶺勢崔嵬。（卷三《山》）
方干 12 句：
魚驚磯畔釣。（卷一《崔都統詵題長平鎮東樓》）
遠水碧千里。（卷一《和金學士題龍津縣小樓二首》其二）
水氣涇漁村。（卷一《題龍津鎮臨海山樓》）
歌妓亞雲鬟。（卷一《和雲林鎮客舍留題二首》其一）
維舟渡口風。（卷一《和王城江客船吳使臣世文留題》）
堰絕灘聲急。（卷一《題山居》）
若心身易老。（卷一《書情獻納言學士》）
地靜元無俗客踪。（卷二《和金國使賈益題慈悲嶺》）
別院幽庭松偃蓋。（卷二《和高州客舍韓學士留題》、《東文選》卷十三）
家家酒熟人扶醉。（卷二《和豫州客舍留題》）
願霑恩波及下流。（卷三《上恩門知奏事十一首》其八）
一樽酒盡青山暮。（卷三《東林寺上房醉後戲題》、《東文選》卷二十）
羅隱 4 句：
兀然何處亦何思。（卷二《暮春游江亭二首》其二）
筯發紅絲膾正肥。（卷二《重九日游江上寺》）
玉勒雕鞍照地明。（卷三《公子行》）按：本句許氏錄作羅隱，金氏錄作羅鄴。
斜陽淡淡樹陰陰。（卷三《林園》）

周朴 1 句：
青苔好杖藜。（卷一《題錦城東亭子》）
鄭谷 6 句：
滿目草萋萋。（卷一《題安北都護北樓》）
曉樓吟賞處。（卷一《遠眺》）
蜀魄一聲啼。（卷一《題錦城東亭子》）
丹叶間黄花。（卷一《題臨津縣客舍》）
梅青菱綠無多處。（卷二《將赴塞城途中有感》）
斜陽更上高樓望。（卷三《和咸同年净因寺感懷六首》其三）按：同句亦見於卷二《題漢南旅舍》，題作徐綬。
韓偓 1 句：
每向東流更不回。（卷三《溪》）
杜荀鶴 6 句：
花藏一徑深。（卷一《和廉學士留題道昌寺》）
一咏一篇成。（卷一《和臨津渡客船留題》）
鳥鳴山更幽。（卷一《和許同年游北山寺所作》）按：此句本爲王籍《入若耶溪》中的句子。
山松冷落千年操。（卷二《和耀德鎮住華亭諸都統留題二首》其一）
飲席有賓皆靖節。（卷二《和張學士題王輪寺清凉洞心源房洞靈齋》）
路歧兼得一般平。（卷三《和奇相國喜雪賀聖德詩三首》其二）
張蠙 1 句：
我如韓吏部。（卷一《暮春夜直都省》）按：原作張曠，當爲張蠙之誤。
李洞 1 句：
又許笙歌伴酒仙。（卷二《和春州詔陽江客船并先公提按時所題》）
沈彬 2 句：
幽鳥避人穿樹去。（卷二《和鐵關驛諸公所題》）
千年往事歸何處。（卷二《題高城三日浦》、《東文選》卷十三）
法振 3 句：
一雁兩三聲。（卷一《和金學士題龍津縣小樓二首》其一）
清風起綠波。（卷一《題臨津縣客舍》）
馬上題詩卷集成。（卷二《和尹都統淞海巡監次馬上口占》）
隱巒 3 句：
古木參天暗。（卷一《題錦城東亭子》）
僻搜造化精詩叶。（卷二《題李同年書齋》、《和李分營春城即事二首》其一）按：後一首"詩叶"作"詩業"。
山人不愛牡丹紅。（卷三《松》、《東文選》卷二十）
貫休 3 句：
憑檻微吟思有餘。（卷二《和吳先生世文平州路有作》）

綠窗殘夢早聞鶯。(卷三《三月晦日聞鶯有感》、《東文選》卷二十)
自到清虛縹渺方。(卷三《和韓使臣題涌州客舍》)

齊己 23 句：
山暝見雲堆。(卷一《赴耀德鎮次和寶龍驛留題二首》其二)
遙岑聳綠鬟。(卷一《和雲林鎮客舍留題二首》其二)
故園音信斷。(同上)
心逐片帆還。(同上)
繫馬江頭草。(卷一《和王城江客船吳使臣世文留題》)
樹影透簾櫳。(卷一《和和通驛留題》)
無因作醉狂。(卷一《秋夜入直都省偶題壁上二首》其二、《東文選》卷九)
時展書圖看。(卷一《題臨津資福寺》)
憶昨來游日。(卷一《秋晚重游復次前韻》)
夏涼秋晚好登攀。(卷二《奉和春州客舍東樓按部諸公詩韻》)
亂瀑飛泉鳴淅瀝。(卷二《題皆骨山長淵寺》、《東文選》卷十三)
百尺高樓百仞峰。(卷二《和金國使賈益題慈悲嶺》)
高僧獨坐誰爲伴。(卷二《和書狀官晁嶷詩》)
到頭傳寫新詩句。(卷二《和長州客舍王相國度留題》、《東文選》卷十三)
古郡城西芳草渡。(卷二《和安邊客舍恩門轉相剛留題》)
萬家烟草千重樹。(卷二《和藍山驛樓留題》、《東文選》卷十三)
花非識面迎人笑。(卷二《和高州客舍韓學士留題》、《東文選》卷十三)
長安千里路歧賒。(卷二《和靜邊鎮客舍留題四首》其三)
賦咏詞華愧未精。(卷二《和豫州客舍留題》其三)
厭見人間斤斧手。(卷三《松》)
莫教虛老化蒼龍。(同上。《東文選》卷二十)
如何屢報豐年瑞。(卷三《和奇相國喜雪賀聖德詩三首》其二)
瘴海窮荒路渺然。(卷三《和韓使臣靖題宣城》)

杜光庭 2 句：
兼葭風動楚汀秋。(卷二《秋日題沙平廣濟寺》)
遙天雲破碧峰微。(卷二《重九日游江上寺》)

鄭遨(雲叟)3 句：
眼前多勝景。(卷一《和金學士題龍津縣小樓二首》其二、《應制避暑小閣二首》其一、《和王城江客船吳使臣世文留題》)
掃花香在箒。(卷一《蝸舍偶題》)
桃源在何處。(卷一《東溟即事》)

崔峒 1 句：
憑軒數賦江南好。(卷二《和長平鎮客舍樓崔相國留題》)

盧肇 1 句：
幽澗迷松響。(卷一《咏雪》、《東文選》卷九)

崔致遠 1 句：
七言能寫此時情。（卷二《和宜州客舍留題》）
朴仁范 2 句：
豈堪拋世臥溪邊。（卷二《言情》）
許借餘波救涸鱗。（卷三《上恩門知奏事十一首》其三）按：原作崔承祐，金氏據《十抄詩》認爲當作朴仁範，是。
崔承祐 1 句：
繼得清風更有誰。（卷三《三湖》）
韋瞻 1 句：
楚水吳山豁眼明。（卷二《和靜邊鎮客舍留題四首》其一）
張璘 1 句：
醉鄉依舊屬英雄。（卷三《和韓使臣鎮溟縣留題》）按：許氏錄爲張嶙。
楚戀 2 句：
臥映松陰消酒病。（卷二《赴任耀德次觸事有感八首》其五、《東文選》卷十三）
燕雁點飛秋色裏。（卷二《中秋宿清涼寺》）
韓溉 2 句：
角聲鐘響驚鄉夢。（卷二《和靜邊鎮客舍留題四首》其二、《題漢南旅舍》）
欹枕洞房燈欲滅。（卷三《題長州》）
張子方(子方) 1 句：
冰盤消酷暑。（卷一《宮中四景·夏》）
鄭懷古(懷古) 1 句：
小庭班竹冷侵籬。（卷二《題吉先生郊居》）
范文通 1 句：
初晴樓閣暖生塵。（卷三《春雨後有作三首》其三）
盧延讓 1 句：
銅壺漏刻過三更。（卷二《和耀德鎮住華亭諸都統留題二首》其二、《東文選》卷十三）
李雄 4 句：
北苑雨餘烟繚繞。（卷二《題金化縣客舍》）按：許氏誤作李椎。
暮景輕飛處處烟。（卷二《和龍泉驛吳使臣世文韵》）
樓臺影動中流月。（卷二《城樓感興》、《東文選》卷十八）按：《東文選》誤作李櫟。
今古潺湲一種聲。（卷三《溪》）
歐陽烱 1 句：
最是風流堪賞處。（卷三《咏獨樂園中竹五首[園在李平章公昇家]》其五）
無則 6 句：
卷箔白雲峰。（卷一《題山居》）

隔林寒笛兩三聲。(卷二《江天晚望》)
竹杖芒鞋稻野情。(卷二《題漢南旅舍》)
草濕烟村暴雨暗。(卷三《早秋聞蟬有感》)按：同句亦見於卷二《題漢南旅舍》，題作鄭獬。
令人無奈大多情。(卷三《又贈歌妓》)
旅館蕭條憶故林。(卷三《和臨津縣客舍留題二首》其二)

幸寅遜 7 句：
片薄逐風斜。(卷一《咏雪》、《東文選》卷九)
松聲寒似雨。(卷一《暮春夜直都省》)
草合逕還幽。(卷一《和諸元帥和州北樓留題》)
濃叶啼鶯景最宜。(卷二《和元興鎮客舍金都統留題》)
可憐物像還堪賞。(卷二《三月下旬郊亭賞春》、《暮春游江亭二首》其一、卷三《樓》、《東文選》卷十三)
數樹芬芳照晚紅。(卷三《冬栢》)
蝶舞長空粉翅輕。(卷三《和奇相國喜雪賀聖德詩三首》其二)

熊皎 2 句：
待月露霑衣。(卷一《蝸舍偶題》)
千古悠悠竟不回。(卷三《水》)

徐光溥 1 句：
了知喜怒傷和氣。(卷二《重九日游江上寺》)按：徐光溥原誤作徐光薄。

鍾謨 1 句：
不教毛穎先生歇。(卷三《上恩門知奏事十一首》其九)

三 《百家衣集》中所存唐詩異文

如果將《百家衣集》的詩句與《全唐詩》《全唐詩補編》《十抄詩》等書進行比對，可以發現還存在着數量可觀的一些异文。今將主要异文列表如下：

《百家衣集》			《全唐詩》及《補編》、《十抄詩》	
作者	卷次詩題	詩句	卷次詩題①	异文情況
宋之問	卷一《宮中四景·秋》	御酒菊逾黃	卷五二《奉和聖制閏九月九日登莊嚴總持二寺閣》	逾：《全》作"猶"。
宋之問	卷一《宮中四景·冬》	更疏漏正長	卷五三《和姚給事寓直之作》	正：《全》作"漸"。
李義府	卷一《奉和李學士知深題洪川資福寺二首》其一	月色夏猶冷	卷三五《和邊城秋氣早》	月：《全》作"日"。

---

① 詩句出自《全唐詩補編》《十抄詩》，則於詩題後分別標注"《補》""《抄》"。

續表

作者	《百家衣集》 卷次詩題	詩句	《全唐詩》及《補編》、《十抄詩》 卷次詩題	異文情況
李白	卷一《宮中四景·秋》	珠殿瑣鴛鴦	卷二八、一六四《宮中行樂詞八首》其二	珠：《全》作"金（一作珠）"。瑣：《全》作"鎖"。
	卷一《應制避暑小閣二首》其二	簫音鳳下空	卷二八、一六四《宮中行樂詞八首》其三	音：《全》前作"吟"、後作"鳴"。
	卷一《渡朔寧縣南江》	落日懸高柳	卷一六九《憶襄陽舊游，贈馬少府巨》	高柳：《全》作"春愁"。
	卷一《和臨津渡客船留題》	即官愛此水	卷一七九《泛沔州城南郎官湖》	即官：《全》作"郎官"。
	卷一《和金壤縣客舍留題贈邑倅》	携手弄風烟	卷一七五《送楊山人歸天臺》	風烟：《全》作"雲烟"。
	卷一《和金壤縣客舍留題贈邑倅》	更有歡娛處	卷一八四《長信宮（一作長信怨）》	更：《全》作"別"，此句"一作更有留情處"。
	卷二《和漳州客舍留題》	怪鳥迎春歌後苑	卷一八四《題東溪公幽居》	怪：《全》作"好"。
皇甫曾	卷一《春日即事》	山栖洞庭春	卷二一〇《送人還荆州(一作李嘉祐詩)》	栖：《全》作"接"。
杜甫	卷一《宮中四景·秋》	團團月隱墻	卷二二七《薄游》	月：《全》作"日（一作月）"。
	卷一《和狼川縣客舍留題》	墙燕語留人	卷二三三《發潭州（時自潭之衡）》	墻：《全》作"檣"。
	卷一《江頭晚望》	遠水兼天静	卷二二五《野望》	静：《全》作"净"。
	卷一《遠眺》	遠水兼天净		
	卷一《和雲林鎮客舍留題二首》其一	隱機亦青山	卷二三一《悶》	機：《全》作"几"。
	卷一《和雲林鎮客舍留題二首》其一	野闊烟光薄	卷二二六《後游》	闊：《全》作"潤"。
	卷一《和董文功録事幽居》	洗酌開新醞	卷二二八《歸來》	酌：《全》作"杓"。
	卷一《山齋二首》其二	野望轉悠哉	卷二二六《野望因過常少仙》	野：《全》作"秋"。
	卷一《奉和李學士知深題洪川資福寺二首》其一			
	卷一《重陽日寄李同年》	烟篁低地碧	卷二二五《秦州雜詩二十首》其九	烟：《全》作"叢"。

續表

作者	《百家衣集》 卷次詩題	詩句	《全唐詩》及《補編》、《十抄詩》 卷次詩題	異文情況
杜甫	卷一《遠眺》	幽花欹薛樹	卷二二六《過南鄰朱山人水亭》	薛:《全》作"滿"。
	卷一《和康先生日用福靈寺觀音贊詩》	真如法會堂	卷二二七《上兜率寺》	法會堂:《全》作"會法堂"。
	卷一《和連谷縣客舍留題二首》	萬里長江上	卷二二七《畏人》	長:《全》作"清"。
	卷一《題耀德鎮福寨村壁》	急雨梢溪足	卷二二八《絕句六首》其四	梢:《全》作"捎"。
	卷一《題臨津縣客舍》	漁村八九家	卷二二六《為農》	漁:《全》作"江"。
皇甫冉	卷一《和嘉平縣客舍留題》	東南道路長	卷二四九《送王司直（一作劉長卿詩）》	南:《全》作"風（一作南）"。
戎昱	卷一《和歧城縣客舍留題》	坐到五更盡	卷二七○《桂州臘夜》	五:《全》作"三"。按:以五為優。
盧綸	卷一《春望》	尋春上古原	卷二七六《落第後歸山下舊居留別劉起居昆季》	尋:《全》作"悲"。
王建	卷二《春日偶書》	楚王堤柳報烟黃	卷三○○《武陵春日》	報:《全》作"舞"。
韓愈	卷一《和狼川縣客舍留題》	林鶯鳴訝客	卷三四四《閑游二首》其二	鶯:《全》作"烏（一作鶯）"。
	卷一《閔承制宅筵中贈妓》	原上花初發	卷三四三《奉和虢州劉給事使君三堂新題二十一咏·花源》	原:《全》作"源"。
	卷二《和李分營春城即事二首》其一	青春白日映樓臺	卷三四四《同水部張員外籍曲江春游,寄白二十二舍人》	春:《全》作"天"。
	卷三《石榴》	顛倒蒼苔落絳英	卷三四三《題張十一旅舍三咏·榴花》	蒼:《全》作"青"。
	卷三《指錦城次宿參麗驛》	夜到驛亭愁不寐	卷三四四《宿神龜招李二十八馮十七》	到:《全》作"宿"。寐:《全》作"睡"。
張籍	卷一《山齋二首》其二	江山詩景好	卷三八四《送從弟戴玄往蘇州》	山:《全》作"天"。
白居易	卷一《夏日與兄弟游花藏寺》	同游共弟兄	卷四四○《江州赴忠州,至江陵已來,舟中示舍弟五十韻》	共:《全》作"即"。
	卷一《和狼川縣客舍留題》	落照紅於燒	卷四四九《秋思》	落:《全》作"夕"。
	趙文拔序			

續表

作者	《百家衣集》		《全唐詩》及《補編》、《十抄詩》	
	卷次詩題	詩句	卷次詩題	異文情況
白居易	卷一《耀德城重九日寄尹侍郎》	菊碎籬經雨	卷四五六《酬夢得窮秋夜坐,即事見寄》	碎:《全》作"悴"。
	卷一《耀德城重九日寄尹侍郎》	老醉不成狂	卷四五六《池上早春,即事招夢得》	老:《全》作"獨"。
	卷一《題龍津鎮臨海山樓》	山樓對海門	卷四四三《東樓南望八韻》	山:《全》作"江"。
	卷一《和廉學士留題道昌寺》	縵鞚游蕭寺	卷四四八《有小白馬乘馭多時……》	縵:《全》作"慢"。
	卷一《和廉學士留題道昌寺》	强勉一來尋	卷四三四《東城尋春》	强勉:《全》作"勉强"。
	卷一《秋夜入直都省偶題壁上二首》其一	殘月入低廊	卷四四五《閒夕》	殘:《全》作"斜"。
	卷一《重過松澗驛奉續李監稅韻》	幽懷誰與同	卷四三四《卧小齋》	懷:《全》作"情"。
	卷一《和陘戎鎮銀所客舍留題》	紅鯉兩三寸	卷四三〇《草堂前新開一池,養魚種荷,日有幽趣》	兩:《全》作"二"。
	卷一《和連谷縣客舍留題二首》其二	好入詩人咏	卷四四九《太和戊申歲大有年……》	人:《全》作"家"。
	卷一《和李郎中海門秋興》	堤喧簇販夫	卷四三九《東南行一百韻……》	喧:《全》作"長"。
	卷二《和鐵關驛諸公所題》	其奈難逢親舊何	卷四五五《寄明州于駙馬使君三絶句》其一	舊:《全》作"故"。
	卷二《和恩門韓相國夏日游見佛寺》	雖在簪紳從俗累	卷四五一《思往喜今》	紳:《全》作"裾"。
	卷二《題西村場》	別有夜深怊悵事	卷四五〇《問江南物》	怊:《全》作"惆"。
	卷二《題海門禪院》	雲埋水隔無人處	卷四四一《木蓮樹生巴峽山谷……》其一	處:《全》作"識"。
	卷三《題羅州道弘寺》			
	卷二《登世祖願堂望海臺》	畫向屏風張座隅	卷四五三《偶以拙詩數首寄呈裴少尹……》	畫向:《全》作"宜上"。
	卷二《秋日有作》	人間禍福遇難料	卷四五〇《戊申歲暮咏懷三首》其三	遇:《全》作"愚"。
	卷二《赴任耀德次觸事有感八首》其六	唯有春風秋月知	卷四五〇《過元家履信宅》	有:《全》作"是"。
	卷二《赴任耀德次觸事有感八首》其七	正是三年官滿時	卷四四六《留題郡齋》	正:《全》作"便"。

續表

作者	《百家衣集》		《全唐詩》及《補編》、《十抄詩》	
	卷次詩題	詩句	卷次詩題	异文情况
白居易	卷二《暮春游江亭二首》其一	晚花殘笋堪爲伴	卷四四三《獨行》	殘:《全》作"新"。
	卷二《和李分營春城即事二首》其二	小水佳亭自可親	卷四五五《重戲答》	佳:《全》作"低"。
	卷二《暮春登溟州北樓》	日潋水光摇素壁	卷四五六《宅西有流水……》其三	潋:《全》作"瀲"。
	卷三《叙情》	談笑勝愁歌勝哭	卷四五一《勸行樂》	談:《全》作"歡"。
	卷三《林園》	好風來處好開襟	卷四五四《菩提寺上方晚眺》	好:《全》作"遠"。
	卷三《復次韵八景·清凉洞》	殘秋更醉兩三場	卷四五八《會昌元年春五絶句·勸夢得酒》	秋:《全》作"春"。
	卷三《咏獨樂園中竹五首》其一	不須折作釣魚竿	卷四三六《題李次雲窗竹》	折:《全》作"截"。
	卷三《咏獨樂園中竹五首》其五	發醅新酒試嘗看	卷四五七《初冬即事呈夢得》	發:《全》作"潑"。
	卷三《上韓相國》	男兒口讀故人書	卷四三五《王夫子》	故:《全》作"古"。
	卷三《謝同榜李學士見招》	葛裘烏帽閉門居	卷四五四《池上閑吟二首》其二	葛:《全》作"褐"。
	卷三《閑居偶題二首》其一			
	卷三《耀德鎮住華亭板上見舍兄所題》	今日見詩如見面	卷四三七《感化寺見元九、劉三十二題名處》	詩:《全》作"名"。
	卷三《家藏中忽見先公名字感而有作》			
	卷三《題白待制山齋石壁二首》其一	石壁重重苔錦班	卷四五一《題岐王舊山池石壁》	苔錦班:《全》作"錦翠斑"。
	卷三《庭竹》	經春歷夏復經秋	卷四五八《足疾》	上經:《全》作"綿"。
	卷三《學禪》	歸則應歸兜率天	卷四五九《答客説》	則:《全》作"即"。
	卷三《和咸同年净因寺感懷六首》其二	西軒泉竹北窗風	卷四五四《喜照密閑實四上人見過》	竹:《全》作"石"。
	卷三《公州官宴贈妓彈琵琶》	十三學得琵琶聲	卷四三五《琵琶引》	聲:《全》作"成"。
姚合	卷一《和積城縣客舍留題》	秋草上墻生	卷四九七《山居寄友人》	墻:《全》作"階"。
	卷一《山齋二首》其一			

續表

作者	《百家衣集》卷次詩題	詩句	《全唐詩》及《補編》、《十抄詩》卷次詩題	异文情况
張祜	卷二《書狀官晁巖詩》	四面高低盡見山	《登重玄閣》(《補》)	面：《補》《抄》作"檻"。
	卷二《山齋即事》		《偶登蘇州重玄閣》(《抄》)	
杜牧	卷一《金蘭懷古》	古人何處在	卷五二三《有寄》	古：《全》作"美"。
賈島	卷一《東溪即事》	新秋至洞庭	卷五七三《送殷侍御赴同州》	新秋：《全》作"秋深"。
許渾	卷二《言情》 按：此詩原誤作許棠(許棐)。	文章輔主非無意	《送馬拾遺東歸》(《抄》)	輔，《抄》作"報"。
陸龜蒙	卷一《龍津鎮通溪樓即事》	遠木欲鳴蟬	卷七九三《開元寺樓看雨聯句》	木：《全》作"樹"。
羅鄴	卷三《早秋聞蟬有感》	何況經年萬里行	卷六五四《蟬》	何況：《全》作"況是"。
胡曾	卷二《登世祖願堂望海臺》	一上高亭日正曠	卷六四七《咏史詩·云云亭》	曠：《全》作"晡"。
	卷二《春日偶書》	笑領詩人入醉鄉	卷六四七《咏史詩·西園》	笑：《全》作"更"。
方干	卷二《赴任耀德次觸事有感八首》其七	澄泉繞砌流觸戶	卷六五〇《旅次洋州寓居郝氏林亭》	砌：《全》作"石"。流觸戶：《全》作"泛觸遲"。
	卷二《和林原驛吳使臣韻》	寒月更深聽遠鴻	《逢友人》(《補》)、《贈岳人》(《抄》)	遠：《補》《抄》作"過"。按：二書皆作賈島詩。
	卷三《公州官宴贈妓彈琵琶》	琵琶聲促千般語	卷六五二《陪李郎中夜宴》	聲：《全》作"弦"。
羅隱	卷二《甘露寺江樓即事》	甘露軒前見水流	卷六五七《秋日酬張特玄》	見：《全》作"看"。
	卷二《城樓感興》	蟋蟀聲生半夜秋	卷六六三《感懷》	聲：《全》作"床"。
秦韜玉	卷三《新及第行》	好是夜深絲竹罷	卷六七〇《牡丹》	夜深：《全》作"酒闌"。
鄭谷	卷三《早秋聞蟬有感》	故鄉聞爾亦怊悵	卷六七五《雁》	怊：《全》作"惆"。
	卷三《野鶴》	漁人歸後汀沙晚	卷六七五《鷺鷥》	人：《全》作"翁"。
杜荀鶴	卷二《重九日游江上寺》	拋鈎野客橫琴醉	卷六九二《夏日登友人書齋林亭》、《夏日登友人林亭》(《抄》)。	鈎：《全》《抄》作"山"。

續表

作者	《百家衣集》 卷次詩題	詩句	《全唐詩》及《補編》、《十抄詩》 卷次詩題	异文情況
韋 莊	卷一《江頭晚望》	花落魚爭咂	卷六九七《李氏小池亭十二韵(時在婺州寄居作)》	咂：《全》作"唼"。
喻坦之	卷一《題安北都護北樓》	稽留日已西	卷七一三《留別友人書齋》	稽：《全》作"一"。
李 洞	卷一《山齋二首》其一	掃地月盈尋	卷七二一《喜鸞公自蜀歸》	地：《全》作"石"。
沈 彬	卷二《和書狀官晁嶷詩》	雙眸終日挂危巓	《望廬山》(《補》)	終：《補》作"盡"。
齊 己	卷二《暮春登溟州北樓》	碧苔芳草繞階深	卷八四四《酬尚顔上人》	碧：《全》作"綠"。
蔣 防	卷一《宫中四景·秋》	俄符聖壽長	卷五〇七《望禁苑祥光》	符：《全》作"同"。
謝良輔	卷一《題文州客舍》	荻蕙軟如綿	卷三〇七《狀江南·孟冬》	蕙：《全》作"穗"。
馬 湘	卷一《暮春登溟州北樓》	雨餘嵐氣没高林	卷八六一《登杭州秦望山》	餘：《全》作"添"。
朴仁範	卷二《言情》	豈堪抛世卧溪邊	《寄香岩山睿上人》(《抄》)	堪：《抄》作"勝"。
李 潜	卷三《上恩門知奏事十一首》其七	羽毛若荷生成力	卷五五二《和主司王起(一作和主司酬周侍郎)》	若：《全》作"方"。
楚 巒	卷二《和文州客舍恩門韓相國詩》	緑楊紅杏迎寒食	《春(題擬)》(《補》)	迎：《補》作"宜"。
李 雄	卷二《題金化縣客舍》	北苑雨餘烟繚繞	《向吴亭》(《抄》)	繚繞：《抄》作"繞郭"。
	卷二《和龍泉驛吴使臣世文韵》	暮景輕飛處處烟	《濯錦江》(《抄》)	飛：《抄》作"翻"。
吴仁璧	卷二《和静邊鎮客舍留題四首》其二	不勞千里憶蓴羹	《洞庭春暮》(《抄》)	勞：《抄》作"應"。《抄》録作皮日休詩。

按：以上异文，僅列出了一些略具價值的部分，至於夾與挾、熏與薰、苑與院、瀟與蕭、蒼浪與滄浪、傍與旁、唯與惟、案與按、少與小、樽與尊、渺與緲、佳與嘉等字，於詩意無大差別，便不再出校。

也有同一句話，在不同詩篇中出現了异文，如卷一《江頭晚望》杜甫的"遠水兼天静"，在另一首《遠眺》中"静"作"净"，據《全唐詩》，當是"净"，且據詩意以"净"爲妙；卷二《題李同年書齋》隱巒的"僻搜造化精詩叶"，在另一篇《和李分營春城即事二首》其一中"叶"作"業"，據詩意，以"業"爲是，"叶"乃是因音同而訛。像這樣的异文有一些還是可以辨别出是非優劣的。又如卷一李白《和臨津渡客船留題》的"即官愛此水","即官"當是"郎官"之誤,同卷謝良輔《題文州客舍》的"荻蕙軟如綿","蕙"應是"穗"之誤,《閔承制宅筵中贈妓》"原上花初發","原"應是"源"之誤,白居易《耀德城重九日寄尹侍郎》的"菊碎籬經雨","碎"應是"悴"之誤,卷二白居易《秋日有作》的"人間禍福遇難料","遇"應是"愚"之誤,卷三白居易《上韓相國》的"男兒口讀故人書","故人書"當是"古人書"之誤,像這樣的异文還有一些,都應以《全唐詩》爲準;至如卷一戎昱《和歧城縣客舍留題》的"坐到五更盡",其中"五更"要比《全唐詩》中的"三更"用得好,因爲戎昱詩之五六句作"曉角分殘漏,孤燈落碎花",這是五更後的場景,而非三更,但是這樣的現象極少。大多异文并無實質性的差别,且極有可能是在傳抄過程中所產生的訛變,并非真有什麽版本學上的意義①。

四 《百家衣集》中所存唐人詩句的作者歸屬問題

《百家衣集》中所録唐詩人共有144位,他們分别是:

卷一:杜荀鶴、白居易(白樂天,樂天)、上官儀(原誤作王官儀)、崔湜、楊師道、杜甫、賈島(僧無本)、李德裕、蔣防、李白、王維、宋之問、李乂、楊巨源、齊己、辛寅遜(辛寅遜,寅遜)、盧肇、李商隱、錢起、杜牧、韓愈(韓公)、張蠙、張籍、法振、温庭筠(誤作廷筠)、方干、鄭遨(雲叟)、劉禹錫(禹錫)、柳宗元(宗元)、雍陶、李洞、劉長卿、尚顏、權德輿(原誤作權德裕)、劉滄(仲先)、冷朝陽、顧非熊、鄭谷、張子方(子方)、于武陵、韋莊、貫休、楊逵、熊皎、薛彦輔母林氏(原誤作薛言輔母林氏)、姚合、王軒、戎昱、皇甫曾、清江、盧仝、韋應物(應物)、沈佺期、李嘉祐(嘉祐)、無則、皇甫冉(原誤作皇甫苒)、陸龜蒙、暢當、處默、周朴、喻坦之、唐太宗、張喬、高駢、蘇頲、盧綸、駱賓王、李濤、崔峒、吕温、鄭還古、張説、顧况、周繇、施肩吾(肩吾)、于鵠、鄭常、李群玉(群玉)、王之涣(原誤作王涣之)、薛能、趙嘏、皎然、賀陟(賀遂涉)、李義府(義府)、梁瓊、王績(許氏誤作王續)②、隱巒、蘇廣文、皮日休(日休)、張文姬(女郎張氏)、侯冽、謝良輔、張謂、許渾、李昌符。

卷二:張祜(張祐)、沈彬、盧延讓、王建、元稹(元微之。按:微之,有元微之,有楊微之。楊微之即楊徽之之訛,乃是宋人。此集中,凡單稱"微之"者,皆歸於楊徽之)、胡曾③、李雄、吴融、李紳、(杜)光庭、嚴維、曹唐、韋瞻、韓溉、吴仁璧、王昌齡、崔涯、楚巒(原誤作楚蠻)、鄭懷古(懷古)、羅隱、韓琮(一作韓宗)、司空曙、韓翃、崔致遠、羅鄴、秦韜玉、朴仁範、徐光溥、馬湘(馬自然)。④

---

① 今天我們如果將《百家衣集》與《東文選》所收林惟正詩進行比對,仍能發現《東文選》在某些地方的改動,并非是因爲所據版本的不同而導致的差異,而是在字形或字音上的相似而產生的訛誤。
② 卷一《奉和李學士知深題洪川資福寺二首》其二"卷簾看水石",《全唐詩補編》題作王績《山園》,故知許氏題作王續乃是因形而誤。
③ 胡曾"一上高亭日正曠"(卷二《登世祖願堂望海臺》),《東文選》卷十三誤作胡僧,且"曠"作"哺"。
④ 卷二還有一名許寀者,應爲許棠之誤。許棠爲晚唐人,在《全唐詩》中有詩二卷。在《百家衣集》中,有句作許渾的,在《全唐詩》中却是作許棠;而標爲許寀(許棠)的詩句,《十抄詩》却作許渾。可見二人詩句或有相同,或有互爲混淆者。

卷三：薛逢、孟郊、鄭合敬(即鄭合，原誤作鄭合敞)①、王感化、李遠、竇鞏(原誤作竇群)、韓偓(原誤作韓渥)、來鵬、許晝、王睿(炙谷子)、歐陽炯、李潛、鍾謨、張璘(原誤作張嶙)、崔承祐、船子和尚、范文通、何扶、李郢、章孝標。

如果計上脱漏的唐玄宗與孟浩然，應該是 146 人。

此外，若加上劉旼(或爲陳旻)、陳高(或爲陳商)、陳泳(或爲陳咏)、可鵬(或爲可朋)、元惇(或爲元淳)等 5 人②，則多達 151 人，不過因爲字形之誤而致無法確認了。

另外，还有一些詩篇的歸屬仍然存在着一些問題。如：

唐太宗的"野老茅爲屋"(卷一《題耀德鎮福寨村壁》)應爲玄宗所作(見《全唐詩》卷三《早登太行山中言志》)，而非太宗。

王維的"綠樹村邊合"(卷一《龍津鎮通溟樓即事》)顯然是孟浩然的詩句，却係在王維的名下。

李白有不少句子，《全唐詩》却是係在其他人名下，如"何以消煩暑"(卷一《和彭學士祖逖題静邊鎮清遠閣二首》其一)、"莫説傷心事"(卷一《山寺感懷》)、"白露濕青苔"(卷一《山齋二首》其二)、"沙冷聚鸂鶒"(卷一《和連谷縣客舍留題二首》其一)、"勸酒有殘鶯"(卷一《夏日游甘露寺和諸公留題》)等五句，全是白居易的作品。

韋應物"郡中今有謝玄暉"(卷二《赴任耀德次觸事有感八首》其五)乃是秦係《即事奉呈郎中韋使君》的句子。

杜甫的詩句也有一些與他人完全相同，如"獨吟還獨嘯"(卷一《和長楊縣客留題》)與白居易《山路偶興》相同(按：卷一白居易《重陽日寄李同年》有同句)，"柳深陶令宅"(卷一《春日即事》)與李白《留别龔處士》相同，"杖節行千里"(卷一《和嘉平縣客舍留題》)與王昌齡《答開陵田太守》"仗劍行千里"相似，"明月隱高樹"(卷一《春望》《訪禮安江彌陁寺》)與陳子昂《春夜别友人二首》其二相同，"小子斐然狂"(卷一《秋夜入直都省偶題壁上二首》)與杜牧《奉和門下相公》相同，"繫馬又登臨"(卷一《和連谷縣客舍留題二首》)與朱灣《九日登青山》相同，"林枯黄叶盡"(卷一《題耀德鎮福寨村壁》)與李嶠《十月奉教作》相同，"細逕穿禾黍"(卷一《題臨津縣客舍》)與李昌符《遠歸别墅(一作秋晚歸故居)》相同，"滿耳潺潺滿面凉"(卷三《浴泉》)與白居易《香山避暑二絶》其一"滿耳潺湲滿面凉"略同，"不知今夕是何夕"(卷三《謝同榜李學士見招》)與賈島《友人婚楊氏催妝》相同。

皇甫冉"岸明殘雪在"(卷一《和沙平渡聖清院留題》)與郎士元《送韓司直

---

① 鄭合敬，亦作鄭合，晚唐人，《百家衣集》中有"時時聞喚壯頭聲"(卷三《新及第行》)一句。《東文選》卷二十誤作鄭合敞，許氏作鄭合敬。據原本字形似敬，若爲鄭合敞，則唐宋人中無從查考。
② 如陳泳，可能是晚唐人陳咏，《百家衣集》中有其"和霧遠山堆眼冷"(卷二《和静邊鎮客舍留題四首》其二、《暮春游江亭二首》其二)一句，并且用了兩次；又如元惇有"嘉氣晚來濃"(卷一《應制避暑小閣二首》其二)一句，查唐宋詩人無作元惇者，可能是晚唐女道士元淳之誤。此等情況不一而足，難以確證。

路出延陵》或劉長卿《送韓司直》的句子相同,"桃李自無言"(卷一《金蘭懷古》)是駱賓王《早秋出塞寄东台詳正学士》或王質《金谷園花發懷古》的句子。

暢當"山蟬處處吟"(卷一《題東林寺》)與沈佺期《游少林寺》相同。

白居易"風清月色多"(卷一《湍江即事》)與戴叔倫《泊湖口》相同,"清風松下來"(卷一《和彭學士祖逖題靜邊鎮清遠閣二首》)與孟浩然《裴司士、員司户見尋(一作裴司士見訪)》相同,"春風餘幾日"(卷一《赴耀德鎮次和寶龍驛留題二首》)與李白《贈錢君少陽(一作送趙雲卿)》相同,"一酌復一笑"(卷一《題安北都護北樓》)與蘇晋《過賈六》相同,"東西湖杳杳"(卷一《和諸元帥和州北樓留題》)與劉長卿《將赴湖南湖上別皇甫曾》"東西湖渺渺"略同,"溪雲動似人"(卷一《暮春早發高城縣》)與貫休《早起》相同,"吾與二三子"(卷一《東溪即事》)與孟浩然《洗然弟竹亭》相同,"獨在异鄉爲异客"(卷二《和李分營春城即事二首》其二)分明是王維《九月九日憶山東兄弟》中的句子,"姑蘇城外寒山寺"(卷三《和咸同年净因寺感懷六首》其一)却是張繼《楓橋夜泊(一作夜泊楓江)》的句子。

崔涯"吟對金陵晚渡頭"(卷二《秋日題沙平廣濟寺》)與崔涂《金陵晚眺》"吟對金陵古渡頭"相似。

宋人楊蟠"暗草通溪遠"(卷一《和洞仙驛留題》《和和通驛留題》)與張祜《題海陵監李端公後亭十韵》相同。而張祜的"使君莫惜通宵醉"(卷二《耀德鎮筵中贈崔分營孝思》)與《十抄詩》中的許渾《周員外席雙舞柘枝》"使君莫惜通宵飲"句略同。

杜牧"春來無處不閑行"(卷三《公子行》)與鄭合《及第後宿平康里》的詩相同,"錦水東流遶錦城"(卷三《溪》)與李白《上皇西巡南京歌》相同。

許渾"碧溪飛白鳥"(卷一《題臨津縣客舍》)與許棠《送龍州樊使君》同。

韓宗"門掩落花人別後"(卷三《贈許同年》),《全唐詩》歸於韓溉,《十抄詩》歸於韓琮《愁》。

賈島"迴馬欲黄昏"(卷一《題龍津鎮臨海山樓》)、"帆過浪無痕"(卷一《題長壽院》),宋之問《江亭晚望》皆有(按:《全唐詩》於此兩句也是兩屬),"寸心遥往處"(卷一《春望》)與李頻《秋夜對月寄鳳翔范書記》相同。

温庭筠"楚鄉千里遠"(卷一《題錦城東亭子》)與儲光羲《漢陽即事》"楚國千里遠"略似。

高駢"逡巡好上高樓望"(卷二《和長平鎮客舍樓崔相國留題》),《全唐詩》有其《對雪》詩"如今好上高樓望"句,兩者句式相類。

李昌符"亭古帶兼葭"(卷一《題臨津縣客舍》)與杜甫《官亭夕坐戲簡顔十少府》相同。

許棠(原誤作許寅)"文章輔主非無意"(卷二《言情》),《十抄詩》作許渾《送馬拾遺東歸》。

石曼卿"珠璣續同筆端生"(卷二《和長平鎮客舍樓崔相國留題》)與方干《贈孫百篇》"珠璣續向筆頭生"極似;而方干"寒月更深聽遠鴻"(卷二《和林原

驛吳使臣韵》），《全唐詩補編》《十抄詩》皆作賈島詩，《全唐詩補編》題作《逢友人》，《十抄詩》題作《贈岳人》。"一樽酒盡青山暮"（卷三《東林寺上房醉後戲題》），與《全唐詩》許渾《送元晝上人歸蘇州兼寄張厚二首》其一同，《十抄詩》許渾《郊園秋日寄洛中親友》、馬戴《京口閑居寄京洛親友》皆有此句。則此句，或爲彼時之共句耶？

鄭谷"山色好當晴後見"（卷二《三月下旬郊亭賞春》）與白居易《題崔常侍濟上別墅》同。另句"且共高僧對榻眠"（卷二《中秋宿清凉寺》），司空圖《重陽日訪元秀上人》中也有此句。

韋莊"話僧還覓伴"（卷一《和廉學士留題道昌寺》）與陸龜蒙《和襲美江南書情……》"訪僧還覓伴"類似。

李洞"又許笙歌伴酒仙"（卷二《和春州韶陽江客船并先公提按時所題》）與白居易《令狐尚書過弊居先贈長句》"定有笙歌伴酒仙"類似。

法振"天寒遠近山"（卷一《山寺感懷》）與皎然《同盧使君幼平郊外送閻侍御歸臺》相同，"峰交樹影深"（卷一《和連谷縣客舍留題二首》其一）與王勃《深灣夜宿》"風交樹影深"相似。

貫休"山路倒枯松"（卷一《題山居》）與皇甫曾（一作朱放）《送著公歸越》相同，"衣巾夏蘚霑"（卷一《訪禮安江彌陁寺》）與皮日休《奉和魯望秋日遣懷次韵》相同，"緑窗殘夢早聞鶯"（卷三《三月晦日聞鶯有感》）與李益《奉和武相公春曉聞鶯》"緑窗殘夢曉聞鶯"相似。

齊己"故園音信斷"（卷一《和雲林鎮客舍留題二首》其二）與白居易《花下對酒》相同，"心逐片帆還"（卷一《和雲林鎮客舍留題二首》其二）與鄭谷《登杭州城》（一作杭州樟亭、樟亭驛樓）相同，"時展書圖看"（卷一《題臨津資福寺》）與岑參"時展尺書看"、薛媛"時展畫圖看"類似，"夏凉秋晚好登攀"（卷二《奉和春州客舍東樓按部諸公詩韵》）與張祜《偶登蘇州重玄閣》相同。

陳商"江月爲誰圓"（卷一《和驪江禪院留題》）與羅鄴《秋別》"明月爲誰圓"類似。

盧肇"幽澗迷松響"與他的《風不鳴條》"入谷迷松響"相似。

尚顔"冥搜清絶句"（卷一《咏雪》）與尚能《中秋旅懷》相同。

無則"隔林寒笛兩三聲"（卷二《江天晚望》）與元稹《過襄陽樓呈上府主嚴司空樓在江陵節度使宅北隅》"隔林鶯舌兩三聲"相似。

吳仁璧"不勞千里憶蓴羹"（卷二《和静邊鎮客舍留題四首》其二）與《十抄詩》中皮日休《洞庭春暮》相同，"中外兼權社稷臣"（卷三《上恩門知奏事十一首》其三）與張籍《送李司空赴鎮襄陽》相同。

王感化"南北通歡永無事"（卷三《春帖子》）與鍾謨《獻周世宗》相同。

幸寅遜"松聲寒似雨"（卷一《暮春夜直都省》）與丘丹《移夕宿石門館》"杉松寒似雨"類似。

如果加上兩屬的另一位詩人，去除重複及宋人，又可得秦係、朱灣、李嶠、郎士元、王質、戴叔倫、蘇晋、張繼、儲光羲、馬戴、司空圖、王勃、李益、薛媛（或岑參)、尚能、丘丹等16人。則《百家衣集》所采用的唐五代詩人達到167人之多。①

五　餘論

　　林惟正《百家衣集》收錄了大量的唐人詩句,根據筆者的統計,共有146位詩人、763句(其中有8句用了二次,有1句用了三次),其中75位詩人的246句是佚句。金程宇先生的統計原爲91人,除去重複的3人(王維、錢起、姚倫。姚倫實爲姚合之誤),實際爲88人;筆者新增唐人58人,較原來統計多出65%。另外,關於佚句,金程宇先生的統計原爲107句,筆者新增佚句139句,較之多出近130%。除此之外,還有一些詩人應該是唐人,但是没有被統計進來,如陳泳(唐人有陳咏)、元惇(唐人有元淳)等人或許是因轉抄刻寫而導致的字形之誤。而李白、杜甫、白居易的詩句中,混有大量其他人的詩句,因爲情形比較複雜,很難做出具體而準確的分割,所以,也没有對之加以區别對待而納入統計中。

　　在异文方面,筆者嘗試將《百家衣集》中的詩句與《全唐詩》《全唐詩補編》《十抄詩》等文獻進行比對,發現了不少异文。這些异文中,有一些是《全唐詩》"一作"的异文,或許林惟正集句時所見到的版本就是"一作"的版本;除了與《全唐詩》"一作"相同的异文外,只有極個别的地方優於其他版本,餘則基本没有特别的意義。倒是《全唐詩》的一些异文要明顯優於《百家衣集》,其中一些异文還可以明顯辨别出是因爲傳抄刻寫之時,因形近或音近而產生的錯誤。所以,《百家衣集》在异文上的價值就大大打了折扣。在對《全唐詩》進行校勘時,引用《百家衣集》的异文就要顯得相當謹慎了。

　　在一詩兩屬方面,情況也比較嚴重。根據筆者的統計,共有32人69句涉及到兩屬的問題。除了少量的兩屬情況有細微的异文外,基本上是兩者詩句完全相同。因爲詩人在創作時,化用或直接引用他人詩句在《全唐詩》及《補編》中亦并非偶然的現象,一詩兩屬的現象也不少,所以在缺少必要證據的情形下,我們很難判斷確實就是林惟正錯了。但是根據《百家衣集》中的一些現象,我們也可大致推測出之所以出現這麼多兩屬的現象,應該與林惟正的筆誤或後世傳抄時的訛誤有着很大的關係。所以,也不能據林惟正所題詩作者便將此句歸於該作者名下。這在《百家衣集》中進行《全唐詩》的輯佚時,也是應該值得注意的地方。

（作者單位:韓國全南大學校中語中文學科）

---

① 另外,《百家衣集》還有因筆者學力所限,或是因筆誤,而導致無法查考作家時代的還有近百人,其中或許還有一些唐代作家未被發現。

自家互文與他山之石:《汪文摘謬》探論

孟羽中

汪琬(1624—1690),字苕文,號鈍庵,晚年歸吳中堯峰授徒,學者稱堯峰先生。古文被時人譽爲"其文根柢六經,出入廬陵、震川間"①,與侯方域、魏禧并稱"國朝三家"②。葉燮(1627—1703),字星期,后寓居吳中横山講學,世稱横山先生。所作《原詩》"直抉古今來作詩本領,而痛掃後世各持所見以論詩流弊"③,兼具思辨性與體系性,是古代詩學史上非常有特色的一本理論專著。葉燮曾抽取汪琬十篇古文,匯成《汪文摘謬》一書(以下簡稱《摘謬》)。一古文高手,一詩學專家,一長於創作,一精於理論,兩位書院山長間的思維碰撞值得探論。學界以往的研究主要集中於考辨《摘謬》中的文獻來源與文法批評的特色④,這些研究均十分有益,但未與葉、汪的其他著作相觀照。本文將着力分析《摘謬》與葉燮本人其他作品的"互文",如《摘謬》可與《原詩》互注,以及與葉燮創作的互參,同時本文將着力廓清《摘謬》對汪琬後來創作的影響。

一 以《摘謬》爲《原詩》之補注

《摘謬》何時成書,又因何成書?葉燮門下高足沈德潛記述如下:

> 築室吳縣之横山下……遠近從學者衆,先生談討不倦。……時汪編修鈍翁琬居堯峰,教授學者,門徒數百人,比於鄭衆、摯恂。汪説經硜硜,素不下人,與先生持論鑿枘,互相詆諆,兩家門下士亦各持師説,不相下。⑤

---

① 〔清〕李元度《汪堯峰先生事略》,《國朝先正事略》卷三十七,清同治刻本。
② 〔清〕宋犖《國朝三家文鈔序》,《國朝三家文鈔》,清康熙刻本。
③ 〔清〕葉燮撰,蔣寅箋注《原詩箋注》前言,上海古籍出版社,2014年,第1頁。
④ 李聖華《汪琬的古文理論及其價值芻議》,《文藝研究》2008年12月。武海軍《〈汪文摘謬〉考》,《文獻》2015年3月。諸雨辰《從文法到士大夫意識:葉燮〈汪文摘謬〉的批評方式論析》,《斯文》2017年9月。
⑤ 〔清〕沈德潛著,潘務正、李言編輯點校《葉先生傳》,《沈德潛詩文集》,人民文學出版社,2012年,第1398—1399頁。

可知《摘謬》的成書時間在葉燮居橫山開館授徒、并汪琬以編修身份居堯峰教授之后。葉燮自述"戊午之冬,葉子得廢圃於西山之麓,面九龍、堯峰、楞伽諸山,背負橫山之陽,築草堂焉,命名曰'二弃'"①,即康熙十七年(1678),葉燮始居橫山。康熙十八年汪琬"改翰林編修"②與修《明史》,康熙二十年二月,汪琬以編修身份請告歸家居堯峰③。鑒於《摘謬》中的文章與《鈍翁前後類稿》(康熙二十四年刻成)所存同題文章有不同(汪琬參考《摘謬》進行了修改,後文詳述),且所摘文章中《陳文莊公祠堂廟碑記》一篇最晚出,文中有"祠成於康熙十九年,又三年,某始爲之文"句。根據學者考訂,《摘謬》當成書於康熙二十二年《陳文莊公祠堂廟碑記》寫成以後,康熙二十四年《鈍翁前後類稿》刻成之前④。結合葉、汪二人開館授徒的時間,這個論斷大體可從。

汪琬被比於東漢經學家鄭衆、摯恂(當然,這很可能出自門人的贊美),從"汪説經硜硜""與先生持論鑿枘"的記述看,葉、汪在經學方面的分歧是成書的重要誘因。通覽汪琬著述,其經學成就在於《詩經》《三禮》和《春秋三傳》,參照葉燮的興趣所在,分歧應集中於《詩經》,綜合言之,即在詩學方面兩人持論鑿枘。讓人容易想到葉燮名著《原詩》,關於《原詩》寫成時間,學界有兩種主流觀點:一是認爲作於康熙十九年至二十三年⑤;一是根據張玉書《西南行草序》與沈珩《原詩叙》,定爲康熙二十五年三月至十月⑥。以上兩種推斷,與《摘謬》成書時間重疊或相近。不少學者已注意到此點,如蔣寅認爲《原詩》的誕生,大背景是當時詩壇的唐、宋之爭,小背景是"吳中地區葉燮與汪琬兩家講學宗旨不同帶來的詩學之爭"⑦。鄔國平等更是指出,《原詩》和《摘謬》一樣乃針對汪琬而作⑧。這些論述提示我們,不可離開《原詩》孤立地分析《摘謬》。

二 《摘謬》中的"才、膽、理、識"

關於《摘謬》的內容,葉燮本人在《汪文摘謬引》中概述如下:

> 余嘗評其文有四語,謂:"行文無才,持論無膽,見理不明,讀書無識。"汪君摹仿古人之文,無异小兒學字,隔紙畫印,尋一話頭發端,起承轉合,自以爲得古人之法,其實舛錯荒謬,一篇之中自相矛盾,至其虛字轉折,文

---

① 〔清〕葉燮《二弃草堂記》,《已畦文集》卷六,清康熙刻本。
② 〔清〕宋犖《汪鈍翁本傳》,《國朝三家文鈔》附錄。
③ 〔清〕趙經達《汪堯峰先生年譜》,〔清〕汪琬著,李聖華箋校《汪琬全集箋校》,人民文學出版社,2010年,第2447頁。
④ 武海軍《〈汪文摘謬〉考》。
⑤ 吳宏一《葉燮〈原詩〉研究》,《清代文學批評論集》,臺北聯經出版事業公司,1998年,第84—88頁。
⑥ 蔣凡《葉燮和〈原詩〉》,上海古籍出版社,1985年,第5頁。
⑦ 《原詩箋注》前言,第15頁。
⑧ 鄔國平、王鎮遠《中國文學批評通史·清代卷》,上海古籍出版社,1996年,第286—288頁。王運熙、顧易生《中國文學批評史新編》下册,復旦大學出版社,2007年,第265頁。

理俱悖。①

葉燮將汪琬文章評爲"行文無才,持論無膽,見理不明,讀書無識",讓人易聯想到《原詩》的著名論斷:"以在我之四(才、膽、識、力),衡在物之三(理、事、情),合而爲作者之文章。"②《原詩》中的才、膽、識、力與理、事、情往往孤立出現,《摘謬》將上述詞語放在一個個具體背景下,有助於我們更好地理解葉燮的理論。

(一) 行文無才

《原詩》中"才"屬於創作主體要具備的條件之一,《摘謬》稱"行文無才",結合文章,當指汪文的語言表達不盡人意。

有字詞可斟酌者。如《金孝章墓志銘》,文曰:"踰年,流賊陷北京。又踰年,王師渡江。吳人始深詫先生知幾云。"《摘謬》曰:"'深詫',何不云'深嘆'?""深詫"說明衆人對金孝章的預見之明感到意外,而"深嘆"則說明衆人慣知先生高明,此刻更加崇敬,故改爲"深嘆"更好。

有虛詞轉折不當者。如《吳公紳芙蓉江唱和詩序》,文曰:"是故凡物細大,莫不有法,而況詩乎?"《摘謬》曰:"大凡用'況'字,或舉大以況細,或舉細以況大,未有大與細合舉而總以'況'字承之者。""況"作虛詞轉折,意在同一維度上更進一層,葉燮所言從大況細、舉細況大,即爲此意。汪琬從塵世萬物的大與細,上升到抽象的詩,二者邏輯層次不同。對此,黃宗羲有同感,認爲汪文特以一二轉折語爲矜貴,"以視今日之名士,摹仿得歐、蘇一二轉折語,自稱震川正派者,見之能不自愧乎?"③

有贅語、絮語者。如《陳文莊公祠堂廟碑記》,文曰:"公奮曰:'首可斷,誥不可草。'由是觸忠賢怒。"《摘謬》圈點"由是觸"可省,當陳公言"首可斷,誥不可草"時,即作爲原因觸怒魏忠賢。葉燮修訂文章一貫善於删贅語、絮語,他曾修訂三姊葉小鸞文集,將"其時水落而岸高,流涸而厓出"修訂爲"其時水落岸高,流涸厓出"④。删除兩個"而"字,使文意更便捷,也符合文貴儉省的審美。

有援引八股文入古文者。如《送姚六康之任石埭序》,文曰:"姚子既研極禪宗,而通佛之旨趣,則予知其視一邑也,皆祇園兜率也;其視奔走簿書也,皆參學記莂也;其視邑中士大夫與其人民也,皆化身之百千萬億也。"《摘謬》認爲這是"時文油腔"。八股文講究"體用排偶",明代王鏊的文章即因句式、字數、音韵皆成偶對而被稱爲時文典範,被盛贊"理至守溪而實,氣至守溪而舒,神至守溪而完,法至守溪而備"⑤。但在具體實踐中,作者往往會因爲追求形式的整飭而桎梏文意,反不如散體單行的古文在表情達意方面順暢。故不少有識者紛紛以古文爲時文,其中就包括被汪琬追慕的歸有光,"以古文爲時文,自唐

---

① 〔清〕葉燮《汪文摘謬》,民國四年(1915)刊本。按:下文《摘謬》中的字句均出此書,不再單獨列出。
② 《原詩箋注》,第150頁。
③ 〔清〕黃宗羲《戴西洮詩文題辭》,《南雷文定》卷一,清程志隆刻本。
④ 〔清〕葉燮《午夢堂詩鈔》,《已畦文集》附錄。
⑤ 〔清〕梁章鉅《制義叢話》卷四,清咸豐九年刻本。

荆川始,而歸震川又恢之以閎肆"①。汪琬反其道行之,不排除有從形式上修飾古文的願力,但具體到此文,三句排偶都在論述姚子精通佛旨,文意重複。從詩家角度言這是"合掌",乃詩家大忌,文章角度言,也是因辭害意。

有俗筆、應酬文字者。如《送徐原一歸昆山序》,《摘謬》直指文章涉嫌抄襲:"汪君自以爲古色繽紛矣,殊不知乃專諸巷中錦屏錦軸,現成應酬文字,不意汪君竟蹈此乎!"汪文不錄,點評也僅有此一句,當爲鄙下無譏之意。

(二) 持論無膽

《原詩》中"膽"也是創作主體要具備的條件之一,《原詩》曾言:"因無識,故無膽,使筆墨不能自由,是爲操觚家之苦趣,不可不察也。"②論者認爲:"膽是指人的膽略勇氣,表現在創作中,就是指能擺脱前人樊籬,敢於獨立思考,揮灑自如的創新精神。"③《摘謬》稱"持論无胆",結合文章,主要指汪琬在論證觀點時,文法拘泥。

如《送魏光禄歸蔚州序》,文曰:"蓋其家庭之間,能不愧志完母子者久矣。"《摘謬》曰:"此是汪君極得意回龍顧祖照應法,殊不知却是硬插入去,與文情毫無關涉。"汪琬論文注重法度,帶來的負面影響便是太拘泥於文法。魏禧曾與計東私下評點汪琬文章:"古人法度猶工師規矩,不可叛也。而興會所至,感慨悲憤愉樂之激發,得意疾書,浩然自快其志,此一時也。雖勸以爵禄不肯移,懼以斧鉞不肯止,又安有左氏、司馬遷、班固、韓、柳、歐陽、蘇在其意中哉?"④計東贊同魏禧,"因語鈍翁曰:'僕自山東來,曾游泰山,登日觀峰,神志方悚栗,忽欲小遺甚急,下山且四十里,不可忍,乃潛溺於峰之側,恐重得罪,然竟無恙,何也?山至大且高,人溺焉者衆,泰山不知也。'鈍翁躍起大罵"⑤。語雖戲謔,但可知葉燮的觀點,實非一家之言。

(三) 見理不明

《原詩》中"理"是創作客體的三方面之一,指事物的本質屬性和規律。《摘謬》稱"見理不明",結合文章,主要指汪琬某些詩論見解,葉燮持不同意見。

首先是對"詩法"的辨析。《吳公紳芙蓉江唱和詩序》云:"雖有肥甗,無鹽醯和劑之法,不可食也;雖有綺羅,無刀尺裁製之法,不可無⑥也;雖有管弦鐘鼓,苟無吹彈考擊均調之法,不可悦心而娛耳也。"《摘謬》曰:"此段藉三種工人,以喻詩之法,似是已。然以取譬於詩,若者爲詩之肥甗?若者爲詩之綺羅?若者爲詩之管弦鐘鼓?是三者在物而爲質,而於詩何者爲詩之質也?……以叶韵平仄爲法,何待發明告誡之諄諄乎?使法如是之淺,則不必言。若更有深焉者,而此三者之法擬之,非其倫矣。"這一論斷可與《原詩》相參:"死法則執,

---

① 〔清〕方苞《正嘉文》卷二《論語上》,《四書文》,文淵閣《四庫全書》本。
② 《原詩箋注》,第166頁。
③ 鄔國平、王鎮遠《中國文學批評通史·清代卷》,第296頁。
④ 〔清〕魏禧著,胡守仁等校點《答計甫草書》,《魏叔子文集》,中華書局,2003年,第248頁。
⑤ 〔清〕王應奎撰,王彬、嚴英俊點校《柳南隨筆》,中華書局,1983年,第209頁。
⑥ 按,李聖華校作舞。《汪琬全集箋校》,第2202頁。

塗之人能言之;若曰活法,法既活而不可執矣,又焉得泥於法!"①即死法爲定位,活法爲虛名,虛名不可以有,定位不可爲無。而對詩歌來説,最重要的是"活法","法在神明之中,巧力之外,是謂變化生心"②。

其次是對詩風正變論的辨析。《唐詩正序》云:"貞觀、永徽之詩,正之始也,然而雕刻組繢,不免陳、隋之遺焉。開元、天寶諸詩,正之盛也,然而李、杜兩家并起角立,或出於豪俊不羈,或趨於沉着感憤,正矣有變者存。降而大曆以迄元和、貞元之際,典型具在,猶不失承平故風,庶幾乎變而不失正者歟!自是之後,其辭漸繁,其聲漸細,而唐遂陵夷以亡。説者比之鄶、曹無譏焉,凡此皆時爲之也。"將詩風的變化與時代相粘合,而葉燮力黜詩風正變之説。《摘謬》曰:"昔夫子删《詩》,未聞有正變之分。自漢儒紛紜之説起,而《詩》始分正變。宋儒往往有非其説者。……有唐三百年詩,有初、盛、中、晚之分,論者皆以初、盛爲詩之正,中、晚爲詩之變,所謂'以時'云云也。然就初而論,在貞觀則時之正,而詩不能反陳、隋之變。永徽以後,武氏篡唐,爲開闢以來未有之奇變。其時作者如沈、宋、陳、杜,諸人之詩,爲正耶?爲變耶?……正變之説,加之於《三百篇》,已非吾夫子本旨,而欲踵其説於《三百篇》之後,妄爲配合支離,論時論詩,習爲陳腐之談,何異聾者審音,瞽者辨色,徒自爲囈語也?"主張詩運的盛衰與世運的治亂各自獨立,即葉燮在《百家唐詩序》所述:"自有天地,即有古今。古今者,運會之遷流也。有世運,有文運。世運有治亂,文運有盛衰,二者各自爲遷流。"③《原詩》更是進一步強調詩歌的盛衰不但與政治無關,而且不會因爲時衰而變衰,所謂"《詩》變而仍不失其正,故有盛無衰,詩之源也"④。

(四) 讀書無識

《原詩》中"識"也是創作主體要具備的條件之一。《原詩》言:"且夫胸中無識之人,即終日勤於學,而亦無益,俗諺謂爲'兩腳書櫥'。記誦日多,多益爲累。及伸紙落筆時,胸如亂絲,頭緒既紛,無從割擇,中且餒而膽愈怯,欲言而不能言,或能言而不敢言,矜持於銖兩尺矱之中,既恐不合於古人,又恐貽譏於今人。"⑤之後,又用請客的比喻來做進一步説明:"作詩文有意逞博,便非佳處。猶主人勉強遍處請生客,客雖滿座,主人無自在受用處。"⑥《摘謬》稱"讀書無識",結合文章,主要指汪琬未能合理取捨材料,導致文意、章法錯亂。

如《送姚六康之任石埭序》,文曰:"姚子將行,諸君悉賦詩爲別,而予序之如此。有罪吾以儒者而附會老釋者,非吾徒也。"《摘謬》曰:"此文專爲姚君奉釋立論,於老子實風馬牛,無路可攙入。既欲攙入,以二氏雙提,已是顧賓失主。今文前半專歸重老子,以致偏重難返,故自入題後,只好料理姚子奉釋正

---

①② 《原詩箋注》,第 124 頁。
③ 《己畦文集》卷八。
④ 《原詩箋注》,第 58 頁。
⑤ 《原詩箋注》,第 165 頁。
⑥ 《原詩箋注》,第 401 頁。

面,不得不將老子擱起,於是老子來有踪而去無迹矣。"姚君本身精研佛教,文章開題二氏并提,前半部分耗費筆墨詳談老子,後半部分老子却忽然隱身,讀之令人困惑。

除上述四端外,《摘謬》的内容還包括:一是汪琬對士大夫身份的驕矜。如《泛雪詩序》,文曰:"予在郎署十餘歲,每雨雪,則京師道上馬牛車驢相蹂踐,中間泥濘踰數尺不止,兩旁積冰如山陵。晨入署,輒有顛仆之恐。"《摘謬》曰:"此公生平,每以進士仕宦沾沾自衒,時時於文中見之,一則曰'予未第時'云云,再則曰'余成進士歸'云云。"二是汪琬有些描述與用詞,從政治層面看存在言語不恭的嫌疑。如《送屈介子序》,文曰:"今國家南平五嶺逾十年矣,天子方益嚴航海之禁,番舶貿易之貨不以時至,而粵土亦日益貧困,邊海遷徙之氓以飢寒踣死道路者累千萬户,至於平海、楊梅、青嬰、珠池之中,亦徑不復產珠,蓋已非前代饒樂之比矣。"《摘謬》曰:"極言粤中凋敝,小民遷徙流離,飢寒死亡,至於此極,恐有乖頌颺休美之意。且昌言天子益嚴航海之禁,以致地方凋敝如此,似乎以過歸君,恐古人臣立言之旨未必如是。"需要補充的是,葉燮對此話題一直持謹慎態度,他在晚年修訂家族合集時,刻意删除父親葉紹袁的紀時性作品《甲行日注》、《湖隱外史》(内有江南反清實録)等,匯成《午夢堂詩鈔》。

三 以《摘謬》爲攻錯:汪琬的隱曲回應

横山、堯峰同處吴中,相距不過數里。葉燮在汪琬離世時親手銷毀《摘謬》,并感嘆:"且汪没,誰譏彈吾文者?吾失一諍友矣!"①可知,汪琬對於指摘實有回應。因爲文獻流傳的偶然性,現存汪琬全集中已無明確回復。但我們可以將《摘謬》與汪琬辭世之年(康熙二十九年)手自删訂諸稿匯成的《堯峰文鈔》對比②,《堯峰文鈔》將《摘謬》中的五篇删弃不用,五篇修改後收入。自然,删改有諸多複雜而微妙的因素,但下列表格的記録,還是間接透顯了汪琬對《摘謬》的回應。

表一 删弃的文章

篇 名	主要指摘
《送屈介子序》	1. 政治不恭 2. 字詞可斟酌 3. 材料枝蔓
《送姚六康之任石埭序》	1. 引八股文入古文 2. 材料枝蔓
《吴公紳芙蓉江唱和詩序》	1. 駁斥"詩法"論 2. 虛詞轉折不當 3. 材料枝蔓
《贈王貽上序》	駁斥"必待清静無事才能做詩"論
《送徐原一歸昆山序》	俗語、應酬語

---

① 《葉先生傳》,《沈德潛詩文集》,第1399頁。
② 《堯峰文鈔》現存版本有清康熙三十一年林佶刻本與文淵閣《四庫全書》本。本文以林刻本爲基準對照。

表二 修訂的文章

《摘謬·陳文莊公祠堂廟碑記》	《堯峰文鈔·陳文莊公祠堂碑》	主要指摘
閱九年,其長君濟生上公遺書於朝,予贈蔭。又二年,始得補公諡,且許建專祠以祀。	閱十年,其長君濟生獻公所著書於朝,始予贈諡,追錄其子一人。又一年,為弘光元年,復許建專祠以祀。	1. 章法錯亂 2. 虛詞轉折不當 3. 材料枝蔓
云烟竹木之靚深,實稱神明所居。	烟云竹木之靚深,實稱神明所栖。	
儻或挂名碑尾。	儻復挂名碑尾。	
會逆璫魏忠賢父子冒功求給鐵券,公當草誥詞,忠賢屢遣使促公。	會逆闇魏忠賢父子冒功求給鐵券,公當草誥,辭,忠賢屢遣使趣公。	
前明則不然。君子、小人并立於朝。	前明則不然,君子、小人雜然并立於朝。	
夫兩周公之死,非輕死也。	夫兩周公之死,非輕生也。	
其生公與文、姚諸公者。	其生公與文、姚諸賢者。	
亦何所顧忌而弗敢為耶?此公與諸賢之幸存,於前明宗社非小也。	亦何所畏忌而弗敢為耶?此公與諸賢之幸存,係於前明宗社非小也。	
而俱歸於冰解烟滅矣,雖下而訖於婦人豎子,往往戟手謷口,指溯其姓氏。	而俱歸於澌盡泯滅,雖下訖於婦人豎子,亦往往戟手恣口,指斥其姓氏。	
而公與諸賢獨名在天壤,使言之者太息,聞之者興起。	而公與諸賢獨名在天壤,能使言之者太息,聞之者興起。	
有不欷歔俯仰,想見公之風聲氣烈,彷徨不忍去者。	有不欷歔俯仰,想見公之風聲氣烈,徘徊不去者乎?	
《摘謬·送魏光祿歸蔚州序》	《堯峰文鈔·送魏光祿歸蔚州序》	主要指摘
而竟毅然去不回,何也?	而竟毅然去不復顧,何也?	1. 援引八股文入古文 2. 言語不恭 3. 對士大夫身份的矜持 4. 文法拘泥
是時海內初定,居職者未諳國體。	是時海內初定,居職者未諳國俗。	
從容去就,惟道之安耳。	從容去就,惟道之安爾。	
而余獨推先生之未然。	而予獨逆推先生之未然。	
《摘謬·金孝章墓志銘》	《堯峰文鈔·金孝章墓志銘》	主要指摘
近世如杜東原、邢用理、沈石田先生。	近世如杜用嘉、邢用理、沈啓南先生。	1. 援引八股文入古文 2. 章法錯亂 3. 虛詞轉折不當
先生幼嗜學書。	先生幼以善書著聲吳中。	
以是人間碑版,旁及僧坊酒肆、頹垣壞壁之間。	以是三吳碑版,旁及僧坊酒肆。	
其墨梅最善。	其墨梅最工。	

續表

先生既嗜書,平居繕録經籍秘本,及交游文稿。	先生既善書,平居繕録經籍秘本,以訖交游文稿。	
出其書畫與所録本娱客而已。	稍出其書畫與所録者娱客而已。	
余嘗論之。	予嘗論之。	
浮沉流俗,凡其邁往之性。	浮湛流俗,凡其豪邁之性。	
吴中後生晚進,高談賞鑒,徒知先生書畫之工,且竟欲求之筆墨蹊徑之外,俱未爲知先生者也。	吴中後生晚進,高談賞鑒者,徒推其書畫之工,且欲求諸筆墨蹊徑之内,俱未爲知先生也。	
其知先生者,則謂先生所學邃於古人,而又超然有自得之致,可謂知之矣,而迄未盡也。先生性好山水,暇即命友泛舟,嬉游虎丘、靈岩間。遇一二方外士,與之談笑竟日,視日稍宴,輒襆被宿其廬以爲常。	無此段	
年踰七十,數乞知交賦《生輓詩》,引陶淵明《自祭文》爲喻。	先生年七十,遍乞常所往來者賦《生挽詩》,引陶淵明《自祭文》爲况。	
先生篤於孝友,居喪,手書《孝經》數百本,以乞人,撫愛仲叔兩弟。	先生篤於孝友,每居喪,必手書《孝經》數百本,以乞人,撫愛仲叔兩弟尤力。	
又嘗額堂名曰"孺宜"以志之。嗣後先生次子侃,亦善承先生意。吴中數相稱述,以爲先生積善之報也。	又嘗自書其堂額曰"孺宜"以志之。銘曰:於學則豐,於德則崇。不逮於用,維時之窮。庭有幽蘭,先生所藝。篋有奇字,先生所制。潛光隱曜,後人是詒。後人其昌,斯石識之。	
《摘謬·唐詩正序》	《堯峰文鈔·唐詩正序》	主要指摘
舉凡諸侯夫人、公卿大夫閲世病俗之所爲。	舉凡諸侯夫人、公卿大夫閲世病俗之所爲。	駁斥詩歌正變説
觀夫詩之正變。	觀乎詩之正變。	
故聖人必用温柔敦厚爲教,豈偶然哉?	故聖人必用温柔敦厚爲教,豈苟然哉?	
由是以説,以讀唐詩。	吾嘗由是説以讀唐詩。	
而唐遂陵夷以亡。説者比之鄶曹無譏焉。	而唐遂陵夷以底於亡,説者蓋比諸鄶曹無譏焉。	
宰臣百執職事盡言於下。	宰臣百執趨事盡言於下。	
人才之消長,風俗之隆污繫焉。	人才之消長,風俗之污隆繫焉。	
變而不失正者,吾又取之。	變不失正者,吾又取之。	
予聞而善之。	予於是聞而善之。	

續表

《摘謬·泛雪詩序》	《堯峰文鈔·西郊泛雪唱和詩序》	主要指摘
并繫之以圖，為一卷。	并繫以圖，成一卷如左。	1. 對士大夫身份的矜持 2. 章法錯亂 3. 俗筆
泛雪韵事也。	予惟泛雪韵事也。	
每雨雪，則京師道上，馬牛車驢相蹂踐，中間泥濘踰數尺不止，兩旁積冰如山陵。	每遇雨雪，則京師道上，馬牛車驢相蹂踐，中間泥濘踰數尺，左右冰陵如山瀕。	
雪花如掌大，聲發林木間，儼然猿啼鬼嘯，鐙火撲滅幾盡，迷不知南北。	風雪甚猛大，聲發林木間，幾於猿啼鬼嘯，燈火撲滅殆盡，迷不知路。	
輿上雪厚盈寸，輿人力盡不能荷，衣裝皆濕，手足至僵凍欲裂，上下齒搏擊砬砬有聲，色悉沮喪。	積雪覆輿盈寸，輿人力倦不能荷，衣裝皆濕，手足至僵凍欲裂，上下齒搏擊砬砬有聲，氣色悉沮喪。	
蔣子以高才生從容溪壑之間。	顧蔣子以高才生從容溪壑之間。	
且能見諸翰墨，爭奇角勝，刻畫盡致，蓋其喜之也如此。	且能見諸翰墨，爭奇角勝，刻畫盡致。	
亦所遭之會不同耳。	所遭之會不同爾。	
得往從蔣子觀雪於虞山，厠名諸賓客之末。雖風流蘊藉，或不足以比肩群賢，而雪亦何可畏之有？	得往從蔣子觀雪於虞山，雖風流蘊藉，或不足比肩群賢，然猶欲藉酣呼眺望之樂，用以娛其情而寓其志，亦何不可喜之有？	
故予自嘆其遭，而又羡蔣子之擅此最韵也。	予既自嘆其所遭，而又羡蔣子之擅此最韵事也，故願為之序。	

首先，汪琬對詩歌"死法"的觀念進行了修正。《吳公紳芙蓉江唱和詩序》在現存汪琬著作各版本中均未見，《摘謬》便是這篇佚文的文獻來源。而該篇主要的論點即在闡述詩歌的"死法"。後在《鈍翁續稿》中收錄的《續唱和詩序》里，汪琬對原來的觀念進行補充、修正：

  始予之為序也，告二子以作者之法，今願益以一言，曰求諸風神韵氣之全而已。不見夫土木偶之為美人者乎？方其刻木搏土而被之以丹青也，其形貌美人也，其服飾美人也，兒童說之，而有識者未嘗顧問焉。何則？為其神韵之异於生者故也。夫作詩亦有神韵焉，摹擬非也，塗澤亦非也。①

希望學者從更深的層次上師法古人，而不是停留在表面的摹擬、塗飾。同時，汪琬在《篴步詩集序》進一步闡釋："雖然，詩之有法，凡以求工也。吾之告徐子者，其在捨法而超然上之乎？蓋徐子知進乎法者之工，而未知忘乎法者之尤工

---

① 《汪琬全集箋校》，第1449頁。

也。"①从之前强調万物"蓋皆有法存焉"到"忘乎法者",這種觀念的轉變當與叶燮的批評有关,佚文《吴公紳芙蓉江唱和詩序》即是汪琬思想變遷的明證。

其次汪琬對"言語存在政治不恭"的批評,非常警戒。這體現在《送屈子去廣州》一文被剔除,《送魏光禄歸蔚州序》中有"是時海内初定,居識者未諳國體,蓋甞由翰林出爲諫官矣"句,《摘謬》曰:"未諳國體句可去,且非體。"《堯峰文鈔》將"國體"改爲"國俗",一字之改消解政治不恭,體現用字精妙,更反映了特定時代下士子們的政治敏感度。

再次汪琬對"自矜士大夫身份"這項指摘,潜有修改。先是,康熙十一年,汪琬與歸莊曾經就歸有光文集的編訂産生齟齬,汪琬寫信於歸莊:"人主尚不能監謗,足下區區一布衣,豈能盡箝士大夫之口哉!"②令歸莊憤恚,回答道:"今執事不過一郎官耳,遂輕僕爲區區一布衣,稍有辨難,便以爲咆哮觝觸,人之度量相越,乃至於此。"③汪琬在致周旦齡的書信中反復苦辯"區區一布衣"④決不是蔑稱,并將此書載於文集公開,可見向衆人表明心意之誠。十年後,相類似的話題再一次被叶燮提起,鑒於之前的教訓,汪琬這次潛修改之,實在情理中。汪琬對《摘謬》提到此問題的文章,只字未改,但在叶燮没有指瑕的地方進行了修改。如《陳文莊公祠堂廟碑記》中"其生公與文、姚諸公者",將有士大夫身份含義的"公"改爲"賢"。再如與同宗汪楫的書中,有"或百里有賢人焉,必戒舟車,裹糧襆被而從之游"句⑤,這正是叶燮所譏諷的模仿諸侯屏車造士之舉,此文在《堯峰文鈔》中删弃不用。

此外,汪琬在很多地方依然有自己的堅持。首先他依然堅持詩歌發展的正變論。《唐詩正序》僅作字詞的小調整後,便收入《堯峰文鈔》。儘管我們站在後發之明,贊成將審美問題與政治問題分開,認爲像明代前後七子那樣,把詩歌的正變、盛衰與時代政治聯繫的做法是不對的。但汪琬的這種固執,也恰恰説明了叶燮眼光的超前。

其次,汪琬在《堯峰文鈔》中雖修飾了很多字句,但并没有在叶燮指摘的地方修改。《陳文莊公碑廟記》將"君子、小人并立於朝"改爲"君子、小人雜然并立於朝",增加"雜然",讓君子、小人共立於一朝的情景更加可視化。汪琬曾告誡後輩:"吾讀書雖少,自有師承,詩文用事、用字,不敢苟且。其間小小抵牾,或非漫無根據……前車可鑒,戒勿爲我潤色改竄。"⑥顯示出他對文辭的自信。

最后,對叶燮所譏諷的拘泥文法,也無修改。因爲汪琬終其一生,對心中的文法有超出尋常的熱情,"求諸聖賢之道","概未有合"則"戚戚然而憂,惘惘

---

① 《汪琬全集箋校》,第2157頁。
② 《與歸玄恭書二》,《汪琬全集箋校》,第513頁。
③ 〔清〕歸莊《再答汪苕文》,《歸莊集》,上海古籍出版社,1986年,第344頁。
④ 《與周漢紹書二》,《汪琬全集箋校》,第515頁。
⑤ 《與宗人舟次書》,《汪琬全集箋校》,第498頁。
⑥ 《鈍翁自題類稿六則》,《汪琬全集箋校》,第3頁。

然而惑以怠"①。

四　應悔己畦藏拙晚：《摘謬》與葉氏本人的創作

出於地緣等因素，《摘謬》中的兩篇文章葉燮也曾搦管，存於《己畦文集》中，這些文章可視爲葉燮對《摘謬》的補充。

（一）《泛雪詩序》與《泛雪詩序》

康熙十五年至十七年間，吳中文士蔣文從發起泛雪詩會②，包括葉燮好友林雲銘在內的吳中名士共襄盛會，"一時贈答多名流，三都紙貴傾吳越"③。葉燮、汪琬的同題之作《泛雪詩序》，文體相同，立意相似，對比可知二人各自擅場處。

章法上葉燮更嚴密。葉文首提雪的觀感因人而異，逸者、騷人、誇麗者各有所寄而樂雪，此類人十之二三。貴者、賤者、商賈苦雪於朝、於市、於野、於旅、於室，此類人十之七八。最後統歸，蔣文從等諸君樂於雪，其寄托在寒江、在斷崖古木、在荒郊之畔，即古人所講的冷淡生活，勝於逸者、騷人、誇麗者之所寄，自然也好於貴者、賤者、商賈的苦於雪。這種寫法，呼應了葉燮之前對汪文的指摘，"如必欲以可喜、可畏二義闡發，不妨於可畏處兩路夾發"，但最終要归之於喜雪。而汪文通篇沉溺於回忆自己在郎署時，种种的畏雪经历，"始終自居於畏雪"，無法與文題呼應。

汪琬在寫法上更有畫面感。汪文述過往畏雪經歷，"風雪猛甚大，聲發林木間，幾於啼唬鬼嘯，燈火撲滅殆盡，迷不知路，旁皇良久，遇騎者援之，始得免"。讀之如臨其境，尽管这被葉燮指摘爲"極似小說"。葉文在描述雪景時，則說"賤者晨起而之市，負擔逐逐，積潦自膝至腰領，而苦雪者在於市"④，未能像汪文那樣，給讀者留下深刻印象。

（二）《金孝章墓志銘》與《金孝章處士墓表》

吳中遺民金孝章，潔修好古，以詩書畫著稱，康熙十五年卒。先是汪琬作《金孝章墓志銘》，后葉燮亦应邀作《金孝章處士墓表》，二文也可做一對比。

葉燮更精於煉字。在描述金孝章精於詩書畫時，葉文行雲流水，一氣呵成，絕無冗字，"幼即能詩，少年所歷游地，多吊古之作。後益工他，著作亦富四方。踵求篇章者無虛日，搜彙若干卷，皆可傳。旁工藝事，書法與繪事兼絕，世爭寶之"⑤。

反觀汪文，用詞拖沓且有歧義，用"僧坊酒肆、頹垣壞壁"布滿金孝章筆墨，形容其書法備受推崇，正如《摘謬》所說："僧坊酒肆、頹垣壞壁，皆有先生筆墨，

---

① 《與曹木欣先生書》，《汪琬全集箋校》，第465頁。
② 《西郊泛雪唱和詩序》，《汪琬全集箋校》，第1448頁。
③ 〔清〕林雲銘《寄和虞山蔣文從西郊泛雪》，《吳山鷇音》卷八，《四庫全書存目叢書補編》第3册，齊魯書社，2001年，第562頁。
④ 《己畦文集》卷八。
⑤ 《己畦文集》卷十四。

可謂辱矣,何足以爲誇詡乎?"

　　葉燮更精於材料的排布。葉文先從《易經·遯卦》寫起,總括金孝章的處事之道,接着按照時間順序講述金孝章從軍、從文,之後遁世的生平,最後從性格、愛好等處補充細節,總括全文。秩序井然,并無一事兩見。而"一事兩見""錯亂絕無章法",正是葉燮對汪琬此文的主要指摘。

　　反之,汪琬在細節上更出彩。汪文曾回憶與金孝章焚香品茗賞書畫的場景,"予嘗走詣先生,老屋數間,塵埃滿案,與客清坐相對,久之自起焚香瀹茗,稍出其書畫與所録者娛客而已",這裏的描述類似電影中的慢鏡頭和特寫,將事件過程的細節一一展開,作爲文學様式,這種叙述是極富魅力的。很可惜,通覽葉文,却無這樣的精彩細節。

　　子侄輩葉舒穎在葉燮挽詩中言:"玉遮《類稿》久懸書,難免譏彈獺祭魚。應悔己畦藏拙晚,後人摘謬復何如?"詩下自注:"汪鈍翁所刻《類稿》,叔向有《摘謬》,《己畦集》則叔自刻古文。"①意爲《己畦集》晚出,汪琬未及見,故不能指摘葉文,語言耐人尋味。相較於創作,葉燮更長於理論。《四庫全書總目提要》評價:"論文章利病,頗爲有見,然檢閱集中諸作,則頗不逮其所言。"②也正如鄧之誠所論:"《汪文摘謬》一卷,批郤導窾,深中其失。然以之律燮所作,其失愈甚。蓋所論者文法,文安有定法耶?"③雖然葉燮的文章未盡人意,但不應因眚掩德,而忽略其理論的光彩。

結　語

　　《摘謬》與《原詩》作爲同一文史背景下的著作,更作爲葉燮同階段的思考沉澱,相比學界對《原詩》的重視,對《摘謬》的觀注程度略顯不足。葉氏後學曾指出《指摘》之意義:"國初文學三大家,壯悔磊落英多,其病也踦駁;冰叔精堅錘鑄,其病也摹擬;惟鈍翁盤紆清縝,號爲無疵,而力弱不能健舉,雖湛深經術,而托體不尊,上不能攀習之、盧陵,近不能與熙甫爭東南之鹿。然非公之巨眼,亦安能并世而議其短長?"④自然,這段論述帶有對先祖的尊崇。但在衆競攘臂追隨,"尤群尊(汪琬)爲文章宗匠者"時⑤,葉燮這本頗具新鋭氣息的針砭之作,顯示出批評家的冷静與獨具隻眼。

　　從文學史角度觀之,對參《摘謬》與《堯峰文鈔》,可知汪琬哪些觀念受到葉燮影響,而哪些觀念依然固守。從文章寫作角度觀之,《摘謬》中的許多論點,都值得現代人警戒。比如我們對某種身份不自覺的驕矜,依然活躍在當下最流行的文體寫作中,更遑論行文無才、讀書無識等。正像民國學者所言:"吾抄

---

　　① 〔清〕葉舒穎《哭星期六叔父》其五,《葉學山先生詩稿》,《叢書集成續編》第174册文學類,上海書店,1994年,第661頁。
　　② 〔清〕紀昀等《欽定四庫全書總目(整理本)》集部三十六,中華書局,1997年,第2553頁。
　　③ 鄧之誠《清詩紀事初編》,上海古籍出版社,2012年,第379頁。
　　④ 〔清〕葉振宗《汪文摘謬》跋。
　　⑤ 〔清〕汪棟《重校汪鈍翁先生傳家集序》,《汪琬全集箋校》,第2270頁。

王滹南《辨惑》、葉橫山《汪文摘謬》共爲一册,并王惺齋删《正朝邑志》凡三種,皆糾摘文章不通不切之處,正與《論文通指》所舉標準相反,閲之最足示戒也。"① 質言之,《摘謬》一書中所反映的詩論辯駁與文法探討,對我們瞭解清初的文學觀和散文創作,以及如何進行當下的文章寫作,均大有裨益。

(作者單位:浙江警察學院)

---

① 劉咸炘《塾課詳説》,《推十書》已集,上海科技出版社,2009年,第124頁。

論賀貽孫《水田居文集》揭露的文化信息

陳志信

一　引言

從事古典文學的研究者，通常在提出具討論潛力的議題後，會鎖定并剪輯諸篇文本或諸部文集（當然也包括相關史籍和論著資料）的内容，好鋪陳發揮自家論述。然而，當學人對文化的來龍去脈已有相當程度掌握且具敏感度後，他們會注意到古人遺留的論著未必非得處在被動位置：因爲該著作的内容興許就饒富時代意義，它的文獻狀態也可能透露出有趣的文化信息；而此等信息只待適當解讀——亦即每每扣緊文學史及與其相關的文化脈絡來進行觀察和剖析——便會釋放出來。

像賀貽孫（1605—1688）的《水田居文集》就是很好的例子。這部别集的作者深受公安、竟陵派詩論影響，除作詩填詞，還嘗評析詩歌和楚騷①，而他的人生則帶有鮮明的遺民色彩②，故對晚明詩學或易代之際的士人志節等課題感興趣的學人，自可在該文集中挖掘到不少材料③。不過，當我們意識到因科考

---

① 賀貽孫著有《詩觸》《詩筏》與《騷筏》來分别評述《詩經》、歷代詩歌以及楚辭，而這些富有文學意藴的著作尤其吸引當代學人目光。像周作人於1937年寫的《賀貽孫論〈詩〉》中，即對上述論著進行點評且不吝贊許（見氏著《知堂書話》，中國人民大學出版社，2011年，第795—799頁）。爾後學界遂斷斷續續產生一些研究，若龔顯宗《詩筏研究》，復文圖書出版社，1993年；費振剛、葉愛民《賀貽孫〈詩觸〉研究》，中國詩經學會編《第二届詩經國際學術研討會論文集》，語文出版社，1996年，第453—468頁；許又方《賀貽孫〈騷筏〉評述》，《東華漢學》第2期，2004年5月，第131—199頁。目前學界對賀氏的討論大抵也圍繞着這些著作。

② 有關賀貽孫不事異姓的行迹，《清史稿·文苑一》有簡要的記載："及明亡，（賀氏）遂不出。順治初（八年［1651］），學使者慕其名，特列貢榜，避不就。（順治十四年［1657］）巡按御史笪重光欲舉應鴻博，書至，貽孫愀然曰：'吾逃世而不逃名，名之累我實甚。吾將從此逝矣！'乃翦髪衣緇，結茅深山，無復能踪迹之者。晚年窮益甚。"（見趙爾巽等《清史稿》卷四八四，中華書局，1977年，第13334—13335頁）

③ 例如賀貽孫於給長子賀檉恭（1625—1697）的書信《示兒一、二》，還有《書竟陵焚餘後》裏，即表述他對公安派、竟陵派詩論的傾心與理解。另可在《先妣龍宜人行述》《仲弟子布行述》以及《僧（接下頁）

影響明清士子多汲汲勤修詞章，賀氏本人亦嘗竭盡心力投身其中之史實，我們就會看出其文集收錄的那些質量可觀、且尤能凸顯明季文壇爭鋒情狀的文論確爲一大亮點，理應獲得時人更多關注；再者，賀氏文集歷經子孫數代輯成，其文體編纂次第與評點信息除反映賀氏親族是如何理解先人作品的價值，亦吐露出後學欲透過品評、賞析來宣揚賀氏文名，抑或追繼其文章成就的願望，而這般富文學史意義的消息豈不亦待吾人悉心擘析之？職是，若我們能放下強勢主導議題的態度，轉而仔細爬梳賀氏文集中飽含文化意蘊的綫索，指不定就有機會被引領到彼時文壇，領略賀氏倡議自家主張的風采，以及諸後進研習切磋賀文的用心。

人類學家克洛德·列維-斯特勞斯（Claude Lévi-Strauss, 1908—2009）在其思想自傳《憂鬱的熱帶》（*Tristes Tropiques*）中，嘗倡言他奉爲治學圭臬的地質學式思維，他談到：爲了探勘隱匿的地層接觸綫，尋尋覓覓間，有時會"忽然發現在一個隱蔽的縫隙的兩邊，居然并生出兩種不同種屬的綠色植物，靠得非常之近，而每一種都選擇了最適合自己的土壤"；又有時會"在岩石上面發現兩個菊石的遺痕，看到它們微妙不對稱的迴紋，這些迴紋以它們自己的方式證明兩個化石之間存在着長達幾萬年的時間距離"[①]。要之，或是兩株傍生的草木，或是兩塊紋路互異的化石，列氏之言蓋謂若能深入調查其間蛛絲馬迹，吾人確可發掘一段真真切切的地質演化史迹；而姑就譬喻式的講法說，興許古人留下的文獻論著也可被視作能够揭露文學或文化演進軌迹的"標本"歟！故在下文，就讓我們着眼賀貽孫的《水田居文集》，嘗試解讀其間隱藏的一段關乎論文及習文活動的生動歷史。

二 賀貽孫文論反映的文論爭鋒場域

賀貽孫出生在江西吉安府永新縣一個深諳舉業的家庭，修業過程中還有機緣獲得名師指點[②]，其故鄉諸勝地若禾山甘露寺與浮玉洲，亦嘗成爲他讀書

（接上頁）雪裘傳》諸文中看到賀氏家人若賀母龍慈嫟（1580—1664）、仲弟昭孫（1617—1674）以及時人若李仕魁（崇禎十五年[1642]舉人）、沈中柱（崇禎十三年[1640]進士）等的忠貞節操，見識他們或剛烈、或孤傲、或癲狂的遺民行止（分見〔清〕賀貽孫《水田居文集》，《四庫全書存目叢書》影印清道光至同治間賜書樓刻《水田居全集》本，莊嚴文化事業公司，1997年，卷五，第170—171頁、第171頁、第178頁、第200—201頁、第201—202頁；卷四，第146—147頁）。

① 〔法〕克洛德·列維-斯特勞斯著，王志明譯《憂鬱的熱帶》，聯經出版事業公司，1989年，第60頁。

② 案：賀貽孫家族世居永新縣厚田中屋里（見羅天祥《賀貽孫考》，江西人民出版社，1998年，第58頁）。他的祖父賀嘉遷（1552—1633）曾爲館師且擔任過地方級學校的儒學訓導，父親賀康載（1577—1632）年輕時也曾"授徒四方"。有這樣的家世背景，故賀氏三、四歲就開始讀四書五經，七歲即學作時文，九歲遂能屬文。甫過弱冠時，賀氏還嘗隨父宦游浙江衢州府（案：天啓五年[1625]賀康載任衢州府西安縣縣令），而有幸親炙舉業名師方應祥（1561—1628）（分見劉德清《賀貽孫與〈激書〉》，《九江師專學報[哲學社會科學版]》2002年第3期，第85頁；〔清〕賀貽孫《先妣龍宜人行述》，《水田居文集》卷五，第200頁；羅天祥《賀貽孫考》，第1、73頁；趙爾巽等《文苑一》，《清史稿》卷四八四，第13334頁）。

習文的去處(圖一)①;故他的文論也很自然地環繞舉業課題打轉。乍讀載諸《水田居文集》裏的那些透過書信或文集序文(含古文集與時文集)抒發的文論,內容似不脱舉子當踏實研經修文,即便遭遇挫折也不能投機取巧一類頗典型的論述②。然若置諸文化或文學史脉絡考察,我們就會發現賀氏所言非但傳遞出該時文壇社群林立,士子間的交流頗熱絡、熱鬧的信息,他對習文路數的主張更關係到中晚明諸文派的發展態勢。故本文的頭項任務,便是透過賀文陸續揭曉這些事情。

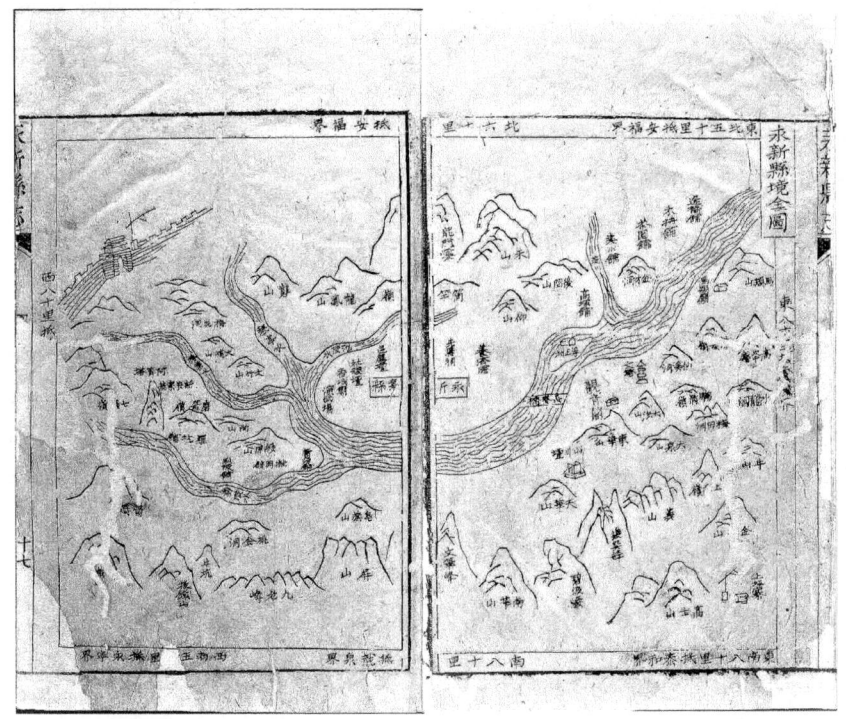

圖一 《永新縣境全圖》(乾隆十一年[1746]《永新縣志》,摘自"中國哲學書電子化計劃"網):賀貽孫嘗於縣城北方的禾山甘露寺與城東禾水上的浮玉洲讀書、習舉業。

先談文社相關議題。學者研究指出,萬曆(1573—1620)以降至天啓(1621—1627)、崇禎(1628—1644)年間,南直隸、浙江與江西等地涌現許多以

---

① 案:位居永新縣西北的禾山甘露寺乃著名古寺,唐代姚崇(651—721)、牛僧孺(779—848)二相及宋朝宰相劉沆(995—1060)嘗寓居寺中讀書,賀貽孫弱冠時亦於此用功。浮玉洲位於縣城義山門外,值而立之年甫守完父喪的賀氏嘗於此備考。故賀氏有《甘露山房制義》《浮玉館制藝》兩本時文集(分見[清]賀貽孫《甘露山房制義自序》《浮玉館制藝自序》,見《水田居文集》卷三,第116頁、第93頁;還有《禾山即景八首存六》《秋暮讀書浮玉即景同友人作》,見《水田居存詩》卷二,《清代詩文集彙編》影印同治九年刻敕書樓《水田居全集》本,上海古籍出版社,2010年,第309—310、309頁)。

② 明清人在爲時文集寫序時,通常都是以勉勵者的立場書寫,并藉機帶入對舉業的理念或主張。像賀貽孫替同鄉劉頊的《聞籟閣制藝》寫序時,即一面惋惜時文"淡折幽素,風流綽約,有歸季田(歸有光[1507—1571]子子慕[1563—1606])、徐思曠(徐方廣,崇禎諸生)之風"的劉氏竟"屢試不第",另一面樂觀預想欣逢"天子闢門求賢"機緣的劉頊或將出仕,其"忠孝正直"的行止亦將成爲世人表率(《劉頊孫制義序》,見《水田居文集》卷三,第113頁)。

切磋制藝爲宗旨的文社①。覽讀《水田居文集》涉及結社事宜的篇章，像是《藜社制藝序》《二施制義合稿序》和《徐巨源制義序》等等，我們確可看到賀貽孫這一介江右舉子，嘗分別在永新縣、吉安府治廬陵縣以及省城南昌從事相關活動②；且諸文提供的人事信息多與前賢對晚明文社的研究成果相呼應，而可補充學界既有論述諸多細節，例如：明季各地吹起的結社論文之風也早早吹進了賀氏故里，而在其父執輩間流行了起來；爲應試往返永新、廬陵、南昌三地的賀氏，後亦成爲各地社團的活躍成員；等等③。更重要的是，賀文生動的叙事實爲我們提供了社事進行狀況的一手報導。

且讀《藜社制藝序》裏的這段叙述，賀氏該文可把舉子持時文稿參與社事，自信精心撰述的文章理當獲得佳評，然更冀望社友持嚴正態度直率批評之的心緒淋漓盡致地表達出來：

> 夫文亦有砥礪焉。當其收視反聽，專志凝神，經營慘淡，四顧躊躇，恍然躍然，深自許也。業自許矣，忽跂而望曰："吾友其許我乎？業許我矣，能無今是而古非，共是而獨非乎？業無之而不許我矣，則是我友果不我欺也，我果無負於我友也。"猶且展轉低徊，或歌或笑，或嘿或語，或千里而命駕，或覿面而犯顏，或送一難，而終日動色，或争一解，而終身衡决。謂夫琴瑟之專一，不若絲竹之殊調也，有心者之同，不如無心者之不同也。其不同者，乃所以爲同也，豈區區呼號儕類以爲同也歟哉！④

再讀讀《二施制義合稿序》對社友施逢觀、施逢英兄弟"切劘"時文情狀的記述，

---

① 何宗美《明末清初文人結社研究》，上海三聯書店，2016年，第113—119頁。
② 按照科考規定，取得諸生身份的賀貽孫尚需先在吉安府治應歲考、科考，通過後再到南昌參加鄉試，這便促使賀氏有緣參與各地文社。而《藜社制藝序》《二施制義合稿序》和《徐巨源制義序》，即賀氏分別爲永新縣文社藜社刊行的時文集，同府吉水縣施逢觀、逢英兄弟的時文集，還有南昌府新建縣人徐世溥(1608—1658)的時文集寫的序文(分見〔清〕賀貽孫《水田居文集》卷三，第91—92頁、第92—93頁、第112頁)。
③ 像張藝曦嘗對名噪一時的豫章社及後續社事做過細緻的考察，他指出：萬曆四十三年(1615)江西布政使李長庚(？—1644)之子李春潮於南昌成立豫章社。轄下各府素負文名的士子，若南昌府的萬時華(1590—1639)、李良(嘉靖四十一年[1562]進士)、陳維恭和李光倬、撫州府的陳際泰(1567—1641)、羅萬藻(？—1647)、章世純(1575—1644)和艾南英(1583—1646)，還有吉安府的蕭士瑋(1585—1651)、曾大奇和劉同升(1587—1646)等盡入社中。爾後一票年輕舉子若陳弘緒(1597—1665)、熊人霖(1604—1666)等即倡議在南昌南湖邊的杏花樓舉行社集；萬曆四十六年(1618)適逢鄉試舉辦，包括余正垣、李奇、劉斯陛(1597—1632)、鄧履中(1601—1643)和徐世溥在內的學子，還同前輩陳際泰、艾南英定交，爾後在天啟年間他們還成立了葵社；時至崇禎九年(1636)同樣是鄉試時候，諸君又奉萬時華之名招呼了計一百七十二名考生結盟(見氏著《明中晚期江西詩、文社集活動的發展與動向》，《新史學》第31卷第2期，2020年6月，第92—95頁)。又據《藜社制藝序》叙述，賀貽孫的父親康載和從伯父康衢(1567—1616)，嘗與合稱"禾川七才子"的同鄉同輩文士金光弼(1574—1621)、尹先覺(1574—1615)、蕭廷鳴(1575—1626)、賀中男(1577—1629)、周之望(萬曆三十一年[1603]舉人)、賀鳴祥和劉廷諫等結社切劘時藝，賀中男的時文得到江右他地文士若陳際泰、艾南英、蕭士瑋、曾大奇和劉同升等的稱譽。另賀貽孫嘗在《徐巨源制義序》中如數家珍地陳述南昌文社諸多建樹，這是因爲他自崇禎九年赴省城應試後，即積極參與當地社團所致(分見〔清〕賀貽孫《水田居文集》卷三，第91頁、第112頁；〔清〕王瀚、陳善言《永新縣志》卷八，清乾隆十一年刊本，第76頁下；何振作《永新文獻考》，江西人民出版社，2008年，第70頁)。
④ 〔清〕賀貽孫《水田居文集》卷三，第91頁。

這段文字同樣把爲人弟的亟思追上兄長水平、爲人兄的亦以擁有亟欲較勁的胞弟爲榮的美事描寫地有聲有色：

> 吉水施教臣（施逢觀字）與弟求公（施逢英字），皆吾社才士也。其爲制義，天懷□發，神采來附，吾不能於其兄弟間强爲軒輊。偶憶昔人所云"慈明內朗，叔慈外昭"，兩人之文，夫亦各有致矣。……余自數年前，讀教臣文而嗜之。今年聚首鷺渚，求公復出其文相示，似勃勃欲火攻教臣也，因戲謂教臣曰："子真難爲兄矣！"教臣曰："不然，人惟無佳子弟故難耳。吾引之，弟伸之；吾馳之，弟逐之；吾犄之，弟角之。有弟如此，吾何難哉？"吾聞而犁然有當於心也。①

案，前段摘引文字概是設想出的，關於社友論文普遍情狀（或理想狀態）的描述，後則方塊引文當是某次廬陵聚會的實錄（圖二）②。無論如何，賀貽孫筆

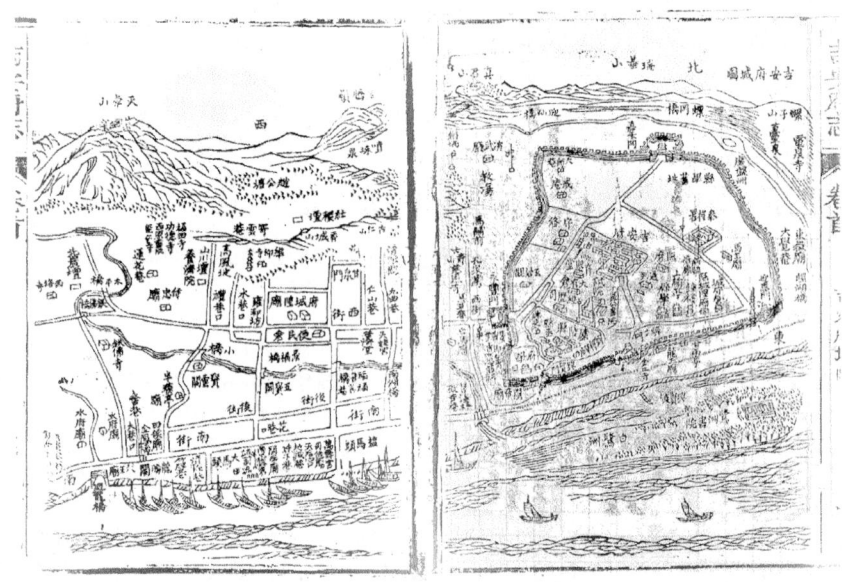

圖二 《吉安府城圖》（光緒元年［1875］《吉安府志》，摘自"中國哲學書電子化計劃"網）：城東贛江上的白鷺洲，即賀貽孫同社友施逢觀、逢英兄弟論文所在地。

---

① 〔清〕賀貽孫《水田居文集》卷三，第92頁。案："昔人所云'慈明內朗，叔慈外昭'"云云，語出《三國志·荀彧傳》裴松之注引皇甫謐《逸士傳》中許邵（150—195）對荀靖（字叔慈）、荀爽（128—190，字慈明）兄弟的評價；而"子真難爲兄矣"云云，語出《世說新語·德行》中陳寔（104—186）對二子陳紀（129—199）、陳諶的評述。另需補充的是，施逢觀和賀貽孫都參加了崇禎九年的鄉試，且同中副榜，故兩人蓋在此時認識。《吉水縣志·文苑傳》嘗以"文章意氣俱壯，有開拓萬古氣象；而本原之地一以淡泊寧靜出之"云云稱頌施逢觀，可見其文確有一定水準（見〔清〕胡宗元、彭際盛《吉水縣志》卷三十七，清光緒五年刊本，第3頁上）。

② 案《二施制義合稿序》中提到的聚會地"鷺渚"，當指吉安府城外贛江上的勝地白鷺洲。廬陵人李昌祺（1376—1452）嘗賦《鷺渚輕鷗》一詩歌頌該地風光（見氏著《運甓漫稿》卷三，文淵閣《四庫全書》本，第14頁上）。白鷺洲上矗立著名的白鷺洲書院，賀貽孫等很可能在此切磋時藝。

端呈現出的文社,就是個能讓成員恣意討論切磋,從而提升彼此時藝水準的場所;而這兩篇序文的栩栩描繪——不管描述的是各有來歷的舉子間的激昂論辯,抑或實力旗鼓相當的社員們的放手較量①——的確使人深刻感受到彼時社事的旺盛活力。

接着進入重頭戲,我們要來談談賀氏文論主張的價值究竟何在。再度攤開《水田居文集》,内容關涉文論的,計有:《徐巨源制義序》《與汪映夏書》《二周古文合刻序》和《復艾千子》,還有四篇《與友人論文書》、兩篇《答友人論文》等篇章。參核諸文内容并對照作者生平推測:這批文章蓋是賀氏自崇禎九年(1636)赴南昌應鄉試起至十五年(1642)決意仕進前後寫成的②,且其理論源頭當即來自該時省城的文社圈。

相關文獻顯示,賀貽孫於南昌結識的社友,來往較密切的是萬時華(1590—1639)、曾文饒、陳弘緒(1597—1665)、鄧履中(1601—1643)和徐世溥(1608—1658)等人③,而南昌章江門一帶及城内西湖邊的孺子亭,就曾留下賀氏同彼輩切磋時藝或吟咏詩歌的足跡(圖三)④。如果我們將賀貽孫爲徐世溥時文集寫的序文《徐巨源制義序》,同諸社友爲彼此的文集或文社選集寫的序文進行比對,若陳弘緒分別爲前輩艾南英(1583—1646)和社友徐世溥寫的《天傭子集序》《徐巨源文集序》,還有徐世溥分別爲社友余正垣、陳弘緒寫的《苔園

---

① 案:賀貽孫於《藜社制藝序》中嘗以冶人煉劍,須用"清水淬其鋒""盤石發其芒"譬喻,倡言"學術""心志"與師承各异的舉子,經切磋後每每能提升彼此的時文技藝;另他在《二施制義合稿序》裏又以"莫邪與干將共割,斬蛟刳犀,游刃更易"數語,狀貌才識相當的施姓兄弟砥礪時藝的情狀(分見〔清〕賀貽孫《水田居文集》卷三,第91頁、第92頁)。

② 案:《徐巨源制義序》提到徐世溥"以博學弘詞應詔北上",對照徐世溥《楚游詩序》"戊寅夏,余被徵北行"云云内容,可知《徐巨源制義序》寫在崇禎十一年(1638);又據《與汪映夏書》"弟文場棄人,久不談藝"云云的自述以及所附汪謨評語,此篇蓋賀貽孫棄舉業後執教東里(位永新縣縣城東)汪氏家族時作,年代在崇禎十五、十六年左右(分見〔清〕賀貽孫《水田居文集》卷三,第112頁;卷五,第169頁;〔清〕徐世溥《榆溪逸稿》卷三,《清代詩文集彙編》影印清嘉慶刻本,上海古籍出版社,2010年,第554頁)。將二文作基準,他文的論題、主張皆與二者相呼應,故當是同批著作。又據考,萬曆四十八年(1620)以十六歲之齡考上秀才的賀貽孫嘗參加天啓四年(1624)的鄉試(中副榜);爾後因"隨父外任及爲父喪守制"遲遲未應鄉試,直到崇禎九(1636)、十二、十五年方連番參加考試(分見羅天祥《賀貽孫考》,第115頁;費振剛、葉愛民《賀貽孫〈詩觸〉研究》,第453頁)。故賀貽孫諸文論主要作於他積極投入鄉試的這幾年間。

③ 分見〔清〕賀貽孫《心遠堂詩自序》《徐巨源制義序》,見《水田居文集》卷三,第88頁、第112頁;趙爾巽等《清史稿》卷四八四,第13334頁;劉德清《賀貽孫與〈激書〉》,第85頁。案:諸社友除曾文饒來自吉安府泰和縣,其他都是南昌府的士子。對照前引張藝曦的研究,賀貽孫蓋因赴南昌參與崇禎九年的鄉試,從而結識這批持續在省城從事社事的舉子。另可補充的是在崇禎九年之前,陳弘緒早就通過文社刊刻的制藝集以及永新縣縣令管正傳(1608—?)的推薦,見識到賀貽孫的學識和行文功力,故賀氏能加入南昌文社蓋與這些因緣有關。(〔清〕陳弘緒《賀子翼制藝序》,見《陳士業先生集・石莊初集》卷四,《四庫全書存目叢書補編》影印清康熙二十六年刻本,齊魯書社,2001年,第300頁。)

④ 據《心遠堂詩自序》,崇禎九年鄉試前夕,於章江門一帶讀書的賀貽孫即與萬時華、陳弘緒、鄧履中和徐世溥來往密切,其舉業還獲得諸君"開閤變化,不減前輩,而縱橫奇恣,時或過之"云云的評騭。此外,賀氏與諸社友也喜歡吟咏詩詞,省城西湖邊紀念東漢名士徐稚(97—168)的孺子亭,就曾是他們聚會作詩的地方(分見〔清〕賀貽孫《水田居文集》卷三,第88頁;《鷓鴣天嘆逝爲徐巨源作》,見《水田居存詩》卷三,第371頁)。

近藝序》《鴻媰集序》，以及爲蔚社刊行的時文集寫的《蔚社序》等，幷延伸對照影響此批舉子甚深的艾南英寫的諸篇文字，像是爲表彰制藝名家金聲(1589—1645)的成就而寫的《金正希稿序》，以及爲鼓勵後進而寫的《王承周制藝序》，還有爲了和復社、幾社重要成員周鍾(？—1645)、夏允彝(1596—1645)和陳子龍(1608—1647)等論辯而寫的《與周介生論文書》《四與周介生論文書》《答夏彝仲論文書》《再答夏彝仲論文書》與《答陳人中書》，乃至爲了和社友萬時華凝聚共識寫的《寄萬茂先書》等，我們就可以看出艾、陳、徐與賀等一干文士該時正處在同宗復古派文人争奪文壇主導權的辯論中，而他們因應諸多挑戰的核心主張就是："以古文爲時文。"

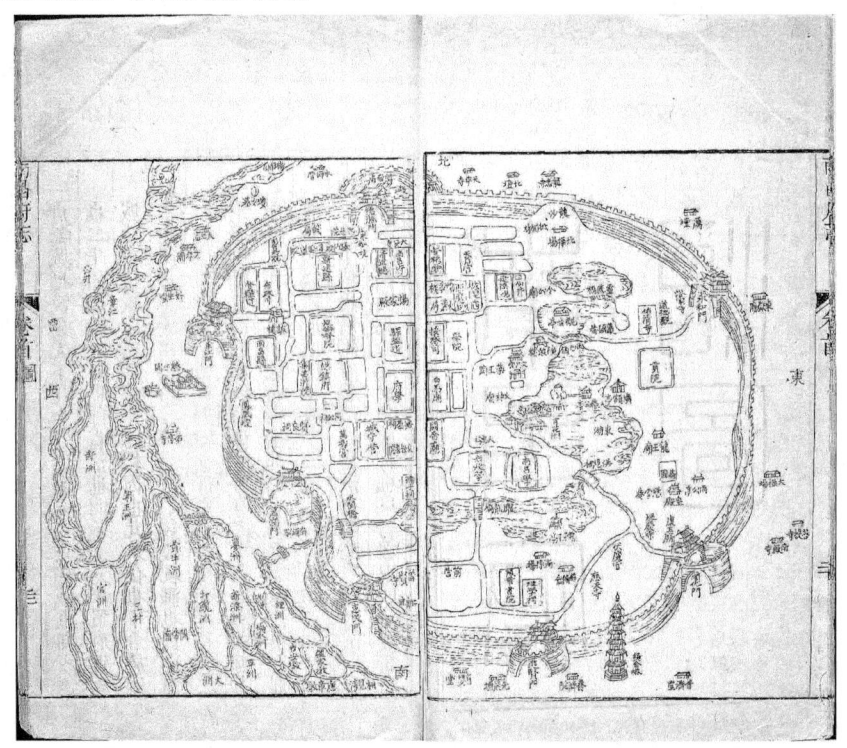

圖三 《南昌府治圖》(乾隆五十四年[1789]《南昌府志》，摘自"中國哲學書電子化計劃"網)：城西章江門一帶，以及城南西湖的孺子亭，曾留下賀貽孫同社友論文、吟詩的足迹。

參閱前段臚舉多篇文章的内容，該争論的背景原來是這樣的：面對萬曆晚期時文流於空疏、淺薄的問題，不少文士均打出當"厚植學養""師法古文"一類口號來診治之；然對如何達成目的，彼此間却有不同看法，這便導致從天啓末到崇禎初，尊唐宋派的艾南英和宗前、後七子的一票江左士子，亦即周鍾、夏允彝和陳子龍等產生摩擦與衝突[①]。故艾氏諸文所云，即是一面攻訐彼等割裂

---

① 鄒自振嘗對艾南英、陳子龍的論辯有簡明的敘述及評論(見氏著《艾南英及其散文理論與創作》，《蘇州大學學報(哲學社會版)》1995年第2期，第48—49頁)。又周鍾乃南直隸鎮江府金壇縣人，夏允彝和陳子龍均爲南直隸松江府華亭縣人。

秦漢文的行爲流於形式化,一面倡言解決問題的法子惟在"以古文爲時文",亦即取法唐宋文的開闔章法,好教筆下時藝產生深度、厚度,從而焕發大家文章特有的精神或韵味①。至於陳弘緒、徐世溥乃至本文主人翁賀貽孫做的事,就是跟隨艾氏脚步散布相關主張。故在陳、徐、賀諸君的文章中,我們看到他們持續抨擊復古派的舉措既不能振興時藝、且還將降低古文品質——即便在這場爭論中取得優勢的其實是復社該方②——同時大力宣揚南昌文社前、後輩成員的成就與貢獻,像是紹述歷代文章巨匠的光輝傳統力抗復燃起的復古風潮,以及力矯明季舉子過度鑽研會元文章技法的歪風云云③。總之,賀貽孫對時藝的看法絶非一介舉子的個人意見;畢竟,他的論點無不源出同他站在一條陣綫上的同志的共識。而這樣的事實也提醒我們,賀氏文論尤重要的價值當在提供了一個契機,讓吾人得以一路順藤摸瓜,窺探晚明文壇曾發生的一場關於舉業何去何從的爭辯,看看諸文士如何憑藉各自執持的宗派理念來爭取認同④。

　　最後,當我們將《水田居文集》收羅的文論一一翻檢過後,還會發現一兩件頗吸睛的事情。首先,雖説"以古文爲時文"確爲賀貽孫抒論的主旋律,然在某些狀況下,他會倒過來倡議寫時文的素養亦將保證古文水準,從而轉出時藝與古文融通互濟的論調。例如爲了説服周懋極、周鼎清(？—1648)兩位社友毋需因"發憤學古文"便看輕了時藝,賀氏於《二周古文合刻序》中遂以郭詡(1456—1532)爲例,申述就如這位擁有扎實畫水功力的畫家"一朝"畫火亦能臻於化境般,嫻熟時文技藝絶對有助於古文的書寫:

　　　　吾嘗聞画水之譜於清狂(郭詡號)矣。昔者清狂道人之畫水也,專一

---

①　分見〔明〕艾南英《金正希稿序》《王承周制藝序》《與周介生論文書》《四與周介生論文書》《答夏彝仲論文書》《再答夏彝仲論文書》《答陳人中書》《寄萬茂先書》,見《天傭子集》,清光緒五年重刊梯雲書屋本,卷三,第31上—32頁下、第50上—52頁上;卷五,第1下—2頁上;卷三,第11上下;卷五,第23上—26頁下、第42下—44頁上、第13上—15頁下、第17下—20頁上、第57上—58頁上。值得注意的是,宗復古派文人的主張雖被艾氏指責爲"浮華補綴塗東抹西左剿右竊"之舉(《答夏彝仲論文書》,第23頁下),然他們自有一套説詞。像復社領袖張溥(1602—1641)便嘗倡言:透過摹寫經典,確能漸次提升舉子的心性與舉止。故割裁前賢文章的做法在彼等看來確有好處(〔明〕張溥《房稿表經序》,見《七録齋詩文合集》卷五,明崇禎五年周鍾序本,第29頁下)。

②　據何宗美的研究,艾南英主導的江右文社原對各地舉子有相當大的影響力,然其地位逐漸被復社等南直隸文社取代。故艾氏和彼等的爭辯實亦反映該時文社間的消長情勢(見氏著《明末清初文人結社研究》,第117—118頁)。

③　分見〔清〕賀貽孫《徐巨源制義序》,見《水田居文集》卷三,第112頁;〔清〕陳弘緒《天傭子集序》,見《陳士業先生集·寒崖近稿》卷二,第416—417頁;《徐巨源文集序》,見《陳士業先生集·鴻牘集》卷一,第495頁;〔清〕徐世溥《苔園近藝序》《鴻牘集序》《蔚社序》,《榆溪逸稿》卷四,第556頁、第561頁、第564頁。又晚明舉子圈興起一股鑽研歷科會元時文技巧的風尚被統稱作"元脉派"(或法脉派、機法派)(分見孔慶茂《八股文史》,鳳凰出版社,2008年,第184—190頁;龔篤清《明代八股文史》,岳麓書社,2015年,第372—377頁)。

④　案:艾南英及諸南昌社友的努力在當時并没有馬上開花結果,他們擁戴的唐宋派主張尚需經呂留良(1629—1683)、戴名世(1653—1713)和方苞(1668—1749)等的傳承和發展,方能成爲主流聲音(師雅惠《以古文爲時文:桐城派早期作家的時文改良》,《安徽大學學報[哲學社會科學版]》2014年第6期,第37—44頁)。

於水，不雜他念，一朝倉皇索筆，作烏芻菩薩，以火光三昧，降諸魔魅，飛烟掣電，有燒夷陵、焚赤壁之勢。於是清狂畫火之名，一旦齊於畫水。夫舉業之用排偶格律也，猶畫水者，不能無一擺三摺，種種成法。然而清狂超軼法外，能游心於居體運筆之先。其於水也，沉酣浸淫變化不測，一日之內，數幅之間，魚龍島嶼，萬怪出没，既悦奔而怒凌，復帶潫而鱗壓；忽起波而摶雨，旋吼石而沸雷，倏而回風，舟懸帆墜；俄焉倒峽，天蕩星浮。當其大醉奮筆傾倒淋漓之時，視彼發焰降魔飛烟掣電之火渾無以辨。夫是以一藝而兼兩長也。由此觀之，而君特患時文不窮工而極變耳，果能窮工而極變，其視古文豈果有二道哉！①

案，賀氏嘗於《徐巨源制義序》提及，有鑒於晚明舉子圈瀰漫着投機應試的不良風氣，制義原初的"窮理明道"宗旨已然湮滅不彰，這便導致一、二"厭薄舉業"的"豪傑"之士"更爲古文辭以馳騁其才情"②；而周懋極及其族人鼎清蓋即此類人士歟③！職是，興許出於欲革除舉業弊端，亟需拉攏各方才士，抑或須鞏固吾黨陣營等考量，賀貽孫方藉爲"二周"古文合集寫序的機會做此議論；而這權宜性的舉措，也讓吾人見識到賀氏闖蕩文壇時的彈性身段。

再者，賀貽孫在宣傳或宣導其主張時，每每參用各式文學技法來進行説明，而他炫技意味濃厚的文風，遂讓他的文論具有很高的辨識度。且看他在《徐巨源制義序》中，便嘗化用《莊子·徐無鬼》裏魯遽師弟關於陰陽二氣與音階間相應關係的對話，來申述古文、時文的"開闔操縱"結體確有相通之處④；此外，爲勸導舉子當戮力學習"正反開闔、往復轉變"一類章法，他在《與友人論文書三》裏嘗以工匠職司譬喻，費心闡述惟透過對"法"的勤勉學習方能教文章臻至"巧"境的道理⑤；另爲了説服舉子當打好古文根基，賀貽孫於《與友人論文書四》中也嘗運用大量排比句來鋪説擅古文者駕馭文章風格的功力是如何了得⑥；同樣令人激賞的還有，爲驅策、鼓舞舉子當竭盡心力習法大家文及名家舉業，賀氏在《與汪映夏書》裏還嘗連番運用了《左傳·成公十六年》《論語·述而》《進學解》以及《三國演義》第二十五回裏的語句或内容，并參用華麗的排比句式，寫成下面這段教人目眩神摇的文字：

---

① 〔清〕賀貽孫《水田居文集》卷三，第 90—91 頁。案：周懋極、周鼎清乃吉安府安福縣士子，郭翃爲出身同府泰和縣的畫家。
②④ 〔清〕賀貽孫《水田居文集》卷三，第 112 頁。
③ 據《安福縣志·隱逸傳》，周懋極也參加了崇禎九年的鄉試（且中舉），故賀貽孫與周氏二人蓋在該時相識。另《安福縣志·文學傳》謂周鼎清"爲文不拘格律，士林推祭酒焉"。故他不屑流於庸俗的時文是可以想見的（分見〔清〕黄寬、劉學愉〔康熙〕安福縣志》，國家圖書館地方志家譜文獻中心編《孤本舊方志選編》第 22 册，綫裝書局，2004 年，卷五，第 110—111 頁；卷四，第 83 頁）。
⑤ 〔清〕賀貽孫《水田居文集》卷五，第 165 頁。案：賀貽孫《與友人論文書三》中，就文人習法爲文類通工匠執法造物譬喻，訓誡舉子既不應墨守成法，也不當自作聰明違逆法。總之，賀氏申言透過勤修章法，吾人確有可能臻至行文無不如意的境界。
⑥ 〔清〕賀貽孫《水田居文集》卷五，第 166 頁。案：賀貽孫於《與友人論文書四》中，嘗大力吹捧古文行家駕馭形色文章風格，若"高厚"與"博厚"、"美秀"與"隱秀"、"幽遠"與"平遠"，以及"豪肆"與"醇肆"等等的非凡功力。

当讀書時，屏思絶慮，取歷科大家得意之文與經史秦漢唐宋之書，冥心静坐。咀其精華，窮其靈變。綜其條貫，相其會通。舉要鈎新，尋微入奥。如捕龍蛇，搏虎豹，力與角勝而不敢休；如游雁蕩山，入武夷，身與曲折而不能去。如養由基射七札，觀其彎弓注矢時，一身精力透出七札之外，雖至六札半不止；如張桓侯（張飛［？—221］諡號）入百萬軍中，取上將頭若探囊取物，觀其橫矛策馬時，一身氣魄俱向上將之頭，雖副將褊（應作偏）裨不關其意。如是憤悱，如是啓發，是亦師逸功倍，當其可之謂時矣。①

總體來看，舉凡此等明顯是使盡渾身解數方寫得出的論述，除却有效凸顯賀氏文論的重點，亦即對習法該事的亟力强調，諸文洋溢的高昂情緒，亦教人不住馳神遥想斯人縱橫文壇時的奕奕神采②；即便對數百年後的我們來説，不也從字裏行間真切感受到賀氏抒論當下的快意與豪情歟！要之，炫技的行文風格以及對文論的彈性處理這兩點，確讓我們對彼時賀貽孫的作爲及表現有了更深一層的認識。

論述至此，我們已對《水田居文集》裏多篇文論的内容進行過或淺或深的剖析，從而更加瞭解晚明文壇的諸多現象，也更能體會賀貽孫頗富進取心和朝氣的舉措。底下，且讓我們换個角度繼續解讀《水田居文集》，看看還有甚麽文學或文化信息值得吾人進一步爬梳和討論的。

三 《水田居文集》透露出的切磋習文活動

説到《水田居文集》的價值，除却賀貽孫寫的多篇文論確能勾勒出晚明文壇的輪廓樣貌，還有該文集的編輯和評點情狀透露的，關於賀氏親族、後學如何表彰長輩（或前輩）文章并追繼其成就等課題。而一談到這些，我們便接觸到環繞賀貽孫周遭，抑或與賀氏故里有地緣關係的一批人物：包括從事編輯事宜的賀氏子（穉字輩）、孫（元字輩）、曾孫（步字輩）三代後嗣（圖四）③，還有進

---

① 〔清〕賀貽孫《水田居文集》卷五，第169頁。案："咀其英華"出自韓愈（768—824）《進學解》，"如養由基射七札"云云出自《左傳·成公十六年》，"如張桓侯入百萬軍中"云云出自《三國演義》第二十五回，又"如是憤悱，如是啓發"出自《論語·述而》。

② 《水田居文集》所收文章皆有出自賀貽孫親友、後學之手的尾論，像《與友人論文書三》末後學□瑗的評語是："其行文亦有如水瀉地隨物賦形之妙，當與昌黎論文諸書參看。"《與汪映夏書》末東里後學汪謨（汪映夏孫）的評語乃："行文更縱橫排宕，魚龍百變，極韓潮蘇海之大觀，非小子所能望其津涯。"另《二周古文合刻序》末亦有後學周履的評述："以畫喻文，藉清狂道人畫水畫火参證，其痛快淋漓，亦具有水涌火焰之勢，而自首至尾一氣盤旋到底，可見當年舐筆和墨得意快書時光景。"（分見〔清〕賀貽孫《水田居文集》卷五，第165頁、第169頁；卷三，第91頁）可見諸後學均明顯感受到賀氏在倡議文論時是何等地酣暢痛快。

③ 《水田居文集》歷經賀貽孫後人數代完成，瀏覽從卷一到卷五開頭處標識的編輯者，恰恰就是從賀氏子輩（穉恭、穉圭［1654—1676］、穉莊）、孫輩（元儼、元凱、元靖、元文）到曾孫輩（步雲、步堂、步高）的三代人士（分見〔清〕賀貽孫《水田居文集》卷一，第3頁；卷二，第40頁；卷三，第81頁；卷四，第122頁；卷五，第163頁）。

行評析、鑒賞的各路人士,若賀氏社友(或文友)與諸門生、後學①,以及分布永新縣各鄉鎮村里的賀氏族人、姻親家族和諸在地氏族成員②;且我們還將見識到這些多未能在文學史上留名的人從事文學相關活動時的認真與專業度。

先從編輯次第的議題談起。案,咸豐朝(1851—1861)進士賀恢的《詩觸序》以及同治年間(1862—1874)永新縣縣令諶瑞雲的《永新賀子翼先生詩集序》,均將賀貽孫寫的系列史論同賀氏其他論著若《詩筏》《騷筏》《詩觸》及《易觸》等并列,此舉顯示列居《水田居文集》卷一、卷二的七十二篇史論可能曾以專著形式流傳③;爾後賀氏子嗣在編輯文集時,殆爲彰顯諸文的重要性,遂將該批始諸《吳泰伯論》、終於《郭玉醫貴人之對論》的篇章置諸衆文體之首(圖五)④。翻閱完這些文字,會發現論點精闢、結構嚴謹,行文亦奔放流暢,單憑這些印象,大多數讀者都會贊同賀氏子孫的舉措歟! 畢竟就内容或形式而言,諸文確有成爲扛鼎之作的份量。然若就文學或文化趨勢觀察,我們就會發現

---

① 賀貽孫社友(或文友)若李陳玉(1598—1660)、徐世溥、劉仲錞、周懋極和黎士弘(1618—1697)諸君,門生、後學若龍科寶和巴邦彦(分見〔清〕賀貽孫《琥溪賀氏家乘序》《南溪賀氏支譜序》《明經賀僧護墓志銘》《二甥字説》《江陰公遺詩序》《季弟子家行述》《蜀先主論》,見《水田居文集》卷三,第110頁、第96頁;卷五,第197頁、第186頁;卷三,第88頁;卷五,第203頁;卷二,第70頁)。案:衆文友除徐世溥是南昌府新建縣人,其他均爲吉安府各縣士子,或與該地區有密切關係的人士,若李陳玉吉安府吉水縣人,他與賀貽孫嘗相互唱和、論學;劉仲錞亦吉水縣人,劉同升仲子,他與長兄劉孟欽(1607—1682)不時和賀氏有詩文往來,後來還結爲兒女親家;周懋極爲同府安福縣人,賀氏嘗爲其文集寫序(即《二周古文合刻序》);黎士弘福建汀州府長汀縣人,康熙七年(1668)出任永新縣縣令而與賀氏交往。另據地方志《選舉志》,龍科寶、巴邦彦分别於康熙八年(1669)及雍正四年(1726)中舉,可見其文學水平(分見〔清〕王瀚、陳善言《永新縣志》卷七,第22頁上—23頁上)。還可補充的是,龍科寶乃賀貽孫族姪女賀桂(1617—1677)的兒子,賀貽孫嘗爲賀桂《竹隱樓詩草》作序(分見羅天祥《賀貽孫考》,第163—164頁)。

② 賀氏族人若龍溪孫竹雲、勑溪孫濟邦、清塘孫祥珠、琴亭孫文輝、城前族孫逢源,姻親若係出賀貽孫妻族,亦即文竹周氏的周元炳,在地氏族若分别出身高溪蕭氏、浯溪顏氏和東里汪氏的蕭士衡、顏廷瑞和汪錦(分見〔清〕賀貽孫《曹沫論》《范增論》《梁鴻以憤世爲隱》《侯太夫人壽序》《鄉賢祠記》《文溪映雪庵記》《鄱陽蕭氏族譜序》《浯溪顏氏元本堂記》《重建禾山甘露禪院碑記》,見《水田居文集》卷一,第5頁、第26頁;卷二,第77頁;卷三,第100頁;卷四,第131頁、第133頁;卷三,第95頁;卷四,第137頁、第140頁)。同樣據地方志《選舉志》,其中不少人亦有功名在身,若賀祥珠(1702? —?)於雍正十一年(1733)進士及第,周元炳、蕭士衡爲生員,顏廷瑞爲康熙三十二年(1693)武舉(分見〔清〕王瀚、陳善言《永新縣志》卷七,第6頁下、第57頁上、第58頁下)。

③ 分見〔清〕賀貽孫《詩觸》,咸豐二年敕書樓藏版,第1頁上;《水田居存詩》卷一,第275頁。又賀氏文集收羅的七十二史論依次是:《吳泰伯論》《曹沫論》《由余論》《宋宣公論》《程嬰論》《鄭子産論》《范蠡論》《藺相如論》《廉頗論》《趙括論》《蘇秦論》《秦并六國論》《戰國游士論》《韓非論一、二》《楚義帝論》《項羽論一、二》《范增論一、二》《張良論》《漢高帝論一、二、三》《漢高光武合論》《蕭何論》《韓信論一、二》《彭越論》《陳平論》《曹參論》《灌嬰李孝逸合論》《漢文帝論》《晁錯論》《賈誼蘇軾合論》《漢武帝論一、二》《張釋之論》《汲黯論》《卜式論》《霍光論一、二》《張禹論》《孔光論》《蕭望之論》《杜欽谷永論》《楊雄論一、二》《漢光武論》《鄧禹論》《馬援論》《趙壹論》《趙充國諸葛亮合論》《樊真論》《蔡邕論》《袁紹論一、二》《曹操司馬懿論》《荀彧論》《孫權論》《蜀先主論》《諸葛亮論》《羊祜論》《羊祜杜預合論》《謝玄論》《王叔文論》《虞詡能知變論》《梁鴻以憤世爲隱》《王允和光之難論》《孔明惡孟達爲有識論》《辛憲英之言似晏子論》與《郭玉醫貴人之對論》。

④ 據賀貽孫《文集自序》"余少壯時苦心舉業,頗負時名,數奇不遇,悉焚棄之,僅存古文數首,其後乃專爲古文詞……兒輩爲搜輯余文,得若干卷,皆出之患難之餘,無足傳者,姑命録之,以俟後人"云云説法,《水田居文集》的編纂源出賀氏子嗣的自發行動,後在賀氏允諾下繼續推動(見〔清〕賀貽孫《水田居文集·自序》,清道光至同治間賜書樓刻《水田居全集》本,第1頁上、下)。

該批論文所以寫得如此出色,還有《水田居文集》所以始諸史論等事,其實都和古文運動以降或科考首重文體產生變化後的文學風尚大有關係。故下面且讓我們貼近歷史脉絡來討論這些課題。

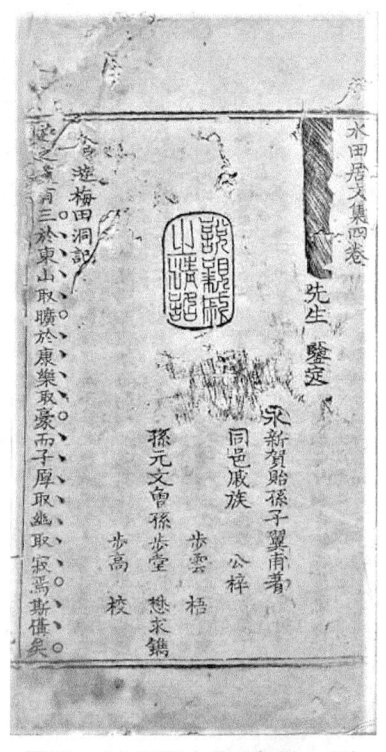

圖四 《水田居文集》書影一(摘自"孔夫子舊書網"):卷四首頁可見賀貽孫孫輩、曾孫輩名字。

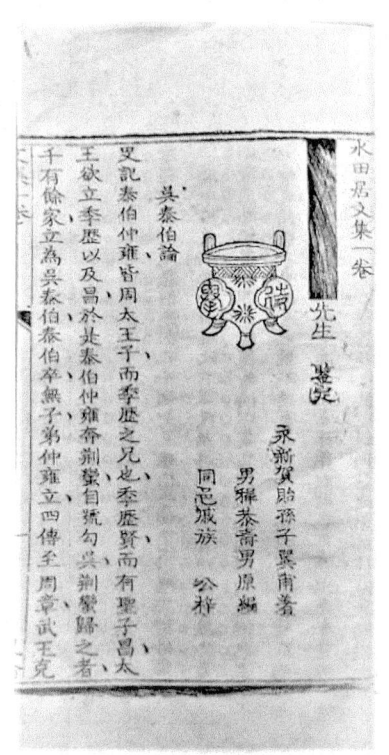

圖五 《水田居文集》書影二(摘自"孔夫子舊書網"):《水田居文集》始諸《吴泰伯論》等系列史論。

衆所周知,古文運動的推展以及科考制度的變化造成了長期居顯耀位置的詩賦備受抨擊,相對之下,論及常與之相提并論的策一類文體,殆因尤能體現作者的學識、抱負之故,遂獲得舉子及文士們的重視和青睞——毋論他們的目的是爲了應考出仕,抑或是爲了著書立説、揚名天下(當然這兩種目的并不衝突)①。職是,文學史上就出現了不少名文或傑作,像是柳宗元(773—819)

---

① 舉例來説,古文健將教導後進作文要領的書信若韓愈的《答李翊書》和柳宗元(773—819)的《答韋中立論師道書》,其寫作緣起當就是爲了回應李翊及韋中立(?—822)關於如何寫好論、策一類考試文體的提問(分見〔唐〕韓愈撰,馬通伯校注《韓昌黎文集校注》,中華書局香港分局,1972年,第98—100頁;〔唐〕柳宗元《柳宗元集》,中華書局,1979年,第871—874頁)。另蘇洵(1009—1066)於《上歐陽内翰第一書》以及《上田樞密書》中,提及了欲呈給歐陽修(1007—1072)、田况(1005—1063)閱覽的種種以策或論書寫的論著,若《洪範論》《史論》,以及《審勢》《審敵》《權書》(分見〔宋〕蘇洵撰,曾棗莊等箋注《嘉祐集箋注》,上海古籍出版社,1993年,第330、319頁)。凡此均可見策、論確爲考生或文士重視的文體。另漢代察舉制即以策爲考試文體,爾後歷代考試大都延續此舉;而論本爲文士抒論的文體,至唐代主要成爲吏部考試必考文體。入宋後,策、論大抵成爲諸考試文體中最被看重視者(分見朱迎平《宋代科舉試論考述》《科舉文體的演變和宋代散文的議論化》,見《宋文論稿》,上海財經大學出版社,2003年,第41—44頁、第19—26頁)。

的政論名作《封建論》，還有蘇軾(1037—1101)應試制科上呈的二十五首進策和二十五首進論①；而爲了幫助舉子書寫這類文體，坊間也出現了形形色色的舉業刊物，若魏天應的《論學繩尺》以及各種幫助消化史籍內容的參考書籍②。瞭解到這些狀況再參閱賀貽孫的史論，我們便會發現幾件需點出的事情：第一，對舉子來說，即便這批論文未按考試格式，亦即朝廷規範的試論形制書寫，然賀氏出色的章法經營，加上每每教人耳目一新的論點仍使諸文具有高度參考價值③；第二，就立論好留名萬世這點來說，不時涌現賀氏史論中的那些關於養氣、經世議題的論述，確能表現論者的厚實學養而予人深刻的印象④；第三，後人嘗贊譽賀氏史論足與"蘇論"抗衡，兩相比對下，我們還真發現賀文諸多精闢論點明顯采擷自蘇軾史論⑤。職是，我們若說賀貽孫的七十二篇史論

---

① 案：唐自開國來，因某些事件引發幾次是否恢復封建制的討論(見〔唐〕柳宗元《柳宗元集》"封建論"箋注，第69頁)。而柳宗元該論殆爲遏止彼時藩鎮割據的氣勢。又參加宋代制舉需通過初審，審查資料即考生上繳的五十首策論。蘇軾於嘉祐六年(1062)應試制科，故上呈實務策二十五篇，以及包括《中庸論上、中、下》《大臣論上、下》《秦始皇論》《漢高帝論》《魏武帝論》《伊尹論》《周公論》《管仲論》《孫武論上、下》《子思論》《孟軻論》《樂毅論》《荀卿論》《韓非論》《留侯論》《賈誼論》《鼂錯論》《霍光論》《揚雄論》《諸葛亮論》以及《韓愈論》在內的論二十五篇(朱迎平《科舉文體的演變和宋代散文的議論化》，見《宋文論稿》，第30—31頁)。

② 案：南宋人魏天應著的《論學繩尺》收輯諸多前人的時文講義，提供從主題立意到不同段落的側重寫法等意見(朱迎平《宋代科舉試論考述》，見《宋文論稿》，第54—55頁)。又爲了方便舉子有效率掌握歷代史事，書坊亦有像精簡版或綱鑒系列的通史等刊物供考生選擇(沈俊平《明中晚期坊刻制舉用書的出版及朝野人士的反應》，《漢學研究》第27卷第1期，2009年3月，第153—154頁)。

③ 案：明代鄉試、會試分爲三場，初場試《四書》義、經義；二場試論、判以及詔、誥、表；三場試經史時務策(〔清〕張廷玉等《選舉二》，見《明史》卷七十，中華書局，1974年，第1694頁)。而明代的試論形制承《論學繩尺》制定，需有破題、承題、小講、入題、原題、大講等單元(〔明〕袁黃《了凡袁先生論文》，見《游藝塾續文規》卷五，袁黃序本，第9下—10頁上)。又賀貽孫史論每每有精闢見解該事，若《程嬰論》言程嬰(？—583？B.C.)自殺"乃欲以信趙武於國人也"，《彭越論》申述彭越(？—196B.C.)於楚漢相爭中的功績不下韓信(231—196B.C.)，還有《孫權論》謂鼎足之勢實因孫權(182—252)爲保江東而促成等等出人意料却合情理的論述(分見〔清〕賀貽孫《水田居文集》卷一，第8頁、第35頁；卷二，第69頁)。再者，賀氏史論常排比句式鋪寫諸意義并行的論點，這讓他的文章能有效地包羅諸多信息，且能有層次地推論，像是《范蠡論》就辭功而受功、辭名而立名以及辭富而致富三單元敷衍成文，還有《漢高光武合論》就高帝(256？/247？—195B.C.)才不及其臣然能得人、光武帝(5B.C.—57)才過其臣亦能得人二單元鋪陳。而這兩篇史論不就得到賀氏族孫詹發及孫弘烈"是舉業中之金針""誠舉子業之實符"云云的評價(分見《水田居文集》卷一，第10—11頁、第30—31頁)。

④ 就賀貽孫史論的內容而言，最亮眼的莫過於他屢屢點出功業成敗的關鍵，取決於歷史人物能否從聖賢學問中養出膽氣且持守之，像《曹沫論》《藺相如論》《項羽論一、二》《張釋之論》《汲黯論》《漢光武論》《鄧禹論》《馬援論》等就是這麼寫的(分見〔清〕賀貽孫《水田居文集》卷一，第4—5頁、第12頁、第22頁、第23頁；卷二，第46—47頁、第47—48頁、第58頁、第59頁、第60頁)。另賀氏的經世學問亦屢藉史論抒發，像《由余論》就醫病譬喻申言禮樂法度猶醫家補氣或救命的藥方，《鄭子產論》謂聖賢治國審時度勢，爲達惠民之效時亦當行猛政，《漢武帝論一》言嚴刑峻法反教奸民避法之謀愈巧，還有《漢武帝論二》闡言朝廷聚斂財貨之謀略有時亦具調解經濟效果等一類論述(分見《水田居文集》，卷一，第6頁、第9—10頁；卷二，第44—45頁、第45—46頁)。

⑤ 案：前引賀恢《詩觸序》即有"禾川族子翼先生，等身著述，嘉惠士林。《史論》出，識者擬之蘇氏"云云的評述(見〔清〕賀貽孫《詩觸》，第1頁上)。又像賀貽孫於《項羽論一、二》中對項羽(232—202B.C.)的批判，若不能學聖人"以大不忍之心，行大不忍之事"，還有竟將"一生精銳之氣盡於鉅鹿矣"，而不及高祖"能持其氣於顛蹶之後"云云，當承自蘇軾《留侯論》"觀夫高祖之所以勝，而項(接下頁)

乃該類文體長足發展後益加精煉的作品,這點當是無庸置疑的判斷。

當然,賀貽孫戮力撰述史論在當時絕非個案①,環顧中晚明舉子圈或文士圈,讀史、寫史論之風確實相當盛行,除却個人志趣促發的行動,還有家族傳承與結社共讀一類事情發生②。於是,或爲凸顯諸文士在這類文體上投注的心力及成就,文集編纂者會將史論(或文家其他主題的論)的位置往前幾卷挪,想來也是情理中的事了。案,學者研究古文運動以降諸文集(或總集)纂輯情狀,發現大抵有兩種排序文體的方式:其一是承續《文選》始諸韵文及與朝廷典章相關文體的傳統;其二即是先列尤能彰顯古文家學問及情志的文體,若論、辨、序、跋等的編法③。核對《水田居文集》前幾卷,很明顯地,賀氏子孫排文體的方法當屬後者:故他們除在首二卷收納七十二篇史論外,還在卷三中收羅賀貽孫爲他人及自家詩文集寫的那些能體現自家詩文見解的序文,像是《程天修破愁軍詩集序》《江陰公遺詩序》《水田居詩自序》《二周古文合刻序》以及《徐巨源制義序》等等④,還有《馭嬖倖策》《和將兵策》以及賀氏應崇禎九年鄉試寫的《馭宦竪策》等策文⑤。所以講到底,賀氏後嗣編排文體的方式除爲彰顯先人的學識素養,亦如實反映隨着古文運動的推展以及科舉考試的穩定施行後的文學趨勢,而這是我們聚焦《水天居文集》的編排狀況後便能洞察的一條重要的文化信息。

接下來談《水田居文集》裏評點的相關課題。案,所謂評點,簡要地説,就

(接上頁)籍之所以敗者,在能忍與不能忍之間而已矣。項籍唯不能忍,是以百戰百勝而輕用其鋒;高祖忍之,養其全鋒而待其弊"云云的論點。另蘇軾於《論項羽范增》提出的見解:"吾嘗論:義帝,天下之賢主也。獨遣沛公入關,而不遣項羽,識卿子冠軍於稠人之中,而擢以爲上將,不賢而能如是乎"云云,後即成爲賀氏《楚義帝論》的立論基點,而發展成"以持重有謀之宋義救趙,而以寬大長者之沛公入關,義帝之籌秦也熟矣,其屬意沛公也深矣,其防羽也周矣"云云的論述(分見〔清〕賀貽孫《水田居文集》卷一,第22—23頁、第20—21頁;〔宋〕蘇軾撰,孔凡禮點校《蘇軾文集》,中華書局,1986年,第104、163頁)。

① 在此可補充的是,賀貽孫年少即嘗作史論,該批文章後在順治三年(1646)的易代戰火中焚毀(〔清〕賀貽孫《二十年前評次書史及少時藏笥諸稿丙戌盡被兵毀偶翻殘帙慟惜彌日作此自慰》,見《水田居存詩》卷三,第359頁)。故《水田居文集》收録的史論當是後來重寫的。

② 若《明史·文苑四》記載鍾惺(1574—1625)"官南都,儗秦淮水閣讀史,恒至丙夜,有所見即筆之,名曰"史懷""云云,以及王志堅(1576—1633)"暇日要同舍郎爲讀史社,撰《讀史商語》"云云的事情(〔清〕張廷玉,等,見《明史》卷二八八,第7399頁、第7401頁)。又王夫之(1619—1692)嘗謂童年時曾於父親王朝聘(1568—1647)書箱中看到曾祖父王雍的試論,遂有"記其髣髴,清健樸亮,似楊貞復(楊起元[1547—1599],隆慶元年[1567]解元,萬曆五年[1577]進士。舉業名家)手筆。至論留侯用四皓争太子,非大臣體,王茂弘(王導[276—339])不得爲純忠,蓋補《綱目》所未及也"云云的評述(見〔明〕王夫之《家世節録》,《薑齋文集》卷十,《船山全書》第15册,岳麓書社,2011年,第213頁)。

③ 王基倫《從清中葉以前古文文體發展脉絡論姚鼐〈古文辭類纂〉的十三類説》,《臺大中文學報》2022年12月第79期,第153—154頁、第165—166頁。

④ 分見〔清〕賀貽孫《水田居文集》卷三,第84頁、第88頁、第89—90頁、第90—91頁、第112頁。案:賀貽孫於《程天修破愁軍詩集序》及《江陰公遺詩序》中,分別表述了詩歌能抒情瀉懣以及能反映國運氣象的道理,另於《水田居詩自序》中申言詩家當自詩學傳統中汲取豐富資源的主張。至於《二周古文合刻序》《徐巨源制義序》的内容,前一小節已有論述。

⑤ 分見〔清〕賀貽孫《水田居文集》卷三,第118—119頁、第120頁、第121—122頁。案:賀貽孫後學林珍嘗以"挾史遷之筆,抒賈傅之學"二語盛贊《馭宦竪策》(第122頁)。

是利用通稱"點"的圈、點、抹、畫等符號,以及統稱"評"的夾注、旁説、眉批、尾論等評述,來擘析文章自主張到技藝面諸多好處的一種技術①;早自詞章學於宋代快速發展該時,著名的選文集若吕祖謙(1137—1181)的《古文關鍵》、樓昉的《崇古文訣》(原名《迂齋古文標注》)以及謝枋得(1226—1289)的《文章軌範》等等,即無不藉此道來指點讀者,好教彼者依樣畫葫蘆,精進自家的撰文技藝②。斗轉星移,時間來到賀貽孫子嗣編纂《水田居文集》的時候,同樣爲了引領讀者讀出賀文佳處所在,"點"與"評"的踪迹也出現在版面相關位置中:即以甫討論過的史論爲例,我們不就看到舉凡核心論點或關鍵論據旁往往布列着密點(、、、、),表述主張或精彩論述的句子則每每被密圈(○○○○)所標志,每篇文章末了也有尾論來評説該文的諸多亮點。而在這些圈、點、評中尤其吸引我們注意的,當屬賀氏晚輩、後學寫的那些質、量均教人不容小覷的尾論。

讓我們連讀兩則尾評。首先是琴亭族孫賀文輝對《侯太夫人壽序》的評述:

> 揭一"誠"字,兩意夾發,如水乳之渾融,如草蛇之起伏。文教、母儀兼收毫端。在侯文宗(侯峒曾)當日推先生爲天下士,有此傑構,能不心傾?③

再來是後學段世緍對《壽竹溪周母龍孺人七十序》的評語:

> 從奇行培出恒德,又從《女誡》《周易》《詩(經)》辭確証恒德之可久。徐將常、變二義出脱,曹大家爲能不失其常,所以來《螽斯》《麟趾》之祥。自後段段寔應龍太君身上,却無虚詞,末乃於曹氏守恒一門鼎盛兩相對照。如太史公《報任安書》筆屢千言,始終惟一"辱"貫注,同此法門。④

關於這兩位評者的背景,我們可查證到賀文輝當系出良坊賀氏一脉,而段世緍乃康熙四十八年(1790)進士⑤。不管怎樣,賀、段二人可把詞章學解析文章的看家本領——若文章是怎麽布局的,而貫串全文的綫索又分别安置在哪兒等——操作地有板有眼⑥,讀者遂可通過他們的指引,通盤瞭解這兩篇壽序的

---

① 分見張素卿《"評點"的解釋類型——從儒者標抹讀經到經書評點的側面考察》,鄭吉雄等編《東亞傳世漢籍文獻譯解方法初探》,臺灣大學出版中心,2005 年,第 79—126 頁;吴承學《評點形態源流》,《中國古代文體形態研究》,中山大學出版社,2000 年,第 376—397 頁。
② 《古文關鍵》選録唐宋古文,《崇古文訣》溯及秦漢文,《文章規範》以漢晉唐宋爲選文範疇,且三者皆有評點(吴承學《評點形態源流》,見《中國古代文體形態研究》,第 384—390 頁)。
③ 〔清〕賀貽孫《水田居文集》卷三,第 100 頁。
④ 〔清〕賀貽孫《水田居文集》卷三,第 102 頁。
⑤ 案:賀姓乃永新縣望族,賀文輝居住琴亭鎮,係屬良坊賀氏一脉;而賀貽孫亦屬良坊賀氏,惟先人已遷居厚田中屋里(見羅天祥《賀貽孫考》,第 58 頁)。又段世緍功名見〔清〕王瀚、陳善言《永新縣志》卷七,第 6 頁下。
⑥ 案:吕祖謙於《古文關鍵·總論看文字法》中即已明白提示諸多分析手法的重要性。像是觀文須首看大概、主張,次看文勢、規模,再看綱目、關鍵,末看警策、句法云云。其中"規模"即指文章的布局,"綱目"是指文章展開的主要綫索,"關鍵"則指文章在"鋪叙次第、抑揚開合"等章法的緊要之處(吴承學《現存評點第一書:論〈古文關鍵〉的編選、評點及其影響》,見章培恒等編《中國文學評點研究論集》,上海古籍出版社,2002 年,第 224—225 頁)。

縝密構思。於是我們明白：當是爲了申揚時任江西提學參議的侯峒曾(1591—1645)提振江右文風的功績，表達希望侯氏留任原職、持續作育贛省舉子的願望，賀貽孫遂利用祝賀侯母龔氏壽辰之契機，透過交織書寫侯氏的"文教"之功以及侯母的"母儀"典範該手法，完成《侯太夫人壽序》這篇看似在頌揚侯母"至誠"德行，然旨趣別在勸留侯氏的特殊祝壽文①；另時逢文竹周氏家族的龍孺人過整壽的日子，殆爲表彰周母於承平及動亂時均能秉持"幽貞"婦德(即所謂"恒德")治家，從而教周氏家運日益昌隆的功勞，賀氏遂將主人翁的人生扣合班昭(49？—120？)興旺曹氏一門史事，并輔以《女誡》《列女傳》《周易》及《詩經》的相關內容，終寫出《壽竹溪周母龍孺人七十序》這篇脉絡清晰、且方方面面均有典實呼應的緊凑文章②。

翻檢《水田居文集》，上述這類尾評并不罕見，像李正騰、李德懋這兩位後學對《周孝子刲骨記》所做的評述也頗具水準：只見彼二人聯手將這篇表揚周光綬孝行的記文裏的所有伏筆和機關蒐羅一空，且還一一指出它們在全文中擔負的作用③。不過，我們毋須在類似案例上繼續停留，因爲有一項重頭戲正待我們一并討論，那就是諸尾論屢屢就賀氏是運用(或化用)了哪些大家文的章法來進行評述該現象；而這類言語中多帶禮贊、推崇之意的講評的頻繁出現，顯見諸評者均對賀貽孫秉持的行文主張，也就是須勤修諸大家文的開闊章法，好教文章焕發動人的精神或氣韵云云，有高度的認知和認同。

讓我們從《游梅田洞記》及《礱山二灘記》二文説起。案，前文叙説賀貽孫與釋大冶、龍驤(1591—1647)等同游永新名勝梅田洞，偶逢軍隊操演的際遇④，後文則記叙賀氏赴琴亭避兵灾(三藩之亂)，遂涉險溯溪，舟行長、短二礱間(即所謂"礱山二灘")的經過⑤。賞玩二文字句，只見賀文或者費心鋪説形色音聲，若謳、笛相和，鴟、角聲交鳴，乃至馬嘶、砲響等等的起落與生滅，或者精心刻畫暴漲溪水冲激嶔崎灘石的驚駭景象，迷離彷彿間，讀者或在字裏行間看到某大家文的輪廓背影；而後學尹致遠"不事砌山拖水，以空幻之筆寫出豪

---

① 案：侯峒曾振興江右文風的舉措得到朝廷褒揚，然他却以奉養母親名義乞求致仕，這便促使時爲郡廪生的賀貽孫執筆書寫這篇壽序(見〔清〕賀貽孫《水田居文集》卷三，第99頁)。又侯峒曾提振贛省文教的一項重要活動乃巡視轄下學校，評騭諸舉子文章，而賀氏舉業即曾獲得他"吉陽營壘雖焕然，大將旗還當屬子"云云的評獎(見羅天祥《賀貽孫考》，第4頁)。故懷抱知遇之恩的賀氏亦嘗作《投贈督學侯廣成師》一詩紀録該事件并表達謝意，且於《甲申山中寫懷寄徵君徐巨源》某首，嘗就棄舉業的心情懷念遷廣東副使的侯氏(分見氏著《水田居存詩》卷一，第282頁；卷二，第312頁)。

② 案："周母龍孺人"乃賀貽孫從內弟周憲(1615—1670)妻子。故賀氏對這位壽星的行止應有一定程度瞭解(見〔清〕賀貽孫《水田居文集》卷三，第101頁)。

③ 同樣出身文竹周氏的周光綬因割股療親身亡，永新縣縣令閔申遂命含賀貽孫在內的諸生們"采實以聞"，從而促使賀氏寫成這篇文章。文中賀氏開宗明義指出周氏舉措源自誤信儒生謬言，這便合理解釋了周氏何出此行的原因；次外，賀文又藉反面意見帶出諸多討論，并輔以周氏家人證詞證明主人翁孝心確可明鑒天地，末了更將討論付諸公論，引發讀者興發攸關忠孝節操的省思。舉凡此等爲文心眼均被李正騰、李德懋二人的評論述及(見〔清〕賀貽孫《水田居文集》卷四，第139頁)。

④〔清〕賀貽孫《水田居文集》卷四，第122—123頁。

⑤〔清〕賀貽孫《水田居文集》卷四，第126頁。

曠幽寂之致,勘與蘇公《前、後赤壁賦》并著千古"(圖六)①云云,以及周承術"意極精密,詞復幽奧,昔柳州山水得子厚而成大觀,今置此於《鈷鉧潭》《石城山》諸記中,應是一無二文字"②云云的點評,正適時爲我們揭曉了答案。再讀讀《李聞孫詩序》及《族侄小琮墓誌銘》這兩篇訴説人事的文章。案,前文賀氏憶及青壯年時嘗拜謁儒臣李邦華(1574—1644)且獲嘉勉的往事③,後文則記述代兄受難、復代子育孫的族侄賀如珩(1601—1678)悲欣交集的一生④;而賀文在傳述主人翁言談、行止及神態各方面的出色表現,亦透露出模擬大家文的綫索,故後學周際泰和門生龍科寶遂分別作出"情溢毫端,聲來紙上,筆復典雅工麗,韓歐之遺"⑤云云,還有"於敘事中幾生感慨,於歡幸中又寓勸勉,純揣永叔筆法,極纏綿委折之致"⑥云云的評騭。

此外,令人印象深刻地還有後學王佐漫對《代送韓司理内召序》作的這段評述:

> 文從昌黎云"伯樂一過,馬群遂空"脱出,而一種官民纏綿戀戀不舍至情,確是吉郡遭亂思治光景,移易他處不得。韓公美政入手,借勢反點,及傳神寫照,總在空際盤旋。至其文之錯綜變化,襯染生色,幼婦黄絹,爲後來開無數法門。⑦

案,《代送韓司理内召序》乃代人書寫的贈序,文中賀氏用飽富情感的筆觸點染吉安府民衆對即將調職的推官韓日將的不舍情意⑧;而王氏的講評非但能徑直點出該文自韓文轉出的來歷,還將賀文的全幅架構,亦即藉條陳韓司理諸恤民措施,好引出民衆眷戀至情的章法布置和盤托出。

要之,前述這一連串或者悉心擘析賀文結構、或者傾心評賞賀文神韵的評述,確實發揮了宣揚賀氏文名、表彰賀文成就的功用;更要緊的是,當吾人游目賞讀這些多出於賀氏晚生末學之手的尾論時,眼前豈不呈現出一派後進争相拜讀前輩(或長輩)文章、且認真挖掘其中資産的生動景象歟!而這幅饒富文學史意義的圖像的發掘,絶對是我們飽覽《水田居文集》衆尾論時的重大收穫。

---

① 〔清〕賀貽孫《水田居文集》卷四,第123頁。
② 〔清〕賀貽孫《水田居文集》卷四,第127頁。
③ 〔清〕賀貽孫《水田居文集》卷三,第87頁。
④ 〔清〕賀貽孫《水田居文集》卷五,第194—195頁。
⑤ 〔清〕賀貽孫《水田居文集》卷三,第87頁。案:李邦華吉安府吉水縣人,他既是江右王學的傳人,也是活躍晚明政壇的儒臣,後殉甲申國難投繯身亡。賀貽孫藉爲其嫡長孫李長世詩集作序的機會,表彰李氏一門的忠義節操,并追憶他親炙李氏且獲嘉勉的經歷。
⑥ 〔清〕賀貽孫《水田居文集》卷五,第195頁。案:係出龍田賀氏的賀如珩爲讓兄長賀瑞海繁衍子嗣,遂冒死頂替其兄入獄受難,爾後又遭逢獨子早逝的打擊。最終賀氏雖將孫兒賀膂撫育成人,却因病辭世,無緣分享賀膂中經魁的殊榮(第194頁)。
⑦ 〔清〕賀貽孫《水田居文集》卷三,第83頁。案:韓日將在張獻忠(1606—1647)之亂後來到吉安府任職,從而展開多項體恤難民的美政。
⑧ 〔清〕賀貽孫《水田居文集》卷三,第82—83頁。

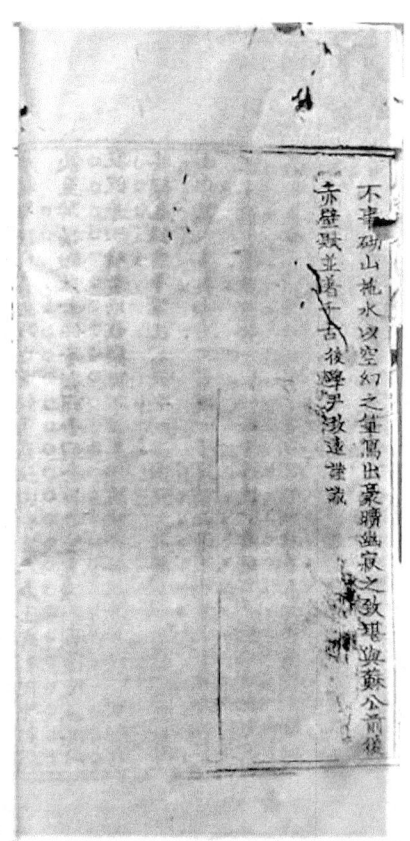

圖六　《水田居文集》書影三(摘自"孔夫子舊書網"):卷四《游梅田洞記》有後學尹致遠的尾論。

最後在結束討論前,我們還可延伸談一個細節,那就是蓋因賀貽孫功名止於吉安府學廩生①,其畢生活動範圍主要就在該府轄下諸縣,若故里永新縣、府治所在廬陵縣以及人文薈萃的泰和縣等(圖七)②,故《水田居文集》收羅的文章除卻和舉業有密切關係的史論、策文以及頗能表述自家詩文見解的序文,就是主題牽涉到地方政務、家族倫序、風俗教化乃至士子交際活動的形色篇章③。職是,我們若說賀氏文集是部頗能展現地方文士社會生活面貌的集子

---

① 案:賀貽孫二十歲後履赴鄉試,兩度中副榜,録爲郡(府學)廩生(劉德清《賀貽孫與〈激書〉》,《九江師專學報(哲學社會科學版)》2002年第3期,第85頁)。

② 案:賀貽孫嘗於永新縣城禾川鎮讀書生活,後因戰亂緣故遷回故里厚田村([清]賀貽孫《水田居詩自序》,見《水田居文集》卷三,第89頁)。又廬陵作爲府治所在,此地是賀氏應府級相關考試的地方(《投贈督學侯廣成師》,見《水田居存詩》卷一,第282頁)。另泰和縣古名西昌,賀氏多次赴該地與朋友或名士交游(分見《杜門山居與程天修劉季頑別二十三年矣今相遇西昌驚喜怳如隔世因念亡友孝若堯臣起也與公無奇綉虎不勝泫然感而有作》《游遁圃記》,見《水田居存詩》卷二,第320頁;《水田居文集》卷四,第128—129頁)。

③ 賀貽孫文集中涉及地方政務的,若《崇禎甲申爲永新漕米新派上三院兩司啓》《甲申代上三院論永新不宜總鎮駐札書》諸文;而與家族倫序或風俗教化有關的,有爲族譜、宗祠、鄉賢祠、鄉約,乃至爲神明造像、薦亡法事寫的形色文章,若《擬重建賀氏総祠九修族譜序》《鄱陽蕭氏族譜序》《浯溪顏氏元本堂記》《鄉賢祠記》《固安縣六諭注解叙》《西來庵爲漢壽亭侯關公茸殿造像記》《爲獻賊陷永新薦亡功德疏》諸文;另干係到文士社交活動的,有爲人送行以及爲他人書房、園林寫的序文與記文,(接下頁)

當是不爲過的。

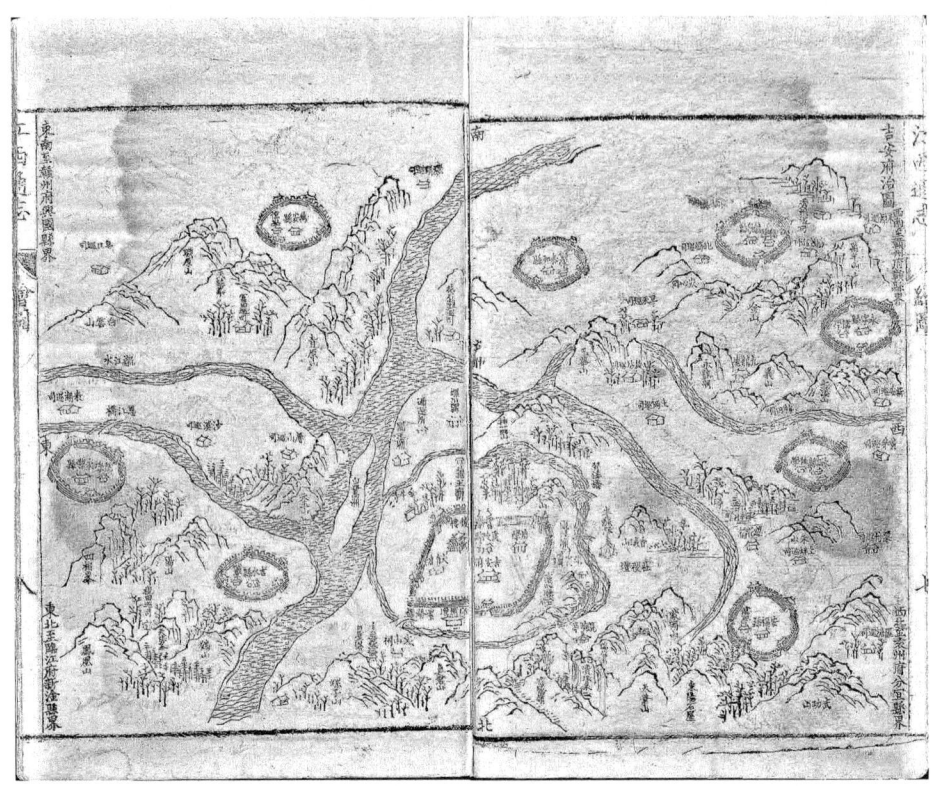

圖七 《吉安府治圖》(雍正十年[1732]《江西通志》,摘自"哈佛燕京圖書館中文善本特藏"網 chinese-rare-books):賀貽孫主要活動範圍在故里永新縣、吉安府治廬陵縣以及人文薈萃的泰和縣。

　　有意思的是,許多文章的尾論均由和該文主人翁有關的人士執筆,若前文提及的《壽竹溪周母龍孺人七十序》的評者段世繒,即因"自少往來文溪(即文竹),所耳熟於龍太君甚悉",從而相當明瞭周母的懿德懿行②;另《李聞孫詩序》的主人翁李長世既是吉水縣人,評者遂爲該縣貢生周際泰③。此外像是《鄱陽蕭氏族譜序》《浯溪顏氏元本堂記》的評者分別就是係出鄱陽蕭氏的蕭士衡及係出浯溪顏氏的顏廷瑞④,《祭蕭門侄女文》的評者正是該文主人翁賀閏

(接上頁)若《贈釋潛木游五嶽序》《春星草堂記》《游遁圃記》諸文,還有像《勸刻劉孝則先生詩文全集啓》《祭太僕寺劉安期文》《劉安士墓表》等爲保存前輩詩文,抑或爲紀念、追念故友生平寫的篇章(分見《水田居文集》卷四,第158頁,卷五,第167頁,卷四,第133—134頁;卷三,第94—95頁;卷四,第136—137頁、第130—131頁;卷三,第105—106頁;卷四,第131—132頁、第161頁;卷三,第106—107頁;卷四,第127—128頁、第128—129頁、第157頁;卷五,第187—188頁、第198頁)。

② 〔清〕賀貽孫《水田居文集》卷三,第102頁。
③ 〔清〕賀貽孫《水田居文集》卷三,第87頁。案:周濟泰乃康熙三十六年(1697)歲貢(〔清〕胡宗元、彭際盛《吉水縣志》卷三十,第48頁下)。
④ 分見〔清〕賀貽孫《水田居文集》卷三,第95頁;卷四,第137頁。

(1654—1684)的兒子蕭桂(1681—1731)①,《周九水先生墓志銘》《固安縣六諭注解叙》的評者爲二文主人翁後嗣周大業②,還有《文溪映雪庵記》的評者乃該文主人翁孫兒周元炳③,《劉莘野墓表》的評者則是該文主人翁曾孫劉之英等等④。想來這一干評者當是應賀貽孫子嗣的邀約而作這些評論的,且他們大都與有榮焉地談到正由於賀文的記叙,方讓和他們相關的人、事、物得長存世間。要之,該現象既凸顯賀氏後人編輯《水田居文集》的用心,亦如實反映賀貽孫在鄉里人士中的地位,更透露出保存某文士的文章并表彰其成就在那個時代是何等要緊的事。總而言之,即便《水田居文集》僅是一介江右士子的別集,我們仍能從中解讀到"文"嘗如此重要之文化消息。

四　結論

猶記得克洛德·列維-斯特勞斯在申言所謂地質學思維時,嘗點醒如是從事研究的目的是爲了捕捉事物表象背後的"主要意義"(master-meaning)⑤;而本文嘗試將《水田居文集》視作某種文化標本,并就其內容以及編輯、評點情狀進行分析和解讀後,我們也果真發掘出一段明清士子論文、習文活動的文學歷史。在文末,且讓我們簡要回顧正文的考察及相關發現:

首先,就篇章的主題或內容而言,《水田居文集》收羅的多篇文論因頗能反映晚明文社遍地開花及舉子間密切往來的栩栩情狀而引人注目。互參并比對賀貽孫社友及前輩的相關論述,我們還會看到關於時藝當如何書寫的討論確是明中葉以降讀書人熱衷的話題,且宗派各異的文士及社群間還嘗就此議題展開論辯。值得一提的是,即便賀氏接受習取大家文章法好提振時藝精神的主張,然在倡導、宣傳之際,或爲拉攏文士加入吾社陣營,他時將該承繼自唐宋派的論述作些許調整,從而轉出時藝素養亦將提升古文水準的論調,再加上他炫技性十足的陳述方式,尤其讓人感受到他抒論時保有的彈性,以及參與這場爭論的熱烈情緒。

再者,着眼《水田居文集》的編輯次第以及諸文所附尾論,我們又會找到值得析論的事情,像是:賀貽孫子嗣先列史論的排法殆爲表彰先人的眼界、胸襟以及經世學養;且賀氏文集將史論還有序、策等文體置諸頭幾卷該事,當亦如實反映隨着古文運動的進展與科舉考試的施行,策、論以及尤能表現學識的書刊序文成爲士子首重文體的趨勢。接着就每篇文章末的那些主要由賀氏親

---

① 〔清〕賀貽孫《水田居文集》卷五,第 190 頁。案:賀潤乃賀貽孫季弟紹孫(1619—1681)之女(見羅天祥《賀貽孫考》,第 47—48 頁)。

② 分見〔清〕賀貽孫《水田居文集》卷五,第 191 頁;卷三,第 106 頁。案:周九水即賀貽孫岳父周之冠(1582—1646),《固安縣六諭》乃周之冠父親周文謨(1559—1598)作固安縣縣令時制定的鄉約,而周之冠、周文謨二人分別爲周大業的曾祖父與高祖父。

③ 〔清〕賀貽孫《水田居文集》卷四,第 133 頁。案:映雪庵乃賀貽孫從內弟周憲的書齋。

④ 〔清〕賀貽孫《水田居文集》卷五,第 199 頁。案:劉莘野子家驥乃賀貽孫的門人,而劉莘野、劉家驥二人分別爲劉之英的曾祖父與祖父。

⑤ 克洛德·列維-斯特勞斯,王志明譯《憂鬱的熱帶》,第 59 頁。

族、後學寫的評論進行觀察，我們會看到他們確實頗認真評析賀文的開闔章法，并對諸文煥發的神理、氣韵予以高度評價，而這些林林總總的評點豈不構成一幅頗吸睛的、諸後進競相觀摩賀文好提升詞章水平的生動圖像歟！另還值得注意的是，賀氏功名爲郡廩生，他留下的文章大抵反映一介地方文士的社會生活樣貌，然賀氏後嗣與在地人士均投注相當心力促成其文集的刊行，這現象提醒我們"文"在該時代人們心中曾占有何等重要的位置，而這興許是《水田居文集》傳達出的尤深沉的文化信息。

最後附帶一提，《水田居文集》於康熙十六年(1677)初刊，同治九年(1870)重刻①；而賀貽孫其他著作有些同樣在康熙年間(1662—1722)刊刻，道光(1821—1850)、咸豐年間又予以重刊，另批則在咸、同時期初刊②。相關研究指出，就在朝廷控制力減弱且時局陷入動蕩不安的道、咸以降歲月，諸多遺民後裔或爲重振家族榮譽，紛紛將先人著作的稿本或抄本付梓③。職是，賀氏文集及它種論著的刊行(或重刊)時間殆亦傳遞出干係晚清政治文化史的信息。不過，那已是詞章學史外的另一個故事，其間原委有待他篇論文細説了。

(作者單位：臺灣大學中國文學系)

---

① 何振作《永新文獻考》，第 84 頁。
② 若《詩觸》爲咸豐二年(1845)刊，《激書》於康熙四十年(1701)初刊，咸豐三年(1846)重刊。《水田居存詩》爲同治九年刊，《詩筏》《騷筏》均於康熙二十三年(1684)初刊，道光二十六年(1846)重刊(分見何振作《永新文獻考》，第 81—82、86 頁)。
③ 王汎森《道、咸以降思想界的新現象——禁書復出及其意義》，見《權力的毛細管作用：清代的學術、思想與心態(修訂版)》，聯經出版事業股份有限公司，2014 年，第 605—645 頁。

潘鍾瑞《聽風聽水填詞圖》與晚清蘇州文士精神群像

傅湘龍　王詩吟

引　言

潘鍾瑞①作爲晚清吴中詞壇後期的領袖人物,詞學造詣精深,後世留存《百不如人室詞草》稿本七卷、《香禪詞》刻本四卷、《香禪精舍叢詞》稿本八卷等。學界多將其置於家族文學或吴中詞派的研究視域②,《潘鍾瑞日記》的整理出版,很大程度上推動了潘鍾瑞專人研究的拓展與深入,例如堯育飛通過日記探討潘鍾瑞的文藝志趣與人生理想③,李静利用日記尋踪其他文人的成長路徑④。大體而言,潘鍾瑞留存至今的文獻數量可觀且種類豐富,詩詞、日記、信札、書畫等交錯關聯,足以彌補特定歷史時期個人記憶與文學表達的缺失,還原其不同階段的人生歷程。

---

① 《吴縣志》記載潘鍾瑞生平:"潘鍾瑞,字麟生,號瘦羊,增貢生,太常寺博士。少孤力學,精篆隸,工詞章,究心文獻,熟諳掌故。遇有關風化事,輒表章之。潘本吴中望族,而於祖功宗德,允惓惓致意,西圃、韡園、文勤諸公,交相推重。性嗜山水,淡於榮利,所游諸名勝,皆有記考證。所交皆當世知名士,非其人,不屑也。三十喪偶不再娶,光緒庚寅卒,年六十有八。著有《香禪精舍集》若干卷。"參見曹允源、李根源纂《吴縣志》卷六十八上,民國二十二年(1933)鉛印本,第37a頁。
② 家族文學研究如徐茂明《江南士紳與江南社會(1368—1911)》、凌郁之《蘇州文化世家與清代文學》以及羅時進《地域·家族·文學:清代江南詩文研究》等著述,其中部分章節涉及對潘鍾瑞文學創作的探討。有關吴中詞派研究,沙先一論及潘鍾瑞説:"吴中詞派發展至後期,吴中七子先後辭世,潘鍾瑞逐漸成爲吴中詞壇的領袖人物,與族叔潘遵璈繼戈載之後於吴中重開詞社,宣導嚴審韵律的主張,松江張鴻卓、宜興儲麗江、江山劉履芬、劉觀藻等亦先後入社,頗稱一時之勝。"參見沙先一《清代吴中詞派研究》,人民文學出版社,2004年,第141頁。此外,任軻仔細對讀潘氏詞集的稿本與刻本,深入挖掘篇目選取以及詞作閲讀與修改的文化意義,參閲任軻《稿本閲讀與題跋批注:潘鍾瑞詞集的文本凝定》,《文獻》2022年第2期。
③ 堯育飛《一家之學與一地之風——〈潘鍾瑞日記〉所見光緒年間吴中金石活動考論》,《文獻》2019年第3期;《一位普通文人與晚清蘇州地方文化的維持——以〈潘鍾瑞日記〉爲例》,《區域文化與文學研究集刊》2020年第1期。
④ 李静《地緣與詞緣:論鄭文焯的詞學淵源》,《河南大學學報》(社會科學版)2021年第4期。

本文聚焦潘氏心力所繫之填詞圖。填詞圖的繪製肇始於清初,迨及晚清,文人雅士繪圖徵咏蔚爲風氣。潘鍾瑞曾請人繪有《聽風聽水填詞圖》,舊圖後因戰亂遺失,他又廣求吳地畫家重繪填詞圖。其中顧大昌、金心蘭所畫兩圖經潘鍾瑞合裝爲手卷,遍徵題咏,保留了蘇州、上海、浙江等地文人所作詩詞。繪製於咸豐七年(1857)的舊圖承載了潘鍾瑞最初的山水志趣與詞學理念,而戰後重繪填詞圖則隱含文人心緒的轉變和文化認同的重建。吳昌碩挽潘鍾瑞作《哭香禪居士》詩句云:"抱殘金石刻,來夢水風聲曾爲題《聽風聽水填詞圖》。"① 吳昌碩題咏《聽風聽水填詞圖》,談及好友志趣以"水風聲"入詩,與潘氏嗜好金石考證并提,可見《聽風聽水填詞圖》的重要意義。吳昌碩另有《懷人詩》組詩,追懷潘鍾瑞又云:"聽水聽風隨處可,香禪居士著蒲團。"②

《聽風聽水填詞圖》手卷以清麗山水承載漂泊羈懷與興廢慨嘆,記錄了以潘鍾瑞爲中心的江南文人對庚申之難的歷史書寫,顯見的歷史追憶與潛藏的詞人心緒在圖文間交織并存,成爲考察晚清蘇州文林畫苑群體重新勾聯物質與精神世界的重要實物。

一　風雨成讖:四幅圖卷的繪製緣起

咸豐十年(1860),蘇州遭逢庚申之難,金石書畫與名勝古迹燬頹殆盡。經此一劫,潘鍾瑞著有《蘇臺麋鹿記》《庚申噩夢記》,以個人視角記錄變亂後遭難流離一百四十日的歷史。同治三年(1864)清軍克復蘇州,潘鍾瑞重歸故里後遍請吳地畫家重繪填詞圖,希望以圖像追懷歷史,寄托時人共有的傷慟。

受潘鍾瑞囑托,顧大昌、金心蘭、顧澐等畫家都繪有填詞圖,現今流傳可見者凡四幅。除顧大昌兩幅及金心蘭一幅外,倪田爲潘鍾瑞繪製《聽風聽水作霓裳圖》。潘鍾瑞選取顧大昌及金心蘭所畫各一幅及各家題辭,裝裱爲《聽風聽水填詞圖》手卷。潘鍾瑞撰跋,言及世事坎壈下填詞圖的繪製歷程:

> 曩余取王建"聽風聽水作霓裳"句意,倩陸丈侣松繪填詞圖徵題,庚申歲失去。辟兵滬瀆,海水天風,晨夕沸耳,輒補圖之。迨歸里,見顧棱伽翁,曾乞其畫而未得者,重踐諾責,爲作水墨設色三四幅,翁皆不自愜心。今金君心蘭復作一幅,乃取棱伽之一合裝此卷,距始作圖時二十五年矣。③

咸豐七年(1857)陸俟④曾爲潘鍾瑞繪製填詞圖舊圖,"聽風聽水"作爲填

---

① 吳昌碩《缶廬詩》卷四,《清代詩文集彙編》第 757 册,上海古籍出版社,2010 年,第 620 頁。
② 吳昌碩《缶廬詩》卷二,《清代詩文集彙編》第 757 册,第 604 頁。
③ 顧大昌、金心蘭等繪題《聽風聽水填詞圖手卷》,雅昌藝術品拍賣網,https://auction.artron.net/paimai-art71611489/,2022-04-05。
④ 陸俟字侣松,爲吳地畫家,工畫山水,筆法遒勁。齊學裘在《見聞隨筆》中"陸侣松"條下緬懷云:"吳縣陸侣松英,初畫花卉,宗白陽山人,後畫山水,法思翁,黃穀原先生之高弟也。與余交游一十有餘載。同治八年,余寄居滬城,聞其去世,悵然有懷,嘆故交之零落也。"參見〔清〕齊學裘《見聞隨筆》卷二十四,《續修四庫全書》第 1181 册,上海古籍出版社,2002 年,第 356—357 頁。

詞圖名,源於王建詩"弟子部中留一色,聽風聽水作霓裳"①,典出龜茲國王逸事②。歐陽修以不曉詩中"聽風聽水"内涵爲恨,《碧雞漫志》引蔡絛《詩話》解釋其含義:"出唐人《西域記》,龜茲國王與臣庶知樂者,于大山間聽風水聲,均節成音。後翻入中國,如《伊州》《甘州》《凉州》,皆自龜茲致。"③潘鍾瑞終日徜徉於湖光山色間,"問水叩須,有時命棹;登山舒嘯,無事携笻"④,按譜填詞,紀雅集游迹,抒歡情悲緒。正如龜茲王臣聆水聽風作樂,恰合詞人填詞情致。所以舊圖繪製全由詩意而來,潘鍾瑞順應當時繪圖風尚以塑造其詞人形象,而并無其他深意。

潘鍾瑞跋語談及庚申前曾向顧大昌⑤乞畫而未得,《百不如人室詩草》收録咸豐七年(1857)所作《贈棱伽山民乞畫〈聽風聽水填詞圖〉》七律兩首可證。其一稱揚顧大昌作畫不留姓名,畫承名家遺風,品格孤特高潔:"鮮溪水直到柴關,大隱何妨住市闤。儘有烟雲驅腕底,不將姓字落人間。板橋遺法七分體,石谷宗風數點山。瀰望棱伽蒼翠處,可容携屐與躋攀。"其二述及庚申前求畫填詞圖,寄寓逍遥天地的壯志情懷:"江湖滿地壯心驚,想到天涯旅客情。漁宿沙邊幽火動,龍歸澗底萬松鳴。雲光雨氣不知遠,酒夢詩懷相與清。此景畫禪參破否,要從紙上發商聲。"⑥

潘鍾瑞爲繪製《聽風聽水填詞圖》,與顧大昌詩書往來頻繁,翔實的文字信息記録了當時的求畫歷程,例如:

> 子長先生有道閣下:
> 頃奉手諭,并題《聽風聽水填詞》之作,感荷感荷。聽風聽水之典,弟見之《詞統》,憶是外國不記何國王與其臣下聽海中風水作樂,故梵樓楣上卍譜爲樂府音調之最古。樂天有"聽風聽水作霓裳"之句,故爲是圖,别無他意。作圖尚在庚申難前,俄而避難航海至申江,去年又自海入江,西上二千餘里入武昌,乃合此四字之意,身歷其境矣。兹將前求兩幅及若波先生一幅并呈青覽,今所繪者實是第四圖矣。求將新詩録上發下,并付裝池

---

① 王建著,尹占華校注《王建詩集校注(下)》,上海古籍出版社,2020年,第410頁。
② 信中潘鍾瑞解釋從《詞統》中知曉此典,但《詞統》中并無外國國王的記載。且潘鍾瑞將王建所作"聽風聽水作霓裳"張冠李戴爲白居易,白居易有《霓裳羽衣歌》,但詩中并無"聽風聽水"。光緒十五年(1889)潘鍾瑞查閱《漢書·西域傳》,想要考證龜茲國相關事宜,多方文獻可證典出於此。參見潘鍾瑞著,堯育飛整理《潘鍾瑞日記(下)》,鳳凰出版社,2019年,第628頁。
③ 王灼著,岳珍校正《碧雞漫志校正(修訂本)》,《中國古典文學理論批評專著選輯》,人民文學出版社,2015年,第47頁。
④ 潘鍾瑞著,堯育飛整理《潘鍾瑞日記(上)》,鳳凰出版社,2019年,第87頁。
⑤ 齊學裘與顧大昌曾有往來,《見聞隨筆》記載其生平:"吳縣顧子長,自號棱伽山民,好吟咏,喜禪悦,尤工六法,能畫丈餘松柏。梅花人物,山水粗細皆精,劉彥冲之高足也。庚申之難,子長避地閩中,以醫學見知於某中丞,延之節署。賊滅回吳,重理舊業。同治十年辛未之春,余游吳門,館於竹虛刺史安得廣廈,復識子長爲余畫《竹柏芝石圖》《邏山圖》等幅,余題其《宫姬調琴圖》《古柏圖》《蛇捕蟲圖》《柳河東小像》,詩録於後。"參見齊學裘《見聞隨筆》卷二十四,《續修四庫全書》第1181册,第357頁。
⑥ 潘鍾瑞《百不如人室詩草三卷詞草七卷》,中國國家圖書館藏清稿本。

成卷,實爲萬幸。早晚稍凉,容趨詣面談,不盡。①

武昌云云,恰合潘鍾瑞光緒三年(1877)隨兄游鄂行迹,故此信寫於光緒四年(1878)。"頃奉手諭"指顧大昌的來信,他致信潘鍾瑞還附有爲《聽風聽水填詞圖》題辭。而在顧大昌來信前,潘鍾瑞作爲求畫者與他定有更早的會面或書信,這是後續一系列詩書往來的前提。

現存顧大昌兩幅《聽風聽水填詞圖》,其一爲單幅橫披(圖一),款識曰:"聽風聽水填詞。甲子以後,爲瘦羊博士潘先生畫。楞伽山民。"此圖左側留白處有顧澐光緒二十年(1894)所作小記,對潘鍾瑞略作簡介,而詳述顧大昌及其師劉彥冲:"楞伽山民爲宗丈子長先生也,從學於彥冲劉齋子之門,畫法古雅有別趣,然不苟爲人請示,此幀乃瘦羊博士所圖。瘦羊者,潘君麟生別號也,工詩詞,善大小篆。兩君與余相交,而今咸歸道山矣。劉齋子畫爲世所重,身後每嗣,殮葬旌表,唧子長獨繼於師,丈之復亦古道可風矣。光緒甲午九秋若波顧澐題。"②此圖爲設色紙本,畫中嶙岣山石、蓊郁松木環繞四周,筆墨紙硯鋪呈於石桌之上,正在凝神遠望的詞人是圖卷的焦點。畫中雖不見水波,但高山下、留白處,無處不有水影,山川含風,風與水隱而現之。

陵伽岷 听风听水填词
设色纸本 1864年 22.5×57.5 cm

圖一　顧大昌單幅橫披《聽風聽水填詞圖》③

另一幅納入手卷的填詞圖畫上款識云:"眼前無數好華枝,峻宇雕欄適四時。緑滿窗間饒別趣,聽風聽水自填詞。甲子(1864)以後,爲瘦羊高士擬徐青藤意即正。楞伽山民。"此外還有顧大昌光緒四年(1878)記語:"此幅何以污瘦羊之目,奇哉。戊寅七月,民自記。"

潘鍾瑞致顧大昌信的末尾談及隨信附有三幅填詞圖,其一明確繪者爲顧澐,至於"前求兩幅"極有可能就是顧大昌已經完成的作品,"今所繪者"作爲第四幅填詞圖在潘鍾瑞寫信時尚未完成。手卷中潘鍾瑞跋語提及顧大昌在同治三年(1864)後繪製水墨及設色填詞圖三四幅,顧大昌留存至今的兩幅填詞圖

---

① 陸蓓容《顧大昌友朋書札(下):亂世中的文人雅集》,澎湃新聞上海書評,2018年10月18日,https://baijiahao.baidu.com/s?id=16146270868698342648&wfr=spider&for=pc,2022-04-05。
② 邱東聯、王建宇編《中國近代書畫目録(下)》,南方出版社,1999年,第165頁。
③ 邱東聯、王建宇編《中國近代書畫目録(下)》,第165頁。書中誤將畫家落款"楞伽山民"作"陵伽岷"。

雖無確切的創作時間,但落款都有"甲子以後",可見收復蘇州這一時間節點對於《聽風聽水填詞圖》的重要意義。縱觀上述種種文獻史料,可以確定的是手卷中顧大昌所畫填詞圖就是潘鍾瑞囑托"將新詩錄上發下"者,因爲圖中題有七絕一首,且款識"戊寅七月"與潘鍾瑞寫信時間相合。至於這幅頗受潘鍾瑞青睞的填詞圖作於何時、是否就是當時尚未完成的第四圖,後人已不得而知。

金心蘭[①]在光緒八年(1882)夏畫成《聽風聽水填詞圖》,不久即被潘鍾瑞組裝納入手卷(圖二),引首爲楊峴所題橫幅,圖後有兩卷題辭跋語。手卷中的兩幅填詞圖皆是山水遠景,無論是疏籬茅舍,抑或是蓬草水亭,遠遠一點人影端坐其中,江流漸闊,山崖聳峙,灌莽叢叢,顧盼皆青蒼滿目。此幅雖作設色,用色却不穠麗,且留白極多。水畔荻蘆搖曳紛紛,亭邊楓葉朱紅,繪秋色於微小處。兩圖皆以渺小、纖細的人影襯托天地之遠闊、山水之空靈,而非注重描繪文人倚聲填詞的形象。這樣一種審美傾向的形成,與潘鍾瑞對聽風聽水的內在理解及外在表達息息相關,正如《自西山泛太湖歸風》所云:"帆能御氣水風上,人自側身天地間。"[②]

圖二　顧大昌、金心蘭等所作《聽風聽水填詞圖》手卷[③]

潘鍾瑞晚年與以怡園七子爲中心的畫家群體往來甚密,這得益於知己金心蘭及吳昌碩的介紹,如潘鍾瑞記錄與倪田、陸恢初識的場景:"傍晚,又因昨倉石之言赴窳翁約於西貫橋臨河茶室。至則窳翁、倉石外有心蘭,又有常熟陸廉夫,揚州倪墨耕,皆當今畫家也,可謂幸會。"[④]

倪田曾繪製《聽風聽水作霓裳圖》(圖三),此圖擱置頗久,在潘鍾瑞離世前

---

① 金心蘭號冷香,又號瞎牛庵主人,工山水,并擅畫花卉,尤善於畫梅,著有《瞎牛庵題畫詩》。潘鍾瑞工書法、金石,二人有頻繁的書畫往來。潘鍾瑞晚年與金心蘭交游甚密,互爲知己。最難風雨故人來,是潘鍾瑞對友情的最高評價,金心蘭、吳昌碩皆獲此評。光緒十六年(1890)六月潘鍾瑞逝世,不久金心蘭作《庚寅重九寫菊懷潘瘦羊》三首緬懷故人,參見金心蘭《瞎牛庵題畫詩》,清光緒二十五年刻本,第21a頁。

② 潘鍾瑞《紀游草》卷三,《香禪精舍集》,《清代詩文集彙編》第691册,上海古籍出版社,2010年,第707頁。

③ 顧大昌、金心蘭等繪題《聽風聽水填詞圖手卷》,https://auction.artron.net/paimai-art71611489/。

④ 潘鍾瑞著,堯育飛整理《潘鍾瑞日記(上)》,第194頁。

兩載纔匆匆畫成。倪田落款云："聽風聽水作霓裳。時戊子冬十月中浣,奉香禪居士屬,邗江墨耕倪田。"光緒十四年(1888)潘鍾瑞前往倪田處催畫:"三年前余有索畫之作《霓裳圖》,今墨耕來已數月,伊既不來,余亦未往,仍不見其畫就付來,不得不催之。"①一個月後,潘鍾瑞如願得到了畫作:"兩人與余至墨耕畫寓,五年前所求之《聽風聽水作霓裳圖》至是始索得之。"②兩則日記關於此圖的繪製時長前後相抵牾,幸有潘鍾瑞光緒十年(1884)日記提及索畫一事:"余至泰來客棧答張子中,并倩墨耕畫作霓裳圖,遇心蘭,共談,同出分路。"③

《聽風聽水作霓裳圖》不同於《聽風聽水填詞圖》,在畫名和內容層面都有所體現。它與顧大昌所畫單幅填詞圖同爲設色長幅,都細細描摹人物近景,但畫中色彩更爲豐富,松綠山石、朱紅古琴,衆歌姬環繞文人身旁,小橋窄徑,山石層級,泉水激越,古木蒼柏,藤蘿曲纏。倪田據"聽風聽水作霓裳"描繪詞人與歌姬共譜佳曲,閑適雅趣,躍然紙上。潘鍾瑞并未針對此圖有任何文學創作,遑論徵題,或許是因爲設色過於濃重,畫境太過輕艷,合於王建詩意,但難以貼合庚申後詞人的心境。

圖三　倪田《聽風聽水作霓裳圖》④

爲何頗具規模的填詞圖手卷僅選取顧大昌和金心蘭所畫各一幅? 蘇州克復後,以潘鍾瑞爲首的文人群體多以圖像叙述歷史的隱微片段,仿倪瓚、徐渭等元明畫家筆意的山水畫古淡孤秀且意境幽遠,静謐而恒久的詞人心緒在古意寥寥、超然物外的畫境中縈繞流傳。金心蘭《山水》詩云:"筆底秋山意寂寥,坐聽寒夜雨蕭蕭。偶然悟得雲林趣,洗滌詩腸酒一瓢。"⑤山水寫意所營造的一方清净天地中,可同時容納畫者與文人的多重寄寓,也可暫時蕩滌劫灰宿莽的陰霾。

今日可見的四幅"聽風聽水"圖卷,其繪製過程歷經二十四載,其中詞人付出的心血與藴含的情思可以想見。宏觀歷史中的庚申之難對文明及文化的影

---

① 潘鍾瑞著,堯育飛整理《潘鍾瑞日記(下)》,第546頁。
② 潘鍾瑞著,堯育飛整理《潘鍾瑞日記(下)》,第552頁。
③ 潘鍾瑞著,堯育飛整理《潘鍾瑞日記(上)》,第200頁。
④ 倪田《聽風聽水作霓裳圖》,雅昌藝術品拍賣網,https://auction.artron.net/paimai-art96290658/,2022-04-05。
⑤ 金心蘭《瞎牛庵題畫詩》,清光緒二十五年刻本,第1a頁。

響多是消極的,但着眼《聽風聽水填詞圖》的繪製歷程,戰亂則轉變爲圖像意義深化的契機。無論是避難上海,抑或由海入江赴武昌,這些遠游使得潘鍾瑞的行迹由江湖拓展至海上,自此"聽風聽水"的内涵與典故情境更爲契合。

二 烏絲闌裏:填詞圖手卷中的題辭

爲圖徵題,自是先有圖畫再有詩詞文章,文人題咏需要觀覽圖卷全貌,并明瞭索題人的意圖。光緒十年(1884),潘鍾瑞請潘喜陶爲《聽風聽水填詞圖》《香禪精舍圖》題辭:"倉石來,余適剃髮,不能出見,以《精舍》《填詞》兩圖卷屬其轉求子餘先生題。"① 兩日後,吴昌碩携潘喜陶題就兩圖送還,但這幅填詞圖似乎并未流傳至今。日記所述便是尋常的徵題過程,但檢視《聽風聽水填詞圖》手卷,就創作時間而言大部分題辭反而早於圖畫。

《聽風聽水填詞圖》手卷共計有詞十八闋、詩三首②,此二圖繪製前後,至少有蘇州、上海、浙江三地的二十位文人參與徵題,且往往是通過親緣或地緣關係與潘鍾瑞有詩詞酬唱者。王壽庭《長相思》一闋,作於1858年夏四月;1862年秋葉廷琯作七律一首,收入詩集《楙花盦詩》卷下,題名《爲麟生題〈聽風聽水填詞圖〉》。金熙《河傳》及其子金玉《聲聲慢》、吴重熹《金縷曲》、吴恩熙《琵琶仙》、金守正《剔銀燈》、袁柳七律一首、黄杞孫《滿庭芳》、朱和羲《霓裳中序第一》用周密韵、曹毓秀《玲瓏四犯》用白石體、高望曾《聲聲慢》仿竹山體、族弟潘介繁《夢横塘》、王彦起《齊天樂》諸作,落款皆未寫明創作時間及緣由,但依據詩詞内容可判定都作於咸豐十年(1860)之後。張鴻卓有新舊兩闋詞,同治八年(1869)與潘鍾瑞游賞秋色并填詞:"瘦羊三兄以《聽風聽水填詞圖》屬題,時同游天平看紅葉,即事寓懷譜《水龍吟》一解。"又補咸豐九年(1859)爲舊圖所題詞作:"此調《百字令》十年前爲瘦羊題是圖也,圖既失去,詞亦忘却,兹復見屬刀檢舊稿,得之重録於後。"張鳴珂同治九年(1870)作《聲聲慢》;朱延射同治十年(1871)應潘鍾瑞徵題,鈔録庚申前舊作《憶舊游》一闋,"瘦羊三兄曾以填詞圖屬題,兹因舊圖失去,復索題句,即録前稿"。其族叔潘遵璈有咸豐九年(1859)詞作《浪淘沙》。潘鍾瑞録有自作跋文,詳述這一手卷的形成過程;又有顧文彬光緒八年(1882)《浪淘沙》一闋。最後爲亢樹滋光緒九年(1883)所作七絶四首,《隨安廬詩集》卷四中收録此處題辭,詩題爲《題瘦羊〈聽風聽水填詞圖〉》,但删去第三首,且改動個别字詞。

此外,潘鍾瑞族弟潘康保《迦蘭陀室詩鈔》中收録《題族兄鍾瑞〈聽風聽水填詞圖〉》七絶四首,族弟潘觀保《鵠泉山館詩七卷詞一卷》中收録《氐州第一·〈聽風聽水填詞圖〉爲麟生兄》詞一闋。

"慨自粤匪盜弄十餘年,庚申以後,東南半壁,淪陷兵塵,一時文人才士,背

---

① 潘鍾瑞著,堯育飛整理《潘鍾瑞日記(上)》,第182頁。
② 《聽風聽水填詞圖》手卷中題辭内容由書畫藝術家石建邦先生鈔録提供,後經筆者整理校對,特此説明,并致謝意。

鄉井,棄田廬,離骨肉,喪資斧,涉川塗,疲筋力,以浮寄於海壖一隅,何不幸也。然湫隘近而烽燧遠,蜃氣結而鼇戴安,鴻雁哀而嚶鳴和,俗冗息而翰墨閒,居處窄而壇坫高。"①潘鍾瑞《滬上題襟集序》點明文人避難上海後複雜而矛盾的心態,背井離鄉是爲不幸,然値江南諸縣紛紛淪陷之際,惟上海一城獨全。"大海東來赴歇浦,百里依然是樂土。一時吳越聚名流,慚愧機雲作地主。"②騷人墨客薈萃遂成文藪,文人雅士在詩詞酬唱、朝夕談藝中感時傷懷,由此促進彼時上海文壇的蓬勃興盛。"聽風聽水"被用作塡詞圖舊圖名稱之前,曾被潘鍾瑞化用爲詞集分卷名,《百不如人室詞草》稿本卷三名爲《秋江聽水譜》。十餘載後付梓的《香禪詞》刻本,卷四名則爲《聽風聽水譜》③。庚申前後,潘鍾瑞對於"聽風聽水"內涵的理解與闡釋愈加深入,并自覺將其融入自身的詞學理念與創作實踐中。《秋江聽水譜》收錄道光二十九年(1849)至咸豐二年(1852)詞作共三十五闋,其中紀游詞多達三十闋,而《聽風聽水譜》則收錄潘鍾瑞咸豐十一年(1861)後流寓滬瀆及重歸故里期間的創作。《香禪詞》自卷三末始有哀音,及至卷四《聽風聽水譜》則滿是風絲雨片、桃源難尋、天涯無依諸語,孤寂愁苦溢於言表。從詞草到詞集,卷次及卷名的調整頗爲用心,游賞間的徐風平波爲背井離鄉的海水腥風所取代,塡詞圖的內涵轉變也正基於此。

《聽風聽水譜》收錄諸詞,序言中有朱和羲、張鴻卓、吳恩熙、曹毓秀、高望曾、王彥起、葉廷琯、顧文彬、朱延射九人的名號,皆爲塡詞圖手卷中咸豐十年(1860)年後爲圖題辭者。潘鍾瑞跋語曰:"諸家舊題,或見刻集,或存稿本,并掇拾之合庚申後徵得各箋,乞林君叔殷彙錄於此。外散佚者不少,即所存諸家亦凋零殆半,唏其感矣。"④所以塡詞圖手卷中題辭的創作時間跨度之大,是潘鍾瑞庚申前後多番索題徵集的結果,看似數量頗多,實則因爲戰亂散佚大半。庚申前後,圖像的繪製與詩詞的徵題是同時進行的,《聽風聽水塡詞圖》也遠不止今日可見的三幅。

庚申後所得題辭,落款最早是同治元年(1862)葉廷琯的七律一首,詩注"樂府有《水龍吟》,君避兵久客海上故云"⑤,可證此詩作於咸豐十年(1860)後,最遲則是亢樹滋光緒九年(1883)所作七絕四首。手卷中兩圖較早者繪製

---

① 潘鍾瑞《滬上題襟集序》,袁學瀾輯《滬上題襟集》,上海圖書館藏稿本。
② 何其超《韵初出〈東海停雲圖〉見示率題》,葉廷琯輯《岑苔詩錄・賞奇集一》,上海圖書館藏稿本。
③ 《百不如人室詞草》稿本前五卷名稱,分別爲《研紅穇姑存稿(癸卯至丙午)》《風雩閑詠(丙午至己酉)》《秋江聽水譜(己酉至壬子)》《僵瑟音(癸丑至乙卯)》《尋鷗語(乙卯)》,第六卷及第七卷直接以"丙辰""丁巳"干支紀年相稱。故《百不如人室詞草》收錄潘鍾瑞道光二十三年(1843)至咸豐七年(1857)詞作凡三百一十六闋。而《香禪詞》刻本則無稿本如此細緻的紀年,共有四卷,分別爲《逍遙餘趣》《僵瑟音》《尋鷗閑語》《聽風聽水譜》,選錄《百不如人室詞草》的部分詞作,并增補咸豐七年(1857)後的創作。刻本中最後一首寫明時間的詞作,是同治十年(1871)的《隔簾聽・吳子述(恩慶)有騎省之戚,屬題〈春眠風雨圖〉,久而未報。辛未正月下旬,風雨連宵,孤館不寐,觸我舊愁,偶成是調,以證知心。按堆絮園〈詞律〉載者卿作,脱去二字,今據宋本〈樂章集〉增訂》。
④⑤ 顧大昌、金心蘭等繪題《聽風聽水塡詞圖手卷》,https://auction.artron.net/paimai-art71611489/。

於同治三年(1864)後,顧大昌有題畫詩闡釋繪製此圖的初衷:"緑滿窗間饒别趣,聽風聽水自填詞。"①重在表現潘鍾瑞身爲文士的閑情逸致,似乎并未關涉戰亂。光緒八年(1882)金心蘭畫作繞完成,那庚申後的題辭究竟是依據哪一幅填詞圖進行創作的? 也許在避兵上海期間,潘鍾瑞先請畫家繪製了填詞圖,部分題辭則是依據這一圖像創作的,因爲與潘鍾瑞一同避兵上海的顧澐也曾繪製過填詞圖;也許潘鍾瑞詳細闡述了繪製填詞圖的構想和内涵,部分文人在没有圖像的情况下擬寫題辭。二十餘年間,圖像與文字并行創作的模式,不同於文人直接在填詞圖上手書題辭。潘鍾瑞通過多方尋求和精心遴選確定最後的圖像及文字,并請林廷輅彙録,繞成就内藴極爲豐富的《聽風聽水填詞圖》手卷。凡此種種,都反映了《聽風聽水填詞圖》手卷在組裝過程中薈萃精華的良苦用心②。

兩卷題辭中,僅王壽庭、張鴻卓、潘遵璈、朱延射四人詞作寫明創作於咸豐十年(1860)前。王壽庭《長相思》作於咸豐八年(1858),但詞中却著意渲染一層凄楚:"楓蕭蕭,荻蕭蕭,一片凄音送晚潮,有人魂暗消。 泰娘橋,謝娘橋,記得橋邊繫畫橈,夜涼聞玉簫。"③楓葉、荻蘆是所有題辭共有的意象,金心蘭圖中也繪有荻蘆叢生、秋楓朱紅。"凄音""魂暗消"是王壽庭對潘鍾瑞詞風的評價,他曾讀《百不如人室詞草》後作《浪淘沙》一闋,詞末注有"集中悼亡諸作,斐惻纏綿,令人不忍卒讀"④,所以他爲圖題咏時也強調一個"凄"字。而這樣一種情感上的凄清愁慘,與變亂後的羈旅離情有本質區别,前者不過是文人生發的綿麗情思,雖幽怨却并不低沉,後者則因肅殺而充溢絶望。

庚申前潘觀保也曾爲舊圖題咏⑤,《氐州第一·〈聽風聽水填詞圖〉爲麟生兄》詞云:

如此江山,潮信乍上,扁舟載得愁重。荻雨摇寒,蘋烟蕩暝,細把魚天補空。重話凄凉,只并入、桓伊清弄。别灑難歡,香塵易散,蠟花猶凍。

---

①③ 顧大昌、金心蘭等繪題《聽風聽水填詞圖手卷》: https://auction.artron.net/paimai-art71611489/。

② 潘鍾瑞雖擅篆隸,但手卷中謄寫題辭及界烏絲闌等事宜,皆交付於林廷輅:"瘦羊先生命録,壬午秋日平江林廷輅。"這一填詞圖手卷本是在光緒八年(1882)秋日完成,但隨後又增添了潘鍾瑞的跋文和顧文彬、亢樹滋的詩詞。林廷輅落款後僅剩半卷空白,爲能容納潘鍾瑞等人的文字,林廷輅根據篇幅特意調整字體大小,如潘鍾瑞的跋文篇幅較長,便都是蠅頭小字。那麽爲何在統一謄抄後又增添三人文字? 究其緣由,也許潘鍾瑞認爲這一填詞圖手卷頗具規模,又有多家題咏,十分珍視。雖然兩卷題辭内容可以感知背井離鄉的凄楚,但倘若隨着時間流逝,自己與同儕皆歸道山,這一圖卷的内涵和意藴恐將無人領會。顧澐作爲同樣繪製過《聽風聽水填詞圖》的畫家,在潘、顧二人去世後,在顧大昌的單幅填詞圖上題辭,却無一字談及填詞圖的内涵。可見如若不詳加説明,圖象内涵與文人心境,也會隨着歷史烟消雲散。而題辭内容自是多多益善,顧文彬爲過雲樓主人,擅長繪畫鑒賞,而亢樹滋則是潘鍾瑞多年好友,二人的重要意義不言而喻,在書寫空間允許的情况下增加二人的詩詞自是錦上添花。

④ 潘鍾瑞《百不如人室詩草三卷詞草七卷》,中國國家圖書館藏清稿本。

⑤ 潘觀保《鵠泉山館詩詞》依循時間順序編排,這一闋詞後有其三十自述詞,依據《大阜潘氏支譜》記載,潘觀保"生於道光八年(1828)戊子六月十九日",所以這闋詞的創作時間最遲是咸豐八年(1858)。參見潘鍾瑞修《大阜潘氏支譜》卷六,清光緒三十四年松麟莊石印本,第11b頁。

暗浪吹雲柔孏脆。悄無語、一宵誰共。錦瑟華年,銅琶絕唱,攪夜凉鷗夢。倚孤篷、殘醉醒,剛拼得、寒衾獨擁。怕按雙聲,玉箏抛、閑愁暗送。①

這闋未收入手卷的庚申前的長調,同樣言及"愁重""淒涼""閑愁",這樣一種籠統的抒情橫跨庚申前後,與秋夜、鷗夢、孤篷、蘋烟、漁笛等同質化的意象共同構築《聽風聽水填詞圖》題辭孤獨悲愁的抒情底色。庚申後的題辭,着重渲染更爲沉重的國恨家仇,因戰亂流寓他鄉是當時江南文人的共同遭際,故王彥起《齊天樂》一闋通過今昔對比,哀嘆家山淒楚、身世浮沉,寄寓時人共有的悲思:

> 凉聲一片鷗邊起,天涯最憐羇旅。脱葉零霜,寒潮捲雪,并入回腸淒楚。維舟記取。悵夢醒家山,鬢凋秋縷。不似廬陵,也應根觸舊詞賦。江湖何限浪泊,甚濃愁淺醉,身世誰主。錦瑟弦哀,青衫泪濕,往事吹如烟絮。微吟正苦。又月落波沉,杳無憑據。試理冰絲,剪燈聞雁語。②

在一片悲戚中,慷慨激昂者便十分引人注目,如黄杞孫《滿庭芳》:

> 玉茗才華,金荃格調,少年抛盡閑愁。江湖嘯傲,滌筆付冰甌。正值鯉魚風起,噴雪浪、直下中流。披襟處,銅琶高唱,響答四山秋。　泠泠常在耳,胸真塵洗,心與天游。試招來,漁笛譜按蘋洲。無恙故國烟水,問而今、可剩盟鷗。關情甚,歸期近也,好與理扁舟。③

上闋塑造了詞人少年時意氣風發的形象,壯情豪邁直冲秋山蕭瑟,銅琶伴響引文辭高亢,雖寄情山水但并不囿於幽静閑適。"鯉魚風"即九月秋風,此時篷舟乘風疾行,而非一葉扁舟静泊水面,黄杞孫意在營造磅礴氣勢襯托詞人的"玉茗才華,金荃格調"。

相較於黄杞孫詞由昂揚歸於平淡,吴重熙《金縷曲》一闋則聲調漸壯,雖有選擇詞調不同的因素,但詞人的種種選擇與遣詞造句也頗有深意:

> 此曲何時有。步虛聲、泠然善也,一池吹皺。捲起珠簾看泊浪,自協宮商節奏。已絕勝、箱抛紅豆。仙骨珊珊君獨抱,咏霓裳、碧落捫星斗。牛耳執,立盟久。　江湖落魄腰支瘦。悵蘇臺、風聲鶴唳,不堪回首。黄浦潮生鳴鼓角,休倚篷窗感舊。且脱却、征衫沽酒。鐵板銅琶隨意譜,大江東、唱出蛟龍走。追白石,邁秦柳。④

"追白石,邁秦柳",謂潘鍾瑞學詞取法乎姜夔、秦觀、柳永等,心領神會而成一家之長,詞壇聲名遠揚。張鴻卓題辭《水龍吟》也稱"叢殘舊譜,笛邊猶剩,堯章遺制",潘介繁爲《香禪詞》作序稱贊其兄:"原夫姜張妙制,藉錦瑟以言情;秦柳名家,變銅琶之豪格。"⑤下闋以"風聲鶴唳""不堪回首"渲染庚申後蘇州的緊

---

① 潘觀保《鵲泉山館詩七卷詞一卷》卷八,清光緒十五年刻本,第7b—8a頁。
②③④ 顧大昌、金心蘭等繪題《聽風聽水填詞圖手卷》:https://auction.artron.net/paimai-art71611489/。
⑤ 潘鍾瑞《香禪詞·序》,《香禪精舍集》,《清代詩文集彙編》第691册,第724頁。

張局勢,詞人因風餐露宿而愈加落魄。滬瀆臨海,波瀾壯闊,吳重熹由此勸解詞人,不妨暫且忘却愁倚篷舟的心緒,題辭不作纖聲且詞境闊達豪邁。

但身處吳淞聽海上水風激蕩,詞人心中也不全是壯闊情懷,浙江德清徐本立曾爲《香禪詞》刻本題辭曰:

> 紅羊劫後,問而今,餘幾酒朋詩侶。茂苑繁華縈昔夢,夢裏花無重數。短鬢驚秋,長歌惜逝,淒絕黄昏雨。感均頑艷,綺愁都付吟句。　　題遍。綠意紅情,舊游回首,總逐雲烟去。海上腥風侵客袂,夜聽潮來申浦。西子湖頭,莫愁祠畔,萍迹曾經住。眼明身健,未妨重訪前路。①

紅羊謂國難,徐本立以腥風侵襲、海潮擾攘形容詞人流徙上海時的生活,不似潘鍾瑞跋語中"海水天風,晨夕沸耳"一般委婉,但更爲貼合實際。《庚申噩夢記》記載潘鍾瑞曾暫居璜涇,此地臨海,雖屬蘇州却已近上海,静時"觀海始暢,且喜風波澄静,若可玩之几席間"②;當風浪澎湃,人則難以久立於海滸;及至疾風急雨,"枕上聞聽風聲雨聲如潮沸,直撼茅屋,覺床席亦連屋摇動,既而大雨奔騰,勢將涌去"③。風潮縈耳擾人心緒,令本就思鄉心切的詞人更添幾分惆悵,何談愜意享受。同是側身天地間,潘鍾瑞却再無乘風泛游太湖時"只有長年渾見慣,收繩捩舵意閑閑"④的悠然自得,由湖至海的急遽轉變使其海上觀雨只慨嘆:"昆陽戰鼓誰援枹,萍飄篷泛東海頭。青衫泪濕此羈留,側身天地多煩憂。"⑤

申江寄迹,詞人愴念故山而欲歸不得,所以發聲成詞,賦情入畫。風與水的意涵在庚申後更爲豐富,山風外更有風聲鶴唳、風波難定的人事坎坷,江湖水波較爲柔和,海潮冷雨則擊人心魄。《聽風聽水填詞圖》手卷作爲組合型圖卷,名家文翰藝作的中心無疑是記録戰亂苦痛,但各家也期冀賦予作品突破時空限制的永恒性,如顧大昌畫全然展現文人風雅,金心蘭畫則與題辭悲情頗爲契合。手卷上落款的每一個年份都是微小而具體的時間節點,不同時間維度的出游情境及文人心態是一個個片段,在潘鍾瑞的有意剪接後構成隱喻——久困樊籠要如何直面傾覆、重建家園?

三　殘金剩粉:以圖像重構物質與精神世界

同治三年(1864)蘇州克復後,詞人回首湖山無恙,但吳越之地早已滿目瘡痍。太平天國軍隊占領蘇州長達三年半,名勝古迹的毁損伴隨着游賞風氣的衰微。人事乖殊正如風景遭罹,潘鍾瑞逃難時曾見妻兄陳德大的紫端欹硯:"余過其家時見之,嘗舉欹器之意屬余製銘,未及應命,今已抛棄道旁,想其家

---

① 潘鍾瑞《香禪詞·題辭》,《香禪精舍集》,《清代詩文集彙編》第 691 册,第 727 頁。
② 潘鍾瑞著,堯育飛整理《潘鍾瑞日記(上)》,第 30 頁。
③ 潘鍾瑞著,堯育飛整理《潘鍾瑞日記(上)》,第 33 頁。
④ 潘鍾瑞《紀游草》卷三,《香禪精舍集》,《清代詩文集彙編》第 691 册,第 707 頁。
⑤ 潘鍾瑞《夏日海上觀雨》,袁學瀾輯《滬上題襟集》第一册,上海圖書館藏稿本。

殘破,不可問矣。"①石硯堅實,戰亂中尚且遺失無着落,遑論書畫圖籍,多半毁於兵寇肆虐。一城文藝風雅罹難遭厄,世變中文章筆墨物質形式的的消亡,引來無數文人悲恨嘆惋,其深層憂慮是對抽象的文化意藴難以薪火傳續的恐懼。流寓上海華涇時,葉廷琯曾鑒賞友人所藏前朝海内承平時山水畫册,作詩感慨人事遷流:"潦倒名場任墨磨,畫成醉後博長歌。醉翁若在今難畫,觸目殘山剩水多。"②乾隆五十八年(1793),太倉王宸醉後爲長洲張塤畫山水册十幀,畫上有張塤題《醉太守歌》,後爲浙江平湖湯氏所藏,避難時携至浦西,葉廷琯得以鑒賞後抒發"殘山剩水"之嘆。

"殘山剩水"在清初往往寄托晚明文人强烈的歷史悲情,"這種悲傷情緒的彌散和抒發最集中表現在'南宋'與'晚明清初'這兩個特定的'夷夏'交替的鼎革時段中,兩者常常發生遥相呼應的微妙關係"③。晚清庚申之難與夷夏鼎革在本質上并不相同,當時江南文人自經亂離,追懷鄉關仍舊承續前朝稱謂,諸如"可堪水剩更山殘,斗大孤城幸繕完"④"只愁水剩殘山裏,也似桃源要問津"⑤,但其中内涵却有所轉變,潘鍾瑞《高陽臺·又次辛芝韵》詞下闋便回應了這一轉變:

<blockquote>湖山裂似青衫破,把殘金剩粉,和泪潸然。濕盡襟痕,酸辛滴盡觥船。那堪重與雲英遇,莽天涯、花下簾前。聽歌喉,道是雛鶯,竟化愁鵑。⑥</blockquote>

國家覆滅引發宋明遺民哀嘆"殘山剩水",藉品評書畫或酬唱雅集追憶前朝實屬無可奈何。太平軍攻占蘇州時,衆城失陷并未從根本上推翻清朝統治,歷史也證明收復江南只是時間問題。城破未復時,以潘鍾瑞爲首的文人悲嘆的是現實層面的江山殘破如青衫撕裂,往昔富庶都變爲"殘金剩粉"。以"金粉"指代故鄉,適時取代寓意國家的"山水",更爲符合當時的歷史情境。潘鍾瑞以"金粉地""金粉樓臺"等指代吳地,隱喻對繁華奢靡以致風俗澆薄、戰敗失守的反思與勸誡。

"塵纓所繫,歲月惜其浸馳;兵燹之餘,湖山遲乎憑吊"⑦,蘇州整體游觀風氣的衰退并未影響潘鍾瑞的出游興致,水枕風篷,隨處入聽,他在時空的雙重維度間苦苦尋求精神世界的彌合與重建。同治元年(1862),潘鍾瑞作《疏影》懷古憶人,有序曰:"泖生屬題《古紅梅閣圖》,因憶戊午歲同人訪小室橋遺址,嬉春吟社中以此命題。今或感鄰笛,或疏尺書,劫火一飛,風流雲散,緬懷古

---

① 潘鍾瑞著,堯育飛整理《潘鍾瑞日記(上)》,第19頁。
② 葉廷琯《楘花盦詩·附録》,《續修四庫全書》第1519册,第652頁。
③ 楊念群《何處是"江南"?——清朝正統觀的確立與士林精神的變异》(增訂版),生活·讀書·新知三聯書店,2017年,第27頁。
④ 潘鍾瑞《滬上感懷》,袁學瀾輯《滬上題襟集》第一册,上海圖書館藏稿本。
⑤ 潘鍾瑞《歸途漫興》,袁學瀾輯《滬上題襟集》第一册,上海圖書館藏稿本。
⑥ 潘鍾瑞《香禪詞》卷四,《香禪精舍集》,《清代詩文集彙編》第691册,第759頁。
⑦ 潘鍾瑞著,堯育飛整理《潘鍾瑞日記(上)》,第68頁。

迹,眷繫吟朋,黯然譜此,意旨淒絶。"①戊午歲即咸豐八年(1858),潘鍾瑞與詞社同人至小市橋,尋訪紅梅閣遺址并結社命題,潘鍾瑞作《望梅·小市橋訪紅梅閣遺址》。紅梅閣原爲遺址,昔日吊古尋芳的同社諸君相繼去世,憑吊之餘淒眷彌深。認圖中樓臺依舊,以"一局滄桑"寫現實殘缺,類似的表達在《香禪詞》中比比皆是,如一局難終、半局不濟及遭逢八九不如意,皆由全局寫缺,與"殘金剩粉"有异曲同工之妙。

　　戰亂後,潘鍾瑞敏銳覺察到一地之風的衰微和新風尚的興起,新舊傳統的更迭隱喻着物質世界對世事變化的反應。他記載楚北風俗曾有中秋送瓜之事,但"兵興以後,此風浸衰,惟戲燈者競尚跑獅,百十成群,如上元節焉"②。他在《鄂行日記》中着重記録一份家書:"得敏德家書,附有松兄第二號信,道及蘇城近事,云譚序初太尊新政風厲,示禁種種,將以挽回俗尚。求治之心殷矣。"③衆人希冀吴地早日恢復承平景象,而一地之興則需要此地民衆的儆戒和醒悟。亢樹滋《去去》一詩揭示所謂光復後的蘇州,城鎮破敗不堪、人民遭賦繁重、商業停滯不前,衰敗腐朽直令人想逃離這片曾經的世外桃源:"步出城西門,彌望多荒草。當年盛闤闠,百貨如雲擾。烟花曲巷迷,燈火連檣繞。自經喪亂來,繁華迹如掃。税卡紛四布,但供官吏飽。商賈足不前,白晝行人少。瓦礫高層城,榛莽塞大道。春風年復年,吹不到枯槁。去去莫返顧,一樽且醉倒。"④

　　《庚申噩夢記》自衆人抵滬便戛然而止,不再記述寓居上海的生活,謂當時江浙兩省難民彙聚上海,繁華喧嚣不似避難場所:"余《申江竹枝詞》有句云:'銷金鍋在桃源境,如此繁華説避秦。'誠厭之也。"⑤此竹枝詞又名《洋涇竹枝詞》,共有七絶十一首,寫盡文人寓滬所見康莊大廈、玻璃路燈、自鳴鐘表、西洋照相等新鮮事物。袁學瀾《滬上題襟集序言》寫上海殷繁云:"惟滬瀆一隅,境接滄溟,崇埔完固,繁華富庶。崢嶸厯市樓臺,璀璨陸離,充牣鮫宮珠貝。交衢則摩肩挂轊,列肆則汗雨袂雲,觀其闤咽囂塵,不减承平風景。"⑥與物質繁華相應的是精神沉淪,耽溺於聲色、鴉片而不能自拔者,成爲文人即事、感懷筆下的批判對象:"長夜應須秉燭游,春風楊柳小紅樓。黄金浪擲買一笑,只解銷魂不解愁。君不見,故鄉戰壘生荒草,累累白骨無人掃。"⑦潘鍾瑞認爲蘇州戰敗與城内習氣浮華難脱干係,爲憑吊歷史以留心當世,故輟而不記。

---

① 潘鍾瑞《香禪詞》卷四,《香禪精舍集》,《清代詩文集彙編》第691册,第758頁。
② 《潘鍾瑞日記》記載中秋送瓜這一風俗:"凡女嫁而未育者,母家以大南瓜送入婿家,藏其床下,以爲宜男之兆。然貧富不齊,其豐者置瓜彩亭而昇之,前導則儀從鼓吹,籠燈成隊;其儉者置瓜筐中,襲其筐而抱之,前則籠燈爲導而已。"參見潘鍾瑞著,堯育飛整理《潘鍾瑞日記(上)》,第115頁。
③ 潘鍾瑞著,堯育飛整理《潘鍾瑞日記(上)》,第99頁。
④ 亢樹滋《隨安廬詩集》卷二,《清代詩文集彙編》第668册,上海古籍出版社,2010年,第267頁。
⑤ 潘鍾瑞著,堯育飛整理《潘鍾瑞日記(上)》,第50頁。
⑥ 袁學瀾《滬上題襟集序言》,袁學瀾輯《滬上題襟集》第一册,上海圖書館藏稿本。
⑦ 吴恩熙《海上書感》,《養壽廬詩集》卷一,清光緒二十六年刻本,第4b頁。

填詞圖發展至晚清,文人雅士間互徵題咏已成常態,頻見於各家詩詞文集。《香禪詞》收錄潘鍾瑞部分題圖詞作,如《憶舊游·程丈序伯庭鷺於重九來蘇,與同人歡叙,出〈秋雨填詞圖〉徵題。余未即應乃別,甫兩月而訃至矣,感念老成,重違宿諾,爰用自題調韵,漫成二解,聊當薤里之吟,兼報命於地下也》《西窗燭·朱鵠侯延射〈剪燭填詞圖〉》《探春慢·朱伯康熹〈杏花斜月填詞圖〉》等。

咸豐九年(1859),潘鍾瑞爲張鴻卓《藕花香裏填詞圖》作《壽樓春·張筱峰丈鴻卓〈藕花香裏填詞圖〉即用自題元調》,未及變亂則不見悲情。變亂後亢樹滋爲此圖作記,詳述與張鴻卓相識相知及填詞圖前後命運:

> 曩余友潘君麟生嘗以小象索題,中有綠雪詞人題詞,古質可喜,詢之知爲松江張先生筱峰。未幾先生介麟生過余,風神秀朗,談娓娓不倦,心敬之。嗣於袁君春巢處讀其長歌,洋洋灑灑下筆不能休,知先生工於詩歌。繼屬題其《雲陽勘灾》《吳淞備防》諸圖,知先生又長於政事。噫!何其多能也。今夫政事之於詩,相爲表裏,故兼之者多。若香山、玉局,其尤著者。至於詞則蘇尚偶一爲之,而白無聞焉。然究厥源流,實亦樂府之遺音,故才華之士恒喜按譜。而先生則戛戛獨造,如詩家之有昌黎、山谷,其以詞人自號也,固宜先是。道光丙戌,先生嘗倚《清平樂》調爲清夏詞,有"試問閒中清課,藕花香裏填詞"之句,遂補爲圖,積至十有五册,今惟此册存,先生屬余爲記。①

張鴻卓詩詞、政事兼善,并且多有繪圖徵題,亢樹滋爲其才學所傾倒,詩集有長詩《筱峰先生出示〈雲陽勘灾〉〈鴻城講學〉〈吳淞備防〉〈墧城勸餉〉諸圖索題因成長歌一首奉贈》。亢樹滋將詞的源頭追溯爲古樂府詩,并對比蘇軾與白居易,提出詞的創作比詩更難,而張鴻卓不按尋常詞譜作詞尤爲難得。除潘鍾瑞外,還有葉廷琯、王壽庭、蔣敦復、姚燮、關鍈、吳文通、劉曾壽、丁丙、屠蘇、王慶勛等江南文人爲圖題辭。《藕花香裏填詞圖》圖名是張鴻卓道光六年(1826)所作消夏詞中的一句,十五圖册歷經戰亂僅存珍貴一册。

潘鍾瑞在圖卷盡毀後重繪《聽風聽水填詞圖》,張鴻卓珍視《藕花香裏填詞圖》進而廣泛徵題,秦雲則在變亂後繪製《花月填詞圖》以抒悲憤。他曾仿尤侗作《〔南仙吕·醉扶归〕自題〈花月填詞圖〉》套數,收入《裁雲閣詞鈔六卷曲一卷》中。其中第五曲〔玉交枝〕在今昔对比中感叹江南诸城的衰微:"繁華草草,問揚州珠簾寂寥。虎邱誰泛吳娘棹,咽秦淮金粉付寒潮。西湖暮烟迷六橋,舊游回首傷懷抱。想當年花嬌月嬌,奈今時魂銷夢銷。"又如第六曲〔川撥棹〕直斥战事催人生愁:"擡頭眺,嘆兵戈浩劫遭。驚風光滿眼蕭條,驚風光滿眼蕭條,也做個堯章恨饒。遣新愁酒自澆,度新腔板自敲。"②故亢樹滋爲圖作序曰:"秦君膚雨工於詞,嘗出《花月填詞圖》示余,乞爲序。余覽之,而知其感於中者深矣……昔人謂一代之盛衰,千秋之感慨所繫,不其信歟!宜吾秦君作爲

---

① 亢樹滋《市隱書屋初稿》卷四,《清代詩文集彙編》第668册,第98—99頁。
② 秦雲《裁雲閣詞鈔六卷曲一卷·裁雲閣曲》,清同治九年刻本,第3b頁。

是圖,每至一唱三嘆,低徊欷歔而不能自已也。"①後世鮮有關於《花月填詞圖》的記載,賴有亢樹滋此序傳其悲情。序言最後期冀來日躬逢盛時,秦雲便可"舉其沉鬱蒼涼之調,一變而爲噍諧慢易、繁文簡節之音",文辭音調與畫作筆法的移易中都有歷史興衰的投射。

庚申之難後,填詞圖的繪製初衷,伴隨官廬民舍及故家舊族什襲藏棄者,皆湮没瓦礫間。詞人徵題爲圖像注入新的精神内涵,將廢池喬木的歷史意蘊注入尋常山水景物的描摹中,寄寓黍離麥秀、銅駝荊棘之悲,而後觀者鑒賞時縂能將畫中風景識別爲"墟",把畫面定義爲"發思古之幽情"的圖像表達。正如巫鴻所言:"在某些作品裏,雖然畫家仍然没有對一個具體的歷史廢墟進行照本宣科式的描繪,但是他通過文字把畫面置於一個叙述性的框架中。"②

"長風際吳越,春水滿汀州"③,生長於斯的文人莫不愛湖山成癖。光緒八年(1882)《益聞錄》曾刊載潘鍾瑞寄示友人詞曲,其中《解三醒》小注詳述其多年文人行迹皆入畫中:

> 畫不盡西泠秋好,畫不盡雪海香濤,畫不盡聽風聽水停孤棹。畫不盡黄鶴樓高,又畫那泉温丹井尋仙竈,湖繞琴臺涉漢皋,禪心妙還把這清吟静坐精舍圖描。 近年倩人畫《西泠餞秋圖》《鄧尉探梅圖》《聽風聽水填詞圖》《江樓問鶴圖》《黄山攬勝圖》《琴臺訪古圖》《清吟静坐圖》《香禪精舍圖》,各徵題咏。④

此外尚有《虚無縹緲圖》《僧廬話雨圖》《惠麓品泉圖》等,諸圖都是與文學活動聯繫密切的寫照性手卷⑤,餞秋、探梅、聽風聽水、問鶴、登高、訪古、清吟、坐禪等系列行爲的主體都是文人。雖然以《聽風聽水填詞圖》爲代表的圖象中,山川草木的存在遠勝一點人影,但這類圖象仍屬於日常生活性肖像,是在以潘鍾瑞爲中心的文人活動的基礎上繪製而成的。

寓目風景處,"江南"作爲一種文化認同根植於吳地的名士風雅,在晚清經由圖像的繪製和鑒賞不斷强化。顧氏過雲樓藏沈周《虎丘圖卷》,王世貞曾作《沈石田虎丘圖》一文記述雨夜留宿虎丘,顧文彬爲此圖作記詳考審定後感慨曰:"豈意弘治癸丑距今同治癸亥,相去三百四十七年,而臺冷麋游,山空鶴怨,安得遇雨夜宿蘭若,汲第三泉,拾松枝煮茗,取所携酒脯,從僧雛作起曲餅供,如弇州所述故事也?"⑥由明至清,王世貞與顧文彬都爲《虎丘圖卷》留下記述

---

① 亢樹滋《市隱書屋初稿》卷四,《清代詩文集彙編》第668册,第88頁。
② 〔美〕巫鴻著,肖鐵譯,巫鴻校《廢墟的故事:中國美術和視覺文化中的"在場"與"缺席"》,上海人民出版社,2012年,第26、28頁。
③ 潘鍾瑞《紀游草》卷四,《香禪精舍集》,《清代詩文集彙編》第691册,第710頁。
④ 潘鍾瑞《解三醒》,《益聞錄》第209期,1882年,第464—465頁。
⑤ 徐雁平《論文學視野中的清代寫照性手卷》,《清代文派與文體論叢》,鳳凰出版社,2021年,第193頁。
⑥ 顧文彬、孔廣陶著,柳向春校點《過雲樓書畫記 岳雪樓書畫錄》,上海古籍出版社,2011年,第121頁。

文字,奈何際遇却全不相類。同治三年(1863),此時吴地尚未收復,何談引泉烹茗、賦詩小酌。

世變風移,勾連着諸多人事興衰的第三泉,又在雅士游賞間錦上添花。光緒十年(1884),潘鍾瑞邀約同人泛舟山塘,造訪怡賢寺僧人雲閑,第三泉因衆人來訪重見天日,席間翰墨風雅相繼助興:

> 僧已遣人汲泉水至此。泉遇兵燹,爲頹垣所掩,雲閑掃除而疏瀹之,以爲嘗新也。少頃,雲閑取出書畫之具并上好宣紙,或直爲聯,或横爲册,乞同人一一留翰墨爲緣。諸人互相推遜,而後心蘭先成梅花一幅,廉夫作山水一幅。茶磨云:"我當作詩。"遂起稿爲七言古風。蒼石寫篆聯兩副,余亦寫一聯,而心蘭又畫山水便面,茶村繼之,亦作一頁。漢卿云:"早知如此,悔煞尋踪。"亦作菊花陶壺一幅,心蘭爲添靈芝兩個,倉石又寫便面一頁,行書也。①

太平天國攻占蘇州等城市後,大肆焚毁廟宇,千年古刹淪爲斷垣殘壁者不勝枚舉②。雲閑僧取第三泉煮茗,并邀書林畫苑中人揮毫落紙。詩畫助游興,雅游風氣和吊古行徑依附筆墨流傳,故爲游事作圖賦詩備受當時文士推崇。金心蘭工山水、梅花,陸恢擅山水,沈翰善畫花卉,吴昌碩精篆刻書法,汪苕素有詩名。席間衆人皆從長處出發揮灑筆墨,而潘鍾瑞名揚吴中詞壇却作七言古風,雖然即興紀游多作詩,但究其根本,大概是其早年交游甚密的詞人多歸於道山,同社詞人雅集唱和已成往事。潘鍾瑞雖擅填詞,却無知音相伴,故晚年多結交畫家,作詩也多於填詞。

顧文彬構築過雲樓秘藏書畫,并辟怡園頤性養壽,精心營治引來文人雅士雲集,遂甲吴下,光緒以後成爲蘇州文人雅集的中心。顧文彬與金心蘭、吴昌碩、顧澐、吴穀祥、倪田、胡錫珪稱"怡園七子",以此爲中心的書畫往還在吴地流轉盛行。過雲樓藏文徵明、仇英《江南春圖》兩卷,録有《文衡山補圖雲林江南春卷》《仇十洲江南春卷》兩記,顧文彬尤愛文徵明一幀:"暮春三月,每對此卷,勝似讀丘遲《與陳伯之書》,故鄉水軟山温,真欲移我情矣。"③

柯律格評價歷代以《江南春圖》爲中心的詩畫創作,是表達地方認同與蘇州認同的渠道,"它既是爲個人性的自我發抒,亦是集體性的文化展現"④。光

---

① 潘鍾瑞著,堯育飛整理《潘鍾瑞日記(上)》,第199頁。
② 夏春濤《太平天國毁滅偶像政策的由來及其影響》云:"嚴禁偶像崇拜是太平天國貫徹始終的一個宗教法令,并由此掀起一場暴風驟雨般的毁滅偶像運動。"參見夏春濤《太平天國與晚清社會》,北京師範大學出版社,2018年,第47頁。潘鍾瑞曾在亂後重游西湖,《湖上春游日記》談及昭慶寺説道:"寺毁於寇,支茅篷以延香火,溯舊游以如夢。過此荒墟,慨浩劫之久銷,未成宏構。"參見潘鍾瑞著,堯育飛整理《潘鍾瑞日記(上)》,第83頁。蘇杭等江南地區的佛寺廟宇等宗教建築,縱使聲名遠揚或歷史悠久,因毁於浩劫又疏於修葺,難以再現往日恢宏。這也是吴地復興所面臨的困境,克復十餘載仍百廢待興,山中被反復提及的破殿殘僧,是城中社會現實的縮影。
③ 顧文彬、孔廣陶著,柳向春校點《過雲樓書畫記 岳雪樓書畫録》,第136頁。
④ 〔英〕柯律格著,劉宇珍、邱士華、胡雋譯《雅債:文徵明的社交性藝術》(第二版),生活·讀書·新知三聯書店,2019年,第111頁。

緒十一年(1885)冬,吴穀祥與胡錫合作《江南春圖》,由金心蘭轉交潘鍾瑞索題。次年暮春,潘鍾瑞作題圖七古,用東坡《題烟江疊嶂圖》韵①。此幅《江南春圖》的繪製與徵題,由怡園七子主導,熟識文人參與其中,是顧文彬收藏和鑒賞活動的餘響。圖卷雖未流傳,但依托日記文獻的記載,可以略見晚清吴地日常書畫交流傳播之一斑。由晚清回溯元明,一脉相承的繪畫傳統,在同一主題的不斷追摹與創新中經久不衰。

明代畫家群體繪製《江南春圖》,在傳揚蘇州文化聲譽與地位的同時,引領繪畫風尚并推播後世。而晚清吴地文士收藏、鑒賞、繪製《江南春》圖卷,除供心目之賞,也追仰前賢遥寄隱逸情思。庚申之難致使家山殘破,文人畫家返鄉面對巨大衝擊,其精神世界亟需修補與重構,就圖像而言主要體現在對庚申前遺畫的搜尋、重繪和題咏,并通過山水畫及寫照性圖卷對地方環境及個體形象進行重新建構。文人求畫意在建構形象與寄寓情感,畫家依靠潤筆維持生計,雙方需求彼此契合,畫寓在滿足來訪者娱目鑒賞外,不啻爲達成買賣交易的最佳場所。清末江南畫家彙集蘇州,與文人共譜江南春好,進一步促進了繪畫風尚的繁榮。

餘　論

"文翰藝通道,有因遂生緣。我扇君作字,君像我題箋。"②葉廷琯《潘芹涵茂才索題〈梧陰把卷圖〉時方爲余書扇偶成此作》詩中如此闡釋因交游往來而成就的翰墨因緣。潘鍾瑞素有才名,爲畫求題者不可勝數,光緒十二年(1886)吴昌碩請潘鍾瑞爲友人題東瀛女郎小華生小影:"作小令題日本女子小華生小照,成《虞美人·影》兩闋。又代倉石用《好女兒》調一闋。"③此次徵題刊於《申報》,《虞美人影》④第二闋仍以"聽風聽水"入詞,似乎以小華生的口吻在訴説離鄉別情,其中所寄寓的綿密情思實則爲題咏者所共有:"聽風聽水天涯我。也惹閑愁功課。便算銷魂真個。平視雲鬟嚲。　琴心海上誰能和? 夢怕東歸驚破。耐盡夜長潮大。山翠神田裏。"⑤

書畫爲昔賢精神所寄,晚年潘鍾瑞請諸家繪有《紀游圖》四十餘紙,與友人叙談常論名畫佳書、吉金樂石。庚申後三十載光陰,仍難啓無形樊籠,潘鍾瑞曾目見衆鳥相招入小巢感念:"歸來巢破後,爪迹認從前。"⑥"庚申(1860)"與"甲子(1864)"是庚申之難的開端和尾聲,當地方志簡述兵事歷程、私人日記記

---

① 潘鍾瑞著,堯育飛整理《潘鍾瑞日記(上)》,第 301、343 頁。
② 葉廷琯《楸花盦詩》,第 644 頁。
③ 潘鍾瑞著,堯育飛整理《潘鍾瑞日記(上)》,第 361 頁。
④ 日記中并未附録原詞,故《潘鍾瑞日記(上)》中此處將《虞美人影》誤解爲《虞美人·影》。《虞美人》詞各體一般是五十六或五十八字,但《申報》上刊登的詞作每闋爲四十八字,故潘鍾瑞所用詞牌是《虞美人影》,又名《桃源憶故人》。
⑤ 潘鍾瑞《虞美人影》,《題東瀛女子小花小象册》,《申報》1886 年 12 月 2 日。
⑥ 潘鍾瑞著,堯育飛整理《潘鍾瑞日記(下)》,第 655 頁。

録逃難生活、詩詞文賦抒發離合悲歡時,客觀的時間節點因爲人事的介入被賦予特殊的意涵。在程式化的書寫中,庚申的火光燭天是大悲,甲子的官復蘇州是狂喜,悲喜之間是吴地陸沉四載與衆人流離失所。近代蘇州在庚申之難後面臨人文凋敝、人才流出的困境,無錫、上海、南京、鎮江又相繼崛起,正如潘光旦慨嘆曰:"而蘇州將不免成爲一個忙人游散之區,老人休養之地,死人埋葬之所。"①

　　回望歷史中的《聽風聽水填詞圖》,它重在以"聽風聽水"的深刻内涵去闡釋庚申後的文人情思,填詞反而居於次要地位。圖像的作用在於構建個體的自我形象,而每一自我形象的形成都與突破時空限制的其他個體産生千絲萬縷的聯繫。庚申之難是以潘鍾瑞爲中心的文人群體的人生轉折點,重回故土後他們長久地抱持着重建秩序的熱忱,這份熾熱且誠摯的心緒凝結在文字與圖像中。晚近風雲變幻之際,蘇州文人群體在内涵豐富的文學活動中,在前朝文人及畫家、家族成員、同人的多重影響下,以圖像回顧人生歷程與更廣闊範圍的歷史,以文學創作抒發複雜多變的情思,瞬時的記憶被恒久地定格在世代流傳的畫卷中,隱微且邊緣的書寫亦可成爲宏觀歷史的一個注脚。

(作者單位:湖南大學中國語言文學學院)

---

① 潘光旦《近代蘇州的人才》,《潘光旦選集》第1集,光明日報出版社,1999年,第283頁。

《清人詩集叙録》舉正

陳鴻森

趙翼《甌北集》卷三十五有一詩，詩題曰《有以明人詩文集二百餘種來售，余所知者乃不及十之二三，深自愧聞見之陋。而文人仰屋著書，不數百年，終歸湮没。古今來如此者何限？既悼昔人，亦行自嘆也，感成四律》①。此明人諸集作者當日苦吟結撰，"不知曾費幾推敲"，"姓氏争期著述留"。然不過兩三百年間，以甌北之博聞多識，其名可識者已不及十之二三，再閱一兩百年，殆多與坑灰冢土同其埋没，亦可哀已。而足以存其書、傳其人者，則惟目録之書是賴。

袁行雲先生(1928—1988)積三十餘年之功，撰著《清人詩集叙録》八十卷，近兩百萬言，著録有清一代詩人二千五百十一家詩集，各爲提要，所以存其書而識其人也②。每書各記作者小傳、師承淵源、撰著要旨、詩家故實、刊刻年代等，抉微索隱，原原本本，頗得叙録之體要。評騭詩家得失，時見精識；尤重紀事篇什，以其可以考史徵事，故凡詩作内容涉及時事及社會史料、風俗民情者，咸爲揭示，以備觀風論世之旨。其書與張舜徽先生《清人文集别録》，可謂競爽，皆津逮來學無既，治清學者必不可少之書也。曩者《續修四庫全書》、《清代詩文集彙編》諸書未出版前，臺灣所存清人别集有限，徵文考獻，時有"途窮"之嘆。張、袁兩家叙録，常置案頭，藉觀清人詩文涯略，足袪固陋、拓聞見也。袁氏《叙録》網羅尤富，上下兩百餘年，所記詩家學人傳略、藝文故實，或版刻先後等，事多細瑣，間有記憶訛失，或考證所未及者，自不可免。昔讀其書，間有所見，别紙記之；今事過境遷，輒多遺忘。近時避疫山區，偶檢得舊册，爰加點竄，并就山居有書可覆按者，條録二十五事，非爲求疵，蓋思"去其偶誤，存其百是"云爾，兼爲避疫歲月留一雪泥印爪。

---

① 趙翼《甌北集》，上海古籍出版社點校本，1997年，第810頁。
② 袁行雲《清人詩集叙録》，文化藝術出版社，1994年。

目　次

1. 錢載
2. 曹學閔
3. 于宗瑛
4. 汪憲
5. 王鳴盛
6. 吳騫
7. 宋大樽
8. 武億
9. 陳鱣
10. 王宗炎
11. 王復
12. 洪坤煊
13. 邢澍
14. 鍾大源
15. 洪頤煊
16. 王豫
17. 嚴元照
18. 宋咸熙
19. 宋翔鳳
20. 劉寶樹
21. 鄧顯鶴
22. 陳逢衡
23. 屠倬
24. 金望欣
25. 劉寶楠

一、錢載《籜石齋詩集》

錢載"《籜石齋詩集》五十卷"條，云："載字坤一，一字根苑，號籜石，一號瓠尊，晚號萬松居士，浙江秀水人。乾隆十七年進士，改庶吉士；官至禮部侍郎。卒於嘉慶八年，年八十六。"（頁1000）

森按：此記籜石卒年未確。錢載，《清史列傳》卷二十五、《清史稿》卷三〇五有傳，云："（乾隆）四十八年三月休致；五十八年卒。"①《碑傳集》卷三十六朱休度《禮部侍郎秀水錢公載傳》云："癸卯致仕，癸丑卒於家。"②二者皆謂籜石卒於乾隆五十八年，與《叙錄》之說異。上海圖書館藏錢泰吉《文匯》稿本，《補編》册二有籜石之子錢世錫所撰《顯考籜石府君行述》一卷，云："府君生於康熙四十七年九月初八日，卒於乾隆五十八年九月二十一日，享年八十有六歲。"③《叙錄》云嘉慶八年卒者，誤。

二、曹學閔《紫雲山房詩鈔》

曹學閔"《紫雲山房詩鈔》一卷"條，云："學閔，字效如，號慕堂，山西汾陽人。乾隆十九年進士。歷官河南道監察御史，……太僕寺少卿、宗人府

---

① 《清史列傳》，中華書局點校本，1987年，第1901頁；《清史稿》，中華書局點校本，1977年，第10515頁。
② 錢儀吉纂《碑傳集》，光緒十九年江蘇書局（1893）刊本，卷三十六，第1頁。
③ 潘中華教授著《錢載年譜》一書（上海古籍出版社，2014年），有關籜石生平事迹，搜羅甚備。錢世錫《籜石府君行述》，收於錢泰吉《文匯·補編》，稿本未刊，潘書《附錄》具錄其文（第430—441頁）。茲所引文，見潘氏《年譜》，第440頁。

府丞。殁後，朱珪爲撰《墓誌》，錢大昕撰《神道碑》，翁方綱撰《傳》，邵晉涵撰《家傳》。作者生於康熙五十八年十二月十三日，卒於乾隆五十三年十月十二日（一說十二月卒），得年七十。《詩鈔》爲翁方綱序；章學誠《墓誌後序》，今《章氏遺書》本未收。"（頁1109）

森按：章學誠《曹府君墓誌後序》，見《章氏遺書》卷二十一①，袁氏失檢耳。此條所記曹氏年歲有誤，慕堂與錢大昕同年進士，錢氏《宗人府丞曹公神道碑》云："以乾隆五十有二年十二月八日終於京邸，春秋六十有九。"②邵晉涵《宗人府府丞曹公家傳》亦言："五十二年十二月卒，年六十有九。"③朱珪《知足齋文集》卷四《宗人府府丞曹公墓誌銘》云："是冬，感風寒疾，端坐而逝，蓋乾隆五十二年丁未十二月八日丑時也。生於康熙五十八年己亥十二月十三日子時，年六十有九。"④諸家傳誌俱言慕堂乾隆五十二年十二月卒⑤，不知袁氏何以致誤。

三、于宗瑛《來鶴堂詩鈔》

于宗瑛"《來鶴堂詩鈔》二卷"條，云："宗瑛，字英玉，號紫亭，漢軍鑲紅旗人。乾隆十九年進士，改庶吉士，授翰林檢討；官至監察御史。工詩文書畫，遒邁得名。是集凡詩二卷，與文二卷合刻，據其子鼇圖《跋》，知爲康熙六十一年生，卒年不明。"（頁1152）

森按：此著錄紫亭《詩鈔》，乾隆間刊本，僅二卷，非其全也。嘉慶二年，其子鼇圖刻《來鶴堂全集》，《詩鈔》凡六卷，卷首有王鳴盛、錢大昕、金學詩諸家序。《清代詩文集彙編》有影印本⑥。

紫亭生卒年歲，據《詩鈔》卷六《乙未秋，予與富竹軒同添孫，喜賦一首，時年五十有四》詩⑦，乾隆四十年（1775），紫亭年五十四，則生於康熙六十一年（1722），《叙錄》所言者是。至其卒年，據門人惠寧《紫亭于夫子來鶴堂詩鈔序》云："歲壬寅，世講明府遭先生大故，讀禮於家，先後彙輯先生遺詩七百餘首，名之曰《來鶴堂詩鈔》。"⑧則紫亭卒於乾隆四十七年（1782），距康熙六十一年生，享年六十一。

---

① 章學誠《章氏遺書》，民國十一年（1922）吳興劉氏嘉業堂刊本，卷二十一，第34—35頁。
② 錢大昕《潛研堂集》，呂友仁點校，上海古籍出版社，1989年，第744頁。
③ 邵晉涵《南江文鈔》，《續修四庫全書》本，卷九，第18頁。
④ 朱珪《知足齋文集》，《續修四庫全書》本，卷四，第19頁。
⑤ 按翁方綱《曹慕堂小傳》但言"卒年六十有九"，未記其殁年月（翁方綱《復初齋文集》，《續修四庫全書》本，卷十三，第3頁）。
⑥ 于宗瑛《來鶴堂詩鈔》，收於《清代詩文集彙編》冊三五〇。
⑦ 于宗瑛《來鶴堂詩鈔》，卷六，第3頁。
⑧ 于宗瑛《來鶴堂詩鈔》，卷首惠寧《序》，第1頁。

四、汪憲《振綺堂詩存》

汪憲"《振綺堂詩存》不分卷"條,云:"憲字千波,號魚亭,浙江錢塘人。乾隆十年進士,補刑部陝西員外郎。著有《説文繫傳考异》四卷。家振綺堂,有累世楹書之積,丹鉛多善本。三十七年卒,年五十一。值四庫館開,購求遺書,其子選善本經進,得頒賜。事具本書卷首錢陳群所爲汪君《傳》。"(頁 1155)

森按:錢陳群《刑部陝西司員外郎魚亭汪君傳略》云:"歲庚寅(乾隆三十五年)夏五,封公遘疾,君侍疾過勞;及疾革,哭踴過毀,食糜服苴,逾朞不變制。……明年,施太恭人抱病幾危,君悸甚。苦次强起,多方療治,病少痊;而君遂嬰疾不起,卒以辛卯八月九日,年五十有一。"①則汪氏卒於乾隆三十六年秋仲,此云"三十七年卒"者,誤也。

《説文繫傳考异》四卷,乾隆間采訪天下遺書,曾由汪氏振綺堂經進,收入《四庫全書》,署名汪憲著②。此書實朱文藻所撰,朱氏《説文繫傳考异·跋》曾言此書撰著經緯:

> 南唐徐鍇《説文解字繫傳》四十卷,今世流傳蓋鮮,吾杭惟城東郁君陛宣購藏鈔本。昨歲因吳江潘君瑩中獲謁吳下宗丈文游,從其插架借得此書,歸而録之。復取郁本對勘,訛闕之處,二本多同;其不同者,十數而已,正訛補闕。無可疑者,不復致説。其有與今《説文》互易(按當作"异"),及《傳》中引用諸書,隨案頭所見,有與今本异者,并爲録出,作《考异》二十八篇。又采諸書中論列《繫傳》及徐氏事迹者,别爲《附録》,分上下二篇,隨見隨録,故先後無次,并附于後。③

據此,則《繫傳考异》爲朱文藻所撰甚明。朱氏著述遺稿,道光間展轉歸瞿世瑛清吟閣所有,《清吟閣書目》卷一著録:"《説文繫傳考异》,朱朗齋手稿,四本"④,此其確證也。至此書署名汪憲之原委,朱氏《重校説文繫傳考异跋》亦有明文:

> 歲辛卯(三十六年),比部(汪憲)歸道山。又越歲壬辰,值朝廷開四庫館,采訪遺書,於是武林諸藏書家各踴躍進書。而比部之子名汝瑮字坤伯者,先以儲藏善本經大吏遣官精選,得二百餘種,彙進於朝。最後中丞以振綺藏書選賸者尚堪增采,命重選百種,以畢購訪之局。蓋其時浙省進書已約五千餘種,此百種者當在五千餘種之外,蒐羅極難。坤伯乃搜啓秘笈,得《繫傳考异》一編,信爲先人所貽,不虞重複,乃取《考异》

---

① 錢陳群《香樹齋文集續鈔》,《清代詩文集彙編》本,卷四,第 24 頁。按下文朱文藻《重校説文繫傳考异跋》,亦言:"歲辛卯,比部(汪憲)歸道山。"
② 紀昀等撰《四庫全書總目》,乾隆間武英殿刊本,卷四十一,第 10—11 頁。
③ 陸心源《皕宋樓藏書志》,《續修四庫全書》本,卷十三,第 10 頁。
④ 瞿世瑛《清吟閣書目》,民國七年(1918)吳氏雙照樓刊本,卷一,第 25 頁。

四卷署比部姓名；其《附録》二卷，間有文藻案語，因署文藻姓名，并呈局中。此《考異》、《附録》之所以得録入《四庫全書》者，本末蓋如此也。①

則《繫傳考異》爲朱文藻著，汪憲之子汝瑮經進時冒以乃父之名，其事始末，朱氏言之甚詳，當無疑義。

五、王鳴盛《西沚居士集》

王鳴盛"《西沚居士集》二十四卷"條云："鳴盛，字鳳喈，號禮堂，一號西莊，又號西沚，江蘇嘉定人。少學詩於沈德潛，與王昶等稱'吳中七子'；錢大昕爲其妹婿。乾隆十九年一甲一名進士，授編修。歷官內閣學士，兼禮部侍郎，降光禄寺卿。二十八年，歸里，鍵户讀書三十年。……乾隆三十一年刻《西莊始存稿》三十卷，前十四卷爲詩，以下爲文。詩爲四十二歲以前作，九百二十七首。自記尚有《晚拙稿》，未刊。……道光三年，其孫據手稿刻《西沚居士集》二十四卷，詩一千一百九十二首，……視《始存稿》詩稍益，唯采分體，轉不如《始存稿》編年爲便。"(頁1158)

森按：錢大昕《西沚先生墓誌銘》言：王氏"乾隆十二年，中江南鄉試。十九年，會試中式；殿試一甲第二人及第，授翰林院編修。"②另據王正功《中書典故彙紀》卷八《雜録》載："文殿試，讀卷官擬票甲乙十卷進呈，以待欽定。……甲戌(乾隆十九年)，原擬汪永錫爲第一；上改爲二甲第一，而以原擬第四之莊培因爲第一；原擬第三之王鳴盛爲第二，以原擬第二之倪承寬爲第三。"③則王氏爲甲戌一甲二名進士，此云"一甲一名"者，誤。

西莊早年之詩，刊有《曲臺叢稿》四卷，內含《竹素園詩草》三卷、《日下集》一卷，乾隆十四年求野堂刻本，有己巳李果、沈德潛兩序。是書傳本甚罕，中國國家圖書館、復旦大學圖書館并有藏本，可補袁氏《叙録》所未及。

王氏《西莊始存稿》有前後兩本，袁氏所據者乃重定本。《始存稿》原刻四十卷本(卷四十爲家傳，未刻)，刊於乾隆三十年④。此本除西莊詩文外，卷十九、卷二十爲《洪範後案》，卷二十一至卷二十三爲《周禮軍賦說》，卷二十四以

---

① 朱文藻《説文繫傳考異》，徐氏八杉齋校本，卷末，第2—3頁。
② 錢大昕《潛研堂集》，第839頁。
③ 王正功《中書典故彙紀》，《續修四庫全書》本，卷八，第80—81頁。按江慶柏編校《清朝進士題名録》載："乾隆十九年一甲一名進士莊培因，一甲二名王鳴盛，一甲三名倪承寬。"(中華書局，2007年，第520頁)
④ 據《西莊始存稿》原刻，卷首乾隆三十年六月張燾《序》，末云："兹先生文稿初刻方竣，敬舉膚言，挂名末簡，聊致區區嚮往之私云爾。"(《續修四庫全書》本，卷首張《序》，第2頁)則此書原刻，刊於乾隆三十年審矣。《西沚居士集》此序序末改作"乾隆己丑(三十四年)長夏"(《清代詩文集彙編》本，卷首張《序》，第2頁)，蓋三十卷重訂本即刊於三十四年。

下爲各類文。其中卷十七、卷十八爲乾隆二十九年服闋以後之詩①,《續修四庫全書》影印者即此本。此書乾隆三十四年重編,《周禮軍賦說》單刻別行,《洪範後案》則收入後來所著《尚書後案》。另刪去卷二、卷三十四應制之作;詩稿則以乾隆二十八年四十二歲奉母諱南歸之年爲斷,刪去服闋以後之詩,合并爲三十卷,即《敘錄》所據之本。袁氏未考《始存稿》有前後兩本,誤以三十卷本爲乾隆三十一年所刻,此據卷首蕭芝《序》末繫年故爾,實則此序四十卷本已有之,未可作爲重定本刊刻之年依據也。

六、吴騫《拜經樓詩集》

吴騫"《拜經樓詩集》十二卷、《再續編》一卷"條,云:"騫字槎客,號兔床,浙江海寧人。諸生。通金石,著有《國山碑考》。篤嗜典籍,長於校勘,尤喜搜羅宋元刻本,築拜經樓藏之,刊有《拜經樓叢書》。……《詩集》十二卷,附《愚谷文存》十四卷後。《文存》又有《續編》二卷,續詩則以《再續編》名之。詩爲手訂,起乾隆三十年,迄嘉慶七年,共一千三百餘首,有錢大昕、秦瀛、張衢序。"(頁1293)

森按:此條有誤,《拜經樓詩集》十二卷,起乾隆三十年,至嘉慶七年止,凡古今體詩一千一十二首,嘉慶八年刊。另有《續編》四卷,起嘉慶八年,至十六年止,共古今體詩三百六十四首,嘉慶十七年刊,《拜經樓叢書》本,卷首有十七年春兔床自序及徐熊飛序②,袁氏所見《拜經樓叢書》偶缺《續編》耳。《再續編》一卷,爲兔床嘉慶十七、十八兩年之詩,計五十五首。三編合計,共詩一千四百三十一首。其詩按年編次,自乾隆三十年三十三歲起,至嘉慶十八年兔床卒,歷年之詩俱在。袁氏《敘錄》謂其詩止於嘉慶七年,誤也。

七、宋大樽《牧牛村舍外集》

宋大樽"《牧牛村舍外集》四卷、《學古集》四卷"條,云:"大樽,字左彝,號茗香,浙江仁和人。乾隆四十二年順天舉人,官國子監助教,四十餘告歸。……大樽詩宗六朝、盛唐,長於擬古而不肆力摹效。……摯友陳斌爲撰《茗香先生傳》,無生卒年月。嘉慶九年吴錫麒《序》有云:'今年六月,茗香已先化去。'湯禮祥《栖飲草堂詩鈔·懷舊詩》小注云'大樽卒於甲子',又稱'長余二十一歲',則得年六十。"(頁1439—1440)

森按:此言茗香卒於嘉慶九年(1804),年六十,則生於乾隆十年(1745)。

---

① 《始存稿》四十卷本,卷十七第五首爲《服闋後至蘇卜居歸途口號》(卷十七,第3頁),知此以下諸詩皆乾隆二十九年服闋以後撰也。下《迎駕至揚州,寓僧舍。汪碧溪招同蔣春農、吴杉亭出徐寧門,游喬氏東園探梅。……得絕句八首》(卷十七,第13—14頁),此則乾隆三十年三月,清高宗南巡事也。其卷十八,目錄云"古今詩五十三首",《續修四庫全書》本内文則長短句四十一首,與原目不相應,未審其故。

② 吴騫《拜經樓詩集續編》,嘉慶十七年(1812)《拜經樓叢書》本。

民國《杭縣志稿》卷二十二有阮元所撰《清國子監助教宋君家傳》,云:"嘉慶九年甲子四月五日,無疾卒於西湖寓舍,年五十有九。"①又戚學標《國子助教茗香宋君墓誌銘》云:"嘉慶甲子四月初五日,無疾卒於湖上。先日語僕:'吾旦將去矣。'……迨曙,則氣息奄然矣,歡容如常時。……卒年五十九,其生以乾隆丙寅歲(十一年,1746)四月初一日也。生平所著,有《學古集》、《牧牛村外集》各四卷,《讀我書塾課本略》八卷、《續方言補正》十二卷、《詩論》一卷、《校定爾雅新義》二十卷。《詩論》刻《知不足齋叢書》中;餘或刻,或稿存家。"②《叙錄》此條當據兩家傳、志訂正。

八、武億《授堂詩鈔》

武億"《授堂詩鈔》八卷"條,云:"億字虛谷,一字小石,號授堂,又號半石山人,河南偃師人。朱筠入室弟子。乾隆四十五年進士,官博山知縣,以杖和珅遣役,坐罷官。……工考據,好金石。著有《群經義證》、《經讀考異》、《三禮義證》、《金石題跋》、《續跋》等書;與趙希璜合撰《偃城金石志》。《詩鈔》與文集爲其子穆淳校刻,前有趙希璜、法式善、熊寶泰序。此重刊本,道光二十三年其孫耒刻之。作者詩屏除浮華,有昌黎遺響。"(頁1451)

森按:此條可商者二事:

(一) 虛谷所著書并無《偃城金石志》,"偃城"疑"偃師"傳寫之誤,未及勘正也。惟此《志》係虛谷自著之書,非與趙氏合撰也。乾隆五十二年,偃師知縣湯毓倬修縣志,以《金石》一門委之虛谷,虛谷爲撰《偃師金石錄》二卷,收入乾隆《偃師縣志》卷二十七、卷二十八。湯毓倬《書後》云:"邑金石文字,二千年來,風霜摧剝,銷磨殆盡,郡志所引寥寥,考古者每爲悵惋。邑進士武君億博學好古,悉志搜羅,於殘碣斷幢,不惜兼金購之,家中藏弆甚富。余復屬韓生甲辰於南北兩山荒城幽竁,披薜刈荆,廣爲訪拓。以考訂之役諉之武君,案證確鑿,論斷精覈,多發明宋元來金石等書所未及,共得八十餘種,爲《金石錄》二卷。"③虛谷《答王蘭泉先生書》亦言:"偃師金石刻八十餘種,皆窮搜而得,不惟前人著錄不能收,近如府、縣圖經亦不悉載,故愈復矜惜。竊仿葉氏《嵩陽石刻》之例,今采入《縣志》,已備《金石錄》二卷,并附呈覽。"④乾隆五十三年,虛谷由《縣志·金石志》將書版抽印單行,易名《偃師金石遺文記》,史語所傅斯年圖書館有藏本。

虛谷與趙氏合著之書,應爲《安陽縣志》,非《偃師金石志》。《叙錄》卷四十

---

① 汪堅青、姚壽慈等纂民國《杭縣志稿》,餘杭縣縣志辦公室、杭州市圖書館整理影印本,第146頁。
② 戚學標《鶴泉文鈔續選》,《續修四庫全書》本,卷七,第15—16頁。
③ 湯毓倬修,孫星衍纂《偃師縣志》,乾隆五十三年(1788)偃師縣署刊本,卷二十八,第75頁。
④ 武億《授堂文鈔》,《續修四庫全書》本,卷七,第17頁。

二"趙希璜《四百三十二峰草堂詩鈔》"條,云:希璜"與武億最密,官安陽,延億同輯《安陽金石志》"①。此説亦非。按嘉慶三年,趙希璜延虚谷同纂縣志,成《安陽縣志》十四卷②。書中無金石門,蓋金石卷帙獨多,虚谷别著《安陽金石録》十二卷,將附《縣志》以行。其書收商、周金以迄宋、金、元石刻,共一百六十四種,各附按語考證,其中頗多前人未經著録者③。虚谷《致孫伯淵十五》書,有言:"某於《安陽志》事,諸緒填委,未就緒次。惟得齊、唐、宋、元舊刻已二十餘種,似金石成録,不無可觀,輒力爲搜剔,自適其適,甚忘徒步之瘁。古物沈埋,至此爲之吐氣,亦可喜而不寐矣。"④可見渠於是書之創獲,頗自珍視也。

(二)虚谷生前曾刻《小石山房文集》一卷,僅文二十三篇,中國國家圖書館、北京大學、南京大學圖書館俱有藏本。虚谷卒後,嘉慶六年,趙希璜爲刻《授堂文鈔》八卷,武穆淳收入《授堂遺書五種》,其中并無《授堂詩鈔》。道光二十三年,虚谷之孫武耒重刻《授堂遺書》,增刻遺文二十九篇,爲《文鈔續集》二卷,并刻《詩鈔》八卷。據楊以增《跋劉松嵐觀察謁虚谷先生墓詩後》,文末武耒識語云:

辛丑(道光二十一年)冬,聊攝楊至堂先生觀察來豫,詢悉先大父遺書有未刻者《三禮義證》十二卷、《詩鈔》八卷,慨佽俸金,俾耒以次刊布。⑤

是道光間楊以增捐貲助刻,《詩鈔》至是始付剞劂,故《文鈔》扉頁記"道光癸卯年重刊",《詩鈔》扉頁則作"道光癸卯年新刊"。袁氏《叙録》以《詩鈔》爲武穆淳校刻,武耒所刻爲"重刊本",未確。

九、陳鱣《河莊詩鈔》

陳鱣"《河莊詩鈔》不分卷"條,云:"鱣字仲魚,浙江海寧人,明遺民陳確六世孫。嘉慶三年舉人。博通經史、文字訓詁、校勘之學,與胡虔、錢大昭齊名。……此集附《簡莊綴文》後,羊復禮輯刻。《跋》稱鱣所著經史書已刊版數種,《説文正義》散佚;《詩人考》、《恒言廣證》,存亡未卜。《詩集》十卷,亦泯没不存,則此集所輯詩不過什之一耳。……又有《新坂土風》,拾鄉邦遺事,雅俗雜陳,得韻百首,今輯者所存祇二十八字。"(頁1573)

---

① 袁行雲《清人詩集叙録》,第1468頁。
② 趙希璜《安陽縣志·序》云:"希璜於乾隆五十七年壬子,由夏邑調任安陽。次年癸丑,延太倉王明經開沃;次年甲寅,延興縣康舍人儀鈞同纂斯志,尚未成書,而希璜調屬濟源,稿經散失。去年戊午,偕師老友虚谷武君億過從,與之商榷考據,爲圖,爲表,爲志,爲傳,爲記,體例凡五。"(《安陽縣志》,嘉慶二十四年[1819]刊本,卷二十八,第11—12頁)蓋武億於王、康兩君先前所纂志稿并不當意,故另創稿。嘉慶末,武億之子穆淳代安陽知縣貴泰撰《重修安陽縣志序》,中云:"趙君本知名士,復延偃師徽君武虚谷先生代爲捉刀,閱山川古迹、地理形勝,以至金石之搜剔、稗野之舊聞,皆徵君手輯之。"(武穆淳《讀畫山房文鈔》,《授堂遺書》本,卷一,第16頁)知此《志》之成,武億之力爲多。
③ 武億《安陽金石録》十二卷,今附刻於嘉慶重修《安陽縣志》之後,《續修四庫全書》有影印本。
④ 武億《授堂文鈔》,卷十,第10頁。
⑤ 武億《授堂遺書》,道光二十三年(1843)小石山房刊本,《附録》卷首上,第1頁。

森按：此述羊復禮《跋》所記陳鱣未刊書稿有誤。羊氏《跋》云："右《簡莊文鈔》六卷、《續編》二卷、《河莊詩鈔》一卷，外從曾祖陳仲魚先生所著也。先本生妣陳太淑人，幼時習聞先生專家之學、藏弆之精，歸道山後，手校、手著，盡爲苕估所賺，板亦毁棄。太淑人搜掇叢殘，得先生所輯《簡莊文鈔》、《河莊詩鈔》、《詩人考》數種，珍如球璧，不輕示人。嗣經兵燹，轉徙間關，流失過半。……其僅而存者，《詩人考》三卷，尚爲余家所弆。《恒言廣證》六卷，舊爲吴氏竹初山房所藏，今亦存亡莫卜。"①則光緒間陳鱣《詩人考》尚存羊家，未嘗亡失。《恒言廣證》六卷，其書原稿即書於錢大昕《恒言録》書頁，現藏上海圖書館，近年該館有影印本②。前此，一九五八年，商務印書館曾據稿本排印，尤便閲讀，袁氏未見耳。《新坂土風》一卷，撰於乾隆四十三年，陳鱣時年二十六，爲早年少作③。陳鱣家鹽官，其地舊名新坂，故以是名。此書尚存，光緒間羊復禮得其本，曾刻於桂林④，百首俱存，袁氏失檢耳。

陳鱣佚詩，羊復禮輯爲《河莊詩鈔》，僅四十六首。中國國家圖書館藏徐光濟輯《汲修齋叢書》，中有《河莊詩文鈔》抄本一册，輯録陳鱣遺文十六篇、佚詩十一首。余往年所輯⑤及近所續得，共輯得五十四首，可補羊復禮、徐光濟兩家輯本之缺。

十、王宗炎《晚聞居士遺集》

王宗炎"《晚聞居士遺集》詩一卷"條，云："宗炎，字以除，號穀塍，浙江蕭山人，章學誠弟子。乾隆四十五年進士，未授官而歸。主講紫陽書院，造就弟子甚衆，湯金釗即出其門。諸經皆有著述，未傳，當時越中推爲耆碩。卒於道光六年，年七十二。"（頁1616）

森按：章學誠晚年以所著書全稿，屬王宗炎代爲編定。《章氏遺書·補遺》有《王宗炎復書》一文，云：

> 奉到大著，未及編定體例。昨蒙垂問，欲使獻其所知，始取《原道》一篇讀之，於"三人居室而道形"一語，尚有未能融徹者。……鄙見僭校數語，别楮具之，未識有當否也？《質性》篇題欲改《文性》，亦似未安，不如竟題"性情"乃得。……至於編次之例，擬分内、外二篇，内篇又别爲子目者四，曰《文史通義》，凡論文之作附焉；曰《方志略例》，凡論志之作附焉；曰《校讎通義》，曰《史籍考·叙録》。其餘銘、誌、叙、記之文，擇其有關係者，録爲外篇。……惟是稿本叢萃，而又半無目録，卷帙浩繁，體例複雜，必須

---

① 陳鱣《河莊詩鈔》，《續修四庫全書》本，卷末羊氏《跋》，第1—2頁。
② 上海圖書館編《上海圖書館未刊古籍稿本》册十二，復旦大學出版社，2008年。
③ 陳鴻森《陳鱣年譜新編（上）》，《中國經學》第22輯，廣西師範大學出版社，2018年，第82頁。
④ 陳鱣《新坂土風》，光緒十八年（1892）羊氏刊本，《續修四庫全書》有影印本。
⑤ 陳鴻森《陳鱣簡莊詩文鈔拾補》，《書目季刊》46卷第4期，2013年，第77—109頁。

遍覽一二過，方能定其去取。撰編出清目，俟稍有就緒，當先奉請尊裁。①

繹此，則章、王二人誼非師弟也。實齋《汪龍莊七十壽言》亦云："忘年宿契，進士彀塍，學優趣超，朝夕嚶鳴。"②則二人實以友道論交。袁氏以彀塍爲實齋弟子，未確。

《清史列傳》卷七十二《王宗炎傳》不載彀塍生卒年歲③。《蕭山縣志稿》卷十八本傳云"道光五年(1825)卒，年七十二"④，則生於乾隆十九年(1754)。江慶柏《清代人物生卒年表》作乾隆二十年生，道光五年卒，年七十一⑤。二者並與《叙錄》異。今據王氏本集卷九《嘉慶甲戌晚聞居士年六十矣，上元前二日讀畫對燭題二詩……》，詩云："癸酉去我十三日，乙亥生來六十年。燈下誤書仍舉燭，定知老態過於前。"⑥則彀塍乾隆二十年(1755)乙亥生。復據彀塍之子王端履《重論文齋筆錄》卷四《黄繡莊先生傳》，中云："先君子遽於丙戌春初棄養，追憶舊聞，竟成遺事。"⑦則彀塍卒於道光六年(1826)元月，年七十二。《叙錄》所載者是；《蕭山縣志稿》、江氏《年表》二者誤也。

十一、王復《晚晴軒集》

王復"《晚晴軒集》八卷"條，云："復字敦初，一字秋塍，浙江秀水人。……監生，由四庫館議叙商丘知縣，調河南偃師。……輯有《鄭氏遺書》五種。乾隆五十三年卒於官，年五十一。……復博通經史，耽於金石考據。官偃師，撰《金石遺文補錄》，以續武億《偃師金石志》。居畢沅幕，暇時搜訪漢唐故迹，此又不止以詩聞也。"(頁1670—1671)

森按：《叙錄》此條頗有可商者。

(一) 武億與王復交好，王氏卒時，武億正在偃師縣署，爲刻《鄭氏遺書》。武億《偃師縣知縣王君行實輯略》，於王氏歷官言之極詳："援例爲國子監生。應順天鄉試，考授主簿職銜，對品改捐府知事。"時畢沅爲陝西巡撫，往謁，"一見，即大相引重，要(邀)置幕下；既而奏請留陝西試用。越歲乙巳，移撫河南，仍奏請隨往。又以改撥河工委用，君于是署滏縣丞，及鄢陵、臨漳、武陟諸縣事，實任武陟"⑧。其後歷官商丘、偃師知縣，卒於偃師任。袁氏謂王復"由四庫館議叙商丘知縣"，非其實也。

(二) 武億《王明府輓詞》云："維嘉慶二年秋，秋塍明府既卒於官，縣之人

---

① 章學誠《章氏遺書》，《外編·補遺》，第13頁。
② 《汪輝祖集》下册附錄《汪龍莊七十壽言》，浙江古籍出版社，2021年，第758頁。
③ 《清史列傳》，第5924頁。
④ 彭延慶等修，楊鍾羲等纂，楊士龍續纂《蕭山縣志稿》，民國二十四年(1935)鉛印本，卷十八，第8頁。
⑤ 江慶柏編《清代人物生卒年表》，人民文學出版社，2005年，第54頁。
⑥ 王宗炎《晚聞居士遺集》，道光十一年(1831)杭州愛日軒刊本，卷九，第11頁。
⑦ 王端履《重論文齋筆錄》，道光二十六年(1846)受宜堂刊本，卷四，第19頁。
⑧ 武億《授堂文鈔》，卷八，第15—16頁。

士匍匐走弔。"①又《王君行實輯略》云:"其卒蓋以九月二日,年五十有一。"②則王復卒於嘉慶二年九月,非乾隆五十三年。

(三)乾隆五十一年,偃師知縣湯毓倬修《縣志》,武億長於金石考證,《金石》一門因委武億任之,翌年稿成,即今乾隆《偃師縣志》卷二十七、卷二十八《金石志》③。五十三年,武氏由《縣志·金石志》書版抽印單行,易名《偃師金石遺文記》。乾隆五十九年四月,王復調任偃師知縣④,因有《補錄》之刻,即補武億前書所未備。錢坫《序》云:"秋塍明府既蒞偃師,爲政之餘,披案圖志,覽武君虛谷所編《金石遺文》,讀而善之。更度當時采輯或未盡于斯,時屬士人尋剔,積漸有獲,不憚手自推稽,合前錄裒爲十六卷。"⑤所謂"合前錄"者,武億《遺文記》即在《補錄》之中,其屬原錄者,仍署武億之名;後所增補各條,按語則署"復案",以示區別。惟核其文,前後兩錄按語文字風格悉同。王復工詩,碑刻史事考證,非長於經史者莫辦,《補錄》其實係由武億代撰。上海圖書館藏嘉慶元年冬武億寄王復手札原墨,云:"遞中接手命,倍承存注,感荷感荷。補校《金石遺文》,尚未就緒,容回家後再拓得數種,委悉點勘,就正明府,決不敢負雅意也。"⑥觀此,則《補錄》一書乃武億代爲捉刀,此其確據也。武億之子穆淳撰《虛谷府君行述》,記乃父所著書,中有"《偃師金石遺文補錄》二十四卷"⑦,疑據家藏稿本卷數(刊本作十六卷),可爲旁證。此書署名"億案"各條,余嘗取校《遺文記》原刻,文字頗有改易,蓋武氏舊説亦藉此刊爲定本也。

(四)王氏所輯《鄭氏遺書五種》,署"王復輯,武億校"。此書嘉慶二年由武億在王復偃師官署校刻,書甫刊成,王氏即於其年九月病逝。書板後經孫星衍介紹,售予孫馮翼,即世行孫氏問經堂本。此書傳行甚廣,先後有多種刻本行世。嘉慶五年閏四月,孫星衍爲之序,云:"《五經异義》并《駁義》一卷、《補遺》一卷;《箴膏肓》、《起癈疾》、《發墨守》各一卷;《鄭志》三卷、《補遺》一卷,曩在史館校中秘書所鈔存,不知何時人集録。吾友王大令復及武故令億互加考校,注明所采原書,又加增補,雕板行世。"⑧知此書係孫星衍從四庫館中録出,原書爲朱珪官山西布政使時進呈之本。孫氏原有意刻之,屬武億增補校訂⑨;

---

① 武億《授堂文鈔》,卷八,第 19 頁。
② 武億《授堂文鈔》,卷八,第 17 頁。
③ 湯毓倬修,孫星衍纂《偃師縣志》,乾隆五十三年(1788)偃師縣署刊本。
④ 北京奎文閣刻《縉紳全書》,嘉慶元年(1796),利卷,第 37 頁。
⑤ 王復《偃師金石遺文補錄》,嘉慶二年(1797)刊本,卷首錢《序》,第 1 頁。按此序實由武億代撰,《授堂文鈔》卷三收此文,篇題下記"代錢獻之作"(頁 18)。
⑥ 參拙稿《武億年譜》"嘉慶元年"條,《"中央研究院"歷史語言研究所集刊》第 85 本第 3 分,2014 年,第 477—574 頁。
⑦ 武穆淳《顯考虛谷府君行述》,《授堂遺書》附録,卷首下,第 38 頁。
⑧ 王復輯,武億校《鄭氏遺書五種》,《問經堂叢書》本,卷首,第 1 頁。
⑨ 按武億《授堂文鈔》卷十有寄孫星衍書十五通,《致孫伯淵十》云:"康成書數種,承命欲某校次。昨晤秋塍明府,并屬景桓兄赴兗州,即帶來此書,順便藉此工局,明歲即發刻,某決當盡心,不致草率負雅意也。"(第 7 頁)又《致孫伯淵八》云:"《鄭志》、《五經異義》適已校出,惟書寫尚需鄙薄面授方妥。明歲正、二月,必有以報命。"(第 6 頁)按第十書當在第八書之前,其家續刻《文鈔》時誤次也。

後由王復出貲,即於偃師官署刻之,因署王復輯也。

十二、洪坤煊《地齋詩鈔》

洪坤煊"《地齋詩鈔》二卷"條,云:"坤煊,字載厚,號地齋,浙江臨海人,枰子。乾隆五十四年拔貢,受知於學使朱珪。……方雪齋《詩集》卷五《洪生坤煊哀詞》小序云:'歲己酉,貢入都,秋試捷京兆,出予門下。乃發榜未匝月,而生遽歿,可哀已。'據戚學標爲撰《墓碣》,年三十三。……洪坤煊昆季三人,兄頤煊,學最優,有《筠軒詩文集》。弟震煊,有《樲堂詩鈔》一卷,附刻此集後,僅存六十餘首。"(頁1697—1698)

森按:地齋之父洪枰,此作"枰"字,訛文也,下"洪頤煊《筠軒詩鈔》"條不誤①。地齋卒於乾隆五十七年九月二十二日②,非五十四年己酉。陸以湉《冷廬雜識》卷五"洪地齋"條云:"臨海洪地齋孝廉坤煊,負异才。朱文正公視學至台,地齋方居内艱,物色得之,命以墨經與古學之試,遂於己酉歲拔入成均。與蕭山王畹馨紹蘭、東陽樓更一上層齊名,稱爲'浙東三傑'。壬子,應試北闈,報捷後,偶感時疾,自疑虛羸,誤服參者而卒,距揭曉甫十日。"③

地齋昆季六人,長師煊,仲坤煊,次頤煊,次革煊,次震煊,季坎煊④。頤煊乃地齋之弟,《筠軒文鈔》卷八《昆季别傳》云:"第二兄諱坤煊,字載厚,一字地齋。少時性穎悟,讀書過目成誦。……兄在京,文名噪甚,國子監累試第一,法時帆祭酒刻其文入《成均課士録》。壬子,應順天鄉試,中式第六十四名舉人,榜發十餘日,暴歿於京邸,年三十三。"⑤袁氏此以頤煊爲地齋之兄,非是。下洪頤煊條不誤,前後失於檢照也。

十三、邢澍《南旋詩草》

邢澍"《南旋詩草》一卷"條,云:"澍字雨民,甘肅階州人。乾隆五十五年進士,官浙江永康、長興等縣知縣、江西南安知府。長於金石校勘之學,著有《關右經籍考》、《兩漢希姓録》、《金石文字辨异》。……卒於道光十一年,年七十二。詩文多散佚,僅存此一本,爲自通州順運河至蘇州沿途之作,名《南旋草》。……集後有張廷濟序。嘉慶三年,澍典試浙江,廷濟即出其門下,《桂馨堂集》有《感逝詩》。"(頁1699—1700)

森按:嘉慶三年戊午科浙江鄉試,工部侍郎吴省蘭、編修蔣祥墀爲正副考官⑥,邢澍爲同考官,非主試,此云"澍典試浙江",未確。張廷濟爲此科解元,

---

① 袁行雲《清人詩集叙録》,第1782頁。
② 戚學標《孝廉地齋洪君墓碣》,《鶴泉文鈔續選》,卷七,第24頁。
③ 陸以湉《冷廬雜識》,中華書局,1984年,第243頁。
④ 洪頤煊《先府君行狀》,《筠軒文鈔》,《邃雅齋叢書》本,卷六,第23頁。
⑤ 洪頤煊《筠軒文鈔》,卷八,第23頁。
⑥ 法式善《清秘述聞》,中華書局,1982年,第309頁。

即邢澍本房所薦,故二人往來尤密也。

《叙録》言邢澍"卒於道光十一年(1831),年七十二",則生於乾隆二十五年(1760)。據張廷濟《感逝詩》附記云:

> 邢佺山師,諱澍,字雨民,行一,乾隆二十四年己卯六月二十八日生。……庚戌科進士。浙江長興縣知縣,陞江西南安府知府。以病告歸,寓居嘉興郡城丁家橋側。嘉慶二十四年己卯回籍,卒年□□□。①

袁氏所記佺山年歲顯然不合。馮國瑞《邢佺山先生事迹考》,未記邢氏卒年,僅於嘉慶二十四年條云:"六十一歲,回籍。"②其後事迹無考。蓋佺山歸甘肅後,山川阻隔,尺素不通,即密邇如張廷濟者,亦莫能詳。袁氏謂佺山"卒於道光十一年",不知何據?甘肅學者李鼎文嘗撰《邢澍》一文,引佺山七世孫邢之儀之説,謂"邢澍卒於道光三年八月初八日",年六十五③。蓋據其家傳誌之文,此宜可據。

吴雲《焦山志》卷二十三有邢氏《贈焦山借庵》詩,云:"諸相盡非相,昆侖本來小。悟取身外身,欲語意先了。吾師金焦來(時主弁山),雲濤激飛鳥。夜半海門日,魚龍豁昏曉。野鶴無定栖,又住蒼岩表。清吟得三昧,幻夢任虚渺。示我剡溪紙,别壑香烟繞。禪關松翠寒,鐘磬諸天杳。何時解玉帶,浮生鎮紛擾。詩成秋雨晴,白雲滿林杪。"④此佺山佚詩,今録存之。

十四、鍾大源《東海半人詩鈔》

> 鍾大源"《東海半人詩鈔》二十四卷"條,云:"大源,字晴初,浙江海寧人。布衣。受學於周春,居里,主持吟社有年。阮元在杭闢詁經精舍,以痼疾,不克就課稱弟子。一生貧病,耻事干謁,以全力致力於詩。……應時良《序》作於嘉慶二十二年,謂鐫成時大源年五十五,或即卒年。據《與壽魚談鋟拙稿事率成》,知當時無力付梓,由邑令白某等資貲刊刻。……《和周松靄夫子論詩絶句六十首》,咏《三百篇》至清初諸大家,尤爲周春服膺無間。《論印絶句十二首》,亦和周松靄作。今周春詩集已佚,所見和詩,僅沈心《孤石山房詩集》、蔣元龍《春雨齋詩集》與此集耳。"(頁1740)

森按:《叙録》此條可商者數事。

(一) 此謂鍾大源卒於嘉慶二十二年,未確。管庭芬《日記》"嘉慶二十三年"條載"筼溪先生(按:鍾大源號)手定《東海半人詩鈔》五十卷,心血盡耗,鬚髪皆白。棗梨甫竣,即歸道山,聞訃後哭以詩"云云⑤,則晴初應卒於二十三

---

① 張廷濟《桂馨堂集·感逝詩》,《續修四庫全書》本,第4頁。
② 馮國瑞輯《守雅堂稿輯存》,漆子揚、王鍔點校本,甘肅人民出版社,1992年,第76頁。
③ 李氏原文收於所著《甘肅文史叢稿》,甘肅人民出版社,1986年,原書余未之見;《守雅堂稿輯存》點校本《附録》悉載其文,此引邢之儀之説,見該書第126頁。
④ 吴雲《焦山志》,同治十三年(1874)刊本,卷二十三,第14頁。
⑤ 《管庭芬日記》,中華書局,2013年,第72—73頁。

年,其證一。錢泰吉《海昌備志》卷十八本傳云:大源"女亦知詩,嫁徐紹曾之子家駒。紹曾爲集資刻《東海半人詩稿》二十四卷,應時良以駢體序之。……刻成之明年,晴初卒,年五十六。"①應《序》撰於二十二年,文中言"今年君五十又五矣"②;其集"刻成之明年",晴初卒,則卒於二十三年審矣,其證二。晴初編年詩,壬申(嘉慶十七年,1812)有《五十初度述懷》一詩③,則生於乾隆二十八年(1763),距嘉慶二十三年(1818)卒,正符"年五十六"之數,其證三。

(二) 晴初《論印絶句》十二首,係和吳騫之作。先是,乾隆八年沈心(房仲)撰《論印絶句》十二首,厲鶚和之。五十七年,吳騫見兩家之詩而好之,亦賦十二首,遍邀同人和之。吳氏《論印絶句·序》云:"予少有印癖,偶讀前輩沈房仲、厲太鴻諸公《論印絶句》,適然有會于中,間亦效矉,且要同志者屬而和之,通得如干首,薈爲一編,而付之剞氏。"④書中和者六家,曰查岐昌(慎行之孫)、周春、陳鱣、倪印元、鍾大源、馮念祖。中惟查詩十首,餘皆十二首,有拜經樓刊本。其後,吳騫復搜得丁敬、陳萊孝、蔣元龍、楊復吉四家《論印絶句》舊作各十二首,刻爲《論印絶句續編》。

(三)《海昌藝文志》卷十二著録周春《松靄詩鈔》十五卷,未刊⑤。松靄有子二人,先卒;身後其家零落,詩文稿多散佚。松靄晚年著《耄餘詩話》十卷,書中頗録己詩,余約略計之,多達一百七八十首。拙稿《周春遺文小集》、《續輯》復從群籍輯得松靄佚詩八十九首⑥,可略覘其詩風貌矣。

十五、洪頤煊《筠軒詩鈔》

洪頤煊"《筠軒詩鈔》四卷"條云:"頤煊,字旌賢,號筠軒,浙江臨海人,教諭洪枰子。嘉慶六年拔貢,官廣東新興知縣。與兄坤煊、弟震煊,均有學名。爲孫星衍撰《祠堂書目》、《平津館讀碑記》,校訂《平津館叢書》。……卒於道光十二年,年六十九。……隨阮元官山左,咏歷下諸勝幾遍,雖不樹旗鼓,亦不失佳傳矣。"(頁1782)

森按:此條可商者數事。(一) 筠軒辛酉拔貢,翌年赴京朝考,以不工書法報罷⑦。嘉慶十八年捐貲州判,分發廣東。《清史列傳》卷六十九本傳云:"入

---

① 錢泰吉纂《海昌備志》,道光二十七年(1847)刊本,卷十八,第21—22頁。
② 鍾大源《東海半人詩鈔》,《清代詩文集彙編》本,卷首應《序》,第4頁。
③ 鍾大源《東海半人詩鈔》,《清代詩文集彙編》本,卷二十,第6頁。
④ 吳騫輯《論印絶句》,《拜經樓叢書》本,第1頁。
⑤ 管庭芬輯、蔣學堅續輯《海昌藝文志》,民國十年(1921)鉛印本卷十二,第5頁。
⑥ 陳鴻森、潘妍豔《周春遺文小集》,《中國文哲研究通訊》第22卷第4期,2012年,第127—184頁;又《周春遺文續輯》,《中國文哲研究通訊》第25卷第2期,2015年,第167—184頁。
⑦ 洪頤煊嘉慶八年《學字篇》詩,云:"我生學字如學仙,仙猶可學字無緣。少時執筆如執杵,長乃稍習苦不妍。春蛇秋蚓極變幻,以意塗抹任所便。……去年蒙恩試太學,瓊林玉樹相新鮮。故人翩翩盡鸞鳳,我獨被放守石田。相逢勸我學字好,一誤何如再誤賢。揭來書興頗勃勃,伸紙作畫波礧連。埋頭初似蟻旋磨,細視仍如蠅附羶。……"(《筠軒詩鈔》,《清代詩文集彙編》本,卷二,第4—5頁)知筠軒拔貢朝考,以不工書法見黜。

貲爲直隸州州判，署廣東新興縣事。適阮元督兩廣，知頤煊吏才短而文學優也，延之入幕，諏經諮史以爲常。"①光緒《台州府志》卷一百五本傳亦言："入貲爲直隸州州判，署廣東羅定州州判及新興縣事。適阮元督兩廣，知頤煊吏才短而文學優，延入幕，諏經諮史以爲常。"②檢民國《羅定志》卷五《職官表》嘉慶二十年條，據寶峰岩題名，知筠軒是年曾署羅定州判③，《筠軒詩鈔》卷四乙亥年有《羅定州判署中作》一詩，味其詩意，知在是年春也④。同卷丙子（二十一年）編年詩，最末一首爲《新興卸篆，留別吳香竺明府》，末聯云："此行小住寧非福，贏得寒泉一樣清。"⑤知亦短期暫署耳，袁氏謂筠軒"官新興知縣"，未確。嘉慶二十二年秋，阮元調任兩廣總督，知筠軒短於吏才，因延至幕府。阮元在粵重訂《兩浙金石志》及編刻《皇清經解》，筠軒實佐其事⑥。道光六年夏，阮元調任雲貴總督⑦，筠軒亦於八年秋辭官歸里⑧。余檢筠軒在粵十五年間歷年《縉紳錄》，俱未見洪頤煊名，知渠短暫署理羅定州判及新興縣事外，俱在省差委，并未實授外職，故能專意於學，所著考訂札記《讀書叢錄》二十四卷、《諸史考異》十八卷及《經典集林》三十二卷，俱在粵時所著。《清史列傳》本傳云："頤煊好聚書，嶺南市多舊本，重貲購之。家藏善本書三萬餘卷，碑版二千餘通，多世所罕覯。"⑨

（二）筠軒嘉慶十年赴山左，在孫星衍德州督糧道署；十六年七月，孫氏肝疾乞歸⑩，筠軒亦由山左南還。前後在孫氏平津館者七年，曾爲孫氏代撰《孫氏祠堂書目》⑪、《平津館鑒藏書籍記》⑫、《鄭康成年譜》⑬，諸書俱署孫星衍名。

---

①⑨ 《清史列傳》，第 5598 頁。
② 喻長霖等續纂《台州府志》，民國二十五年（1936）上海游民習勤所鉛印本，卷一〇五，第 9 頁。
③ 馬呈圖纂，陳樹勛續修《羅定志》，《中國方志叢書》影印民國二十四年（1935）排印本，成文出版社，卷五，第 23 頁。按《州志》據石刻題名，載筠軒是年曾署羅定州判事，非據官檔，知渠權署州判，爲時應不長。
④ 洪頤煊《筠軒詩鈔》，卷四，第 7 頁。
⑤ 洪頤煊《筠軒詩鈔》，卷四，第 12 頁。
⑥ 參拙作《洪頤煊年譜》"道光四年""六年"條，《"中央研究院"歷史語言研究所集刊》80 本第 4 分，2009 年，第 691—771 頁。
⑦ 張鑒等編《雷塘庵主弟子記》，咸豐間阮氏琅嬛仙館刊本，卷六，第 8 頁。
⑧ 參拙稿《洪頤煊年譜》"道光八年"條。
⑩ 張紹南《孫淵如先生年譜》，光緒、宣統間江陰繆氏《藕香零拾》本，卷下，第 13 頁。
⑪ 《孫氏祠堂書目》七卷，署名孫星衍撰，然據筠軒《倦舫書目序》云："……後飢驅四方，館孫淵如觀察德州使署七年。觀察富藏書，屬予撰《孫氏書目》；又取宋元版本并明刻之佳者，撰《平津書記》（按即孫氏《平津館鑒藏書籍記》），於是盡窺書之藩籬。"（項士元《台州經籍志》，民國四年［1915］浙江省立圖書館鉛印本，卷十七，第 2 頁引）知《書目》即筠軒代撰也。
⑫ 《平津館鑒藏書籍記》五卷，亦署孫星衍名，氏《序》中明言："《平津館鑒藏書籍記》，洪明經頤煊助予寫錄成帙。"上引《倦舫書目序》亦言此書筠軒館孫星衍德州節署時代撰也。
⑬ 《鄭康成年譜》一卷，亦筠軒所撰，此《譜》纂成後，孫星衍以其稿寄阮元，阮氏復屬幕客增補若干事，即於杭州刻之，刊本署名"孫星衍編，阮元增補"。然據洪頤煊《讀書叢錄》卷二十二"鄭康成生日"條云："鄭君以永建二年七月五日生，自余考定，撰《康成年譜》，海內始知有鄭君生日。"項氏《台州經籍志》據《倦舫書目》筠軒自記所著書，有《鄭康成年譜》一種（《台州經籍志》，卷十，第 8 頁），則此書爲洪頤煊原著，當無疑義。

孫氏所著《尚書今古文注疏》，亦筠軒佐其搜討、參與撰著也①。至袁氏所云《平津讀碑記》八卷，則筠軒自著之書，非爲孫氏代撰，《叙錄》沿《清史列傳》之誤也。筠軒在粵時，復有《續記》、《再續》各一卷；致仕家居後，復撰《三續》二卷。

（三）筠軒生卒年，《清史列傳》本傳無文，《清史稿》卷四八六本傳但云"後卒於家"②，未記其年歲。姜亮夫《歷代人物年里碑傳綜表》作乾隆三十年（1765）生，道光十三年（1833）卒，年六十九③。檢光緒《台州府志》卷一百五、《臨海縣志》卷二十一《儒林傳》，兩書皆據筠軒《家傳》，云"卒年七十三"④。今據筠軒《台州札記》卷五"興賢坊新居"條云："余生於乾隆乙酉年（三十年，1765）正月十二日"⑤；享年七十三，則卒於道光十七年（1837）。姜、袁兩説俱誤。

（四）阮元乾隆五十八年秋出任山東學政；六十年八月，調浙江學政⑥，時筠軒尚家居讀書。嘉慶二年四月，阮元試台州，筠軒與弟震煊始以經學受知。阮氏極賞識二人才學，手篆"鄂不館"匾以贈⑦；繼檄調筠軒兄弟赴杭，肄業敷文書院，參與《經籍籑詁》分纂工作⑧。其後，筠軒客游山左，係在孫星衍督糧道幕，上文已述及。《叙錄》言筠軒咏歷下諸詩，係"隨阮元官山左"時作，考之未審也。

十六、王豫《種竹軒詩選》

王豫"《種竹軒詩選》四卷"條，云："豫字應和，號柳村，一號孔堂，江蘇丹徒人。……與應讓、張學仁、吳棨、鮑文逵、顧鶴慶稱'京江七子'。輯、著書二十餘種。……阮元《淮海英靈集》亦由豫助成；而以自輯《江蘇詩徵》一百八十三卷，收錄二千餘家，足爲一方詩匯。……〔道光〕九年卒，年五十九，以詩人終老。卒後無碑傳，今據《湖海詩傳》小傳、《江蘇詩徵·序》、《京江七子詩鈔》小傳等書鉤輯得之。"此條之末復言："道光九年，張學仁刻《京江七子詩鈔》，包括《柳村詩鈔》百十八首，小傳云'卒年五十九'；又據《七子詩鈔·序》云：'壬午夏，道光二年地山應讓卒然病殁於揚

---

① 孫星衍《尚書今古文注疏·凡例》云："此書創始于乾隆甲寅（五十九）年，至嘉慶乙亥（二十）年迄功付刊。中間歷官中外，牽于人事，雖手不釋卷，懼有遺忘，多藉同人之助。台州洪明經頤煊、文登畢孝廉以田、上元管秀才同助其搜討。"（中華書局點校本，1986年，《凡例》，第3頁）知此書之成，筠軒襄助之功爲多。

② 《清史列傳》，第5598頁；《清史稿》，第13411頁。

③ 姜亮夫《歷代人物年里碑傳綜表》，中華書局，1959年，第644頁。

④ 喻長霖等纂《台州府志》，卷一〇五，第9頁；張寅等纂《臨海縣志》，民國二十三年（1934）鉛印本，卷二十一，第18頁。

⑤ 洪頤煊《台州札記》，《續修四庫全書》本，卷五，第1頁。

⑥ 張鑒等編《雷塘庵主弟子記》，卷一，第13—15頁。

⑦ 洪頤煊丁巳編年詩有《阮雲臺閣學試台，手篆"鄂不館"題楣以贈，賦以誌感》，見《筠軒詩鈔》，卷一，第7頁。

⑧ 參拙作《洪頤煊年譜》"嘉慶二年"條。

州;不三四年,鶴山、柳村、埜雲相繼凋謝。'則豫約卒於道光五、六年間。"(頁1818—1819)

森按:柳村卒時,遺命屬劉寶楠爲薤幽之文,劉氏爲撰《清故國子監生王君之銘》,見《念樓集》卷八①,袁氏謂"卒後無碑傳",誤也。劉寶楠《念樓集》向未付刻,僅有鈔本流傳②,袁氏未檢及耳。柳村生卒年歲,袁氏此列兩説,後一説蓋後來增改,未及前後酌定也。據劉寶楠《王君之銘》云:"道光六年九月十五日以疾卒,年五十有九。"③則後説爲近。又,此條所列"京江七子",缺錢之鼎一人,④當據《京江七子詩鈔》補之。

十七、嚴元照《柯家山館遺詩》

嚴元照"《柯家山館遺詩》六卷"條,云:"元照,字九能,一字修能,號晦庵,浙江歸安人。諸生。受知于阮元,著有《爾雅匡名》、《娱親雅言》、《悔庵學文》。卒於嘉慶二十二年,年五十五。此自定詩稿,歿前屬德清徐球校録刊行,詩共六百五十首。元照好言六書訓詁,其學不盡於詩。……海寧錢馥通小學,卒年莫明,於《謁張蒼水詩》注得知爲乾隆五十九年。"(頁1898—1899)

森按:九能號悔庵,此作"晦"字,譌文失校也。《清史列傳》卷六十九本傳云:"嘉慶二十二年卒,年三十五。"⑤錢林《文獻徵存録》亦言九能"卒年僅三十餘"⑥,與《叙録》之説異。今考九能《柯家山館詞》卷二《金縷曲》小序云:"壬申三月廿四日,僕四十初度。"⑦九能嘉慶十七年(1812)年四十,則生於乾隆三十八年(1773),史傳、《文獻徵存録》"卒年三十餘"之説,顯然誤也。復據徐球序《柯家山館遺詩》云:"辛未(嘉慶十六年)之秋,悔庵居士屬球序其詩,越一年而居士病,病五年而竟不起。"⑧其編年詩止於嘉慶二十二年,蓋即是年卒也,距乾隆三十八年生,得年四十五。《叙録》之説亦非。

錢馥,字廣伯,與陳鱣爲兒女姻親。陳鱣《祭錢廣伯文》曰:"維嘉慶元年十一月壬寅朔,越二十二日癸亥,姻愚弟陳鱣率子門下總服婿箕,謹以清酌庶羞

---

① 劉寶楠《清故國子監生王君之銘》云:"……遽得赴音,埋幽之文,遺命敦屬,淒然身世之托。"(《寶應劉氏集》,廣陵書社,張連生等點校,2006年,第309頁)
② 劉寶楠《念樓集》,《清代稿本百種彙刊》本,文海出版社,1974年,此據臺灣"中央圖書館"藏劉家鈔本影印。又,《國家圖書館藏鈔稿本乾嘉名人別集叢刊》册三十八亦有其書(國家圖書館出版社,2010年),其本據中國國家圖書館所藏劉韓齋鈔本影印;《清代詩文集彙編》册五七〇所收,則據北京大學圖書館所藏鈔本影印。
③ 《寶應劉氏集》,第309頁。
④ 張學仁編《京江七子詩鈔》,道光九年(1829)刊本。
⑤ 《清史列傳》,第5585頁。
⑥ 錢林《文獻徵存録》,《續修四庫全書》本,卷九,第69頁。
⑦ 嚴元照《柯家山館詞》,《湖州叢書》本,卷二,第15頁。
⑧ 嚴元照《柯家山館遺詩》,《湖州叢書》本,卷首《序》,第2頁。

之儀,致祭於清故處士錢君廣伯親家之靈"云云①,則錢馥卒於嘉慶元年十一月。此云乾隆五十九年卒者,誤。

十八、宋咸熙《思茗齋集》

宋咸熙"《思茗齋集》十二卷"條云:"咸熙,字德恢,一字小茗,浙江仁和人,大樽子。屢躓場屋;嘉慶十二年,與汪簣、王衍梅同科舉人,主考爲吴榮光。後官桐鄉教諭,著有《耐冷譚》。……據道光五年《自序》,時年六十;卒年未明,而道光十四年猶爲葉樹枚《改吟齋爐餘什一》作序。"(頁1946)

森按:宋氏未見碑傳文,道光五年(1825)年六十,則生於乾隆三十一年(1766)。其殁年今尚可考,據管庭芬《日記》"道光十六年七月初七日"條記:"是日得悉宋小茗學博訃音,古芸齋一别,頓成千古,爲之悵然。"②則卒於道光十六年(1836),年七十一。

十九、宋翔鳳《憶山堂詩録》

宋翔鳳"《憶山堂詩録》八卷"、"《洞簫樓詩紀》六卷"條云:"翔鳳,字于庭,江蘇長洲人。嘉慶五年舉人。年四十,始官泰州學正。後任湖南興寧、耒陽知縣。咸豐九年重宴鹿鳴;十年卒,年八十五。……詩集凡兩刻,初刻曰《憶山堂詩録》,李兆洛序,爲嘉慶二十一年至道光四年詩。……二刻爲《洞簫樓詩紀》,刊行於道光十年,特重社會民情。"(頁1947—1948)

森按:于庭《洞簫樓詩紀》卷十三《哭外兄劉申受禮部逢禄二首》,其二云:"久甘岩谷任蘦藏,每聽容臺議禮詳。一歲長余同寂寞,千秋待子忽淪亡。"③則于庭小劉逢禄一歲。據劉逢禄之子承寬所撰《先府君行述》,謂乃父"生于乾隆四十一年六月十二日"④,則于庭生於乾隆四十二年(1777),咸豐十年(1860)卒,年八十四。《清史列傳》卷六十九、《清史稿》卷四八二本傳并云咸豐十年卒,"年八十二"⑤,未確。陸心源《三續疑年録》卷九、《清儒學案》卷七十五則言"卒年八十五"⑥,袁氏蓋沿其誤。

《叙録》此載于庭詩集兩刻,所述頗有誤者。(一)于庭《憶山堂詩録》八卷,所收詩自癸丑(乾隆五十八年)至乙亥(嘉慶二十年)止,計詩四百五十二

---

① 陳鱣《簡莊文鈔》,《續修四庫全書》本,卷六,第13頁。
② 《管庭芬日記》,第851頁。
③ 宋翔鳳《洞簫樓詩紀》,《浮溪精舍叢書》本,卷十三,第8頁。
④ 劉承寬《先府君行述》,劉逢禄《劉禮部集》,道光十年(1830)思誤齋刊本,卷十一《附録》,第10頁。
⑤ 《清史列傳》,第5606頁;《清史稿》,第13268頁。
⑥ 陸心源《三續疑年録》,《續修四庫全書》本,卷九,第21頁;徐世昌纂《清儒學案》,民國二十七年(1938)天津徐氏刊本,卷七十五,第28頁。

首。嘉慶二十一年以後之詩則收入《洞簫樓詩紀》。

（二）《洞簫樓詩紀》前後數度增刻，初刻本十二卷，所收爲丙子（嘉慶二十一年）至戊子（道光八年）之詩，計七百三十四首，目錄後有道光十年七月于庭識語，云："數十年奔走於外，中間爲小官，或一兩年，或數旬日輒去。今垂老，猶未有寧處，買山築室，常在夢寐。篋中叢殘，多未收拾。茲客友人含山令管君孝縡官舍，寫定《洞簫樓詩紀》十二卷，以接《憶山堂詩錄》八卷之後"云云①；後增刻道光九年之詩七十一首，是爲卷十三。道光末續刻之本則爲卷十四至廿四，收詩自庚寅（道光十年）至戊申（二十八年）止，共詩七百七十九首。晚年復有再續本，卷二十五己酉、庚戌詩九十八首；卷二十六庚戌、辛亥、壬子詩六十九首，又補三首。自識云："余以咸豐改元臘月以老乞休，次年四月抵家，因編己酉（道光二十九年）至壬子（咸豐二年）三月以前詩爲二卷，附《詩紀》之後。"②嗣復增刻二卷，收詩至丁巳（咸豐七年）止，即卒前一年。此再續本四卷，外間傳本甚少，謭陋所知，僅北京大學圖書館藏一藍印本耳。《叙錄》著錄《詩紀》止六卷，云道光十年刊，誤也。

二十、劉寶樹《娛景堂詩集》

劉寶樹"《娛景堂詩集》一卷"條，云："寶樹，字幼度，號鶴汀，江蘇寶應人。父履恂，官國子監典簿，著有《秋槎雜記》附詩。履恂三子：寶樹、寶𣐤、寶楠。寶樹年十九喪父，嘉慶十二年中式舉人，官贛榆縣訓導、五河縣教諭，有學行。道光十九年，年六十三而卒。殁後，寶楠刻《娛景堂集》三卷，并撰《行狀》，由劉文淇、陳慶鏞爲序。卷一爲經義、卷二爲《雜著偶存》，卷三一名《鶴汀詩鈔》，非舊標也。"（頁1975）

森按：劉履恂生有五子，其季寶楠撰《國子監典簿顯考劉府君行狀》，云："子五：莘集，縣學廩生；芝集，府學增生，皆能文章，有聲庠序。府君殁後一年，皆卒。"③莘集嘉慶元年卒時，年三十七，《淮海英靈續集》卷五選有其詩④；芝集卒時，年二十七，著《綺里詩鈔》，事迹載《江蘇詩徵》卷八十⑤。此云"履恂三子"者，誤也。

鶴汀之詩，劉寶楠先後兩刻之。鶴汀《張勵莕詩稿序》云："道光初載，余弟楚楨刻余詩。"⑥知其詩初刻於道光元年。是年楚楨刻乃父《秋槎雜記》；竣事

---

① 宋翔鳳《洞簫樓詩紀》，卷首，第1頁。
② 宋翔鳳《洞簫樓詩紀》再續本，咸豐二年（1852）浮溪精舍刊本，卷首，第1頁。
③ 《寶應劉氏集》，第299頁。
④ 劉秉鈞等重修《寶應劉氏家譜》，道光三十年（1850）劉氏世德堂刻本，卷一，第43頁；王豫、阮亨輯《淮海英靈續集》，道光間刻本，庚集卷五，第7頁。
⑤ 《寶應劉氏家譜》，卷一，第44頁；王豫編《江蘇詩徵》，道光元年（1821）焦山海西庵詩徵閣刻本，卷八十，第19頁。
⑥ 《娛景堂集》卷中，《寶應劉氏集》，第77頁。

後，繼刻《鶴汀詩鈔》一卷，劉文淇爲之序①；楚楨并自刻《念樓集》詩一卷。翌年春，楚楨將赴京，就試北闈，刻此以就正都人士也②。

《娛景堂集》則楚楨官元氏知縣時所刻。上海圖書館藏劉文淇《青溪舊屋尺牘》，册十四有陳立致劉文淇手札二十九通。道光二十九年十月，《第十六書》云："楚楨先生來函，屬爲幼度先生《娛景堂集》校字，擬欲在京付梓，刻下尚未定也。"③翌年春，楚楨復命仲子恭冕覆校一過④。五月，陳立《第十九書》云："楚楨先生現刻幼翁《娛景堂集》，業已屬手民開雕矣。"⑤則是集刻於道光三十年。今檢此集卷三之詩，頗多道光二年以後之作，則較《鶴汀詩鈔》原刻增益三四十首矣。

二一、鄧顯鶴《南村草堂詩鈔》

鄧顯鶴"《南村草堂詩鈔》十六卷"條，云："顯鶴，字子立，號湘皋，湖南興化人。嘉慶九年舉人，屢試禮部不第，厭薄仕進。關心鄉邦文獻，輯《資江耆舊集》、《沅湘耆舊詩》等書。⑥晚年始獲寧鄉訓導。卒於咸豐五年，年七十五。《詩鈔》與文集合刻。……詩凡八百餘首，導於魏晋，冶於唐宋，尤近韓、蘇。"（頁1975）

森按：湘皋湖南新化人，此作"興化"者，訛文也。此著録湘皋《詩鈔》十六卷，云"咸豐元年刻本"，未確。道光六年秋，陶澍爲此書撰《序》，云：湘皋"頻年攜其詩往來江湖間，一厄於火，再厄於水，存者十六卷，因促之付剞劂氏。"⑦《詩鈔》卷十七第一首爲道光八年《正月十有四日，將祀屈子於嶽麓。先一日，邀同黄支山學博、吴山子上舍渡江，遍游麓山諸勝；晚坐月吹香亭，縱談達旦。二君皆有文記其事，余紀以詩》⑧，則《詩鈔》十六卷本蓋刻於道光八年，故所收詩至道光七年止，計詩一〇七二首。其書刊成後，歐陽紹洛（後改名歐陽輅，八年冬至）、程恩澤（九年正月）先後爲之序。今人著録此集，稱道光九年刊者，此據程恩澤《序》末繫年故爾。其後，湘皋陸續編刻道光八年迄二十八年之詩，厘爲六卷，計詩三百六十三首，是爲卷十七至卷二十二。姚瑩《南村草堂文鈔·序》云：

---

① 劉文淇《鶴汀詩鈔叙》，撰於道光三年八月，見本書卷首，劉氏《青溪舊屋文集》未收。
② 參拙稿《劉寶楠年譜》"道光元年"條，近刊。
③ 林登昱等編《稀見清代尺牘》第一輯册十八，經學文化出版社，第70頁。按原札不記年月，此據拙稿《陳立編年事輯》所考，《中國經學》第29輯，2021年，第39—88頁。
④ 劉恭冕《娛景堂集書後》云："道光己酉冬，家君自元氏郵寄京師，屬句容陳丈卓人（立）校刊，閱三月工竣；而命恭冕重校一過。"（《廣經室文抄未刻手稿》，收於《北京師範大學圖書館藏稀見清人別集叢刊》册二十六，桂林：廣西師範大學出版社，2007年，第15頁）
⑤ 《稀見清代尺牘》第一輯册十八，第75頁。
⑥ 按《沅湘耆舊詩》，"詩"字當作"集"。此書凡二百卷，輯録明清湖南詩人一千六百九十九家之詩，各爲小傳，以詩存人，集楚中文獻之大觀。2007年，岳麓書社有歐陽楠點校本。
⑦ 鄧顯鶴《南村草堂詩鈔》，《清代詩文集彙編》本，卷首陶《序》，第1頁。
⑧ 鄧顯鶴《南村草堂詩鈔》，卷十七，第1頁。

夫人嘗著書百卷，或數百卷，或數卷，畢一生之心力爲之，而不必成；或成之而稿本僅存，歿後久之而後刊行於世多矣。亦有竟無刊行并稿本亡之者，此亦著書之大痛也。湘皋不然，既手成之，必手刊之，曰"吾不可有遺憾"。①

此二十二卷之詩，皆湘皋所自刊。咸豐元年，湘皋卒後，其家裒刻晚年之詩二卷，與《文鈔》二十卷合刊之，《清代詩文集彙編》有影印本。

《叙録》所載湘皋年歲亦未確。《清史列傳》卷七十三本傳云："少與同里歐陽輅以詩相鏃厲，每有篇什，書問往來，必得當乃慰。故其所爲，情深而文明，氣深而節古。咸豐元年(1851)卒，年七十五。"②曾國藩《鄧湘皋先生墓表》亦云："先生生於乾隆四十二年十二月十六日，卒於咸豐元年閏八月二十五日，春秋七十有五。"③當以此爲正。《續碑傳集》卷七十八楊彝珍《鄧先生傳》言："以咸豐元年八月二十五日，卒於濂溪書院之講室，年七十有五。"④蓋傳寫脱一"閏"字。《叙録》謂湘皋咸豐五年卒者，誤也。

二二、陳逢衡《讀騷樓詩集》

陳逢衡"《讀騷樓詩初集》四卷、《二集》四卷"條，云："逢衡，字履長，一字穆堂，江蘇江都人。諸生。家富藏書，招致東南學者甚衆，中漸落。……刊著《竹書紀年集證》五十卷、《逸周書補注》二十二卷、《穆天子傳補正》六卷、《博物志考證》十卷，世稱善本。……卒於咸豐五年，年七十八。道光九年刻《讀騷樓初集》四卷，詩三百十一首，自序。二十年刻《二集》四卷，詩三百四十首，孔慶鎔、孔繁灝、全望欣（元注：刻本作'金望欣'，'金'乃'全'字之誤）序。"（頁1982—1983）

森按：此記穆堂年歲有誤。《清史列傳》卷六十九本傳云："道光十一年(1831)卒，年七十一。"⑤然《讀騷樓詩二集》卷四最末一首爲《庚子新秋自訂〈讀騷樓詩二集〉完竣，因題一律》⑥，是道光二十年(1840)七月穆堂猶健在，史傳之誤顯然。袁氏《叙録》謂穆堂"卒於咸豐五年，年七十八"，此本《清儒學案》⑦，説亦未確。《碑傳集補》卷四十八有穆堂友人金長福《陳徵君傳》，云：

君貌清羸，暮年薄滋味，節飲食，成結轖之疾。喜服峻利之劑，遂至暴下不起。其呻吟床褥時，猶手一編，注視不倦，卒年七十有一。⑧

---

① 鄧顯鶴《南村草堂文鈔》，《清代詩文集彙編》本，卷首姚《序》，第2頁。
② 《清史列傳》，第6008頁。
③ 鄧顯鶴《南村草堂詩鈔》，卷首《墓表》，第2頁。
④ 繆荃孫編《續碑傳集》，宣統二年(1910)江楚編譯書局刊本，卷七十八，第17頁。
⑤ 《清史列傳》，第5604頁。
⑥ 陳逢衡《讀騷樓詩初集》，《清代詩文集彙編》本，卷四，第6—7頁。
⑦ 徐世昌纂《清儒學案》，卷一三一，第25頁。
⑧ 閔爾昌纂《碑傳集補》，民國二十一年(1932)燕京大學國學研究所排印本，卷四十八，第26—27頁。

金《傳》但言穆堂"卒年七十有一",未記其歿之年。考穆堂《初集》卷四《丁亥仲冬同人招集半峰草堂看當頭月》詩,元注:"是月爲予五十賤辰,同人因有此會。"①道光七年(1827)穆堂年五十,逆推之,則生於乾隆四十三年(1778);卒年七十一,則卒於道光二十八年(1848)。上海圖書館藏吳瞻泰輯《陶詩彙注》陳本禮手批本,有光緒十年黃景洛跋,云:

  道光戊申六月,先業師陳穆堂先生易簀時,以其尊人素村先生(按本禮)手批此本交爲收藏。三十餘年,屢經兵燹,幸未遺失。②

此言穆堂卒於戊申(道光二十八年)六月,與金長福"卒年七十有一"之説正合。袁氏云咸豐五年卒者,誤也。

金長福撰《傳》云:"中年移居城内鄭氏園亭,易名'思園',開讀騷樓,招致東南文學之士,飲酒賦詩,户外之屨恒滿。成《讀騷樓詩》初、二、三集,凡千餘首。"③則穆堂之詩尚有《三集》,其書未見刊本,南京圖書館藏《讀騷樓詩三集》稿本二卷,烏絲欄鈔本,共五十頁,每半葉十一行,行二十一字,原錄詩一百七十五首,後删汰二十五首,存詩一百五十首,俱穆堂道光二十年以後之詩④。

袁氏以《二集》撰序之金望欣,爲"全望欣"之誤;《叙録》著録金氏詩集,徑題"全望欣撰"⑤,此殊專輒,辨詳下"金望欣《清惠堂詩集》"條。

二三、屠倬《是程堂集》

屠倬"《是程堂集》十四卷、《二集》四卷"條,云:"倬字孟昭,號琴隖,又號潛園,浙江錢塘人。嘉慶十三年進士,改庶吉士,授江蘇儀徵知縣;擢江西袁州知府,以疾辭。卒於道光八年,年三十八。……法式善《序》稱:'郭頻伽詩清雄,查梅史詩瑰麗,琴隖年减於二君,所爲詩則弗减,交二君稱莫逆。嘉慶九年,二君自刻詩集;琴隖牽率鏤版,既而悔之。然世所傳《是程堂詩集》四卷,洋洋灑灑,固已凌厲無前矣。'"(頁2035)

森按:此記琴隖年歲有誤。依《叙録》之説,琴隖道光八年(1828)卒,年三十八,則生於乾隆五十六年(1791)。果爾,琴隖嘉慶九年(1804)刻初集時,年方十四;渠成進士、入翰林亦僅十八歲,傳其事者自當大書特書,然史傳、琴隖交游,絶無言渠未冠進士登第者,其誤可知。《清史列傳》卷七十三本傳云:"道光初元,詔求親民官實有政績者,僉以倬名上。特旨擢江西袁州府知府,未赴

---

① 陳逢衡《讀騷樓詩初集》,卷四,第6—7頁。
② 陳先行、郭立暄編《上海圖書館善本題跋輯録》,上海辭書出版社,2017年,第508頁。
③ 閔爾昌纂《碑傳集補》,卷四十八,第26頁。
④ 此荷南京大學文學院研究生季開來君赴南京圖書館再三核計其數,書此志謝。
⑤ 袁行雲《清人詩集叙録》,第2172—2173頁。

任;旋移九江府,皆以疾辭。八年卒,年四十八。"①蓋本沈欽韓《屠孟昭哀詞》②;而夏寶晉《江西九江府知府屠公墓誌銘》則言:"以道光八年九月卒於揚州旅次,年四十有九。"③二者不一。今考琴隖本集有《三十初度自訟》一文,篇題下記"庚午正月都門作"④,嘉慶十五年(1810)年三十,則生於乾隆四十六年(1781),下距道光八年卒,年四十八。陳逢衡《讀騷樓詩初集》卷四有《輓琴隖太守》詩,元注:"君以道光八年九月二日沒於維揚舊城之贊化宫。"⑤與《哀詞》之説合。琴隖爲阮元督學浙江時識拔之士,阮氏《揅經室三集》卷五有嘉慶十九年所撰《是程堂集序》⑥,未刻入琴隖本集,袁氏《叙録》亦未之及。

二四、金望欣《清惠堂集》

全望欣"《清惠堂詩集》六卷"條,云:"望欣,字秋士,號崛谷,安徽全椒人。舉人,嘗游學廣陵,館慶家時最久。通經史、曆算、詩詞。著有《周易漢唐古義》,與陳逢衡相善。……道光十九年歸里,次年將詩文稿交逢衡編次讎校,受業黄錫慶刊,凡詩六卷、文二卷、詞二卷,即此本也。其生歲於卷四《贈叔由》詩得知爲乾隆五十八年。"(頁2172)

森按:此書金望欣著,袁氏必以"金"字爲誤,改其姓作"全",殊覺突兀不可解。是書《清代詩文集彙編》有影印本,作者署名固作"金望欣";黄錫慶刻書題識云:"右《集》十卷,吾師全椒金崛谷先生所著也。先生游學廣陵,館慶家時最久。"⑦《叙録》"館慶家時最久"句,"館"下當補"黄錫"二字,文意乃明。

金氏曾爲陳逢衡《讀騷樓詩集》撰序,文末署"全椒愚弟金望欣拜撰"⑧;穆堂集《秋草,和金崛谷望欣》、《題金崛谷孝廉小照》⑨,其字皆作"金"。崛谷游廣陵,與劉寶楠友善,此集卷六《和劉楚楨孝廉義雁行》、《和劉楚楨〈腰足行〉,時楚楨病腰余病足》均是也⑩。劉寶楠《念樓集》卷四《腰足行,贈金禺谷孝廉望欣》詩,云:"人有腰足富可求,足能盤辟腰能柔。余既病腰君病足,始知貧賤皆有由。"⑪則崛谷姓金固不誤。金望欣,《安徽通志》卷二百二十九、《疇人傳

---

① 《清史列傳》,第5996頁。
② 沈欽韓《屠孟昭哀詞》云:"没於揚州,道光八年九月二日也,年僅四十八。"(沈氏《幼學堂文稿》,《清代詩文集彙編》本,卷五,第37—39頁)
③ 夏寶晉《冬生草堂文録》,《清代詩文集彙編》本,卷四,第11頁。
④ 屠倬《是程堂集》,《清代詩文集彙編》本,卷十,第19頁。
⑤ 陳逢衡《讀騷樓詩初集》,卷四,第17頁。
⑥ 阮元《揅經室三集》,《續修四庫全書》本,卷五,第12—13頁。
⑦ 金望欣《清惠堂集》,《清代詩文集彙編》本,卷首,第2頁。
⑧ 陳逢衡《讀騷樓詩初集》,《清代詩文集彙編》本,卷首,第3頁。
⑨ 陳逢衡《讀騷樓詩初集》,卷二,第6頁;又卷三,第1頁。
⑩ 金望欣《清惠堂集》,卷六,第12頁;又第15頁。
⑪ 《寶應劉氏集》,第203頁。按:北京大學圖書館藏《念樓集》鈔本,詩題"禺"字作"崛"(《清代詩文集彙編》本,卷八,第8頁)。

三編》卷三、民國《全椒縣志》卷十有傳①，焉可誣也。

此記嶼谷生年亦未確。按嶼谷《叔由以閏生日索詩，賦長歌答之》詩云："君年長我惟一年(元注：戊申、己酉)，君月早我亦一月。"②則嶼谷生於乾隆五十四年己酉，袁氏云生五十八年者，誤也。

二五、劉寶楠《念樓集》

劉寶楠"《念樓集》詩五卷"條云："寶楠，字楚楨，江蘇寶應人。道光二十年進士，官文安、元氏、三河等縣知縣。父履恂，有學名。從叔台拱爲經學家，寶楠得受其學，著《論語正義》一書，至爲精碻。卒於咸豐五年，年六十五。……寶楠刻其父《秋槎雜記》，爲亡弟寶樹刻集，乃身後無人比理己作，孤本子傳，幾近湮失。尚冀有力者謀爲印行，以廣流傳也。"(頁2196—2197)

森按：劉寶樹爲楚楨三兄，非其弟也，此涉筆偶誤，未及勘正。

楚楨庚子成進士時，年已五十，後官直隸知縣，值清廷内外多事、用兵孔亟之際，官事旁午。三子中，惟仲子叔俛(名恭冕)力學，通故訓小學，楚楨所著書，多賴叔俛佐之校訂，始克繕録定本。楚楨早年曾與劉文淇相約著書，所著《論語正義》，僅有長編③，授館謀食，迄不暇撰爲疏證稿。道光二十八年，宰元氏縣，官事稍暇，思理舊業，取昔年所纂《長編》，擬撰爲《正義》，甫至《學而篇》"孝弟也者"一句，因縣境蝗蝻大作，雇工買捕，從此復束諸高閣④。道光三十年，楚楨重訂《念樓集》詩文稿，凡八卷，由叔俛繕録清本⑤。事竣，復以《正義長編》授叔俛，使續成之。叔俛自是黽勉從事，咸豐五年秋楚楨卒時，《正義》稿已至《季氏篇》，楚楨知此書告成有日，足慰平生夙志矣。其年十月，叔俛扶柩

---

① 何紹基、楊沂孫纂《重修安徽通志》，《續修四庫全書》本，卷二百二十九，第8頁。諸可寶《疇人傳三編》，《續修四庫全書》本，卷三，第22—23頁。江克讓纂《全椒縣志》，民國九年(1920)刊本，卷十，第54—55頁。
② 金望欣《清惠堂集》，卷四，第19頁。
③ 劉寶楠《論語注疏長編》，稿本現藏上海圖書館，《中國古籍善本書目·經部》著録(上海古籍出版社，1989年，第307頁)。
④ 上海圖書館藏劉文淇《青溪舊屋尺牘》二十册，册十二有劉寶楠致劉文淇手札五十三通。道光三十年三月，《與劉孟瞻第三十五書》云："著書難，成書尤難，已成而發刻更難。弟《論語長編》四十草本，不爲不多，竟束高閣。戊申(道光二十八年)初夏取出，編到'孝弟也者'一句，蝗蝻大作，三處設局買捕，共費千金；積勞兩月，幸獲有秋。從此復束高閣，竟未開卷，可笑也。今精神日衰，齒落目眊，頽然老矣，而無息肩之日，尚復何言！"據此，知道光三十年以前，《論語正義》楚楨成稿者，僅《學而篇》首、二兩章。
⑤ 劉恭冕兄弟《念樓集書後》云："家君自訂詩文集，凡八卷。詩自嘉慶丁卯(十二年)，迄道光庚子(二十年)，凡古今體詩三百七十一首。文自嘉慶己卯(二十四年)，迄於近歲，凡論、議、序、記、書事、書啓、書後、考、狀、表、銘、碑、碣、傳贊六十四首。……恭芻等問學淺疏，無以仰承庭訓，謹繕録副本，而以所聞於家君者識於末簡，以質之博雅君子云。道光三十年六月朔。"(《寶應劉氏集》，第124頁)此文雖劉恭芻兄弟同具名，其實叔俛所撰，見叔俛《廣經室文抄未刻手稿》(第21—22頁)，時叔俛隨侍元氏縣署也。

南歸,時太平軍掠江南,時局動蕩,《正義》全書至咸豐七、八年間始成稿;厥後復多更張改訂,迄同治四年秋始繕録成書。時東南學者畢集江寧,同治六年,叔俛入金陵書局校書,復携其稿就正有道,隨時增訂補益,至八年夏秋間,始付梓人。因窘於刻資,《正義》全書至光緒初始刻竣①。前後二十六年,叔俛始終其事,蓋一生精力盡在此書②。迨《正義》刻成後,叔俛始悉力科舉,光緒五年舉於鄉,年五十六矣;又四年,以風疾卒於家③。叔俛畢生以表彰乃父學行爲己任,所撰《府君行狀》,再三修改增益,迄自刻集時,猶未能改定,故未收入本集④。楚楨道光三十年以後所撰詩文,及早年删汰之詩可録存者,亦由叔俛編爲外集,詩、文各一卷。叔俛復爲酌定文字,移易内外篇次⑤,以期至善,未及付梓,即病風疾卒矣,稿本現藏臺北"中央圖書館"⑥。楚楨從孫劉啓瑞(字翰臣,號韓齋,光緒三十年進士)亦據"央圖"本及叔俛另一清本校録一帙,擬寄劉承幹刻入叢書中,因時局不靖,事未果⑦,即今中國國家圖書館文津館所藏之本。此外,京、滬亦各有鈔本流傳。近年張連生教授等據"央圖"本整理點校,收入《寶應劉氏集》⑧。惟楚楨與其友孔繼鑅等删汰之詩,點校本復行補入,且移易前後次第,殆非楚楨父子本意矣。《叙録》於楚楨後人隱有微辭,余近編楚楨父子年譜(近刊),略悉其事,故爲述其原委如此。

(作者單位:"中央研究院"歷史語言研究所)

---

① 劉恭冕《劉君恭甫家傳》,文末云:"訓導君(文淇)初與友朋爲著書之約,……先君子得《論語》。先君子所作《疏》,已及大半,授冕續成之,光緒初梓行。"(繆荃孫纂《續碑傳集》,宣統二年[1910]江楚編譯書局刊本,卷七十五,第10頁)按有關《正義》刊刻時程,拙稿《劉氏〈論語正義〉纂著史實考證》有考(《文史》2021年第4輯,第183—208頁),此不具引。
② 《論語正義》撰著原委,别詳拙文《劉氏〈論語正義〉纂著史實考證》,此不復論。
③ 劉嶽雲《族兄叔俛事略》,《寶應劉氏集》,第593—594頁。
④ 劉恭冕著《廣經室文鈔》,僅文三十五篇。其删汰未入集者,稿本現藏北京師範大學圖書館,今收入《北京師範大學圖書館藏稀見清人别集叢刊》第二十六册,題曰《廣經室文抄未刻手稿》,恭冕所撰《三河縣知縣先考劉府君行狀》即在其中(第61—68頁),其前後增改原迹,猶可見也。
⑤ 中國國家圖書館藏《念樓集》劉韓齋鈔本,葉眉校語多記叔俛移易、校改之語,如卷一《雉朝飛》詩眉上記"此詩叔俛伯手增"(《國家圖書館藏鈔本乾嘉名人别集叢刊》,册三十八,第57頁);卷四《霄霽》一詩,"列星何參差"句,"何"字改"明";"不忍孤良時"句,"不"字改"奚",韓齋記云:"二字皆叔伯筆"(第210頁),即其例也。
⑥ 劉寶楠《念樓集》,《清代稿本百種彙刊》册七十、七十一,1974年,文海出版社。
⑦ 劉韓齋鈔本卷首有韓齋識語云:"先君(按劉嶽雲,劉台拱之孫)得《念樓集》於叔俛伯,求前四卷,卒未見。余於甲子年得之祝三;又二年録副,合卷四卷成完璧。將馳書劉漢怡,爲刻之叢書中,遭亂,長江不通,此願猶虚,姑志於此,以當息壤。丁卯夏四月,韓齋志。"(《念樓集》,劉韓齋鈔本,第1頁)
⑧ 張連生等點校《寶應劉氏集》,廣陵書社,2006年。

二十世紀以來域外所藏中國文學古籍書目的編撰[*]

郝潤華　卜音安子

"流失在域外的中國古籍（包括殘卷），比如大量的敦煌文獻、《永樂大典》的一些殘本以及其他各類典籍，這些本來完全屬於中國，由於長期的戰亂，在中國已無存。"[①]這樣的古籍，一般被稱爲標準的"域外漢籍"。此外，根據張伯偉研究，中國典籍的域外刻本也可看作是域外漢籍。"域外漢籍雖然是一個涵括傳統四部之學的領域，但就目前取得的成績看，主要在文史研究方面"[②]，其中古代文學類漢籍占有很重的分量。因此，爲了充分挖掘利用域外漢籍中的文學文獻，二十世紀以來中外學者與藏書單位陸續對海外珍藏的部分中國古代文學典籍做了細緻調查，編撰了一批專門著録域外所藏中國文學古籍的專門書目。有關中國古代小説的，如孫楷第《日本東京所見小説書目》等；有關古代詩文集的，如嚴紹璗《日本藏宋人文集善本鈎沉》等；有關古代戲曲的，如黄仕忠《日藏中國戲曲文獻綜録》等。此外，還有著録包括中國文學古籍在内的綜合漢籍書目，如日本人島田翰《古文舊書考》、沈津《美國哈佛大學哈佛燕京圖書館中文善本書志》、嚴紹璗《日藏漢籍善本書録》等，這些書目爲我們瞭解與查閲域外所藏漢籍中古代文學文獻提供了有用的信息。近幾年來，學界對於域外漢文學古籍也有所關注，如潘建國《中國古代小説書目研究》，書中除全面介紹研究古代及近現代人所編制的各種小説書目外，對於著録海外所藏各種通俗小説及其書目也有所探討[③]。當然，對於這一課題，筆者以爲國内外的梳理與研究還遠遠不够。有鑒於此，本文從三個時期對二十世紀以來編撰産

---

[*] 本文係國家社科基金重大項目"日本天理圖書館藏漢籍調查編目、珍本複製與整理研究"（20&ZD276）的階段性成果。

① 張伯偉《域外漢籍研究答客問》，載《古代文獻的考證與詮釋——海峽兩岸古典文獻學國際學術會議論文集》，上海古籍出版社，2006年，第80頁。

② 張伯偉《域外漢籍研究答客問》，第82頁。

③ 參見潘建國《中國古代小説書目研究》第八章之二、三節，上海古籍出版社，2005年，第371—402頁。

生的一些著録域外中國古代文學古籍的書目試做梳理考察①。

一　二十世紀前半期(1911—1949)

　　晚清民國之時,社會動蕩不安。從甲午中日戰争被迫打開國門開始,中西文化的交流在戰亂的社會背景和知識份子"救國圖强"的迫切願望下异常頻繁。從胡適"注重事實,注重假設,注重證實"的"實驗主義"提倡到傅斯年《歷史語言研究所工作之旨趣》中"西洋人作學問不是去讀書,是動手動脚到處尋找新材料,隨時擴大舊範圍"②的學習;從内藤湖南、田中慶太郎、武内義雄、長澤規矩也、吉川幸次郎等日本學人在中國的訪書活動到傳教士從中國求購大量漢籍帶至西方,均成爲中西文化交流的縮影。在持續了一個世紀的"西學東漸"及"中學西漸"特定歷史語境下,作爲精神文化交流載體的書籍在流通過程中發揮了巨大作用。

　　晚清民國時期,域外漢籍目録的編纂是以尋訪善本爲主要目的展開的,張伯偉認爲此種心態來源於中國文化傳統中統治階級彰顯"文教之盛"或"禮失而求諸野"的政教活動③。此時依然存有大批善本目録及經眼録,然而,在西方學術的衝擊下,經過西方圖書分類理念與中國傳統學術的碰撞與融合,小説戲曲這類處於文學邊緣的文體也已經逐漸進入到與詩文集并駕齊驅的位置上來。

(一) 東亞所藏中國文學古籍的編目

　　中國典籍可能於四世紀後半期東傳入日本。與其他國家相比,傳播歷史悠久、規模巨大。中國學者首次對日本存有的漢籍進行較爲系統的調查是在清末。其時楊守敬作爲清政府使臣黎庶昌的隨員,在日本各處訪書,并編成《日本訪書志》十七卷,光緒二十三年(1897)付之梨棗。這是我國學者編輯的首部域外善本書目。全書大致以四部分類爲主,佛、道書籍附後,所著録237種書,多爲中國大陸久佚之古籍版本。其書卷八記録小説戲曲,如明翻北宋本《王子年拾遺記》十卷,明嘉靖甲午仿宋本《王子年拾遺記》十卷及元刊本《湖海新聞夷堅續志前集》十二卷《後集》七卷,更值得一提的是書中還記載了國内早已亡佚的小説《游仙窟》。1930年,目録學家王重民閲讀故宫博物院圖書館所藏楊守敬觀海堂舊藏書中之楊氏親筆題跋,復得楊氏提要46篇,繼而謄抄編録成《日本訪書志補》(北平中華圖書館協會1930年印行),體例與《日本訪書志》相同。《日本訪書志》與《日本訪書志補》的行世,對於後來興起的域外漢籍書目的編纂風氣影響巨大。

　　1927年,董康編成《日本内閣所藏戲曲小説書目》。該書也是董康在日本

---

①　本文資料主要來源於郝潤華、侯富芳編著《二十世紀以來中國古籍目録提要》(華東師範大學出版社2012年版),又有所增補。
②　傅斯年《傅斯年全集》第三卷,湖南教育出版社,2000年,第6頁。
③　張伯偉《域外漢籍研究入門》,復旦大學出版社,2012年,第12頁。

訪書期間根據日本内閣藏書目録摘抄其中明版小説戲曲而編成。全書著録明刊通俗小説《拍案驚奇》《梅雪争奇》《封神演義》《平妖傳》等 54 種。董康於 1927 年至 1935 年先後六次赴日，訪閲漢文書籍，撰寫詳細的讀書日記。1939 年，他"節次舊稿，加以董理，都爲九卷，付之梨棗"①，出版九卷本《書舶庸譚》，書中記録了不少珍貴文集，如宋刊本《寒山詩集》等。在卷五至卷九中，董康據鹽穀温所録巴黎圖書館三十六卷本《二刻拍案驚奇》，抄録第十一卷以下不同於内閣藏本的回目；另著録明刊《遼海丹忠録》四十回回目及原序、崇禎刻《劍嘯閣批評出像隋史遺文》十二卷回目。此書目中所提供的日本所藏中國小説、戲曲的情況，爲研究者尋訪指明道路。胡適爲此書作序，稱："這四卷書裏記録了許多流傳在日本的舊本小説，使將來研究中國文學史的人因此知道史料的所在。"②該書原載胡韞玉、陳乃乾主編《國學》1927 年 1 月 10 日第 1 卷第 4 期，收入《書舶庸譚》卷一，有董氏誦芬室 1929 年刊本③。

孫楷第《日本東京所見小説書目》也是較早的域外中國小説書目。孫氏於 1931 年 9 月赴日本東京訪書，居東京月餘，遍覽公私藏書，公家藏書如宮内省圖書寮、内閣文庫、帝國圖書館、東京帝大文學部等；私家藏書如尊經閣、静嘉堂以及鹽穀温、神山閏次、長澤規矩也諸人及文求堂主人田中、村口書店主人某君等。對各處所藏中國小説，逐次閲録。歸國以後進行整理、排比次第，釐爲六卷，編成此書。凡日本東京公私所藏中國小説，略具此編。該書目分 6 卷，依次爲：宋元部小説 5 種；明清部一短篇 11 種；明清部二講史類 35 種；明清部三煙粉類、靈怪類 24 種；明清部四公案類、勸戒類 8 種；附録傳奇 6 種，通俗類書 4 種，子部小説 5 種，共計 98 種。後附《大連圖書館所見小説書目》，著録 27 種。比《中國通俗小説書目》更爲詳細具體。各書著録書名、卷(回)數、藏所，并撰有詳細題解。另，多數小説列出回目詳細名稱。該書目初版於 1932 年，人民文學出版社 1958 年出新版，1981 年出重印本。該書目對於後來的域外文學書目具有發凡起例的作用。

1932 年，傅芸子赴日本京都帝國大學東方文化研究所任教，廣搜戲曲珍籍，收穫頗豐。其著作《東京觀書記》著録日本無窮會、早大圖書館、内閣文庫、東大支那哲文研究室、尊經閣文庫、嘉靖堂文庫處及長澤規矩也氏家藏的戲曲文獻，其中尤以内閣文庫載録最爲詳細，曾别題爲《内閣文庫讀曲記》單獨發行。全書著録三十餘種戲曲文獻，包括《花影集》《詞林一枝》《八能奏錦》《玉穀新簧》《摘錦奇音》等極爲重要的國内罕見的戲曲珍籍。所收各書皆著録文獻之作者、版本、内容等詳細情況，多數條目下亦附精心考證，價值頗大。該書目原載日本《書志學》第十二卷第三號、五號、六號及第十三卷第一號(昭和十三年五月、六月、七月、八月)。

1939 年，著名戲曲史家傅惜華東赴日本訪書，著有《日本現存中國善本之

---

① 董康著，王君南整理《董康東游日記》，上海人民出版社，2018 年，第 336 頁。
② 胡適《書舶庸譚·序》，遼寧教育出版社，1998 年。
③ 參見潘建國《中國古代小説書目研究》，第 275—280 頁。

戲曲》,載 1939 年 12 月至 1940 年 2 月《中國文藝》第 1 卷第 4—6 期。該書目著録戲曲叢編 10 種,戲曲選集 10 種,雜劇 10 種,傳奇 61 種,其他 5 種,共計 96 種。另著有《長澤氏所藏鈔本戲曲》一文,載 1935 年 7 月 20 日至 22 日、24 日至 31 日,8 月 1 日至 2 日的天津《大公報・劇壇》。該目著録傳奇類 16 種,昆曲譜 50 種,弋陽腔 23 種,身段譜 2 種,亂彈劇本著録 5 種,皮黄劇本 31 種,棒子劇本 9 種,共計 136 種。另有《内閣文庫訪書記》,載 1944 年 12 月、1945 年 1 月、2 月《日本研究》。該書著録通俗小説 59 種、文體小説 15 種、通俗類書 10 種、笑話選集 8 種及南北戲曲 27 種,共計 119 種。

赴日訪書并卓有成就者還有王古魯。王古魯拍回許多日藏漢籍,"海内外孤本小説戲曲全書十種,其他明版小説書影照片一百餘種"①。這些珍貴的影像資料加快了國内通俗文學的研究進度。其所著目録重要者有《稗海一勺録》《王古魯日本訪書記》。《稗海一勺録》著録"攝得全書者"11 種、"手抄和校録本"5 種、"舊刻小説書影"109 種;前一類較爲詳細,後兩類僅著録書名及館藏地。《王古魯日本訪書記》以筆記的形式著録包括《按鑒演繹帝王御世盤古至唐虞傳》《新鍥史綱總會列國志傳》《新鐫陳眉公先生評點春秋列國志傳》等在内多種小説的内容提要、版本樣式及特點、版本異同優劣,并摘抄了部分序、跋及全部的目録②。王氏另著有《日本所藏的中國舊刻小説戲曲》《日光訪書記》,并編譯青木正兒《曲學書目舉要》,撰有《曲海書目舉要補》及《再補》;前二種從略,後二種詳見下文。

日本學者青木正兒編有具有藏書目録性質的《曲學書目舉要》。青木正兒(1887—1964),日本現代著名學者、漢學家。著有《中國近世戲曲史》,其書後附録《曲學書目舉要》。王古魯編譯原著時,鑒於新資料的陸續發現及新書籍的出版,另撰《曲海書目舉要補》及《再補》,後將三目歸并重新編排而成該書目。全書分六部分:一爲叢刊,列舉叢書的子目,下又分雜著、戲曲全本、戲曲散曲總集;二爲戲曲翻譯及解題,下分日譯、歐譯、梗概;三爲曲譜及曲韵,録表示詞形者、曲牌目録、附樂譜者、曲韵;四爲曲目及解題,包括曲目、解題;五爲評論及輯録,包括作詞法、唱法、評論、介紹、文獻輯録、戲曲史、戲曲研究及雜考、曲詞方言釋義;六爲演劇及俳優,分爲演劇、俳優小傳及品評。并對各書著明卷數、版本、出處等。此文獻載 1958 年出版的《中國近世戲曲史》書後。《中國近世戲曲史》,成書於日本昭和五年(1930)。1933 年上海北新書店曾出版鄭震節譯本。1936 年上海商務印書館又出版王古魯譯本,1954 年中華書局出版譯者"增補修訂本",1958 年又由作家出版社重印。該書屬於外國學者編撰的中國古代戲曲書目,對於海外學者編纂中國小説戲曲目録具有積極開創作用。

日本學人長澤規矩也(1902—1980)著有《日本現存中國小説戲曲目録》一

---

① 王古魯著,苗懷明整理《王古魯小説戲曲論集・稗海一勺録》,中華書局,2013 年,第 171 頁。
② 王古魯《王古魯日本訪書記・出版説明》,海峽文藝出版社,1986 年。

書。作爲民國時期入華求訪的目錄學家及版本學家,長澤規矩也對戲曲唱本情有獨鍾,是最早對日本所藏中國通俗小説與戲曲進行調查編目的學者,對日後孫楷第、王古魯赴日訪書并撰寫著録均産生了積極的影響。《日本現存中國小説戲曲目録》著録内閣文庫、蓬左文庫、静嘉堂文庫、宫内省圖書寮四家機構148 種書目。另有《家藏中國小説書目》(原載於 1937 年《書志學》第 8 卷第 5 期),著録包括國内罕見明刊《皇明中興聖烈傳》、明刊《國朝名公神斷李卓吾詳刑公案》等在内的小説一百三十餘種。

譚正璧著有《日本所藏中國佚本小説述考》,1945 年由上海知行編譯社出版。此書目在當時已有的日藏小説目録如《日本東京所見小説書目》基礎上彙編而成,主要價值體現在作者的考證論述方面。

戴望舒撰有《日本日光輪王寺所藏中國小説》,著録日本日光輪王寺慈眼堂所藏"德川時代黑衣宰相天海師謚慈眼大師者遺書"①9 種,包括明尚友堂原刊足本《初刻拍案驚奇》四十卷、明刊本《新鐫國朝名公神斷詳刑公案》八卷等。該目提要簡略,參考價值不大。

(二) 歐美所藏中國文學古籍的編目

二十世紀二十年代中期,鄭振鐸遠赴法國訪書,隨後編著《巴黎國家圖書館中之中國小説與戲曲》。該書著録《三國志演義》(凡 8 部)、《水滸傳》(凡 10 部)、《綉像精忠全傳》等長篇通俗小説 25 種、《覺世雅言》《醒世恒言》等短篇小説 7 種,凡 32 種,基本囊括了巴黎圖書館所藏中國通俗小説之"重要的、珍罕的、可注意的"②部分。此書目正如鄭氏所言:"不過是把將近兩月來在巴黎國家圖書館中所閲讀的結果,據實報告給我們的讀者而已。"③該目著録内容相當豐富,尤其是戲曲部分,著録書目作者、版本、批注、部分故事内容等,另於行文中評判書籍刊刻得失,考辨真僞,對戲曲小説研究有較大參考價值。孫楷第後來編撰《中國通俗小説書目》時,所著録巴黎國家圖書館藏本小説,多采自鄭氏此目,據統計,共有 18 種之多,其中《覺世雅言》《别本二刻拍案驚奇》《吴江雪》《宛如約》《綉戈袍全傳》《新刊京本全像插增田虎王慶忠義水滸全傳》《新鐫海烈婦百煉真傳》等 7 種小説,均據此本;1990 年編定《中國通俗小説總目提要》時,其《西周演義》《覺世雅言》《新鐫海烈婦百煉真傳》《新刊京本全像插增田虎王慶忠義水滸全傳小説》等小説,也依據鄭氏所録的巴黎國家圖書館藏本④。鄭氏書目,原載《小説月報》1927 年 11 月 10 日第 18 卷第 11 期,後收入其《中國文學研究》。

1935 年,向達撰《瀛涯瑣志——記牛津所藏的中文書》,全書分五節,第三節爲"關於小説戲曲"部分,記載書目較少,僅詳細介紹《全像英雄三國志傳》《新鍥梨園摘錦樂府菁華》《重刊五色潮泉插科增入詩詞北曲勾欄荔鏡記戲文

---

① 戴望舒著,吴曉玲編《小説戲曲論集》,作家出版社,1958 年,第 69 頁。
②③ 鄭振鐸《鄭振鐸全集·中國文學研究》,花山文藝出版社,1998 年,第 452 頁。
④ 參見潘建國《中國古代小説書目研究》,第 280—283 頁。

全集》三書,其餘均作簡單概説。該書目原載《國立北平圖書館館刊》1936 年 10 月第 10 卷第 5 號,後收入其《唐代長安與西域文明》。

劉修業撰《海外所藏中國小説戲曲閲後記》與《記巴黎國家圖書館所藏環翠山房十五種曲》。劉氏所編目録,"補孫鄭二先生所未及",除著録書名、作者、版本等内容外,還對著録書進行精心考證,并對鄭振鐸書中部分論斷加以補充和辯證,文獻價值頗大。劉氏二文分別載《圖書季刊》1939 年 6 月第 1 卷第 1 期及《圖書季刊》1944 年 6、9 月新第 5 卷第 2、3 期合刊,後均收入其《古典小説戲曲叢考》。

戴望舒《西班牙愛思高里亞爾静院所藏中國小説戲曲》僅五百餘字,首次將西班牙藏中國小説戲曲文獻介紹給國内學者。"然該國藏書最富之馬德里國立圖書館,所藏我國舊集,爲數寥寥,多爲習見坊本,無足觀者,爲之悵然。"①書目中僅記録"諸家所未著録"書籍《新刊案鑒漢譜三國志傳繪像足本大全》及孤本明嘉靖刊本《新刊耀目冠場擢奇風月錦囊正雜兩科全集》。該書目原載於《星島日報》副刊俗文學 1941 年 3 月 10 日第 10 期,後收入其《小説戲曲論集》。

(三) 域外綜合性書目對中國文學古籍的著録

除上揭文學書目外,民國時期還有一些綜合書目中也著録了許多域外所藏的漢文學典籍,如日本河田羆編撰《静嘉堂秘笈志》五十卷(著録宋蜀本《李太白文集》、南宋麻沙本《王右丞文集》等。1917 年排印本。2017 年上海古籍出版社出版經杜澤遜等人整理的點校本)、日本島田翰《古文舊書考》(著録日本所藏漢籍善本書凡 52 種,1940 年東京民友社刊本)、日本宫内省圖書寮編《圖書寮漢籍善本書目》(著録漢籍善本 768 種,其中集部 216 種,1931 年宫内省圖書寮刊行),田中慶太郎於 1928—1929 年曾發行《文求堂善本書目》。另外,法國伯希和曾編有《國家圖書館中文藏書中的"伯希和藏品 A"和"B"目録》(原載於《通報》[Toung Pap]1913 年第 14 卷第 5 期,2020 年收入由廣東人民出版社出版《歐洲藏漢籍目録叢編》),瑞典高本漢編有《瑞典所藏中文書籍》(1931 年哥德堡出版。又收入《歐洲藏漢籍目録叢編》)等。

總之,民國時期域外漢籍的編纂呈現出小説戲曲目録暴增趨勢,這與當時文學思潮桴鼓相應。正如傅芸子在《東京觀書記》中所言:"自晚近戲曲之學大興,治斯學者多方采訪資料,努力研究探討,即就近年整理所得成績而言,固已爲中國戲曲史另開一新面目。"②這意味着此時對戲曲資料的搜集已經過渡到以研究爲主。通俗文學從文學的邊緣地帶向文學中心轉移,突破了傳統學術中的雅俗界限。

---

① 戴望舒著,吴曉玲編《小説戲曲論集》,作家出版社,1958 年,第 67 頁。
② 傅芸子《正倉院考古記·白川集》,遼寧教育出版社,2000 年,第 124 頁。

二　二十世紀中後期(1950—2000)

除了國内所編綜合目録如《中國古籍總目》《中國寶卷總目》等之外,二十世紀中後期,全球各地有關域外漢籍的梳理與研究紛紛展開:日本、韓國及歐洲部分圖書館積極整理其地所藏漢籍文獻;自1980年代起,法國國家科學研究中心研究員陳慶浩提出漢文化整體研究觀念,其後"聯合報國學館自1986年起舉辦'中國域外漢籍學術研討會',至1995年,共計舉辦了十次"①。與此同時,國内外關於域外漢籍文學專科目録的編撰也正蓬勃發展。

(一) 東亞所藏中國文學古籍的編目

1949年以後至七十年代末,國内學術研究基本處於停滯狀態,但國外學者的域外漢籍研究却已步入正軌。1966年,日本明清史研究專家山根幸夫編撰《日本現存明人文集目録》(大安印刷),1978年又編撰《增訂日本現存明人文集目録》(東京汲古書院印刷出版)。該目是在京都大學人文科學研究所、京都大學文學部、宫内廳書陵部、日本國會圖書館、静嘉堂文庫、東洋文庫、内閣文庫、蓬左文庫等十所圖書館所編漢籍目録的基礎上編纂而成,著録明人文集多達一千八百餘種。該目依日文五十音爲序,依次列出著者名、書名卷數、册數、刊刻年代、版本、收藏機構等内容。書末附有書名索引、中國音姓氏索引等。目前,增訂本依然是著録日本所存明人文集最全的專科目録。

同樣根據綜合性漢籍目録彙編而成的文學性專科目録,還有《日本現存元人文集目録》(山根幸夫,1970,東京汲古書院出版)、《日本現存宋人文集目録》(吉田寅、棚田直彦,1972,東京汲古書院出版)、《日本現存清人文集目録》(西村元照,1972,京都大學東洋史研究會)。以上書目的編者對漢籍并未作親眼考察,故難免存在錯誤。如《增訂日本現存明人文集目録》中據内閣文庫漢籍目録所編纂的部分,其中過録江户鈔本《夢觀集》作者爲元釋大奎,然而實際應爲釋守仁②。另外,此四種書目編目時所參考的綜合目録僅爲日本十餘所重要藏書機構的漢籍編目,日本山寺所藏文獻并未得到關注,且編目時間頗早,後期圖書館新入文獻尚待補充。

二十世紀八九十年代,中國學術事業有了空前發展與進步,國内學術研究氣氛濃厚,許多學者遠赴域外訪書、求書、調研中國古籍的遺存情况。嚴紹璗《日本藏宋人文集善本鈎沉》(杭州大學出版社1996年版)即是這一時期的代表著作。該書屬杭州大學"日本文化研究叢書"之一。内容包括宋人别集、總集、筆記、詩文評、詞曲、宋人編叢書六部分。著録分爲正題、按語、附録三部分。"正題"録典籍的名稱、卷數、著者、版本以及現今所在的日本藏書處等。

---

① 劉春銀《提要之編製:以〈越南漢喃文獻目録提要〉暨〈補遺〉爲例》,《佛教圖書館館刊》2007年12月第46期,第72頁。
② 參見黄仁生《海外現存集部漢籍與中國文學研究——以日本現存漢籍爲中心》,載《國學的傳承與創新:馮其庸先生從事教學與科研六十周年慶賀學術文集》,上海古籍出版社,2013年,第354頁。

"按語"是對典籍相關情況的簡介,詳細著録書款版式、序跋題記、刻工印璽、流傳狀況等。由於該書著録皆爲"日藏漢籍",所以儘可能將日本古文獻中涉及本書的相關材料,以及江户時代中國商船向日本輸入同一文獻的原始材料一并記録下來。"附録"則著録同一文獻在日本的刊本。該書輯入的材料,如古籍的名家題識,皆照原文録入。所著録各書,原則上不做考辨訂析。另表列出所收書的現今收藏處,以便讀者查檢。該目詳細著録日本藏宋人文集善本書籍,對宋代文化與文學文獻學的研究均有所助益。書後附録《日本文庫的漢籍特藏》《該書著録漢籍所藏日本文庫一覽》《書名索引》等,便於檢索。

此階段關於日本所藏通俗文學目録的編纂,多以補充孫楷第《日本東京所見小説書目》爲主。其中較重要者有:1956 年李田意編纂《日本所見中國短篇小説略記》,著録包括孤本《三教偶拈》《秘筒世説金粉惜》在内的 16 種通俗小説。該書目原載《清華學報》新 1 卷第 2 期。1982 年日本學者澤田瑞穗編撰《小説娛目鈔》,著録天理圖書館及作者私人藏書(風陵書屋)通俗小説 9 種(著録稀見抄本《哈密野史》)。書目原收於澤田瑞穗著作《宋明清小説叢考》(1982 年,東京研文出版社)。1987 年日本學者大塚秀高編《增補中國通俗小説書目》,著録通俗小説 522 種,增補了不少孫楷第《日本東京所見小説書目》之未録的稀見珍本,此書目提要極爲詳細,兼有考辨,文獻價值極高。"最大的特點是詳細記録了各種不同版本和它的藏所,爲中國小説的版本學提供了豐富的史料。"①

二十世紀九十年代,韓國文學目録成果頗爲醒目。韓國學古房於 1991 年出版了由金學主、吴金成編撰《韓國重要圖書館所藏明清人文集目録》,著録包括韓國國立中央圖書館、奎章閣、高麗大學校圖書館在内的十所重要圖書館所藏的明清人文集。該書目較爲簡略,僅列出作者、書名、卷數、時期、收藏地等信息,是截至目前唯一一部較爲全面地著録有關韓國所藏明清人文集的目録,文獻價值頗高,也是目前研究明清文學必備的工具書之一。相較流傳於韓國的文集,通俗小説在域外的研究空間和延展範圍更大。1993 年,韓國學者崔溶澈、朴在淵編纂《韓國所見中國通俗小説書目》(《中國小説繪模本》附録,江源大學出版部,1993 年),共著録包括《型世言》、抄本《古史演繹》、金陵萬卷樓本《包孝肅公神斷百家公案演義》在内的 813 部通俗小説,"基本上已將韓國各文化機構、大學圖書館及私人所藏搜羅殆盡"②。書目中詳盡列出所收文獻的收藏地,詳細列出稀見小説的各個版本,便於研究者查閲利用;同時還完整展現小説的基本概況,包括印刷方式、序跋詳情、有無绣像、板高版寬等信息,文獻價值較大。值得注意的是,此書目也是在衆多書目(《韓國古書目録》《奎章閣中國本綜合目録》《漢籍目録》等 32 種)及相關文獻資料的基礎上彙編而成,所録書目作者并未一一經眼,難免有錯誤疏漏,仍需多方查證後使用。

---

① 程毅中《古代小説史料漫話》,遼寧教育出版社,1992 年,第 47 頁。
② 潘建國《中國古代小説書目研究》,第 401 頁。

1998年,新加坡學者辜美高、李金生整理新加坡國立大學圖書館所藏漢籍,編成《新加坡國立大學中文圖書館藏中國明清通俗小説書目提要》(新加坡國立漢語研究中心出版)。著録通俗小説1600餘部,所收不限於古籍,還包含新中國成立後中華書局、上海古籍出版社、臺北天一出版社等出版機構出版的綫裝排印本,以及微縮膠卷爲載體的電子書籍。著録内容詳細,包括書名、作者、卷回數、板寬版高、總頁碼、書中附圖情況、所藏地、版本、部分書籍内容、借閲條件等信息,兼附考辯論證。所著録書以通行本爲主,大部分書籍均可在《明清善本小説叢刊》《古小説叢刊》《古小説集成》中尋得,但也著録有不少稀見版本,可供參考。

(二) 歐美所藏中國文學古籍的編目

此一時期,歐洲所藏漢籍之文學目録編纂主要集中於通俗小説。

二十世紀五十年代,華裔澳洲學者柳存仁編成《倫敦所見中國小説書目提要》。該書係編者根據1957年夏在倫敦英國博物館東方書籍及珍本部和英國皇家亞洲學會時所見中國古代小説舊刻本所作的札記整理而成。全書共計130篇,著録小説134部(因爲其中有兩部書兩館所藏版本相同,另四部書僅合撰二文,故爲130篇)。其中包括不少孤本和珍本。著録内容包括書名、收藏單位、書型大小、册數、封面、原題、序跋、卷(回)數、行款、版本、前人著録情況、内容提要等,除記録書籍、版刻之外,還對同一種書的不同版本進行了較爲細密的考證,對一部分書籍提出較爲具體的意見,得出個人看法與結論,修正或改變前人的基礎研究結論,對中國小説研究者來説,此書無疑是一部極重要的參考資料。書目文獻出版社1982年作爲《文史哲研究資料叢書》之一出版。又有臺北鳳凰出版社1974年版。

1982年春夏兩季,國内學者吴曉玲應邀前往美國十七所大學訪問,調查各圖書館收藏漢籍情況,發現哈佛大學東亞系圖書館"庋藏古本戲曲及小説卷帙至夥,且多爲稀覯於中土者。復有國内名家如:武進董民(康)、通縣王氏(立承)、鄞縣馬氏(廉)、長樂鄭氏(振鐸)、鐵嶺鄭氏(騫)舊藏珍品,尤以高陽齊氏所寶有者爲最多"①。高陽齊如山(1875—1962)舊藏四散,其中散入美國哈佛大學燕京圖書館的總計有72種328册。吴曉鈴編《哈佛大學所藏高陽氏百舍齋善本小説跋尾》,著録齊氏舊藏之有跋尾者23種,包括《春燈迷史》《三妙傳》等珍本。該書抄録齊如山之跋尾,附以按語,詳加考證,是難得的文獻研究資料。該書目原載《明清小説論叢》1984年第1輯。2011年,哈佛燕京圖書館和國家圖書館出版社聯合編寫《哈佛燕京圖書館藏齊如山小説戲曲文獻匯刊》,全51册,著録哈佛燕京圖書館中齊如山所藏全部小説戲曲文獻,每書附有提要,包括書名、作者生平、行款、版本、鈐印、存藏情況等,兼具考證,爲學者研究提供了極大的便利。

---

① 齊如山撰,吴曉玲輯《哈佛大學所藏高陽齊氏百舍齋善本小説跋尾》,載《明清小説論叢》,春風文藝出版社,1984年第1輯,第289頁。

1982年,李致忠應邀赴哈佛大學講學,期間訪閱燕京圖書館之漢籍,編著《美國哈佛大學燕京圖書館訪書志》,著錄通俗小說29種,包括未見載任何書目的《齊世子灌園記》一書。該書目原載《文獻》1983年第2期。

　　1990年,俄國漢學家李福清應邀赴奧地利維也納講學。1992年編著《奧地利國家圖書館所藏漢文珍本書目》,著錄中國通俗小說15種。該書目原載《文獻》1992年第2期。

(三) 域外綜合性書目對中國文學古籍的著錄

　　從二十世紀中期開始,東亞及歐洲部分國家重視本國所藏漢籍。日本幾大藏書機構陸續編撰漢籍目録,如1955年名古屋市教育委員會出版《蓬左文庫漢籍目録》;1956年内閣文庫出版《内閣文庫漢籍分類目録》;1961年東京大學東洋文化研究所出版由長澤規矩也所編纂的《東京大學東洋文化研究所藏雙紅堂文庫分類目録》,1963年該所又出版《東京大學人文科學研究所漢籍分類目録》上册,1965年續出下册;1986年東洋文庫出版由關西大學圖書館編纂《關西大學所藏内藤文庫漢籍古刊古鈔目録》。此時期韓國不少重要圖書館或著手編纂或重新整理其所藏漢籍書目,如1974年編纂《藏書閣圖書中國版總目録》,1979年成均館大學校中央圖書館編纂《古書目録》,1981年梨花女子大學校韓國文化研究院編纂《古書目録》等。收藏歷代皇家文獻的奎章閣,於1972年重新整理所藏漢籍,出版《奎章閣圖書中國本總目録》,1982年又出版《奎章閣圖書中國本綜合目録》以補正。

　　這一時期歐洲綜合性的漢籍目録編纂有賴於精通文獻整理工作的中國學者:如王重民編、袁同禮校《國會圖書館藏中國善本書録》(1972年,臺北文海出版社以《美國國會圖書館藏善本書目》爲書名出版;2014年,廣西師範大學出版社以《美國國會圖書館藏中國善本書録》爲書名再版)、屈萬里編著《普林斯頓大學葛思德東方圖書館中文善本書志》(臺灣藝文圖書公司1975年出版)、昌彼得編著《普林斯頓大學葛思德東方圖書館中文舊籍書目》(臺灣"商務印書館"股份有限公司1990年版。2017年,美國普林斯頓大學東亞圖書館在屈萬里、昌彼得編著舊目的基礎上完成了《普林斯頓大學圖書館藏中文善本書目》,由國家圖書館出版社出版)、沈津編著《書城挹翠録》(上海社科院出版社1996年版)。以上目録均著有大量中國文學古籍,限於篇幅,在此不贅。

　　二十世紀後半期,尤其是八十年代以來,是域外漢籍研究的轉折點。張伯偉曾説:"在國際上,真正對域外漢籍開始重視,則始於上世紀80年代以來。"①縱觀此階段域外所藏中國文學古籍書目的編撰,除歐洲地區多由中國學者編纂外,日韓本土編纂漢籍文學目録的學者頗多,這在一定程度上反映出兩國學人對中國文學的熱情和興趣。

---

① 張伯偉《域外漢籍研究入門》,第13頁。

三 二十一世紀(2001—至今)

二十一世紀以來,域外漢籍研究方興未艾,已然成爲一門顯學。國內外不少研究機構均有志於此:國外如日本東京二松大學於 2004 年成立的"構築世界性的日本漢學研究基地",韓國也有不少高校均成立了漢文學研究會等機構;國內則如南京大學於 2000 年正式成立的"域外漢籍研究所",臺灣大學於 2002 年設立的"東亞文明研究中心",上海師範大學於 2005 年成立域外漢文古文獻研究中心,武漢大學於 2016 年成立域外漢學與漢籍研究中心等。另浙江工商大學東亞研究院有關學者也長期從事域外漢籍研究,被日本國際交流基金會指定爲"海外日本研究重點支持機構",復旦大學文史研究院於近年來在葛兆光、周振鶴等人的推動下,致力於東亞漢文文獻整理,尤其是韓國及越南燕行文獻的整理。2020 年,筆者於西北大學啓動國家社科基金重大項目"日本天理圖書館藏漢籍調查編目、珍本複製與整理研究",計劃對日本天理圖書館藏兩萬餘種漢籍開展系統編目與整理研究,其中涉及不少海內孤本。在新成立的研究機構及從事域外文獻整理工作的學者們的推動下,域外漢籍已經成爲新的學術增長點,并在國內形成了一個完整的域外漢籍研究系統。

(一) 東亞所藏中國文學古籍的編目

本世紀初,應《全明詩》《全明文》編纂工作以及明代文學研究的需要,黃仁生在訪書日本之後編著而成《日本現藏稀見元明文集考證與提要》(岳麓書社 2004 年版),以中國大陸現存文獻資料爲背景,首次對日本現藏稀見元明文集進行系統考察和研究,旨在對漢文學典籍在日本的傳播進行專題探討。爲便於查詢,該書所列各文集條目大致與各文庫漢籍目錄中的條目或索書單元相對應。凡同一作家的不同文集條目皆接連排列,全書從目錄到正文的編排則以作者生年爲先後次序。對不知生年的作家,參考其中鄉試、會試之年或大致的生活年代插入相應位置;如無法考知其大致生活年代,則置於一代之末。全書正文共列出 230 多個條目,著錄二百多位作者的 340 多種文集。其中元人占六分之一,明人占六分之五。以文集性質而言,絕大部分爲作家別集。全書正文提要分爲"正題""紀要"和"綜述"三部分。其中"正題"包括文集名稱、卷數和著者,該文庫漢籍目錄著錄有誤者,則徑爲改正,并在綜述中予以說明;"紀要"大致包括三個方面,一是簡記版本概貌(含版本性質、時代、書款版式、刊記、編校與刻寫者姓名等)和收藏傳播情況(含現藏處所、歷代收藏者印鑒與題記及相關問題);二是概述文集所錄基本内容(含序、跋、目錄、正文、附錄等);三是結合考證和綜述等,有選擇地摘錄部分原文(含序、跋、正文、附錄等)。"綜述"部分則以作者爲單元,包括綜合考證的結論,或兼及作者交游乃至創作宗尚等。書末有著錄書名索引,便於讀者檢索。

陳廣宏、侯榮川編著《日本所編明人詩文選集綜錄》(廣西師範大學出版社 2018 年版),收錄江户至明治時期日本學者所編明人選集 70 種,多數文獻帶有日本學者考訂注疏或日式訓點句讀。該書目詳細介紹書籍的版式特徵及其所藏地、選集內容、編纂者及被選者信息,并著錄各書序跋,附底本書影及部分藏本扉頁、首卷首頁、牌記等有價值的書影。該書目根據當前中日文化交流領域中新的研究形勢需求應運而生,編者在編目時即帶有文學研究性的考量,如"本編以各選集成編時間爲序編次,成書時間不詳者依刊刻時間,刊年亦不詳者則據作者生平尌定,以反映日本學者對中國文學接受在歷時維度上的情形與特點"①,又如細緻考訂和刻本與原選本的關係,凸顯明代詩文選集在日本的流傳脉絡及選者的文學觀念。該書目爲中國詩文在日本的接受研究提供了極大便利,同時也爲當下轉類文獻目錄的編纂提供新的範式。

　　黄仕忠編著《日藏中國戲曲文獻綜録》(廣西師範大學出版社 2010 年版),則是近年來戲曲書目的代表。作者近十年來一直從事日藏中國戲曲文獻的調查與研究,曾五度訪日,在日本各公私圖書館調查所藏戲曲文獻,在逐册目驗的基礎上,編成《日藏中國戲曲文獻綜録》一書,共計 40 萬字。著録藏於日本的中國古代戲曲文獻 200 多種,基本涵蓋了日本公私圖書機構的全部珍本中國古代戲曲文獻②。全書分"前言"與"正文"兩個部分,前者叙述日藏中國戲曲及其研究的發展概况。"正文"分七編著録介紹日藏中國戲曲文獻,分爲雜劇、傳奇、曲選、花部曲本及選集、曲譜、曲話曲韵曲目、其他。所録版本的刊刻時間,大致以清末爲限,但對於少數稀見的現代鈔本、清末民初刻本、石印本等具有重要學術研究價值、國内學者難得一見者亦酌予著録;對於中國戲曲的翻譯作品,則擇要列入日本刻本及明治以前譯本。該書對所著録戲曲文獻,記其書名、卷數、册數、書版高寬及框廓尺寸、撰者、評者、刊者、刊印方式、每半葉之行數及字數、刻工、牌記等信息。對於文獻中所載的重要批注、跋文等,亦擇要選録。并對每一文獻都注明藏者及索書號,以表明其來源,間或注明入藏時間,以便使用者按圖索驥查核原書。該書在著録版本信息的同時,也對現行書目著録有誤者,擇要加以考證;對於特别珍貴的版本與已經影印翻刻的重要藏本等,也逐一作出説明,力求爲學者的研究提供最充足的信息及最大的便利。末附影印本戲曲叢書、主要參考書目、書名索引。書中還附有插圖,可以直觀感受這些域外戲曲文本的特徵。

　　二十一世紀以來,東京大學與國内外學者共同致力於漢籍研究,就戲曲目録而言,成果頗值得關注:《東京文化研究紀要》相繼刊出黄仕忠《倉石文庫戲曲曲藝書目》(2003 年第 144 期)、《雙紅堂文庫藏清末四川"唱本"目録》(2005 年第 148 期)、《雙紅堂文庫藏清末民初北京木刻、石印本"唱本"目録》(2007 年第 150 期)、《雙紅堂文庫藏民初北京排印本唱本目録》(2007 年第 151 期。以上四篇亦收入黄仕忠《戲曲文獻研究叢考》,國家出版社 2006 年版)、《天理圖書館所藏中國古代戲曲目録》(2009 年第 156 期),將日本所藏的中國通俗

---

　　① 陳廣宏、侯榮川《日本所編明人詩文選集綜録·編輯説明》,廣西師範大學出版社,2018 年,第 19 頁。
　　② 按,有關天理圖書館收藏中國戲曲文獻的具體情况,黄仕忠以《天理圖書館所藏中國古代戲曲目録》之題先期發表於東京大學東洋文化研究所《東洋文化研究所紀要》2009 年第 156 號。

文學在域外的研究向前推進了一步。

此階段存藏於韓國的通俗小說與戲曲目錄的編纂成果也較突出。韓國慶熙大學閔寬東長期致力於中國小說編撰傳播史研究,及韓國所藏中國古典小說目錄的梳理,并出版了一系列相關目錄學著作。其中,韓國學古房於2012年出版《韓國所藏中國古典戲曲(彈詞、鼓詞)版本和解題》,於2013出版《韓國所藏中國文言小說的版本目錄與解題》《韓國所藏中國通俗小說的版本目錄與解題》《韓國所藏中國古典小說的版本目錄(所藏別處)》;武漢大學出版社於2015年出版閔寬東、陳文新合著《韓國所藏中國文言小說版本目錄》《韓國所藏中國通俗小說版本目錄》,此二書對於國內研究韓國所藏中國小說的學者而言,意義非比尋常。

《韓國所藏中國通俗小說版本目錄》分上下編,上編按作品年代分爲"明代作品版本目錄"及"清代作品版本目錄",前者著錄29種作品,後者88種;下編按作品收藏處分類,分別著錄52所韓國國立圖書館以及大學圖書館(包括博物館),22處韓國書院、鄉校、寺刹、研究院(所)、博物館、企業圖書館及87位個人收藏家所藏中國通俗小說。該書目深入考辯評介每種作品,多有前人所未發之論,後表列該文獻版本目錄,包括書名、出版事項、板式狀況、一般事項及所藏番號,極爲詳細,爲學者提供按圖索驥之便及研究之需。但該書目在評介文獻時稍有不嚴謹之處,如《禪真逸史》條目中述其作者方浩汝爲河南洛陽人,但亦有學者認爲其是浙江蘭溪人①。又如《品花寶鑒》,作者陳森創作前十五回的時間是"道光十七年"還是"道光六年",仍需進一步討論。《韓國所藏中國文言小說版本目錄》同樣分上下編,上編按作品年代著錄文言小說計184種,下編按作品收藏處表列目錄。

(二) 域外綜合性書目對中國文學古籍的著錄

這一時期綜合性域外漢籍書目有:王小盾、劉春銀及越南學者陳義共同主編《越南漢喃文獻目錄提要》(臺灣"中央研究院"中國文哲研究所2002年版)及《補遺》(臺灣"中央研究院"亞太區域專題中心2005年版)(二書共著錄法國遠東學院和越南漢喃研究院所藏的漢喃文獻5000多種),沈津編《中國珍稀古籍善本書錄》(廣西師範大學出版社2006年版),韓國全寅初主編《韓國所藏中國漢籍總目》(著錄韓國各處所藏中國古籍12500餘種,學古房2005年版)、嚴紹璗編著《日藏漢籍善本書錄》(中華書局2007年版),沈津、卞東波編著《日本漢籍圖錄》(廣西師範大學出版社2014年版)等,其中包含有不少文學古籍②。

歐洲圖書館綜合目錄的整理與編纂工作,在此階段由國家資助或出版機

---

① 參考賈海建《明代小說家清溪道人考辨》,《明清小說研究》2013年第2期,第199—209頁。
② 按,2000年以來所編域外綜合性書目較多,爲避免冗繁,本文選取幾部重要的書目加以論述,其他具體參見金程宇《近十年中國域外漢籍研究述評》(載《南京大學學報》(哲學·人文科學·社會科學版)2010年第3期)、劉泰廷《中國近五年域外漢籍研究述評》(載《圖書館理論與實踐》2017年第1期)、劉慧婷、金程宇《2017年中國域外漢籍研究綜述》(載《中國文學年鑒》2018年第1期)、劉慧婷、金程宇《2018年中國域外漢籍研究綜述》(載《中國文學年鑒》2019年第1期)等。

構聯合域外圖書館共同進行。山東大學鄭傑文教授承擔主持國家重點文化工程"全球漢籍合璧工程",旨在對境外存藏的中華古文獻進行系統的調查編目、珍本複製、開展相關整理、研究及文獻數據庫建設。目前正在推進的調查編目課題有《英國國家圖書館館藏漢籍編目》《法國國家圖書館所藏漢籍的調查與編目》《俄羅斯聖彼得堡大學藏漢籍編目》《瑞典東亞圖書館藏漢籍調查編目》等,凡 11 種。國家古籍保護中心於 2014 年策劃啓動《海外中華古籍書志書目叢刊》,由國家圖書館負責與海外藏書機構合作,截至目前,已出版包括《加拿大多倫多大學慕氏藏書目(外一種)》《英國國家圖書館藏中文古籍目錄》《西班牙藏中國古籍書錄》《美國哈佛大學哈佛燕京圖書館藏善本方志書志》《美國芝加哥大學圖書館藏中文古籍善本書志·集部》在内的十一種書目。中華書局於 2015 年正式啓動《海外中文古籍總目》項目,該項目被列爲"十三五"古籍整理出版工作五大重點之一,致力於聯合海外各大圖書館,搜尋、發現、整理、出版流散在世界各地的中文古籍。目前該項目已出書十四種,包括《美國明尼蘇達大學圖書館中文古籍目錄》《法國國家圖書館中文古籍目錄(古恒部分)》《新加坡國立大學圖書館中文古籍目錄》《美國愛荷華大學圖書館中文古籍目錄》《新西蘭奧克蘭大學中文古籍目錄》《美國俄亥俄州立大學圖書館中文古籍目錄》《花葉婆娑——華盛頓大學和不列顛哥倫比亞大學古籍珍本新錄》《美國耶魯大學圖書館中文古籍目錄》《美國伊利諾伊大學圖書館中文古籍目錄》《美國布朗大學圖書館中文古籍目錄》等。

　　除此之外,有志於此的國内外學者及圖書館等亦陸續出版相關著作:沈津編著《美國哈佛大學哈佛燕京圖書館中文善本書目》(上海辭書出版社 1999 年版,2011 年修訂版),法國魏丕信著,田濤譯《法蘭西學院漢學研究所藏漢籍善本書目提要》(中華書局 2002 年版),柏克萊加州大學東亞圖書館編《柏克萊加州大學東亞圖書館中文古籍善本書志》(上海古籍出版社 2005 年版),梵蒂岡圖書館編《梵蒂岡圖書館所藏漢籍目錄》(中華書局 2006 年版),喬曉勤、趙清治等編《加拿大多倫多大學東亞圖書館藏中文古籍善本提要》(廣西師範大學出版社 2009 年版),李國慶編《西班牙圖書館中國古籍書志》(上海古籍出版社 2010 年版),范邦瑾編《美國國會圖書館藏中文善本書續録》(上海古籍出版社 2011 年版),馬月華等編《美國斯坦福大學圖書館藏中文古籍善本書志》(廣西師範大學出版社 2011 年版),周欣平編《美國柏克萊加州大學東亞圖書館藏宋元珍本圖録》(中華書局 2014 年版)等。

　　有些别集書目中也著録了一些域外所藏漢籍,如崔建英輯,賈衛民、李曉亞整理的《明別集版本志》(中華書局 2006 年版),書中除著録國内編著《中國古籍善本書目》時全國近八百個單位報送的 3500 餘種明别集外,還著録了美國普林斯頓大學葛思德圖書館所藏當時中國大陸尚未見著録的 100 餘種明人别集,對於研究明代文學文獻具有重要參考價值。

　　二十一世紀以來,域外漢籍文學專科目録的編纂在黄仁生、黄仕忠、陳文新等人的努力下繼續向前推進,但學者們所考察對象僅僅是與中國文化交流較密切的日本、韓國等。歐洲所藏珍本孤本之數量與日、韓相較,遠遠不足,且收藏地分散,路途遙遠,因此目錄編纂上成果略顯不足。不過,近年來涌現出歐洲各個圖書館綜合目錄的編寫熱潮,可稍補此項研究的空白。

四　二十世紀以來域外所藏中國文學書目編纂的學術價值及其意義

　　二十世紀以來,搜尋整理域外漢籍的熱潮一波繼一波興起。從初期楊守敬、董康、孫楷第等國內飽學之士赴日訪書,青木正兒、長澤規矩也等日本學人對漢籍整理作出卓越貢獻,到近年來從事漢籍研究的個人及學術團隊呈井噴式增長,域外漢籍整理成績斐然,碩果累累。

　　傅榮賢《中國古代目錄學研究》概括目錄學的學術價值爲"辨章學術,考鏡源流","對具體學術問題的考辨","揭示學術發生、發展的長程歷史"①。具體考察以上這些著録域外中國古代文學的書目,儘管部分數目稍顯簡略,但其著録、分類、解題體系皆致力於此:第一,無論其有著録無解題,或既有著録又有解題,這些書目均具備較規範的書目體例,説明了中國傳統目錄學在域外漢籍研究領域的繼承與實踐。第二,對著録書籍的分類多沿承傳統。如孫楷第《日本東京所見小説書目》,其分類體系的基本框架與《中國通俗小説書目》一般無二,皆以宋代説話家數作爲小説分類依據。又如嚴紹璗《日藏漢籍善本書録》,其"集部"分類繼承《四庫全書總目》,除多出"文選""尺牘"二類及"詞曲類"下細目差異較大外,其餘"楚辭類""別集類""總集類""詩文評類"與《四庫全書總目》分類無差。第三,對學術考辨傳統的繼承,包括對人物及作品的考證。相較於日韓學者對書目外在客觀信息的著録,中國學者所著書目如《巴黎國家圖書館中之中國小説與戲曲》《倫敦所見中國小説書目提要》《哈佛大學所藏高陽氏百舍齋善本小説跋尾》《日本現藏稀見元明文集考證與提要》等更精深於考證。黃仁生《日本現藏稀見元明文集考證與提要》内含大量考證内容,對作者生平履歷,作品版本、存佚、真偽等情況往往能索隱鉤沉、還原真相,如考證元人薩都剌著作版本淵源,考證日本藏書機構原書目著録疑誤,考證內閣文庫藏題袁宏道撰《李卓吾選校袁石公文集》爲偽書等,解決了不少學界懸而未決的疑惑。

　　二十世紀以來域外所藏中國文學目錄的編纂在新與舊、中與西的文化交流中碰撞融合,至今日,更是在全球化進程中融入了全新的理念,目錄學在此潮流中有了新的變化與發展:

　　第一,與其他文學形式的書目相比,有關域外所藏中國古代小説與戲曲的書目發展更爲完備。域外漢籍的文學目錄尤其是以往不受重視的通俗文學的目錄異軍突起,這與域外國家對通俗文學的興趣相關,更與其時文學在中西文化激烈的碰撞中發生根本性的變化相關。二十世紀以來,小説與戲曲突破雅

---

① 傅榮賢《中國古代目錄學研究》,知識產權出版社,2017年,第41—50頁。

俗界限,逐漸從邊緣移動到中心地帶。董康、孫楷第、黄仕忠、黄仁生及陳文新等人對域外所藏小説及戲曲文獻的整理與編纂在一定程度上反映了相關學科研究的極大發展。歷史上小説不斷演變的内涵導致以往的著録淆亂雜駁,編撰二十世紀以來域外所藏中國古代小説書目的目録學家,在藉鑒西方小説文體觀念的基礎上,對小説收録範圍、小説分類等問題進行考察,這無疑推進了小説文體的現代化,同時亦助益於構建中國小説目録學。

第二,逐漸從圖書的静態録入轉變爲圖書與社會的動態考察。宋麗娟在《西人所編中國古典小説書目及其學術史意義》中認爲相較於中國傳統目録學對作品版本、版式的重視,西人的中國小説著録"亦注重小説的傳播和接受情况"[1]。其實,二十世紀以來域外漢籍書目的編纂開始注重中國典籍與世界文化的交流,研究者將漢籍的流布作爲一種文化現象進行考察,正如嚴紹璗在《日藏漢籍善本書録》自序中所言:"儘量把握漢籍在日本列島流布的學術圖譜,注意日本相關文獻中關於此本典籍的歷史的、文化的等多形態的記載,收集由漢籍傳入而相應在日本國内産生的'文化變異'以及由此出現的'和刊本'和'日人寫本'等物化標記,儘量摘記文本上留存的各種手識文,甚而至於中國商船輸入時的賣出價與日本書商收購時的買入價等等。"[2]這種著録模式的宗旨已不僅僅局限於傳統目録學觀念中的"讀書治學之門徑"及"辨章學術,考鏡源流",而是將書目同樣作爲文化交流的載體,由此,目録學研究從書目内部外延至社會。陳文新、閔寬東的《韓國所藏中國古代通俗小説版本目録》除具備學術價值外,還具有極高的文化價值。該目在列舉韓國所藏《三國演義》版本前的序録部分,梳理了此書的成書過程、作者籍貫、國内版本,并含有論述此書流傳於韓國的"生存狀况":此書是"韓國古典小説發展史上影響最大的作品、也是最受歡迎的作品"[3]。黄仁生《日本現藏稀見元明文集考證與提要》,旨在對漢文學典籍在日本的傳播進行專題探討。作品在域外的接受史,正是二十世紀以來域外所藏中國文學目録編纂過程中形成的新的"題中應有之義"。

第三,先進的科學技術爲目録學提供新的面貌與載體,從王古魯赴日拍攝遺失於日本的戲曲小説資料百餘種,到哈佛燕京圖書館中文善本特藏的數字化,到《日藏中國戲曲文獻綜録》收録的大量書影,再到近些年來不少域外漢籍數據庫的建立,文獻豐富性和便捷性大大增强,信息化時代爲目録學發展提供了新的可能。

不僅限於此,二十世紀以來域外所藏中國古代文學目録的編纂更具有非凡的文化意義。一方面,二十世紀以來域外所藏中國古代文學目録的編纂補充遺失於域外的文獻,更是尋找中華民族漫長歷史的文化遺産,增强中國文化在世界文化浪潮中的自信與擔當。對域外漢籍的整理與研究,是傳承中國優秀傳統文化的重要措施,是中華民族在世界文化浪潮中鼎足發展的學術活動。

---

[1] 宋麗娟《西人所編中國古典小説書目及其學術史意義》,《文學遺産》2013年第2期,第132頁。
[2] 嚴紹璗《日藏漢籍善本書録》,中華書局,2007年,第12頁。
[3] 閔寬東、陳文新、張守連《韓國所藏中國通俗小説版本目録》,武漢大學出版社,2015年,第5頁。

另一方面,作爲傳統治學門徑的目録學依舊是了解中外文化交流的最佳契入點。西漢劉向劉歆通過書目分類及序録展現文化概貌,儘管著録體例在歷史長河中不斷變更,但始終具有以目録彰顯時代學術體系、成爲時代文化鳥瞰圖的潛在意義。楊守敬、董康、青木正兒、長澤規矩也等人對漢籍的搜尋整理,正是近現代以來中日文化交流的縮影。二十一世紀以來,域外所藏中國古代文學書目的編纂從周邊國家拓展到歐洲、美洲、大洋洲等地區,更是全球化視域下文化交流的結果。這些目録不僅勾畫出中國古代文學向世界傳播的軌跡,同時亦反映出世界因中國文學而産生的"文化變异",揭示複雜的中外關係史,對研究"漢籍之路"起着舉足輕重的作用。

當然,這些書目中也存在一些問題:首先,有些書目因編撰時間較早,著録域外所藏的中國古代文學古籍并不完備,甚至有些或已散佚,因此,尚需進一步補充增訂,或者重新考察,編撰出更加完備而準確的書目;其次,域外漢籍遍布海外,有些國家所藏中國文學古籍至今尚無書目,亟待在全面訪問、調查的基礎上進行系統編撰。王鳴盛在《十七史商榷》中説:"目録之學,學中第一緊要事,必從此問途,方能得其門而入。"筆者以爲目下最迫切的是編撰出一部域外所藏中國文學古籍的"聯合目録"或"總目提要",并寫明藏書地點,以便國内外學者更好地瞭解與研究利用這些珍藏於海外的中國文學古籍資源,并在此基礎上,考察中國文化在域外的傳播以及對域外文化的影響,考察中國與東亞、中國與世界的文化交流等學術問題。另外,相較於域外漢籍研究提供的新材料、新視野及新方法,筆者認爲,以史爲鑒,以過去"書籍之路"爲紐帶的文化交流探討未來中國與亞洲、中國與世界的交流互鑒,亦是極爲重要的一項任務。

五 結論

域外漢籍内容豐富,其中包含有大量中國古代文學典籍。二十世紀以來中外學者與藏書單位陸續編撰了一批著録域外所藏中國古代文學書籍的書目,以及著録包括文學古籍在内的綜合性漢籍目録。這些書目爲我們瞭解與查閱域外所藏中國古代文學文獻提供了有價值的信息,説明域外漢籍文學文獻遺存的豐富,也説明了目録學在域外漢籍研究方面的實踐與拓展。這些書目承緒古典目録學之傳統,然其録入内容、著録方式、分類體系在中西交流中有多方位的創新,具有非凡意義:就目録學術史而言,傳統目録學在西學與現代文化思潮的影響下注入了新的内容,域外所藏中國文學目録的編纂是新理論的嘗試與實踐,在此過程中,域外所藏中國古代戲曲目録得到極大發展,中國小説目録學得以構建、推進、成熟,信息化時代下科技爲目録學建設提供助力,目録學研究從書目内部轉向書目與社會的聯繫等,都是目録學在當今文化思潮中的開拓。就文化史而言,這些書目不僅尋找遺失於域外的文化遺産,更是以往中外文化交流的見證。

(作者單位:西北大學文學院)

《四庫全書》所收《山海經》底本考辨
——以文淵閣本、文津閣本、文瀾閣本、文溯閣本爲例

王米雪

《山海經》是我國的先秦古籍，内容涉及地理、古史、神話、醫藥、動植物、礦產、宗教等，對歷史、地理、神話、科學等相關研究頗具參考價值。《四庫全書總目》將其收入子部小説家類，稱其爲"清内府藏本"①，但未注明"清内府藏本"更具體的版本來源。張春生先生認爲四庫寫本《山海經》底本爲《天禄琳琅書目》所錄之元刻本②，後來學者多從其説，但此説是否可信，未見有人進行探討。本文現以文淵閣本、文津閣本、文瀾閣本③、文溯閣本爲例，結合《四庫全書薈要總目》《四庫全書考證》及《山海經》其他版本，對《四庫全書》所收《山海經》之底本問題進行考察。

一 《山海經》版本述略

現存《山海經》版本頗多，此處主要探究文淵閣本、文津閣本、文瀾閣本、文溯閣本《山海經》底本問題。現將《山海經》各版本兹略述之。

（一）宋刻本

國家圖書館今藏《山海經》，十八卷，晉郭璞撰，宋淳熙七年池陽郡齋刻本，三册④，此書半頁十行，行二十一字，左右雙邊，單黑魚尾，書後無尤袤跋。楊紹和《楹書隅錄》中載"宋刊《山海經》"⑤，據國圖書内鈐"宋存書室""東郡楊紹和字彥合藏書之印""楊彥合讀書記""楊以增字益之又字至堂晚號東樵行式""汪士鐘曾讀""北京圖書館藏"等藏書印，知此書經汪士鐘流入楊以增、楊紹和

---

① 按：殿本、浙本《總目》與文瀾閣《總目》均稱"清内府藏本"。
② 張春生《〈山海經〉研究》，上海社會科學院出版社，2007年，第388頁。
③ 此書現藏浙江省圖書館。本文所用文瀾閣本《山海經》見於文瀾閣《四庫全書》影印本第1069册。
④ 〔晉〕郭璞注《宋本山海經》，國家圖書館出版社，2017年。
⑤ 〔清〕楊紹和《楹書隅錄》卷三，江蘇廣陵刻印社，1987年，第53頁。

父子之手,後庋藏北京圖書館(今國家圖書館)。可見,國圖本即楊紹和《楹書隅録》所録之宋本《山海經》。國圖另有清毛扆手校并跋,從尤袤校正本《山海經》十八卷①,此書後有尤袤跋文、文彭跋文。張金吾《愛日精廬藏書續志》載有毛扆手校《山海經》三卷②,書後有文彭跋文,與國圖所載正同。

(二) 元刻本

據張春生先生統計,元刻本《山海經》見於記載的有三本,即田紫芝本、元監本與元刻本,其中元刻本《天禄琳琅書目》卷五元版史部載乾隆御題:"《山海經》一書流傳最古,而近世無善本。是本筆法刻畫清峭,當爲元版之佳者。"③書内鈐"杜氏元夫印"(朱文)、"曹溶私印"(白文)、"潔躬"(朱文)三枚藏書印,以上三本均已亡佚。據楊紹和《楹書隅録》所録之明吴寬手抄本"卷首有至元癸巳溪山道人田紫芝英淑題語"④,可知此本實承自田紫芝本。

(三) 明刻本

明代《山海經》至少有九種刻本。如國子監本、嘉靖本、黄省曾本、閩格古齋本、胡文焕本、蔣應鎬繪本、吴琯本、吴中珩本等。經考證,其中嘉靖本、黄省曾本、閩格古齋本的版式、内容十分接近,三者可歸入翻宋本系統。其他幾本在行款、字體、内容等方面雖與宋本略有差異,但與翻宋本系統有着前後承繼的淵源關係。

(四) 清刻本

清代《山海經》主要有項絪本、黄晟本,經考證,兩本版式、内容一致。黄晟本存在剜改痕迹,應爲書版易主,黄晟改爲已名所致,此本應稱爲項絪刻黄晟重印本。

二 《四庫全書》所收《山海經》底本考

諸家在論述《山海經》現行版本時,或對《四庫全書》所收《山海經》缺乏足够的關注,對各閣本的底本來源避而不談⑤,或結論可商。本文以文淵閣本、文津閣本及文瀾閣本、文溯閣本爲例,對《四庫全書》所收《山海經》之底本予以考論。

(一) 《四庫全書》所收《山海經》底本辨正

張春生先生認爲四庫寫本《山海經》的底本來源爲《天禄琳琅書目》所載之

---

① 〔晋〕郭璞注,〔清〕毛扆校并跋《山海經》,明刻本,國家圖書館藏,善本書號:12274。
② 〔清〕張金吾撰,柳向春整理,吴格審定《愛日精廬藏書志》第二册,上海古籍出版社,2014年,第796頁。
③ 〔清〕于敏中等著《天禄琳琅書目》卷五,上海古籍出版社,2007年,第160頁。
④ 〔清〕楊紹和《楹書隅録》卷三,江蘇廣陵刻印社,1987年,第54頁。
⑤ 如小川琢治在《山海經考》中述及《山海經》清代現行本之種類時,介紹了清吴任臣《山海經廣注》、清汪紱《山海經存》、清畢沅《山海經新校正》、清郝懿行《山海經箋疏》等書,却對四庫本《山海經》隻字未提。賀次君在《〈山海經〉之版本及關於〈山海經〉之箸述》中也未曾談及四庫《山海經》的情况。參見〔日〕小川琢治《山海經考》,載〔日〕内藤虎次郎等著,江俠庵編譯《先秦經籍考》,商務印書館,1931年,第26頁;賀次君《〈山海經〉之版本及關於〈山海經〉之箸述》,載《禹貢》1934年第10期。

元刻本,但他并未説明此四庫寫本具體爲哪一閣本。觀其所持證據:其一《四庫全書總目》所録《山海經》爲"内府藏本";其二通過核查《四庫全書考證》,"知其參校本用《山海經釋義》及《山海經廣注》,此外别無善本"①,據此判定《四庫全書》所收《山海經》底本爲元刻本。筆者認爲其持論不足以支撑結論。

首先,清内府藏本不等於《天禄琳琅書目》所藏書。清内府"皇史宬、懋勤殿、摛藻堂、昭仁殿、武英殿、永和宫、景陽宫、上書房、含經堂、内閣大庫等處均有庋藏"②。天禄琳琅藏書係昭仁殿庋藏之圖書,不應以《天禄琳琅書目》藏書來指代整個清内府藏書。

其次,清内府藏書中并非僅有《天禄琳琅書目》所録之元刻本《山海經》,《四庫全書薈要總目》所録《山海經》同爲清内府藏本,且明確説明據内府所藏明吴中珩刊本繕録,可見,清内府中并不僅僅藏有元刻本《山海經》,明吴中珩本亦在收藏之列。《四庫全書》所收《山海經》之底本來源絶非僅憑《天禄琳琅書目》所載,不加考證判定爲元刻本。

最後,張春生先生據《四庫全書考證》以《山海經釋義》與《山海經廣注》爲參校本,别無其他善本,來推測四庫寫本《山海經》底本爲元刻本,有失偏頗。據吴哲夫統計,編纂《薈要》所據版本中,天禄琳琅藏本僅占 5 種,其他内府藏本 34 種,宋、元刊本分别僅有 8 種,而明刊本達 122 種③,可見四庫館臣在選擇各書繕録底本時,并非將《天禄琳琅書目》所載全盤收入,而是"擇其最善者依以繕録"④。對四庫館臣而言,《天禄琳琅書目》所載之元刻本可能與他們所見之《山海經》其他版本相比并非最優的本子,因此未選元刻本作爲繕録底本。

綜上,從張春生先生所列證據來看,四庫寫本《山海經》底本爲元刻本之説難以成立。

(二) 文淵閣本《山海經》底本考索

《四庫全書薈要總目》(以下簡稱《薈要總目》)在史部地理類著録稱"《山海經》十八卷,晉弘農太守河東郭璞注,今依内府所藏明吴中珩刊本繕録,據元槧本、明黄省曾本恭校"⑤。經查《四庫全書初次進呈存目》、殿本《總目》及浙本《總目》、文瀾閣本《總目》,文淵閣、文津閣、文溯閣、文瀾閣本《山海经》卷前提要及姚鼐分纂稿,發現均未注明繕録時所用《山海經》的版本來源。值得注意的是,在比較《山海經》各提要時,發現文溯閣本、文津閣本、薈要本卷前提要均與《四庫全書初次進呈存目》相似。文淵閣本卷前提要與殿本《總目》相似。文瀾閣本《總目》、文瀾閣本卷前提要與浙本《總目》相同。從姚鼐所撰分纂稿可知,姚氏撰寫分纂稿時所用底本并非明吴中珩本。由於《山海經》提要非本文

---

① 張春生《〈山海經〉研究》,上海社會科學院出版社,2007 年,第 388 頁。
② 吴哲夫《四庫全書薈要纂修考》,臺北"故宫博物院",1976 年,第 39 頁。
③ 吴哲夫《四庫全書薈要纂修考》,第 43 頁。
④ 〔清〕嵇璜《欽定四庫全書薈要》第一册,吉林出版集團有限責任公司,2005 年,第 145—146 頁。
⑤ 〔清〕嵇璜《欽定四庫全書薈要》第一册,第 212 頁。

研究重點,限於篇幅,留待日後探討。據《薈要總目》所載,薈要本《山海經》所據底本爲明吳中珩刊本,參校元槧本及明黄省曾本。爲驗證《薈要總目》所説,筆者利用薈要本卷末所附 40 條校記(以下簡稱《薈要》校記)與吳中珩本①進行比勘,發現《薈要》校記所言之刊本與吳中珩本正合,《薈要》校記中所言刊本即爲其抄録時所據底本,故薈要本所據底本應爲吳中珩本。兹舉數例:

(1)《薈要》校記稱"'其光照地',刊本'地'訛'也'。據《廣注》改"。吳中珩本作"其光照也",與刊本相合。

(2)《薈要》校記稱"'見京房易',刊本'見'訛'其'。今改"。吳中珩本作"其京房易",與刊本相合。

(3)《薈要》校記稱"'詩含神霧',刊本'詩'訛'時'。今改"。吳中珩本作"時含神霧",與刊本相合。

(4)《薈要》校記稱"'縝密以栗,栗或作粟',刊本'以栗'訛'似粟','栗或作粟',粟、栗二字倒置"。吳中珩本正作"縝密似粟,粟或作栗",與刊本相合。

(5)《薈要》校記稱"'天問',刊本'問'訛'門'。今改"。吳中珩本作"天門",與刊本相合。

可見,薈要本《山海經》所據底本當爲明吳中珩本。

《四庫全書總目》②子部小説家類稱"《山海經》十八卷,内府藏本"③,考《四庫采進書目》補遺《武英殿第一次書目》載:"《山海經》(十八卷,晉郭璞注)六本。"④《武英殿書目》所録即内府藏本。前揭薈要總目》所收《山海經》亦爲内府藏本,那麽,文淵閣本與薈要本《山海經》所據底本究竟有何關聯?

《四庫全書考證》(以下簡稱《考證》)是"《四庫》編修的副産品,是在修《四庫》過程中順帶編纂的"⑤。利用《考證》追溯四庫本所據底本,已有學者進行相關嘗試⑥。按《考證》⑦所列《山海經》之校記共 20 條,將其與《山海經》諸版本相較,知《考證》校記所言刊本與明吳中珩本相合。兹舉數例如下:

(1)《考證》卷一稱"《南山經》'其花四照'注'其光照地',刊本'地'訛'也'。據《廣注》改"。明吳中珩本作"其光照也",與刊本相合。宋池州本、國子監本、明黄省曾本等作"其光照地"。

(2)《考證》卷三稱"'有鳥焉其狀如雉',刊本闕'雉'字。據《廣注》補"。

---

① 按:本文所用與他本對校的吳中珩《山海經》版本爲清汪士漢重編《秘書廿一種》本,哈佛燕京圖書館藏。此外,早稻田大學圖書館藏清康熙六年(1667)刻本吳任臣注《山海經廣注》中,利集與貞集爲吳中珩校訂《山海經》,此本存在大量訛脱衍倒,品質不佳,應爲坊刻本。

② 按:殿本《總目》此處所載與浙本《總目》、文瀾閣《總目》同。

③ 〔清〕紀昀纂《武英殿本四庫全書總目》第 39 册,國家圖書館出版社,2019 年,第 3 頁。

④ 吴慰祖校訂《四庫采進書目》,商務印書館,1960 年,第 189 頁。

⑤ 張升《〈四庫全書考證〉的成書及主要内容》,載《史學史研究》2011 年第 1 期,第 114 頁。

⑥ 參見琚小飛《〈四庫全書考證〉與四庫所據底本考索》,載《歷史文獻研究》2017 年第 2 期;張春國《〈四庫全書〉本〈誠意伯文集〉底本考——以文淵閣、文津閣、薈要本爲例》,載《圖書館雜志》2014 年第 11 期。

⑦ 按:本文所用《四庫全書考證》爲清内府抄本,見於國家圖書館,善本書號:09824。文淵閣本《四庫全書考證》無"天穆之野"條。

吳中珩本闕"雉"字,與刊本特徵相符。其他諸本均不闕。

(3)《考證》卷四稱"《東山經》'自尸胡之山至於無皋之山凡十九山',刊本脫'十'字。據《釋義》及《廣注》增"。明吳中珩本正作"九山",吳琯本、胡文煥本作"九山",宋池州本、國子監本等作"十九山"。

(4)《考證》卷五稱"'門水至於河七百九十里入雒水',刊本'至'訛'出','雒'訛'碓'。據《釋義》及《廣注》改"。吳中珩本作"門水出於河",宋池州本、黃省曾本、閩格古齋本等作"門水至於河",唯吳中珩本與刊本相合。

(5)《考證》卷十六稱"'有神人面無臂兩足反屬於頭上',刊本'屬'訛'尾','上'訛'山'。據《廣注》改"。吳中珩本正作"兩足反屬於頭山"與刊本相合,其他諸本作"頭上"不誤。

核之《考證》所據校改之《山海經廣注》《山海經釋義》,二書皆與《考證》所載相合。可知,《考證》校記所言刊本正爲吳中珩本,此刊本可能爲文淵閣本《山海經》謄錄時所據底本。

此外,文淵閣本保留了多處底本的痕跡,與吳中珩本俱合。此爲文淵閣本《山海經》底本爲吳中珩本的有力證明。筆者將文淵閣本、薈要本、吳中珩本三者相較,茲列表一以示三者异同:

表一　吳中珩本與文淵閣本、薈要本差异表

序　號	吳中珩本	文淵閣本	薈要本
1	凡九山	凡九山	十九山
2	門水出於河	門水出於河	門水至於河
3	又東百十里曰杳山	又東百十里曰杳山	又東三百里曰杳山
4	在兩山夾上谷二大丘居中	在兩山夾上谷二大丘居中	有兩山夾上谷二大丘居中
5	爲人黑手	爲人黑手	爲人黑首
6	有神人面無臂兩足反屬於頭山	有神人面無臂兩足反屬於頭山	有神人面無臂兩足反屬於頭上
7	穆天之野	穆天之野	天穆之野
8	水精	水精	水晶
9	皆鳥身	皆鳥身	其鳥身
10	滂水水有獸焉	滂水水有獸焉	滂水有獸焉
11	用一璧	用一璧	角一璧
12	一音倫	一音倫	論一音倫
13	其上多金玉	其上多金玉	上多金玉
14	又西百七十里	又西百七十里	又西北七十里
15	西百八十里	西百八十里	西百八十一

續表

序 號	吳中珩本	文淵閣本	薈要本
16	其下多銀	其下多銀	其下多金
17	長留之山	長留之山	長流之山
18	其狀如牛	其狀如牛	其狀如鳥
19	或雲似虎	或雲似虎	或雲是虎
20	畏狩畫	畏狩畫	畏獸畫
21	浪水出焉(音銀)	浪水出焉(音銀)	浪水出焉

據表可知，文淵閣本與吳中珩本俱同，表明二者關係密切。此外，將《考證》、《薈要》校記與文淵閣本《山海經》相較，文淵閣本保留了多處底本原貌，正與校記中的刊本正合。又如《考證》中的刊本作"昆侖墟南有所氾林""東北中有流波山""大木則根櫃"、《薈要》校記中所言刊本作"其父平"，文淵閣本皆同。可見，文淵閣本所據底本確爲吳中珩本。上述四例，現存《增訂古今逸史》吳中珩本①、《秘書廿一種》吳中珩本與刊本不合，或因內府所藏爲其他版本之吳中珩本，或因書手謄録致誤。

上表第 8 至 21 條所涉文字，薈要本與吳中珩本、文淵閣本不同，又無校記，不知據何校改。筆者取《山海經》諸版本與之相較，除元曹善手抄本《山海經》有兩處作"犬吠""滂水有獸焉"與薈要本相同外，其他異文并無版本依據。這説明，薈要本這些訛誤可能是薈要處謄録人員大意抄錯，分校、總校未檢出所致。因《四庫全書薈要》(以下簡稱《薈要》)的纂修，本就帶有盡速蕆工的要求，無論謄録還是校對人員，均面臨時間緊、任務重的難題，出現錯誤在所難免。經查《山海經》薈要本總校官庶吉士侍朝、總校官庶吉士張能照兩人有多次被記過、罰俸禄的記載，限於篇幅，茲舉兩例：

> 乾隆四十二年(1777)七月初四日：茲自四月起至六月止，四庫館進過全書散片及武英殿進過《薈要》各二次，臣等詳加查核……總校侍朝於《通志》卷內，關帝謚號仍照舊書寫，未經校出。奉旨非尋常錯誤可比，著記過三次。此外尚有記過四次，統計已在六次以上。張能照前後記過六次。②

> 應將記過三次以上之總裁工部尚書嵇璜照例罰俸半年；總校官翰林院庶吉士張能照……今議罰俸三個月，均應注於紀録，合計抵銷。③

除了謄録人員抄寫致誤、總校官未發現問題外，尚有其他可能：即薈要本以元刻本爲參校本。那麼，就能解釋爲何薈要處和四庫全書處未選元刻本作爲底本。

---

① 按：此《增訂古今逸史》吳中珩本，現藏哈佛大學燕京圖書館，將此本與國家圖書館所藏《增訂古今逸史》吳琯本相較，發現此本的校者存在明顯的剗改痕迹。
② 中國第一歷史檔案館編《纂修四庫全書檔案》，上海古籍出版社，1997年，第 631 頁。
③ 中國第一歷史檔案館編《纂修四庫全書檔案》，第 788 頁。

綜上所考,文淵閣本與薈要本《山海經》所據底本雖同爲吳中珩本,但兩者文字并非全同。究其原因,應與辦理機構、書手、校勘者不同有關。甚至同爲《四庫全書》,七閣本也是各有差別①。

(三) 文津閣本、文瀾閣本、文溯閣本《山海經》底本考索

筆者通校《山海經》現存諸版本,發現文津閣本與黄晟本最爲接近,兹舉數例:

(1) 卷二:文津閣本作"其陽多黄玉",黄晟本、項絪本及畢沅本同,其他版本作"其陽多黄金玉"。

(2) 卷四:文津閣本"踇隅之山",注文作"音敏",黄晟本、項絪本及畢沅本同,其他版本作"音敏字"。

(3) 卷十七:文津閣本作"其華光赤照下地",黄晟本、項絪本及畢沅本同,其他版本作"其華光赤下照地"。

(4) 卷十七:文津閣本作"今南方蚺蛇食鹿,麈亦鹿屬也",黄晟本、項絪本及畢沅本同,其他版本作"鹿亦麈屬也"。

以上校例説明,文津閣本與黄晟本、項絪本及畢沅本關係密切。結合《四庫全書》的編纂時間,可排除畢沅本爲文津閣底本之可能性,據以推斷文津閣底本出自黄晟本、項絪本之間。據文津閣本卷四末尾作"凡《東次四經》之首,自北號之山至於太山,凡八山,一千七百二十三",其他版本(含項絪本②)皆作"一千七百二十里",僅黄晟本③誤作"一千七百二十三",文津閣本沿襲黄晟本之誤,黄晟本乃文津閣本所據底本。

關於文瀾閣本《山海經》之底本,據《浙江圖書古籍善本書目》所載"《山海經》十八卷,原抄卷十至十八"④,卷十至十八爲文瀾閣原抄本。將文瀾閣原抄本與吳中珩本相較發現有128條異文,其中文瀾閣本與蔣應鎬本相合之處有102條。以蔣應鎬本與《山海經》其他版本相較,僅卷十至十八,蔣應鎬本有19處異於其他版本,文瀾閣本與蔣應鎬本皆同,兹舉數例:

(1) 卷十二:"蛐犬如犬,青,食人從首始",蔣應鎬本無注,與其他版本异,文瀾閣本與蔣應鎬本同。

(2) 卷十四:"有濔山,楊水出焉",蔣應鎬本無注音,其他版本作"音如譎詐之譎"或"音譎",文瀾閣本無注音。

(3) 卷十四:"有壎民之國",蔣應鎬本無注音,其他版本作"音如誼譁之譁",文瀾閣本無注音。

(4) 卷十七:"有鬴山",蔣應鎬本注文作"鬴音甑",其他版本作"音釜甑之甑",文瀾閣本與蔣應鎬本同。

(5) 卷十五:"有小人名曰菌人",蔣應鎬本無注音,其他版本作"音如朝菌

---

① 郭伯恭《四庫全書纂修考》,上海書店出版社,1992年,第168頁。
② 按:國圖所藏兩本項絪刊本(善本書號分別爲:08275、07878)均作"二十里"。
③ 按:國圖所藏黄晟本作"二十三"(善本書號:04954),日本内閣文庫藏黄晟本亦作"二十三"。
④ 浙江圖書館古籍部編《浙江圖書古籍善本書目》,浙江教育出版社,2002年,第944頁。

之菌",文瀾閣本無注音。

（6）卷十五:"恝恝之山",蔣應鎬本注文作"音契",其他版本作"音券契之契",文瀾閣本與蔣應鎬本同。

（7）卷十八:"有菌山",蔣應鎬本無注音,其他版本均有,或作"音菌",或作"音芝菌之菌",或作"音芝菌",文瀾閣本無注音。

如上所論,文瀾閣本《山海經》所據底本確爲蔣應鎬本。

關於文溯閣本《山海經》之底本,筆者從文溯閣本中取27處與《山海經》現存諸版本相較,發現有12處與吳中珩本、胡文焕本、項綱本、黄晟本同且異於宋本等其他版本。此外,有4處僅與項綱本、黄晟本相同,與其他版本均不同,知文溯閣本《山海經》所據底本與項綱本、黄晟本關係密切。前揭文津閣本《山海經》所據底本爲黄晟本,黄晟本爲項綱刻黄晟重印本,可見,文溯閣本、文津閣本《山海經》所據底本接近。因二者底本相近,下文暫不對文溯閣本《山海經》作特殊説明,僅以文津閣本《山海經》爲例進行分析。

據上所知,文淵閣本、文津閣本、文瀾閣本《山海經》雖同爲七閣本,然其所據之底本各異,其間緣由亟待探討。《纂修四庫全書檔案》中多條材料證明,《四庫全書》在編纂過程中因底本殘闕遺失,出現謄録買捐、坊本抵换等事件,兹舉數例:

（1）據"大學士英廉等奏遵旨查審提調陸費墀遺失底本情形摺"（乾隆四十五年[1780]五月二十七日）:"臣等查現在頭分全書正本已經寫全者三萬餘册,二分正本寫得一萬七千餘册,三分、四分亦共寫得一萬三千餘册,加之《薈要》二分共二萬餘册,通計寫得正本已有八萬餘册,皆由准令謄録等捐書繕寫所致。"①説明在辦理一分、二分、三分、四分《四庫全書》時,采用了謄録買捐之底本,致使北四閣底本之不同。

（2）據"質郡王永瑢等奏查出遺失四庫全書有印底本緣由摺"（乾隆五十二年[1787]六月二十九日）:"查翰林院原册,咨送武英殿繕寫遺書共三千一百七十二種。乾隆四十五年原任大學士英廉等清查陸費墀經手書籍底本,聲明叢書所分四百五十八種例不用印外,計無印者五百五十七種,有印者二千一百二十種,奏明在案……現在所查之書,有印底本止存一千七百三十九種,又殿存有印重本及扣存印本二百八十一種,共實存二千零二十種。計自英廉等查辦後,又缺少一百五十九種。"②至乾隆五十二年（1787）六月,有印底本少一千餘種,足見底本殘闕嚴重。

（3）據"軍機大臣和珅等爲清查四庫書底本事致質郡王永瑢等函"（乾隆五十二年[1787]七月二十五日）:"又現在查出武英殿及續辦三分書處遺失書籍,種數多寡既有不同。"③在續辦三分書時,遺失多種書籍,南三閣本之底本與北四閣本所據底本可能存在不同。

---

① 中國第一歷史檔案館編《纂修四庫全書檔案》,第1167頁。
② 中國第一歷史檔案館編《纂修四庫全書檔案》,第2033頁。
③ 中國第一歷史檔案館編《纂修四庫全書檔案》,第2048頁。

(4)據"諭內閣將文淵等三閣書籍應換寫篇頁及工價令紀昀陸錫熊分賠"(乾隆五十二年[1787]六月十二日):"朕聞從前各省送到遺書底本,發繕時即有殘闕遺失,向坊間售買刻本,抵作原書之事。"①乾隆皇帝專門提到坊刻本抵換底本一事,可見其時利用坊刻本抵換底本之事,十分普遍(抵換底本之書大多爲易得之劣本)。至乾隆五十三年(1788),坊本抵換之事依舊存在。據"軍機大臣阿桂等奏遵議紀昀查勘熱河書籍分別辦理摺"(乾隆五十三年[1788]二月十五日):"據稱查出謄寫錯落、字句偏謬各書六十一部,漏寫《永樂大典》書三部,坊本抵換者一部,漏寫遺書八部,繕寫未全者三部,坊本抵換者四部……其遺漏抵換諸書,請交武英殿、翰林院二處查尋底本,俟回京賠寫。"②

據上述档案推測,《山海經》文淵閣本、文津閣本、文瀾閣本底本之差异可能與底本的調換有關。

"四庫各本的優缺點都是相對的"③,《山海經》文淵閣本、文津閣本、文瀾閣本皆存在謄抄致誤、有意臆改、沿底本之誤等問題。但文淵閣本、文瀾閣本有意臆改、沿底本之誤多於文津閣本,文津閣本優於其他二閣本。因此,在利用《四庫全書》所收《山海經》時,需注意參校其他閣本。

三 《山海經》之《四庫全書考證》與《薈要》校記關係分析

筆者結合《考證》與《薈要》校記追溯文淵閣本《山海經》底本時,發現《考證》所載《山海經》21條校記中有18條與《薈要》校記高度重合,茲列表二以示兩者關係:

表二 《考證》與《薈要》校記比較表

序號	薈要本校記	《四庫全書考證》
1	卷一第一頁後二行"其光照地",刊本"地"訛"也"。據《廣注》改。	《南山經》"其花四照"注"其光照地",刊本"地"訛"也"。據《廣注》改。
2	第十七頁後四行"神耆童居之",刊本"耆"訛"者"。據《廣注》改。	"騩山其上多玉而無石,神耆童居之",刊本"耆"訛"者"。據《廣注》改。
3	卷三第一頁後三行"其中多水馬",刊本"馬"訛"焉"。據《廣注》改。	《北山經》"其中多水馬",刊本"馬"訛"焉"。據《廣注》改。
4	第四頁前四行"其狀如雉",刊本闕"雉"字。據《廣注》補。	"有鳥焉其狀如雉",刊本闕"雉"字。據《廣注》補。
5	第十一頁後七行"灂沉聲相近",刊本脱"近"字。據《廣注》增。	"西北流注於泰澤"注"灂沉聲相近殆一水耳",刊本脱"近"字。據《廣注》增。
6	卷四第七頁後二行"凡十九山",刊本脱"十"字。據《釋義》及《廣注》增。	《東山經》"自尸胡之山至於無皋之山凡十九山",刊本脱"十"字。據《釋義》及《廣注》增。

---

① 中國第一歷史檔案館編《纂修四庫全書檔案》,第2027頁。
② 中國第一歷史檔案館編《纂修四庫全書檔案》,第2119頁。
③ 江慶柏《〈四庫全書薈要〉研究》,鳳凰出版社,2018年,第670頁。

續表

序號	薈要本校記	《四庫全書考證》
7	卷五第三頁後六行"似雉而大",刊本"雉"訛"治"。	《中山經》"其鳥多鶌"注"似雉而大",刊本"雉"訛"治"。據《廣注》改。
8	第十三頁後八行"門水至於河七百九十里入雒水",刊本"至"訛"出","雒"訛"碓"。據《釋義》及《廣注》改。	"門水出於河七百九十里入雒水",刊本"至"訛"出","雒"訛"碓"。據《釋義》及《廣注》改。
9	第二十八頁前二行"其本如鷄卵",刊本"本"訛"草"。據《釋義》改。	"其本如鷄卵,其味酸甘,食者利於人",刊本"本"訛"草"。據《釋義》改。
10	卷八第三頁後七行"有兩山夾上谷",刊本"有"訛"在"。據《廣注》改。	《海外北經》"有兩山夾上谷兩大丘居中",刊本"有"訛"在"。據《廣注》改。
11	卷九第二頁後一行"爲人黑首",刊本"首"訛"手"。據《廣注》改。	《海外東經》"爲人黑首",刊本"首"訛"手"。據《廣注》改。
12	卷十二第三頁前三行"昆侖虛南所有氾林",刊本"所""有"二字倒置。據《廣注》改。	《海內北經》"昆侖墟南所有氾林",刊本"所""有"二字互倒。據《廣注》改。
13	卷十四第五頁前八行"東海中有流波山",刊本"海"訛"北"。據《廣注》改。	《大荒東經》"東海中有流波山",刊本"海"訛"北"。據《廣注》改。
14	卷十五第一頁後四行"南方蚰蛇吞鹿",刊本"方蚰"訛"山蚒","吞"訛"蚕"。據《廣注》改。	《大荒南經》"黑水之南有玄蛇食麈"注"今南方蚰蛇吞鹿亦類此",刊本"方蚰"訛"山蚒",又"吞"訛"蚕"。并據《廣注》改。
15	卷十六第二頁前一行"稷降以百穀",刊本"稷"訛"魏"。據《廣注》改。	《大荒西經》"稷降以百穀",刊本"稷"訛"魏"。據《廣注》改。
16	第四頁前三行"兩足反屬於頭上",刊本"屬"訛"尾","上"訛"山"。據《廣注》改。	"有神人面無臂兩足反屬於頭上",刊本"屬"訛"尾","上"訛"山"。并據《廣注》改。
17	第六頁後四行"此天穆之野",刊本"天""穆"二字倒置。據《廣注》改。	"此穆天之野高二千丈",刊本"天""穆"二字互倒。據《廣注》改。
18	卷十八第三頁前二行"木大則根欋",刊本"木""大"字倒置。據《淮南子》改。	《海內經》"下有九枸"注"木大則根欋",刊本"木""大"二字互倒。據《淮南子》改。

可見《考證》與《薈要》校記基本一致。《考證》本是選擇《四庫全書》編纂過程中的黃簽加工而成,與《四庫全書》所收《山海經》理應配套而生。將《考證》與文淵閣本《山海經》逐字對校,文淵閣本《山海經》大多未按《考證》校記修改,而薈要本校改之處與《考證》相符。關於此點,張春國認爲"《考證》大量校記係針對《薈要》而作,并非針對文淵閣《全書》","自乾隆三十八年(1773)五月一日至乾隆四十一年(1776)九月三十日,僅薈要處於底本所制校簽最終收入《考

證》,涉及 225 種書籍,全書處尚未參與"①。張春國所論極是,利用《考證》追溯《四庫全書》各書所據底本時,應核查《考證》是否與《四庫全書》配套。

查薈要本《山海經》的編纂時間,提要後題爲乾隆四十一年(1776)七月,又據"大學士于敏中等奏請《薈要》覆校改爲分校并添設總校二員摺"(乾隆四十年(1775)十二月初九):"臣等查有候補國子監監丞侍朝,原充本處覆校,又查有候選内閣中書張能照。臣等現在延致辦書二人……即令二人補《薈要》處總校官……再查侍朝、張能照俱係應補七品京官,自備資斧效力,可否仰邀聖恩,照《四庫全書》纂修邵晋涵等之例,賞給庶吉士銜,毋庸給與俸禄。"②皇帝回復"依議",可知張能照、侍朝二人均在乾隆四十年(1775)十二月初九以後被授總校官庶起士職銜。即薈要本《山海經》的編纂時間最早爲乾隆四十年(1775)十二月初九以後,與提要後所題時間并不衝突。文淵閣本《山海經》編纂時間,據提要所題爲乾隆四十六年(1781)正月,可知薈要本《山海經》成書早於文淵閣本,《考證》所用黃簽當爲薈要處利用底本所制。

此外,《考證》與薈要本《山海經》具體的校勘内容包括校改依據全同,二者區别在於《薈要》校記注明了校改之處的卷數、頁數、行數等,《考證》則注明了篇名、原句。那麽兩者因何產生差異?據張升先生所説"黃簽上所標的某頁某行,對《考證》一書而言無意義,在抄入《考證》時就均删去,而改標原文的卷次、篇名及原句……只有這樣標示才能讓讀者清楚其校改對象"③。薈要本卷末所附校記形式與黃簽一致,可見,《薈要》校記與進呈本所黏黃簽密切相關。《薈要》校記并非一般的校簽④,館臣辦理《薈要》書籍在卷末附載校記時,可能直接參考了黃簽。

至於《薈要》各書於卷末附載校記的起始時間,據乾隆四十一年(1776)九月三十日"諭内閣着總裁等編刊《四庫全書考證》"載:"昨四庫全書薈要處呈進抄録各種書籍。朕於幾餘批閲,見黏簽考訂之處,頗爲詳細。所有各簽,向曾令其附録於每卷之末,即官板諸事,亦可附刊卷尾。"⑤可知,在辦理《考證》前,乾隆已要求相關書籍在卷末附上校記⑥。此外,筆者翻閲《欽定四庫全書薈要》發現,在乾隆四十一年(1776)九月三十日前,《薈要》中的多部書籍卷後已附校記(案語)。又據"多羅質郡王永瑢等奏議添派覆校官及功過處分條例摺"(乾隆三十八年[1773]十月十八日):"校出原本錯訛更正之處,應附載卷末也。伏見欽定經史刊本,每卷後俱有考證。今繕寫《四庫全書》,似應仿照其例……

---

① 張春國《文淵閣〈四庫全書〉未全據〈四庫全書考證〉校改原因考辨——兼談〈四庫全書薈要〉與〈四庫全書考證〉之關係》,《中國典籍與文化》2020 年第 4 期,第 99 頁。
② 中國第一歷史檔案館《纂修四庫全書檔案》,第 489 頁。
③ 張升《〈四庫全書考證〉的成書及主要内容》,第 116 頁。
④ 參見張升《〈四庫全書考證〉的成書及主要内容》,第 114 頁。
⑤ 中國第一歷史檔案館《纂修四庫全書檔案》,第 537 頁。
⑥ 關於此點,張升先生認爲原來是要將所有的校簽附載每卷之末,但實際上并没有這樣做,只有少部分《四庫》書在卷後或書後附有考證。

如僅係筆畫之訛,僅載某字訛,某今校改。"①早在乾隆三十八年(1773)十月便已要求繕寫《四庫全書》時在卷末附載校記。《薈要》中大量書籍卷末不僅附有校記,部分書籍卷後还附有考證,《薈要》亦效仿其例。

四 文淵閣本《山海經》底本與吳琯本、胡文焕本的關係分析

文津閣本《山海經》之底本爲清代黄晟本,文溯閣本《山海經》所據底本與項絪本、黄晟本關係密切。又畢沅《山海經新校正》底本爲項絪本②,文津閣本、文溯閣本、畢沅本、黄晟本《山海經》皆可歸入項絪本系統。文瀾閣本《山海經》之底本爲明代蔣應鎬本。將其與《山海經》其他版本通校發現,蔣應鎬本《山海經》與王崇慶《山海經釋義》關係密切,至於前者是否出自後者,囿於材料,不敢妄斷。

現以文淵閣本《山海經》爲主,探討文淵閣本《山海經》底本與吳琯本、胡文焕本之關係。文淵閣本《山海經》底本爲明吳中珩本,而吳中珩本又與胡文焕本、吳琯本關係密切。以下從兩個方面舉證。

(一)版式方面。三者目錄均題"山海經目錄"(目錄下未注經注字數,與其他諸本目錄題"山海經目錄十八卷"目錄下附注經注字數有較大差異);三者行款相同,皆半頁十行,行二十字,左右雙邊,尤其吳琯本與吳中珩本兩者字體相同;三者卷端皆頂格題"山海經第一"(《山海經》其他版本則題"南山經第一"),從版式方面來看,三者關係較近。

(二)文本异同。利用上文《考證》《薈要》校記,取《山海經》諸版本進行比勘,吳琯本、胡文焕本有多處文字與吳中珩本正合。兹舉數例説明:

1. 卷四:吳中珩本作"九山",吳琯本、胡文焕本與之同,宋池州本、黄省曾本、閩格古齋本等作"十九山"。

2. 卷五:吳中珩本作"又東百十里曰杳山""中箭苛也",《山海經》諸版本中僅吳琯本、胡文焕本與之同,其他版本作"東三百里""中箭笴"。

3. 卷九:吳中珩本作"羲與羲和浴日司",吳琯本、胡文焕本與之同,其他版本"羲"作"義"或"司"作"同",皆與吳中珩本不同。

4. 卷十:吳中珩本作"狀如豚後似狗",吳琯本、胡文焕本與之同,其他版本作"狀如豚復似狗"。

5. 卷十二:吳中珩本作"箕子",吳琯本、胡文焕本與之同,宋池州本等作"莊子"。

6. 卷十五:吳中珩本作"南山蟒蛇蚕鹿亦此類",吳琯本、胡文焕本與之同,其他版本"山蟒"作"方蚋",或"蚕"作"吞"。

據上所論,吳中珩本、吳琯本、胡文焕本確實關係密切。吳琯本與吳中珩本版式、內容、字體等各方面幾乎全同。據王重民《中國善本書提要》所載,吳

---

① 中國第一歷史檔案館《纂修四庫全書檔案》,第170—171頁。
② 張春生《〈山海經〉研究》,第397頁。

中珩曾助吴琯增訂《古今逸史五十五種》，吴琯去世後，這套書版流入吴中珩手中，遂剗改竄入己名①。其後，這套書版又流入清代汪士漢手中，汪氏將其重印編入《秘書廿十一種》。有鑒於此，吴中珩本係吴琯本後印本，文淵閣本、吴中珩本、胡文焕本、吴琯本皆屬同一版本系統。

結　語

　　《四庫全書》所收《山海經》，在較長一段時間内尚未得到學界的足够重視，對其七閣本中某一閣本之底本的問題，更是鮮有人探討。本文利用文淵閣本、薈要本及文津閣本、文瀾閣本、文溯閣本《山海經》與該書現存其他版本相比勘，對文淵閣本、文津閣本、文瀾閣本、文溯閣本《山海經》之底本問題進行考察，糾正了前人關於四庫寫本《山海經》底本爲元刻本的誤説。文淵閣本、文津閣本、文瀾閣本、文溯閣本《山海經》底本的確定，對研究者合理地利用《山海經》起着重要作用。文津閣本、文瀾閣本、文溯閣本《山海經》之底本來源及文淵閣本、吴中珩本與吴琯本、胡文焕本四種刊本關係的確定，對整個《山海經》版本的進一步研究也有着十分重要的價值。

　　此外，文淵閣本與薈要本《山海經》所據底本雖相同，但二書存在的差异説明四庫館員對於底本的删改情況大不相同，結合文淵閣本、薈要本中分校、總校等纂修人員的名單，可以藉此考察四庫全書處與薈要處辦理《四庫全書》時的删改、校勘等具體情況。最後，文瀾閣丁丙補抄本《山海經》的面貌與文淵閣本、薈要本不同，與現存《山海經》的其他版本差异較大，因此，有關四庫館臣在辦理《四庫全書》時對底本的選擇過程、文瀾閣本的修補過程以及丁丙補抄本的版本價值，均有繼續探討的空間。

（作者單位：暨南大學文學院）

---

① 王重民《中國善本書提要》，上海古籍出版社，1983年，第417頁。

目録學與文獻文化史研究的典範之作：
《探驪拾微：古典目録學論集》評介[*]

翟新明

南京大學文學院張宗友教授新著《探驪拾微：古典目録學論集》（以下簡稱"《論集》"），近期已由鳳凰出版社出版[①]。《論集》係張宗友教授選輯古典目録學研究論文十四篇成書，撰寫與發表時間從 2010 年跨至 2022 年，所涉範圍從漢代下延至近代，可謂以十年一劍之功，成闊大鴻富之著。《論集》題名"探驪拾微"，即從紛繁的古典目録學中選取重要問題，探賾拾遺，索隱發微。"探驪"者，即《莊子·列禦寇》所言"夫千金之珠，必在九重之淵而驪龍頷下"[②]，寓意擇取具有價值的學術問題；"拾微"者，則如江標所稱"拾微言於落簡"[③]，能夠關注到他人未曾注意的文獻與細節，於細小處發之微妙。書中考論，書目自漢代《别録》《七略》至清代《四庫全書總目》，目録學者自劉向、歆父子至王重民，於其中表彰前賢貢獻、詳考目録體制、訂補文獻闕誤、關注學術爭議，誠如探驪龍頷下千金之珠；各篇考證詳實，細密精微，所得結論，多稱不刊，殊無愧於"探驪拾微"之名。職此之故，《論集》成果豐富，在研究内容、理論、方法上均有創新之處，是目録學與文獻文化史綜合研究的典範之作，爲當下目録學研究提供了有益的指導和藉鑒。以下試就前述各項略作闡發。

一 目録學研究的内與外：《論集》内容概述

《論集》共收録論文十四篇，釐爲二卷。張宗友教授爲此書所撰《叙録》總結稱："以上共選文十四篇，涉及《别録》《七略》《晋中經簿》《七志》《七録》《隋書·經籍志》《經義考》《四庫全書總目》等代表性書目，以及劉向、劉歆、荀勖、

---

[*] 本文係國家社會科學基金青年項目"中古總集觀念演進與編纂互動研究"（22CZW016）階段性研究成果。
① 張宗友《探驪拾微：古典目録學論集》，鳳凰出版社，2022 年。
② 〔清〕郭慶藩撰，王孝魚點校《莊子集釋》卷十上，中華書局，2012 年，第 1056 頁。
③ 〔清〕江標《管君申季誄并序》，鄭麥編《江標集》卷一，中華書局，2021 年，第 58 頁。

目錄學與文獻文化史研究的典範之作:《探驪拾微:古典目錄學論集》評介　255

王儉、阮孝緒、朱彝尊、紀昀及王重民等著名目錄學家。"①已有比較明晰的介紹。具體來説,卷一收録七篇,分别討論漢代劉向、歆父子及其《别録》《七略》,晋荀勖及其《晋中經簿》,南朝宋王儉及其《七志》,南朝梁阮孝緒及其《七録》《古今書最》,并藉由《隋書·經籍志》總序討論《晋中經簿》與《晋元帝書目》解題的相關問題,即針對漢晋六朝時期的重要目録學者及其書目展開的研究。卷二收録七篇,前兩篇分别就清代《經義考》的文獻典範意義和朱彝尊目録學研究的現狀發論;中四篇以乾隆間所修《四庫全書總目》爲中心,涉及稱名、提要辨正等問題;最末一篇總結王重民的四庫學成就,可以視爲是中四篇之延續,屬於廣義上的"《四庫全書總目》學研究"。以上是從研究對象的時間角度進行的排序,也是《論集》現有編排所揭示的顯性的内在理路,因此,《論集》也可視爲是兩卷斷代(漢晋六朝、清代)目録學研究之作。

　　上述成果,植基於張宗友教授十餘年的目録學研究之上。在漢晋六朝時期目録學研究領域,張宗友教授專著《治亂交替中的文獻傳承》中的第二、三、四章,從文獻傳承視角分别對漢代劉向、歆父子,中古書目以及《隋書·經籍志》進行考論,可與《論集》卷一諸文相互印證②。在朱彝尊與《經義考》研究領域,張宗友教授用力最多,成果最爲豐富,先後出版專著《經義考研究》(中華書局,2009年;鳳凰出版社,2020年增訂本)、《朱彝尊年譜》(鳳凰出版社,2014年)、《尺牘·事行·思想:朱彝尊研究論集》(鳳凰出版社,2020年)等③。四庫學爲現當代古典文獻學術研究中的顯學,尤其是作爲重要組成的《四庫全書總目》,相關研究成果已蔚然大觀。張宗友教授曾總結四庫學研究的"深入其'内'"和"關注其'外'"兩種取徑④,其本人在這兩方面均有相應成果,除已收入《論集》的四篇外,還有《〈四庫全書總目〉雜史類提要辨正十三則》《〈四庫全書總目〉誤引〈經義考〉訂正》《〈經義考〉四庫本三種平議》(以上"深入其'内'")⑤、《"表章聖經""治統所繫":清初御定經解之經典化與學術影響》《論清高宗構建極權帝國文獻體系的歷史背景與制度設計》《寓禁於徵,寓毁於修:清高宗弘曆纂修〈四庫全書〉的禁毁策略》(以上"關注其'外'")⑥等論文,既基於文獻考訂,又顯現出文獻文化史關懷。因此,本書可以説是張宗友教授浸淫古典目録學研究,尤其是漢晋六朝目録、朱彝尊與《經義考》、《四庫全書總目》研究十餘年的成果結集。

　　以時間爲序固是最爲簡潔也最直觀的編排方式,更進一步,如從各篇論文

---

① 張宗友《叙録》,《探驪拾微:古典目録學論集》,第8頁。
② 張宗友《治亂交替中的文獻傳承》,南京大學出版社,2021年。
③ 此外,張宗友教授還主編"清代學術史研究叢書",内專闢"朱彝尊研究系列",收入朱則杰《朱彝尊研究》(鳳凰出版社,2020年);作爲副主編而參與的文獻影印《朱彝尊全集》(國家圖書館出版社,2021年)。
④ 張宗友《〈四庫全書總目〉研究之省思——基於〈春秋地名考略提要〉的學術史考察》,《探驪拾微:古典目録學論集》,第330頁。
⑤ 後二篇又收入氏著《經義考研究》(增訂本)第七、八章。
⑥ 此三篇又收入氏著《治亂交替中的文獻傳承》第七章。

探討的内容出發,可知《論集》所收的十四篇論文廣涉目録學研究的内(針對書目本身)與外(涵括書目以外),還可從以下三個角度重新分類,這也有助於深入理解《論集》具體的研究内容、治學取徑和取得的學術成就。

(一) 表彰前賢貢獻,省思研究路徑

自劉向、歆父子《别録》《七略》以降,古典目録學以書目編製爲主,以總結研究爲輔。至近代以來,在書目編製和研究上也均已獲得較多的成果。對當代學者來説,一方面,需要總結古代目録學者、書目的貢獻和近現代學人已取得的學術成就,探討研究方法,評價其文獻和學術價值;另一方面,也要注意到相關研究所存在的問題,在新的文獻和理論指導下,展開學術省思,探討治學路徑。

《論集》站在文獻文化史視角下,重點挖掘目録學者的學術貢獻,關注書目的典範意義和目録學的當代價值。如《領校群書,略序洪烈:論劉向、歆父子與文獻傳承》表彰劉向、歆父子整理典籍"形成傳世文獻的官方定本""構建帝國需要的文獻體系"、所編撰書目"成就學術書寫的目録典範"意義,爲後世的文獻整理和書目編纂奠定範式。《傳承與開新:朱彝尊〈經義考〉的文獻典範意義》表彰朱彝尊《經義考》在經學文獻學與目録學上的雙重價值,探討其内、外形制所構建的著録體系,關注以《經義考》爲中心形成的文獻著作群,以及爲當代經學書目編纂提供的範式意義。《論王重民先生的四庫學成就》從四庫學文獻輯録、整理與《四庫全書總目》研究等角度入手,着重總結王重民取得的學術成就。此類均是對前賢學術貢獻、相關書目典範意義的表彰。

與此相應,《論集》也強調對相關學術研究的不足進行省思,如《論王重民先生的四庫學成就》同時指出王重民在《四庫全書總目》纂修過程、著録内容及清廷文化政策等研究上存在的可供修正之處。在此基礎上,張宗友教授更能指示研究路徑,如《回顧與前瞻:朱彝尊目録學研究的現狀與取徑》提出應對朱彝尊書目著作進行全面考察與整理,"以朱證朱""以朱還朱",深化對朱彝尊目録學的綜合研究。《〈四庫全書總目〉研究之省思——基於〈春秋地名考略提要〉的學術史考察》總結當前《四庫全書總目》研究的兩種學術取徑,指出在對相關提要的考訂中,尤需注意"采録宜廣""考辨宜細""立論宜慎""引文宜覈"等細節[①]。

此類總結與省思,基於推進學術研究之公心,因既往以開新,高屋建瓴,充分體現了文獻學與文化史、目録學與學術史的綜合。誠如張宗友教授所言:"總結成就,商榷學術,是後學者對前輩大家最好的紀念與禮敬。"[②]同時也爲相關研究提供了一定的學術指導與藉鑒意義。

(二) 綜合書目内外,詳考目録體制

"體制",或稱"體質",應用在古典目録學中,姚名達以體質"統攝編目、解

[①] 趙庶洋《校讀與溯源:四庫提要研讀二法例説》(《古典文獻研究》第二十五輯上,鳳凰出版社,2022年)一文針對《四庫全書總目》研讀提出"校讀"與"溯源"二法,可與張宗友教授此文互爲補充。

[②] 張宗友《論王重民先生的四庫學成就》,《探驪拾微:古典目録學論集》,第385頁。

題、引得、小序、總序等等構成目録之質料,與活頁、辭典、類書、年表、散文等等目録構成之體式"①,範圍較爲廣闊;余嘉錫則分體制爲篇目、叙録、小序、板本序跋等部分②,雖範圍較姚名達爲狹小,但廣爲學界接受。簡單來説,目録體制主要用以指稱書目的組成部分,又可從内、外兩個層面進行概括。就書目外在而言,有書名(書目名稱)、分卷(書目自身所分卷帙)、序跋(作者或他人所作)等;就書目内在而言,則可包括所分部類,所撰大、小序(部、類之序),所著録書名、作者、篇卷、版本,以及針對單書所作解題等。内、外兩個層面,共同構成目録體制,但對於不同書目而言,則未必各項俱全,尤其是大、小序與解題。

《論集》對於目録體制的考察主要集中於卷一。劉向、歆父子《别録》《七略》是目前所知最早的綜合性書目,《領校群書,略序洪烈:論劉向、歆父子與文獻傳承》一文對其所開創的目録體制有過系統總結:"通過著録,揭示圖書信息;通過分類,分别、部次群籍;通過解題,發明圖書旨趣;通過小序,書寫部類源流。"③已涉及目録體制的内在各項。《〈七録〉小序考》、《〈晋中經簿〉解題考》《〈七志〉提要體例考》分别考察小序、解題,《〈隋書·經籍志〉總序釋評辨正》考釋《隋書·經籍志》對《晋中經簿》"但録題及言"與李充《晋元帝書目》"總没衆篇之名"之記載及其涵義,也屬於對解題的研究。凡此,均爲對目録體制的内部研究。《〈七録〉分卷考》推考《七録》十二卷之分卷與各卷内容,《論〈四庫全書總目〉的稱名問題》涉及《四庫全書總目》的書名變化,屬於對書目體制的外部研究。至於《〈古今書最〉發微》一文,針對阮孝緒《古今書最》中著録的十二部書目,一一考訂其書名、卷帙、作者、部類、小序、解題,則兼及目録體制的内、外層面。

由目録體制的内、外入手,可進一步考察不同書目間的承傳與變革,爲"辨章學術,考鏡源流"④提供注脚。此前如高路明《晋及南朝目録體例考》已關注到《晋中經簿》《七志》《七録》以及文章志類、佛經目録的部類、解題等目録體制的内在層面,并概括指出:"目録編制在體例上仍以《七略》《别録》爲準,在很大程度上是没有區别的。"⑤相較而言,張宗友教授對於漢晋六朝與清代相關書目體制的研究更爲豐富細緻,尤其是還注意到書目名稱、自身分卷等目録體制的外在層面,并確立了一套文獻輯佚基礎上的目録體制推考方法(具體見下節論述),由此而突過前賢,擴展了目録體制研究的外延,爲相關研究奠定了理論和方法基礎。

(三) 訂補文獻闕誤,關注學術争議

前人書目著作,或因著者不察,或係成於衆手,或以傳抄刊刻,難免産生各

---

① 姚名達《中國目録學史》,上海古籍出版社,2005年,第119頁。
② 余嘉錫《目録學發微 古書通例》,中華書局,2007年,第34—88頁。
③ 張宗友《領校群書,略序洪烈:論劉向、歆父子與文獻傳承》,《探驪拾微:古典目録學論集》,第27頁。
④ 〔清〕章學誠《校讎通義》卷一,葉瑛校注《文史通義校注》,中華書局,1985年,第945頁。
⑤ 高路明《晋及南朝目録體例考》,《北京大學中國古文獻研究中心集刊》第七輯,北京大學出版社,2008年,第109頁。

種認知或文字錯誤。除書目本身產生的訛誤之外,後來的研究者在利用這些書目進行研究時,也往往因文獻、理論、方法等的不同而得出相異的結論,由此形成學術問題的爭議。對於當代研究者而言,在利用與研究古典書目時,需要敏鋭地發現訛誤,詳考致誤之由,利用各類文獻展開查闕補漏、訂正訛誤的工作。其次,還需要關注到學術史上產生的重要爭議,推溯源流,厘清癥結,利用最新的文獻、理論與方法解決相關議題。

在《論集》中,《〈四庫全書總目〉易類提要辨正》《〈四庫全書總目〉儒家類存目書提要辨正——兼論存目書提要與著録書提要之差異》兩文均以《四庫全書總目》爲研究對象,針對其著録的書名、卷數、作者,提要中涉及的作者字號、里貫、行事、著述及館臣的學術評價等內容,"或訂正其誤,或補其未備,或提供內證,附帶訂正今人標點"①。此類考訂總計三十五條,廣徵四部文獻,尤其是史書、方志、書目、文集、碑傳等,參以今人研究成果,言之成理,持之有故,於《四庫全書總目》之校理與四庫學研究的深入,均有助益。

訂補闕誤的目的,在於爲學術史研究提供堅實的文獻基礎,推動相關重要議題的進展。正如張宗友教授所指出,在目前的《四庫全書總目》研究中,"考訂史實、得其客觀者多,商量學術、以意逆志者少"②,對於學術史研究中的重要問題,需要在對前賢已有成果梳理的基礎上,發現其客觀存在的爭議之癥結,"梳理既有之研究,討論未盡之論題"③,也就成爲重要的學術取徑。《論〈四庫全書總目〉的稱名問題》一文關注到王重民、崔富章等關於《四庫全書總目》稱名的爭議;《〈四庫全書總目〉研究之省思——基於〈春秋地名考略提要〉的學術史考察》以《春秋地名考略》作者爲中心,注意到自四庫館臣以降,張穆、孟森、胡玉縉、余嘉錫、崔富章、李裕民、楊武泉等所作考辨。在前賢已有研究和争論的基礎上,二文進一步梳理文獻,推溯源流,前者指出《四庫全書總目》在不同時代的稱名變化及其內在理路,後者論述有關《春秋地名考略》作者問題爭論的學術史歷程及其中存在的錯誤,以翔實考證得出結論,精闢入微,可爲不刊之論。

以上所分三類,即"表彰前賢貢獻,省思研究路徑""綜合書目內外,詳考目録體制""訂補文獻闕誤,關注學術爭議",只是揭其大概,部分論文亦兼具多個層面的內容與意義。概括而言,《論集》聚焦於古典目録學的發軔期(漢晉六朝)與總結期(清代),所關注的《別録》《七略》《晉中經簿》《晉元帝書目》《七志》《七録》《古今書最》《經義考》《四庫全書總目》等均爲目録學史上重要的書目,劉向、劉歆、荀勗、李充、王儉、阮孝緒、朱彝尊、紀昀、王重民等均爲重要的目録學者。就研究的議題而言,《論集》廣涉目録學者與書目的內、外綜合研究,既

---

① 張宗友《〈四庫全書總目〉易類提要辨正》,《探驪拾微:古典目録學論集》,第 306 頁。
② 張宗友《〈四庫全書總目〉研究之省思——基於〈春秋地名考略提要〉的學術史考察》,第 374 頁。
③ 張宗友《〈四庫全書總目〉研究之省思——基於〈春秋地名考略提要〉的學術史考察》,第 371 頁。

包括基礎的文獻考訂、目錄體制考察,也進一步回應學術爭議,聚焦文獻傳承與典範意義,展開目錄學與文獻文化史的互動演繹,以此爲基礎,更能省思治學路徑,指示學術門徑,因此而形成自具體系的目錄學研究著作。

二　體制、理論、方法:《論集》創新發微

《論集》一書,展現出張宗友教授獨到的文獻學視野與深厚的研究功底。首先是發掘重要議題,於常見處發明隱而未彰的學術意義[1]。《論集》所關注的對象均爲目錄學史上重要的書目與目錄學者,所研究的議題多爲前人已有研究且引起爭論、懸而未決者,具有相當的學術價值,通過考論,因文獻不足徵或習焉不察而内隱的學術意義也就得以彰顯。問題與重要議題的發掘,又往往出自於對學術史的充分把握與系統梳理。《論集》各篇,每能先回顧學術史,故能於研究闕漏處發掘重要議題,有的放矢,進而在充分的文獻基礎上展開考論,其學術價值也就不言而喻。其次,以版本學、校勘學之功底,考證精詳。《論集》考論結合,不發空言,其中考證尤爲精到者,如《〈七録〉分卷考》從《七録序》所依存之《廣弘明集》版本對校出發,據宋《思溪藏》本、《趙城金藏》本考證明汪道昆刻本之"《序録》二帙一十一卷"實爲"《七録》二帙一十一卷"之誤;又以理校之法,考證宋《思溪藏》本之"易部大四種"、《趙城金藏》本與明汪道昆刻本之"易部本四種",均爲"易部七十四種"之誤,并揭示其訛誤之迹[2]。此類考訂,爲後文的深入研究提供了文獻基礎,是目錄學與版本學、校勘學的綜合研究成果。在此之外,《論集》還具有體制、理論、方法等多個層面上的創新之處,試作分析如下。

(一)"叙録"新設與著作體制創新

相較於其他專著或論文集,《論集》在體制上最重要的創新之處,即於目次之後、正文之前新設"叙録"。目次,即篇目,一般著作多使用"目録"一詞,但二者實有根本性不同。余嘉錫曾考稱:"目謂篇目,録則合篇目及叙言之也。"[3]理論上而言,"目録"應同時包含篇目與叙録在内,但實際上,一般著作中的"目録"只有章節標題所構成的篇目而無叙録,也就造成名實不符[4]。程千帆先生口述《勞生志略》稱:"我寫書時,對於底下的篇目我是不用'目録'兩個字的,因

---

[1]　張宗友教授在接受"青年學者説文獻學"訪談時稱:"近年拜讀名家名作,從其論題之擬定、問題之引入、論證之取徑、資料之抉擇等方面分析,可知名家名作往往并不依賴於稀見文獻,而是從常見文獻中發現問題、提出問題。"(南江濤主編《嚶其鳴矣:青年學者説文獻學》,國家圖書館出版社,2022年,第192頁)《論集》之選題、論證與文獻來源,亦具有此一特點,即從常見文獻中發現、提出、解決問題。

[2]　張宗友《〈七録〉分卷考》,《探驪拾微:古典目録學論集》,第103、113—114頁。

[3]　余嘉錫《目録學發微 古書通例》,第23頁。

[4]　學術著作采用"目録"一詞,多僅列章節名,更多起到檢索功能。筆者目驗所及,如郭建勛《漢魏六朝騷體文學研究》(湖南教育出版社,1997年)、葛兆光《中國思想史》(復旦大學出版社,1998年)等在目録中章節之下附有數量不等的關鍵語句,并以"一"相連接,用以揭示章節要旨,可以視爲一種簡略的内容提要,更多體現出導讀功能;又如下孝萱《現代國學大師學記》(中華書局,2006年)亦於目録各篇之下列有數十至百餘字不等的摘要,但均不同於本文所討論的具有獨立性的叙録。

爲目是目,録是録,我總是寫作目次,寫篇目也可以,無論如何不能寫目録。"①南雍學術論著多使用"目次",即對此說的繼承與實踐。

叙録,或稱書録、解題、提要,主要包括對某一圖書的作者、著述内容的介紹和學術評價,是古典目録學中最具"辨章學術,考鏡源流"特色的書目體制所在。在現代學術規範之下,論文中的"摘要"(或稱"内容提要")具有與古典目録學中的叙録相似的作用,讀者閱讀論文之摘要,即可略知其所要討論的内容和結論,但在字數和内容上則較叙録更顯簡略,又因係作者對自己成果的介紹,亦不必涉及作者簡介、學術評價等部分。

《論集》收録論文十四篇,已經正式發表者有十三篇,其中九篇在發表時原具摘要。限於著作出版體例,在收入《論集》時,各篇原有的摘要、關鍵詞在正文中一并删略,而張宗友教授匠心獨具,將其增改後集中於目次之後、正文之前,冠以"叙録"之名,可謂恰得其宜。在古典目録學中,叙録可以分爲篇録(即"一書提要")與書録(即"群書提要"),後者即前者之彙總。《論集》單設"叙録"一目,將各篇論文原有或新增之摘要彙總,類似於一種相對獨立的解題書目,也就同樣具有"辨章學術,考鏡源流"的作用,使讀者在進入正式閱讀之前即對所涉各篇大旨有了一定程度的了解②。

由此,在《論集》中,"叙録"成爲"目次"的補充,二者共同組成"目録",也就構成了呼應於傳統目録學的現代著作體制。《論集》所設置的"叙録",既可以視爲《論集》一書之叙録,也可以視爲對《論集》中十四篇單篇論文叙録之彙總,兼具一書和群書叙録的雙重性質。可以說,在"目次"之外新增"叙録",是《論集》在體制上最爲創新之處,是張宗友教授長期以來的古典目録學尤其是對目録體制中的叙録研究所得,在個人著述中的具體實踐,也是現當代目録學研究對古典目録學的呼應與回歸,對於從出版史角度討論著作體制變遷,也有一定的參考意義。

(二)文獻輯佚基礎上的目録體制推考與方法建構

前述"叙録"之體制創新,與張宗友教授長期以來對書目體制的關注、研究有着重要關聯。《論集》卷一即着重於對晋南朝時期的書目如《晋中經簿》《晋元帝書目》《七志》《七録》等展開體制研究,主要涉及提要、小序、分卷等内、外結構。對書目體制的考察,有助於釐清書目編纂、承傳之間的細節,發掘目録學發展中的重要問題。但晋南朝時期的綜合性書目均已亡佚③,與《論集》卷

---

① 程千帆述,張伯偉編《桑榆憶往》,北京大學出版社,2015年,第16頁。
② 《論集》之"叙録",除分列十四篇論文摘要外,最後還有兩段内容,一則說明十四篇研究之對象,係對十四篇叙録的簡要總結;二則概括說明論文原宣讀、發表情況和收入《論集》時所作的修訂,頗類似於"凡例",但因文字不多,故徑入"叙録"中。此外,一般著作在正文前設有"前言""引言"或"緒論",或在封面(一般是封二或封底)與版權頁印有"内容提要",也涉及對本書内容的說明,後者更爲簡略。《論集》别有《後記》,故不設"前言"而以"叙録"代替,知出於張宗友教授對著作體制的獨特觀念。
③ 晋南朝時期的書目,可參見張宗友《治亂交替中的文獻傳承》,第56—63頁。在綜合性書目中,僅南朝梁阮孝緒《七録》存有輯本,具體參見翟新明《明前見存綜合性書目年表》,《書目季刊》第53卷第3期,臺灣學生書局,2019年,第50—51頁;《〈七録〉總集、雜文二分及其集部文體學價值》,《古典文獻研究》第二十四輯下,鳳凰出版社,2021年,第242頁。

二對見存書目的研究相比，對佚籍的研究往往存在"文獻不足徵"的問題，也就必然要求只能在文獻輯佚的基礎上進行學術推考。因此，在此類研究中，最先需要進行的就是充分的文獻輯佚。張宗友教授在《治亂交替中的文獻傳承》中稱："即使是已經亡佚的典籍，只要有散佚的文字片段或互文性記載的存在，那麽，這些典籍的基本面貌及其學術價值，都有可能得以部分地恢復與揭示。因此，通過輯佚，努力尋找亡佚古籍的存世片段，據以恢復其歷史面貌并正確發明其學術價值，進而豐富學術史、思想史的書寫，就是極有價值且富於挑戰性的學術工作，也是古典文獻在新的時代條件下更有意義的一種傳承。"①概述了文獻輯佚爲學術研究提供的可能性和重要價值，可謂開宗明義。

《論集》對書目解題與小序的考訂，即從廣泛而全面的輯佚入手，如據《三國志》裴松之注、《漢書》顏師古注、虞世南《北堂書鈔》、陸德明《經典釋文叙錄》、鄭樵《通志·藝文略》等輯出《晉中經簿》佚文十二條，據陸德明《經典釋文叙錄》、李善《文選注》等輯出《七志》佚文十一條，據張守節《史記正義》被刊落的文本輯出《七錄》尚書、詩、禮、春秋等四部完整小序。此類輯佚，既能力求全備，復能對史料進行"再發現"，爲進一步推考書目體制奠定了堅實的文獻基礎。

不過，輯佚往往只能提供斷章殘篇，在晉南朝目錄體制研究中，除傳世文獻不足徵外，也闕少充分的出土、域外等新文獻佐證。因此，在學術史研究的進程中，仍有賴於對相關問題進行合理而高明的推論。推論是在面對史料闕失時不得不采取的方法，也就要承擔其可能存在的危險後果②，頗類似於陳垣所稱校勘學中"最高妙者此法，最危險者亦此法"③的"理校法"。

推論的根基在於文獻基礎，而能夠進行推論的前提則在於準確地發凡起例。如在對《晉中經簿》解題是否存在這一問題的考察中，張宗友教授首先提出展開研究的幾個前提條件："要解決這個問題，必須要從制度（中央藏書整理之傳統）、體例（《晉中經簿》內在結構及容量）及實證（遺存文字之輯佚）等層面，加以討論。"④并"擴大文獻考查的範圍，從荀勗等人其他著述中尋找有可能納入《晉中經簿》的文字"⑤，以與荀勗和《晉中經簿》密切相關的《上〈穆天子傳〉序》《諸葛氏集目錄》爲佐證。凡例確定後，即一一考索，據以論定《晉中經簿》具有解題，并考察其解題的基本體例。又如《〈七錄〉分卷考》一文考察《七錄》十二卷之內容，先排除各錄部數（二級分類之數）和著錄圖書之卷、帙數等與分卷并不直接相關的因素，明確指出："書目內部一級分類之略（錄、部）數與

---

① 張宗友《治亂交替中的文獻傳承》，第74—75頁。
② 近現代學者中，以陳寅恪之使用推論法最引起關注與爭議，如周勛初先生稱："陳寅恪則常用推論，且時而根據孤證作推論。因此，陳寅恪所提供的有些結論，學界往往不敢貿然接受。但陳寅恪學問博大，'綜貫會通'的結果，常能提出一些讓人感到意想不到的新見。"見《陳寅恪的治學方法與清代樸學的關係》，載《當代學術研究思辨》（增訂本），北京大學出版社，2013年，第122頁。
③ 陳垣《校勘學釋例》，中華書局，2016年，第139頁。
④ 張宗友《〈晉中經簿〉解題考》，《探驪拾微：古典目錄學論集》，第39頁。
⑤ 張宗友《〈晉中經簿〉解題考》，第64頁。

各類著録圖書之種數,是考量分卷問題最重要的兩個因素。"①通過考察《七録》所分七録及各録著録圖書之種數,并與《七略》《漢書·藝文志》《晉中經簿》《隋書·經籍志》等書目的分卷情況及其各卷著録圖書數量進行類比,從而推論出《七録》各卷所對應的部類。

以上研究,所确立的類例明確,推論的過程縝密,由此步步推進,所得之結論亦堅確不移,可以説是對推論法的成熟運用,也證明了此一方法切實可行,并可推至其他書目與體制研究。值得注意的是,研究中的關鍵詞之一爲"容量",即張宗友教授所稱"本書卷數、著録圖書之種數等"②,相當於余嘉錫所稱的"酌篇卷之多寡"③。從容量考察書目體制,古已有之,自南朝梁阮孝緒以降,已使用篇卷多寡來考察書目部類之分合,余嘉錫復總結稱:"書之有部類,猶兵之有師旅也。雖其多寡不能如卒伍之整齊劃一,而要不能大相懸絶,故於可分者分之,可合者合之。"④張宗友教授相關研究之價值,在於確定容量的内、外邊界,從前賢所論簡單的部類分合,擴大到書目外在之分卷與内在之解題等多個層面,并將之明確與書目體制相聯結。容量的確立,與建立在文獻輯佚基礎上的推論法,也爲後來者繼續深入考察書目尤其是亡佚書目的體制,總結書目體制的發展規律,提供了理論與方法藉鑒。

(三) 文獻文化史視角下的目録學與學術史互動

古典目録學與學術史的關聯,早爲學者所關注,最經典的概括即章學誠所稱:"校讎之義,蓋自劉向父子部次條别,將以辨章學術,考鏡源流。"⑤不過,這一關聯主要被認爲集中在古典書目的分類上,王錦民指出:"在某種意義上説,古典目録的分類,也是中國傳統學術的學科分類。"⑥目録學研究著作也更爲重視目録部類分合,如鄭樵《通志·校讎略》稱:"類例既分,學術自明。"⑦劉咸炘稱:"部類一事,於目録學中最爲重要,蓋所謂辨章學術,考鏡源流,關諸群學,此爲最大。"⑧均是着眼於由部類以觀學術。其後如高路明《古籍目録與中國古代學術研究》(江蘇古籍出版社,1997年)、徐有富《目録學與學術史》(中華書局,2009年)、王錦民《古典目録與國學源流》等專門著作,將目録學與學術史考察的對象從部類進一步擴大到小序、解題、圖書著録等,均有開拓之功。在當前學術語境與研究中,引入文獻文化史的理論、視角與方法,回到書目自

---

① 張宗友《〈七録〉分卷考》,第125頁。
② 張宗友《〈晉中經簿〉解題考》,第42頁。
③ 余嘉錫《目録學發微 古書通例》,第146頁。
④ 余嘉錫《目録學發微 古書通例》,第143—144頁。
⑤ 〔清〕章學誠《校讎通義》卷一,葉瑛校注《文史通義校注》,第945頁。
⑥ 王錦民《古典目録與國學源流》,中華書局,2012年,第399頁。
⑦ 〔宋〕鄭樵《通志》卷七一《校讎略》,第五葉上,《中華再造善本》影印中國國家圖書館藏元大德三山郡庠刻元明遞修弘治公文紙印本,北京圖書館出版社,2006年。
⑧ 劉咸炘《目録學·部類第六》,黄曙輝編校《劉咸炘學術論集·校讎學編》,廣西師範大學出版社,2010年,第305頁。

身的文獻、文獻傳承、學術史，也是目錄學與學術史研究的重點①。

《論集》站在文獻文化史視角下，着重關注考察目錄學與學術史的互動關聯。首先是采取"辨章學術，考鏡源流"的方法，對書目背後具體的學術問題進行源流推考，在此基礎上提出、論證自己的觀點。如《論〈四庫全書總目〉的稱名問題》注意到近現代學者在《四庫全書總目》稱名上的爭議，在梳理學術史的基礎上，以充分的文獻考證《四庫全書總目》在不同歷史時期的稱名、變化及其關聯，提出"四庫提要"所具有的廣、狹二義。《〈四庫全書總目〉儒家類存目書提要辨正——兼論存目書提要與著録書提要之差异》一文關注到《四庫全書總目》著録書與存目書提要的差异，從《四庫全書總目·凡例》入手，步步上推，直至揭示清高宗纂修《四庫全書》的指導思想與文化政策。《〈四庫全書總目〉研究之省思——基於〈春秋地名考略提要〉的學術史考察》從當代、近現代學者相關成果入手，對《春秋地名考略》作者徐善進行考論，并對《四庫全書總目》之提要、楊武泉《四庫全書總目辨誤》等進行商榷。凡此，均爲"辨章學術，考鏡源流"亦即從目録學以觀學術史的代表作，同時也關切到其内藴的文獻文化史意義發掘。

目録學與學術史互動的另一要義，在於回歸到書目本身，從學術史背景考察目録學發展歷程，實現對文獻文化史意義的呈現。如《領校群書，略序洪烈：論劉向、歆父子與文獻傳承》《傳承與開新：朱彝尊〈經義考〉的文獻典範意義》基於漢代、清代文化背景，表彰劉向、歆父子與朱彝尊的學術貢獻，以及《别録》《七略》《經義考》的文獻典範意義。《〈晋中經簿〉解題考》《〈七志〉提要體例考》《〈七録〉分卷考》《〈七録〉小序考》《〈古今書最〉發微》等勾連書目解題、分卷、小序等目録體制與學術變遷，尤其是不同時代不同書目之間的關聯、類比、變革，并揭示書目編纂背後的學術旨趣，如稱阮孝緒撰寫《古今書最》，"意在梳理歷代重要書目之圖書著録及其流存面貌，從而將其'窮究流略，探盡秘奥'的宏偉抱負落到實處，以提供翔實可據的文獻支撑"②。又如《〈隋書·經籍志〉總序釋評辨正》考釋《隋書·經籍志》對李充《晋元帝書目》"總没衆篇之名"之記載，尤其注意到《隋書·經籍志》總序對《七録序》的承襲及文字改動所造成的理解變化。此類研究，從學術史以觀目録學，也兼顧到書目自身特徵與發展脉絡。

目録學與學術史的研究，理應是一種綜合研究，既需要從目録學反觀學術史，也要關注到學術史對於目録學的影響，并發掘書目編纂背後的文獻文化史。即是説，目録學與學術史始終處於一種動態的、雙向的互動關聯中。張宗友教授的相關研究關注到二者間的互動，并引入文獻文化史視角，産出了極具目録學、學術史與文獻文化史三重價值的成果。

在學術研究中，目録學往往被視爲治學門徑，如王鳴盛稱："目録之學，學

---

① 有關文獻文化史，可參見趙益《從文獻史、書籍史到文獻文化史》，《南京大學學報（哲學·人文科學·社會科學）》2013年第3期（又收入氏著《中國古代文獻：歷史、社會與文化》，南京大學出版社，2022年）。

② 張宗友《〈古今書最〉發微》，《探驪拾微：古典目録學論集》，第164頁。

中第一緊要事，必從此問途，方能得其門而入。"①余嘉錫稱："治學之士，無不先窺目錄以爲津逮，較其他學術，尤爲重要。"②而如何進入目錄學的研究，或曰研治作爲學術門徑的目錄學之門徑，更是要中之要。在文獻校訂、學術源流考鏡、文獻文化史意義申發之外，張宗友教授還善於進行治學門徑的總結，這一總結，也建立在其長期的目錄學研究與教學實踐基礎之上③。前述各條，已嘗試將張宗友教授的目錄學研究方法略作揭示，如重在回顧與梳理學術史，於學術爭議和研究闕漏處發掘重要議題；采取文獻輯佚基礎上的推考方法，展開對亡佚書目的目錄體制研究；引入文獻文化史視角，關注目錄學與學術史研究互動的各個層面；更爲具體的，包括提出"以朱證朱""以朱還朱"研究原則與"采錄亦廣""考辨宜細""立論宜慎""引文宜覈"等關注點等，均可謂高屋建瓴，對於學術研究在理論和方法的推進上具有發明與總結之功。

三　疑義相與析：《論集》細節商榷

《論集》所收錄的十四篇論文，曾在《古典文獻研究》《歷史文獻研究》《國學研究》《中華文史論叢》等文獻學專業學術刊物正式發表，或在學術會議宣讀，已經過了時間和學術檢驗，并引起目錄學研究同仁的關注。其中勝義，已經前揭。雖然，收入《論集》的論文仍有一些細節問題，或論證尚存疑義，或觀點前後歧互，或論述繁簡失宜，或文獻分類不當，還存在可供商榷之處。以下亦試作辨析。

（一）論證尚存疑義，觀點前後歧互

基於文獻不足徵的天然闕陷，目前學界對於漢晉六朝時期書目的研究，在諸多問題上人言言殊，引起爭論，屬於不可避免的正常學術探討。張宗友教授每能在前人基礎上加以論證，得出自己的結論，將相關研究更向前推進一步。但在論證過程中，亦宜注意應廣徵博引，考慮周詳，尤其是關注最新研究成果與不同觀點，以此來加深、完善對觀點的論證。

如《〈古今書最〉發微》一文，張宗友教授將阮孝緒本人的《七錄》亦納入《古今書最》中④。但詳考《古今書最》所著錄的其他十一部書目，除《漢書·藝文志》《後漢書·藝文志》爲史志外，均爲官方藏書目錄，實則此十一部均具有官修目錄的共性，而《七志》等私撰目錄均未在《古今書最》中著錄。《七錄》既爲私撰目錄，於體例而言，似不應爲《古今書最》所著錄，此其一。《古今書最》於所著錄的《七略》至《梁天監四年文德正御四部及術數書目錄》等十一部書目，均只概述其所著錄的種（部）、帙、卷數及其存亡之數，唯獨《七錄》在總括全部種、帙、卷數外，還詳載其内、外七篇的具體種、帙、卷數，似亦與其著錄體例不

---

① 〔清〕王鳴盛撰，黃曙輝點校《十七史商榷》卷一，上海古籍出版社，2013年，第1頁。
② 余嘉錫《目錄學發微　古書通例》，第7頁。
③ 張宗友教授《論集》之《後記》稱："部分論題不僅先期於課堂上細加講解，還曾在各種學術場合宣讀、交流。"（第405頁）教學相長，亦從事學術研究要義之一。
④ 張宗友教授之認定係據張固也《關於〈古今書最〉的幾個問題》中的觀點，未作進一步討論。

合,此其二。據此兩點,《七錄》是否屬於《古今書最》仍有疑義,尚可再加考論。

又如《〈隋書·經籍志〉總序釋評辨正》一文,張宗友教授認爲《隋書》點校本之"但錄題及言"一句標點有誤,應點作"但錄題,及言盛以縹囊,書用緗素",如此,則"前者指著錄書題(書名);後者指於書題之下作簡單的附注,其内容,則重在揭示圖書所用載體('書用緗素')及外在貯存形式('盛以縹囊')"①。有關"盛以縹囊,書用緗素",張宗友教授於《〈晉中經簿〉解題考》一文已指出其見引於《北堂書鈔》《古今事文類聚》兩部類書:"細讀兩條文字,似非針對某一具體圖書而言,而是概括之詞。如果針對某一具體圖書,極可能取材自解題文字(如係附注,不可能於每書之下,不厭其煩地羅列形制);如果是概括之詞,則有可能節取自總序(全書之序)或小序(部類之序)。惟資料較少,難以遽斷。"②尚疑而未定,然後文又稱:"所謂'盛以縹囊,書用緗素',屬於上揭叙錄之第四點(即'校定繕寫情況')的内容。"③復將此八字確定爲解題之内容,至《〈隋書·經籍志〉總序釋評辨正》則指爲附注。是則觀點前後歧互④。

張宗友教授所斷句"但錄題,及言盛以縹囊,書用緗素",除對"盛以縹囊,書用緗素"之解釋歧互外,又以"及言"下屬,但未作解釋。查武秀成、趙庶洋校證之《玉海藝文校證》亦將"及言"下屬,其《前言》并做解釋稱:"今《隋書》點校本'但錄題'與下文'及言'爲句,謂《新簿》所錄有'題及言',但'言'指什麼,不可解。實則'言'爲'盛以縹囊,書用緗素'之謂詞,'盛以縹囊,書用緗素'是《中經新簿》'解題'的内容,觀《太平御覽》卷七〇四引《晉中經簿》曰'盛書皂縹囊,書函中皆有香囊二',其義自明,故我們作如是標點。"⑤張宗友教授點斷之理路,或與此相同。

以上點斷的重點在於對"言"字的理解。除前人已有解釋和爭議外⑥,馬楠亦曾對"但錄題及言"進行考察,認爲"'但錄題及言'之'言',當指字數",并以敦煌寫本卷末載本卷字數、《諸葛氏集目錄》及魏晉傳記所記"篇""言"之數的體例爲證⑦。知其所考證的"但錄題及言",指解題之末抄錄該書之篇題與字數。以此解釋,則"但錄題及言"并無疑礙之處。至於其後緊接的"盛以縹囊,書用緗素",應是襲用《晉中經簿》大序中類似於後來《文選序》所言"詞人才

---

① 張宗友《〈隋書·經籍志〉總序釋評辨正》,《探驪拾微:古典目錄學論集》,第196頁。
② 張宗友《〈晉中經簿〉解題考》,第58頁。
③ 張宗友《〈晉中經簿〉解題考》,第80頁。
④ 前後歧互處,多由於各篇撰作時間不同,材料或觀點有所更改。如發表於2021年1月的《回顧與前瞻:朱彝尊目錄學研究的現狀與取徑》總結《經義考》的點校本有兩家三種(第234頁),宣讀於2022年3月的《傳承與開新:朱彝尊〈經義考〉的文獻典範意義》則有三家四種(第204頁),所多出者爲2021年12月出版的沈松勤主編《朱彝尊全集》本。前文發表時,沈本尚未出版,故付闕如,至收入《論集》之時僅增補注釋,指出沈本係最新點校本(第235頁),而未在正文增補,遂致兩文論述略有不同。
⑤ 〔宋〕王應麟撰,武秀成、趙庶洋校證《玉海藝文校證·前言》,鳳凰出版社,2013年,第44頁。此書於2017年修訂出版,一仍前書,見《前言》,第44頁。
⑥ 參見唐明元《魏晉南北朝目錄學研究》,巴蜀書社,2009年,第81—82頁。
⑦ 馬楠《魏晉南北朝書目叢考(二)》,《中華文史論叢》2018年第4期,第54頁(又收入氏著《唐宋官私目錄研究》,中西書局,2020年,第38—39頁)。

子,則名溢於縹囊;飛文染翰,則卷盈乎緗帙"①者,指稱書籍之盛,抑或總括其形制,還可再加考證。要言之,對於"但録題及言"和"盛以縹囊,書用緗素"的理解,在現有研究基礎上,尚有可進一步商榷與討論的空間②。

(二) 論述繁簡失宜,文獻分類不當

學術論文寫作,應注意行文流暢與文氣連貫,尤其是對於論述重心的把握,於枝節處宜有所掌控,避免造成文章整體結構的失調與文氣的阻斷。另一方面,也應注意對所使用文獻材料進行選擇與編排。總體來説,《論集》文氣暢通,論述老成,但也還存在考證論述中繁簡失宜的問題,在對所利用文獻材料的分類上也有可商榷者。

如《〈七録〉分卷考》一文考證《七録》十二卷的内部分卷問題,主要由其種數出發,所得結論自是正解。但文中以較大篇幅論證不能以帙、卷數作爲分卷標準,所作論述似稍嫌太繁(第117—124頁)。對於古典書目而言,著録書名等信息是其最重要的任務之一,卷帙等信息是書名的附加項目。雖然藏書目録是對圖書實物具體記載的結果,但大多數的書目其實是脱離了其所著録圖書的物質性而獨立存在的③。因此,書目的分卷只需考慮每卷内部分類和著録圖書的總數量是否適合,而無需考慮該種圖書具體有多少卷帙、在收藏地實際所占容量等因素。阮孝緒《七録》本身既非藏書目録,更不需以實際著録的帙、卷數來作爲分卷標準。可以説,著録圖書之總帙、卷數不能作爲書目分卷標準,爲目録編纂之通例,此可不辨而明,或可數語帶過者。至於文末以種數來區分卷數,具體是以《七録》著録圖書之總種數除以十一卷之平均數,來對應每卷可能容納的圖書數量,此處理應如前文論證不能以帙、卷數作爲分卷標準一般,作一詳細理論與計算説明。但此處文字又頗寥寥,僅以數句外加表格呈現,即得出結論(第126—127頁),相關論證則付闕如,也就造成文章結構前重後輕,文氣未免失衡。

在文獻材料的利用上,如《〈晋中經簿〉解題考》將所輯《晋中經簿》殘存解題分爲五組十二條,其中第二組四條(張宗友教授所標序號爲第三至第六條)之列入同組,似還有討論的空間。此組第三、第五條均涉及《子夏易傳》作者,以下即回顧學術史,展開對《子夏易傳》作者問題及其學術史意義的具體考論④。第四、第六條分别證明《晋中經簿》著録劉表注《易》十卷、子義《本草經》

---

① 吕向注:"縹,青白色。囊,有底袋也,用以盛書。緗,淺黃色也。帙,書衣。"見〔南朝梁〕蕭統編,〔唐〕李善等注《六臣注文選》,中華書局,1987年,第3頁。

② 對"但録題及言"和"盛以縹囊,書用緗素"的考證,《〈隋書·經籍志〉總序釋評辨正》發表於2017年,馬楠論文發表於2018年,《〈晋中經簿〉解題考》發表於2019年,時間相接,或未及參考。

③ 極少數書目因實際藏書及其閣分櫃制度,後者在某種程度上也會影響到圖書分類,但對書目自身的分卷影響不大。參見翟新明《宋國史藝文志及其集部著録新變考析》,《北京大學中國古文獻研究中心集刊》第十八輯,北京大學出版社,2019年,第131頁。

④ 張宗友教授對於《子夏易傳》作者問題的學術史回顧與論證,旁徵博引,所費篇幅頗多(第51—56頁),其意當在以此論證《晋中經簿》解題之學術價值及其在目録學史中的重要位置,但亦有引起結構失衡的可能。

一卷,但此兩條不過是用以説明"今日所見《晉中經簿》遺文,通常僅有隻言片語,而且以説明何人有何書爲主"①,實與第三、第五條毫不相涉。於情理而言,第四、第六條應單列一組,且置於各組最前,用以表明《晉中經簿》殘存佚文中最大多數的通例即可。張宗友教授以此不相關的兩組四條列入同組,其編排理據尚難推測,亦可再加商榷。

此外還存在少量綜述文獻的闕漏。如《回顧與前瞻:朱彝尊目錄學研究的現狀與取徑》一文綜論學界對《經義考》研究的成果,分爲校訂、續補諸作,單篇論文,研究專著,點校成果四類,而闕漏了吳政上《經義考索引》(臺北漢學研究中心,1992年)和日本學者佐野公治、杉山寬行編著《經義考撰著者索引》(采華書林,1977年)兩部索引之作。張宗友教授曾於2016—2017年在《古典文學知識》發表《朱彝尊研究論著叙録》五篇,以編年形式彙録學界自1931—2006年間朱彝尊研究的成果,其中即提到杉山寬行曾編著《經義考撰著者索引》②,并著録吳政上《經義考索引》③。是此兩部索引亦在論著之列,但《回顧與前瞻:朱彝尊目錄學研究的現狀與取徑》則未予著録。又"單篇論文"部分發展階段第三類"補正《經義考》之闕誤"條中,除已介紹的陳鴻森《〈經義考〉孝經類別録》外,還闕漏了同爲陳氏所撰的《〈經義考〉札迻》(《經學研究集刊》第五期,高雄師範大學經學研究所,2008年)一文,後者正是對前文的續作④。

以上所論,不過是張宗友教授《論集》中可能存在的細節問題,部分問題也有待於繼續考察,所謂大淳小疵,瑕不掩瑜,無妨於其論證及最終結論的準確性。本文略作提出,或可爲《論集》將來修訂提供一些參考。

四 詳考致誤之由:"非典型性"個案研究的典型性

張宗友教授對《四庫全書總目》提要所作辨正,廣徵博引,精微細密,并提出考證應注意"采録亦廣""考辨宜細""立論宜慎""引文宜覈",确係會心之言。不過,張宗友教授的少數考證,也或多或少存在其所揭示的問題。而由相關問題,還可引申到其他問題,環環相扣,亦有相應價值。以下即以張宗友教授《〈四庫全書總目〉易類提要辨正》一文第四條作爲"非典型性"個案⑤,試作進一步探考。

此條主要考證《大易疏義》作者王芝藻之字及其中舉時間。《四庫全書總目》所作提要如下:"國朝王芝藻撰。芝藻字淇瞻,溧水人。順治甲午舉人。"張宗友教授考證稱:

---

① 張宗友《〈晉中經簿〉解題考》,第51頁。
② 張宗友《朱彝尊研究論著叙録(一)》,《古典文學知識》2016年第2期,第135頁。
③ 張宗友《朱彝尊研究論著叙録(二)》,《古典文學知識》2016年第4期,第142頁。
④ 張宗友教授於《〈春秋〉巨著 竹垞功臣——論楊果霖先生〈經義考〉著録"春秋類"典籍校訂與補正》一文中曾引及陳氏此文,見《中國經學》第二十輯,廣西師範大學出版社,2017年,第199頁。
⑤ 張宗友教授《論集》所考辨者多爲經典學術問題中的典型個案研究,筆者所討論則爲餖飣之學引申,故稱爲"非典型性"個案。

> 按：王氏之字，應爲荇友。考《（嘉慶）重刊江寧府志·人物志》："王芝藻，字荇友，溧水人。康熙甲午舉人，任婺源教諭，升泗州教授，又升湖廣邵陽知縣。居官有賢聲。著周禮、周易、春秋《類義折衷》、《史學提要》、《六曹政典》諸書。"《（光緒）溧水縣志·人物志》，所載略同，"康熙甲午"則更正爲"順治甲午"。①

其一是據《（嘉慶）重刊江寧府志》考稱"王氏之字，應爲荇友"，其二是據《（光緒）溧水縣志》考稱《（嘉慶）重刊江寧府志》"康熙甲午舉人"爲誤。後說雖未作解釋，但其結論確然。順治甲午（1654）爲康熙出生之年，真正的"康熙甲午"要遲至六十年後，即康熙五十三年（1714）。王芝藻曾參與編修《（順治）溧水縣志》，卷首《新修溧水縣志名氏》中"贊修"者有"舉人王芝藻"，卷二《科貢表》"順治"下亦列有王芝藻，注："象坤子，甲午亞魁。"②知王芝藻之中舉必在順治甲午。可知《四庫全書總目》不誤而《（嘉慶）重刊江寧府志》誤。

稍顯不足的是，張宗友教授對王芝藻的兩則考證，僅據兩部後出的嘉慶、光緒年間所修府縣志進行推論，而於《四庫全書總目》何以誤"荇友"爲"淇瞻"、《（嘉慶）重刊江寧府志》何以誤"順治"爲"康熙"，即其間致誤之由，均未加詳考。尤其是《四庫全書總目》之誤"荇友"爲"淇瞻"，既非形近、音近而訛，也非涉上下文而誤，而《重刊江寧府志》的纂修時間要晚於乾隆朝之修《四庫全書總目》，在未能確定致誤之由的前提下，遽定《四庫全書總目》爲誤，不能不啓人疑竇。而通過深入查考相關文獻，以上兩個問題均可得以解決。

其一，《（嘉慶）重刊江寧府志》何以誤"順治"爲"康熙"。《重刊江寧府志》之編纂已遲在嘉慶朝，詳考見存各方志，可知其訛誤淵源自《（乾隆）溧水縣志·人物志·文學》：

> 王芝藻，字荇友。康熙甲午孝廉，任婺源教諭，升泗州教授，後授湖廣邵陽令。居官有賢聲……乾隆三十八年，朝廷博采遺書，以所著周禮、周易、春秋《類義折衷》、《史學提要》、《六曹政典》進。③

---

① 張宗友《〈四庫全書總目〉易類提要辨正》，第291頁。在此文之前，已有對王芝藻字號和中舉時間的相關考訂。金鉽編《江蘇藝文志》據《（嘉慶）江寧府志》作王芝藻小傳："芝藻，字淇瞻，溧水人。順治十一年舉人。任婺源教諭，累遷邵阳知縣。"按語稱："《府志》誤'順治'爲'康熙'，又云'字荇友'，亦與《提要》异。"指出王芝藻字號記載不同，以及《江寧府志》"康熙"時間有誤（《江蘇省立國學圖書館第六年刊》，1933年，第203頁）。其後南京師範大學古文獻整理研究所編《江蘇藝文志·南京卷》爲王芝藻作小傳稱："王芝藻，字荇友，一字淇瞻。清溧水人。象坤子。順治十一年（1654）舉人，歷任婺源教諭、泗洲學正、邵陽知縣，有政聲。"則將"荇友""淇瞻"一并著錄（《江蘇藝文志·南京卷》，江蘇人民出版社，1995年，第1201頁。此書後出版增訂本，小傳未作修改，見江慶柏主編《江蘇藝文志（增訂本）·南京卷》，鳳凰出版社，2019年，第1346頁）。

② 〔清〕閔派魯修《（順治）溧水縣志》卷二，第十五葉上，清順治刻本。王芝藻也參與編修《（康熙）溧水縣志》，卷首《重修溧水縣志姓氏》中"贊修"者同樣有"舉人王芝藻"，卷二《科貢表》"順治"下亦有王芝藻，注文同順治縣志，顯係對後者的因襲。見〔清〕劉登科修，〔清〕謝文運纂《（康熙）溧水縣志》卷二，第十五葉上，清康熙十五年（1676）刻本。

③ 〔清〕凌世御、〔清〕賈文興等纂修《（乾隆）溧水縣志》卷十，第三葉，清乾隆刻本。

由其叙事及文本,可推知即《(嘉慶)重刊江寧府志》所本。《人物志》外,方志一般還設有《選舉志》來記錄登科時間,前揭順治與康熙朝所修《溧水縣志·科貢表》均繫王芝藻在順治甲午,《(乾隆)溧水縣志·選舉志》亦然①,顯然是直接根據王芝藻本人參與編修者而來,故無錯誤。現存順治、康熙《溧水縣志》及相關省、府志如《(康熙)江南通志》《(乾隆)江南通志》《(康熙)江寧府志》等《人物志》均未載王芝藻,知《(乾隆)溧水縣志·人物志》之誤別有所本。

考《(康熙)徽州府志·秩官志·名宦傳》:"王芝藻,字荇友,溧水人。舉人。康熙十三年授婺源教諭。……後補泗州學正,升邵陽知縣。"②記載王芝藻完整的三次仕履,應爲《(乾隆)溧水縣志·人物志》之所承,是影響到後者錯誤的可能來源。略加推測,恐是因《(康熙)徽州府志》於王芝藻"舉人"後有"康熙",《(乾隆)溧水縣志》編者不察,將"舉人"與"康熙"連讀或倒讀,又因其《選舉志》中有"甲午"之年,兩兩相因,遂造成"康熙甲午"之誤。《(嘉慶)重刊江寧府志·人物志》復本之於《(乾隆)溧水縣志·人物志》,因循致誤。由此造成一書之中,一誤一不誤。此或因方志成於衆手,不同人分纂"選舉""人物",尤能考驗纂修人員的工作是否認真細緻。

由此問題引申,即關涉到文獻考訂過程中對於文獻的取捨,尤其是對第一手直接文獻的獲取與利用。就人物事行而言,除史傳、碑志之外,即主要依賴於方志。方志之纂修,又有時代之不同。以王芝藻爲例,因史傳、碑志等闕失,最早的記錄即在其參與纂修的《(順治)溧水縣志·科貢表》,對其中舉之年有明確記載,可稱最直接的第一手材料。至於王芝藻傳記,目前所見以《(康熙)徽州府志》爲較早,或因"舉人"與"康熙"二字連讀,導致《(乾隆)溧水縣志·人物志》在因襲中疏於察考而產生錯訛,《(嘉慶)重刊江寧府志》亦因襲而誤。釐清各方志間的承續關係,區別《選舉志》和《人物志》之正誤不同,即可考知後出方志的訛誤之迹,亦可徑據最早最可信的文獻以確定相關問題,無庸再據後出文獻之誤加以考索。

其二,《四庫全書總目》何以誤"荇友"爲"淇瞻"。自前揭《(康熙)徽州府志》以降,各方志均稱王芝藻"字荇友",唯《四庫全書總目》稱其"字淇瞻"。表面看來,《四庫全書總目》所稱爲孤例,應以方志記載爲準。但從"荇友"誤爲"淇瞻"的致誤之由,則頗難考察③。故此一問題可從另一個角度展開,即《四庫全書總目》稱王芝藻"字淇瞻"是否有據? 通過對王芝藻現存著述的考察,可知《四庫全書總目》"字淇瞻"之說,亦自有其淵源。

乾隆朝修《四庫全書》,命各省進呈圖書。《江蘇采集遺書目錄》著錄王芝

---

① 〔清〕凌世御、〔清〕賈文興等纂修《(乾隆)溧水縣志》卷七,第十九葉上。
② 〔清〕丁廷楗修,〔清〕趙吉士纂《(康熙)徽州府志》卷五,《中國方志叢書》影印清康熙三十八年(1699)刊本,成文出版社有限公司,1975年,第820頁。除此志外,時間稍早的《(康熙)婺源縣志·官師志》亦分散記載王芝藻宦迹,或爲前者總括之來源。
③ 根據張宗友教授對《四庫全書總目》作者字號之誤的考察,知四庫館臣多將字號混淆。然諸方志均只載王芝藻"字荇友",而無"淇瞻"的記錄,與前者之誤尚有不同。

藻《周易疏義》《周禮訂釋》《春秋類義折衷》《史學提要纂言》，并附簡要解題①，前三種後來收入《四庫全書總目》存目。《四庫全書總目》類書類存目中還著録有王芝藻《政典彙編》，亦題"江蘇巡撫采進本"，但未見載於江蘇進呈書目中。其解題稱："是書以天下之事統於六曹，自《周官》始。"②知即《（乾隆）溧水縣志》以降所著録的《六曹政典》一書③。可知江蘇前後進呈王芝藻所著書五種，其中四種被選入《四庫全書總目》存目，今皆亡佚不存；唯《史學提要纂言》雖經進呈而未能入選，却因此得以存世。

　　《史學提要纂言》抄本現存中國國家圖書館（善本書號：A02670），計十二册，實際包含《史學提要纂言前編》十九卷（第一至第六册）、《史學提要纂言後編》十二卷（第七至第十册）、《金史通輯》八卷（第十一、十二册）等三部分。此書第一册首葉上方正中鈐有"翰林院印"滿漢文大官印，另鈐有"私淑紫陽之學"右朱左白長方印、"延古堂李氏珍藏"白文長方印，可知此書經江蘇進呈後曾進入翰林院備選，因未能入選《四庫全書》而流出，後爲天津延古堂李氏所得，最終入藏國家圖書館。

　　此書第一册册首《史學提要纂言序》文末署"淇園氏王芝藻序"，鈐"王芝藻印"朱文方印、"淇瞻"白文方印。第十一册册首《金史通輯小叙》文末署"康熙三十八年歲次己卯桂月上旬，淇園老叟王芝藻序"，亦鈐"王芝藻印""淇瞻"兩印；又此册目録之末有王芝藻附記，末署"淇園藻再述"。其他十册之正文首葉，亦均鈐有"王芝藻印""淇瞻"兩印。由上述署名及鈐印可知，王芝藻之印鑒至少有"王芝藻印""淇瞻"兩種，"私淑紫陽之學"印無從查考，當亦爲王芝藻所有。兩篇序文及目録之末所署"淇園""淇園氏""淇園老叟"，當爲王芝藻之號。"淇瞻"之印，正與"淇園"等相應，但爲王芝藻之字印或號印，則已殊難斷定。

　　由此可知，《四庫全書總目》於《大易疏義》解題中稱王芝藻"字淇瞻"，并非誤記，亦非"荇友"之訛，而應是據江蘇進呈書中王芝藻鈐印推考而得。《四庫全書總目》於王芝藻傳記僅書"芝藻字淇瞻，溧水人，順治甲午舉人"寥寥數語，則其撰寫當未曾參考方志記載，而其作"字淇瞻"者亦確然有據可循。由此，亦可證《四庫全書總目》於王芝藻"字淇瞻""順治甲午舉人"之記載，後者并無錯訛；前者雖未必完全正確，但仍有文獻可徵。概言之，以校勘體例而言，底本不誤之處可不作説明，則對王芝藻此條的考證，可參考這一體例而略作："《（康熙）徽州府志》等稱王芝藻'字荇友'；中國國家圖書館藏王芝藻《史學提要纂言》鈐有王氏'淇瞻'之印，知'淇瞻'或爲其字、號。"不過，能够作出這一簡單説

---

　　① 〔清〕黄烈等編《江蘇采集遺書目録》，張昇編《〈四庫全書〉提要稿輯存》第四册影印清歸安姚覲元咫進齋緑絲欄抄本，北京圖書館出版社，2006年，第112、136、152—153、240—241頁。又《江蘇省第一次書目》著録《春秋類義折衷》《史學提要纂言》《周禮訂釋》，《江蘇省第二次書目》著録《周易疏義》，知王芝藻著述爲分次進呈。見吴慰祖校訂《四庫采進書目》，商務印書館，1960年，第7、16、31頁。

　　② 〔清〕永瑢等撰《四庫全書總目》卷一三九，中華書局，1965年，第1180頁。

　　③ 江慶柏主編《江蘇藝文志（增訂本）·南京卷》稱《政典彙編》"一作六朝政典"（第1346頁），當係以音近而誤"曹"爲"朝"。

明的背後,所需要查閱、參考的文獻材料,及在考證過程中所作的源流考索、文獻取捨,工程亦復不小。於此,益可見文獻學"考鏡源流"之不易,《四庫全書總目》研究之難。

以上問題,均可概括爲探討致誤之由。在校勘學中,確定致誤之由是進行文字校改的前提。武秀成教授曾指出:"校勘古籍若不見其致誤之由,則不可輕加删改。否則,大半要陷入不當改而妄改的誤區。""從校勘學角度看,二者之間若無訛誤之迹,則其誤爲何者之誤終難定論。而在此基礎上所進行的文字校改,不僅難以成爲定論,而且有可能造成新的錯誤——'以誤改誤'。"① 有關王芝藻中舉之年的記載,自順治以降,均有方志可爲佐證。《四庫全書總目》不誤,《(乾隆)溧水縣志·人物志》始訛作"康熙甲午",其間訛誤源流,清晰可考。至於王芝藻之字,《(康熙)徽州府志》以降均作"字荇友",雖無疑義,但《四庫全書總目》之作"字淇瞻"者,亦可稱持之有故,此由王芝藻僅存之《史學提要纂言》上的鈐印可見一斑。即是説,"荇友"與"淇瞻"二者之間并不一定存在何者之誤的問題,而是有不同的文獻來源。於此,不能僅據方志即徑斷《四庫全書總目》爲誤并進行校改,而應根據見存實物作更爲詳細的考訂。

在以上兩個問題之外,還可進一步討論的是,《四庫全書總目》解題對《大易疏義》作者王芝藻的介紹,與《皇朝文獻通考·經籍考》對《大易疏義》之解題完全一致②。張宗友教授曾考稱《四庫全書總目》對《易經理解》作者郜煜的簡介"蓋襲《皇朝文獻通考》而來",對於《周易剩義》作者童能靈的簡介(第十五條)、《易讀》解題(第十九條)及《三立編》作者王梓之簡介(《〈四庫全書總目〉儒家類存目書提要辨正》第十三條)與《皇朝文獻通考》相同處,也持同一觀點。於此,張宗友教授認爲:"考《皇朝文獻通考》係乾隆十二年(一七四七)奉敕編撰,至二十六年(一七六一)始與《五朝續文獻通考》分開,'自開國以後,別自爲書'。十餘年後,《四庫全書》纂修工程纔開始啓動。館臣徑采其文入提要,而疏於察考。"③稱《四庫全書總目》提要襲用《皇朝文獻通考·經籍考》,應是基於《皇朝文獻通考》開始纂修時間早於《四庫全書》,後又被收入《四庫全書》。若然,則《四庫全書總目》對王芝藻的介紹也應是襲自《皇朝文獻通考》,依張宗友教授考證《易經理解》等例,似乎也可稱"館臣徑采其文入提要,而疏於察考"。不過,姚名達已稱:"況同時所修《續文獻通考》《皇朝文獻通考》《續通志》《皇朝通志》,幾於完全抄撮《提要》。"④ 李成晴亦從經史子集四部出發,考訂

---

① 武秀成《文字訛誤之迹與古文獻校改》,《古典文獻研究》第十五輯,鳳凰出版社,2012 年,第 467—468 頁。
② 《皇朝文獻通考》卷二一一,《景印文淵閣四庫全書》第 637 册,臺灣"商務印書館",1986 年,第 11 頁。《四庫全書總目》著錄王芝藻四部著作,《皇朝文獻通考·經籍考》均著錄,且具有解題。
③ 張宗友《〈四庫全書總目〉易類提要辨正》,第 299 頁。相似論述,又見張宗友《〈四庫全書總目〉儒家類存目書提要辨正——兼論存目書提要與著錄書提要之差異》,《探驪拾微:古典目錄學論集》,第 322 頁。
④ 姚名達《中國目錄學史》,第 163 頁。

《皇朝文獻通考·經籍考》之解題對《四庫全書總目》的因革①,均指《皇朝文獻通考·經籍考》源自《四庫全書總目》。按《皇朝文獻通考·經籍考》多提及《四庫全書》與《四庫全書總目》,同爲嵇璜等纂修的《皇朝通志·藝文略》明確區分"以上見文淵閣著録"與"以上見四庫全書存目",知後者必襲自《四庫全書總目》無疑,《皇朝文獻通考·經籍考》與《四庫全書總目》的關係,也應類似。僅就《大易疏義》等王芝藻著作而言,其書既爲江蘇進呈四庫館,篩選和提要撰寫的工作即應由四庫館臣完成,亦即先有《四庫全書總目》存目之提要,再有《皇朝文獻通考·經籍考》之因襲。由此而推,張宗友教授認爲《四庫全書總目》之誤均係襲用《皇朝文獻通考》,似亦可再行斟酌。

前述三個問題雖小,但多牽涉到《四庫全書》與《四庫全書總目》編纂中的重要問題,如不同時代方志記載之因革、考訂中的文獻取捨、各省進呈圖書與《四庫全書》之篩選、《四庫全書總目》提要中作者字號的文獻來源、《四庫全書總目》與同時代其他書目之關聯等,是其"非典型性"中仍具有典型性,故稍作考釋,略爲引申。

五　餘論:目録學研究展望

與文獻學往往被視爲工具而非學科相似,古典目録學同樣處於一種尷尬的境地。就學科而言,文學下的中國古典文獻學、歷史學下的歷史文獻學、管理學下的圖書館學中,均設有目録學,不同學科之下,研究對象雖有所重合,但研究方法、視角各有不同。在數字人文、古典學等新興跨學科"衝擊"的學術大背景下,近年來,對於目録學發展的瓶頸和前景,學者們已有比較清晰的認識。如馬楠在《目録學再出發》一文中稱:"目録學是文獻學的主要分支,目前也面臨着尷尬境遇。余嘉錫、王重民等先生開拓了目録學研究的諸多方向,研究方法亦隨物應機,廣有啓益。而近幾十年……研究視野狹窄,議題嚴重固化,甚至對目録的認識也較余、王有退無進。目録學號爲'辨章學術,考鏡源流',但片面强調書目編纂過程中的學術理念,不得不説是造成上述局面的原因之一。"②至於解決這一困境的方案,馬楠認爲:"重新回溯余嘉錫、王重民對書目的理解與認識,充分結合書籍史的前沿進展,其實有非常廣闊的研究空間。"③其《唐宋官私目録研究》一著,即是"回到目録產生之初,討論書目如何產生、關於書籍的知識如何被記録"④的嘗試。

---

① 李成晴《〈清文獻通考·經部經籍考〉對〈四庫全書總目〉之因革析論》,《山東圖書館學刊》2015年第5期;《〈清文獻通考·集部經籍考〉對〈四庫全書總目〉之因革析論》,《圖書情報知識》2016年第1期(又收入氏著《集部文獻叢考》,中華書局,2020年);《從史部義例看〈清文獻通考·經籍考〉對〈四庫全書總目〉之因革》,《圖書館研究與工作》2016年第2期;《〈清文獻通考·經籍考〉因革〈四庫全書總目〉析論——以子部爲樣本》,《圖書情報研究》2016年第3期。
② 馬楠《目録學再出發》,《文獻》2019年第3期,第175頁。
③ 馬楠《目録學再出發》,第176頁。
④ 馬楠《後記》,《唐宋官私目録研究》,第395頁。

張宗友教授師從徐有富先生,孜孜於古典文獻學研究,先後以《晚清官書局出版研究》《〈經義考〉研究》獲得碩、博士學位。又長期供職於南京大學古典文獻研究所,學風淳厚謹嚴,故成就豐富①。目錄學是古典文獻學的重要分支,張宗友教授以《經義考》研究爲根基,橫向擴展至朱彝尊研究,復下探而至四庫學,上溯而至漢晉六朝亡佚書目,各取得了豐碩的研究成果。《論集》一書,既有傳統的文獻考訂,也有文獻文化史的觀照,綜合考察目錄學與學術史,并以目錄體制研究獨樹一幟,均是當下目錄學研究中深具價値的重要成果,更能善於進行學術總結,指引治學門徑。尤其需要注意的是,《論集》同時是張宗友教授主編的"古典目錄學研究叢書"的第一種,其所撰寫的《叢書緣起》即是一篇簡明古典目錄學發展史。"守正出新,冀發未盡之覆;薈粹群言,庶臻益進之境"②,《論集》既是張宗友教授目錄學研究成果的彙總,也可以視爲張宗友教授對當下目錄學研究現狀和前景的回應,同時爲將來的研究指示了可供思考的領域和方向。

　　首先,是對學術史的再思考。張宗友教授指出劉向、歆父子在文獻文化史上的文獻傳承價値之一:"劉向、歆父子領校群書,對存世典籍進行了全面的校理,使先秦以來的傳世文獻,首次有了官方定本。這是劉向、歆父子在文獻傳承方面最大的學術貢獻。"③相較於此前的"道術將爲天下裂"④,劉向、歆父子的工作更切近"定於一"⑤。由此引申,可以稱劉向、歆父子帶有官方性質的典籍整理工作,纔真正使此前的典籍開始"進入歷史"⑥,塑成了其後傳世文獻的基本面貌,影響了二千餘年中國學術史與思想史。雖然劉向、歆父子的整理成果大多已不存,但後世對於先秦、西漢典籍的整理、注疏和研究,基本不能超出劉向、歆父子已確立的範圍,直到出土文獻、域外漢籍等新文獻的不斷發現,出現了與傳世文獻不同的面貌,纔能夠對劉向、歆父子之前的文獻形態、內容、學術意義等展開更深層次的研究,對劉向、歆父子的整理工作進行再評估。由此而後推,歷代與典籍整理相始終的書目編撰,也就均具有與劉向、歆父子相類似的學術價値,其學術史意義也就有可再發覆之處。以此爲基礎,綜合書籍史、文獻文化史等研究方法與視角,來重新審視歷代的典籍整理與書目編纂,挖掘重要議題,構建相應的學術發展史,也就自具其價値。

　　其次,是對文獻學學科的再認識。張宗友教授指出劉向、歆父子在文獻文化史上的文獻傳承價値之三:"向、歆父子開創了建構與書寫學術史的目錄學

---

① 有關南京大學古典文獻研究所,可參見程章燦《考獻徵文 日新其業——南京大學古典文獻研究所38年歷程回顧》,《古典文獻研究》第二十五輯上。
② 張宗友《叢書緣起》,《探驪拾微:古典目錄學論集》,第2頁。
③ 張宗友《領校群書,略序洪烈:論劉向、歆父子與文獻傳承》,第6頁。
④ 〔清〕郭慶藩撰,王孝魚點校《莊子集釋》卷十下,第1064頁。
⑤ 〔清〕焦循撰,沈文倬點校《孟子正義》卷三,中華書局,1987年,第71頁。
⑥ 即徐興無教授所稱:"進入歷史者,方有真實性。"見《童嶺譯林秀一〈隋劉炫《孝經述議》復原研究解題〉校後記》,載童嶺編《秦漢魏晉南北朝經籍考》,中西書局,2017年,第290頁。

傳統,《別録》《七略》因此成爲目録學的奠基之作、典範之作。"①事實上,劉向、歆父子所塑成的不僅僅是目録學之典範,更體現出今日文獻學學科三大分支在文獻學史早期的融合無間。劉向、歆父子整理群書解題爲《別録》《七略》,是其版本學、目録學、校勘學的綜合成果:整理群書建立在版本和校勘基礎上,結集之成果爲目録,其叙録即包括對版本和校勘成果的彙總,其中涉及版本的部分可以視爲版本彙總與底本、參校本選擇依據,涉及校勘的部分可以視爲一篇簡短的校勘記和校勘原則説明。因此,劉向、歆父子通過整理群書、編撰《別録》《七略》,實現了版本學、目録學、校勘學的融合,故後世或借用劉向叙録中"校讎"之語,將三者概稱爲"校讎學",亦即今日的文獻學②。有鑒於此,劉向、歆父子在目録編撰中所融合的版本、校勘内容,也在事實上塑成了文獻學的典範③。不過,在劉向、歆父子之後,部分情況下圖書收藏、整理、校勘與編制目録相分離,即使典籍整理與書目編纂相始終,圖書解題撰寫的闕失與亡佚也多有發生甚至成爲常態,目録與版本、校勘之間的關聯不再密切。重新考察劉向、歆父子的成就,也有助於從目録學視角重新梳理文獻學發展史中目録、版本、校勘的合離態勢。甚而目前因學科細分所造成的版本學、目録學、校勘學之無意識分離,都可再作討論。

最後,張宗友教授所揭示的諸多研究領域,也有待於更系統的深入研究。如對目録體制的考察,目前尚僅及《晉中經簿》《七志》《七録》等亡佚書目的分卷、解題、小序等方面,如果進一步展開,遵照其所指示的研究方法,也就可以從晉六朝擴充至歷代,從解題、小序擴充至體制内、外各個層面,從佚籍擴充至全部書目,甚至於對歷代書目體制變遷進行更爲系統的研究和理論總結。體制研究的目的之一,在於儘可能推考書目原貌,對於亡佚書目的輯佚有所助益,也由此揭示出對漢晉六朝亡佚書目進行系統輯佚和整理的重要性。更可進一步聚焦到目録與目録學本身,如對於中國目録學年表的再編、中國目録學史的重理、中國目録學理論的討論,也應引起關注。對於由朱彝尊研究所引出的如中國歷代經學著述考與朱彝尊書目彙編等整理和研究工程,體量頗大,更

---

① 張宗友《領校群書,略序洪烈:論劉向、歆父子與文獻傳承》,第 27—28 頁。
② 古無"文獻學"之名,如鄭樵《通志・校讎略》、章學誠《校讎通義》均用"校讎",後世或稱"校讎"(如程千帆、徐有富《校讎廣義》),或稱"文獻學"(如王欣夫《文獻學講義》),也有觀念發生變化,如張舜徽既著《廣校讎略》(1945 年自刊本),亦著《中國文獻學》(中州書畫社,1982 年),其實質并無不同。對於文獻學學科分支,各家所分不同,在版本學、目録學、校勘學三大分支之外,還有典藏、輯佚、辨偽,甚至於將文字、音韻、訓詁等納入者,但并不能動摇三大分支的主幹地位。
③ 版本、校勘在劉向目録編纂中的融合,前賢已有揭示,如孫德謙《劉向校讎學纂微》詳分"備衆本""訂脱誤"以下二十三條(《孫德謙著作集》卷七,影印民國十二年四益宧刊本,上海大學出版社,2019 年,第 303—404 頁),而以張舜徽所論較爲全面(《廣校讎略》卷一,上海古籍出版社,2013 年,第 1—2 頁)。其後如鄧駿捷曾詳細考論劉向目録學編纂中所涉的版本學、校勘學、辨偽學與古文獻學框架的建構(《劉向校書考論》,人民出版社,2012 年,第 258—282 頁),李景文也從版本、校勘、辨偽、目録、編纂等角度考察劉向對文獻學的構建與理論推動(《劉向文獻編纂研究》,人民出版社,2020 年,第 356—366 頁)。

有待於出版界、圖書館界與學界的通力合作①。至於《四庫全書總目》提要之辨正,自清代以來綿延不絶,已爲顯學,而因清代文獻繁多,取捨與利用更需注意,也需要對相關研究進行理論總結。以上諸多領域,堂廡特大,張宗友教授或發軔於斯,或推進研究的深入,也有待於學界同仁的共同努力。

張宗友教授《論集》一著,在體制、内容、理論和方法上均有其創新之處,并取得了豐碩的研究成果,拓展了目録學研究的邊界,擴大了目録學研究的範圍,也爲目録學者的相關研究指示門徑,是當前學術發展進程中一部重要的目録學研究著作,具有文獻文化史研究的典範意義。以上從張宗友教授《論集》出發,試就其内容、創新略作概説,并商榷可能存在的問題,對當下目録學研究進行展望。限於學力,其中不當之處,尚期學界同仁有以正之。

(作者單位:湖南大學文學院)

---

① 如張宗友教授《回顧與前瞻:朱彝尊目録學研究的現狀與取徑》一文指出朱彝尊書目彙編"不應該是幾種書目的簡單相加(如影印或標點),而應該是以書名爲核心的研究性的書目整理"(第253頁),提出了更高的學術要求。不過,彙編整理還是依賴於對單種書目的尋找、影印與整理。目前已出版的數種朱彝尊全集,整理本中,沈松勤主編《朱彝尊全集》僅點校《經義考》一種;影印本中,除《經義考》外,如李聖華、周翔編《朱彝尊文獻輯刊》(北京燕山出版社,2019年)影印書目六種,沈紅梅主編、張宗友副主編《朱彝尊全集》影印五種,加上作爲單本整理出版的《曝書亭序跋·潛采堂宋元人集目録·竹垞行笈書目》(上海古籍出版社,2018年),删除重複,朱彝尊書目已有十種出版,但仍有闕漏,亦誠如張宗友教授所稱:"非短時間内可以完成。"(第253頁)

《白虎通》元本價值述論
——兼談文本中層結構在校勘中的意義

石 瑊

《白虎通》是東漢章帝建初四年(79)白虎觀經學會議的最終成果①。此書因備載今文博士家言,又兼及古文經説,是經學史乃至中國古代哲學與思想文化研究的重要典籍。《白虎通》從東漢至今的近兩千年裏,一直以相對完整的面貌流傳。其現存版本以元大德九年(1305)無錫州學刻《白虎通德論》十卷(以下簡稱"元大德本")和元小字本《白虎通》二卷爲最早②,明清傳本多據之翻刻。清乾隆年間,盧文弨在莊述祖校勘的基礎上,與孫志祖、周廣業等十數人共校《白虎通》,并收入《抱經堂叢書》刊行,是爲抱經堂本《白虎通》四卷③。抱經堂本因參校衆本,廣泛利用他校材料,并附録佚文,問世不久,旋被推爲善本④。清末陳立撰《白虎通疏證》十二卷,底本依用抱經堂本,僅作少數調整。陳氏《疏證》於光緒元年(1875)由淮南書局首先開雕付梓,後又納入《皇清經解續編》印行。二十世紀九十年代中華書局將其選入《新編諸子集成》整理出版。長期以來,《疏證》作爲《白虎通》的惟一注本,因爲注釋詳實,流傳廣泛,逐漸成爲人們閲讀研究《白虎通》的通行本。

不過近年來,隨着古籍整理與研究工作的深入,盧文弨校勘《白虎通》中的問題,開始引起學界關注。劉青松《抱經堂本〈白虎通〉述評》指出抱經堂本存在:一、底本選擇,"後得元本,對校輕率";二、他校失當,"篤信旁證,證據不

---

① 通常認爲,《白虎通》是《白虎通義》的簡稱。它是東漢白虎觀經學會議之後,漢章帝命史臣在會議檔案記録《白虎議奏》的基礎上,編撰而成的一部經學思想著作。《後漢書·班固傳》中同時有"天子會諸儒講論五經,作《白虎通德論》,令固撰集其事"的記載,因史文簡略,此處"白虎通德論"所指究竟爲何,學界一直存在爭議,其實不宜徑將"白虎通德論"看作《白虎通》之別稱。
② 《白虎通》此兩種元本,國家圖書館和上海圖書館均有收藏。《中華再造善本》叢書曾分別據上海圖書館藏元大德本和國家圖書館藏元小字本影印出版。
③ 抱經堂本《白虎通》正文四卷,每卷分上下,實爲八卷。其後另附闕文、補遺。
④ 莫友芝云:"抱經堂校本補正脱訛甚夥,佳。"見〔清〕莫友芝撰,傅增湘訂補,傅熹年整理《藏園訂補邵亭知見傳本書目》卷一〇上,中華書局,2009年,第678頁。

足";三、理校過激,"潛改舊文,臆定無徵";四、劃分章節,"斷句失誤,割裂全篇"等種種疏漏①。從根本上説,出現這些問題的原因,一是客觀條件的限制,當時獲取文獻不易,導致了底本和校本選擇不盡人意;其二,更重要的是,盧文弨在校勘中没有堅持實事求是的態度,多憑藉個人的主觀認識處理文本,故而導致了較爲嚴重的臆改,最終極大地改變了《白虎通》在此以前的流傳面貌。而考慮到陳立《疏證》在沿用抱經堂本基礎上所作的調整,亦往往出現取捨失當的情况②,因此,在當前啓動重新整理《白虎通》文本的工作也就勢在必行。

本文認爲,重新整理《白虎通》文本需重視該書元本的價值。與今日可見的絶大多數唐以前典籍一樣,《白虎通》也經歷了宋人的一番校理,目前傳世的兩種元本皆在相當程度上反映了宋人整理之後該書的文本面貌。過去較長時間,由於抱經堂本和《疏證》的通行,宋人的校理工作及其在《白虎通》元本中的體現較少得到關注。本文擬綜合相關綫索,在明確宋人校理《白虎通》事實的基礎上,討論元本所反映宋校《白虎通》文本的獨特價值,并在最後兼及對校勘學方法論的一點思考。

一

考察宋人曾對《白虎通》做過校理,首先需從目録記載的信息入手:

《隋書·經籍志》:《白虎通》六卷。③

《舊唐書·經籍志》:《白虎通》六卷,漢章帝撰。④

《新唐書·藝文志》:班固等《白虎通義》六卷。⑤

《崇文總目》:《白虎通德論》十卷,後漢班固撰。章帝建初四年,詔諸儒會白虎觀,講議五經同异,詔集其事。凡十四篇。⑥

《郡齋讀書志》:《白虎通德論》十卷,右後漢章帝會群臣於白虎殿,講論《五經》同异,班固奉詔纂修。⑦

《直齋書録解題》:《白虎通》十卷,漢尚書郎班固撰。章帝建初四年,詔諸儒會白虎觀,講議五經同异。五官中郎將魏應承制問,侍中淳于恭奏,帝親稱制臨决,作《白虎議奏》,蓋用宣帝石渠故事也。《石渠議奏》今不傳矣。《班固傳》稱作《白虎通德論》,令固撰集其事云。凡四十四門。⑧

---

① 劉青松《抱經堂本〈白虎通〉述評》,《河北大學學報》2015年第3期,第68—74頁。
② 任銘善《籀廎〈白虎通德論〉校文題記》謂"陳氏治《白虎通》略於校讎,徒取盧氏之本,而往往捨精得麤,未爲善擇"。見氏著《無受室文存》,浙江大學出版社,2005年,第213頁。
③ 《隋書》卷三二,中華書局,1973年,第937頁。
④ 《舊唐書》卷四六,中華書局,1975年,第1982頁。
⑤ 《新唐書》卷五七,中華書局,1975年,第1445頁。
⑥ 《崇文總目》此條據《文獻通考·經籍考》所引。見〔元〕馬端臨《文獻通考》卷一八五,中華書局,2011年,第5445頁。
⑦ 〔宋〕晁公武撰,孫猛校證《郡齋讀書志校證》卷四,上海古籍出版社,1990年,第140頁。
⑧ 〔宋〕陳振孫《直齋書録解題》卷三,上海古籍出版社,2015年,第81頁。按:"云"字下,整理者原施逗號,今據句意,改作句號。

《玉海·藝文》:《隋志》:《白虎通》六卷。《唐志》:班固等《白虎通義》六卷。《崇文目》:《白虎通德論》十卷。《中興書目》:《白虎通》十卷。凡四十篇,今本自《爵》《號》至《嫁娶》凡四十三篇。①

《宋史·藝文志》:班固《白虎通》十卷。②

比較目錄記載可知,《白虎通》的著錄信息在《崇文總目》中發生了較大變化。此前《隋志》和《舊唐志》中的六卷《白虎通》,至此轉作十卷,書名亦改題"白虎通德論",且歸爲班固所撰。《後漢書·儒林傳》云:"建初中,大會諸儒於白虎觀,考詳同異,連月乃罷。肅宗親臨稱制,如石渠故事,顧命史臣,著爲通義。"③據李賢注,"通義"即《白虎通義》④。同書《班固傳》又云:"天子會諸儒講論《五經》,作《白虎通德論》,令固撰集其事。"⑤《崇文總目》明確將《後漢書》這兩處記載對應起來,認爲章帝命史臣所著"通義",即其命班固所撰集的《白虎通德論》,故以一種看似更加明確的作者和題名取代了之前《隋志》和《舊唐志》中原有的信息。

以上《崇文總目》中著錄信息的變動,與北宋前期的群書校理活動有着直接的關係。唐末五代戰亂日久,經籍散佚嚴重。北宋建立之後,朝廷曾多次詔求搜集整理圖書,藏書起先存於三館,後遷崇文院⑥。真宗大中祥符八年(1015),因火災,崇文院藏書移至右掖門外,并取太清樓本補寫,仁宗天聖三年(1025),成一萬七千六百卷,皆歸於太清樓。天聖九年(1031),新作崇文院。景祐中,朝廷增募寫書官吏,專門從事校理群書的工作,并繼續搜求逸書。最終,仁宗命人將所校定圖書凡三萬六百六十九卷,仿照《開元四部錄》,編成《崇文總目》,於慶曆元年(1041)奏上⑦。

---

① 〔宋〕王應麟撰,武秀成、趙庶洋校證《玉海藝文校證》卷八,鳳凰出版社,2013年,第360頁。
② 《宋史》卷二〇二,中華書局,1985年,第5070頁。
③ 《後漢書》卷七九上,中華書局,1965年,第2546頁。
④ 李賢注因避唐國公李虎諱,稱《白武通義》。見《後漢書》卷七九上,第2547頁。
⑤ 《後漢書》卷四〇下,第1373頁。
⑥ 《玉海·藝文》"太平興國三館四庫書籍·崇文院六庫書籍"條云:"五季時,三館在右掖門內,止十餘楹,書纔數櫃。太平興國二年,始於乾元殿東改建。三年成,遷舊館之書。二月丙辰朔,賜名崇文院。院之東廡爲昭文書庫,南廡爲集賢書庫,西廡有四庫,分四部,爲史館書庫。辛巳,幸觀書。凡六庫書籍正副本八萬卷。"見《玉海藝文校證》卷一八,第864—865頁。
⑦ 《玉海·藝文》"淳化秘閣群書"條引《兩朝藝文志》云:"祖宗藏書之所曰三館。秘閣在左升龍門北,是爲崇文院。自建隆至祥符,著錄總三萬六千二百八十卷。八年,館閣火,移寓右掖門外,謂之崇文外院。借太清樓本補寫,既多損蠹,更命繕還。天聖三年,成萬七千六百卷,歸於太清。九年冬,新作崇文院,館閣復而外院廢。時增募寫書史,專事全緝。景祐初,命翰林學士張觀、知制誥李淑、宋祁編四庫書,判館閣官覆視錄校。二年,上經、史八千四百二十五卷。明年,上子、集萬二千三百六十六卷。差賜官吏器幣。詔求逸書,復以書有謬濫不全,始命定其存廢,因仿《開元四部錄》爲《崇文總目》。慶曆初成書,凡三萬六百六十九卷。"《玉海·藝文》"慶曆《崇文總目》"條亦云:"慶曆元年十二月己丑,翰林學士王堯臣等上新修《崇文總目》六十卷。其書總數凡三萬六百六十九卷。自太祖平定四方,天下之書悉歸藏室。太宗、真宗訪求遺逸,小則償以金帛,大則授之以官。又經書未有板者,悉令刊刻。由是大備,起秘閣,貯之禁中。景祐元年閏六月,以三館、秘閣所藏有謬濫不全之書,辛酉,命翰林學士張觀、知制誥李淑、宋祁將館閣正副本書看詳,定其存廢,僞謬重複,并從刪去,內有差漏者,令補寫校對。仿《開元四部錄》,約《國史藝文志》,著爲目錄。"見《玉海藝文校證》卷一八,第866—867、875頁。

《崇文總目》是北宋前期崇文院藏書的總結①,也是當時官方系統校理群書成果的體現。其中著録信息相較於前代書目的變化,是今人考察書籍文本流傳演變的重要綫索。《崇文總目》之後的宋代書目,如《郡齋讀書志》《直齋書録解題》等,以及在諸《國史藝文志》基礎上補充修訂而成的《宋史·藝文志》②,一律著録班固撰《白虎通(德論)》十卷③,可見經過官方校理之後,宋代《白虎通》傳本一出於此。惟歐陽修等編《新唐志》,曾參考《崇文總目》所反映的以館閣藏書爲主的北宋存見唐人書,對《舊唐志》的内容進行修訂和增補④,是以其著録《白虎通》,將撰人由漢章帝改署爲班固等人,但卷數仍作六卷,且書名補全"通義"之名而不作"通德論",雜糅了該書以宋代爲界,前後不同的文本信息特徵。

　　今存《白虎通》兩種元本,皆帶有宋人校理的痕迹,然二者之間亦略有差別。元大德本《白虎通德論》十卷,卷端題"臣班固纂集",其書名、卷數、作者等信息,一同《崇文總目》。據書前張楷序,元大德本乃自劉世常家藏本翻刻⑤,目録後有按語稱"朝廷崇尚實學,敬以家藏監本刊行,與衆共之"⑥,此應爲劉世常自道。宋代《白虎通》有無監本刊刻流傳,今已難有定論⑦,但從大德本對《崇文總目》著録信息的嚴格遵循來看,其與官本的密切淵源當可想像。至於元小字本《白虎通》二卷,書名、卷數固與《崇文總目》不同,不過目録前小序云"《白虎通德論》者……後漢玄武司馬班固字孟堅奉詔纂"⑧,知其所謂"白虎通"乃自"白虎通德論"五字縮略而來,與自"通義"所省略者不同。又元小字本目録《爵》《崩薨》《五祀》《封公侯》《三軍》《封禪》《王者不臣》《文質》《情性》《嫁娶》這十篇之上皆有圓圈,仍然保留了其自十卷本改動而來的痕迹⑨。元小字

---

① 馬楠《離析〈宋史藝文志〉》,《唐宋官私目録研究》,中西書局,2020年,第139頁。
② 有關《宋史·藝文志》編纂過程的最新研究,參《離析〈宋史藝文志〉》,第135—180頁。
③ 《直齋書録解題》《宋史·藝文志》著録《白虎通》,而非《白虎通德論》,看似與《隋志》《舊唐志》同,但前二者既然承認《白虎通》爲班固所撰,則必以爲《白虎通》之"通"是"通德論"的縮略。這與《隋志》和《舊唐志》認爲《白虎通》之"通"是"通義"的省略不同。此點分別亦可從元小字本題作《白虎通》,而目録前小序又稱《白虎通德論》見出,下詳。又《玉海·藝文》引《中興書目》著録《白虎通》十卷,不及撰人,是前文引《新唐志》已見班固之名,下文遂省。
④ 參馬楠《〈新唐書藝文志〉增補修訂〈舊唐書經籍志〉的三種文獻來源》,《唐宋官私目録研究》,第49—80頁。
⑤ 《元本白虎通德論》第一册,影印上海圖書館藏元大德本,國家圖書館出版社,2019年,第7—11頁。
⑥ 《元本白虎通德論》第一册,第18頁。
⑦ 劉青松認爲元大德本的底本爲南宋監本,或然。參《抱經堂本〈白虎通〉述評》,第70頁。不過古人刻書,爲自抬身價,常有底本僞托監本的情況。由於缺少其他綫索,故僅憑書序本身,仍難確言元大德本自宋監本刊刻而來,宋代《白虎通》是否實有監本一事還應存疑。
⑧ 《白虎通》,《中華再造善本》影印中國國家圖書館藏元小字本,國家圖書館出版社,2006年,第1頁。
⑨ 盧文弨謂"此本雖分上下兩卷,然篇目上作圓圈者十,仍不失十卷之舊",是也。見〔清〕盧文弨《書吴葵里所藏宋本〈白虎通〉後》,《抱經堂文集》卷一二,中華書局,1990年,第170頁。

本這樣簡略書名、壓縮卷帙的做法，與之多用俗字的現象①，頗類乎坊間書商的操作。

宋校《白虎通》的篇數，《文獻通考·經籍考》引《崇文總目》稱"凡十四篇"，《直齋書錄解題》云"凡四十四門"，《四庫全書總目》謂元大德本"凡四十四篇，與陳氏所言相符。知《崇文總目》所云十四篇者，乃傳寫脱一'四'字耳"②。如此，則《玉海·藝文》引《中興書目》謂"凡四十篇，今本自《爵》《號》至《嫁娶》凡四十三篇"，前"四十"下似應亦脱一"四"字。不過元大德本《白虎通德論》目錄分作四十四篇，內文則合《三綱》《六紀》作一篇，故實有四十三篇，元小字本同③。又元大德本末卷《紼冕》《喪服》《崩薨》三篇，元小字本列在《謚》之下。後者篇序起自《爵》《號》終於《嫁娶》，與《玉海·藝文》所引之宋末"今本"同。這當是一種後起的篇序，而元大德本的篇序可能更接近宋代官方校理的情况。

總之，以北宋慶曆元年所上《崇文總目》爲限斷，其中關於《白虎通》著錄信息的變化，標誌着宋校《白虎通》文本至遲在仁宗景祐年間官方大規模的校書活動中基本定型。而儘管在篇序上略有差別，元大德本與元小字本篇中的文字內容存在極高的一致性④，他們都是今人全面追溯宋校《白虎通》文本的最早資源。

二

劉青松指出，通過比對，元大德本與《太平御覽》對《白虎通》的徵引差別較明顯，而與南宋朱熹、王應麟、馬端臨等人著作中的徵引幾乎完全相同⑤。這説明元大德本，也包括元小字本，相當忠實地保持了宋校《白虎通》篇中的文本面貌。同時，與北宋初年成書的《太平御覽》徵引《白虎通》所依賴的宋人校理之前的文本相比，元本所反映的宋人校改情况值得重視。這也就意味着，《白虎通》元本的價值，不僅僅是作爲該書今日最早且完整的版本資源而已；更重要的是元本所保存的宋校文本面貌是今人考察《白虎通》文本流變的樞紐。

具體而言，《白虎通》元本的價值即在於，以之爲中心建立起文本比勘體系，結合宋及宋以前古書引文，以及清人的校勘成果進行對比分析，由此，上可以明確宋人校改的具體情况，并追索《白虎通》的古本面貌及譜系，下可以檢視清人的校勘實例，吸收其中正確的判斷，糾正并反思其中的錯誤和不足。本節以下內容，將結合幾則校勘案例，來揭示《白虎通》元本的這一價值。

---

① 劉青松指出元小字本使用俗字的情况遠多於元大德本，見《抱經堂本〈白虎通〉述評》，第71頁。
② 〔清〕永瑢等《四庫全書總目》卷一一八，中華書局，1965年，第1015頁。
③ 元小字本目錄漏刻《巡狩》《考黜》兩篇，內文不缺。
④ 通過對校二者，筆者發現除因個別字詞的衍訛脱倒和異體字使用不同而產生的簡單異文外，《白虎通》這兩種元本相互之間涉及三字以上的異文，全書不及十處，以句爲單位的異文僅有一兩處。
⑤ 見《抱經堂本〈白虎通〉述評》，第70頁。

(1) 元大德本《白虎通德論·辟雍》：

> 辟之爲言積也，積天下之道德也；雍之爲言壅也，壅天下之殘賊。①

元小字本同。考宋人校理前文本，諸書引用主要見於以下幾處：

> 《續漢書·祭祀志》劉昭注引作：辟之爲言積也，積天下之道德；雍之爲言壅也，壅天下之儀則。②

> 原本《玉篇》卷二二引作：積天下之道德，邕天下之殘賊也。③

> 《白氏六帖事類集》卷一一引作：辟，積也，積天下之道德，雍天下之殘賊。④

以上三處徵引各有詳略，而核心異文只在於"殘賊"一作"儀則"，是宋校之前，《白虎通》此處文字當有兩種版本流傳，而宋校所據用者爲"殘賊"。盧文弨校刻抱經堂本《白虎通》謂"舊本作'殘賊'非"⑤，遂以劉昭注所引"儀則"替換。其實，"殘賊"語意可通，劉師培云"蓋防遏殘虐之誼也"⑥，是也。盧校此處改變了宋校《白虎通》的文本面貌。

(2) 元大德本《白虎通德論·封禪》：

> 刻石紀號者，著己之功迹也，以自效放也。⑦

元小字本同，惟"放"作"倣"。考宋人校理前文本，諸書引用主要見於六處：

> 《禮記·王制正義》引作：刻石紀號者，著己之功迹。⑧

> 《禮記·禮器正義》引作：刻石紀號者，著己之功迹，以自勸也。⑨

> 《初學記》卷五引作：皆刻石紀號，著己之功績，以自效也。⑩

> 《史記·孝武本紀》張守節《正義》引作：刻石紀號，著己之功績。⑪

> 《太平御覽》卷三九引作：皆刻石紀號，著己之功績，以自效也。⑫

---

① 《元本白虎通德論》第一册，第159頁。
② 《後漢書》志八，第3178頁。
③ 〔梁〕顧野王編撰《原本玉篇殘卷》卷二二，影印黎昌庶本、羅振玉本，中華書局，1985年，第444頁。
④ 〔唐〕白居易《白氏六帖事類》，《四部叢刊》四編影印日本静嘉堂文庫藏北宋仁宗刊本，中國書店，2016年，第456頁。
⑤ 《白虎通》卷二下，陳東輝主編《盧校叢編》影印抱經堂叢書本，浙江大學出版社，2021年，第185頁。
⑥ 〔清〕劉師培《白虎通義斠補》卷上，吳則虞整理《白虎通疏證》附錄三，中華書局，1994年，第657頁。
⑦ 《元本白虎通德論》第二册，第1頁。
⑧ 《禮記正義》卷一一，影印阮元校刻《十三經注疏》清嘉慶二十年(1815)南昌府學刻本，中華書局，2009年，第2877頁。
⑨ 《禮記正義》卷二四，第3119頁。
⑩ 〔唐〕徐堅《初學記》卷五，中華書局，2004年，第94頁。
⑪ 《史記》卷一二，中華書局，1982年第2版，第473頁。
⑫ 《太平御覽》卷三九，中華書局縮印商務印書館影印宋本，1960年，第187頁。

《太平御覽》卷五三六引作：刻石記號者，著己之功迹也。①

以上引文大約可分作兩系。其中《禮記·王制正義》《禮器正義》和《御覽》卷五三六所引可目爲一系。此三者引"刻石紀(記)號"下有"者"字，"著己之功迹"用"迹"不作"績"。另一系則以《初學記》和《御覽》卷三九所引爲代表，"刻石紀號"下無"者"字而上有"皆"字，"著己之功績"用"績"不作"迹"。此外，二者尚多"以自效也"四字，與《禮器正義》引文"以自勸也"不同。另外，《史記正義》引文簡略，但從"功績"的用字上看，亦當與《初學記》等引文出自一系。

類書本多據各類文獻抄錄成編，是以一書之中，前後引文存在差異，不足爲奇。《御覽》不同卷下引錄《白虎通》文句存在差異，正可見出宋人校理之前，該書在流傳中存在不同文本系統并行的情況②。由此檢視元本所反映的宋校情況：

刻石紀號者，著己之功迹也，以自效放(倣)也。

"刻石紀號者，著己之功迹也"全同《御覽》卷五三六引文，其下"以自效放(倣)也"又近乎《初學記》和《御覽》卷三九引文，可見此處宋人的校理工作，似是參酌了以上兩種文本系統綜合確定的結果。《封禪》篇前文云："天下太平，功成封禪，以告太平也。所以必於泰山何？萬物所交代之處也。必於其上何？因高告高，順其類也。故升封者，增高也。下禪梁甫之山基，廣厚也。"③據文勢，下句若作"皆刻石紀號"，主語承前"升封者"而來，文氣似不免過長。依宋校作"刻石紀號者"，則另起主語，使文句更加清晰明確。又下文，緣"勸"有"勉勵"和"勸導"二義，亦不如宋校作"效放(倣)"明確④。由此可說，如果此處宋人的文本整合工作確然存在的話，那麼他們選擇異文的標準當在於對文意的"惟善是從"。

抱經堂本《白虎通》此句作：

皆刻石紀號者，著己之功迹，以自效也。⑤

盧校云："'皆'字舊無，《初學記》有，無'者'字。又舊本'迹'下衍'也'字，'效'作'效倣'，今俱據《初學記》改正。《禮器正義》作'著己之功迹，以自勸也'。"⑥盧文弨不識宋人校勘之意，一心欲以《初學記》引文爲准改正"舊本"，但其既補

---

① 《太平御覽》卷五三六，第2433頁。
② 陳爽曾考校《太平御覽》所引《宋書》條目，指出"《御覽》所引《宋書》并非抄錄自一部結構統一內容完整的《宋書》，而是從當時傳世的諸多類書中輾轉抄錄而成，因而文字多有异同"，儘管存在着一些問題，"《御覽》所引《宋書》仍保存了唐宋以前寫本的原始面貌，具有珍貴而獨特的校勘價值"。參見陳爽《〈太平御覽〉所引〈宋書〉考》，《文史》2015年第4輯，第82頁。
③ 《元本白虎通德論》第二冊，第1頁。
④ 效放(倣)，《初學記》及《御覽》卷三九引《白虎通》此處文本皆作"效"。按，效、放(倣)義近。宋校《白虎通》"效"下有"放(倣)"字，其或爲宋人所補，以明"效"字之義；亦或出於同義增衍。
⑤ 《白虎通》卷三上，《盧校叢編》，第195頁。
⑥ 《白虎通》卷三上，《盧校叢編》，第195—196頁。

"皆"字,又存"者"字,且不將"功迹"改作"功績",不僅無助於釐清本源,反而使得《白虎通》的文本面貌變得更加模糊複雜。

(3) 元大德本《白虎通德論·社稷》:

> 王者所以有社稷何?爲天下求福報功。人非土不立,非穀不食。土地廣博,不可遍敬也;五穀衆多,不可一一而祭也。故封土立社,示有土;尊稷五穀之長,故封稷而祭之也。①

元小字本同。考宋人校理前文本,諸書引用相對完整者見於以下兩處:

> 《續漢書·祭祀志》劉昭注引作:王者所以有社稷何?爲天下求福報功。人非土不立,非穀不食。土地廣博,不可遍敬;五穀衆多,不可一一而祭。故封土立社,示有土也;稷,五穀之長,故立稷而祭之也。②

> 《太平御覽》卷五三二引作:王者所有社稷何?爲天下求福報功。人非土不立,非穀不食。土地廣博,不可遍敬;五祀衆多,不可一一而祭。故封土立社,祀而之示;尊五穀之長,立稷而祀之。③

就整體文段而論,劉昭注和《御覽》引文與元本都非常接近,主要區別只在"示有土;尊稷五穀之長"兩句。如果更細緻地比較起來,元本下句起始之"尊"字,劉昭注作"也",屬上讀,二者僅一字之異。而《御覽》引文"祀而之示"不作"示有土也",下句起始"尊"不作"稷",與劉昭注引文相較,明顯來自另一系文本。不過元本所反映的宋校《白虎通》下句"稷五穀之長"前較劉昭注引文多一"尊"字,與《御覽》引文同,似可見出某種程度的文本融合。

此外,又有《後漢書》李賢注引文作:

> 天子之壇方五丈,諸侯之壇半天子之壇。社者,土也。人非土不立,非穀不食,故封土立社,示有土也。稷者,五穀之長,得陰陽中和之氣,故祭之也。④

李賢注此處"天子之壇方五丈,諸侯之壇半天子之壇""得陰陽中和之氣"等句,係調整《白虎通》前後文本而成,故與宋校《白虎通》并劉昭注及《御覽》引文有明顯不同。不過其中"示有土也。稷者,五穀之長",僅較劉昭注多一"者"字,應歸於同系文本。

抱經堂本《白虎通》據劉昭注引文,改"尊"爲"也",屬上讀。盧校云:"《御覽》文多訛舛,作'而示五尊',疑當是'示有尊也'。"⑤劉師培則謂"《御覽》五百三十二引作'而示尊'。是本文應作'示尊土'",故其校改爲"故封土立社,示尊

---

① 《元本白虎通德論》第一册,第58頁。
② 《後漢書》志第九,第3201—3202頁。
③ 《太平御覽》卷五三二,第2416頁。
④ 《後漢書》卷一上,第27頁。
⑤ 《白虎通》卷一上,《盧校叢編》,第92頁。

土也。稷,五穀之長"①。按,盧、劉二人所見《御覽》版本不善,"而示(五)尊"據宋版當作"祀而之示"。重要的是,《御覽》引文下句由"尊"字領銜,盧、劉未能注意從异文上下句的隸屬關係上,區分文本的流傳譜系,或改字以實就虛屬上讀,或移下句之文入上句。前者尚且在局部保存了《白虎通》宋校前文本之一系,後者則混亂文本面貌,有悖校勘的本旨。

(4) 元大德本《白虎通德論·宗族》:

> 族者,何也? 族者,湊也,聚也,謂恩愛相流湊也。生相親愛,死相哀痛,有會聚之道,故謂之族。《尚書》曰:"以親九族。"族所以九何? 九之爲言究也,親疏恩愛究竟也,謂父族四,母族三,妻族二。②

元小字本同。此節另有《通典》引作:

> 九族者何? 族者,湊也,聚也。上湊高祖,下至玄孫,一家有吉,百家聚之,合而爲親。生相親愛,死相哀痛,有會聚之道,故謂爲族。《尚書》曰:"以親九族,九族既睦,平章百姓。"族所以九者,九爲言究也,親疏恩愛究竟。謂之九族也,父族四,母族三,妻族二。③

以上兩處文本的主要差异有四:(1) 元本"族者,何也",《通典》引作"九族者何"。(2) 元本"謂恩愛相流湊也",《通典》引作"上湊高祖,下至玄孫,一家有吉,百家聚之,合而爲親"。(3) 其下引《尚書》,《通典》較元本多"九族既睦,平章百姓"兩句。(4) 文本末尾,元本"父族四,母族三,妻族二"前,《通典》引文又多"之九族也"四字。

就此言之,元本和《通典》引文的區別主要表現爲簡繁不同。同時,在文本結構方面,相較《通典》引文皆統攝於"九族者何"這一個問題之下,元本此處由"族者,何也"和"族所以九何"兩組問答構成。《爾雅疏》引《白虎通》"族者,何也? 族者,湊也,聚也,謂恩愛相流湊。生相親愛,死相哀痛,有會聚之道,故謂之族也"④,與元本同,適爲第一組問答。考《爾雅疏》乃邢昺等人於宋真宗咸平年間受詔編纂,歷時兩年修成⑤,書中內容多資取舊疏而來⑥,故其間所引

---

① 〔清〕劉師培《白虎通義定本》卷二,吴則虞整理《白虎通疏證》附錄六,第 773 頁。
② 《元本白虎通德論》第二册,第 82 頁。
③ 〔唐〕杜佑《通典》卷七三,中華書局,1988 年,第 2000 頁。
④ 《爾雅注疏》卷四,影印阮元校刻《十三經注疏》清嘉慶二十年南昌府學刻本,中華書局,第 5639 頁。
⑤ 《宋史·邢昺傳》云:"咸平初,改國子祭酒。二年,始置翰林侍講學士,以昺爲之。受詔與杜鎬、舒雅、孫奭、李慕清、崔偓佺等校定《周禮》、《儀禮》、《公羊》、《穀梁春秋傳》、《孝經》《論語》《爾雅義疏》。"據《玉海·藝文》"咸平經論語正義"條,《爾雅疏》等修成進獻,在咸平四年(1001)九月。見《宋史》卷四三一,第 12798 頁;《玉海藝文校證》卷七,第 329 頁。
⑥ 《玉海·藝文》"咸平孝經論語正義"條云:"《爾雅》取孫炎、高璉《疏》,約而修之。"而野間文史本諸清人觀點,認爲《爾雅疏》修纂的原始資料還應該是《五經正義》。按,《爾雅疏》不少內容取材自《五經正義》應無疑義,但也應包含有《爾雅》舊疏在內的其他文獻,如本文上文所提及的《白虎通》引文,即不見於《五經正義》,其自當別有依據。見《玉海藝文校證》卷七,第 328—329 頁;〔日〕野間文史《邢昺〈爾雅疏〉研究》,《中國經學》第十七輯,廣西師範大學出版社,2015 年,第 1—14 頁。

《白虎通》亦應是宋校之前的古本面貌。這也就意味着，元本所反映的宋校文本此處同樣存在着古本依據，只是較《通典》所引，别是一系。

　　盧文弨校刻抱經堂本《白虎通》，據《通典》引文，在"謂恩愛相流湊也"之後，補入"上湊高祖，下至玄孫，一家有吉，百家聚之，合而爲親"一段，又在末句"父族四，母族三，妻族二"之前，補"之九族也"四字①。必須指出，盧校所補，皆有文本内容方面的考慮。特别是前者，盧文弨注意到"上湊高祖，下至玄孫"本是漢代古文經學"九族"說的内容，其與"父族四，母族三，妻族二"的今文"九族"說一起，構成《白虎通》整合經說，建構自身思想體系的重要組成部分②。故《通典》引文所保存的這段异文，實具有重要價值。但由於文本系統存在繁簡之别，貿然將繁本的文句補入簡本，只會造成文本面貌的淆亂。此時，考慮在校記中詳列文本差异，說明繁簡，推斷成因，并分辨優劣，方纔是相對穩妥的辦法。

餘　論

　　綜上，作爲《白虎通》文本面貌遞嬗的中間一環，該書元本在文本考察中的樞紐作用意義非常，而這正是其最突出的價值所在。故在今天重新校勘《白虎通》文本，宜當以該書元本，特别是元大德本《白虎通德論》爲中心。但要完全發揮《白虎通》元本考察文本嬗變的樞紐作用，特别是細緻追索《白虎通》古本面貌并將其清楚呈現出來，而又不至於通過校改破壞宋校《白虎通》文本的整體面貌，則還有賴於利用文本的中層結構，使之在校勘中發揮積極的作用。

　　文獻的文字内容稱爲文本，它依托文獻的實物形態而存在③。更具體地說，文本是具有一定意義的文字符號的排列組合。文本由字詞串聯而成句段，由句段構築而成篇章。相較於處於基層的字詞和上層的篇章，句子和段落可

---

　　①　《白虎通》卷三下，《盧校叢編》，第273頁。
　　②　漢代經學言"九族"者，有今文與古文兩種說法。今文說以容納有异姓親屬的"父族四、母族三、妻族二"爲"九族"，而古文說則以"上湊高祖，下至玄孫"的同姓親屬爲"九族"。如《通典》所引，《白虎通》同時吸收并整合了今古文的兩種"九族"說，文本先從"九族"之"族"出發，借聲訓推言義理，强調"族"即因血緣關係而産生的恩愛凝聚力。這種凝聚力，在高祖以至玄孫的同姓親族内部最得彰顯；而當其向外輻射，擴張到涵蓋"父族四、母族三、妻族二"的全部同异姓親族時，陽數至於九，窮其極而復歸爲一，是以"九族"便是這種恩愛凝聚力所能輻射的最大範圍。《白虎通》元本文本以"謂恩愛相流湊也"代替"上湊高祖，下至玄孫"等涉及古文"九族"說的表述，是其對"九族"的論述，僅圍繞今文說展開。從經學史和思想研究的角度來看，《通典》的這段引文顯然更有價值，也更加符合《白虎通》文本意義建構的機制。相對於《通典》引文，元本所繼承的這種簡化文本，極可能是在傳抄過程中，抄手因不理解《白虎通》文本的表意脈絡，以爲下文已取今文"九族"說，其上便不當再有古文"九族"說，故作相應删改所造成。參石瑊《何謂"通義"：〈白虎通義〉的體例及其性質再鞫》，《經學文獻研究集刊》第27輯，上海人民出版社，2022年。
　　③　"文本"之"本"，原可以表示文獻的實物形態。《文選·魏都賦》李善注引《風俗通》："劉向《别録》：'讎校，一人讀書，校其上下，得繆誤爲校；一人持本，一人讀書，若怨家相對爲讎。'"但在近年來的文獻學研究中，學者已習慣用"文本"偏指文獻的文字内容，使之與文獻的實物形態相區别。見陳正宏《越南漢籍裏的中國代刻本》，收氏著《東亞漢籍版本學初探》，中華書局，2014年，第125頁；李開升《明嘉靖刻本研究》，中西書局，2019年，第17—20頁。

以看成文本的中層結構。

　　古籍在編寫、傳抄、刻印、流傳的過程中，往往會出現文本的變亂。變亂的情況反映在相關文本之間，便是异文。异文通常出現在文本的中層結構以下，他們絕大多數以字、詞爲限，也包含部分短句，乃至個別整句和段落。古籍整篇整章以上的文本差異，往往歸爲補遺、輯佚處理。校勘的目的在於比勘文本，發現异文，分析其成因，并進行取捨判斷，以期儘可能地恢復古籍文本的原始面貌。但這往往是就理想狀態而言。現實中，受制於客觀條件，幾乎所有古籍的原稿都無法獲得，甚至許多古籍可能并不存在一部原稿意義上的定本。因此，校勘對原貌的追求需要充分考慮到文本的歷史演變。這就意味着，校勘所發現的异文，不再是必然的對立選擇關係，而可能是并行流傳關係或前後遞嬗關係。

　　然而异文所包含的的文本流變信息，通常并不由他們本身所反映出來，而是經由他們在文本中所處的位置關係予以揭示。正如本文第二部分第二至四例所討論的那樣，只有將作爲异文的字詞、短句與句子分別置於他們上一級的文本結構單位，即通常作爲文本中層結構的句子或段落中進行考察，包括但不限於留意句段中若干异文的分組配合關係、异文在句讀和繁簡上的差異等，方有機會揭示宋以前《白虎通》文本的流傳譜系和宋人在此基礎上所做的校理工作。可以説，文本中層結構爲异文展現文本的流變信息提供了一種分析的坐標場域。清人盧文弨等人校勘時，執着於一字一詞之上的具體差異，不能在句段之中把握和分析异文，遂生妄改之弊，不僅無助於在厘清文本流變的基礎上追索原貌，反而混亂异文譜系，使得《白虎通》既有的文本面貌變得更加模糊複雜。

　　當然，在校勘中注意通過文本的中層結構來分析异文，也不宜僵化。對於是否改字，尤需審慎，校勘對象自身本證之有無，始終是最根本的判斷依據。如本文第二部分第一例，若在句段尺度下來看，劉昭注引文整體上最近元本所體現的宋校面貌，且其時代較早，盧文弨據之改"殘賊"爲"儀則"，或許即有這方面的考量。但由於《白虎通》原書本證的缺乏，在宋校作"殘賊"可通的情況下，"儀則"只能作爲一種文本早期流傳的异文綫索寫入校記參考，單獨依據這種旁證來推定文本原貌且加以校改的理由是不充分的。

　　中國的古籍有許多和《白虎通》一樣，成書時代遠早於唐宋，流傳到今日，從版本上説，僅可追溯至一個反映了宋人校理的祖本。同時，其他古書中的相關引文資源却十分豐富，保存了可供考察該書古文面貌的種種綫索。在具體校勘中，想要充分利用好這兩方面的資源，其實存在着一定的矛盾。若强調原書本證，注重利用祖本對宋校面貌做整體性還原，則不免拘守，放棄了對古書更早面貌的進一步追索；若依靠他書引文，意圖儘可能地恢復文本的原貌，則不免激進，在事實上造就了新的文本面貌。通過引入文本中層結構的分析框架，即可以使古籍在整體上還原宋校文本面貌的同時，以句段爲單位，以單則校記爲形式，在局部追索古本流傳的面貌。以此言之，文本中層結構在校勘之中所具有的的廣泛應用價值仍然有待研究者利用。

  附記：本文初稿完成後，曾呈張麗娟、董岑仕、吕東超諸位師友批評指正。投稿過程中，論文又得以吸收匿名審稿專家的寶貴意見，而進一步優化。2022年10月底，筆者携此文参加古文献学國際青年学者研讨会(2022)。點評環節，方韜老師也對小文提出了很好的看法。在此特致謝忱。

（作者單位：湖南大學岳麓書院）

"庫真"與"庫直"：
一個中古時期外語音譯詞的考辨

羅韞哲

中古時期，伴隨民族交流與融合，大量的外來詞進入漢語之中。外來詞中的借音詞，或曰外語音譯詞，即用漢字來記錄外來詞聲音的詞彙，如頻婆羅（Bimbara）、比丘（Bhikšu）、豆蔻（takur）、可汗（qaghan）等，往往因其難以追溯外語詞源，成爲外來詞研究中的難點①。而自書籍進入刻本時代以後，這些保留下來的借音詞，也不可避免地伴隨文獻的寫刻流傳而產生訛脱衍倒諸種問題。但由於前代傳入的外來語言大多已經失傳甚至消亡，無人通曉，故後世的紙本文獻對這些外語音譯詞的記載往往歧異別出，傳統的校勘手段在面對外語音譯詞時，也往往莫衷一是。而外語音譯詞傳入當時或者稍後時代之人所寫所書的石刻文獻，其中記録的文字相較後世傳本無疑更爲可信，如果再輔以同源語對音求義的手段加以佐證，就可以對傳世文獻中產生歧異的外語音譯詞字形字義作出正確的判斷。本文嘗試通過對"庫真"或"庫直"一詞的考證辨析，探討石刻文獻對校勘典籍中外語音譯詞的特殊價值。

一　中古史書中的"庫真"與"庫直"混用

中古史書中常常可見"庫真"或"庫直"這一職官名稱，另外也有庫真都督、庫真車騎、右庫真、庫直都督、庫直正都督等類似稱呼。據嚴耀中研究，漢、晉官制中無庫真之職名，此稱當來源於北魏鮮卑語。而作爲職官名則始於北齊，隋、唐初相承，是一種設於諸王府内的武侍，多作爲名門親貴子弟的起家官，最後於貞觀中廢置②。

關於這一由鮮卑語譯來的職官名稱，究竟當作"庫真"還是"庫直"，文獻中二者皆有很多用例，甚至同一書的不同版本，或者記載同一人物歷官的不同文

---

① 参見史有爲《漢語外來詞（增訂本）》，商務印書館，2013年，第43—53頁。
② 嚴耀中《唐初期的庫真與察非掾述論》，《史林》2003年第1期，第45—49頁。

"庫真"與"庫直"：一個中古時期外語音譯詞的考辨

獻之間，也互有歧异，顯得頗爲淆亂。作"庫真"者，如《北齊書·陳元康傳》："楊愔狼狽走出，季舒逃匿於廁，庫真紇奚舍樂扞賊死。"①《隋書·長孫晟傳》："(長孫行布)起家漢王諒庫真，甚見親狎。"②《隋書·元景山傳》："後爲秦王庫真車騎。"③作"庫直"者，如《北史·拓跋景山傳》："成壽便弓馬，爲秦王庫直。"④《舊唐書·職官志》："諸軍驃騎將軍爲統軍，其秦王、齊王下領三衛及庫直、驅咥直、車騎并準此。"⑤《新唐書·百官志》："又有庫直，隸親事府；驅咥直，隸帳内府。選材勇爲之。貞觀中，庫直以下皆廢。"⑥《新唐書·長孫敞傳》："隋煬帝爲晋王，敞以庫直從畋驪山。"⑦

由於真、直二字僅有下部有無兩點的區别，在書籍傳寫刊刻時非常容易彼此訛誤，因此在後世的文獻校勘中，常被作爲訛文處理，通過對校或他校，定其字作"真"或"直"。兹舉四例：

（一）《北齊書·陳元康傳》："楊愔狼狽走出，季舒逃匿於廁，庫真紇奚舍樂扞賊死。"中華書局點校本於"庫真"後有校勘記，曰："'庫真紇奚舍樂扞賊死'，南、北、殿、局四本'真'作'直'，三朝本、汲本作'真'……'庫真都督'見本書卷一○《上黨王涣傳》、《南史》卷八○《侯景傳》('都'訛'部')；'庫直'見本書卷二五《王紘傳》、卷四一《皮景和傳》，《舊唐書》卷四二《職官志》。未知孰是，今從三朝本。"⑧中華書局本《北齊書》的校勘者引用多種文獻他校，但最後仍難以判斷，只能得出"未知孰是，今從三朝本"的結論。另外，此處校勘記没有注意到的是，宋本《册府元龜》亦引及此傳，又作"庫直"⑨。

（二）《隋書·長孫晟傳》："(長孫行布)起家漢王諒庫真"，《北史》同傳作"起家漢王諒庫直"⑩，《隋書·長孫晟傳》"庫真"後有校勘記，曰："'真'原作'直'，據本書《元景山傳》改。庫真，北朝官名，見《南史·侯景傳》、《舊唐書·職官志一》、《文館詞林》四五三《周孝範碑銘》。"⑪又據本書《元景山傳》和其他幾種書校改"庫直"爲"庫真"。但此處校改理據并不充足，因爲在《北齊書》卷二五《王紘傳》、卷四一《皮景和傳》，《北史》卷五四《斛律金傳》，《舊唐書》卷四二《職官志一》，《新唐書》卷四九下《百官志四下》、卷一○五《長孫敞傳》、卷一三○《楊瑒傳》等志、傳中，均有"庫直"之稱，豈可據《南史》《舊唐書》《文館詞林》就徑直將此官名校改作"庫真"？而點校本二十四史修訂本《隋書》此處又

---

① 〔唐〕李百藥《北齊書》卷二四，中華書局，1972年，第345頁。
② 〔唐〕魏徵等《隋書》卷五一，中華書局，1973年，第1336頁。
③ 《隋書》卷三九，第1153頁。
④ 〔唐〕李延壽《北史》卷一八，中華書局，1974年，第678頁。
⑤ 〔後晋〕劉昫等《舊唐書》卷四二，中華書局，1975年，第1784頁。
⑥ 〔宋〕歐陽修、宋祁《新唐書》卷四九下，中華書局，1975年，第1307頁。
⑦ 《新唐書》卷一○五，第4022頁。
⑧ 《北齊書》卷二四，第356頁。
⑨ 〔宋〕王欽若等《册府元龜》卷四六六《臺省部·忠節》，鳳凰出版社，2006年，第5267頁。標點誤作"楊愔狼狽走出野，季舒逃匿於廁庫。直紇奚舍樂扞賊，死"。當據《北齊書》改。
⑩ 《北史》卷二二，第823頁。
⑪ 《隋書》卷五一，第1337頁。

作"庫直",校勘記則云:"庫直,本書卷三九《元景山傳》,其子元成壽'後爲秦王庫真車騎','庫直''庫真'爲同一職。"①是將"庫真""庫直"視爲同一職,而不改底本。

(三)《南史·羊鵾傳》:"侯景以其妹爲小妻,呼還待之甚厚,以爲庫真都督。"②馬宗霍《南史校證》云:"按《梁書》本傳無此文,《通鑒》卷一六四有之,'庫真'作'庫直',疑直字是。"③馬宗霍認爲當從《通鑒》作"庫直"。

(四)《陳子昂集》卷六《唐故循州司馬申國公高君墓志》:"父慜,字履行,秦府庫直千牛。"④岑仲勉《陳子昂及其文集之事迹》云:"《北齊書》十《上黨王渙傳》:'使庫真都督破六韓伯昇之鄴徵渙。'同書二五《王紘傳》:'召爲庫直。'《隋書》五一:'長孫行布起家漢王諒庫直。'《芒洛四編》三《楊大隱志》:'父藝,義寧中秦府庫真。'真、直兩字,往往通用。"⑤岑仲勉的結論與點校本二十四史修訂本《隋書》校勘記相似,認爲"真、直兩字,往往通用"。

從上舉四例校勘"庫真"與"庫直"的文字中,我們不難發現,在同一時期各種同等史料價值的文獻中多次出現同一個外語音譯詞的不同用字,史料之間已經難以互相説服和證明。局限於傳世紙本文獻的對校、本校或他校,都只能夠得出"未知孰是""往往通用"的結論,或者各執一詞,援引不同的文獻來作理據未足的校改。

二　前人對此問題的考察

在對校、本校、他校皆陷入邏輯循環,是非難以定奪的時候,就應該通過考察詞彙的意義,來進行理校。對於推求"庫直"或"庫真"含義最有用的一條史料,見於《南齊書·魏虜傳》:"(北魏)國中呼内左右爲'直真',外左右爲'烏矮真',曹局文書吏爲'比德真',檐衣人爲'樸大真',帶杖人爲'胡洛真',通事人爲'乞萬真',守門人爲'可薄真',僞臺乘驛賤人爲'拂竹真',諸州乘驛人爲'咸真',殺人者爲'契害真',爲主出受辭人爲'折潰真',貴人作食人爲'附真'。三公貴人,通謂之'羊真'。"⑥

實際上,前輩學者已經圍繞此則史料進行過一些研究。姚薇元就據此認爲"北魏官號,皆稱某真",進而認爲"庫直"爲"庫真"之訛,乃鮮卑語官號。又據《南史》卷八〇《侯景傳》"勇兼人,名爲庫真部(都之訛)督"⑦的記載,認爲"'庫真'當即鮮卑語'勇者'之意。……'庫真'之職責,在翼衛帝王,甚至扞賊

---

① 〔唐〕魏徵等《隋書》卷五一,中華書局,2019年,第1507頁。
② 〔唐〕李延壽《南史》卷六三,中華書局,1975年,第1548頁。
③ 馬宗霍《南史校證》卷六三,湖南教育出版社,2009年,第990—991頁。
④ 〔唐〕陳子昂《陳子昂集》卷六,中華書局,1960年,第123頁。
⑤ 岑仲勉《岑仲勉史學論文集》,中華書局,1990年,第10頁。
⑥ 〔梁〕蕭子顯《南齊書》卷五七,中華書局,2017年,第1091頁。
⑦ "勇兼人",中華書局點校本作"勇力兼人",見《南史》卷八〇,第2010頁。

而死。易言之,即當時帝王之保鏢,保鏢必係'勇者',可斷言耳。"①姚氏的推測有一定依據,但所言"北魏官號,皆稱某真"則存在紕漏,因爲《魏書》中所載北魏官號不稱"某真"者也很多,且如此理解也無法解釋"殺人者爲'契害真',爲主出受辭人爲'折潰真',貴人作食人爲'附真'"之語,因爲"殺人者""爲主出受辭人""貴人作食人"顯然都不是官號。同時,姚氏僅據《南史·侯景傳》"勇兼人,名爲庫真都督"一語就推測"庫真"爲鮮卑語"勇者",進而爲"帝王之保鏢""保鏢必係'勇者'"之類云云,亦有失武斷。

因爲鮮卑語與蒙古語、突厥語同屬阿爾泰語系,所以也有學者通過同源語對音的方式對"真""直"的語義作出推測。如白鳥庫吉認爲"真"是蒙古語、突厥語中表示"司事物"或者"行之者"時所加之語尾,類似於《元史·兵志》中所舉必闍赤(謂典文史者)、莫倫赤(謂牧羊者)、速兒古赤(謂主御服者)等蒙古官名末尾所附之"赤"字。蒙古語作 či 或 cin,托跋語(鮮卑語)之"真",即此"čin"的對音。同時還通過《南齊書·魏虜傳》"(北魏)國中呼内左右爲'直真',外左右爲'烏矮真'"中"内左右""外左右"的對讀,將"直真"之直理解爲"内"②。洪曉婷也有相似的比較方法和結論,她指出,蒙古語中名詞詞綴 čin 表示一類人,蒙古語與鮮卑語具有傳承關係,因此"真"當是鮮卑語的詞綴,表示一類人③。池田温則延續了白鳥庫吉的思路,認爲庫直之直是與"直真"相關的鮮卑語④。白鳥庫吉用蒙古語、突厥語對音的方式,考求失傳的鮮卑語語義,將"真"理解爲掌管事務或者行使職事的意思,具有非常重要的意義。然而池田温將"庫直"之"直"理解爲"直真"之"直"所表示的"内",却明顯地忽略了史料中"庫真""庫直"所指是同一職官這一事實。也就是說,通過《南齊書》中"直真""烏矮真"與"内左右""外左右"的對讀,可以推測"直"有"内"義,鮮卑語中存在這一音譯詞對應的語義,但是没有證據表明"直真"之"直"與"庫直"之"直"存在同義關聯,二者在對音位置上也并不相同。因此,在這一問題上只存在兩種可能性,一是鮮卑語中"真""直"發音相同或相近,指代相同,由鮮卑語音譯爲漢語時兩種譯名同時被使用;另一種就是實際上此語當時只翻譯作"庫真"或者"庫直"其中一個,但因爲二字形近,導致在後世文獻中逐漸混淆。

嚴耀中對此問題也有所考述。除《南齊書·魏虜傳》外,其又引《魏書·官氏志》:"初,帝欲法古純質,每於制定官號,多不依周漢舊名,或取諸身,或取諸物,或以民事,皆擬遠古雲鳥之義。"⑤并言"因此以庫真爲職稱是符合鮮卑語言習慣的"。其結論是:"庫真,當是庫直之异稱,'直'與'真'字形相近,爲一音

---

① 姚薇元《北朝胡姓考》内篇《魏書官氏志所載諸胡姓》,中華書局,2007年,第223頁。
② 〔日〕白鳥庫吉著,方壯猷譯《東胡民族考》,商務印書館,1934年,第157—159頁。
③ 洪曉婷《〈南齊書〉詞彙研究》第二章《〈南齊書〉的詞彙來源》,南京師範大學博士研究生學位論文,2016年,第49頁。
④ 〔日〕池田温《唐朝処遇外族官制略考》,唐代史研究會編《隋唐帝國と東アジア世界》,汲古書院,1979年,第271頁。
⑤ 〔北齊〕魏收《魏書》卷一一三,中華書局,2017年,第3234頁。

之轉,古籍中不乏通用之例,庫真與庫直在史料中也常常混稱。"① 嚴氏的結論仍然存在問題。因爲其所認爲的庫真是庫直的異稱,二者一音之轉,可以通用,是一種基於漢語字形字音的考慮,而實際上這是一個外語音譯詞,在同時期史書鮮卑語的音譯詞或者北朝職官名稱中,并未找到除了庫真、庫直之外第二個真、直通用的例子。

前人通過同源語對音的方式,結合《南齊書》《魏書》中的重要史料,從詞義角度對"庫真"和"庫直"的分辨作了考察。但在鮮卑語作爲一種中古時期外來語言早已失傳的情況下,這些研究依然無法得出確切可信的結論。綜合上述諸說來看,將"真"理解爲鮮卑語中某種稱呼或者某一類人的後綴詞,應無疑義。而針對"庫直"之"直",則池田温、嚴耀中的解釋都存在不合理之處,姚薇元的"'庫直'爲'庫真'之訛"說,雖然更爲合理,但這僅是據《南齊書》的一則史料所進行的推測,其證據鏈依然不完整。

三 石刻文獻的證據

如何證明"庫直"爲"庫真"之訛?今日出土的大量中古石刻文獻,爲這一校勘問題的解決,提供了新的可能性。筆者檢得志主或其先世曾任庫真的相關碑志共三十一方②,録文如下表:

碑志所見北齊、北周、隋、唐初庫真表

碑志題	出處	葬年	相關原文	任職朝代
王保貴等造浮屠碑文斷片	京都大学人文科学研究所所藏石刻拓本資料數據庫,編號 NAN0838X	北齊天保□年(550—559)	安康縣開國子、和平縣開國男、庫真都督文達。	北齊
□子建墓志	《貞石可憑:新見隋代墓志銘疏證》〇二七	隋開皇八年(588)	釋褐庫真,尋轉前鋒第二副正都督。	隋
大隋故大都督索府君墓志銘	《貞石可憑:新見隋代墓志銘疏證》〇四三	隋開皇九年(589)	起家東宫庫真。	隋
大隋陽城公世子都督史君之墓志	《貞石可憑:新見隋代墓志銘疏證》一〇三	隋仁壽三年(603)	以君聲望兼美,仍以都督領庫真。	隋
儀同三司長孫行布墓志銘	《貞石可憑:新見隋代墓志銘疏證》一〇八	隋大業元年(605)	出身爲漢王諒庫真左右。	隋

---

① 嚴耀中《唐初期的庫真與察非掾述論》,第45—46頁。
② 所録碑志,均爲考古出土,有原石或拓片可供核對者。不録傳世史料如《文苑英華》、《文館詞林》、文人别集、方志中所收録的碑志,因爲這部分碑志事實上已經進入刻本系統,同其他傳世史料一樣存在刻誤的可能性。

續表

碑志題	出處	葬年	相關原文	任職朝代
唐故壯武將軍行太子左衛副率段府君墓志銘	《唐代墓志彙編》貞觀〇六六	唐貞觀十三年（639）	武德四年自東都歸國；今上猶居藩邸，特加禮眷，其年召補右庫真左右。	唐
大唐故輔國大將軍荊州都督虢國公張公墓志銘	《唐代墓志彙編》顯慶〇五六	唐顯慶二年（657）	以公素咍威名，授秦王府右庫真驃騎將軍。	唐
唐故平涼郡都尉驃騎將軍史公墓志銘	《全唐文補遺》第七輯第260—261頁	唐顯慶三年（658）	隋開皇中，解巾爲晉王廣庫真。	隋
大唐故使持節泗州諸軍事泗州刺史魏府君墓志銘	《唐代墓志彙編續集》顯慶〇二九	唐顯慶三年（658）	武德元年起家左親衛、秦府庫真、兵曹參軍事。	唐
大唐故上儀同安定胡君墓志	《長安高陽原新出隋唐墓志》第73頁	唐龍朔三年（663）	起家隋齊王親事庫真。	隋
唐故景城縣令京兆獨孤公墓志	《全唐文補遺》第二輯第183頁	唐龍朔三年（663）	父達，齊王府庫真。	唐
唐故上柱國右金吾衛大將軍朔方公薩孤府君墓志	李宗俊《唐〈薩孤吳仁墓志〉與雁門薩氏源流考》	唐麟德元年（664）	武德五年，除齊王府右庫真。	唐
大唐故絳州曲沃縣令上騎都尉王君墓志銘	周曉薇、王其褘《唐高宗朝兩方〈王大禮墓志〉合考》	唐總章三年（670）	義寧元年，辟爲隴西府庫真。	唐
隋故金□□禄大夫右武衛武賁郎將江陽公張府君墓志銘	《唐代墓志彙編》咸亨〇二八	唐咸亨元年（670）	粵以門蔭解褐□王府庫真。	隋
唐故上柱國楊君墓志銘	《唐代墓志彙編》咸亨〇六三	唐咸亨三年（672）	父藝，義寧中秦府庫真。	唐
唐故右監門中郎將張府君墓志銘	《全唐文補遺》第八輯第281—282頁	唐上元三年（676）	祖洛客，周大冢宰、庫真。	北周
大唐故太常卿上柱國隴西公李府君之碑	胡可先、徐焕《新出土唐代李寬碑志考論》	唐儀鳳二年（677）	尋授齊王左庫真、車騎將軍。	唐
大唐故太常卿上柱國隴西郡公李府君墓志銘	胡可先、徐焕《新出土唐代李寬碑志考論》	唐儀鳳二年（677）	尋除齊王左庫真、車騎將軍。	唐
唐故右武衛將軍上柱國芮敬公豆盧府君碑文	《全唐文補遺》第一輯第468—469頁	唐儀鳳三年（678）	即時□□秦王府庫真。	唐

續表

碑志題	出處	葬年	相關原文	任職朝代
□唐故郎州都督元府君墓志銘	《唐代墓志彙編》調露〇〇六	唐調露元年（679）	武德年中，釋褐西府庫真、長史、長上別將。	唐
大唐故右威衛將軍上柱國安府君墓志銘	《唐代墓志彙編續集》光宅〇〇三	唐光宅元年（684）	武德五年，奉秦王教，追入幕府，即授右庫真。	唐
大唐故幽州漁陽縣令鄒君墓志銘	《洛陽新獲墓志續編》第344頁	唐垂拱三年（687）	祖郎，隋晋王庫真。	隋
大周唐故左戎衛右郎將古君夫人匹婁氏墓志	《唐代墓志彙編》證聖〇〇八	唐證聖元年（694）	父武徹，朝散大夫，唐秦府庫真。	唐
周故大將軍崔君墓志銘	《唐代墓志彙編續集》聖曆〇〇四	唐聖曆二年（699）	武德二年，乃召君爲天册上將秦王府庫真。	唐
大周故銀青光禄大夫使持節利州諸軍事行利州刺史上柱國清河縣開國子崔君墓志銘	《唐代墓志彙編》聖曆〇一〇	唐聖曆二年（699）	父善福，唐秦王府庫真上大將軍。	唐
唐故前國子監大學生武騎尉崔君墓志	《唐代墓志彙編》聖曆〇一二	唐聖曆二年（699）	祖善福，唐秦王府庫真，上大將軍。	唐
唐故至孝右率府翊衛清河崔君墓志銘	《唐代墓志彙編》聖曆〇一三	唐聖曆二年（699）	唐秦王府庫真上大將軍善福之孫。	唐
隋故開府儀同三司使持節齊郡通守河南道討捕黜陟大使贈金紫光禄大夫榮陽郡守張府君墓志	《洛陽流散唐代墓志彙編》七三	唐景雲二年（711）	解褐任蜀王府庫真都督。	隋
大唐故淮安郡桐柏縣令元公墓志銘	《唐代墓志彙編》天寶〇五七	唐天寶三載（744）	考齡景，荆王府庫真。	唐
大唐故荆王府庫真元公石志銘	《唐代墓志彙編》天寶〇六〇	唐天寶四載（745）	授荆王府庫真。	唐

上表中《隋故金□□禄大夫右武衛武賁郎將江陽公張府君墓志銘》和《大唐故太常卿上柱國隴西郡公李府君墓志銘》是唯二兩方釋文作"庫直"者，然核對拓片，前者釋"直"字圖爲 ，拓片此字雖漶漫不清，但顯然下有兩點，應爲"真"字，乃《唐代墓志彙編》誤録爲"直"；後者釋"直"字，圖爲 ，從其字形看，

顯然也是"真"字誤録爲"直"①。另外,新出的墓志還包括一方《儀同三司長孫行布墓志銘》,可爲上文所舉《隋書》"(長孫行布)爲漢王諒庫真"的校改提供最直接的確證。

一眼即明,所列的三十方碑志中無一"庫直",而全作"庫真"。這部分碑志雖然數量有限,但是從碑志主或其先世任職朝代上涵蓋了北齊、北周、隋、唐四代,從撰刻時間上涵蓋了天保年間(550—559)至天寶四載(911)三百餘年,且爲當時人所書,無論是撰刻者的知識背景,還是其所據的有關碑志主或其先世歷官的材料來源,都是第一手的,其證據力自然遠强於宋代纔開始刊刻的諸多刻本文獻。"真""直"二字只差兩點,在傳世文獻中,傳抄、刻版極易出錯并互相混淆,難以厘清,但作爲直接證據的大量出土碑志中皆作"真"字,結合同源語對音求義的旁證,應該可以説明,此職官名稱在當時原作"庫真"纔是正確的,作"庫直"是後世傳本出現的訛誤淆亂。

類似的情況,史籍中尚有一例"庫真"訛爲"庫典"者。《北齊書·高阿那肱傳》:"那肱爲庫典,從征討,以功勤擢爲武衞將軍。"校勘記云:"'那肱爲庫典',《北史·高阿那肱傳》'典'作'直'。按'庫直'或'庫真'屢見史籍,疑'典'字訛。"②這同樣是由於"真""典"二字形近而訛導致的。

還有四方出土的碑和墓志,可以作爲這一結論的旁證。

一是《北齊司徒公婁睿華嚴經碑》首行左側抹角邊刻字有:"大賢真内備身正都督。"③二是《隋郁久閭可婆頭墓志》:"歸齊,蒙授使持節沙州諸軍事、沙州刺史、大賢真備身正都督。"④三是《北齊□憘墓志》:"(北齊中)封榆中縣開國男,除大賢真備身正都督……除假儀同三司,轉大賢真内備身都督。"⑤此一方碑和兩方墓志的碑、志主在北齊所任"大賢真備身正都督"和"大賢真内備身正都督"二職,與"庫真"和《南齊書·魏虜傳》中羅列的諸種"某某真"相似,都是鮮卑語音譯詞職官名。"大賢真"在正史中僅見一則記載,《北史·韓鳳傳》:"鳳少聰察,有膂力,善騎射,稍遷烏賀真、大賢真正都督。"⑥而《北齊書》同傳作:"鳳少而聰察,有膂力,善騎射。稍遷都督。"⑦《北齊書》中删削了韓鳳"烏賀真""大賢真"的稱呼,幸賴《北史》以存。這説明正史書寫者或刊刻者在不明詞義的情況下,對於此類外語音譯詞甚至可能存在任意删削的情況,那麼字形的刊刻錯誤,也就更加不足爲奇了。

最後一方《唐康子相墓志》,給出了更有力的旁證。志云:"父清,隋左勳

---

① 圖版見胡可先、徐焕《新出土唐代李寬碑志考論》,《浙江大學學報(人文社會科學版)》2018年第1期,第119頁。
② 《北齊書》卷五〇,第690、696頁。
③ 李裕群《靈泉寺北齊婁睿〈華嚴經碑〉研究》,《考古學報》2012年第1期,第65頁。
④ 王其禕、周曉薇編著《隋代墓志銘彙考》第2册,綫裝書局,2007年,第63—68頁。
⑤ 太原市三晋文化研究會編《晋陽古刻選·北朝墓志卷(下)》,山西人民出版社,2008年,第333—350頁。
⑥ 《北史》卷九二,第3052頁。
⑦ 《北齊書》卷五〇,第692頁。

衛,晋王府驅咥真。"①《舊唐書·職官志》和《新唐書·百官志》中有"驅咥直"和"庫直"并列②,明本《册府元龜》引及此則與《舊唐書》相同的史料,亦作"庫直""驅咥直",然宋本《册府元龜》却作"庫真""驅咥真"③。另外,洪邁《容齋隨筆·四筆》卷八"庫露真"條引"《舊唐書·職官志》:'武德七年,改秦王、齊王下領三衛及庫真、驅咥真,并爲統軍。'"④引文内容與今本《舊唐書·職官志》不同,但亦作"庫真""驅咥真"。中華書局點校本《舊唐書》《新唐書》此處未出校勘記,實際上據宋本《册府元龜》、《容齋隨筆》,此處應出校,而據此方墓志作"驅咥真",更證明了這些鮮卑語音譯職官名當作"某某真",今本《舊唐書》、《新唐書》、明本《册府元龜》作"直"皆是寫刻之誤。

四 "闕特勤"與"闕特勒"之辨

與"庫真""庫直"的混淆情況非常相似的一個經典案例是"闕特勤"與"闕特勒"之辨。闕特勤是突厥語 kül tigin 的漢語音譯,其中 kül 是一個從美稱演進而來的官號⑤,tigin 則是王子、可汗子弟之意⑥,據此對音,kül tigin 當譯作"闕特勤"無疑。然而在新舊《唐書》、《資治通鑒》的各種版本中却往往"闕特勤""闕特勒"并見。元人耶律鑄已經指出:"城東北七十里有唐明皇開元壬申御製御書《闕特勤碑》……其碑額及碑文'特勤'皆是殷勤之'勤'字,唐新舊史凡書'特勤'皆作'銜勒'之'勒'字,誤也。諸突厥部之遺俗猶呼其可汗之子弟爲'特勤','勤謹'字也,則與碑文符矣。碑云:'特勤,苾伽可汗之令弟也。'可汗猶朕之子也,唐新舊史并作'毗伽可汗',勤、苾二字當以碑文爲正。"⑦

然而清人顧炎武却認爲當作"特勒","特勤"爲碑文書者之誤。其《金石文字記》云:"《凉國公契苾明碑》,婁師德撰,殷玄祚正書,先天元年十二月,今在咸陽縣。此碑立於先天元年十二月,乃玄宗受禪之後,而碑猶用武后字。又'明父何力',史作'何',而此碑作'河',又其中'特勤'字再見,皆'特勒'之訛。按《北史·突厥傳》'大官有葉護次特勒',《唐書·突厥傳》'可汗者,猶古之單于,其子弟謂之特勒'(《通典》同。温公《通鑒考異》曰:'諸書或作'敕勤',今從新舊二《唐書》'),《回紇傳》'依托高車,臣屬特厥,近謂之特勒,無君長',《契苾何力傳》'父葛,隋大業中繼爲莫賀咄特勒',《隋書·高祖紀》'突厥雍虞閭可汗

---

① 曹建强、馬旭銘《唐康子相墓出土的陶俑與墓志》,《中原文物》2010 年第 6 期,第 107—109 頁。
② 《舊唐書》卷四二《職官志》:"諸軍驃騎將軍爲統軍,其秦王、齊王下領三衛及庫直、驅咥直、車騎并準此。"《新唐書》卷四九下《百官志四下》:"又有庫直,隸親事府;驅咥直,隸帳内府。選材勇爲之。貞觀中,庫直以下皆廢。"
③ 《册府元龜》卷三四〇《將帥部一·總序》,第 3835 頁。
④ 〔宋〕洪邁《容齋隨筆·四筆》卷八,中華書局,2005 年,第 720 頁。
⑤ 羅新《論闕特勤之闕》,《中國社會科學》2008 年第 3 期,第 192—202 頁。
⑥ 李樹輝《"特勤"的語源和語義》,《西域研究》2003 年第 4 期,第 117 頁。
⑦ 〔元〕耶律鑄《雙溪醉隱集》卷二《凱樂歌詞曲》"取和林"一句後自注,《景印文淵閣四庫全書》第 1199 册,臺灣"商務印書館",1986 年,第 386 頁。

遣其特勒來朝',《李崇傳》'突厥遣使謂崇曰:若來降者,封爲特勒',史傳中稱'特勒'者甚多,此乃作'特勤'。又柳公權《神策軍碑》亦云'大特勤嗢没斯',此皆書者之誤。"①

錢大昕則云:"《突厥傳》:'可汗者猶古之單于,其子弟謂之特勒。'顧氏《金石文字記》歷引史傳中稱'特勒'者甚多,而《涼國公契苾明碑》'特勤'字再見,又柳公權《神策軍碑》亦云'大特勤嗢没',斯皆書者之誤。予謂外國語言華人鮮通其義,史文轉寫或失其真,唯石刻出於當時真迹,況《契苾碑》,宰相婁師德所撰,公權亦奉勅書,斷無訛舛,當據碑以訂史之誤,未可輕訾議也。《通鑒》亦作'特勒',而《考異》云:'諸書或作"敕勤",今從新舊二《唐書》。'按古人讀'敕'如'忒','敕勤'即'特勤'。"②

從"特勤"與"特勒"之辯也可以看出,此類外語音譯詞在傳世史書中一旦刻誤,就容易產生長期的難以厘清的問題,乃至於顧炎武這樣的一流學者也爲之所誤。但事實正如錢大昕所言:"外國語言華人鮮通其義,史文轉寫或失其真,唯石刻出於當時真迹","當據碑以訂史之誤,未可輕訾議也"。古人所辨之"闕特勒"當作"闕特勤",已基本爲後世研究者所繼承接受,而本文所辨之"庫真"與"庫直",則在今日之典籍校勘和各類研究論著中,依然存在混亂。

結 語

宋人趙明誠早已指出金石校史之重要性,其言:"若夫歲月、地理、官爵、世次,以金石考之,其牴牾十常三四。蓋史牒出於後人之手,不能無失,而刻詞當時所立,可信不疑。"③後世無論是顧炎武、錢大昕等人的考證實踐,還是王國維所提倡的"二重證據法",對此都一再強調。但在當下的傳世紙本文獻校勘中,對金石校史方法的利用依舊存在不足——或者忽視了石刻的存在,封閉在刻本系統中;或者僅據某一碑志中的單個異文參校,説服力同樣有限。

我們應該注意到的是,如果可以將一個長時間段内一定數量的碑志異文信息進行整體的搜集和利用,就可以爲傳世紙本文獻中一些難以處理的校勘問題,提供解決的可能性。如本文所論,中古時期傳入的外語音譯詞,在後世紙本文獻中逐漸出現傳寫變異,但此時這些語言可能已經失傳,因此使用傳統的文本互校,往往難以作出定論。同類語對音的研究手段雖然可以提供一種考察的角度,但也因證據不足導致無法徹底解決問題。而出土的石刻文獻因爲是這些外語音譯詞尚在使用之時所書所刻,相較後世紙本,自然更爲可信。同時,如果一部分出土地區不同,數量較多,且涵蓋一個長時間段的石刻文獻,對某一外語音譯詞皆作相同寫法,那麼這部分石刻文獻就可以構成一個共同

---

① 〔清〕顧炎武《金石文字記》卷三《涼國公契苾明碑》,《顧炎武全集》第 5 册,上海古籍出版社,2011 年,第 306 頁。
② 〔清〕錢大昕《十駕齋養新録》卷六《"特勤"當從石刻》,鳳凰出版社,2016 年,第 196—197 頁。
③ 〔宋〕趙明誠撰,金文明校證《金石録校證》卷首《序》,中華書局,2019 年,第 1 頁。

例證組，在校訂這些外語音譯詞時顯現出獨特的校勘價值。今天我們在校勘一些重要史書，如《南史》《北史》《舊唐書》《新唐書》中的這一類外語音譯詞時，應該對石刻文獻，尤其是石刻文獻的整體利用提起足夠的重視，從而更好地校訂訛誤、厘清混亂，還原文獻本來面目。

(作者單位：南京大學文學院)

宋初禮制建設與士風轉向考論

羅超華

《禮記·樂記》言:"是故先王之制禮樂也,非以極口腹耳目之欲也,將以教民本好惡而反人道之正也。"①是以先王製禮作樂本意在於教化人心,後世統治者循此亦大多注重禮制建設,尤其是立國之初更希望通過規範禮制來改良士風。當然,關於禮制與士風的關係,學界已有不少研究成果,但總體而論關注點却集中在宋前②,至於宋代士風,則主要是從統治者獎掖名士,改革科舉制度,實行"崇文抑武"國策等角度進行的討論③。事實上,與唐初君臣"禮樂乃不急之務"的態度不同④,宋太祖立國不久便意識到禮樂在"正人心,化風俗"方面的重要作用,後繼諸帝承此觀念也同樣希望以全新的禮制體系重塑社會道德秩序,改變唐末五代禮崩樂壞、士風凋敝的現象。本文擬通過考察宋初禮制建設的實施狀況來探析其對士風的影響,揭示宋初士風從"士弊於俗"轉向"名節相高"過程中的禮樂因素。

---

* 本文係貴州省2022年度哲學社會科學規劃國學單列課題"宋代禮樂變革與文學演進之關係研究"(22GZGX24)階段性成果。

① 〔漢〕鄭玄注,〔唐〕孔穎達疏《禮記正義》卷三七,見〔清〕阮元校刻《十三經注疏》,中華書局,2009年,第3313頁。

② 如于俊利《從唐代祭禮看唐代文人的心態變遷與文學選擇》,《暨南學報》2009年第1期;孫寶《五禮制度化與蕭齊士風建構》,《浙江學刊》2012年第5期;韓偉《漢武帝時期的禮樂想像與文士的"美政"觀念》,《江西社會科學》2021年第3期;榮虎只、王中江《守禮而求仁:早期儒家對"士"的政治德性塑造》,《中州學刊》2021年第7期。

③ 參見馬茂軍《論宋初百年士風的演進》,《華南師範大學學報》2004年第4期;王德毅《宋代的科舉與士風》,《廈門大學學報》2005年第6期;王曉如《宋代重文輕武國策對士風的影響》,《青海社會科學》2013年第3期;劉興亮《宋代初期的士人議邊與士風》,《天府新論》2015年第4期;夏令偉《宋代制科與士風——以仁宗朝爲中心》,《四川師範大學學報》2019年第4期;郭學信《北宋士風演變的歷史考察》,中國社會科學出版社,2012年。

④ 參見葛曉音《論南北朝隋唐文人對建安前後文風演變的不同評價——從李白《古風》其一談起》,《漢唐文學的嬗變》,北京大學出版社,1990年,第37—56頁。

一 "文章禮樂,并是虛事":五代禮衰與文人的處世心態

唐代自貞觀以迄開元,通過對三代以降禮制的總結及改造,形成了一套較完備的禮制體系,尤其是玄宗時所定《開元禮》至宋初仍頗有影響,明人郭正域修《皇明典禮志》即稱:"宋初通禮,半約唐儀。"①只不過這套歷時百年建立的禮制系統,却在唐末五代亂世中遭到嚴重破壞,因此儘管象徵大一統帝國盛世的《開元禮》依舊被奉作經典,君主依然參照禮書頻繁舉行祭天祀神的禮儀活動②,但這些禮書、典禮中承載的禮樂文化精神却早已蕩然,誠如歐陽修《新五代史》所言:"夫禮者,所以别嫌而明微也。甚矣,五代之際,君君臣臣父父子子之道乖,而宗廟、朝廷,人鬼皆失其序,斯可謂亂世者歟!自古未之有也。"③五代顯然是尊卑失序,綱常淪喪的禮衰樂壞之世。

在這樣的現實情境下,士人群體地位持續下降,不僅於國家政治中難以實現自身價值,甚至社會生活也得不到應有尊重,《舊五代史》載唐末割據一方的劉守光即"不喜儒士"④,至後漢高祖劉知遠亦稱:"朝廷大事不可謀及書生,懦怯誤人。"⑤其臣史弘肇、王章等同樣有"文人難耐,輕我輩,謂我輩爲卒,可恨,可恨!"⑥"安朝廷,定禍亂,直須長槍大劍,至如毛錐子,焉足用哉?"⑦等貶斥言論。又據陶岳《五代史補》"秦王掇禍"條記:"秦王從榮,明宗之愛子。好爲詩,判河南府,辟高輦爲推官。輦尤能爲詩,賓主相遇甚歡。自是出入門下者,當時名士有若張杭、江文蔚、何仲舉之徒,莫不分庭抗禮,更唱迭和。時干戈之後,武夫用事,睹從榮所爲,皆不悦。於是康知訓等竊議曰:'秦王好文,交游者多詞客,此子若一旦南面,則我等轉死溝壑,不如早圖之。'……未幾(秦王)及禍,高輦棄市。"⑧可見他們對文士的憎恨、蔑視,并不限於言語,而是付諸了實際行動。

五代動亂中,文士的悲慘命運使得他們逐漸背離了儒家"修身、齊家、治國、平天下"的信仰理想,轉而更關心個人利益。唐末薛貽矩在昭宗還長安時,便因主動替中尉韓全誨等畫像而左遷升官,後又積極奉承梁太祖朱温,受其舉薦拜吏部尚書。至天祐三年(906),朱温自長蘆還軍,貽矩奉命慰勞更以臣禮

---

① 〔明〕郭正域《皇明典禮志》卷首《皇明典禮志序》,《續修四庫全書》第824册,上海古籍出版社,2002年,第7頁。
② 據新舊《唐書》知懿宗朝十四載,行郊祀典禮10次;僖宗朝十三載,行禮11次;昭宗朝十四載,更多達15次。又據歐陽修《新五代史》知,開平三年(909),朱温嘗"有事于南郊";天祐五年(908),李存勖擊破梁軍,亦"凱旋告廟";顯德元年(954),郭威同樣也行有南郊祭祀典禮。
③ 〔宋〕歐陽修撰,〔宋〕徐無黨注《新五代史》卷一六,中華書局,1974年,第173頁。
④ 《舊五代史》卷八八,第1147頁。
⑤ 《舊五代史》卷一〇四,第1381頁。
⑥ 《舊五代史》卷一〇七,第1405頁。
⑦ 《舊五代史》卷一〇七,第1406頁。
⑧ 〔宋〕陶岳《五代史補》卷二,明虞山毛氏汲古閣刻本。

見,以至於"太祖側身以避之"①。不過正因其諂媚行徑,值朱氏登位,遂得授中書侍郎、同中書門下平章事,累拜司空②。而曾爲唐禮部尚書的蘇循在朱溫弑昭宗時,同樣選擇附會朱氏以希進用,然旋即又叛梁降晉,得授節度副使③。儘管這些文士不顧禮義廉恥,違背了儒家傳統道德觀念,但在現實中不僅保全了性命,還獲得巨大利益,遂一度成爲士人的榜樣。

由此,唐末五代"享人之祿,任人之國者,不顧其存亡,皆恬然以苟生爲得,非徒不知愧,而反以其得爲榮者"④不可勝數,是以"更事异姓,不能以名節生死,倫義廢矣"⑤。這種道德節義觀念的缺失令歐陽修著《新五代史》時也不禁感慨:"天下五代,士之不幸而生其時,欲全其節而不二者,固鮮矣!"⑥因而他編《死節傳》錄王彥章、裴約、劉仁贍等三人,"或出於軍卒,或出於僞國之臣"⑦,無一文士。又編《死事傳》錄"初無卓然之節,而終以死人之事者"⑧十一人,僅孫晟爲文士。由此考察唐末五代,不難發現如初盛唐詩歌中包含的"丈夫皆有志,會是立功勳"⑨"功名只向馬上取,真是英雄一丈夫"⑩那種激昂向上、積極進取的士人精神風貌已幾近消亡,呈現出的則是消極淡漠、低沉悲凉心態下產生的隱逸、混世、浮薄、輕狂等頹靡士風。

禮樂制度的崩塌、節義道德的傾頽,成爲"五季爲國,不四、三傳輒易姓"的重要原因。事實上在唐末五代執政者看來,"爲國家者,但得帑藏豐盈,甲兵强盛,至於文章禮樂,并是虛事,何足介意!"⑪他們對禮樂文章的衰亡頹靡實際并不關心。如此,正如徐鉉所嘆:"日覺儒風薄,誰將霸道羞。亂臣無所懼,何用讀《春秋》。"⑫士人也就或避隱山林,或混世度日,不再熱衷參與政治了。

二 "興禮讓而厚風俗":宋初禮制建設與道德觀念重塑

有宋立國後,頹靡的士風并未因新政權的出現而立即轉變。太平興國年間,江陵進士夏侯嘉正即言:"使我乾得水銀半兩,知制誥一日,平生足矣!"⑬南方降士陳彭年雖有才名,但爲人急功近利,田況《儒林公議》記:"時人目爲'九尾狐',言其非國祥而媚惑多歧也。"⑭而以"更事四姓及契丹所得階勳官爵"⑮爲

---

①② 《新五代史》卷三五,第379頁。
③ 《新五代史》卷三五,第380—381頁。
④⑥⑧ 《新五代史》卷三三,第355頁。
⑤ 《宋史》卷二六二,第9083頁。
⑦ 《新五代史》卷三二,第353頁。
⑨ 楊炯《出塞》,祝尚書箋注《楊炯集箋注》,中華書局,2016年,第184頁。
⑩ 岑參《送李副使赴磧西官軍》,廖立箋注《岑嘉州詩箋注》,中華書局,2004年,第369頁。
⑪ 《舊五代史》卷一百七,第1408頁。
⑫ 徐鉉《觀人讀春秋》,李振中校注《徐鉉集校注》,中華書局,2016年,第38頁。
⑬ 〔宋〕文瑩《玉壺清話》卷七,中華書局,1984年,第65頁。
⑭ 〔宋〕田況《儒林公議》卷上,中華書局,2017年,第27頁。
⑮ 《新五代史》卷五四,第614頁。

榮的馮道,毫無節義,却受朝臣推崇①。不難發現,儘管宋太祖立國不久便確立了"以文治國"的基本國策,希望重振士風,發揮文士治國才能,但五代入宋的文臣,大多仍因循舊習,治國理政鮮有建樹。由此,爲改變士風凋敝、節義不存的現象,宋初諸帝一方面大力通過政治手段直接獎勵忠義節孝之士,另一方面又積極進行禮制建設,希望儘快恢復傳統禮樂制度,以禮來規範人們的思想,重塑道德觀念。

(一) 徵辟文士編修禮書,重塑王朝禮制體系。

據載宋太祖登位不久,便命御史中丞劉溫叟等撰修《開寶通禮》,既而又定《通禮義纂》②。開寶六年(973),禮書編纂完成後又立即在全國推行,成爲"一代之成法"。不過,《開寶通禮》《通禮義纂》的價值并不僅在於此。事實上,宋太祖在挑選編纂人員時也頗有深意。御史中丞劉溫叟,史載他"動遵禮法",尤其是"事繼母以孝聞,雖盛暑非冠帶不敢見",以至於"五代以來,言執禮者惟溫叟焉",且劉溫叟又曾任禮部侍郎,"立朝有德望",太祖、太宗嘗論當世名節士,亦多稱賞③。中書舍人李昉爲人重名節,宋真宗嘗評曰:"國朝將相家能以聲名自立,不墜門閥,唯昉與曹彬家爾。"④且其"和厚多恕,不念舊惡",又"好接賓客",故士大夫"多從之游"⑤。司勛員外郎和峴,五代時即拜太常丞,入宋後又得授太常博士,復遷刑部員外郎兼博士,仍判太常寺,多次參與郊祀活動及相關禮儀的制定。至於其他人,同樣或有名望,或具文名,或兼而有之。可見,宋太祖當有藉助編纂人員聲譽來引導士風轉變,以實現儘快推行新禮的意願。

在官修《開寶通禮》《通禮義纂》的引導下,宋初士人也逐漸產生自發編纂禮書的行爲,如:和峴《禮神志》十卷,孫奭《大宋崇祀錄》二十卷,賈昌朝《太常新禮》四十卷、《慶曆祀儀》六十三卷,王欽若《天書儀制》五卷、《鹵簿記》三卷,丁謂、李宗諤等《大中祥符封禪記》五十卷,丁謂等《大中祥符祀汾陰記》五十卷,張知白《御史臺儀制》六卷,宋綬《天聖鹵簿記》十卷,文彥博、高若訥《大饗明堂記》二十卷,文彥博《大饗明堂記要》二卷。這些禮書不僅記錄了宋初禮儀活動實施的具體章程細節,還結合歷代禮書經典故實,對禮儀制度做了探討,引導士人關注禮義道德問題,同樣有益於構建新王朝的禮制體系。

(二) 建構官員禮儀制度,強調尊卑等級觀念。

王水照先生談及宋代士人身份時曾指出:"宋代士人的身份有一個與唐代不同的特點,即大都是集官僚、文士、學者三位於一身的複合型人才。"⑥張海鷗先生則在《宋代文化與文學研究》中進一步闡述了宋代士人與仕宦的關係:

---

① 薛居正《舊五代史》即稱:"道之履行,鬱有古人之風;道之宇量,深得大臣之體。"(《舊五代史》卷一二六,第1666頁)又如范質亦對馮道多有稱贊,謂其:"厚德稽古,宏才偉量,雖朝代遞貿,人無間言,屹若巨山,不可轉也。"([宋]司馬光《資治通鑒》卷二九一,中華書局,1956年,第9511頁)
② 參見《宋史》卷九八,第2421頁。
③ 參見《宋史》卷二六二,第9073頁。
④ 《宋史》卷二六五,第9142頁。
⑤ 《宋史》卷二六五,第9138—9139頁。
⑥ 王水照《宋代文學通論》,河南大學出版社,1997年,第27頁。

"仕途對文人的重要性與吸引力似乎比前後哪個朝代都大。……宋王朝優待文官、重用文官的國策增強了仕途對文人的吸引力,使他們無論哪個層次的需要想得到較大的滿足,都必須依附於朝廷。仕途不僅決定他們功名的高下,而且功名正是他們社會價值、文化價值、審美價值的實現程度的標志。"①不難看出,隨着文官政治地位的不斷上升,官職對於文士來説比以往更具有吸引力,而宋代君主正是利用文士的這種心理,通過建構官員的禮儀制度來引導士人重塑尊卑等級觀念。

《宋史·禮志》載乾德二年(964),詔曰:

> 國家職位肇分,軌儀有序,冀等威之斯辨,在品式之惟明。矧著位之庶官及内司之諸使,以至軒墀引籍,州縣命官,凡進見於宰相,或參候於長吏,既爲總攝,合异禮容,稽於舊儀,且無定法。或傳晉天福、周顯德中,以廷臣、内職、賓從、將校,比其品數,著爲綱條,載於刑統,未爲詳悉。宜令尚書省集臺省官、翰林、秘書、國子司業、太常博士等詳定内外群臣相見之儀。②

隨後,翰林學士承旨陶穀等依令制定了百官途遇、公參儀制:

> 兩省官除授、假使出入,并參宰相,起居郎以下參同舍人。五品以上官,遇於塗,斂馬側立,須其過。常侍以下遇三公、三師、尚書令,引避;其值僕射,斂馬側立。御史大夫、中丞皆分路行。起居郎以下避僕射,遇大夫,斂馬側立;中丞,分路。……公參之禮,列拜堂上,位高受參者答焉。四赤縣令初見尹,趨庭,受拜後升廳如客禮。内客省使謁宰相、樞密使以客禮,閤門使以上列拜,皆答,客省副使至通事舍人、諸司使、樞密承旨不答焉。……諸司非相統攝,皆稱移牒。分路者不得籠街及占中道,依秩序以分左右。遇於驛舍,非相統攝及名位縣隔,先至者居之。臺省官當通官呵止者,如舊式。文武官不得假借呼稱,以紊朝制。當避路者,若被宣召及有所捕逐,許橫度焉。③

陶穀等擬定的儀制,一方面表明宋代官員禮儀的範圍已有明顯擴大,逐漸由唐代主要的班位、拜見禮儀擴展到途遇、呵引等更多方面,并由高級官吏開始延伸到低級官吏的禮儀行爲④;另一方面又體現出政府已對不同等級官員的禮儀行使做了嚴格限定,凸顯出尊卑秩序觀念。在宋代"以文治國"的基本國策影響下,文官地位往往較尊崇,因而他們也就樂於去執行并維護這一制度。慶曆八年(1048)景福殿使王守忠嘗移閤門,欲綴本品坐宴,然此舉不合禮制,故御史何郯上奏指責其違禮:"臣訪聞得閤門儀制,内外臣寮帶刺史、節度觀察留

---

① 張海鷗《宋代文化與文學研究》,中國社會科學出版社,2002年,第57頁。
② 《宋史》卷一一八,第2788頁。
③ 《宋史》卷一一八,第2788—2790頁。
④ 有關唐宋官員禮儀的差异詳參王美華《唐宋禮制研究》,東北師範大學博士學位論文,2004年,第443頁。

後并係遥郡,不得正官班列,以至賜與進獻頗甚殊絶。唯正刺史以上,凡遇宴會,坐次方許列在殿上。今若以守忠帶兩使留後,便依正官例升殿預宴,即是自今内外臣寮凡帶遥郡皆合殿上預坐,啓僭壞法,莫此之甚。"并明確强調:"朝廷儀品,所以辨尊卑上下之分,不可輕棄舊章,以生紊亂。況祖宗典法未嘗有内臣殿上預宴之事,此弊一開,所損不細。"同時他還希望仁宗下諭"閤門速行改正,一遵舊制,仍令今後遇有宴會,臣寮職位不合預坐之人,不得妄有陞進坐次",以彰示"朝廷紀綱之正,戒人臣僭差之望"①。最終守忠也因何郯所言,懾於禮儀規制,辭不赴宴。

宋初規範禮儀制度的另一重要意義還在於使得武官謹守禮法,且更尊重文士,《宋史·王景傳》載曾任雄武節度使、守太保、兼中書令、太原郡王、鳳翔節度使,充西面沿邊都部署的王景,便能禮賢下士,自覺遵守禮儀規制:

> 性謙退,折節下士,每朝廷使至,雖卑位必降階送迎,周旋盡禮。左右或曰:"王位尊崇,無自謙抑。"景曰:"人臣重君命,固當如是,我惟恐不謹耳。"初封郡王,朝廷以吏部尚書張昭將命,景尤加禮重,以萬餘緡遺昭。左右或言其過厚,景曰:"我在行伍間,即聞張尚書名,今使於我,是朝廷厚我也,豈可以往例爲限耶?"②

或許正因王景的行爲符合君王規範禮儀的意願,故當其還朝時甚得優待,宴賜加等。

(三) 因時制宜修訂儀制,强化皇權决定導向作用。

《左傳·成公十六年》載:"禮以順時。"③《禮記》稱:"禮,時爲大。"④可見"因時制宜"是編纂、修訂禮儀的重要原則。不過唐以前,儒士與禮官更多的是反復就經典中禮儀條文的闡釋問題而論争,其導致的後果則是許多禮儀終因難以定論而廢止不行。唐代時,"禮儀的討論已經由經典闡釋逐步轉化爲國家制度體制的健全完善,禮儀制度也就脱離了混亂而轉向了規範、有序、簡易"⑤。君主在制定禮儀的過程中,開始發揮導向作用。及至宋代,隨着君主集權專治的加强,皇權的導向作用越發明顯,可以宋初明堂之禮的制定過程爲例作一闡述。

據《宋史·禮志》,宋初雖有季秋大享之文,然未嘗親祠,僅命有司攝事而已。真宗時始議行之,但東封西祀,亦未遑行。至皇祐二年(1050),因是歲"當郊而日至在晦,用建隆故事,宜有所避,(宋祁)因請季秋大饗於明堂",仁宗遂問輔臣:"明堂之禮,自漢以來諸儒議論不同,將安適從?"文彦博對曰:"此禮廢

---

① 以上見何郯《上仁宗論王守忠預紫宸殿上宴》,趙汝愚《諸臣奏議》卷六一,宋淳祐刻元明遞修本。
② 《宋史》卷二五二,第8847頁。
③ 楊伯峻《春秋左傳注》,第880—881頁。
④ 《禮記正義》卷二三,第3099頁。
⑤ 王美華《唐宋禮制研究》,東北師範大學博士學位論文,2004年,第39頁。

久矣,俟退而講求其當,自聖朝行之。"①仁宗同意此議。三月,又謂輔臣曰:

> 今年冬至日,當親祀圜丘,欲以季秋行大享明堂禮。然自漢以來,諸儒各爲論議,駮而不同。夫明堂者,布政之宫,朝諸侯之位,天子之路寢,乃今之大慶殿也。況明道初合祀天地於此,今之親祀,不當因循,尚於郊壇寓祭也。其以大慶殿爲明堂,分五室於内。②

己丑,仁宗即詔以大慶殿爲明堂。己亥,又詔"祠明堂宜盡物以遵典禮,自乘輿服御諸物,務令有司裁簡之"③,并令有司詳定儀注以聞。然禮官隨後所定"止祭昊天五帝,不及地祇,配坐不及祖宗"未合仁宗意,故又詔曰:

> 明堂之禮,前代并用鄭康成、王肅兩家義説,兼祭昊天上帝,已爲變禮。祖宗以來,三歲一親郊,即遍祭天地,而百神靡不從祀。故太祖雩祀、太宗真宗祈穀二禮本無地祇位,當時皆合祭天地,祖宗并配而百神從祀。今祀明堂……宜合祭皇地祇,奉太祖、太宗、真宗并配,而五帝、神州亦親獻,日月河海諸神悉如圜丘從祀。④

而後禮官議諸神位未决,仁宗再次指示:"郊壇第一龕者在堂,第二、第三龕設於左右夾廡及龍墀上,在壇内外者,列於堂東西厢及後廡,以象壇壝之制。仍先繪圖。"⑤

由上,仁宗不僅親自選定舉行典禮的地址,還指明祭祀對象,尤其是以太祖、太宗、真宗配祀,顯然進一步提高了帝王的尊崇地位。而在禮官議論難决時,他又直接給出最終結果,禮官自然只能參照執行。不難看出,帝王在整個明堂議禮過程中具有决定導向作用。此外,仁宗還曾向文彦博談及自身的禮義觀,他認爲:"禮非天降地出,緣人情爾。禮官習拘儒之舊傳,舍三朝之成法,非朕所以昭孝息民也。"⑥這更使文彦博答曰:"惟上聖至明,爲能達禮之情,適禮之變,非臣等所及。"⑦可見其對禮制本身已經有了深入的認識,并能主動以禮制儀節形式的變化來教化民衆。

在宋代君主專治高度集中及皇權至尊無尚的政治環境下,通過强化皇權在制定禮儀過程中的决定作用,凸顯尊卑等級、仁義孝廉等禮義思想,顯然起到了自上而下引導士風的作用。而帝王在議禮過程中的態度及相關詔令,自然也會很大程度上影響到宋代士人的觀念思想,并改變其行爲舉動,江少虞《新雕皇朝類苑》記太平興國八年(983),大理寺臣孔承恭曾諫言將"賤避貴,少避長,輕避重,去避來"等儀制於兩京、諸州衝害處刻榜以揭之,從而"興禮讓而

---

① 《續資治通鑑長編》卷一六八,第4034頁。
② 《宋史》卷一〇一,第2465頁。
③ 《續資治通鑑長編》卷一六八,第4035頁。
④ 《續資治通鑑長編》卷一六八,第4037頁。
⑤ 《宋史》卷一〇一,第2466頁。
⑥ 《續資治通鑑長編》卷一六八,第4037—4038頁。
⑦ 《續資治通鑑長編》卷一六八,第4038頁。

厚風俗"①。孔承恭的諫言符合當時帝王的爲政方略,故得到了太宗的認可,遂詔曰:"《傳》云:'能以禮讓爲國乎,何有?'宜令開封府及諸州於衝要處設榜,刻《儀制令》,論如律。"②不難看出,正是由於宋代君主強調禮義道德,纔使得孔承恭有此諫言,而此議又因合於君意,故被采納推廣,以實現"興禮讓而厚風俗"的目的。這其中顯然存在着一個自上而下,再由下至上,最後再至下的邏輯過程。

由上,在宋代君主看來,唐末五代之所以干戈亂離,十易君姓,固然如趙普所言很大程度上是政治制度的缺陷導致"節鎮太重,君弱臣强",但不可否認禮樂衰亡引起的整個社會思想和信仰體系的崩塌同樣是重要原因。因而,宋太祖在通過"杯酒釋兵權"解除了藩鎮割據的威脅及設立"通判"之職強化了中央對地方的控制後,進行思想文化的重建便顯得尤爲迫切了。正如宋徽宗所言:"王者政治之端,咸以禮樂爲急。蓋制五禮示民以節,諧六樂則道民以和。夫隆禮作樂,寔治內修外之先務。"③宋初君主通過一系列禮制建設,重建了道德倫理秩序,并對士人心態產生了很大影響,士人逐漸將修禮明義與行事、立言相結合,從而使得士風得以振興。

三 上行下效:皇家禮儀行使與士人"儉""奢"之風

宋代君王進行禮制建設,目的自然是希望發揮禮樂教化功能,重塑社會道德體系,引導發揚士風。只不過,在整個國家禮制體系中,由於皇家典禮的實施能直接反映帝王真實的内在心理,因而在士風轉變過程中往往有着更加重要的導向作用。

太祖立國後,曾極力勸誘臣子"多積金、市田宅以遺子孫,歌兒舞女以終天年"④,從表面上看似乎是希望繼續五代的奢華享樂之風,但其實太祖本人却極爲節儉,《宋史·太祖本紀》載:"宫中葦簾,緣用青布;常服之衣,澣濯至再。魏國長公主襦飾翠羽,戒勿復用,又教之曰:'汝生長富貴,當念惜福。'見孟昶寶裝溺器,摏而碎之,曰:'汝以七寶飾此,當以何器貯食? 所爲如是,不亡何待!'"⑤後繼的太宗同樣如是,《宋史·太宗本紀》稱其"以慈儉爲寶,服澣濯之衣,毁奇巧之器,却女樂之獻,悟畋游之非"⑥。由此,太祖、太宗兩朝行使的典禮儀式雖規模宏大,聲勢壯麗,但并不鋪張奢侈。太宗太平興國七年(982),翰林學士承旨李昉言:"准詔詳定車服制度,請升朝官許乘銀裝條子鞍勒,六品以下不得鬧裝,其轙皆不得刺綉、金皮飾。餘官及工商庶人,許并乘烏漆素鞍,不

---

① 〔宋〕江少虞《新雕皇朝類苑》卷二一,日本元和七年活字印本。
② 〔宋〕王稱《東都事略》卷三,齊魯書社,2000年,第17頁。
③ 〔清〕徐松輯《宋會要輯稿》職官五,上海古籍出版社,2014年,第3131頁。
④ 《宋史》卷二五〇,第8810頁。
⑤ 《宋史》卷三,第49—50頁。
⑥ 《宋史》卷五,第101頁。

得用狨毛暖坐。其藍黃絛子,非宮禁不得乘。士庶、軍校乘白皮韉勒者,悉禁斷。"①此議深得帝王之意,遂立即詔行。仁宗康定元年(1040),參知政事宋庠言及宋初車駕行幸制度時同樣稱:"國朝承五姓荒殘之弊,事從簡略。每鳴鑾游豫,盡去戈戟,旌旗之制,儀衛寡薄,頗同藩鎮。"②《宋史·輿服制》亦載:"宋初,袞冕綴飾不用珠玉,蓋存簡儉之風。"③這些皆表明宋初典禮行使注重簡約,不求奢華。

承擔凸顯帝王威嚴、彰顯國家強盛重任的皇家典禮即"崇尚儉素",受此影響士大夫亦"罕以侈靡相勝,故公卿以清節爲高"④。太宗時,田錫因上疏獻軍國要機得賜錢五十萬,僚友遂謂錫曰:"今日之事鮮矣,宜少晦以遠讒忌。"錫則曰:"事君之誠,惟恐不竭,矧天植其性,豈爲一賞奪邪?"⑤太祖、太宗朝的這種尚簡斥奢風氣至真宗朝初期仍舊流行。咸平二年(999),真宗在《有事南郊詔》中強調:"諸路州府,不得以進奉爲名,輒有率斂,務遵儉約,稱朕意焉。"⑥咸平五年(1002),真宗又詔令:"南郊儀仗引駕官,不得多帶從人。"⑦可見,真宗即位之初依然奉行太祖、太宗兩朝的簡約之風。不僅如此,《文獻通考·職官》還曾記咸平間知制誥楊億上疏言及當時的官員俸祿之制:"竊見今之結髮登朝,陳力就列,其俸也不能致九人之飽,不及周之上農;其祿也未嘗有百石之入,不及漢之小吏。若乃左、右僕射,百僚之師長,位莫崇焉,月俸所入,不及軍中千夫之帥,甚可駭也。"⑧且引漢宣帝故事,乞增百官俸祿、雜給⑨。此亦説明真宗朝初并不提倡奢靡享樂。

然而,"澶淵之盟"後天下承平,尤其是大中祥符間,東封西祀,講求盛禮縟儀,耗資巨大。《宋史》載太祖、太宗朝舉行典禮,"凡馬步儀仗,共一萬一千二百二十二人,悉用禁軍",而至仁宗即位,承襲真宗朝儀駕,規模已是此前兩倍⑩。盛大的典禮儀式反映了真宗講求奢靡浮華的真實心理,因而儘管他屢次下詔誡飭士風,但上行下效,正如宋人王栐《燕翼貽謀録》所言,"至東封西

---

① 《宋史》卷一五〇,第 3512 頁。
② 《宋史》卷一四四,第 3388 頁。
③ 《宋史》卷一四四,第 3478 頁。
④ 〔宋〕王栐《燕翼詒謀録》卷二,中華書局,1981 年,第 14 頁。
⑤ 《宋史》卷二九三,第 9788 頁。
⑥ 〔宋〕佚名編,司義祖整理《宋大詔令集》卷第一一八,中華書局,1962 年,第 401 頁。
⑦ 《宋史》卷一四五,第 3401 頁。
⑧ 〔元〕馬端臨《文獻通考》卷六五,中華書局,2011 年,第 1965—1966 頁。
⑨ 據楊億言:"昔漢宣帝下詔云:'吏能勤事而俸祿薄,欲其無侵漁百姓難矣。'遂加吏俸,著於策書。"(《宋史》卷一六八,第 4005 頁)
⑩ 據《宋史》:"仁宗即位,儀典多襲前世……凡大駕,用二萬六十一人,大率以太僕寺主車輅,殿中省主興輦、繖扇、御馬,金吾主蠹、稍、十六騎、引騎細仗、牙門,六軍主槍仗,尚書兵部主六引諸隊、大角、五牛旗,門下省主寶枮,司天臺主鐘漏,太常主鼓吹,朝服法物庫出旗器、名物、衣冠、幰蓋,軍器庫出箙、弩、矢,內弓箭庫出戎裝、雜仗。凡六引導駕,太僕卿、千牛將軍、殿中侍御史、司天監少府監僚佐局官、乘黃令、大將軍、金吾上將軍、將軍、六統軍,皆以京朝官內諸司使、副使以下攝事。"(《宋史》卷一四五,第 3401—3402 頁)

祀,天書降,天神現,而侈費寖廣,公卿士大夫是則是效,而金銀之價亦從而增"①,士風自然走向奢靡。

除郊祀、籍田、明堂等大禮外,頻繁的宮廷宴饗也能凸顯真宗以來自上而下的浮華奢靡之風。據《宋史·禮志》:"宴饗之設,所以訓恭儉、示惠慈也。"②可見,帝王舉行宴饗集會本意在訓導群臣,以正風化,是以建隆元年(960),大宴於廣德殿僅"酒九行而罷"。而太宗淳化四年(993)正月南郊禮成,大宴含光殿,直史館陳靖所言更能說明這一宗旨:"古之饗宴者,所以省禍福而觀威儀也。故宴以禮成,賓以賢序,風、雅之作,兹爲盛焉。伏見近年内殿賜宴,群臣當坐于朵殿、兩廊者,拜舞方畢,趨馳就席,品列之序,糾紛無別。及至尊舉爵,群臣起立,先後不整,俯仰失節。欲望自今令有司預依品位告諭,其有踰越班次、拜起失節、喧嘩過甚者,并令糾舉。"③至道元年(995)三月,御史中丞李昌齡亦言:"廣宴之設,以均飫賜,得齒高會,宜乎盡禮。而有位之士,鮮克致恭,當糾其不恪。又供事禁庭,當定員數,籍姓名以謹其出入。酒穀之司,或虧精潔,望分命中使巡察。"④太宗皆從之。

真宗時,雖仍詔令宴饗需遵從禮儀,且令"閤門、宣徽使互相察舉,敢蔽匿者糾之",但事實上集會的目的已轉變爲君臣共歡,《宋史》載:"(咸平三年二月)賞花,宴于後苑,帝作《中春賞花釣魚詩》,儒臣皆賦,遂射于水殿,盡歡而罷。"⑤大中祥符元年(1008)十二月,又詔曰:"其軍員有因酒言詞失次及醉僕者,即先扶出,或遣殿前司量添巡檢軍士護送歸營。"⑥這相比太宗時"拜起失節、喧嘩過甚者,并令糾舉",顯然已十分寬容。不僅如此,真宗朝的宴飲更爲頻繁,除原定秋季大宴外,還增加了春季大宴,且將太宗偶爾舉行的"賞花釣魚宴"固定下來,定期舉行。同時,在幸苑囿、池籞,觀稼等過程中,也常舉行宴會。因此受帝王好宴飲賞樂的影響,真宗及仁宗兩朝,文士聚宴成風,極爲奢侈。錢世昭《錢氏私志》中即記一軼事:

> 宋相郊居政府,上元夜,在書院内讀《周易》,聞其弟學士祁,點華燈,擁歌妓,醉飲達旦,翌日,喻所親令誚讓云:"相公寄語學士,聞昨夜燒燈夜燕,窮極奢侈,不知記得某年上元,同在某州州學内,吃虀煮飯時否?"學士笑曰:"却須寄語相公,不知某年同某處吃虀煮飯,是爲甚底?"⑦

宋祁之言顯然意在表明昔年吃虀煮飯、苦讀詩書自是爲日後能奢侈享樂。而在當時,與宋祁一樣熱衷享樂的人并不在少數,夏竦即曾於夏日坐於漆斛漬龍

---

① 〔宋〕王栐《燕翼詒謀錄》卷二,第14頁。
② 《宋史》卷一一三,第2683頁。
③④ 《宋史》卷一一三,第2685頁。
⑤ 《宋史》卷一一三,第2692頁。
⑥ 《宋史》卷一一三,第2686頁。
⑦ 〔宋〕錢世昭《錢氏私志》,中華書局,1991年,第6頁。

皮,令"體寒生粟",不得不身穿夾衣①。又如寇準性豪奢,"所臨鎮宴會,常至三十酸。必盛張樂,尤喜柘枝舞,用二十四人,每舞連數酸方畢"②。可見,自上而下已然形成奢靡之風。

綜上,宋初士風建構關涉多方面因素,除實行"崇文抑武"國策,改革科舉制度等措施外,積極恢復與重建禮制也對其有着重要影響。宋初諸帝通過徵辟文士編修禮書,修訂建構官員禮儀制度,強調尊卑等級觀念,重塑王朝禮制體系,從而發揮禮樂的教化功能,引導了士風轉向。而隨着禮樂逐漸復興,士人也確實改變了消極淡漠的處世心態,不再只關心個人利益,而是重拾道德節義精神,以"名节相高",積極參與國事。只不過,從另一角度看,這種士風的變化,還與皇家禮儀行使過程中反映的帝王真實心理具有同步性,因此在不同時段又呈現出"尚儉""嗜奢"的不同形態,尤其是"奢靡之風"的盛行,實則體現出以禮樂活動引導士風轉變的局限性。

(作者單位:山東大學文學院)

---

① 陳師道《後山談叢》:"夏英公伏日供帳溫室,戒客具夾衣,客皆笑之。既坐,體寒生粟。乃以漆斛漬龍皮也。"([宋]陳師道《後山談叢》卷二,中華書局,2007年,第36頁)
② [宋]葉夢得《石林燕語》卷四,中華書局,1984年,第60頁。

幽贊神明：洪武後期朱元璋搜訪"張三丰"新論

白豔波

引　言

作爲神迹貫穿有明一代的道教活神仙，"張三丰"在洪武二十四年（1391）就已被太祖徵召，永樂年間（1403—1424）被成祖多次尋訪，至天順三年（1459），被英宗册封爲"通微顯化真人"①。"真仙張三丰"在明代的廣泛聲名正是由上述帝王主導的政治崇奉活動所促成，在道教與皇權的互動層面，張三丰與明代諸帝關聯密切，頗具典型。

其中，明代帝王對張三丰的訪尋始於太祖朱元璋。據任自垣（？—1431）《敕建大岳太和山志》卷六：

> 張全弌，字玄玄，號三伴。……洪武二十三年拂袖長往，不知所止。二十四年太祖皇帝遣三山高道使於四方，清理道教，有張玄玄可請來。永樂初太宗文皇帝慕其至道，致香書累遣使臣請之，不獲。後十年敕大臣創建宫觀一新，玄風大振。②

《敕建大岳太和山志》成書於宣德六年（1431），編者任自垣曾任太和山（武當山）提點，并參與《道藏》的編纂，相關記載應是空穴來風，故此一説法也被正

---

① 除了上述三次《明史》明確記録的訪尋册封活動，清代李西月重編《張三丰先生全集》"隱鏡編年"還記載了明帝對張三丰的另外三次册封：成化二十二年（1486）封"韜光尚志真仙"，嘉靖四十二年（1563）封"清虚元妙真君"，天啓三年（1623）封"飛龍顯化宏仁濟世真君"（方春陽點校《張三丰全集》卷八，浙江古籍出版社，1990年，第325頁），但皆無明代文獻的佐證，黄兆漢、楊立志等學者認爲可能爲汪錫齡杜撰（〔澳〕黄兆漢《明代道士張三丰考》，臺灣學生書局，1988年，第35頁；王光德、楊立志《武當道教史略》，華文出版社，1993年，第191頁）。清代後期以來，此説與《明史》所載的三次尋訪册封逐漸融合，影響深遠，任繼愈和卿希泰主編的《中國道教史》在提及明室對張三丰的慕求褒封時即未加辨析，直接采信（任繼愈主編《中國道教史》，上海人民出版社，1990年，第647頁；卿希泰主編《中國道教史[修訂本]》，四川人民出版社，1996年，第3卷，第467—469頁）。

② 〔明〕任自垣纂修《敕建大岳太和山志》卷六《集仙記·張全弌》，〔明〕任自垣、盧重華原著，楊立志點校《明代武當山志二種》，湖北人民出版社，1999年，第127—128頁。

史采納,《明史·張三丰傳》即云:"太祖故聞其名,洪武二十四年遣使覓之不得。"①後世相關記載亦多本自任志。如,焦竑(1540—1620)《國朝獻徵録》卷一一八所收藍田《張三丰真人傳》載:"洪武庚午,拂袖而去,形迹杳然。辛未,朝廷遣三山高道使於四方,清理道教,高皇帝曰:'有張玄玄者,可請來。'竟不之遇。"②"洪武庚午"即洪武二十三年(1390),"辛未"爲二十四年,與《敕建大岳太和山志》的説法一致。

由上述梳理不難發現,現存有關明太祖搜訪張三丰的記録其實相當簡略,這一文獻狀况也爲相關研究帶來一定的困難。目前所見最早對此開展研究的是海外道教學者索安(Anna Seidel)其"A Taoist Immortal of the Ming Dynasty: Chang San-feng"是第一篇專論張三丰的重要英文論文,以"真仙張三丰"爲例探討中國的神仙信仰在明代的多重面向。索安雖只簡略提及明太祖搜訪張三丰一事,但注意到後世文學作品中張三丰常與其他三位明初道教异人(張中、周顛、冷謙)并列出現(所謂"明初四仙")的現象,又通過梳理另外三人與太祖的關係,初步揭示了明初道教异人群體與太祖朱元璋構建正統性之間的關聯(王朝崛起的見證者、皇恩的受益人和道士效忠皇帝的證明),并指出張三丰作爲其中唯一未與太祖會面者,其在後世的聲名却又恰恰得益於朝廷的崇奉,這一點值得特別關注③。黄兆漢(Wong Shiu Hon)的博士論文"On the Cult of Chang San-feng and the Authenticity of his Works"(澳洲國立大學,1976年)聚焦於張三丰,後改寫擴充爲《明代道士張三丰考》,作爲第一部張三丰研究專著,全書以實證爲特色,正本清源,第一章《張三丰時代行迹考》系統梳理了明太祖、成祖尋訪張三丰的相關記載,以此佐證張三丰爲明初歷史人物,根據太祖晚年服食仙藥的記録,推測其訪尋張三丰的原因"一是出於好奇心或對張三丰的景仰,一是想要三丰給他一點仙藥治病或延壽,而後者的可能性較高"④,考證之餘,注意結合歷史背景探討尋訪動機,頗具啓發性。相較於上述個案研究,《劍橋中國明代史》則更加關注明代宗教政策的整體性,裘蒂絲·柏林(Judith A. Berling)在該書下卷第十五章《明代文化中的道教》("Taoism in Ming Culture")中亦關注到朱元璋登基后遣使搜訪張三丰一事,并指出:"由於明太祖致力於使其朝代的合法化,他熱衷於讓道教術士榮耀其宫廷,這似乎令人費解。然而,道士們,特别是那些隱姓埋名者如張三丰等人,現身於世却可以作爲合法性的象徵。這些隱世的高人,據信只願意爲一個神

---

① 〔清〕張廷玉等《明史》卷二九九,中華書局,1974年,第7641頁。
② 〔明〕焦竑輯《國朝獻徵録》卷一一八《釋道·張三丰》,明萬曆四十四年(1616)徐象橒曼山館刻本,第一百九葉下至一十葉上。
③ Anna Seidel, "A Taoist Immortal of the Ming Dynasty: Chang San-feng", in Wm. Theodore de Bary, ed. *Self and Society in Ming Thought*, New York: Columbia University Press, 1970, pp. 486–492.
④ 〔澳〕黄兆漢《明代道士張三丰考》,第2—5頁。

聖統治者的朝廷增色；他們的現身可以證明至高無上的君主的美德。"①以張三丰爲明初道教隱士典型，進一步揭示了搜訪張三丰與增强明太祖及王朝正統性的邏輯關聯，眼光獨到。

上述海外研究雖然數量有限，但均保持了較高的水準和較强的互補性。相較之下，國内張三丰研究雖然起步甚早②，但真正開始關注明太祖搜訪張三丰要到半個多世紀後。孟乃昌《張三丰考》以黄宗羲《王征南墓志銘》等清初記載爲據，堅信北宋武當丹士張三丰爲内家拳祖師，張三丰只是一個人，尋找張三丰是永樂帝打出的招牌（以便查訪建文），《明史》是爲永樂帝打圓場，拼凑出一個張三丰的形象，認爲"傳記中關於先是明太祖尋訪，只是一個予伏虚筆，爲'説明'永樂尋訪動機和遮掩永樂尋訪的突然，當然洪武年也'訪'不到"③。孟氏未注意到任自垣《敕建大岳太和山志》等明代前期張三丰傳記，又過於相信黄宗羲的論述，導致結論有所偏差。江百龍主編《武當拳之研究》第一編《張三丰之生平考》系統梳理有關張三丰的記載，以證明歷史上確有其人，結尾附帶提及張三丰不見朱元璋和朱棣的原因："朱元璋把'張玄玄請來'是爲清整道教"，而後者避而不見的原因"是張三丰避世思想和一生的儒道思想相聯繫的"，"父子二人，遣使尋訪張三丰的動機，實質上有其差異，但維持封建統治這一點，又是基本相同而一致的"④。注意辨析太祖、成祖尋訪張三丰的政治動機及其延續性，難能可貴。王志忠在梳理明初抑全真揚正一的道教政策時亦關注到太祖和成祖對全真道士張三丰的尋訪："如果允許大膽猜測的話，太祖、成祖如此急切地尋找在民衆中影響巨大的'大元遺老'張三丰，也許不只是爲了訪道求藥，更重要的是爲了控制這個不臣之民可能存在的反明活動！不然他何以百般躲藏，避而不見呢？"⑤結合明初宗教政策和張三丰身份特徵，從正反兩方面探討尋訪動機，有其合理性；但需要指出的是，張三丰所謂"大元遺老""不臣之民"的身份標籤主要爲明代中期以後的建構，并非明初的社會觀念，尋而不得的原因也并非主觀上的避而不見，而主要與張三丰形象的"建構性"有關。個案研究之外，道教史論著也十分關注張三丰。卿希泰主編《中國道教史》第十章《道教在明中葉以前的發展和貴盛》以大量篇幅介紹元明間全真道士張三丰，指出："與周顛仙、張中等一起，作爲'神仙'出世之範例，以爲新

---

① Judith A. Berling, "Taoism in Ming Culture", in Denis Twitchett and Frederick W. Mote., ed. *The Cambridge History of China Volume 8: The Ming Dynasty*, 1368-1644, Part 2, Chapter 15, New York: Cambridge University Press, 1998, pp. 963-964. 中譯本：〔美〕裘蒂絲·柏林《明代文化中的道教》，陳永革譯，載〔英〕崔瑞德、〔美〕牟復禮主編《劍橋中國明代史. 1368—1644》下卷第十五章，楊品泉等譯，中國社會科學出版社，2006年，第928—929頁。

② 目前所見最早的研究爲民國武術史家唐豪《少林武當考》和《太極拳與内家拳》，認爲成祖訪求張三丰是出於"隱察建文"的政治目的、"内家拳源於張三丰"説爲後世附會，并未提及明太祖搜訪張三丰一事，詳見唐豪《少林武當考》，中央國術館，1930年，第66—77頁；《太極拳與内家拳》，上海武學会，1930年，第1—10頁。

③ 孟乃昌《張三丰考》，《武當》1987年第1期，第3—7頁；第2期，第21—29頁。

④ 江百龍主編《武當拳之研究》，北京體育學院出版社，1992年，第45—47頁。

⑤ 王志忠《元明全真教盛衰論》，《湘潭大學學報（哲學社會科學版）》1996年第3期，第91頁。

朝聖世之祥瑞,而爲明室所推尊備至者,還有亦得全真之傳的元明間道士張三丰。不過張三丰的作風,與周顛、張中等之親近帝王頗有不同,與正一天師、正一道士榮貴者之腰金衣紫更相迥異,而是以隱而名愈著、地位愈高。其'隱仙'風範,上承陳摶,而更顯示出全真道風格之一面。……由於明室之推尊神化,張三丰成爲自吕洞賓後最負盛名的活神仙。"①將明初道教异人周顛、張中、張三丰歸爲全真一系,敏鋭發現了其與王朝正統性之間的關聯,并注意到張三丰的"隱仙"特質,與索安的認識多有契合。至此,搜訪張三丰與增強明太祖及明王朝正統性的邏輯關聯逐漸成爲國内外研究者的共識。

準確把握搜訪張三丰與增强明太祖朱元璋正統性之間的邏輯關聯并不意味着問題的終結,而恰恰是一個新的起點,因爲,新的問題隨之而來:明初對道教异人張三丰的搜訪,具體如何助力太祖朱元璋的正統性建構?本文即針對此一問題,聚焦於洪武二十四年太祖搜訪"張玄玄"一事,結合當時的歷史背景,考察此一活動背後的政治動機及其豐富内涵,推進學界對明初"張三丰"神仙信仰起源及道教與皇權關係的體認。

一 歷史傳統:"异人群集闕下,隨其所長而用之"

洪武後期明太祖朱元璋搜訪道教异人"張玄玄",首先是對歷史上開國之初建構王朝天命政治傳統的繼承。在後世的記載中,舉凡王朝初興之時,帝王身邊往往會聚集一批奇人异士,他們能够預判天下治亂走勢,雖各負异能(曆數、占卜等),却并不輕易出山,最終歸附并輔佐真龍天子創業登極,如河上仙翁之於漢文帝,陳摶之於宋太祖、太宗,丘處機之於成吉思汗……至於明初,則表現爲周顛仙、冷謙、鐵冠道人(張中)、張三丰等异人的集中涌現及其與太祖朱元璋的密切關聯。對此,明末顧起元(1565—1628)在《客座贅語》中總結道:

> 孫吳時,吳有八絶。吳範以治曆數、知風氣聞。劉淳以明天官、達占數顯。趙達以治九宫一算之術,應機立成,對問若神,計飛蝗,射隱伏,無不中效。皇象幼工書。時有張子并、陳梁甫能書,甫恨逋,并恨峻,象斟酌其間,甚得其妙。嚴武字子卿,圍棋莫與爲輩。宋壽占夢,十不失一。曹不興善畫。孤城鄭嫗能相人。又《晋陽秋》有葛衡達天官。《抱朴子》言有葛仙公多道術。景帝時有巫覡能視鬼。葛洪《神仙傳》言有介象多方術。一代初興,奇人快士風赴雲集,以供役使,故不可謂其怪迂也。我國初,周顛仙、冷謙、鐵冠道人、張三丰之類亦然。②

引文列舉了孫吳著名的"吳八絶"以及同時期的葛衡、葛仙公(葛玄)、景帝時巫覡、介象等异人。最後兩句總結值得關注:顧氏首先注意到"吳八絶"等奇人异士集中涌現的時代特徵——"一代初興"之時,具體來説,即孫吳立國前後;在

---

① 卿希泰主編《中國道教史》,第3卷,第465—469頁。
② 〔明〕顧起元撰,孔一校點《客座贅語》卷八,上海古籍出版社,2012年,第184頁。

此基礎上,又發現這些"奇人快士""風赴雲集,以供役使"的對象正是當時的吴國國主(吴大帝孫權及繼任者),他們或主動歸附、促成孫權崛起東南并稱帝(如吴範、劉惇、趙達)①,或被孫權徵召并受禮遇(如葛仙公②、曹不興③、介象④等),或爲吴景帝孫休(孫權第六子,東吴第三位皇帝)所重(景帝時巫覡)⑤。鑒於上述"奇人快士"在孫吴立國初期輔佐帝王的歷史貢獻,顧氏認爲陳壽、孫盛等人視其爲"怪迂"的傳統觀點有失公允,并由此聯想到明初的周顛仙、冷謙、鐵冠道人、張三丰等异人,所述頗具卓識。

顧氏的引申其實可以更進一步:"一代初興,奇人快士風赴雲集,以供役使"的現象不僅"不可謂其怪迂",而且往往是開國之君及其支持者着力建構的結果,意在凸顯君王個人和新王朝的正統性。孫吴立國前後之所以有如此多的奇人异士爲吴大帝孫權所"役使",正是孫權本人主動建構的結果,目的是塑造自身天命所歸的聖君形象,確立個人與吴國的皇業正統,這一點在曹魏、蜀漢相繼稱帝的時代背景下顯得尤爲關鍵⑥。

在此意義上,顧起元的類比具備了更深刻的寓意:明初周顛仙、冷謙、鐵冠道人、張三丰等异人的涌現及其與太祖朱元璋的密切關聯,與"吴八絶"等人"風赴雲集,以供役使"的政治内涵并無二致。作爲明朝的開國皇帝,朱元璋的出身和崛起歷程并不符合儒家傳統"天命説"中的理想君主形象,這就導致了明初王朝和太祖本人正統性的雙重不足。爲了應對這一不利局面,稱帝之前朱元璋就已經利用各種手段,塑造自身受命於天的身份;建立明王朝之後,太祖繼續完善個人的聖君形象,以穩固統治。結合明初史籍關於朱元璋出生、"從雄"等人生經歷的種種神异傳説⑦,周顛仙等异人的集中涌現和歸附,太祖洪武二十四年對張三丰的搜訪正是在這一時代背景下展開,包含着藉助道教异人烘托天命、增强正統性的政治目的。

朱元璋本人對於道教與王權的關係有着深刻認識,其《三教論》曰:"孰不知老子之道,非金丹黄冠之術,乃有國有家者,日用常行有不可關者也。……

---

① 〔晋〕陳壽撰,〔南朝宋〕裴松之注《三國志》卷六三《吴書·吴範劉惇趙達傳》,中華書局,1982年,第1421—1425頁。
② 《三國志》卷六三,第1427頁;〔晋〕葛洪撰,胡守爲校釋《神仙傳校釋》卷八,中華書局,2010年,第270頁。
③ 《三國志》卷六三,第1425—1426頁。
④ 〔晋〕葛洪撰,胡守爲校釋《神仙傳校釋》卷九,第324—326頁。
⑤ 《三國志》卷六三,第1427頁;〔晋〕葛洪撰,楊明照校箋《抱朴子外篇校箋》附録《佚文第三》,中華書局,1991年,第750頁。
⑥ 有關孫吴政權正統性建構的研究,參見秦永洲《三國時期正統觀念簡論》,《山東師大學報(社會科學版)》1999年第6期,第38—40頁;王安泰《"恢復"與"繼承":孫吴的天命正統與天下秩序》,《廈門大學學報(哲學社會科學版)》2016年第5期,第1—7頁;朱子彦《孫吴政權正統性觀念的構建——兼論吴晋争奪天命》,《人文雜志》2021年第2期,第93—102頁;等等。
⑦ 明初相關記録包括《皇明本紀》《天潢玉牒》和《明太祖實録》等,陳學霖(Hok-lam Chan)對此已有精彩分析,參見 Hok-lam Chan, "The Rise of Ming T'ai-tsu (1368 - 1398): Facts and Fictions in Early Ming Official Historiography", *Journal of the American Oriental Society*, 1975, 95(4): 679 - 715.

於斯三教,除仲尼之道祖堯舜,率三王,删詩制典,萬世永賴。其佛仙之幽靈,暗助王綱,益世無窮,惟常是吉。嘗聞:天下無二道,聖人無兩心。三教之立,雖持身榮儉之不同,其所濟給之理一。然於斯世之愚人,於斯三教,有不可缺者。"①明確表達了三教并用以穩固統治的思想,而明初積極建構與周顛仙、張三丰等道教异人的關係就是以"佛仙之幽靈,暗助王綱"的典型表現。

朱元璋的這一策略在當時就已廣爲人知,并引起了儒家知識分子的擔憂。解縉(1369—1415)《大庖西封事》曰:

> 陛下天資至高,悉合於道,凡百家神怪,誕妄恍惚,臣知陛下洞燭之矣;然猶不免欲以愚弄天下,若所謂以神道設教者。臣謂不必然也,一統之輿圖已定矣,一時之人心已服矣,一切之奸雄已慴矣。天無變灾,民無患害,聖躬康寧,聖子聖孫繼繼繩繩,所謂得真符者矣。何必興師以取寶爲名,諭衆以神仙爲徵,謂有某仙某神乎佐國家者哉?且以傳國寶論之,潞王從琦已焚之矣,屢求屢得,真偽莫明。假令真有之,則區區李斯之書、秦政之制,何足爲寶哉?周武之世,未有神仙符應,書之所載,可見也已;而古今享國之長,未有如周者。神仙釋老,誕嫚恍惚,何足稽哉?②

《大庖西封事》作於洪武二十一年(1388)四月,彼時剛剛進士及第的解縉在朱元璋的鼓勵下上書萬言,系統總結了明朝開國以來的種種政策得失③。其中有關朱元璋"神道設教"的論述頗可注意:"何必興師以取寶爲名,諭衆以神仙爲徵,謂有某仙某神乎佐國家者哉?"在儒生解縉看來,此時大明政權已經穩固,無須再藉助神仙之說來教化百姓、"愚弄天下"。而這一表述反證了朱元璋此前確實熱衷利用"神仙出世"等"异端"思想來教諭百姓,塑造自身受命於天的聖君形象,增强個人和明王朝的政治合法性。其中的"神仙"就包括了周顛仙、冷謙、鐵冠道人等异人,洪武二十四年遣使搜訪張三丰正是此一政策的延續,儒生解縉的勸諫顯然未被朱元璋采納。

二 明初困局:"恥不得其傳國寶"

前引解縉《大庖西封事》還提到太祖"興師以取寶爲名",關涉的則是明初的另一重大政治話題——傳國寶。除了太祖朱元璋社會底層出身帶來的"天命焦慮",明初還面臨着特殊的政治窘境:歷代傳國璽的闕失。據陳建(1497—1567)《皇明通紀》,洪武二十五年(1392)九月,山東監生周敬心直言極諫:

> 時朝廷訪求通曉曆數,推往知來,試無不驗者,必爵及封侯,食禄千五

---

① 〔明〕朱元璋撰,胡士萼點校《明太祖集》卷一〇,黃山書社,1991年,第214—216頁。
② 〔明〕解縉《解文毅公集》卷一,國家圖書館藏清乾隆三十二年(1767)解氏敦仁堂刻本,第七至八葉。
③ 《皇明文衡》收錄此文時題作"洪武戊辰四月大庖西上皇帝封事解縉"(〔明〕程敏政輯,卷六,國家圖書館藏宗文堂明嘉靖八年[1529]刻本,第一葉上),洪武戊辰爲洪武二十一年(1388),據此,解縉此次上書在洪武二十一年四月。

百石。山東監生周敬心上書,略言:"國祚修短,在德厚薄,非曆數可定。陛下但當修德,則皇祚可傳萬世,何必問諸小技之人耶?"又言:"陛下連年遠征,臣民萬口一辭,皆知爲恥不得其傳國寶,欲取之耳。臣聞傳國寶,出自戰國。楚平王時,以卞和所得之玉琢之。秦始皇秘之,名曰玉璽。自是以來,歷代珍之,遂有是名。《易》曰'聖人之大寶曰位,何以守位? 曰仁'。是知仁,乃人君之寶,玉璽非寶也。且戰國之君,趙先得寶而國不守。五代之君皆得寶,皆不旋踵而亡。蓋徒知玉璽之爲寶,而不知仁義之爲寶故也。天下治安,享國長久者,莫如三代。三代之時,未有玉璽。是知有天下者,在仁義而不在此璽,亦明矣。今爲取寶,使兵革數動,軍民困苦,是忽真正之大寶而易無用之小寶也。聖人智出天下,明照萬物,何乃輕此而重彼,愛彼而不愛此耶?"……疏奏,上頗納其言,自是北征之議稍息。①

周敬心上書的起因是洪武二十五年朝廷訪求通曉曆數者,封賞甚厚。明廷此舉本身就是對王朝正統性缺乏信心的表現,故需訪求通曉曆數者以推算國祚,儒生周敬心的勸諫最初也是針對此事;但接下來話鋒一轉,聚焦於太祖北征一事。據周敬心所言,洪武年間太祖頻繁北征蒙古的主要原因是"恥不得其傳國寶,欲取之耳",且此意圖在當時臣民皆知。所謂"傳國寶"乃秦璽,歷經傳承,後被視爲王朝正統的重要象徵。洪武初年的北伐雖然成功驅逐元廷,占領大都,但蒙元政權只是退居漠北,此後明廷雖又多次北伐,但始終未能徹底消除北方這一政治隱患。周敬心針對"訪求通曉曆數者"和"傳國寶"的勸諫看似突兀,但卻反映了時人對二者因果關係的普遍認識:訪求通曉曆數者推算國祚,是緣於明王朝對自身正統性缺乏信心,而正統性不足的一大原因正是"不得其傳國寶",遂多次北征,"欲取之耳"。這一説法未必有事實證據,但卻在客觀上引發了明初朱元璋"恥不得其傳國寶"的天命焦慮和後續的應對策略。

儒家式的勸解雖然能夠自圓其説,但却無法扭轉"臣民萬口一辭,皆知爲恥不得其傳國寶"的尷尬輿論環境以及由此引發的帝王之憂。江盈科(1553—1605)在《皇明十六種小傳》中稱贊周敬心此次上書爲"俠氣亮節有過人者",并收錄了一則太祖與傳國璽的軼事,頗可注意:

> 先是,上微行至一寺,見厨下一僧方治爨,上問曰:"爾僧耶?"答曰:"然。"上曰:"有度牒否?"僧答曰:"真和尚不消度牒,真皇帝不用玉璽。"上悦,問其姓名,不告。明日,遣人召之,已失所在,蓋异僧也。夫异僧應上,語合機宜,可必無罪。②

朱元璋與僧人交流時并未表露其帝王身份,僧人的回答不僅扭轉了自身無度牒的不利局面,而且通過巧妙的類比消解了朱元璋內心因傳國璽闕失而帶來的天命焦慮,"語合機宜",同時帶有未卜先知的神秘意味,因此朱元璋對這一

---

① 〔明〕陳建著,錢茂偉點校《皇明通紀·啓運録》卷八《壬申 洪武二十五年·周敬心直言極諫》,中華書局,2008年,第281—282頁。
② 〔明〕江盈科纂,黄仁生輯校《江盈科集(增訂本)》第2册,岳麓書社,2008年,第864頁。

回答十分滿意。而後續朱元璋"問其姓名,不告"和"明日,遣人召之,已失所在"情節則進一步突出了僧人身份之"异",前述"真皇帝不用玉璽"之言由此具備了君權神授的強大政治效力,朱元璋的真命天子("真皇帝")身份得到了極大凸顯。

上述"太祖遇异僧"情節的真實性已無從考證,但故事本身正是明初"恥不得其傳國寶"這一政治窘境及其所引發的天命焦慮的客觀反映,其中的"异僧"及其"真皇帝不用玉璽"説則昭示了朱元璋的應對策略——藉助佛道教异人建構自身皇位正統。在此方面,除了上文的异僧,道教异人在其中也扮演了重要角色。楊溥(1372—1446)《禪玄顯教編》載:

  鐵冠道人,有道之士也。嘗相上,宜居九五之尊。上即位,召至,問以國祚事,但云"過唐,不及漢",復大書一"順"字授帝。後辭入山,不知所在。今傳《鐵冠道人歌》一篇。①

鐵冠道人張中通過相面預測朱元璋將爲天子、即位後朱元璋又向其咨詢國祚的記錄正是明初"訪求通曉曆數者"政策的縮影,是建構太祖朱元璋個人及明王朝政治正統性的重要舉措。

據《敕建大岳太和山志》,張三丰"但凡吐詞發語,專以道德仁義忠孝爲本,并無虛誕禍福欺誑於人。所以心與神通,神與道一,事事皆有先見之理",還提到張三丰洪武年間對武當山耆舊("吾山异日與今日大有不同矣")和弟子周真德("爾可善守香火,成立自有時來,非在子也")的兩次預言及其在永樂年間的應驗("自高真升仙之後,未有盛於今日者。師之所言,信不虛矣")②。這些記載都突出了張三丰事有前知的神異能力,與洪武二十五年訪求的"通曉曆數,推往知來,試無不驗者"多有契合,尋訪時間亦僅相隔一年。因此,太祖遣使搜訪道教异人張三丰應該也包含了咨詢國祚的隱藏動機。

三 療疾延壽:"今陛下春秋高矣"

在《劍橋中國明代史》下卷第十五章《明代文化中的道教》中,裘蒂絲·柏林在揭示尋訪張三丰與增强明王朝合法性的内在關聯之餘,對道教與皇權的關係亦有總結:"道士們爲統治者們提供合法性的能力,部分地可能反映了這一事實,即大量道教儀式具有比如保衛國家、避免災難以及爲統治者延年益壽之類的目的。換句話説,道教儀式承諾加强皇權和增進統治者的個人力量。"③這一引申不僅適用於道教儀式,古代帝王對道教神仙异人的尋訪除了出於加强皇權的目的,往往也包含了增進統治者個人力量的動機。搜訪張三

---

① 〔明〕楊溥《禪玄顯教編》,《叢書集成初編》本,商務印書館,1936年,第21頁。
② 〔明〕任自垣《敕建大岳太和山志》卷六《集仙記·張全弌》,〔明〕任自垣、盧重華原著,楊立志點校《明代武當山志二種》,第128頁。
③ 〔美〕裘蒂絲·柏林《明代文化中的道教》,〔英〕崔瑞德、〔美〕牟復禮主編《劍橋中國明代史:1368—1644》下卷第十五章,第929頁。

丰發生於洪武二十四年(1391),彼時太祖朱元璋(1328—1398)已經六十四歲,這位開國皇帝的身體狀況如何？搜訪异人張三丰是否包含了如歷史上秦皇、漢武求取仙藥以治病延壽的目的？

據《太祖實録》,洪武二十四年十月乙丑(十二日),江西建昌府南豐縣典史馮堅上書言九事,其中首條即爲"頤養聖躬":"一曰頤養聖躬以爲民社之福。王者奉天勤民,綜理萬幾,固當宵衣旰食,勵精圖治;然而兆民之安,宗社之固,咸係於一人。今陛下春秋高矣,未見日而朝百官,似非順時調護之道。願陛下清心省事,勿預細務,頤養聖躬,永爲民社之福。"此處雖然没有直接提及朱元璋當時的身體情況,但至少表明由於年事已高和操勞政務,洪武後期朱元璋的身體已經大不如前,以至臣下有此上言。對於馮堅的建議,朱元璋認爲"知時務,達事變","關於政體者多是,可嘉也",命吏部擢其爲都察院僉都御史①。

另據《御製周顛仙人傳》:

> 又四年,朕患熱症,幾將去世。俄赤脚僧至,言天眼尊者及周顛仙人遣某送藥至,朕初又不欲見,少思之:既病,人以藥來,雖真假,合見之。出與見,惠朕以藥,藥之名,其一曰温良藥兩片,其一曰温良石一塊。其用之方,金盆子盛著,背上磨著,金酸子内吃一酸便好。朕遂服之,初無甚异,初服在未時間,至點燈時周身肉内搐掣,此藥之應也。當夜病愈,精神日强一日。服過三番,乃聞有菖蒲香,盞底有丹砂沉墜,鮮紅异世有者。……②

此文乃朱元璋親撰,根據上下文,"周顛仙遣赤脚僧進藥"情節當發生於洪武二十五年(1392)至二十六年七月之前。其中固然不乏杜撰和誇飾成分,意在藉助周顛仙、天眼尊者等异人烘托受命於天、神仙庇佑的聖君形象;但有關朱元璋本人重病及服食道教丹藥的描述當有現實依據。

馮堅上書在洪武二十四年十月,"周顛仙遣赤脚僧進藥"在洪武二十六年七月之前,而《敕建大岳太和山志》所載太祖遣使搜訪張三丰事亦在洪武二十四年,由此推測,朱元璋晚年遣使搜訪道教异人張三丰,除了烘托天命的政治目的,很可能也包含了求取道教仙藥以治病延壽的個人訴求。這一傳統也被此後多位明帝繼承,成爲明代皇室與道教關係的一個重要面向③。

除了上述有關太祖洪武後期身體狀況惡化及其服食道教丹藥的記録,朱元璋在去世前一月命高道劉淵然"游名山洞府,求謁神人"一事亦頗值注意。據楊榮(1371—1440)《長春劉真人傳略》:

---

① 《明太祖實録》卷二一三"洪武二十四年十月乙丑",臺灣"中研院"史語所,1962年,第3149—3153頁。

② 〔明〕朱元璋《御製周顛仙人傳》,〔明〕沈節甫輯録《紀録彙編》卷六,全國圖書館文獻微縮複製中心,1994年,第47頁;《明太祖實録》亦載此事,文字略异,詳見《明太祖實録》卷二二九"洪武二十六年七月辛未",第3348—3350頁。

③ 明成祖、憲宗、世宗、光宗、熹宗等明帝皆有服食丹藥的記録,仁宗、孝宗更因服食丹藥而亡,詳見楊啓樵《明清皇室與方術》,上海書店出版社,2010年,第35、42—43、65、84—90、118—119頁。

戊寅夏五月朔，駕幸朝天宫，至道院，面加撫慰。命隨入内廷，賜坐右順門，咨詢移時方退。翌日，遣中貴人齎手詔，命其游名山洞府，求謁神人，以神其神。詰朝入謝，賜膳及紗衣、楮鏹，乘驛去。①

王直《長春劉真人祠堂記》②、陳循《龍泉觀長春真人祠記》③及《敕護西山道院》附"普濟真人喻道純謹奏爲乞恩焚修事"④等劉淵然傳記皆録其事，并在出訪時間、目的、路綫和中斷原因等方面各有詳略，可相互參證。劉淵然爲明初著名道士，太祖聞其道行，洪武二十六年徵入朝，深見契獎，賜號高道，命建西山道院以館之。"戊寅"爲洪武三十一年(1398)，本年五月初一，太祖親至朝天宫西山道院與劉淵然會面，後一同返回内廷交流；初二，太祖遣使送詔，命劉淵然"游名山洞府，求謁神人"；初三，劉淵然入朝謝恩，太祖賜膳及紗衣、楮鏹。乘驛車出發後，劉淵然"上匡廬，過鄂渚，至武當山"，剛至武當山即被召還，因爲"時高帝賓天"。據《太祖實録》，洪武三十一年閏五月，"乙酉，上崩於西宫。上素少疾，及疾作，日臨朝決事不倦如平時，漸劇，乃焚香祝天曰：'壽年久近、國祚短長、子孫賢否，惟簡在帝心，爲生民福。'……辛卯，葬孝陵"⑤。乙酉爲初十日，距離劉淵然奉命出游僅過去一個多月。

那麽，此次劉淵然奉命出訪的目的是什麽？從劉淵然受命出發前太祖親至西山道院撫慰，又在内廷"咨詢移時""賜膳及紗衣、楮鏹""乘驛去"等細節不難看出任務的緊急和受重視程度。結合太祖病重後、去世前的"焚香祝天"之舉，此次出訪應與太祖日益惡化的身體狀況直接相關。除了上引"命其游名山洞府，求謁神人，以神其神"一句，《長春劉真人祠堂記》提到："且以其元(玄)悟宿契，命爲尋真之游，冀益有所遇，以致其神化。"其中"以致其神化"與"以神其神"内涵一致：鑒於劉淵然此前"呼召風雷，役治鬼物，濟拔幽顯，立有應驗"，太祖遂選中其爲使者，希望此次"求謁神人"之行也能"立有應驗"，臨行前太祖所賜楮鏹(祭供時焚化用的紙錢)也指明了敬祀名山洞府神靈仙真的任務内容。又鑒於此次任務的緊急和受重視程度，以及太祖不久即駕崩的事實，劉淵然尋真祀神的首要目的應該是爲朱元璋祈福延壽⑥。

劉淵然的行進路綫爲"上匡廬，過鄂渚，至武當山"，其中，匡廬山(廬山)是周顛仙遣赤脚僧進藥前最後現身之地，洪武二十六年七月，太祖曾遣使往祭廬山，并爲周顛仙立碑；鄂渚爲漢水與長江的交匯之地，亦爲廬山與武當山之間的交通要道；武當山是著名的玄帝道場，也是傳説中張三丰洪武年間久居之

---

① 〔明〕葛寅亮撰，何孝榮點校《金陵玄觀志》卷一，南京出版社，2011年，第22頁。
② 〔明〕王直《抑庵文後集》卷五，《景印文淵閣四庫全書》第1241册，臺灣"商務印書館"，1986年，第427—428頁。
③ 陳垣編纂，陳智超、曾慶瑛校補《道家金石略》，文物出版社，1988年，第1261頁。
④ 〔明〕葛寅亮撰，何孝榮點校《金陵玄觀志》卷一，第8頁。
⑤ 《明太祖實録》卷二五七，第3717—3718頁。
⑥ 黄吉宏曾注意相關記載，但認爲"此次談話，推測極可能涉及朱元璋身後事的一些機密安排"，并未將此事與朱元璋對道教異人的興趣聯繫起來，詳見黄吉宏《趙原陽、劉淵然道脉研究》，宗教文化出版社，2018年，第178—179頁。

所。由此不禁讓人懷疑：劉淵然此次游名山洞府除了敬祀玄帝（玄武神有司命職能，"主天子壽命"）①等神靈之外，是否也包含了搜訪周顛仙、張三丰等當世神仙异人的目的？畢竟周顛仙曾遣赤脚僧進藥於太祖，療效顯著；張三丰據傳此時已年過百歲，存身有道②。此外，洪武二十七年至二十八年間，朱元璋之子、蜀王朱椿通過親撰《與全弌老仙書》等作品并多次遣使尋訪"張三丰"，建構了"張三丰入蜀見蜀王"傳説，情節上即聚焦於道教仙藥，如提及張三丰辭别蜀王的理由曰："兹行必欲造玄真之境，求長生之藥，持獻左右，以報知己之遇。"③太祖病重前應該聽聞過相關傳説，并得知張三丰的高壽及其求長生之藥的經歷。鑒於周、張兩位异人所擁有的道教仙藥和長生之術正是彼時病危的太祖所急需者，因此幾乎可以斷定，劉淵然此次奉命緊急出訪匡廬山、武當山等地，包含了搜訪周顛仙和張三丰等當世神仙异人、爲太祖求取仙藥和長生之術以治病延壽的迫切現實需要！而朱元璋去世後劉淵然即被召還這一後續行程也進一步佐證了此次尋真訪神是爲太祖本人祈福延壽：奉命緊急出訪不久太祖即駕崩，出訪隨之失去意義，因而中輟。

四　戒備防範："清理道教，有張玄玄可請來"

前引《敕建大岳太和山志》對太祖搜訪張三丰的背景介紹亦值得注意："（洪武）二十四年太祖皇帝遣三山高道使於四方，清理道教，有張玄玄可請來。"據此，則朱元璋派遣三山高道使於四方主要包含清理道教和搜訪异人張三丰兩項任務，且以前者爲主。關於明初"清理道教"的背景，《太祖實録》卷二〇九記載甚詳：

> 丁巳，命禮部清理釋道二教。敕曰：佛本中國异教也，自漢明帝夜有金人入夢，其法始自西域，而至當是時，民皆崇敬，其後有去鬚髮出家者，有以兒童出家者，其所修行，則去色相，絶嗜慾，潔身以爲善。道教始於老子，以至漢張道陵，能以异術役召鬼神，禦灾捍患，其道益彰。故二教歷世久不磨滅者以此。今之學佛者，曰禪、曰講、曰瑜珈；學道者，曰正一、曰全真，皆不循本俗，污教敗行，爲害甚大。自今天下僧道，凡各府州縣，寺觀雖多，但存其寬大可容衆者一所，併而居之，毋雜處於外，與民相混，違者治以重罪。親故相隱者流，願還俗者聽。其佛經番譯已定者，不許增減詞語。道士設齋醮，亦不許拜奏青詞。爲孝子慈孫演誦經典，報祖父母者，各遵頒降科儀，毋妄立條章，多索民財。及民有仿瑜珈教，稱爲善友，假張真人名，私造符籙者，皆治以重罪。④

---

① 王光德、楊立志《武當道教史略》，第115—116頁。
② 〔明〕朱椿《獻園睿製集》卷四，日本國立公文書館藏明成化三年（1467）刊本，第十四葉下。
③ 相關考證詳見拙文《陰翊王度："張三丰入蜀見蜀王"傳説新考》，《四川師範大學學報（社會科學版）》2023年第2期，第176—185頁。
④ 《明太祖實録》卷二〇九"洪武二十四年六月丁巳"，第3109—3110頁。

同書卷二一〇載:"洪武二十四年秋七月丙戌朔,享太廟。詔天下僧道:有創立庵堂寺觀,非舊額者,悉毁之。"①洪武二十四年"清理釋道二教"意在限制佛道教勢力的發展,以穩固統治。這項政策看似峻厲,但實際上并未嚴格執行,所謂"清理"也非直接取締,而是爲了更好地控制利用,同時防範當時秘密結社、陰謀顛覆政府的明教、白蓮教等勢力,朱元璋本人實際上仍然信異端、好方術②。但正如《敕建大岳太和山志》所載,清理道教與搜訪張三丰同時進行,不禁讓人懷疑:朱元璋對於這位道教異人是否也包含了戒備與控制的意圖?

明代前期有關太祖搜訪張三丰的記載十分簡略,且最終尋而不得,無法確知朱元璋對張三丰的態度;但根據《太祖實録》等官方史料,朱元璋與周顛仙、鐵冠道人等其他明初異人有實際接觸,可供參考。以周顛仙爲例,《御製周顛仙人傳》中提到了朱元璋對周顛仙的幾次危及生命的試探,鑒於《紀録彙編》與《太祖實録》所載文本的巨大差異,故先列表對比如下:

朱元璋《御製周顛仙人傳》	
《紀録彙編》本	《太祖實録》本
顛人周姓者,自言南昌屬郡建昌人也。……終日被此顛者所煩,特以燒酒醉之,暢飲弗醉,明日又來,仍以虫多爲説……是後顛者日顛不已,命蒸之。初以巨缸覆之,令顛者居其内,以五尺圍蘆薪緣缸煅之,薪盡火消,揭缸而視之,儼然如故。是後復蒸之,以五尺圍蘆薪一束半,以缸覆顛者於内,周遭以火煅之,烟消火滅之後,揭缸而視之,儼然如故。又未幾時,以五尺圍蘆薪兩束半,以缸覆顛者於内,煅煉之,薪盡火消之後,揭缸視之,其烟凝於缸底,若張綿狀,顛者微以首撼撼小水微出即醒,無恙……膳後,朕密謂主僧曰:"令顛者清齋一月,以視其能否。"主僧如朕命,防顛者於一室。朕每二日一問,問至二十三有日,果不飲膳,是出凡人也……朕曾謂相伴者曰:"其顛人無正語,防閑之,儻有謬詞,來報。"至馬當,江中江豚戲水,顛者曰:"水怪見,前損人多。"伴者來報,朕不然其説。顛果無知,棄溺於江中。至湖口,失記人數,約有十七八人將顛者領去湖口小江邊,意在溺死。去久而歸,顛者同來,問命往者:"何不置之死地,又復生來?"對曰:"難置之於死。"語未既,顛者猝至,謂朕欲食,朕與之食,食既,顛者整頓精神衣服之類,若遠行之狀,至朕前,鞠躬舒項,謂朕曰:"你殺之。"朕謂曰:"被你煩多,殺且未敢,且縱你行。"遂糇糧而往,去後莫知所之……故紀之以示後人。③	遣禮部員外郎潘善應、司務譚孟高往祭廬山,爲周顛仙立碑。顛仙姓周,不知其名,自言建昌人……上頗厭之,特命飲以燒酒,酣暢不輟,明日復至……又自言入火不熱,乃以巨甕覆之,積蘆薪五尺許燔甕四旁,火盡滅,發視之,端坐如故。如是者凡三。及寓蔣山寺月餘,寺僧言顛仙與沙彌争飯,怒不食半月矣。上幸翠微亭召之,步趨無異平時,因賜之食,乃食。上問之曰:"能不食一月乎?"曰:"能。"乃坐之一密室中,不食者二十三日矣……至馬當,見江豚戲水,曰:"水怪見,前損人必多。"上曰:"顛者言何妄也! 復爾,則棄之江中。"乃自言能入水不濡,遂命投之於江。久之,復來謁見,欲求食。上命賜之食,食已,正衣襟,前引項,曰:"今可殺矣。"上笑曰:"殺爾爲?"乃縱其還廬山……遂親爲文勒石紀其事,命善應等往祠焉。④

---

① 《明太祖實録》卷二一〇,第 3125 頁。
② 楊啓樵《明清皇室與方術》,第 10—22 頁。
③ 〔明〕朱元璋《御製周顛仙人傳》,〔明〕沈節甫輯録《紀録彙編》卷六,第 45—47 頁。
④ 《明太祖實録》卷二二九"洪武二十六年七月辛未",第 3348—3350 頁。

洪武二十六年七月，朱元璋遣禮部官員潘善應等往祭廬山，並爲周顛仙立碑，碑文即朱元璋親撰的《御製周顛仙人傳》。朱元璋此舉意在藉助道教異人烘托自身受命於天、神靈庇佑的聖君形象，因此，作爲宣傳媒介，《御製周顛仙人傳》在當時和後世流傳頗廣。但由於此文未被收入朱元璋《高皇帝御製文集》，缺乏權威定本，因此在流傳過程中逐漸衍生出不同版本。據沈一民考證，明代《御製周顛仙人傳》主要分爲三個文獻傳承系統：(1) 朱元璋遣使所立廬山石碑，今存，碑陽刻《御製周顛仙人傳》全文。單行本《御製周顛仙人傳》一卷外，《(嘉靖)九江府志》(題"御製碑文")①、《廬山紀事》②諸書亦全文收錄，文本高度一致，較好地保存了明初舊貌，現今通行的《御製周顛仙人傳》即多據《紀錄彙編》所收一卷本影印。(2)《明太祖實錄》卷一三記述了鄱陽湖之戰前後周顛的預言③，卷二二九收錄了《御製周顛仙人傳》的縮編版，後因《大明一統志》的徵引而廣爲流傳④。(3) 綜合《御製周顛仙人傳》和《明太祖實錄》的相關內容改寫而成，如《野記》⑤《名山藏》⑥等書所載。關於前兩個系統的區別，沈氏羅列了 5 處不同，第 3 處提到"在解釋朱元璋爲何煅燒周顛時，《明太祖實錄》解釋爲出自周顛自身的誇耀"，注意到史臣的關鍵改動，但未作深入辨析⑦。

　　兩相對比不難看出，《太祖實錄》除了調整敘事視角(由第一人稱"朕"改爲第三人稱"上")、壓縮篇幅外，更重要的是對情節的改寫：將朱元璋對周顛仙的多次危險試探甚至迫害都篡改爲周顛仙的主動炫技("自言能入火不熱""自言能入水不濡"等)，以維護朱元璋的形象。《紀錄彙編》本提到的三次"命覆以巨缸，積薪煅之""令顛者清齋一月"和"棄溺於江中""意在溺死"，雖然最終都以周顛仙的輕鬆化解告終，突出了其神異特徵，但從中亦可見朱元璋對這位異人的態度至少並不崇敬，更多的是索安所謂的"消遣且殘忍的好奇心"⑧。尤其是出征陳友諒途中的湖口投江一事，從朱元璋此前令人"防閑之"以及棄溺江中失敗後質問手下"何不置之死地，又復生來"等反應不難看出，朱元璋當時對周顛仙確存殺心。此舉固然是著眼於整體戰局(避免"異言"動搖軍心)，但更主要的是基於朱元璋對方士異人既利用又防範的一貫態度：當其預言等能力於己有利時，則大加宣傳利用；一旦對方口出"謬詞"、脱離控制，則堅決地"防

---

① 〔明〕何棐、馮曾修，李汛纂《(嘉靖)九江府志》卷一四《外志・觀寺》，《天一閣藏明代方志選刊》影印明嘉靖六年(1527)刻本，上海古籍書店，1962年，第六葉下至九葉下。

② 〔明〕桑喬《廬山紀事》卷二《通志・御碑亭》，國家圖書館藏明嘉靖四十年(1561)刻本，第十二葉下至十八葉上。

③ 《明太祖實錄》卷一三"癸卯八月壬戌"，第 168 頁。

④ 〔明〕李賢等撰，方志遠等點校《大明一統志》卷四九《江西布政司・南昌府・仙釋・周顛仙》，巴蜀書社，2017年，第 2215 頁；卷五二《江西布政司・南康府・仙釋・周顛仙》，第 2299 頁。

⑤ 〔明〕祝允明《野記》卷一，國家圖書館藏明刻本，第二葉下至七葉上。

⑥ 〔明〕何喬遠《名山藏》卷一〇三《方外記上・周顛》，國家圖書館藏明崇禎刻本，第一至三葉。

⑦ 沈一民《從周顛事蹟的傳播看明代官方文獻與民間傳說的互動》，《西南大學學報(社會科學版)》2019 年第 4 期，第 167—169 頁。

⑧ Anna Seidel, "A Taoist Immortal of the Ming Dynasty: Chang San-feng", p. 490.

閑之"甚至"置之死地"。

由周顛仙主動歸附并多次以精准預言輔佐太祖、却仍被後者多次迫害的經歷可知,朱元璋對於异人群體并無崇敬之心,有的只是在位者對身懷异術之人的試探、利用和忌憚、防備,以及可能構成威脅時置之死地的殺心。有鑒於此,洪武二十四年朱元璋遣使清理道教的同時搜訪异人張三丰一事應該也包含着相似的戒備防範心理。而"張三丰"神仙信仰的後續演變軌迹表明,太祖朱元璋的這一戒備防範心理的確有其先見之明。

結　論

經過以上分析可以得出,明太祖朱元璋洪武後期搜訪"張玄玄"主要出於繼承歷代王朝初期天命建構傳統、化解明初"耻不得其傳國寶"的天命焦慮、訪求仙藥以療疾延壽和戒備防範道教异人等四方面動機,總體上都是服務於其正統性建構的政治目的。後續成祖和英宗崇奉張三丰的具體歷史背景和方式雖然有別,但其政治内涵基本未出上述範圍,表現出明顯的繼承性。而相較於周顛仙等其他明初异人皆爲太祖所用的情形,尋而不得這一事實在客觀上反而促進了"張三丰"神仙信仰的後續發展。從這個意義上説,1391 年(以及頗有可能的 1398 年去世前夕)明太祖朱元璋的遣使搜訪不僅是明代帝王崇奉"張三丰"的開端,爲成祖、英宗等繼任者構建自身皇位正統提供了道教异人這一解决方案和生動示範,而且在"張三丰"神仙信仰發展初期即爲其打上了"建構性"和"政治性"的深刻烙印,此中所牽涉的道教仙藥、控制利用道教异人等要素更是成爲明代道教與皇權關係中的恒久主題。

(作者單位:南京大學文學院)

清初通州范國禄甲寅文字獄案考述*

陳曉峰

清朝定鼎後,爲建立和維護社會統治秩序,推行嚴酷的高壓文化政策,大興文字獄,關涉到不同位序的社會階層,其文網之密、處刑之酷、株連之廣,遠超前代,令人觸目驚心。文字獄作爲政治事件產生了強烈的社會震蕩,成爲考察特定時期文學創作無法回避的背景。"從一定意義上説,正是這些事件成就了詩人,當他們登上詩歌高峰時,那些具體事件成爲他們攀登的階梯;而事件也成爲人們理解詩人內心世界、考察詩史與社會歷史關係的一個界標、一扇窗口。"①"事件"深刻影響着文人的生存方式和文學表達。

文字獄是清史研究中的重要組成部分②,通州(今江蘇南通)布衣文人范國禄甲寅(康熙十三年,1674)修志案(以下簡稱"志獄")發生時間較早,不僅罹禍者遭受沉重打擊,身心飽受摧殘,且成爲家族棄文從武、由盛轉衰的轉捩點。回到事件本身,進行現象學還原,范國禄因志獄導致了日常生活軌跡和常態文學書寫的突變與斷裂,產生了持續性影響,這對理解文人、文本以及創作具有樣本意義,且爲文學與事件、文學創作與政治環境的互動研究提供了案例。由於涉及此案的材料發掘較少又零碎,目前學界雖有考證,惜較簡略,且存在舛誤之處,其中的關鍵事實有待考索與發覆。本文通過勾聯綴合范國禄志獄的

---

* 本文係2021年度江蘇省高校哲學社會科學研究重大項目"清代順康時期尺牘選本研究"(項目編號:2021SJZDA100)、江蘇高校"青藍工程"學術帶頭人培養對象資助成果。

① 羅時進《基於典型事件的清代詩史建構》,《江海學刊》2020年第6期。

② 孟森《明清史論著集刊》(中華書局,1959年)、蕭一山《清代通史》(中華書局,1986年)、鄧之誠《中華兩千年史》(中華書局,1983年)等,均有大量篇幅從史實的角度進行考證研究。郭成康、林鐵鈞《清朝文字獄》(群衆出版社,1990年)是通論性質的專著,整體梳理了順、康、雍、乾四朝的文字獄狀況。學界頗爲關注牽涉規模龐大的重案,如楊林《試析莊氏史案對清初私家修史的影響》(1992)、王俊義《雍正對曾静、吕留良案的"出奇料理"與吕留良研究——兼論文字獄對清代思想文化發展之影響》(2001)、關愛和《〈南山集〉案與清代士人的心路歷程——以戴名世、方苞爲例》(2003)、嚴迪昌《〈南山集〉到〈虬峰集〉——文字獄案與清代文學生態舉證》(2001),涵蓋案情考證、學風演變、文人著述、文學生態等。着眼於獄案涉及的文字,學者多聚焦於"詩案""史禍""書禍",《清代文字獄檔(增訂本)》中收錄到的修志案僅有2起,對之進行專門研究的論文僅有傅貴九的《清代修志與文字獄》(1984)。

相關文獻,回到歷史現場,進行還原性解讀,剖析和透視權力在基層文人和文學家族等私密空間中的運作方式和發展機制,理解事件與文心的深刻關聯,勾勒清初政治與文化的一個面相。

一 范國禄修志得禍經過考

清初隨着全國大一統格局的基本形成,爲了實現朝廷對各地的有效統治,康熙十一年(1672),大學士衛周祚奏令天下郡縣分輯志書,匯爲《一統志》,康熙皇帝允其請,"詔天下直省、府、州、縣咸修輯志書,於是直省有司各設館餼,集高才生以從事"①。在行政力量的介入和推動下,"江南十百郡邑所在,奉命不敢後"②,修志之風在全國蔚然興起。通州修志,由知州王宜亨主持其事。王宜亨,字伯貞,陝西華陰人,進士,康熙九年(1670)至康熙十七年(1678)擔任通州知州,頗重文治,纂《五狼攬勝》《樂英集》以訓士子。康熙十一年,王宜亨設館修志,深知兹事體大,罔敢怠忽,"不敢以一邑之缺略,少致罔上之愆。所謂洞矚如指掌,而大統一之權者,政不出此也"③。通州修志除了迎合朝廷旨意和政治需求,還有鑒於地方志書久失其傳的現實情狀:"《通州志》始於永樂戊戌,至萬曆丁丑,先後七修。今及見者嘉靖己未及萬曆丁丑二志。己未志文簡義賅,最爲精核。丁丑以來,未經重輯。百年之内,文獻闕如。"④其間吏治得失、賦役重輕、風尚淳漓、人物臧否以及興利除害、因革迭舉等,不一其窺。在此背景下,范國禄應王宜亨之請,負責纂修事務。

范國禄(1624—1696),字汝受,號十山,屢試不第,布衣終身。其父范鳳翼(1575—1655),曾任吏部考功司主事、文選司主事、稽勛司員外郎,耿介清貞,風骨凛然,是晚明清流士大夫的表率。在范氏家學熏染下,范國禄博洽能文,素有"學海"⑤之譽,詩文雜著逾百卷。范氏尤具史才,錢禧贊其史論"最稱奇富","幾千年事物,大抵從不亂道中來,從亂道中去。能開着不亂道眼,放下亂道手,争個好字。不争亂道,不亂道,其十山之謂歟!"范國禄"習於先朝典故,洞於人才消長之原"⑥,撰《崇禎宰相年表》。鄧之誠評曰:"謂宰相五十人,皆一時人才,惜帝不能用,或不竟其用,能爲此創論,無絲毫門户恩怨之見,可謂卓識。"⑦范國禄世代居於通州,熟悉地方掌故,重視鄉梓文獻的搜集、整理,雖身爲布衣,但能積極參與到地域社會治理之中,遇事敢爲,對賑災、育嬰等邑中公共政務提出了行之有效的策略,在增進地方福利中扮演着重要角色。范國禄深諳修史的重要意義:"郡之有志,猶國之有史,所以紀政事、考風俗也,而美惡之義備焉。義出乎美而觀感興,出乎惡而懲創得。"⑧在《復徐少府》中自陳

---

① 〔清〕高得貴修,張九征等纂《(康熙)鎮江府志》卷首《序》,清康熙二十四年(1685)刻本。
②③④ 〔清〕王宜亨修,王傲通等纂《(康熙)通州志》卷首《序》,清康熙十三年(1674)刻本。
⑤ 〔清〕宋之繩《寄張穉恭》,《載石堂尺牘》卷一,清康熙十八年(1679)周肇刻本。
⑥ 〔清〕熊人霖等《十山書刻序言》,中國科學院圖書館藏。
⑦ 鄧之誠《清詩紀事初編》卷四,上海古籍出版社,2012年,第511頁。
⑧ 〔清〕范國禄《與宋少參書》,《南通范氏詩文世家》(伍),河北教育出版社,2004年,第262頁。

心迹:"州乘之役,弟陋不能文,何敢聞命？良以百年記載,闕略已多,平時不免憯息。而先人寂寞,慮其泯滅無聞,藉此點綴數言,庶幾傳姓名於後。"①面對知州王宜亨修志之邀,范國禄欣然受命。

范國禄《十山樓詩年》卷二十九癸丑(康熙十二年)下注:"八月州志成,十一月游東洲,是年已五十,自訂四十九年詩類,嗣後名其集曰《知非》。"②可知范國禄所修州志二十四卷成於康熙十二年(1673)八月。州志依從順治十七年(1660)賈漢復纂修的《河南通志》體例,分爲例言、輿圖考、封域考、沿革表、秩官表、選舉表、風土志、經制志、建置志、賦役志、宦迹志、人物志、藝文志、逸事志,臚綱列目,條理井然,百數十年之事迹燦然悉備。是年仲秋,王宜亨爲撰《通州志序》,"稽古閱今,端委悉照"③,頗爲稱賞。

令人費解的是,此急就志稿并未立即付梓,甚至一再拖延。范國禄與友談及此事:"乃書雖告成,王公以設處無資,未商剞劂。其實工費不過二百金,何難之有,而不肯捐資以爲倡乎？"④認爲是剞劂無資所致,且對知州未能首倡捐資不無微詞。他隨後直接致書王宜亨:"編纂久已竣事,不知書役謄寫何至動經月餘？想各有職業,未易兼營,若復取辦朝夕,又防潦草。因念重修告成,百年之闕略差備,則舊志束之高閣。倘當路諸公留心掌故,不時有徵及者,恐抄本不足肆應也。"方志成稿良久,竟於書役謄録環節出了問題,費時延宕,遲遲未就,甚爲可惜。范國禄恐其日後僅以抄本行世,不能廣傳,提出了多種解決方案:"往者雷郡伯力任府志,未奉上行,屬州縣贊襄,可見公事所在,不妨破格,此例可援","捐俸以爲倡,存其意正不在多耳","或不足,則科條雜犯贖鍰相應者,罰刻三數頁,或不爲過"⑤。此乃奉諭成志,經費理應由官方負責籌措,其難以刊行果爲刻資不足,還是背後另有隱情？

《十山樓詩年》"甲寅"下注:"春在泰州,五月客淮上,而文字之禍作,遂從延令之吳門、京口、白下,赴各憲,八月以後待罪揚州。"⑥清代由於司法管理制度逐步完備,以知縣爲核心的基層政府權力極爲有限,在大案要案上只有初審權,沒有判決權。"徒刑以上(含徒刑)案件在州縣初審後,詳報上一審級覆核,每一級都將不屬自己權限的案件主動上報,層層審轉,直至有權作出判決的審級批准後纔終審。"⑦范國禄修志一案納入審轉覆核流程,且持續升級。吳門爲江蘇巡撫所在,白下爲兩江總督駐扎之地。京口八旗駐防設鎮海將軍,從一品大員,參與江南軍政事務和重大司法案件的審理。各級官員嚴厲查辦,波瀾頻起,事態逐漸擴大。范國禄被逐級解送覆審,拘提訊究,"咨呈各憲,究問所

---

① 〔清〕范國禄《南通范氏詩文世家》(伍),第363頁。
② 〔清〕范國禄《十山樓詩年》,抄本,一函一册,中國科學院圖書館藏,編號爲271985。封面題爲"范十山先生殘稿",或一年一卷,或一年數卷。
③ 〔清〕王宜亨修,王敩通等纂《(康熙)通州志》卷首《序》,清康熙十三年(1674)刻本。
④ 〔清〕范國禄《復徐少府》,《南通范氏詩文世家》(伍),第363頁。
⑤ 〔清〕范國禄《上王使君書》,《南通范氏詩文世家》(伍),第275頁。
⑥ 〔清〕范國禄《十山樓詩年》,中國科學院圖書館藏。
⑦ 張晉藩《中國法制通史》第八卷,法律出版社,1999年,第659頁。

指,屢詳屢駁,幾蹈不測",審訊中當堂對質,窮根究源,逐條摘列方志所涉文字,激烈异常,尖鋒刃啓隱約可見,一時竟有性命之虞。

面對飛來横禍,范國禄惶惶不可終日,生死攸關之際向各界交游求助。李振裕,字維饒,號醒齋,江西吉水人,康熙九年(1670)進士,康熙四年(1665)與范國禄定交於南州。范國禄向其尋求援助:"衙門嚴重,交游往來者頗少,計先生爲至戚,一言九鼎,是所望於大君子援我於危急患難之餘者耳。"①顔光敏(1640—1686),字遜甫,號德園,一字修來,好交游,善接納,康熙六年(1667)進士,是時以禮部儀制司主事出監江寧龍江關稅。范國禄寄書求爲設法:"某人給事學道,素稱小心,奉差墮水,報命後期,畏懼責治,不免遷延。致憲行提,累及親屬,逡巡半載,家破人散,皆自畏刑之一念始。夫法不能逃,畏亦何用? 然推其畏之之心,視無賴徂儈舞文弄法者,相去則什百也。於必不能逃之中求一或可見原之路,惟有訪其人之平時守分與否,察其事之有心違誤與否,而又加以仁民愛力之大人久見信於當事者,莫如先生,肯一言以爲重,俾得免於責治,則保全其性命,爲德實多。"②該札透露的核心信息是,當事人處於極端恐懼之中,"畏"字頻現筆端,心魂驚碎,造成的心理緊張可以想見。該案遲遲未能了結,逡巡半載,遂致家破人散。這一事件受到士人的廣泛關注和同情,周斯盛《送范汝受》曰:"古人重是非,今人重毀譽。大雅熄已久,是非復何如? 那能化繞指,而與今人居。一朝作雲雨,三歲去田廬。嗟嗟蔚宗筆,我欲廢讀書。"詩下注:"時汝受以修州志賈禍。"③此爲物傷其類之嘆,可見對士人心靈的戕害遠不止於當事人,旁觀者也深感惶恐。

與命、盜等重案不同,文字獄這類政治性案件的界定存在模糊地帶,亦無明確刑律可以作爲定罪依據,司法審判中具有主觀性和隨意性,文字本身亦存有一定的闡釋空間。清初文網尚寬,統治者恩威并施,主要打擊的對象是漢族官僚知識份子。平情而論,范國禄在晚明僅度過了少年時期,將清廷視作正統政權,并無敵視與反抗的民族情緒,故修志得禍恐與民族意識或悖逆等敏感話題無關。范國禄作爲一介布衣,勢單力薄,方志尚未刊行,無甚影響,不足以對朝廷構成實質性威脅,加之有力者交游斡旋疏通,事情出現轉機,案件就此了結。

范國禄志獄興起之時已過知命之年,雖免於一死,然强震之後的餘波遠未平息。"邇因修志一案,受禍甚奇亦甚毒。雖賴四方諸公極力救援,然破家敗名,則已不可收拾矣。"④因各級審理中多方奔走,所費不貲,清代亦允許學紳可以贖金折抵笞杖,又恐被籍没財産,故"破家敗名"。范遇(1650—?),字濂夫,范國禄長子,諸生,其《擬園記》亦可佐證。"憶先王父宦游歸里,怡情詩酒,

---

① 〔清〕范國禄《寄李維饒》,《南通范氏詩文世家》(伍),第338頁。
② 〔清〕范國禄《寄顔修來》,《南通范氏詩文世家》(伍),第341頁。
③ 〔清〕周斯盛《證山堂集》卷一,《四庫全書存目叢書補編》集部第233册,齊魯書社,2001年,第161頁。
④ 〔清〕范國禄《重寄畢使君》,《南通范氏詩文世家》(伍),第336頁。

時有山茨社、河上丈人坨、耕陽别墅、洗耳亭，家君有奈何齋、十山樓、小松庵、高光閣，余有曠寄軒、片石可語室”，康熙十五年（1676）前"若室若軒皆散入他人之手"①。是後，范國禄憂讒畏禍，斂迹藏行，長期流亡於外。故甲寅修志案雖然僅停留於地方，并未上奏到中央，但對當事人的迫害却持續近十年，付出的代價可謂慘痛。

這一事件是范國禄一生的分水嶺，對他造成了沉重打擊，帶來人生命運和生活軌迹的重要轉變。范國禄地方文化精英的身份戛然而止，驟然淪爲了背負污名的社會邊緣人，建功振族的雄心抱負徹底化爲了泡影，被剥奪了原有的生活空間，在精神的驚懼和卑辱中自我放逐，以异鄉遠行者和他者身份長期處於江湖漂泊的"萍梗"狀態，出現了"地理位置"和"精神位置"的雙重離散現象。

二　范國禄修志獲罪原因考

關於范國禄修志得禍緣由，相關文獻語焉不詳。《淮海英靈集》引韓菼爲范國禄志墓語："王郡守延修志乘，直載陋習，不解文義者輒訟之。"②《(乾隆)直隸通州志》載："康熙甲寅聘修志，書鏤板、呈樣本，爲有力者所構，范自削其名，投書而去。"③上述"訟之""有力"者究爲何人不得而知。要進一步揭示真相，需要考察更爲直接和可靠的文獻記載。

如此情形下，當事人的記述十分關鍵。中國科學院圖書館藏范國禄書信手稿中直指幕後推手，底稿爲"泛論風土好尚，怒觸諾鎮臺"④，又見筆墨改動，將"諾鎮臺"改爲"鎮帥"，這是清代禁忌文化中普遍存在的刪改現象，涉及到的正是敏感地帶，其中隱情值得深究。此處"諾鎮臺"所指爲諾邁（？—1694），清初將領李國翰（？—1658）第三子，字眉居，漢軍鑲藍旗人。漢軍旗人是滿漢兩族長期融合過程中孕育出來的產物，由於其效忠清廷、洞悉滿洲政治法令、熟知漢族民情的特殊身份，備受統治者倚重。狼山濱江臨海，爲"江海之鎖鑰，淮揚之門户"⑤，是長江中下游的軍事要衝，嘉靖中設狼山副總兵一，把總一。順治十六年（1659），在通州設大鎮⑥，控扼吴楚，屹然爲東南巨鎮，成爲清軍與張煌言、鄭成功等對峙的最前綫。順治十八年（1661），設狼山鎮總兵官，"統轄廬鳳淮揚四府、滁和二州，掌督捍禦奸宄、保安軍民之事，凡分汛江海、把守要害、簡兵搜乘、刁斗烽堠，皆督其屬而飭治之。其軍政舉劾、幕府興革，皆得專行

---

① 〔清〕范遇《南通范氏詩文世家》（柒），河北教育出版社，2004年，第52頁。
② 〔清〕阮元輯《淮海英靈集》丙集卷三，《續修四庫全書》集部第1682册，上海古籍出版社，2002年，第161頁。
③ 〔清〕王繼祖修，〔清〕夏之蓉纂《(乾隆)直隸通州志》卷十五，清乾隆二十年（1755）刻本。
④ 〔清〕范國禄《寄李維饒》，《十山樓尺牘》，中國科學院圖書館藏。
⑤ 〔清〕徐縉、楊廷撰纂《崇川咫聞録》卷二，清道光八年（1828）刻本。
⑥ 按初設大鎮統轄，"四府"曰廬州府、鳳陽府、淮安府、揚州府，"六州"曰六安州、潁州、亳州、泗州、海州、通州，"十六營"曰壽春營、六安營、揚州營、泰州營、鹽城營、廟灣營、海州營、廬州營、泗州營、亳州營、東海營、泰興營、掘港營、三江營、小關營、佃湖營。

焉,諸所屬將領等官,悉受節制"①,以左中右三營分防陸、江、海汛,秩正二品,僅次於提督。諾邁康熙八年(1669)九月擔任該職,權重一時。

范國禄最終免於牢獄之災,其纂修的通州志并未全部追查銷毀,現據其家藏剩稿可以探知"直載陋習"大概所指:"通於舊俗爲淳龐,近雖不古,然民風土習未至澆漓。"②"客兵獷悍,不如土著之習於民。民籍兵爲衛者,無事之日或恃其強,不以衛而以欺;有事之時徒見其弱,不衛民僅以自衛。往事之戒,所在皆然。安得主持世道者舉二者而講求其故,以爲士民一慰望乎?"③對明清時代士大夫來說,"風俗"乃至"士風"是關涉社會秩序的關鍵字④,此處可見一斑。清初通州改大鎮,增立營伍,駐兵由原先的1200名增添了3000名,因多從別處調撥而來,故稱"客兵",龐大隊伍的驟然進駐打破了鄉土社會的和諧與安寧。范國禄在方志中"泛論風土,怒觸鎮帥",很有可能語及當時駐軍的不良風習和對通州造成的惡劣影響,秉筆直書客兵之弊,"無事之日或恃其強","有事之時徒見其弱",此類譏諷可謂一針見血,揭示出客兵恃強凌弱的惡習,與之相類的文字恐是主要的獲罪依據。

不僅如此,翻檢范國禄尺牘,可以聽到更多對駐兵的批評聲音:"督臺請調重鎮,或以爲公私設備,兵之害甚於賊,部中亦再議再寢,謂餉無所出。"⑤"今日之通,困地也。改大鎮,築城圈地,協濟哨船,而通一困;前此土兵也與民安,今增客兵三倍,而通又一困;大人一歲再三至,供億煩苦,奸胥藉一以苛百,而通又一大困。"⑥范國禄時刻關注地方社會,通州處江海之會,地瘠民貧,經濟凋敝,加上水旱洊臻,又增客兵三倍,耗餉之繁非前能比,錢糧加派日多。將悍兵驕,百姓不僅要承擔沉重的軍費開銷,還不堪其擾:"柳帥恣凶,地方如在湯火。"⑦"敝州戎馬雜遝,日與虎狼雜處,時時有性命之憂。"⑧大量兵力衝擊下以范國禄爲代表的世家大族首遭劫難:"署寒家宅子爲行臺,驚天動地,向之行吟游宴與實夫共朝夕者,今爲茂草矣。"⑨風會所趨,隨時而變,通州一地的社會風氣發生了顯著變化,"衙蠹結黨與士民爲難者比比也。先使內外聲氣不通,士大夫有一言一動,則疑謗隨之,偶攖其鋒,則禍立至。而富人奸宄多藉其勢以魚肉夫衣冠。蓋始之害於兵者,繼又苦於歲,而今則中於人心"⑩,或藉片語而起爭,或捏無影而嫁禍,社會失序中滋生出各種不安因素。"安定有序的社

---

① 〔清〕王繼祖修,夏之蓉纂《(乾隆)直隸通州志》卷九,清乾隆二十年(1755)刻本。
② 〔清〕范國禄《書〈風土志〉後》,《南通范氏詩文世家》(伍),第178頁。
③ 〔清〕范國禄《書〈經制志〉後》,《南通范氏詩文世家》(伍),第179頁。
④ 〔日〕岸本美緒《"風俗"與歷史觀》,《新史學》十三卷三期,2002年9月。
⑤ 〔清〕范國禄《三與徐岩叟》,《南通范氏詩文世家》(伍),第286頁。
⑥ 〔清〕范國禄《答徐邰陽》,《南通范氏詩文世家》(伍),第320頁。
⑦ 〔清〕范國禄《與朱鹽山書》,《南通范氏詩文世家》(伍),第268頁。
⑧ 〔清〕范國禄《寄吳閶門》,《南通范氏詩文世家》(伍),第340頁。
⑨ 〔清〕范國禄《寄謝實夫》,《南通范氏詩文世家》(伍),第331頁。
⑩ 〔清〕范國禄《復畢載積先生書》,《南通范氏詩文世家》(伍),第275頁。

會,對於士紳顯得更加重要,因爲他們的安全和特權全賴於此。"①范國禄對駐兵的不滿由來已久,心生怨恨,各種牢騷不滿觸喉而出。

范國禄所言是否屬實?現存地方文獻無法找到對諾邁通州履職情況的客觀記錄,但《清實錄》可成爲范國禄風土之論的旁證。康熙二十一年(1682),皇帝諭福建將軍佟國瑤曰:"國家設立督撫提鎮,原以爲民。向來駐防鎮江、杭州、福建等處漢軍官兵,皆恣意妄爲,侵占廛市,擅放私債,多買人口。如哈喇庫、諾邁等,止知營私,罔遵法紀,買人至盈千百。此等匪人,用之何益?"②康熙二十六年(1687),皇帝諭大學士等曰:"漢軍服用,多僭越非分,終日群居,以馬吊飲酒爲樂。此等物力,從何而出,有非苛取諸民者乎?漢軍習尚之惡,已至於極,如原任總兵諾邁,原任提督哈喇庫、祖永烈等,於任所多買良民帶歸。"③另,《(光緒)通州志》中表彰了歷任總兵許仕盛、保在、蔡攀龍、蕭福禄、謝朝恩諸人威惠交施、身先士卒的事跡,其中并無諾邁之名。由上述材料可知,清廷實施的軍事化統治中,各地駐軍官兵腐敗,欲壑難填,圈地占房,買賣人口之風尤熾,隨處牧放馬匹,踐食田禾,苛斂於民,與當地百姓發生了激烈衝突。諾邁仰仗政治、法律上的特權,在地方橫行無忌,營私舞弊,聲名狼藉,遠非恪遵國憲、安戢兵民之人,駐軍紀律之敗弛可以推想。地方政府對其滋擾與欺凌毫無約束力,普通百姓更是敢怒不敢言。

知州王宜亨迫於朝廷修志壓力,在范國禄文字獄案發後,又立即延請王傚通、李遜等人重纂,康熙十三年(1674)告成。基於對政治禁忌和權貴態度的清醒認識,諸人小心翼翼,屈從於武官意志,選擇了"歌頌"這一最爲安全的書寫策略。"風俗淳漓,關乎氣運,通瀕江海,民貧知義,士雅馴,無齟齬態。農商願樸而株守,日用在豐儉之間,人情居厚薄之半。近鏃風頗熾,往往聚居郡城,恫喝良民,以肆鼇食。總鎮諾公廉得其情,置巨憝錢華於法,而此風稍戢。信乎移風易俗之權,操之自上。偃草從風,是所望於蒞臨兹土者。"④"渺兹彈丸,兵民雜處,整輯頗艱。康熙八年總鎮諾沍通,恤衆愛士,兵民安堵,諸如禁營債、嚴樵采、精偵戢、墩丁令、行禁止,永足爲司閫之蓍蔡云。"⑤這與范國禄修撰州志的差異顯而易見,王傚通等人濃墨重彩地"塑造"諾邁其人,漫爲浮譽誇飾,全然不見剛正之氣,取而代之的是阿順之風。范國禄將一貫孤傲自恃的言說方式、神情姿態部分移植進入方志⑥,攻訐時政,文如利劍筆如刀。諾邁定然惱羞成怒,不依不饒,且敦促各級嚴厲處置,欲懲之而後快。

傳統史學試圖通過表面和通行的文獻重建和解釋歷史,同樣重要的是去

---

① 瞿同祖《清代地方政府》,新星出版社,2022年,第253頁。
② 《清實錄(第五册)》卷一〇四,中華書局,2008年,第57頁。
③ 《清實錄(第五册)》卷一三一,第415頁。
④ 〔清〕王宜亨修,〔清〕王傚通等纂《(康熙)通州志》卷七,清康熙十三年(1674)刻本。
⑤ 〔清〕王宜亨修,〔清〕王傚通等纂《(康熙)通州志》卷四,清康熙十三年(1674)刻本。
⑥ 范國禄爲人剛直,議論慷慨,由其《史可法論》可見一斑。"負性執拗,用兵非其所長,以之作大司馬已用違其才,況宰相乎",列舉六失,"夫失之不容試也,一之已甚,何堪至此",且有五可訓者,"不學無術"。自古書生多意氣,范國禄對史可法的批判透骨入木,犀利尖鋭。

探索這些文獻深層的知識結構和體現的權力關係。方志是地方的"記憶之場",修撰受到歷史事實、撰寫規則、價值觀念和權力結構等多重因素制約,其過程始終處於複雜的社會關係網絡之中,各種聲音交織在一起,中央與地方、官員與鄉紳等主體共用一套話語和機制,其背後暗藏着諸多權力關係和目的意圖。置於具體的時空環境中進行分析,可以探討各方話語爭奪的歷史事實。方志的官修形態意味着國家力量的強大以及對地方的掌控權,呈現出強烈的朝廷意志。與此同時,又不可忽視其"私"的性質,是撰者主觀建構和叙述的文本,地方精英在制度框架內努力尋求表達自身意志的空間,根據一已的價值判斷篩選和加工材料,擁有相對獨立的話語權。清初方志修撰是國家加強政治統治和思想控制背景下的行爲,范國禄作爲地方發言人,方志中"泛論鄉土"的私人表達,是在接受國家意志過程中呈現出的對抗姿態,隱然掀起了話語權爭奪的波瀾。清初朝廷進行嚴酷的軍事化統治,州縣各官處於高級官員監管之下。知州王宜亨作爲主修官,其認可的州志却遭到總兵諾邁的否定,足見兵政高於民政。這也印證了學者們的判斷,"今日之尤無權者,莫過於守令"①,"政權既集中於中央,而各省又總督、巡撫常川監臨,殆於常以兵政凌駕於民政之上"②。不僅如此,范國禄志獄還體現了兵政和地方鄉紳力量的博弈,諾邁藉助皇權成功壓制了士人對軍政的批評之聲。

范國禄耿介不阿,敢於針砭清廷在地方增兵導致的陋風弊俗,希冀引起當政注目,引領風會的變遷與改良,彰顯出傳統士人關懷現實的責任意識。他具備敏銳的現實洞察,却缺乏對官方禁忌與意圖的政治敏感,書生意氣招致以諾邁爲首的統治集團的嚴厲懲罰。其結果是,不僅官至吏部的父親范鳳翼在王傚通等纂《(康熙)通州志》中杳無痕迹,自身也命懸一綫。在皇權的强力擠壓下,方志修撰普遍打上了王朝話語的深刻烙印:"明末方志'風俗'門中處處體現出來的縉紳們的地方責任感與社會使命感,在清朝方志中遂不復見了。"③士人視議政爲畏途,日益斂芒藏鋒,放棄了應有的批評立場。

滿人成功入主中原,鑒於江南地區曠日持久的反抗勢力,竭盡全力加强對這一重地的控制,以建立新的統治秩序。"'江南'從明末以來一直是思想軸心和異動之源,而其他地方的异端言辭不過是這個光源放射出來的幾束不同顔色的光譜。"④朝廷懲處倨傲不遜的江南士人,既因其抵抗頑强,還因大局已定仍遲遲不肯歸附,科場、奏銷、哭廟三案及莊氏史獄,無不宣示着人主的持續打壓和空前報復。清代前中期統治者始終堅持以八旗駐軍彈壓地方、威懾漢人

---

① 〔清〕顧炎武著,黄汝成集釋,欒保群、吕宗力校點《日知録集釋》卷九,上海古籍出版社,2006年,第541頁。
② 錢穆《國史大綱(修訂本)》下册,商務印書館,1999年,第836頁。
③ 〔美〕魏斐德著,陳蘇鎮、薄小瑩等譯《洪業——清朝開國史(增訂版)》,新星出版社,2017年,第696頁。
④ 楊念群《何處是"江南"?——清朝正統觀的確立與士林精神世界的變异(增訂版)》,生活·讀書·新知三聯書店,2017年,第386頁。

官民的思路,尤其是江南地區,形成了完備的駐防格局和嚴密的控制網路。范國禄關涉駐軍的言論怒觸當政,以至破家敗名,就是其中顯例。

三 志禍陰影下的文學創作

范國禄修志賈禍,自言:"寒族與鎮帥同城,出入行動不免嫌疑。雖大度或見海涵,而困憊老生憂讒畏譏,不能一刻自安於中。"①范氏從此高蹈遠引,漂泊於外,改變了原有的生活環境和生存方式。强烈的心理震蕩必然導致文學書寫的嬗變,生成了新的創作取向和風貌。清咸豐時王藻編纂通州地方詩集《崇川各家詩鈔彙存》,選刻范國禄詩歌爲《十山樓詩鈔》,"就其自訂編年詩十二册藏於家者,起庚寅(順治七年),迄乙亥(康熙三十四年)爲梓,存其十之八"②,共計 1647 首,分爲上、中、下三卷,中卷始於康熙十二年(1673),終於康熙二十六年(1687),通過編年的方式再現其特殊經歷,數量可觀,蒙塵待拭。

(一) 直面志禍的書寫

現實世界中的"事件"與文學創作之間具有强烈的互動和内在邏輯關聯,以之爲基點是考察文本生成和深層指向的一條重要路徑。始料未及、驚心動魄的志獄令范國禄危在旦夕,如履薄冰,"浪比浮萍梗,危如折股釵"(《次韵小除夕簡許八兄》)③,驚魂未定。這一事件帶來他對人生的深刻省思,《江岸》一詩處處語帶雙關,將自然界之逆風惡浪對應現實世界的殘酷險惡。"人生多履險,險不關海若。所争在微顯,盍亦自忖度? 有形猶可辟,無形曷辟却? 却體驗於此,此游殊不惡。"江浪雖排山倒海,然猶可遠離避免,而那些没有預告的意外令人無處可逃。范國禄輾轉各憲接受審理時,惶恐難安,有如驚弓之鳥。漫長的等待中,既萬念俱灰,"未遑恤身命,所少僅一死。疇昔力學時,鋭意掇青紫。功名縱不就,豈料遂至是? 運會有厄逆,挽回復何擬"(《餘中遇姜生》);又亟盼昭雪,"何爲守局促,任人審青白? 翹首盼陽和,春回庶冰釋"(《甲寅曉起》)。最終化險爲夷,范國禄以詩致意各位交游:"見説名成身隱高,從來浮慕不堅牢。鄒夷豿狗真同幻,凌厲風霜快所遭。誰信文章能嫁禍,却將意氣任吹毛。主持清議憑公等,顛倒安排總莫逃。"(《酬紀映鐘丁日乾柳文越闓許承家劉芳世宗元鼎諸君子》)"誰信文章能嫁禍""顛倒安排總莫逃",可見對修志之禍的無力抗争,危難之際諸位交游的砥礪支持給予了重要力量,"凌厲風霜"則是罹難者的切膚之痛。

范國禄在諸邁營造和渲染的輿論攻勢下嚴重挫傷了自尊,名節遭毁,深爲愧悔。"過客懷孤憤,平生愧潔身"(《露筋祠》),"悔爲著書時一吐,思當報德日三巡"(《酬蕉園主人》),帶來對人生深刻的悟知,處處謹慎自誡。詩人背負着

---

① 〔清〕范國禄《寄李維饒》,《南通范氏詩文世家》(伍),第 338 頁。
② 〔清〕王藻輯《崇川各家詩鈔彙存》卷首目録,清咸豐七年(1857)刊本。
③ 〔清〕王藻輯《崇川各家詩鈔彙存》卷首二中,清咸豐七年(1857)刊本。以下關於范國禄詩歌文本的引用,均據此書,不再一一標注。

甲寅志獄揮之不去的陰影,羈旅途中觸物傷懷,悲恨難抑,"人情共説太行險,只恐人情險似山"(《月下對太行有感》),"戢羽誰堪負弩傷,經年不得過東陽"(《次答佘儀曾海陵見懷》),"世路苦逼側,踟躅當奈何"(《次韵周即墨斯盛感遇詩》),可見内心深處無法癒合的傷痛。極具悖論意味的是,詩中却鮮見强烈的怨懟之氣,詩人隱忍委屈,斂芒藏鋒,甚至表現爲刻意"去事件化"①(dis-eventalization)的努力,即回溯性地撤銷,似乎從未發生,詩思冷静,最多只是藉助同情弱者寄寓悲慨。其《野人獻鹿有感》曰:"得遂天然性,甘同木石俱。如何罹世網,竟欲委庖廚。午月枰盂盛,青林氣色枯。非能不下箸,吾亦感吾徒。""罹世網"之鹿何嘗不是詩人自身遭遇的影射,暗示了遭受的志獄之灾,深刻表達了生命的受創被囚。又如《防山行》,以七言五十六句的篇幅記録了尹山老媪的一生,其父爲明末威震四方的將軍王鶴鳴,嫁入累世簪纓的防山尹氏,可謂門當户對。隨着清軍問鼎中原,徹底改變了昔日優越的生活。村落夷爲廢墟,緑林嘯聚衆徒,性命岌岌可危。現實逼迫之下老媪自食其力,開荒種黍,然而不僅連年歉收,還備遭官府盤剥,只能蜷縮於茅屋中艱難度日。詩篇卒章顯志,以悲嘆作結:"我亦崇川貴公子,糊口四方計較迂,似爾當罏且難矣。"這一夾雜着自身創傷記憶的議論,沉痛幽怨,内斂含蓄。

與之形成鮮明對比的是尺牘中的直陳胸臆,"以文字之禍,竟至破家,僅從二三故人糊口於外"②,"遭文字之禍,浪迹四方者八年未歸"③,范國禄向知遇最深者如王士禛等揭示出内心的累累傷痕,表現爲公共話語與私人話語的分裂。詩歌具有公開面向大衆的文學屬性,對於志獄叙述的隱晦,反映出作者在皇權統治下自覺的避言意識,身陷文禍者事實上遭受的苦難遠甚於現存的文本書寫。

(二) 獄後行迹的記録

康熙十三年始,范國禄背井離鄉,糊口四方,足迹遍布江蘇、湖南、湖北、河南、河北、江西等地,"北走太行巔,東觀滄海濱。太山雲隱隱,日踏車馬塵。滄海波浩浩,時防風雨興"(《十八灘》)。路途險峻、氣候惡劣自不待言,"風急晝冥冥,雲山遠失青。孤舟如片葉,百雉似懸瓴"(《石城遇雨》),"峽江江水激,十里九危磯。竟日挽不上,迴檣去欲飛"(《峽江縣》),"五月北風白晝寒,河水騰沸沙漫漫"(《東昌大風作》),險象環生、舟車勞頓令人備受折磨。在廣泛的空間轉移中,詩人親近自然,走進山水,沿途遍訪詩友,即時的沉浸式體驗客觀上帶來書寫空間的開拓,"擺脱日常經驗的包圍,磨去日常感覺的厚繭,獲得全新的感覺和體驗"④,創作了大量詩歌。康熙十四年(1675),行至河北,有《趙雲故里》《雕橋》《塢壘》《雪浪石》《王莽城》《豫讓橋》《蘇秦亭》《吕仙祠》《風洞碑》《扁鵲村》《西河》《鼓山》《大清河石梁》《禮北岳廟》《過内丘》《鄴中》《曲陽道中》

---

① 〔斯洛文尼亞〕斯拉沃熱·齊澤克著,王師譯《事件》,上海文藝出版社,2016年,第192頁。
② 〔清〕范國禄《與王阮亭書》,《南通范氏詩文世家》(伍),第291頁。
③ 〔清〕范國禄《寄吴忠子》,《南通范氏詩文世家》(伍),第315頁。
④ 蔣寅《清代文學論稿》,鳳凰出版社,2009年,第17頁。

等,緊湊密實,恰似一幅漸次展開的人文地理長卷。

  康熙十八年(1679),范國禄以游幕救貧,勉就南安之館,屬以皋比。幕主白啓明康熙十六年(1677)由舉人累遷至南安府知府,時值三藩變亂,田地荒蕪,百姓乏食,遂設義倉,借貸救濟,創立義學,延師教習。范國禄入幕求食,乃權宜之計。其《寄白業師》曰:"年來無一善况,而家貧運蹇,無以繼述先人萬一,憤懣奮發,願藉途國學以勵桑榆,奈援例無資,徒嘆坐困。既而思糊口一氊,訂期三年,藉此離家攻苦。"①游幕是其前所未有的謀生方式,它不僅提供了物質保障和交游場所,還賦予了多向的生活閲歷和情感體驗。异鄉的自然環境、人文風物引發了詩人強烈的好奇心和新鮮感,探幽尋勝,形諸筆墨,"孤亭屹立萬山中,一水瀠洄氣象雄。遠枕江湖分鷲嶺,半臨城郭似鷄籠"(《登小魯亭》),"迂回九折阪,路入小橋西。瀑布紛如練,秧針插已齊"(《游丫髻山》),"攔住千山不敢東,獨留鳥道一痕通。石因起伏徵神秀,泉似幽香見化工"(《梅嶺》)。幕府中也不乏詩酒唱和的生動現場,如《陳掾史焕光邀同李恒烜梅繼之避暑水口寺》《次韵小魯亭坐月》等,重構了當時諸人雅集聯句的場景。

  然而,這些不過是忙碌單調游幕生活的點綴,其《答巢澹生》一札告曰:"入署不免循故事理前業,周情孔思且不論,彼咕嗶咿唔之態可想見也,更何暇移風易雅向解人求生活乎。"②范國禄入幕詩歌中僅存一首《贈南安白太守啓明》,可以推知幕主恐非提倡風雅之人,且江城烽火後,百廢待興,俗務叢脞,因此提供的文學空間極爲有限,"太守延師開義學,秋風半夜聽書聲"(《南安雜興》),唯有枯燥的授讀生活周而復始。范國禄將入幕期間的多重况味進行了文學表達,"濡首文園苦下帷,半生寂寞嘆知希。西風雁唳南雲盡,痛哭秋原老布衣"(《嶺南秋感限衣字》),"辟潮無耐乍巡簷,不禁風吹濕氣添。便嚼檳榔何意味,愁多只恐病怏怏"(《雜遣》),南安地遠人稀,氣候不適,落落寡合,失去人生自由的同時更帶來精神的壓抑,強烈的孤獨感寓之於詩。幕府生活令其大失所望,加上幕主遽然解組,身邊同僚紛紛離去,范國禄康熙十九年(1680)結束了幕府生活,再度踏上奔走衣食之旅。范國禄離開之際有《發南安》:"一擔風雪上歸舟,聽說蘇卿尚有裘。山色蒼荒雖見送,水聲枯澀似相留。自憐彈鋏侯門客,誰識吹簫吳市囚。從此江灘將歷歷,可堪皇恐獨回頭。"歲暮天寒,風雪彌漫,以馮諼彈鋏而歌言已寄人籬下,以伍子胥吹簫乞食吳市書寫艱難流亡,將游幕的艱辛和失意和盤托出,失望和挫敗一覽無遺。

  康熙十九年(1680)九月,諾邁升爲福建陸路提督。康熙二十年(1681),范國禄方返回通州,"世路悠悠不似初,十年游歷竟何如。好開白眼看時局,還守青氊讀我書"(《東歸留別邗上諸同人》),"敢謂世情無一是,翻疑吾道應如斯。時危贏得身將隱,老至甘爲俗所遺"(《久客初歸次韵保汜見訊》),遍覽人間滄桑,榮辱得失皆成過往,難以排遣的落寞和爲世所遺的幽憤寓於其間。

---

  ① 〔清〕范國禄《南通范氏詩文世家》(伍),第330頁。
  ② 〔清〕范國禄《南通范氏詩文世家》(伍),第383頁。

（三）離散主體的故園之思

古代在以血緣親情爲基礎的宗法社會和安土重遷的生活方式中，個體與故鄉的關聯是永久性的。故園不僅提供了遮風避雨的栖身之所，還是血緣的確證和親情的載體，賦予人心理上的安全感和穩定感，其缺席必然導致异乎尋常的眷念與想像。范國禄避難於外，被迫處於漂泊不得歸的狀態，在隔絶機制下誕生了與西方文化中"nostalgia"（分離焦慮）極爲相似的情緒。置身遼闊的空間和漫長的時間之旅，在崎嶇的道途上，在蕭瑟的逆旅中，望鄉思歸成爲歌吟的主旋律。

宋劉弇《狼山記》曰："白狼五山距通州城南十里，率不百步，則嶄然迭起。"①其中，狼山最富盛名，爲五山之首，青峰拔地起，俯瞰天地間，成爲通州的地標，對浮沉异鄉之人具有强烈的召唤意義，"旅食辛勤今日酒，踏青辜負五狼山"（《戊午次韵張文學燮穀日同杜司李潜葉明府燮郭太公中王太學檀過飲寓齋》），"他鄉那得埋愁地，還向江南借一塵。傷哉我亦浪游客，望望狼山歸不得"（《送葉藩之太倉》）。文字獄對范國禄造成了致命摧殘，窮困潦倒，苦苦在温飽綫上挣扎過活，"積雨床頭淹至尺，客子饑驅門不出"（《汪舍人懋麟招同程遂孫蔚枝鄧漢儀宗元鼎陶澂王賓華袞泛舟登平山堂》），"羈人在逆旅，枉被饑驅走"（《悲秦淮》）。失去生存空間和現實保障的流寓者長久處於灰色地帶，生命落入無所止泊的空洞中，對故土和過往的追思、遥望永遠縈繞於避難之途，"漫説古人能作達，若遭多難敢稱雄。天時亢極知方怒，客路年來較更窮。遥憶故園亦如此，片雲常逐白狼東"（《立秋日次韵》）。滯留异鄉，客游多艱，骨肉睽隔，歸期無望，這種精神的流連沉重無比。在异質環境和文化的包圍下，現實人生的流寓與心理感知的飄零交織成無所歸依的生存焦慮，故園的山川風物和人倫温情幻化爲安頓孤獨心靈、撫慰人生創痛的精神家園，"白狼青海毓清英，道在因時得盛名。視草明光能格主，分符岩岩郡備籌兵。中臺影裏星方耀，東岱峰頭石乍傾。老我鄉情感存殁，空教一哭盡生平"（《吊尤少府》）。尤天成，字石曆，通州人，康熙三年（1664）任江西撫州同知。范國禄經行至此，"白狼""青海"成爲與已逝鄉賢同情共感的精神紐帶，吊人悲己，聲泪俱下。

方思之殷，何物不感。漫長的避難之旅，舉凡時空中節序物候的遷逝瞬變皆是失家之悲的媒介。《九日廬陵舟次》曰："他鄉情緒怯良辰，九日重過吉水濱。不見白衣能送酒，枉教黄菊獨依人。風驚雁唳冲篷去，秋入霜華照眼新。回首家山數千里，登高應念客途辛。"詩人顛沛流離，登高遠望以當歸，臨風寄語，聞雁傷悲，語語沉痛，字字心酸。去家漸久，懷鄉彌篤，愈加不可抑止地襲向落魄的避難游子，如破堤之水翻瀉洶涌。他鄉送人歸家又刺激了詩人的敏感神經，"終日橋邊送客忙，竟忘我亦在他鄉。寒螿叫徹心頭事，故逐流陰過女墻"（《南安雜興》），引發了久滯异地的悲慟。"旅睡凌晨起，一天星斗寒。鐘聲出林樾，夜氣縮江灘。山鬼猶含嘯，村鷄旋振翰。鬖鬖霜入鬢，誰念客衾單"

---

① 〔清〕王繼祖修，〔清〕夏之蓉纂《（乾隆）直隸通州志》卷十九，清乾隆二十年（1755）刻本。

(《晨起》),詩人兩鬢蕭蕭,仰望深邃天穹中的漫天星斗,孤寒飄零之感、人生遲暮之悲,不絕如縷,那是衰老疲憊靈魂的嘆息。"絡緯一何苦,雖冬不輟勤。夜深催月上,枕畔隔窗聞。斷續已無味,蕭騷更有群。故鄉衣未授,愁緒欲紛紛"(《冬天聞絡緯蟲聲有感》),孤寂不眠之夜,蟲聲將思緒萬千的詩人帶向了遥遠的故土,全詩營造出静寂凄冷的氛圍,融入詩人強烈的身世感懷,語意蒼凉,道盡了倦客"生活在别處"的悲凉心境。

時賢指出:"詩風的演進,基因乃心靈的嬗變,正是心境的變易,詩審美意識始會蜕舊更新。"①真實深刻的生命體驗是詩歌的靈魂,范國禄在志獄中經歷了驚濤駭浪般的生死考驗,飄零湖海,窮愁怨抑,鬱結於心。這一事件激發了文學的生產性功能,直接影響和改變了創作狀貌。"諸事不如意,惟有筆墨親"(《贈李寅》),書寫打開了一條通向審美救贖的途徑,其詩歌立足於現實,由慷慨直露走向含蓄隱曲,日益深醇,缺少了前期激越的氣勢,批判的鋒芒漸被摧折,袒露了盛世光環下飽經風霜的心靈,發揮了文學見證巨大創傷性事件的功能。詩人敘行途難險,紀各地風光,嘆身世悲苦,無論是反映日常的廣度,還是表達感情的寬度,抑或思考人生的深度,都挣脱了經驗世界,迥異於流連光景、波瀾不驚的日常吟咏,建構了風景、流寓和文學的多重關聯。文學比任何細緻入微的歷史叙述都更爲貼近人心,范國禄的相關創作對了解清代前期文字獄陰影之下底層文人的生存境遇和精神世界提供了第一手資料。

餘 論

根據《清代文字獄檔》,康雍乾三代主要文字獄案合計 86 件,《清朝文字獄》則記録超過 160 起,而實際總數遠不止此,它們或被吸進了時間的黑洞裏,或散落在歷史的褶皺中,范國禄修志案就是其中的典型案例。如果僅從官方記録來討論清代政治對文人、文化和社會的影響,必然遮蔽了視野,現象的豐富性被刪略,不免失之狹隘。當我們目光下沉到底層文人世界,通過對文獻史料的鉤稽、歷史細節的呈現、心靈世界的描述,梳理具體事件始末,可以觀察到社會的漩渦與暗流,發掘被宏觀史學埋没的個體、掩蓋的真相。

通州范氏家族自明代中葉始,經過數代的文化積累和文學傳承,以書香風雅享譽一時。范國禄志獄是家族發展史上的重要事件,對族衆心靈的威懾持久深刻,甚至改變了范氏成員的人生選擇。由於有限的中試名額和龐大的科考隊伍之間矛盾的加劇,加上清初政局中"兵政"居於舉足輕重的地位,范國禄長子范遇爲謀生計,改從他業,企圖經由軍功獎叙向上流動。康熙十六年(1677),追隨漢軍鑲藍旗人李桑額之子李若士浪游四方,"走燕、趙,歷齊、魯,馳驅乎晋、梁,周流乎三楚、豫章,而從事於軍旅。登金臺者六,違故園春秋者十二,北闈落第者四,荆妻病故者二,稚子夭亡者三,乃自顧頭四十而竟飄零無

---

① 嚴迪昌《清詩史(上)》,人民文學出版社,2011 年,第 303 頁。

家也"①(《擬園記》),最後鬱鬱而終。范夢熊,字君宰,范遇之子。受父影響,崇尚武功,投筆從戎,然卒老於家,四壁蕭然。

　　清初文禁相對鬆弛,無論是范國祿躲過殺身大劫,還是其所撰志稿未被徹底禁毀,均可見一斑。隨着禁制尺度越加嚴苛,政治氣候日趨緊張,文字治罪益見細密,文學生態亦更爲惡劣。王汎森認爲:"清代'文字獄'所導致的政治壓力對各方面產生一種無所不到的毛細管作用,尤其是自我禁抑的部分,其影響恐怕還超過公開禁制部分。"②恐怖壓抑的文化氛圍中不僅產生了漣漪效應,且透過個人的畏懼與想像加以擴充,自發地將私人領域官方化、政治化,發揮了無所不在的滲透力。乾隆四十三年(1778),東臺徐述夔《一柱樓詩》案發,在士人群體中震動極大。同年,又有丹徒殷寶山《岫亭草》案、贛榆韋玉振爲父刊刻行述案、寶山范起鳳家藏《顧亭林集》案。乾隆四十四年(1779),揚州李驎《虯峰集》案發。乾隆四十六年(1781),興化王仲儒《西齋集》案發。周邊查辦的這些文字獄具有強大的暗示性,人情洶洶,望風心栗,避之唯恐不及。通州一帶文化世家對文學高度警戒,爲防患於未然,普遍選擇了緘默。范崇簡(1757—1840),字完初,范夢熊孫,基於家族前代以及身邊因文得禍之鑒,令其子范持信戒詩斷吟,或潛作不以示人,詩文作品大幅減少,造成家族文學寂冷衰頹的局面。縱觀明清時期范氏的發展,范國祿遭遇志獄成爲由盛轉衰的節點,家族勢力遭到嚴重削弱,社會地位明顯下降。

　　通州范氏絕非個案,同類案例尚有如浙江崇德呂氏家族呂留良案、海寧查氏查嗣庭試題日記案、康熙五十年桐城方氏和戴氏《南山集》案、塘栖卓氏《憶鳴詩集》案等。涉案家族在文字獄的強勢打壓下驟然中衰③,蹶而難振。由個體的自我規避,到家族的自覺禁抑,必然導致文人的集體失語。這種潛在性的壓抑阻礙了文學的健康發展,深刻影響了清代思想文化的版圖。范國祿志獄等文字獄案例提供了理解帝國文化領域中隱蔽一角的路徑,成爲解析當時基層文人與國家之間關係的透鏡,有助於厘清當時政治生態和文學創作之間的深層關聯。

(作者單位:南通大學文學院)

---

① 〔清〕范遇等《南通范氏詩文世家》(柒),第52頁。
② 王汎森《權力的毛細管作用:清代的思想、學術與心態》,北京大學出版社,2015年,第345頁。
③ 可以參看張毓洲《文字獄陰影中的清代文學生態》,《西北師大學報(社會科學版)》2015年第6期。

康熙己未詞科《璇璣玉衡賦》試題與清初天文曆算研究主體的下移

王秋萍

天文曆算向稱絕學,至清代則大爲興盛[1]。前代研治此學者,每一兩百年甚至兩三百年纔出一人,而有清一代則激增至二百餘人,并且閨秀中也有通曉天文曆算者[2]。清人諸可寶(1845—1903)《疇人傳三編序》云:"聖祖首出,斯學大顯。"[3]康熙朝正當西學輸入的黃金時期,加上康熙帝篤嗜天算,特別予以獎掖和提倡,又有曆算大家如梅文鼎(1633—1721)極力推廣此學,這些重要因素共同促成了康熙時代天文曆算之學的繁榮局面。問題在於,康熙朝長達六十年之久,其間天文曆算的前後發展其實并不均衡。一直以來,學界對康熙時代天文曆算的考察幾乎都將這六十年視爲一體籠統而論,而忽視了天學成爲顯學是康熙朝中後期纔出現的情形。康熙時代的天文曆算究竟是如何被推動而發展起來的?除了衆所周知的影響因素外,是否還有其他因素在此過程中起到關鍵作用?這無疑是清初天文學史上值得探討的重要問題。

康熙十八年(1679)己未博學鴻詞科以《璇璣玉衡賦》作爲文賦試題。韓琦最早指出這一天文題材的賦題在當時影響很大,對曆算研究起到了一定的推動作用,其論頗具啓發意義[4]。目前學界對《璇璣玉衡賦》仍然缺乏應有的關

---

[1] 梁啓超曾説:"我國科學最昌明者,惟天文算法,至清而尤盛。"詳見梁启超《清代學術概論》,載朱維錚校注《梁啓超論清學史二種》,復旦大學出版社,1985年,第19頁。

[2] 民國時期有學者指出:"徐光啓説過,中國治天算的人是'越百載一人焉,或二三百載一人焉';這個話是離事實不很遠的。但到了清代,情形大不同了。阮元《疇人傳》所載清代治天算者有六十二人;羅士琳《續疇人傳》所載有三十六人;諸可寶《疇人傳三編》所載有一百一十二人。雖則成就各人不等,但二百四十餘年中間(據諸氏自序,《三編》成於光緒十二年),治天算者竟有二百一十人之多。就是單算阮氏羅氏所載,也已經有九十八人。并且清代閨秀也有通天算的。"詳見唐擘黄《明季清初西來天算對於清代學術的影響》,《中山文化教育館季刊》1936年第2期。

[3] 諸可寶《疇人傳三編序目》,《續修四庫全書》史部第516冊,上海古籍出版社,1996年,第527頁。

[4] 詳見韓琦《君主和布衣之間:李光地在康熙時代的活動及其對科學的影響》,《清華學報》(臺灣)1996年第4期,以及氏著《通天之學:耶穌會士和天文學在中國的傳播》,生活·讀書·新知三聯書店,2018年,第71頁。

注,至今尚未有專門研究出現。本文首先對前人關於科舉考試中天文曆法試題的研究予以回顧和評述,繼而考察己未詞科《璇璣玉衡賦》試題對康熙時代的天文曆算產生的影響,希望能夠發掘和還原清初天文曆算發展演變過程中更多豐富而立體的細節。

一 科舉考試與天文曆算

科舉考試作爲中國古代特有的人才選拔制度,肇始於隋煬帝大業初年,廢除於清光緒三十一年(1905),在行用的一千三百餘年間有力地塑造了廣大士人階層的思想基礎和精神世界。通常認爲,科舉考試爲儒家思想所籠罩,《四書五經》作爲基礎文本在科舉考試中占有突出地位。余英時先生指出,科舉考試中雖有欽定"正學",但主持各層考試的官員都出身科舉,他們也時時受學術與思想新動態的衝擊,在實際執行中仍有靈活運用的餘地,因此科舉考試的命題又具有彈性[①]。明清時期科舉考試第三場固定考察五道經史時務策,由於受到考官個人學術旨趣的影響,這些策問試題具有很強的學術性。除了作爲科舉考試指導思想的程朱道學,其他如晚明之際的陽明心學、清中葉的乾嘉學術以及清末興起的新學等非主流學術都曾出現在它們所處時代的策問試題中。毋庸贅言,科舉試題對於思想史、學術史研究具有重要的參考意義和價值。

現有的科舉研究大部分集中在制度層面,而科舉與學術發展之間的關係這類思想層面的探討則相對薄弱。二十世紀八十年代以來,學界關於科舉與文學、科舉與經學關係的研究已有一些成果陸續問世。相較而言,與科舉考試中天文曆法試題相關的研究却寥寥無幾。美國漢學家艾爾曼(Benjamin Elman)最早注意到明代科舉鄉試策問中注重考察天文、曆法、音律、災异、五行等我們今日稱之爲"自然之學"的內容。基於對策問試題以及考生答卷的仔細研讀,他認爲這些試題對明代士人研究自然學問起到了顯著的推動作用[②]。在後來出版的《晚期帝制中國的科舉文化史》(*A Cultural History of Civil Examinations in Late Imperial China*, University of California Press, 2000)一書中,艾爾曼仍以科考試題爲窗口,探討宋明理學向乾嘉考據的轉變、清代中期的漢宋之爭這些思想史上的重大議題。美國學者李弘祺則拒絕將科考試題置於學術思想史考察的中心位置。他認爲考生的答卷難免受到科考制度和考場心理

[①] 余英時《試説科舉在中國史上的功能與意義》,載氏著《中國文化史通釋》,生活·讀書·新知三聯書店出版社,2011年,第234頁。

[②] 〔美〕艾爾曼著,雷頤譯:《晚明儒學科舉策問中的"自然之學"》,《中國文化》1996年第13期。這一結論在艾爾曼《晚期帝制中國的科舉文化史》(*A Cultural History of Civil Examinations in Late Imperial China*, University of California Press, 2000)一書第九章中得到重申。近十年來,艾氏在其《早期現代還是晚期帝國?》(《復旦大學學報》2011年第4期)以及《全球科技史研究中的比較視域:明清時期在華耶穌會士的西學》(《浙江學刊》2017年第6期)兩文中仍保留了他最初關於明代科舉策論的判斷。

的束縛無法暢所欲言,而真正推動學術思想發展的是考場之外的聲音①。

誠然,明代鄉試第三場策問試題屢次考察天文曆法内容,但經史時務策涵蓋範圍甚廣,除了天文曆法策之外,經學、史學、兵制、水利等議題同樣在重點考察之列。中國古代儒士向來有知律曆、通天人的傳統。天文曆法俱載史志,本是士人必備的知識修養。唐宋時期的科舉考試中天文曆法試題已不罕見。唐初最爲士人所重的進士科以試策作爲取士標準,聖曆元年(698)進士科省試曾考過一道曆數策②。開元以後,進士科考漸以詩賦取士,并成爲固定格局。大曆十四年(779)省試賦題爲《寅賓出日賦》(以"大明在天,恒以時授"爲韵)③。貞元十七年(801)省試試題爲《閏月定四時》④。天寶九載(750)博學宏詞科試曾以《日月如合璧賦》爲題⑤。宋初進士科主要以詩賦取士,而詩賦之間又以賦爲重。蘇頌(1020—1101)在景祐五年(1038)參加省試不第,其所試賦題爲《斗爲天之喉舌賦》⑥;其後於慶曆二年(1042)憑藉《曆者天地之大紀賦》在省試中奪魁⑦。北宋皇祐間禮部進士試曾以《璣衡正天文之器賦》作爲賦題⑧。南宋時進士科分爲經義進士和詩賦進士兩科,詩賦進士之發解試、省試首場試詩賦各一首。紹興二十三年(1153)解試賦題爲《斗爲帝車賦》,其後省試又以《日星爲紀》《三台色齊》作爲詩賦題⑨。宋代科考於進士科之外,又

---

① 李弘祺《中國科舉制度的歷史意義及解釋——艾爾曼(Benjamin Elman)對明清考試制度的研究談起》,《臺大歷史學報》2003年第32期。

② 《文苑英華》卷五〇〇收錄有馮萬石所撰《對曆數策》。詳見李昉等編《文苑英華》卷五〇〇,中華書局,1966年,第2561頁下欄。據徐松《登科記考》,馮萬石聖曆元年(698)進士及第,《文苑英華》所載馮萬石對策疑是聖曆元年進士科考試題。詳見《登科記考》卷四,《續修四庫全書》史部第829册,第63—64頁。據孟二冬《唐代進士試年表》所載,聖曆元年"策進士問存,馮萬石對策存"。詳見《孟二冬文存》下卷,高等教育出版社,2007年,第4頁。

③ 《文苑英華》卷三收錄有王儲、周渭、袁同直、独孤綬等人所撰《寅賓出日賦》。詳見《文苑英華》卷三,第21—22頁。

④ 《文苑英華》卷一八一"省試詩"類收錄有羅讓、許稷、徐至、杜周士、樂伸等所作《閏月定四時》詩。詳見《文苑英華》卷一八一,第888頁下欄、889頁上欄。徐松《登科記考》記載,羅、徐、杜三人皆於貞元十七年(801)進士及第。詳見《登科記考》卷十五,載《續修四庫全書》史部第829册,第237頁。

⑤ 《文苑英華》卷三收錄有韋展《日月如合璧賦》。詳見《文苑英華》卷三,第19頁下欄、20頁上欄。據今人詹杭倫考證,《日月如合璧賦》爲天寶九載(750)博學宏詞科所試賦題。詳見詹杭倫《唐代科舉與試賦》,武漢大學出版社,2015年,第132—135頁。

⑥ 據蘇象先《丞相魏公譚訓》卷三所載,景祐五年(1038),"祖父年十六,省試《斗爲天之喉舌賦》"。詳見蘇象先《丞相魏公譚訓》卷三,《四部叢刊三編》子部第34册,上海書店出版社,2015年,第20頁b。

⑦ 葉夢得《石林燕語》卷九云:"蘇子容過省,賦'曆者天地之大紀',爲本場魁。既登第,遂留意曆學。"詳見葉夢得《石林燕語》卷九,中華書局,1984年,第133頁。《蘇魏公文集》卷七二收錄有《曆者天地之大紀賦》。詳見蘇頌《曆者天地之大紀賦》,王同策等點校《蘇魏公文集》卷七二,中華書局,2004年,第1090—1091頁。

⑧ 《夢溪筆談》卷七曰:"皇祐中,禮部試《璣衡正天文之器賦》,舉人皆雜用渾象事,試官亦自不曉,第爲高等。"詳見沈括撰,金良年點校《夢溪筆談》卷七,中華書局,2015年,第65頁。

⑨ 《韻語陽秋》卷一八云:"鄭侄留意星曆學。紹興癸酉取解漕臺,問《斗爲帝車賦》。省試後以《日星爲紀》《三台色齊》爲詩賦題。其所爲貫穿甘石之學甚詳。"詳見葛立方《韻語陽秋》卷一八,上海古籍出版社,2004年,第233—234頁。

有制科以及詞科試。淳熙四年(1177)賢良方正能直言極諫科閣試試論六首，其三爲《前世曆法多差》①。淳熙十三年(1186)賢良方正能直言極諫科閣試之六論，其四、其五分別爲《五星爲經緯》《曆術本於易》②。宋寧宗嘉定四年(1211)、嘉定七年(1214)，兩次博學宏詞科試分別考到《唐曆八變序》《三家星經序》③。參照唐宋時期科考的情形，明代鄉會試策論中多次考察天文曆法內容也就不足爲奇。

明代鄉試中天文曆法策所考察的內容實際上並未超出傳統經史的範疇。譬如，嘉靖二十五年(1546)應天府鄉試策問第四問是一道天文策，題曰：

> 問：學以際天人爲大，故天道雖幽遠高深，不可不求其實。傳稱天文有二十一家四百四十五卷，其概可得聞與？天包於外，地凝於內。以分至啓閉定歲，以晦朔弦望定月，以晨昏出没定日。名察度數，別清濁，起五部，建氣物紛錯，理茫籍浩，曷究其因？至謂七政性殊，恒星體靜，三垣中宅，列宿四垂，經星可以象占，緯星可以數測；常名可名，應官應事，微星奚啻千萬；覈往占來，歷示休咎，又曷鈎致其法象也？古者后王君公，時憲欽若，履端於始，舉正於中，歸餘於終，垂鴻號於無極。學士大夫豈可假托以爲讖術，廢黜而不講乎？請折衷經史所載，詳著於篇。非惟驗達天之學，且因以見事天之道。④

《漢書·藝文志·術數略》"天文"類小序曰："天文者，序二十八宿，步五星日月，以紀吉凶之象，聖王所以參政焉。"⑤中國古代的天學以曆法與星占作爲兩大主幹，在觀象授時以及帝王政治中起到極爲重要的作用。考官要求考生不僅要理解觀測天象、推演曆法的具體技術，更要體悟其背後的天道，在天意與人事之間建立起合適的關係。考生袁洪愈所撰對策從推步授時、觀象占驗以及順時施政三個方面就古代士人應如何事天作出了詳細的解説，考官批語謂"談天文事核義精，無如此作"，於是列爲高等⑥。

又如，萬曆七年(1579)應天府鄉試策問第二問是一道曆法策，題曰：

> 問：治曆明時，自古重之，三代以前，職在太史，顧其詳不可得聞已。

---

① 徐松輯，劉琳、刁忠民、舒大剛、尹波等校點《宋會要輯稿·選舉》，上海古籍出版社，2014年，第5489頁。
② 《宋會要輯稿·選舉》，第5492頁。
③ 《四朝聞見録·甲集》曰："寧皇試宏博之士於類試所，時徐鳳少監與今宗簿劉澹然俱試。徐訪知主司有欲出《唐曆八變序》者，合用一行禪師《山河兩界曆》以爲據。……及試之日，果出《曆序》……是歲劉、徐俱黜。其後安又試，六篇俱精詣。……徐試《三家星經序》，備記甘公、巫咸、石申夫歲星順逆與今紅黃黑所圈。主司驚異，已置异等，而末篇贅用《周禮》巫(音筮)咸爲證，遂申都台付國子監看詳。"詳見葉紹翁撰，馮惠民、沈錫麟點校《四朝聞見録·甲集》，中華書局，1989年，第20—21頁。
④ 詳見《嘉靖二十五年應天府鄉試録》，龔延明主編《天一閣藏明代科舉録選刊·鄉試録》第2册，寧波出版社，2016年，第1422頁。
⑤ 班固《漢書·藝文志》，中華書局，1962年，第1765頁。
⑥ 袁洪愈所撰對策詳見《嘉靖二十五年應天府鄉試録》，《天一閣藏明代科舉録選刊·鄉試録》第2册，第1443—1445頁。

漢初法制疏闊，於是不愛祿爵，益廣徵募，言象數之士，寖寖衆矣。歷代以還，其法屢變，而其說亦逾精，載在史册甚具也，可得聞其概與？我國家大統曆采諸授時，行之二百餘年，司候靡爽，蓋法制之善，卓邁百王矣。囊正嘉間，交食分秒雖稍有不符，然視前代之先後天者，相去遠甚。更定曆元之議，無庸陳已。頃者，星官失職，訛舛易常，則有大駭聽睹者。夫獨是莫曉，獨非莫知，此古人所以論律曆也。今之司其事者，將無狃於是說與？萬一訛舛有甚於斯者，可漫爾不爲之計與？夫法久則翫，翫則必飭，諸士試陳所以振飭之術，詳著於篇，俟執事者采焉。①

此策首先要求考生略陳歷代曆法發展演變的歷史脈絡。前代曆法多有變革，屢變益密，而明代曆法獨少修正。明中葉景泰、成化、正德以及嘉靖年間，交食不驗的情形時有發生。至萬曆之際，臺官預報舛誤愈甚。由於大統曆行久未修，考官接下來的提問轉入明代曆法的運作情況，希望考生能夠提出整飭曆術的方案。考生石昆玉之對策詳論前代曆法得失，剖析當朝曆法舛訛之由，并且針對星官失職的情形，提議訪求精通星曆之士，考官批語稱其"是究心天文之學者"，"是知政之所先者，錄之不徒以文也"②。

以上二例表明，這類策問考察的用意不在於天文曆法知識本身，官方真正關心的是天文曆法在實際政治生活中的作用③。從明代鄉試錄中所載考官評語來看，有能力回答天文曆法策的考生只占極少數④。明初洪武十七年所頒布的科舉成式規定，"(鄉試)第三場試經史策五道，未能者許減其二"⑤，因此不熟悉天文曆法內容的考生完全可以選擇避開此類策問。艾爾曼僅根據策論試題推斷晚明鄉試對士子準備考試而鑽研自然之學有廣泛的影響，不免誇大了策論的重要性。

二十一世紀以來，關於科舉考試中天文曆法試題的個案研究開始零星出現。鄭誠《星盤手册與鄉試策論》一文對萬曆三十一年(1603)李之藻主持福建

---

① 詳見《萬曆七年應天府鄉試錄》，《天一閣藏明代科舉錄選刊·鄉試錄》第 2 册，第 1761—1762 頁。
② 石昆玉所撰對策詳見《萬曆七年應天府鄉試錄》，《天一閣藏明代科舉錄選刊·鄉試錄》第 2 册，第 1783—1784 頁。
③ 李弘祺認爲明代策論中天文曆法試題所考察的内容實際上還只是古代讀書人本應掌握的天文曆法常識。詳見李弘祺《中國科舉制度的歷史意義及解釋——從艾爾曼(Benjamin Elman)對明清考試制度的研究談起》，《臺大歷史學報》2003 年第 32 期。
④ 譬如，嘉靖十三年(1534)順天府鄉試第三場第三問爲一道天文曆法策，《嘉靖十三年順天府鄉試錄》收錄了考生歐陽晚的對此策問的回答以及考官們的批語。同考試官教諭彭批曰："曆律之事，類多囿筆而弗能言。此答辯證有據，條悉無遺，蓋非獨究心於經術者。"同考試官江批曰："此策對者不過敷衍問目而已，求其考究之精、條達之悉者，僅見此篇。"考官侍讀張批曰："曆律之學經生鮮能究心。此篇考據精核，辭復昌偉，其筆端有造化者歟？"據此可以推斷，明代鄉試中能夠回答天文曆法策的考生實屬鳳毛麟角。詳見《嘉靖十三年順天府鄉試錄》，《天一閣藏明代科舉錄選刊·鄉試錄》第 1 册，第 429 頁。
⑤ 《明太祖實錄》卷一六〇，臺灣"中央研究院"歷史語言研究所校印，1962 年，第 3 册，第 2467 頁。

鄉試所出的一道天文策試題及其影響進行了評述①。徐光臺進一步以萬曆三十一年李之藻主持福建鄉試爲例,深入考察了晚明之際西學的傳入對科舉考試的衝擊以及士人的後續回響②。陳志輝通過對嘉慶九年(1804)江南鄉試策論以及四書義試題的研究,揭示出當時天文曆算之學在科舉考試中的滲透情况③。前人通過個案研究的方式考察一時一地的科考試題與學術風氣之間的互動和關聯,避免了泛泛而論造成的危險,爲這類研究提供了很好的示範。循此思路,下文就康熙十八年己未博學鴻詞科所試文賦試題——《璇璣玉衡賦》展開探討。

二 康熙己未詞科《璇璣玉衡賦》試題及其在清初士人中的反響

中國古代的天學以服務於皇權政治爲首務,長期爲官方天文機構所壟斷,形成了根深蒂固的官營傳統。明末清初著名史家萬斯同(1638—1702)曾説:

> 嘗慨曆之爲學,帝王治世之首務,而後代率委之疇人子弟,致膠其法而不能通其義。如有明三百年中,學士大夫非無通曉其學者,往往不見用。其所用者,不過二三庸劣臺官,死守一郭守敬之法而不知變。夫守敬之法非不善,然在當時已不能無少誤,乃歷三百年之久猶且堅執其死法,其於曆果能無誤耶?故古今曆法之疏無如明世之甚,由專委之疇人,不知廣求學士大夫講明其義也。迨西法既入,其説實可補中國所未及。崇禎初嘗設官置局,博徵天下通曉曆法者與相辨析。於是西人所著即名《崇禎曆書》,而以元年戊辰爲曆元,其書實可施用。今世所行《西洋新法曆書》即《崇禎曆書》也,但易其名而未始易其説。④

萬氏從制度層面指出,官方運營的模式既不能造就卓絶的天文曆算人才⑤,又無法有效地吸收民間曆算學者一同研究,明代的天文曆算正是這樣不斷地走向了衰落。誠如萬氏所述,徐光啓(1562—1633)等人在崇禎改曆的過程中打破陳規,於欽天監外另設曆局,并引入西方傳教士以及民間曆算學者參與《崇禎曆書》的編纂工作,實乃創舉。《崇禎曆書》引進了歐洲古典天文學,它在明末清初的刊行和傳播對本土天文曆算的發展產生了相當大的刺激和影響。然

---

① 鄭誠《星盤手册與鄉試策論——有關李之藻著述的新史料》,第七届全國青年科學技術史學術研討會會議論文,2009年,第398—408頁。
② 徐光臺《西學對科舉的衝擊與回響——以李之藻主持福建鄉試爲例》,《歷史研究》2012年第6期。
③ 陳志輝《乾嘉天算專門之學在科舉考試中的滲透》,《清史研究》2014年第3期。
④ 萬斯同《送梅定九南還序》,《石園文集》卷七,《清代詩文集彙編》第161册,第533頁下欄—534頁上欄。
⑤ 臺灣學者王萍的研究表明,中國古代傑出的天文曆算學者絶大多數出自民間,而非官方天文機構中的疇人子弟。詳見王萍《歷代曆算家的出生與職業之探討》,《中華文化復興月刊》1976年第3期。

而西學傳入雖意義重大,但傳統科學并未即刻消失①。本土傳統天文曆算的官營模式存在的弊端在康熙朝前期仍顯而易見。

入清之後,西法迅速取得欽定地位。順治一朝的欽天監在傳教士湯若望(Joannes Adam Schall Von Bell,1591—1666)掌控之下盡廢大統舊法而專用西法,嚴重偏離了徐光啓編譯《崇禎曆書》之初"鎔彼方之材質,入大統之型模"的宗旨。康熙初年,安徽歙县守舊鄉紳楊光先(1597—1669)本着"寧使中夏無好曆法,不可使中夏有西洋人"②的頑固觀念,大肆攻擊西法,力圖恢復舊法,挑起了曆法之争。不通曆術的楊氏在輔政大臣的支持下取代了湯若望出任欽天監正,其在任期間先是廢除時憲曆,重新啓用大統曆,後又改用回回曆。監中曆法事務陷入混亂,以致康熙帝深感朝中無人知曆的尷尬和窘迫③。楊光先雖數次從民間招募曆算學者,但收效甚微。康熙六年,常州龔士燕(生卒年不詳)應徵進入欽天監修訂曆法。龔氏精通授時古法,頗得楊光先青睞,然而傳統舊法在天文實測方面不敵傳教士南懷仁(Ferdinand Verbiest,1623—1688)的西法却是不争的事實④。當時民間曆算學者之中并非無人兼通中西曆法。吴江王錫闡(1628—1682)能"考正古法之誤而存其是,擇取西説之長而去其短"⑤,對中西曆法有着相當深入的洞察和研究。他對順治年間專用西法的情形非常不滿,於是兼采中西,自立己法,在康熙二年撰成《曉庵新法》六卷。針對官方在民間徵募精通天文曆算之士的舉措,錫闡在《曆策》一文中作出回應,其文曰:"執事以新法既非,舊法未必無誤,而博訪於草澤也。此正愚所樂得而縷陳者也。"⑥文中主張"以古法爲型範,而取才於天行,考晷漏,審圭表,慎擇人,詳著法,則异同之見漸可盡泯"⑦。遺憾的是,錫闡的意見及其所創新法在當時不爲官方所知。

私造曆法在前代往往以死罪論處。清初厲禁尚未解除,士人不免仍心存

---

① 楊翠華、黃一農在《近代中國科技史論集·前言》中提到"西學傳入雖是中國科學現代化的開端,但是傳統科學并未即刻消失"。詳見楊翠華、黃一農主編《近代中國科技史論集》,臺灣"中央研究院"近代史研究所、臺灣清華大学歷史研究所出版,1991年,第2頁。

② 楊光先《不得已》卷下《日食天象驗》,黄山書社,2000年,第79頁。

③ 康熙帝晚年在《三角形推算法論》一文中回忆道:"康熙初年間,因曆法争訟互爲訐告,至於死者不知其幾。康熙七年閏月,頒曆之後,欽天監再題欲加十二月又閏。因而衆論紛紛,人心不服,皆謂從古有曆以來,未聞一歲中再閏。因而諸王九卿等再三考察,舉朝無有知曆者。朕目睹其事,心中痛恨。凡萬幾餘暇,即專志於天文曆法二十餘年,所以略知其大概,不至於混亂也。"詳見《御製三角形推算法論》,日本早稻田大學藏滿漢對照刻本,第4b—6a頁。《庭訓格言》中亦記載了康熙帝的相關追述:"爾等惟知朕算术之精,却不知我学算之故。朕幼時,欽天監漢官與西洋人不睦,互相參劾,幾至大辟。楊光先、湯若望於午門外九卿前,當面賭測日影,奈九卿中無一知其法者。朕思己不知,爲能斷人之是非,因自憤而學焉。"詳見清世宗胤禛《聖祖仁皇帝庭訓格言》,《四庫提要著録叢書》子部第1册,北京出版社,2011年,第338—339頁。

④ 參見諸可寶《疇人傳三編》卷一"龔士燕"條,《續修四庫全書》史部第516册,第531—532頁。

⑤ 參見阮元《疇人傳》卷三五"王錫闡(下)"條,《續修四庫全書》史部第516册,第350頁。

⑥ 王錫闡《曆策》,《曉庵遺書》之四《雜著》,李盛鐸編《木犀軒叢書》第11册,廣陵書社,2018年,第1—2頁。

⑦ 王錫闡《曆策》,《曉庵遺書》之四《雜著》,《木犀軒叢書》第11册,第5頁。

顧忌,錫闡自不例外。其《大統曆法啓蒙·凡例》曰:

> 監曆本於郭守敬,昭代元監正、劉中丞略加增損,至今三四百年,气朔躔離未免有先後之差。余推候二十餘年,成《曆法》六篇,與舊法頗有异同,而驗諸乾象,庶幾不致疏遠。然草野無製作之權,未敢輕以問世。①

錫闡身前學無傳人,去世之後其遺稿經由同邑後學潘耒(1646—1708)搜集整理,纔得以刊刻傳世。潘氏在《曉庵遺書序》中頗爲沉痛地嘆道:"嗚呼!天之生才將以濟世也。曆術之不明,遂使曆官失其職,而以殊方异域之人充之。中國何無人甚哉!幸有聰穎絶世,學貫天人,能製器立法如王君者,而生世不逢,埋光晦迹,其學不見用於時而亦無有能傳之者。天之生君果何爲耶?"②與錫闡相類似,青州薛鳳祚(1600—1680)同樣主張會通中西,并積極付諸實踐。《曆學會通·正集》是薛氏基於《授時曆》和傳教士穆尼閣(Nicolas Smogolenski,1611—1656)《天步真原》編纂而成的曆法,刻於康熙三年,然亦不爲官方所采。《清史稿·時憲志》謂薛、王兩家之學"皆不列臺官,然其精密,或爲臺臣所不及"③。不可否認,康熙朝前期欽天監中曆法事務主要依賴西方傳教士,而民間曆算學者的研究工作仍然難以爲官方所用。不過,這一情形在康熙十八年己未詞科試之後發生了重大變化。

清人秦瀛《己未詞科録》所載己未詞科命題經過如下:

> 先試一日,上命内閣諸學士及翰林院掌院擬題,皆一文賦一詩。高陽李師擬《璇璣玉衡賦》《賦得雨中春樹萬人家》。寶坻杜師擬《王者以天下爲一家論》《省耕詩》。益都馮師擬《十三經同异考》《耕籍詩》。内閣學士項公擬《士先器識而後文藝論》《賦得春殿晴薰赤羽旗》。閣學李師擬《岣嶁碑贊》《遠人向化歌》。掌院學士葉師擬《珪璋特達賦》《三江九江考》《賦得龍池柳色雨中深》。上用高陽師賦題、寶坻師詩題。④

《尚書·舜典》中"在璇璣玉衡,以齊七政"一語向來被後世視爲治曆之淵藪,備受統治者重視。康熙帝在早年處理曆法爭端的過程中,就已深刻意識到掌握天文曆法知識的重要性。曆法之爭平息後,他以傳教士南懷仁爲師學習西方的天文數學知識,并且終其一生都保持着對西方科學的濃厚興趣。據《南書房記注》所載,康熙十七年二月初五日,康熙帝於懋勤殿復誦《尚書·舜典》中"在璇璣玉衡"部分時論道:"前代所造渾天儀未嘗不善,但世久法湮,交食錯亂,不能枚舉。朕曾講究古法新法,故知其概。古法推算冬至及日月交食,多用積數,因數多奇零,贏縮虛實之難明,不能合於天。新法多用餘數及濛气差

---

① 王錫闡《大統曆法啓蒙·凡例》,《曉庵遺書》之三《大統曆法啓蒙》,《木犀軒叢書》第10册,第447—448頁。
② 潘耒《曉庵遺書序》,《遂初堂集》卷六,《清代詩文集彙編》第170册,第309頁。
③ 《清史稿》卷四五《時憲志》,中華書局,1977年,第1658頁。
④ 秦瀛《己未詞科録》卷一,《續修四庫全書》史部第537册,第120頁。

之數,又驗之於測景,故較之古法,僅能與天象相合。"①康熙帝如此熱衷於鑽研天文曆法,他將《璇璣玉衡賦》選作己未詞科的文賦試題實屬情理之中。己未詞科試當日,康熙帝在以《璇璣玉衡賦》親試鴻博徵士之餘,亦命侍值南書房的張英(1637—1708)、高士奇(1645—1703)和勵杜訥(1628—1703)同作,顯然他對此賦題的重視程度非同一般②。

《璇璣玉衡賦》在當時士人中激起了很大反響。與試文士黄與堅(1620—1701)甚至於應試之作外,又另撰一篇以抒寫其科場中未竟之意③。科場之外張英、葉方藹(1629—1682)、張玉書(1642—1711)、王鴻緒(1645—1723)、徐旭旦(1656—?)等朝堂之士,以及民間布衣如梅文鼎、張永銓(1639—?)等人俱有擬作。張永銓在其《擬璇璣玉衡賦》序中寫道:"康熙十有八載,皇帝召天下博學鴻儒。臨軒試之,以《虞書》'璇璣玉衡'爲賦。一時能文之士,靡不抽秘思,騁妍詞,璘璘炳炳,潤色鴻業。張子永銓爲草莽臣,昧道瞢學,望帝閽而路遠,瞻黄閣以靡從,不揣固陋,濡筆成篇。"④其擬作心態典型地詮釋出這一賦題給民間普通士人所帶來的心理衝擊之大。

己未詞科五十鴻儒之一的汪琬(1624—1691)有云:"昔賢嘆爲賦乃俳,史遷亦言'文史星曆,近乎卜祝之間',二者之學見輕於前代如此。比者天子恢張文治,尊崇儒術,其於薦舉諸臣往往錫之以金粟,勞之以饗燕,繼又寵之以清華,絕非前代所及。"⑤前代禁止民間私習天文曆法、私藏天文圖書,民間曆算學者大多處於隱逸狀態,而康熙己未詞科《璇璣玉衡賦》的命題公開傳達了官方對天文曆算之學的重視和提倡,這一新的時代氣息令民間的曆算學者倍感振奮。嘉興徐發(生卒年不詳)所撰《天元曆理全書》正是由《璇璣玉衡賦》試題催生出來的一部曆算著作⑥。該書的成書時間不晚於康熙十九年,原稿包括《長曆》《原理》《考古》《定法》《推驗》《辯證》諸篇凡五十卷⑦,但最終只有《原

---

① 王澈編選《康熙十七年南書房注記》,《歷史檔案》1995年第3期。
② 王澈編選《康熙十八年南書房注記》,《歷史檔案》1996年第2期。
③ 黄與堅《願學齋文集》中收録有《璇璣玉衡賦》兩首。《璇璣玉衡賦》(其二)序曰:"兹奉命撰《璇璣玉衡賦》,不敢自矯異,仿佛以應制。卒於説有未竟,故再爲斯賦以著之。"詳見黄與堅《願學齋文集》卷十一,《清代詩文集珍本叢刊》第79册,國家圖書館出版社,2017年,第364—371頁。
④ 張永銓《閑存堂集·詩集》卷四《璇璣玉衡賦》,《清代詩文集彙編》第152册,第635頁。
⑤ 汪琬《鈍翁續稿》卷一五《喬石林賦草序》,《清代詩文集彙編》第94册,第591頁。
⑥ 《天元曆理全書·凡例》云:"天文術數,邪正不同。要之天心仁爱,人主示之法象,休徵咎徵,厥理不爽。自邪術方書,惑世誣民,巧立異説,以聳動觀聽。或畸人利口,標榜新奇,附會災祥,以譏切時政。於是忌者設爲厲禁,而庸流溺職亦由兹甚。此實前代之疏略。今我皇朝綱大度,天子聖學鴻恢,詔直言之臣,策璇璣之詔,正曆法修明之候,天道昭回之日。是用廣輯舊聞,搜羅秘種,務闡陰陽正理,歸諸天人合德,非同禨祥小數,炫耀一時者也。"詳見《天元曆理全書·凡例》,《續修四庫全書》子部第1032册,第337頁。韓琦《通天之學》一書中對《天元曆理全書》的撰寫受到《璇璣玉衡賦》的影響作有注解。詳見氏著《通天之學:耶穌會士和天文學在中國的傳播》,第71頁。
⑦ 此爲釋澹歸(1614—1680)爲《天元曆理全書》所作序言《徐圃臣曆書序》中所述該書稿本的面貌。詳見釋澹歸《徐圃臣曆書序》,《遍行堂文集續編》卷二,《清代詩文集彙編》第47册,第473頁。釋澹歸卒於康熙十九年,據此推斷,《天元曆理全書》應成書於康熙十九年之前。據徐發在書前《述略總序》中所述,該書包括《長曆》篇九卷,以及《原理》《考古》《定法》《推驗》等編凡十六卷,此外另有(接下頁)

理》篇六卷、《考古》篇四卷以及《定法》篇二卷付梓。其中《原理》篇致力於闡明曆理,該篇卷首有《原理小序》云:

> 如渾天蓋天,歷世不決,不可不詳也。天中地中,古今异説,不可不明也。日月衝蝕,有闇虚地影之疑,名實乖舛,不可不悉也。星度遠近,有歲差視差之别,本末緩急,不可不精求也。七政入躔,有黄赤二道之變,古人疏而合理,后人密而違理,因循積習,不可不闡發也。曆元章蔀,歲朔交轉,諸家异術,得失相半,不可不洞照也。土圭臬表,候氣有古今之异用;衡尺勾股,綴術有煩簡之异法,不可不通曉也。凡此數端,曆理之綱紀,近世論者非剿陳言以誣古,則鑿异説而欺人,皆由曆理之難明也。是用首爲原理,凡六卷。①

正如作者在《原理》篇中所指出的,"曆家能知曆數,而不知曆理,古今通病"②,前代曆家只講求推算,而不重視曆法之法原,以致本土傳統曆法傳至後世原理盡失。徐氏於此列舉出傳統曆法構建中諸多不得不予以深究的論題,顯然已將曆學上升爲必須從原理上搞清楚的客觀領域,而不僅僅是技術層面的觀測和計算,這不能不説是曆學觀念的一大進步。《原理》篇設"原天""原地""原星""原儀""原法""原度"等條目,廣徵博引,辨證衆説,對本土傳統曆理進行了系統的梳理。"原法"部分論分野、斗建頗有創見,足以成一家之説③。"星圖"部分所展示的七幅周天星圖④以及篇中所録《星經輯要》⑤對後世星圖繪製尤具參考價值,頗能反映清初民間在恒星觀測領域所作出的努力及其成就⑥。

(接上頁)《注疏辯證》《曆術討論》等編又二十卷,共計四十五卷,與釋澹歸所云"五十卷"頗有出入。詳見徐發《天元曆理全書》卷首《述略總序》,《四庫禁毁書叢刊補編》第33册,北京出版社,2005年,第197—198頁。

① 徐發《天元曆理全書》卷一《原理小序》,《續修四庫全書》子部第1032册,第341頁。
② 徐發《天元曆理全書》卷二《原理之二》,《續修四庫全書》子部第1032册,第377頁。
③ 日本學者内藤湖南指出《天元曆理全書》就"斗建""星野"提出了與前人舊説不同的見解,肯定該書是研究天文曆法必備的參考著作。詳見内藤湖南《中國史學史》第十二章《清朝的史學》,上海古籍出版社,2008年,第260頁。
④ 參見《天元曆理全書》卷三《原理之三》,《續修四庫全書》子部第1032册,第383—386頁。
⑤ 《星經輯要》詳見《天元曆理全書》卷四《原理之四》,《續修四庫全書》子部第1032册,第397—418頁。潘鼐指出,《星經輯要》中所收各星與北宋皇祐間恒星表大致相同,從紫微垣一節引《宋史》特有的"輔、弼"二星來看,當屬同一來源。詳見潘鼐《中國古代恒星觀測》,學林出版社,2009年,第270頁。
⑥ 潘鼐對《天元曆理全書》中星圖的繪製方法及其特色評述如下:"'考古'卷内(按:此處應爲'原理'卷内)有星圖七幅,中央恒顯圈爲一圓圈,稱紫微區,周圍見界部分則等分爲六片。六圖依次名:太微區、軒轅區、天市區、天津區、閣道區、五車區。六圖各於圓圖外圍後可拼成一全圖。周圍有二十八宿距度。此種分區法以三垣作爲區名外,另採用軒轅、天津等作區名,亦屬僅見。書内按每一季依孟、仲、季次第列述十二個月古代與當代的昏中星,古風猶存。旋轉拼合的大圖,可依次取以作昏中星觀測,無須分繪十二月中星圖。這可説是中星圖的一種有效的特定形式。按核星象位置,可知系按元、明舊圖而繪,保留着古圖的傳統,但在天圖的製圖方式上創有新意。"書中還指出,1875年荷蘭漢學家施古德(G. Schlegel)撰寫《星辰考原》的過程中,根據徐發《天元曆理全書》内的星圖以及所録《星經輯要》作了恒星星名的中西對照,認爲徐發的星圖最爲正確。詳見潘鼐《中國古代恒星觀測》,第667—668、699頁。

康熙十九年，徐發以《天元曆理全書》就正於巡鹽兩浙的御史成其範(1628—?)。成氏一見輒許，"力贊《全書》之刻，并贈'學貫天人'之額，惠以弁言"①。今所見《天元曆理全書》康熙間刻本各卷卷首皆鈐有"北海成愚昆先生鑒定"字樣("愚昆"爲成其範字)，但未見成氏之序②。文華殿大學士、刑部尚書馮溥(1609—1691)於康熙二十一年曾爲該書作序，序曰：

> 今天子詔内外諸臣，各舉所知博學之士，以備顧問，兼任編摩。又以善言天者，始有鑒於人，乃臨軒而試，首及璣衡，意深遠矣。余與諸公備員讀卷，觸目琳瑯。皇上手定甲乙，嘆賞有加。而嘉禾徐子勝力擢居异等。徐子淹雅風流，卓冠一時，而於天人造化之微，尤沉思有得。余機務餘暇，喜與諸文士揚扢今古，歌風緝雅。徐子不我遐棄，時得接其言論著述，又間出其叔氏教習君發(字圃臣)所著曆書示予。予讀其文，辯而明，詳而斷，有倫有脊，根據經史。殆上下數千載曆象淵源羅置胸中，而後繭絲牛毛，紬繹以出之，非僅規模一代制作也。然後知天道差移，原有一成之理；曆數至煩，亦有一定之法，從來多所未盡，而教習君以殫精獨悟自得。天之生才，寧有量哉？教習君身在出處之間，天子方博求淵古鴻才，助成法天不息之化。是書也行，其人亦不能終隱。吾愿懸此書於國門，使探索者流讀之，以明天人之微，究象緯之賾，考按經傳之疑，似爲功於聖王欽若不淺。夫又豈僅補司天家一術而已哉！③

高居輔相之位的馮溥是己未博學鴻詞科的策劃者和執行者。康熙十七年正月康熙帝詔舉博學鴻儒，各地鴻博徵士先後抵京，待詔闕下。負責接待的馮氏禮賢下士，愛惜人才，將不少文士延入其府邸，設食授室，予以資助，此舉在士林之中贏得很高的声望。己未詞科試前後，馮氏率同這些匯聚京師的文士名流頻繁雅集於萬柳堂，詩酒酬唱，同題作賦，極一時人文之盛。馮氏愛獎掖人才，"聞賢能，輒大書姓名於座隅"，以備薦擢④。己未詞科所取五十鴻儒俱北面稱師，成爲其門下之士⑤。其中，徐發之侄徐嘉炎(1631—1703)與馮氏論詩最相契合，深得其賞識和器重⑥。經由徐嘉炎推薦，馮氏得見《天元曆理全書》，讀後大爲贊賞。作爲己未詞科試的命題者和閱卷官之一，他對《璇璣玉衡賦》記憶猶新。徐發此書的問世令他注意到這一賦題在民間曆算學者中造成

---

① 徐發《天元曆理全書》卷十《考古之四》，《續修四庫全書》子部第1032冊，第559頁。
② 清人傅增湘《藏園群書經眼錄》卷七"天文算法類"著録有《天元曆理全書》的一種清刊本，該版本有馮溥、成其範、金堡(即釋澹歸)序。詳見傅增湘《藏園群書經眼錄》卷七，中華書局，2009年，第512頁。
③ 徐發《天元曆理全書》卷首，《續修四庫全書》子部第1032冊，第332—335頁。
④ 《清史稿》卷二五〇，中華書局，1977年，第9693頁。
⑤ 徐嘉炎《益都相國馮老師八十壽序》曰："御筆手書諸臣名於其贉，皆授爲史官。於是五十人者既身受天子之知，而公以被命較閱稱讀卷官，此五十人者遂皆爲公門下士。"詳見徐嘉炎《抱經齋文集》不分卷，《四庫全書存目叢書》集部第250冊，齊魯書社，1997年，第533頁上欄。
⑥ 徐嘉炎《壽益都馮相國夫子七十初度》一詩於詩題后自注，曰："時公與炎論詩最契。"詳見徐嘉炎《抱經齋集·詩集》卷六，《四庫全書存目叢書》集部第250冊，第385頁上欄。

的顯著影響。他對於人才進退尤其留意,在此序中對徐發的出處際遇亦流露出相當的關切。在馮氏藏書簡目《佳山堂書目》中,"天文"一類著録有"天元曆理",即爲徐發《天元曆理全書》①。值得注意的是,己未詞科試之後民間曆算學者及其曆算著作一改此前無人問津的境況,受到了館閣重臣的關注和重視。這可以說是康熙朝前期天文曆算發展過程中頗爲耐人尋味的重要轉變。

三 梅文鼎的《擬璇璣玉衡賦》及其早期曆算生涯

相比於同時代的王錫闡,梅文鼎的曆算生涯起步較晚。幾近而立之年,梅氏纔跟隨同鄉遺民倪正(1616—?)開始學習明代大統曆。康熙元年(1662),梅氏撰成《曆學駢枝》二卷,頗得其師首肯,這標志着其曆算生涯的開端。儘管康熙十二年,梅氏曾受同鄉友人施閏章(1618—1683)之邀爲《寧國府志》以及《宣城縣志》撰寫《分野》稿,但當時他尚未接觸西學,自身的曆算知識框架仍有待完善,很難說有何影響。多次赴南京參加鄉試的外出游歷大大拓展了他的學術眼界和交游圈。康熙十四年,梅氏在外購得一套西洋曆書,由此開始鑽研西方的天文數學。至康熙十九年,梅氏撰有《古今曆法通考》《中西算學通初集》等多部曆算著作,其曆算造詣達到了一个嶄新的高度,這在其《擬璇璣玉衡賦》中體現得尤爲明顯。

梅氏撰寫《擬璇璣玉衡賦》的具體始末已難確考。據其賦序中"僭擬短章,臆窺鴻典,無裨采聽,聊當衢歌"②云云推斷,該賦應撰於己未詞科試後不久③。梅氏之作并未拘泥於賦題,而是藉"璇璣玉衡"爲題,鋪陳歷代天文儀器④。賦中對西學多有涉獵,典型地展現了晚明以降傳入的西方天文數學知識對中國本土曆算學者的知識結構所帶來的影響,這與其他賦作幾乎不談西方天文數學形成鮮明對比。

康熙八年至十二年間,南懷仁奉敕修造六件新式天文儀器,這在當時是震動朝野的大事。梅氏賦序云:"雖株守山間,遲睹靈臺之美;而心儀法象,遥忻神器之成。"⑤梅氏當時想必已經讀過南懷仁《靈臺儀象志》,他雖僻居皖南鄉間,無法見到南懷仁所造的新式儀器,但這絲毫不妨礙他在賦中將這六件天文

---

① 馮溥《佳山堂書目》,國家圖書館藏清道光十二年鈔本,第 52 頁 a。
② 梅文鼎《擬璇璣玉衡賦》序,《續學堂詩文鈔·文鈔》卷一,《清代詩文集彙編》第 131 册,第 260 頁上欄。
③ 梅氏《勿庵曆算書目》中《曆志贅言》一卷之解題云:"康熙戊午,愚山侍講欲偕余入都,不果行。次年己未,愚山奉命纂修《明史》,得寄書相訊,欲余爲《曆志》屬稿。而余方應桌臺金長真先生之召,授經官署,因作此以寄之。"(詳見梅文鼎《勿庵曆算書目》,湖南科學技術出版社,2014 年,第 35 頁)康熙十八年三月初,同鄉友人施閏章舉博學鴻儒,授翰林院檢討,其後入明史館修史。據梅氏自述,施氏曾寄書咨詢《曆志》修纂之事。可以推斷,梅氏最遲於彼時已經知道關於己未詞科試《璇璣玉衡賦》的消息,其擬作的創作時間應該距此不遠。
④ 清人平步青《霞外攟屑》卷七"璇璣玉衡賦"條云:"又梅勿庵先生賦,固爲詳密,又是賦歷代儀器,藉璇璣玉衡爲題耳。"詳見《霞外攟屑》卷七,上海古籍出版社,1982 年,第 479 頁。
⑤ 梅文鼎《擬璇璣玉衡賦》序,《續學堂詩文鈔·文鈔》卷一,第 260 頁上欄。

儀器的構造和功能作爲關注的重點一一加以評述。譬如,梅氏論及赤道經緯儀和黄道經緯儀,曰:

> 赤道兮法動天之西轉,黄道兮儷七曜之東征。古二道爲一器兮,景交羅而莫分。今别其用兮,法以簡而倍精。黄既麗赤而左旋兮,復自轉而右奔。緯度之各异兮,亦异其經。黄自有極以運兮,誠振古之未聞。①

梅氏有意將本土的渾儀結構與南懷仁的新式設計一并置於中西比較的視野里予以考察。自李淳風首創由六合儀、三辰儀以及四游儀自外而内組合而成的三重渾儀之後,唐宋之際的渾儀大多采用這種結構。其中黄赤道二環相互交結,位於中間的三辰儀内,由於規環繁複,觀測視綫易被遮擋。南懷仁則用赤道經緯儀、黄道經緯儀分别測量天體的赤經、赤緯和黄經、黄緯②。這一改進工作在簡化了儀器結構的同時,也提高了測量精度,頗爲梅氏所認可③。

中國古代的天文觀測具備赤道特徵,以北天極作爲最基本的參照依據,而黄道居於次要地位④。南懷仁曾指出中國本土舊有的黄赤道渾儀只能稱作赤道儀,"無黄極""無測黄道經緯之正法"⑤。中國古代本土的黄道坐標系是配合北天極而非黄極來進行觀測的"準黄道坐標系",因而在相當長的時期内没有産生黄極的概念。梅氏所云"黄自有極以運兮,誠振古之未聞",道出直到晚明西方傳教士入華,黄極的概念纔被介紹進來的事實。

又如,梅氏還談到地平經儀、象限儀以及紀限儀,曰:

> 地平之儀,辨方正位。轉綫參直,三光所至。出没之度,漸升之意。秒忽微茫,具可别識。象限平轉兮,測高與庳。割圓八綫兮,於是焉施。合四爲一兮,周天在兹。度唯九十兮,厥數已全。紀限六十兮,於以參焉。正反隅角兮,靡幽弗宣。用稽距度兮,兩星之間。弧三角之法兮,推其所然。⑥

明末來華傳教士羅雅谷(Jacobus Rho,1593—1638)《測量全義》卷十"新儀器解"部分介紹了一種歐洲古典天文儀器——"新法地平經緯儀",其結構和

---

① 梅文鼎《擬璇璣玉衡賦》,《續學堂詩文鈔·文鈔》卷一,第261頁下欄。
② 據張柏春研究,南懷仁所設計的黄道經緯儀參考自第谷的黄道渾儀,赤道經緯儀的原型則是第谷的可拆式渾儀。詳見張柏春《明清測天儀器之歐化:十七、十八世紀傳入中國的歐洲天文儀器技術及其歷史地位》,遼寧教育出版社,2000年,第187—197頁。
③ 南懷仁《新製靈臺儀象志》卷一"新製六儀"條曰:"且此六儀,相須并用,則凡礙之於彼者,而有此以通之,則亦何求不得哉? 故欲密測以求分秒無差,則必六儀互用相参。……使只據一儀以求盡乎天,如舊法之簡儀是,何可信其爲必然也哉? 蓋舊法黄赤儀,膠柱而不運動,況只可謂赤道儀,無黄極、無緯圈、無黄表、無測黄道經緯之正法。"詳見南懷仁《新製靈臺儀象志》卷一,《續修四庫全書》子部第1031册,上海古籍出版社,2002年,第653—654頁。南懷仁關於新製六件天文儀器的整體設計相當注重測量精度,因而他一再强調六儀相互參用。他的這一設計理念在梅文鼎《擬璇璣玉衡賦》中亦得到再現。
④ 李約瑟《中國科學技術史》第三卷"數學、天學和地學",科學出版社,2018年,第229—232頁。
⑤ 南懷仁《新製靈臺儀象志》卷一,《續修四庫全書》子部第1031册,第653—654頁。
⑥ 梅文鼎《擬璇璣玉衡賦》,《續學堂詩文鈔·文鈔》卷一,第262頁上欄。

原理出自丹麥天文學家第谷(Tycho Brahe,1546—1601)的設計,用於測量天體的地平經度和地平高度①。中國本土亦有元代郭守敬所發明的立運儀,它包括標識地平方位的陰緯環和測量地平高度的立運環②。南懷仁認爲"曆家欲精測天象之地平經緯度,則必分地平之經儀與緯儀而兩測之。如使并測於一儀,恐未可以爲準也"③,於是製成地平經儀和象限儀兩架獨立的儀器,以便分開測量。象限儀將前人采用的全圓構型改造成一个象限弧。梅氏賦云"度惟九十""厥數已全",指出南懷仁的象限儀雖然只保留了全圓的四分之一,但已足夠實現從地平到天頂範圍内地平高度的測量。紀限儀本爲第谷自製的常用儀器,其主體爲六分之一圓面,能夠測量任意兩星之間的距離。晚明以前中國本土没有角的概念,亦無測量距離的手段,紀限儀的引入顯然豐富了本土天體測量的内容。

梅氏上述解説中所涉及的"割圓八綫""弧三角之法"俱屬明末隨着《崇禎曆書》的編纂傳入中國的西方三角學知識,是西曆"法原"部分的重要内容。梅氏在康熙十九年之前已撰有《三角法》一書,列爲《中西算學通初集》第六種,其解題曰:"此西法之最精,殊非古人所及。其目有二,曰平三角,曰弧三角。測算之學至於弧三角,至矣盡矣,乃曆家所賴也。"④ 作爲本土最早研究三角學的曆算學者之一,梅氏深諳此學在天文曆算中的重要應用,并在此領域中作出了不少开創性的工作,其眼光之鋭利於此可見一斑。

梅氏之作不僅展示了其精深謹嚴的天學知識,而且彰顯出鮮明的史家意識與會通中西的學術眼界。賦云:

> 爾乃理難終隱,道有必開,天相其哀,西人揭來。如禮失兮求野,似問郯兮識官;此珍秘兮勿泄,彼菽帛兮非難。於是吴淞太史,仁和水部,夜譯晨鈔,心追手步。亦得請而開局,集歐邏與儒素。擷西土兮精英,入中算兮鑪鑄。屢清臺兮雜候,良占測兮可據。怵巧拙兮相形,新術精兮群妒。慨萬里兮作賓,兼十年兮發覆。曆成兮弗用,良書兮徒著;何人事兮多違,或蒼穹兮有待。唯我盛朝,度越千代,正朔初頒,適逢斯會,唯欽若以爲懷,奚畛域乎中外。洞新法之密合,命遵行爲定制;哂豎儒兮固陋,謬執古兮非今。若盲不杖兮聾别竽笙,斯術之無弊兮,經指摘兮益明。乃詔太史,乃咨禮臣,謂新曆兮允臧,顧儀器兮未成,式采銅兮名山,鳩哲匠兮上京,備製兮六儀,各錫兮嘉名。⑤

西方傳教士的東來以及西方曆算學的輸入,給明末清初的知識界帶來相當大的衝擊和新變。梅氏賦中特别回顧和評述了這一段重要史實,反映出他

---

① 羅雅谷《測量全義》卷十"新儀器解"條,潘鼐彙編《崇禎曆書》(下),上海古籍出版社,2009年,第1455頁下欄—1456頁上欄。
② 《元史》卷四八《天文志》,中華書局,1974年,第993頁。
③ 南懷仁《新製靈臺儀象志》卷三,《續修四庫全書》子部第1031册,第701頁下欄。
④ 梅文鼎《中西算學通初集·凡例》,清華大學圖書館藏清康熙十九年刻本。
⑤ 梅文鼎《擬璇璣玉衡賦》,《續學堂詩文鈔·文鈔》卷一,第261頁。

將天文曆算之學視爲一門獨立學問的意識。他對曆書命運浮沉的關切,對曆法爭端是非的評判,對新造天文儀器的贊許,以及對中西曆法無所軒輊的會通理念,凡此種種在他人的賦作中則是嚴重缺失的。梁啓超指出"曆學之歷史的研究,自定九始",誠爲知言①。清人杭世駿曾盛贊梅氏《擬璇璣玉衡賦》,認爲"詞科諸君子莫能逮也"②。梅氏此賦可以說是他早期曆算思想的一个縮影,其高明獨見在當時已非普通文士所能望其項背。

康熙十八年三月,施閏章舉博學鴻儒,授翰林院檢討,其後入明史館修史。施氏此年曾致書梅氏邀他爲《明史·曆志》屬稿。爲此梅氏特撰《曆志贅言》一卷相寄,俱陳《曆志》之綱要③。康熙十九年春夏間梅氏寓居南京,其友人蔡璿(生卒年不詳)見其出示的算學著作,欲將之雕版付梓,以廣其傳④。梅氏第一部刊刻的著作《籌算》七卷即刊刻於此時,同年刊刻的還有《中西算學通序例》一卷。清華大學圖書館所藏《中西算學通初集》刻本扉頁列有包括《籌算》在內的九種算學著作,其《凡例》中相應列出了这九種著作的解題,當時的刊刻計劃應是將这九種著作全部刊出⑤。此次刻書顯然有利於梅氏之學的推廣和傳播。康熙二十三年,梅文鼎有詩題爲《潛庵湯公屢辱詢及,欲以〈明史·曆志〉囑爲校定,且曰徐公健庵蓋嘗稱之。余於兩公曾無通問》⑥。據此可知,康熙二十年至二十三年湯斌(1627—1687)任《明史》總裁官期間,曾因《曆志》修纂之事多次咨詢過梅氏,并且同爲總裁官的徐乾學(1631—1694)對梅氏之學亦早有耳聞。不難看出,己未詞科試後梅氏之學很快進入了官方和公衆的視野,這與"南王北薛"⑦二人在康熙初年鮮爲人知的際遇截然不同。

---

① 梁啓超《中國近三百年學術史》,上海三聯書店,2005年,第135頁。
② 清人杭世駿《道古堂集》卷三一《梅文鼎傳》曰:"《文鈔》六卷,中有《擬璇璣玉衡賦》几兩千言,詞科諸君子莫能逮也。"詳見蔡錦芳、唐宸點校《杭世駿集》,浙江古籍出版社,2015年,第455頁。
③ 《勿庵曆算書目》中《曆志贅言》之解題曰:"康熙戊午愚山侍講欲偕余入都,不果行。此年己未,愚山奉命纂修《明史》,寄書相訊,欲余爲《曆志》屬稿。而余方應臬臺金長真先生之召,授經官署,因而此以寄之。大意言明用大統,實即授時,宜於《元史》缺載之事詳之,以補其未備。又《回回曆》承用三百年,法宜備書。又鄭世子《曆學》已經進呈,亦宜詳述。他如袁黃之《曆法新書》,唐順之、周述學之會通《回曆》,以《庚午元曆》之例例之,皆得附錄。其西洋曆方今現行,然崇禎朝徐、李諸公測驗改憲之功,不可沒也,亦宜備載緣起。蓋《曆志》大綱略盡於此。"詳見梅文鼎《勿庵曆算書目》,第35—36頁。
④ 蔡璿於康熙十九年所撰《梅定九中西算學通叙》曰:"(定九)於是稍出其所著算學書,面指相授。昼漏未數刻,已了乘除大意,進而開平方、立方、帶縱諸法,卒業數日,瞭如指掌,乃信定九之言不我欺也。今之好古力學者不乏,語及算數,則头涔涔欲卧,未嘗不有志學焉,而深畏其難如余者衆矣。然則定九之書,其可以不讀矣乎?因取而授諸梓,以廣其傳。其綱二:曰古法,曰西法。其目九:曰《籌算》,曰《筆算》,曰《度算》,曰《比例算》,曰《几何摘要》,曰《三角法》,曰《方程論》,曰《勾股測量》,曰《九數存古》,總曰《中西算學通》。"參見梅文鼎《中西算學通初集》卷首,清華大學圖書館藏清康熙十九年刻本。
⑤ 參見高峰、馮立昇《康熙間梅文鼎曆算著作刊行考》,《中國科技史雜志》2020年第2期。
⑥ 詳見梅文鼎《續學堂詩文鈔·詩鈔》卷二,《清代詩文集彙編》第131册,第397頁。
⑦ 阮元《疇人傳》曰:"國初算學名家,'南王北薛'并稱。""南王北薛"是指吳江王錫闡與青州薛鳳祚二人。詳見阮元《疇人傳》卷三六"薛鳳祚"條,《續修四庫全書》史部第516册,第352頁。

四　結論

　　已故天文史家席澤宗先生曾就薛鳳祚、王錫闡二人不爲官方所用的現象，批評康熙帝在科技策略上存在重大失誤①。其實，制度與學術不相匹配的弊端在中國古代天文曆算的發展過程中長期存在②。在康熙己未博學鴻詞科試之後，民間曆算學者因受到《璇璣玉衡賦》試題的激勵顯著地活躍起來，他們或撰有擬作，或以自己的曆算著作面世，對官方提倡天文曆算之學的舉措作出積極回應。在康熙朝官修《明史·曆志》的過程中，他們亦有着相當出色的表現：《曆志》初稿出自錢塘吳任臣（生卒年不詳）之手，其後嘉興徐善（1631—1690）、直隸劉獻廷（1648—1695）、常州楊文言（1651—1711）各有增訂，又經黃宗羲（1610—1695）審稿，最終由梅文鼎、黃百家（1643—1709）勘誤、增補而成③。前四史之後，《明史》的質量有口皆碑，《明史·曆志》尤其代表了《曆志》修纂的最高水平，這與當時民間學者的積極參與和傾力奉獻密不可分。康熙二十三年，康熙帝史無前例地下令廢除私習天文的禁令④。前代官方和民間這兩種天文曆算傳統之間長期存在的壁壘和隔閡至此徹底被打破。有學者指出，清代天文學的一大新特徵是研究重心第一次從官方下移到民間⑤。確切而言，康熙己未博學鴻詞科所試《璇璣玉衡賦》試題促使天文曆算研究的主體從官方下移到民間，而天文曆算這門前代的絕學也由此真正意義上成爲了康熙時代的顯學。

（作者單位：南京大學文學院）

---

①　席澤宗《論康熙科學政策的失誤》，《自然科學史研究》2000年第1期。
②　臺灣學者黃克武認爲："在歷代傑出的曆算家中，服務於天文官署者只是總人數的一小部分，從秦到清最多占百分之二七·二，最低占百分之四，平均只有百分之十左右。如果我們認定《疇人傳》所收的學者具有相當的水準，則對天文研究有貢獻的人大多不是司天職的官員，這顯示了學術與制度不相配合，歷代天文機構無法吸收一流人才共同研究。"參見黃克武《欽天監與太醫院——歷代的科學研究機構》，洪萬生主編《格物與成器：中國文化新論》，生活·讀書·新知三聯書店，1992年，第303頁。
③　梅文鼎《勿庵曆算書目》中《明史曆志擬稿》一書的解題詳細交代了康熙朝《明史·曆志》的修纂過程，其言曰："《明史·曆志》屬稿者，檢討錢唐吳志尹任臣；總裁者，中丞湯潛庵先生斌也。潛庵殁後，史事總屬昆山，志稿經嘉禾徐敬可善、北平劉繼莊獻廷、毗陵楊道聲文言諸君子各有增定，最後以屬山陰黃梨洲先生宗羲。歲己巳鼎在都門，昆山以志稿見屬，謹摘訛舛五十餘處，粘簽俟酌，欲候黃處稿本到齊屬筆，而昆山謝世矣。無何梨洲季子主一百家從余問曆法，乃知鼎前所摘商者即黃稿也。於是主一方受局中諸位之請而以授時表缺商之於余。余出所攜《曆草通軌》補之。然寫本多誤，皆手自布算。凡篝燈不寐者兩月，始知此事之不易也。"詳見梅文鼎《勿庵曆算書目》，第39—40頁。
④　據《（康熙朝）大清會典》卷一一六"收藏禁書及私習天文"條記載："康熙二十三年議準：凡習學天文之人，不必禁止。若有妄言禍福，煽惑愚人者，仍照律擬罪。"詳見《大清會典（康熙朝）》卷一一六，鳳凰出版社，2016年，第1536頁。
⑤　江曉原《十七、十八世紀中國天文學的三個新特點》，《自然辨證法通訊》1988年第3期。

學術自述

曹　虹

　　法國文豪伏爾泰有一句播在人口的名言："我們還不如去耕種自己的花園。"(《老實人》)在深陷疫情的2021年畢業季給本院畢業生的贈言中，我引用了此語，屬意於年輕學子創建美好世界的可能性，因爲每一個人生都有屬於自己的"花園"，同時也在大地上連接了其他花園。對於"洋典故"憶拾頗豐的外子伯偉還提供了更妙的關聯名言，羅伯特·波格·哈里森在一本獻給所有女性的書中説道："人間座座花園仿佛在伊甸園後的世界裏開啓了一扇扇通往天堂的門户；然而，這些園圃必須由我們自己來創建、維護和關照。"那麽也就更有理由以女性來自勵勵人。今逢教職生涯臨退之際，受《古典文獻研究》編輯部之命而略作學術回顧，遥襟與近趣紛沓，懷恩與惶愧交并，山長水遠，嘆學問之無窮；臨篇綴慮，感盈虚之有數。

一　文章園圃

　　我二十歲以前没有離開過家鄉南通。小學二年級時碰上了"文革"發端，"造反有理"的意識形態主潮下，這座由張謇狀元實踐雲行雨施之化的近代名城①，古義消歇，風流潛藏，文教上的歷史輝光不再稱頌。但即使如《周易》所言"天地閉、賢人隱"，所幸青少年時代嬉游之際，仍在有意無意間潛感鄉梓的文教氣息。父親振東先生在二十世紀五十年代初期畢業於張謇創辦的南通師範學校，受到語文教育家張梅安校長的賞識而留校任教，并毗鄰於梅安先生私宅，築室兩楹以居之，名之曰"三元草堂"，與南通師範學校教學樓隔河相望。父親授課聲音宏亮，有時在自家屋前也順風可聞其聲。南通師範學校的校園正門前有一條甬道，前端峙立着兩尊石獅和一棵高大的梧桐樹，樹傍臨河有一間幾平方米的理髮室。我們住在河東的子弟，穿過濠河上的三元橋，喜歡到橋頭樹下追逐玩耍。"文革"期間，簡陋的舊理髮室裏長年住着一位瘦削的劉子

---

①　"雲行雨施"，語出《周易·乾卦》。

美老人，手臂上帶着"四類分子"的白袖套，他原先任南通美術協會主席，當過世界級畫家趙無極的美術啓蒙老師，却因各種不實之罪名，多次被抄家，以至於趕出了教工宿舍，直到1978年纔恢復工作，重新當選爲美協主席。誰能想到，劉先生幾乎是隱於囚的時候，遠在湖北沙洋的吾師程千帆先生則隱於"管制勞動"！在政治高漲、專業低落的大勢下，父親業餘習畫自遣，所畫人物肖像栩栩如生，但有一段時間，每逢周日下午，無間寒暑，日後成爲特級教師的李吉林和通師附屬小學另一位青年教師必來拜訪，每次父親都是熱情地幫他們推敲語文教案。父親并不刻意地督導子女，但也許是這類的潛移默化，使我似乎朦朧地覺得"習文吾家事"，隨着高考機遇的降臨，就填報了南京大學中國語言文學專業作爲第一志願并得遂其願。從南通港乘江輪上大學，人生爲之一變。

我萌發以中國古典散文研究爲方向的學術職志，是在1981年撰寫大學畢業論文《論序》之際。題目出於自擬，意在討論古代在"序"的名目下所涉文體的衍生實態，其中也包括如何理解贈序的成立，并呈現這種文體史的評價標準和經典生成。當時報刊上很少見到從文體視角來選題的散文論述。幸運的是，年近八十的王師氣中先生慨允指導本文。到1999年，中文系首次把1978年至1998年二十年間的本科生論文選編成册，我的這篇習作被收入其中（《南京大學中文系本科學生論文選集》，南京大學出版社，1999年）。外子去年爲本科生開設"中國文學批評"課，還引到了四十年前的這篇畢業論文，用來厘析《文心雕龍·序志篇》的文體屬性①。

對於這樣一個十分個人化的學術出發點，其實也透顯着某些時代的運數。作爲改革開放後恢復高考制度的首屆獲益者，幸運地在學府重鎮感受"科學"春天的降臨。出於教研人員的青黃不接，當時有一批耆艾之年甚至古稀之年的老教授、老學者，不但在學術上勇作表率，將舊學養與新視野加以統合，并力爭引領新學風。程千帆先生從武漢退休居民被南京大學禮聘而來，不顧衰病之軀，出大智慧，行大願力，他晚年喜愛稱誦的古人佳句，不止一次地舉到陳師道挽司馬溫公的名句："時方隨日化，身已要人扶。"時代正向着萬象更新，斯人却已風燭殘年。程先生這一輩的學者，拚將晚年精力，奉獻學術文化，也纔有我們這些歷經少年失學之輩得以追隨杖履的幸運。王氣中先生在"文革"中頗蒙冤，背"國民黨特務"諸罪名，及四凶既殄，迎來百廢待舉之晨，先生尤屬意於古典文學專業恢復博雅徵實傳統，1980年秋與南京師範大學徐復教授、山東大學殷孟倫教授聯合發起中國古代天文曆法講習會，爲當時研究生學問養成

---

① 張伯偉《中國文學批評課：劉勰〈文心雕龍〉及〈序志〉》，《文藝美學研究》2023年春季卷，山東大學出版社。講稿中提到："古代史書、子書往往有序，且多置於篇末，所以紀昀評《序志》云：'此全書之總序。古人之序皆在後，《史記》《漢書》《法言》《潛夫論》之類，古本尚斑斑可考。'這裏將史書和子書囫圇言之，其實兩者還有點差別。曹虹老師的大學畢業論文題目就是《論序》，她說：'古本子書有兩點可以明確，一是位於卷末，這是其外部標志；一是以著述宗旨或要義爲内容，與史書叙傳的叙家世、明行事有別，這是其内部特點。'劉勰是將其書當作'成一家之言'的子書來寫的，所以既將《序志》置於卷末，同時也在篇中突出本書的宗旨要義。"

提供良機。學位制恢復後招收中國古代散文方向碩士研究生，我是先生1982年所招的第二屆碩士生，當時正値先生八十高齡。2014年南京大學文學院百年院慶之際，我爲先生撰寫傳記而搜集到他晚年有《雨夜書懷》詩句曰："一臥滄江驚歲晚，迎秋風雨感吟龍。""吟龍"之感正是暮年壯心猶相炳耀的生動寫照。當我董步入學壇之初的這種老少相値之景，豈非屬於特殊的時期？

　　感受"撥亂反正"的時風吹拂，若非親歷這種時代轉換的正反翻轉之强烈，不會如此激勵反省意識，并把學術研究求眞求實的歸趣當作自覺追求。多年後，我在傳統古文評論術語中碰到了一個用於警戒的表達，叫"虛車之飾"，因爲古人曾有"文以載道"的道德化觀念，堂皇而正大，但一旦把某種理念神學化，并禁絕其他諸家的異議，那麼這樣的所謂"載道"之文不僅窄化思想，而且也損害文學，即可形容爲"虛車之飾"。我們這一代青少年成長期正逢"文革"如火如荼，"封資修"受到全面禁絕，所以從知識哺育與傳承上而言無異於遇到了荒年。雖然我在當了插隊知青兩年半後幸運地考入南京大學中文系，但最初的大學生活總是思忖如何自我洗伐以圖思維蛻變，有如破繭之難而心知其苦。回顧起來，我在當中學生時常常爲班級、爲學校出黑板報，依據主題要求寫稿編稿，除了占用玩耍時間，并不以爲苦事；到農村當插隊知青時，爲生產隊辦廣播站，給地方電臺寫報導，或被公社抽調去參編劇本，這些編編寫寫之事因可頂替一部分農活似成樂事。這種語文應用之途雖然讓寫作之手沒有太過荒廢，但當時的寫作風習對思維創新的損傷可想而知。這類似於古人浸潤科舉"時文"的八股制義多年之後，雖一朝擺脱，有識者仍會提倡如何破除"時文"積習。

　　自有反省，難免苦悶。好在本科課程陸續進入專史、專書等博識審問的環節，留下審辨示範印象最深的，是程先生開設的"古詩講錄"和周勛初先生開設的"《文心雕龍》解析"。多年後周先生將當年的課程講義擴充爲專書正式出版，在"前言"中也比照了"撥亂反正"前後的研究風氣之差別，例如他舉到了在《文心雕龍》今譯上的一個時代特點：建國之後的"古代文論研究者，無不受到鬥爭哲學的影響，因此他們翻譯《文心雕龍》的時候，如果認准了其中哪些地方在批判形式主義文學或不良文風，也就會激發起鬥志，語調自然會顯得高昂起來"。真是"聲音之道與政通"(《禮記·樂記》)！但問題是這些"鬥爭哲學"的投射、這些附加的"高昂"語調，都與原作"周折多姿"的理論情調錯失了，所以周先生倡導《龍》學研究的路徑時，致意於"沿着閱讀、思考、研究的正常途徑學習與提高"①。可見"鬥爭哲學"等政治干擾的代價是把"正常"丟失了。有些古今相通的治學理念其實是更可以爲今人藉鑒的。程先生這門課的課代表是張伯偉，他負責把同學們的期末作業收繳上來，又將程先生每篇都有批語的閱册發還下去，私下轉述一則批語，引孔子學思并用之旨，微諷陷於"思而不學則殆"的毛病，我聽聞轉述後也深感頗有警示力。

---

① 周勛初《文心雕龍解析》，鳳凰出版社，2015年，第24—28頁。

也許從對治"虛車之飾"痼疾的時代需要看,對"學"的強調更爲急迫,它意味着尊重各領域的知識傳統與知識更新,真正地推進學術創新。這種創新度的評價不求貼合於某項外在的"真理"標準,而是尋求符合人文科學的更多的實踐性的精神與方法,"文獻""考據"乃至"乾嘉樸學"等舊學精粹也仿佛一朝蘇醒。1982年至1984年我師從王氣中先生攻讀中國古代散文方向碩士研究生,所設的專業課程中有一門是程千帆先生開設的校讎學,同修者有關道雄、張宏生等同學,期末作業是注釋南朝目錄學家阮孝緒《七録・序》。這是對注釋方式的第一次實踐,對象是一篇早期目錄學的重要文獻,程先生批改後又囑我將三份作業予以合并優化,後來以《阮孝緒〈七録序〉注》(與關道雄、張宏生合作)爲題刊發於《古籍整理與研究》1987年第2期,是我們歷練目錄學的一份紀念。

王師用兩學期帶領我和同級師兄兩人通讀《左傳》和《莊子》,每部經典各用一學期,方式是每周一次在先生家的書房中會讀,最後提交讀書札記或小論文。在董理讀書心得時,我首次揭出《左傳》"傍犯"的辭例,并分析其語言風格效果,并且發現這種修辭格例在當時權威的修辭學著作中闕如。從《論序》注重從傳統的總集之學觀照文體生成與孳乳的原態,到深入經典文本內部從修辭格例體悟古人文筆魅力,我初嘗散文研究拓新的甘味。這篇小文在我考入程門讀博時,程師又賜修改,并在他任主編的本校學報上於1986年第3期刊發。

實際上當時的古典文學界已漸次欣欣向榮,但就學術力量的分布而言,文章園圃的"勞作者"仍相對較少,但另一個方面也似乎學術的空白點較多,有利於選題出新,我的碩士論文以清代的陽湖文派研究爲題,就享受了這個好處。王師是安徽合肥人,地屬舒黃江淮之間,辭章雅健,得桐城派餘韵。清季民國以降,桐城派頗遭惡諡,輿論漸成,幾成定勢,先生則不囿時論,於1957年撰文衡論桐城派在文學史上之地位與作用,改革開放後,此番明通之論頗受學界珍視,1985年首屆桐城派國際會議召開時作爲耆宿嘉賓被盛邀出席。當我自擬探究陽湖派脱逸桐城派籠罩等特點時,先生頗爲優容,多番鼓勵。稿成答辯時,千帆先生也是答辯委員,肯定拙文有助於破除"一代有一代之所勝"的研究局限①。其中的核心章節之一《論陽湖派的創作風格》於1986年得以刊發於《文學遺産》。又過了約十年,該書稿經過一定的擴充修訂,經程師、錢仲聯先生和袁行霈先生推薦,入選國家古籍整理出版規劃小組資助的《中國傳統文化研究叢書》第一輯十種之一,由中華書局出版。程師賜序,用精美的古文寫成。程師是現代學者精擅古文的典範,有古文專集《閑堂文存》行世。程師於詩學

---

① 程千帆先生1984年12月2日填寫在"論文評閱意見表"上的學術評語指出:"自王國維、胡適等將一代有一代之所勝這種帶有片面性的文學史觀强調到不恰當的高度以來,近數十年内,許多人將文學發展史理解爲文體變遷史,致使元明清時代的詩歌、散文幾乎無人從事研究,這顯然是不正常的,不利於對我國文學的全面深入理解。作者選取陽湖文派作爲自己的研究課題,對上述那種拘虛之見的糾正大有好處,不僅填補了陽湖派研究這一空白而已。"

研究素來提倡研究者應體歷創作甘苦。爲了聊表追隨典範之意,拙書後記亦用古文之體爲之。

我碩士畢業即留校,成爲南京大學兩古專業的一員,并幸運地於1985年至1989年師從程師攻讀魏晋南北朝文學方向的在職博士研究生,以《賦論——魏晋南北朝篇》獲博士學位。這篇學位論文,既探討賦體創作實態,又審視賦體的相關理論形態。程師的一個指導思想是,考察文學史和文學理論批評史時,應注意創作與理論的"同步"與否的相涉關係。通過若干的散點突破,本文在力所能及之處學習抽繹理論與創作的潛通原理。辭賦這種介於詩文之間的文體,其駢化的活躍度在魏晋南北朝時期十分突出,是瞭解中國文章學上"八代"範式的沃土。這個學習和研究的經歷,對於更好地理解清人如陽湖派諸家不廢"八代"的取徑,甚有益處,其實也體現在《陽湖文派研究》擴充成書之中,并且也影響到我後來不斷關注文章史上的這種跨代傳承現象。程師在賜序中親切提及晚年師生之緣曰:"文學博士出余門者十人,女弟子惟曹虹;諸生多學詩或治文學史,而致力駢散文者亦惟虹。時肥東王氣中先生,年尊而學醇,以古文教授。虹從之游,能傳其道,旋入余門,復上追八代,究心《選》學。其所得遂合而一之,能觀學術文章之會通,複筆散行之同異,陰陽剛柔之變化,其學且駸駸突過偏執拘迂不能致遠之輩矣。"鼓勵期勉之中,其實饒益的是因材施教的點化,更有治學軌轍的指引,雖不能至,心向往之。相比於詩詞或小說、戲曲,似乎確實感到文章與自己性分相近,或許也可以説,文章所相容的性分幅度較寬裕,因此鈍拙如我,尚能有庇容之感。偶爾也會寫與詩相涉的論文,如《佛學修養與山水文學——謝靈運綜論之一》(《禪學研究》第2輯,江蘇古籍出版社,1994年),涉及大謝的詩篇理解;又如《"桃源猶有晋時村"——中古廬山隱風與後代遺民詩境》(《江西社會科學》2007年第2期),但仍是在立基於詩文共證的論述視野中產生結論的。我的同門賢友們才大力博,常能讀到他們涉足文章史和文章學的佳作,獲得學術上的激勵。前年外子寫了《散文研究去向何方——以東西方〈孟子〉研究爲視角》的論文(《復旦學報》2021年第6期),我作爲第一讀者,對他的學術省思就深感震撼。

數十年來,我較爲專意參加散文、駢文或辭賦的學術研討會,以文會友,多有裨益。拙文《從賦體的多元特徵看辯證的文體論思想的產生》在《寧夏社會科學》1991年第5期刊發的當年,就被萬光治教授編入了《賦學研究論文集》(巴蜀書社,1991年)。我在1996年首屆駢文研討會上宣讀論文,得到同仁評議切磋,後以《清嘉道以來不拘駢散論的文學史意義》爲題刊發於《文學評論》1997年第3期,此文還獲得中國駢文學會"十年駢文研究優秀成果"二等獎(1998年)。2015年秋第四屆駢文國際學術研討會由南京大學文學院承辦,我爲會議編輯了論文集(《省思與突破——第四屆駢文國際學術研討會論文集》,江蘇人民出版社,2017年),并在中國駢文學會常務理事會增補之際,當選爲學會的會長。

爲了迎接二十一世紀的到來,1995年北京大學袁行霈先生籌畫組織編寫

"面向21世紀課程教材"《中國文學史》，第一版於1999年由高等教育出版社出版。這套教科書以追求"規範性、開放性、啓發性"爲工作指南，預示世紀之交中國學術的深層追求。我承擔第三編內"庾信與南朝文風的北漸""魏晉南北朝的辭賦、駢文與散文"兩章，從匯録相關原始史料與歷代評論資料中，檢視對"八代文章"的某些標籤化的認知慣性，努力體現把文學研究對象還給文學的審美評價。在承擔這一任務之際，恰好我已爲星雲大師監修的"中國佛教經典寶藏精選白話版叢書"完成了《洛陽伽藍記》一書的釋譯，深切體會到作品通讀與細讀的益處，因而對該書的文學史地位有所新證，主要觀點體現在《〈洛陽伽藍記〉新探》一文，刊發於《文學遺産》1995年第5期。

　　我參加的另一個大項目，是戴逸先生領銜的"國家清史纂修工程"。新修《清史》中的典志部共設40志，其中的《文學藝術志》下設"小説篇""詩詞篇""散文篇""戲曲篇"和"書畫篇"，屬於整個工程的四級項目，曾在《光明日報》上徵召專家。"散文篇"不知什麽原因沒有合適的應聘者，典志組的負責人郭成康先生便於2005年聯繫到我，親臨南京召我加盟，至10月立項啓動。我意識到這一"修史"的重任，未敢懈怠，約在五年間完成了20餘萬字的正文和60餘萬字的資料長編。新修清史工程有相當規範化的評審機制，聘請各專業領域的資深專家輪番審查，故其間也做過幾次修改潤色，至2016年還提交過"三審定稿確認書"。因整體的清史全書遲遲未見進入出版流程，故拙撰的《散文篇》亦未問世，只有少數同仁鄔國平、蔣寅、王達敏諸位先生因參與評審而知其梗概，并惠予鼓勵與意見。

　　自《史記》"八書"創立志書體裁，《漢書》改"書"爲"志"，歷代正史多沿其體而不斷擴圍，此體具有"紀一代之大制度"等功能，以體現傳統社會變遷。傳統的《藝文志》始於《漢書》。根據新修《清史》"文學藝術志"的設計思路，不同於傳統正史《藝文志》著録典籍的編纂形式，但要體現文學藝術的各門類作爲國家典章經制的存在形態與意味。也就是説，我的任務類似於修一部清代文章通志，既有通史的判斷，又要突出典志體紀述一代制度因革的功能。宋代鄭樵《通志・序》指出：《史記》一書，"分爲五體，本紀紀年，世家傳代，表以正曆，書以類事"。"每事以類相從""書以類事"就成了史志的編纂特點。宋代馬端臨《文獻通考・序》更指出："八書以述典章經制……典章經制，實相因者也。"通過一定的爬梳條理，我意識到：清代散文以其特有的歷史與時代條件，展現了中國古典文章學進入總結期的丰采；縱觀清代文壇，多士如林，流派紛呈，從時間跨度上看，也經歷了前近代與近代的銜接，各種文章學思想伴隨着世風、學風的薰染，在實踐體驗中發生呼應、切磋或抗衡、對立；清代散文家在背負傳統而謀求別開生面的種種追求中，也形成了自身起步與發展的定勢。

　　爲了儘可能呈現具有史志意味的體式，當務之急是如何構建一個綱目化的事類系統，以展示一代文章的經制化的成就。經過多番思考調整，我設計出如下結構：

　　　　第一章　帝王訓飭與文統理念

第二章　總集編纂與文體因革
一、古文
二、駢文
三、辭賦
四、八股文
第三章　集群分布與文風流變
一、清初遺民社群之文
二、鴻博詞人之文
三、毗陵四子
四、清初三大家
五、國朝八家
六、陽湖派
七、儀徵派
八、道咸經世派
九、新民體
十、海外游歷與文章
十一、女性與文章
第四章　桐城派
一、方苞與桐城派之開宗
二、姚鼐與姚門四傑
三、嶺西五大家
四、湘鄉派
五、晚期桐城派
第五章　文話與賦話
一、文話
二、賦話
三、八股文話

不難看出，事類子項之上，其實是四個大項：第一項清廷政風與文統理念關合強度具有時代性。第二項在通常正史著錄總集的思路下，再進一步挖掘清人總集之學與文體因革的關係，并呈現清人在文體消長上的格局。第三項在通常正史著錄別集的意義上，辨章文風，選優汰劣，以流派集群爲組合，彰顯人才與文風成就。由於"桐城派"綿延性與籠罩力的超卓，遵循藝文類目升降所許可的意義能指，特將"桐城派"升格爲一個大項，也藉以在事類布局上突出"桐城派"對整個清代文運的樞軸作用。章學誠說修志有"八忌"，其中之一即爲"忌詳略失體"。將"桐城派"超列於其他集群，看起來似乎打亂了分類邏輯，卻是從史實上存在的詳略輕重不平衡出發的，爲的是還原歷史格局的真實性。最後一個事項涉及文章學的文獻特色與價值。本項目收到的"二審專家鑒定意見書"，總體評價是："作爲清史文學藝術志的散文篇，本稿全面而扼要地概述了清代文章寫作、批評、理論發展的整個過程，全面反映了清代文章各部類的創作概況和藝術風貌，歷史綫索清楚，階段劃分準確，各種文體各個流派的消長盛衰過程也梳理得非常清晰，是基於深入研究和深厚的學術積累上形成的學術認知。整體結構完密，局部論析周到，充分汲取當代研究成果，反映了新時期清代文章研究的進展與深化，是代表着當今學術水準的清代文章概述，符合典志要求的格式和體例。"

如所周知，散文與詩歌、小説、戲劇四分的學科概念久成習慣、約定成俗，我在 2001 年也獲得博導資格，所招收博士生方向即爲"中國古代散文史"，到 2020 年停招，共招了十九屆。其實"文章學"之名更有淵源而令人愛賞，我在 2009 年爲《南京大學學報》主持一個專欄，當時就命名爲"清代文章學專欄"。

二　思想藤蔓

在中國傳統文體範疇界定上，文章寓文學性於應用性之中，文家往往負經世之才或淑世之志，甚或兼史家哲人於一身，且文風體調頗亦映射家國氣象、學風動向及哲學情致，故文章之學與思想之史必富呼應紐結之景觀。因此，爲了研究文章史，需提升思想史素養。這一靈鑰實得之師門。猶記我在投考碩士研究生時，與古代文學科目并列的，還有一門是中國古代思想史，如此的專業考試科目設計，其實已蘊含方法深意。入學後跟隨王師讀《莊子》《左傳》，這些專書具有思想史與文章史雙重經典的價值。進入博士生階段後，程師進一步引導我們在古典學的根基與源頭上積累功力，冀根之茂者其實遂，膏之沃者其光曄。在由博士論文擴展成的拙著《中國辭賦源流綜論》中，配合全書溯源流、參思想、析理論、觀域外的論旨分布，設置了四篇，即源流篇、思想篇、理論篇、域外篇。其中"思想篇"的設置，就有意於加深思想史角度的觀察與思考，并且這一角度的存在并不滿足於思想背景的配列，而是希望將文學現象與思想資源如何互滲與再生有所考實。其實"理論篇"與"域外篇"中的有些專論也是少不了思想史角度的參證，只是照顧分篇的形式平衡而作成這個構架。總之，對文章史與思想史結緣這樣的課題視角，是值得予以重視的。比之於不少純抒情的體式文本，文章史和文章學中的思想藤蔓可能是更吸引研究者的。

2013 年夏，兩位馬來西亞籍弟子王德龍山長與黄智鴻學監邀請我到他們創辦的敬學書院訪問，并作幾次講授。欣見他們在民間辦學的古風，我擬了"中國古代文章學的思想傳統"講義，大致由"緒論"和分選經典文章表達衣、食、住、行及其藴含思想來構成。"緒論"試從六個方面談了怎樣理解"文章史與思想史的結緣"：

一、文章立命——"文明以健""有德者必有言"
二、對"文人"角色的反省
三、體類包容與擴充
四、風格的思想意義

五、技進於道
　　六、文章流派的思想基礎

　　雖然馬來西亞的聽衆學歷參差，但他們感受古典美文的熱情很高，共同的敬學情懷散發出一種儒學情致，令人感懷。我在國内開設的博士生選修課程，常年是"中國古代散文流派研究"，雖然較强調流派與思想的關係，但從馬來西亞歸來後，我就調整了本院的課名，變爲"中國古代文章學的思想傳統"，不僅關注文章的思想性，而且關注思想如何在文體和文本内部產生藝術的動能和表現。藉此希望在課程演習中打開更切合文章史實態的研究空間，令人高興的是，這一課程意圖往往能得到選課年輕學子的呼應。

　　歷年來我對這一研究空間的探索，大約體現爲如下三個方面的成果：
　　其一，思想成就與文章理念"共生"關係。《從老子的"觀"到王弼的"忘"——略論魏晉時期超越意識的自覺及其對文藝的若干啓示》一文醖釀於1987年，通過細讀王弼對儒家、道家原典的玄學化的思想建構，在思想方法的深處體味魏晉文藝新潮的本質。此文是跟隨程師攻博期間研討專書《老子》的作業，後來呈給《程千帆先生八十壽辰紀念文集》，於1992年由江蘇古籍出版社出版。《陸機賦論探微》一文，揭示"體物而瀏亮"的賦體新定義，其實是共享了某些玄學的思想成果，因而這個定義具有昭示未來趨向的理論穿透力。此文主旨曾有幸於1992年7月15日受邀在日本京都大學文學部報告，并刊發於京大《中國文學報》第四十六册（1993年4月）。另外，《言不盡意與辭賦創作》（《文學遺產》2004年第4期）、《以〈易〉入賦，詞動魂魄——賦史奇才董士錫成就考述》（《南通大學學報》2010年第3期）、《〈儀禮〉與清代士人的文學審美建構》（與吴戩合撰，《江海學刊》2015年第5期）、《清代駢文學上的自然論》（《蘇州大學學報》2021年第4期），都屬意於思想命題與審美思辨的交織景觀。因留意到清代地域性的文派與學派之間的某種"同構"現象，例如陽湖文派與常州學派、儀徵文派與揚州學派，其間的相互"滋養"關係非同一般，所以，這些流派如何做到學文互濟，以及學術與思想資源如何推動地域文體成就，就值得追究，《學術與文學的共生——論儀徵派"文言説"的推闡與實踐》（《文史哲》2012年第2期）是這方面的繼續嘗試。出於對清代常州駢文整體成就的一種估量，當常州炎黄文化研究會籌畫的《清代常州文化研究叢書》向我徵邀選題時，就提供了"駢文研究"的建議選題，并約弟子陳曙雯博士和倪惠穎博士，合撰了《清代常州駢文研究》一書。此書也屬於學界第一部斷代地域駢文史。在梳理常州地域思想文化給予駢文的特殊滋養時，注意發掘書院作爲地方教育的窗口所起到的作用，并判斷在學風丕變的大背景下，常州士人合經術與文學爲一、身兼儒林與文苑的群體風貌，因此常州駢文能够掃除空疏之弊，重塑自身的情志功能，從而不斷地整派依源，揚葩振秀，樞機提而成勢，風會啓而彌新。

　　其二，"思想家"的文章審美。《中國思想家評傳叢書》是匡亞明校長二十世紀八十年代末動議創設的。在我1989年博士畢業不久，程師與周勛初先生鼓勵我承擔《慧遠評傳》的撰稿任務,藉以培植個人的佛學專長。帶着這個選題,我還利用1991年9月至1992年8月在京都大學訪學之便,搜集并參考日本方面對佛學文獻整理與研究的相關成果。當實施撰寫計畫時,我暗暗自我激勵,可以發揮中文系的專業背景之長,期待能"淡化某種流行的解釋作風",在《後記》中,我記録了這種期待之情:"我之所以會斗膽抱此信念,也是出於不得已。關於慧遠這位傳主,早有不止一部評傳式的專著出版在先,各種哲學史也都有專章予以介紹,如何避免不必要的重複以及提供有新鮮感的内容,就成爲我具體的追求目標。"簡言之,學術需要出新,當時所見哲學系的某些解釋框架似不無固化之感。及今思之,這部評傳兼顧"思想家"的文學審美,應是其特色之一。例如,專設第十章"宗教與藝術的輝映",爲各種先行研究所忽略,這一專項内容曾以《慧遠及其廬山教團文學論》爲題發表於《文學遺産》2001年第6期。再如,對慧遠各個時期佛學建樹的表達邏輯與風格加以評析,以展示他在思想與審美上的高度。比如史傳載他的《沙門不敬王者論》"辭理精峻",何以此論成爲中古論説文的典範之作?原來論體是慧遠所擅長的文體之一,他對論體有過精妙的定義,其《大智論抄序》曰:"論之爲體,位始無方而不可詰,觸類多變而不可窮。"論體的功能與妙義在於運智致辯的廣大深微,劉勰所謂"窮於有數,追於無形,鑽堅求通,鈎深取極"(《文心雕龍·論説》),其中"窮於有數"略相當於"觸類多變而不可窮","追於無形"略相當於"位始無方而不可詰"。除了傳統的論辯資源,慧遠還善於從外來佛教經論中汲取這方面的經驗,其《大智論抄序》一文對論體如何做到"絶夫叠凡之談,而無敵於天下者也"的方法有所梳理,正是他善於融匯新舊中外的高明之處。將慧遠的論體定義與齊梁文論大家劉勰的定義對比,可以感受他們比肩的時代高度①。我所操作過的思想家或思想典籍的審美内涵,還可舉《略論中國賦的感春傳統及其在朝鮮的流衍》(《南京大學學報》2000年第1期)和《論〈世説新語〉的對句之美》(《古代文學理論研究》第52輯,2021年5月),前者是論述理學宗師朱熹《感春賦》的理趣及其海東知音,後者是對作爲"名士底教科書"(魯迅語)的《世説新語》,探討其語體文風中的駢偶因素。

其三,文章藝術與哲學情致的互轉。關於文體風格藝術是什麽,尼采説:"那是一種用符號,包括符號節律傳達情感本身之專注的狀態。"②某種意義上也可以説,"情感本身之專注的狀態"必然是有思想品質的。文章史上那些凝結爲風格典範的作家,從其風格成就出發,也往往可以轉化爲某種哲學情致。體悟文章藝術與哲學情致的互轉,似可有效深化對風格典範的論證。《集群流派與布衣精神——清代前期文章史的一個觀察》(《蘇州大學學報》2012年第6期)、《道咸經世派的"文儒"理想》((《嶺南學報》2015年第1期)、《乾坤消息一

---

① 慧遠對論體的文體趣味,詳《慧遠評傳》(南京大學出版社,2002年,第336—337頁)。案,書中認爲:"'窮於有數,追於無形'略同於'位始無方而不可詰','鑽堅求通,鈎深取極'近似於'觸類多變而不可窮'。"慧遠與劉勰的語句對應關係,今再思之,略作調整。

② 尼采著,王涌譯《瞧,這個人》,上海文化出版社,2020年,第54頁。

真胎——〈閑堂文存〉書後》(《天中學刊》2015 年第 1 期)、《"性命"論述與文章藝術》(《中國古籍文化研究·稻畑耕一郎教授退休紀念論集》,東方書店,2018年)、《晚清人的域外游記》(《江西師範大學學報》2020 年第 4 期)諸文大體可歸於這方面的探索。

三　文脉波瀾

詩文一向居於中國古代文學的正宗,而文章史因其與經史之學的邊際混涉,以及在應用與審美中形成體式孳乳、歸并或交叉等多種方向的變遷,文脉的運動或許是更具有時間與空間的牽連意味的。文脉波瀾的這些特性,也決定了觀察視野與研究方法的多樣。圍繞文體研究與經典化等核心問題,我還嘗試了三個方面的"視野"開拓:

其一,"域外漢文學"視野。第一篇參用域外視野的論文是寫於 1997 年的《略論中國賦的感春傳統及其在朝鮮的流衍》,解析朝鮮理學家宋尤庵爲什麽對朱熹《感春賦》情有獨鍾。此年我正任教於韓國高麗大學,用個人薪水購得《韓國文集叢刊》已出版的一百多册,支援外子伯偉全力推動的域外漢籍研究事業。他已在一些發言稿中表揚我的這一"義舉",其實我也獲益於這種讀書面向。在已故忠南大學趙鍾業教授邀請下,此文於 1997 年在韓國宋子學會年會上報告,并於次年在南京大學主辦的第四屆國際辭賦學研討會上作了交流,會後的綜述中提到本文,認爲屬於"此次賦會一枝獨秀的新領域"[①]。此後,又寫了《陶淵明〈歸去來辭〉與韓國漢文學》(《南京大學學報》2001 年第 6 期)、《陶淵明與洙泗遺音——兼及海東文家對陶淵明的儒學想象》(《江西師範大學學報》2016 年第 4 期)、"Emulation of Tao Yuanming's Rhapsody 'The Return' and Choson(朝鮮) Scholars' Neo-Confucian Imagination"(*Rethinking The Sinosphere*, edited by Nanxiu Qian, Richard J. Smith, and Bowei Zhang, Cambria Press 2020)、《中韓詩文中的三笑題咏》(《南京大學學報》2002 年第 4 期)、《德不孤,必有鄰——談談域外文人對中國原作的擬效》(《學習與探索》2006 年第 2 期)、《王粲〈登樓賦〉的文學史意義》(張伯偉編《風起雲揚》,中華書局,2009 年)、《文章學的對話——沈德潜〈唐宋八家文讀本〉與日本賴山陽"增評"本對讀札記》(《文藝理論研究》2013 年第 4 期)等論文,多方探討中國創作典範如何向域外轉移,以及把域外漢文學資料當作一種理論性的回饋,重新啓動對中國文學原典的審視。其中的英文論文,是爲 2017 年遠赴美國參加"重審漢文化圈"學術研討會而作,從三個面向來繼續證明"淵明遺風在海東"的問題:一、《詩經》語典進入《歸去來辭》;二、淵明遺風與理學修養之趨同化;三、儒學想像的藝術表達——以"反案爲文"爲例。此文在收入論文集正式出版時,承蒙論文集編者之一錢南秀師姐親自惠予英譯,并多所匡正。不同於以往涉外研究的那種國別比較文學思路,這裏的"域外漢文學"視

[①] 南京大學中文系主編《辭賦文學論集》,江蘇教育出版社,1999 年,第 795—796 頁。

野强調"漢文化圈"的整體感和流動感,地域上雖有"域内""域外"之別,但文脉的流通却自具豐饒的形態。

其二,女性視野。身爲一個女性學者,在研究中關注到古代女性的課題,似屬人情之常。半個世紀以來,"女性主義"作爲批評思潮的方興未艾也是適當的刺激。歷來關於古代女性與文學的研究積累,往往較多集中於詩詞等韵文體裁,而對女性的辭賦駢散文關注較少,這當然也與對古代女性才學和文化角色意義的低估有關。唐代王勃《賀拔氏墓志》稱揚女性墓主曰:"先人有訓,將辭班掾之家;君子好述,自入王凝之室。"藉重班昭、謝道韞這樣有文才的女子,墓志銘的諛美方式往往能反映世俗好尚。我通過考察歷史上一些女子擅文的個案,也獲得了研究上的新鮮結論,頗感欣喜。如:《飛想神駿——李清照與魏晋風度》(《文史知識》2005 年第 2 期)、《論朝鮮女子徐氏〈次歸去來辭〉——兼談中朝女性與隱逸》(《清華大學學報》2007 年第 1 期)、《明代女性古文家的登場》(松村昂編著《明人與其文學》,汲古書院,2009 年)、《贈序的流美與妙用——朝鮮女子金三宜堂贈序七篇書後》(《中國古代散文研究論叢》2012 年第 1 期)、《中國歷史上的女性與駢文》(吕雙偉主編《守正與創新——第五屆駢文國際學術研討會論文集》,鳳凰出版社,2020 年)等文,都貫穿我對女性如何以自身條件融入文脉傳統的思考。不可否認,參用"女性"視角時,在史料相對較少的情況下,最忌先入爲主的觀點。還值得感念的是,女性視野實踐中也融入了國際交流的機緣。日本奈良女子大學野村鮎子教授在研究文章史與女性史交涉方面與我有同好,2007 年 10 月承她邀請赴日交流,聯手在奈良女子大學舉辦研究會,我報告了《明代女性古文家的登場》,講稿經青年學者大平幸代日譯,還被收入資深明清研究專家松村昂先生編著的論文集《明人與其文學》一書。另外,《論朝鮮女子徐氏〈次歸去來辭〉——兼談中朝女性與隱逸》一文也有國際奇緣,該文的主體雖然聚焦於古代中韓一脉,但日本文學協會的機關雜志《日本文學》却重視該文所隱含的東亞女性視野,受惠於閻小妹、合山林太郎、田中仁、平林香織四位學者合力日譯,該文的日語版以《東亞女性與隱逸——以朝鮮女子徐氏〈次歸去來辭〉爲中心》爲題,刊發於《日本文學》第 70 卷第 7 號(2021 年 7 月),且這期雜志是作爲"特集:江户文學中的張力——日本·中國·韓國"出刊的。配合這次日譯所重視的"東亞"視野,我在引言中增補了江户時期女性愛賞陶淵明詩文的實例,即在指出徐氏作爲女性對前近代漢字文化圈隱逸文學所特有的價值之下,還進一步提到:

> 徐氏寫作活躍的時期,也相當於日本的江户時期。江户女性漢詩人龜井少琴(1798—1857)咏嘆"歸去來辭空萬古",《歸去來辭》不僅受到高度評價,而且激發出不少女詩人的相關創作。少琴在描寫菊花之際,有"陶家秋色東籬菊""五柳先生芳菊叢""陶家芳菊"之類的稱述。對於同時代的原采蘋(1798—1859)、江馬細香(1787—1861)而言,互相酬賞爲理解陶淵明精神的"同心者"。將眼前的風景,讀取爲陶淵明精神的象徵,已然成爲一種審美習慣。從江户女詩人江馬細香"要知花外味,須是讀陶詩"

(《題自畫菊》)的詩句中,可知陶淵明的作品在東亞三國都留有精神滋養的印記。在東亞視野下,將徐氏置於女性與隱逸文化的結緣歷程中,不難看出女性發揮隱逸價值觀的相應的思想空間。

日方譯者以一貫的認真作風行事,核對引文,推敲原意,往返切劘,不厭精細。日譯的動議是從2021年2月開始的,到7月21日我收到了合山教授用航空郵件寄來的《日本文學》這期"特集"。時當新冠疫氛凶熾之年,却享受到突破封閉的學誼,實屬難忘。

其三,跨時段視野。文本藝術性的評析看似人人可爲,却容易陷入某種老套化的言說。如果想要提出新見或新證,以文脉傳衍爲方法,在前後左右的文體脉絡的潛通暗結中識別徵候,往往有助於對文風特色與文體成就的評判。例如,學界一般認爲《洛陽伽藍記》屬於代表北朝散文成就的"北朝三書"之一,我在承擔該書譯釋任務以及撰寫高教版《中國文學史》相關章節時,初步確認了應當如何理解《四庫全書總目·洛陽伽藍記提要》以"穠麗秀逸"四字品評此書的行文之美。後來,相隔多年後,爲了將此書重新收入中華書局《大中華文庫》本,我又通讀全文,溫故知新,有如靈感閃現,決定將《洛陽伽藍記》與漢晉辭賦傳統的關係作爲一個論題來展開,以凸顯這個問題的跨時代、跨文體的論述意義。在主體部分,我主要抓住兩點來論證前代辭賦與《洛陽伽藍記》的關係:其一,京都大賦與《洛陽伽藍記》的中原正統意識;其二,"侈麗閎衍"的賦風與《洛陽伽藍記》的都城圖景。這樣的學術聯想是能夠解決一些風格難題的。《〈洛陽伽藍記〉與辭賦文學傳統》一文在2007年8月蘭州舉辦的辭賦研討會上宣讀,次年刊於《古典文獻研究》第十一輯(鳳凰出版社,2008年)。

中國文章史的歷程可藉劉勰《文心雕龍·宗經》"根柢槃深,枝葉峻茂"八個字形容,文章學在闡釋和評價維度上必然期待開拓和打破固化的認知慣性。我因個人的學習機緣,較多往還於中古與明清,對唐宋以來流行的"八代之衰"論在清代的影響重新思考,并關注清代駢散并興的文壇局勢如何統攝文章學進入總結期和向近代拓進,這種帶有跨時代和兼駢散的觀照視野形成了如下幾篇論文:《在清代駢散并興的接點上——再談陽湖派的性質與風貌》(《廣西師範大學學報》2011年第3期)、《異轅合軌:清人賦予"古文辭"概念的混成意趣》(《文學遺產》2015年第4期,後收入《周勛初先生九十壽辰紀念文集》,中華書局,2018年)、《清代文壇上的六朝風》(《安徽大學學報》2017年第1期)、《清代駢文史上"國朝八家"之挺生及其意義》(林宗正、蔣寅編《川合康三教授榮休紀念文集》,鳳凰出版社,2017年)、《"一代有一代之文"——清人編纂古文選本之時代意蘊》(《馬來西亞漢學刊》第4期,2020年8月)。把握了文脉傳衍中的一些顯性與隱性因素的互動關聯,有助於更好地迫近文體文風因革損益軌跡的大勢,有時甚至也能捕獲某些正名辨體的時代信息。在研讀中,我發現在清代文章史上,"古文辭"是一個富有時代意趣的重要概念,歷來學者對此幾乎存而不論,清代尤其是中期以降,因文壇駢散抗衡交融之局勢騰涌,不同學術或文學背景的文章家於有意無意間,賦予"古文辭"以更寬鬆的文體指涉,可資印證清代文壇駢散各派不乏異轅合軌的方向交迭。治學貴在求心得,具"突破性"和"創造性"①。在爲《文學研究》第 2 卷 1 期(2016 年 9 月)主持"駢文研究疆域新拓展"欄目之際,我也寫下了如下的"主持人語":

> 駢文是源遠流長的古老文體,亦折射中華文明的精神積澱。吐納視儒先之功,顯晦歸後賢之責。進入新世紀以來,駢文研究界呈現活躍與探索的良好趨勢,但如何謀求新突破,仍有待深思細論。駢文典範的形成方式,有賴於縱向維度上叩擊名家名篇在文章史上的迴響,南朝劉峻《自序》何以與清代汪中、李慈銘乃至民國李詳、黃侃等人的仿作構成有意義的審美系列,波紋遞轉之間的因緣仍顯示古老文體的活力所在。駢文研究疆域在橫向維度上更大有可爲,如《聖宋千家名賢表啓翰墨大全》《高峰龍泉院因師集賢語錄》是佚存東瀛的兩部宋代駢體文選,這類選本的發掘,既可以復現古代漢文化圈駢文文獻的流通,亦可以深究日本禪林四六與宋代駢文之關聯。駢文史上不乏高峰、低谷之談,以明代爲例,儘管學界對這個時代是否爲駢文低谷而有所質疑,但在文獻與理論視野上仍存在認知慣性,若能有所商討,必然裨益於今後之拓展方向,碰撞新的思維之光。

"碰撞新的思維之光",既是藉欄目而表達的寄語,也希望成爲一種持久的自我砥礪。

當我在本科生時代,因讀《史記》而寫了一首七言絕句《書〈史記〉後》:"牧童隻手指龍門,動地洪聲四境奔。安得吐吞河嶽氣,軒轅代有好兒孫!"對處在中國文章史源頭之處的太史公的偉大創造致敬,也是對生生不息的文章學傳統的致敬。四十年在文章園囿的勞作儘管微不足道,但這份敬意始終葆藏於心。

癸卯立秋稿畢

(作者單位:南京大學文學院古典文獻研究所)

---

① 程千帆先生在 1994 年的一封書信中説:"真是新的、突破性的、創造性的,皆來自自己的'心潮'而不是舉國逐狂的'新潮'。"程千帆著,陶芸編《閑堂書簡》(增訂本),上海古籍出版社,2013 年,第 341 頁。